Franziska Meifort

Ralf Dahrendorf

Franziska Meifort

Ralf Dahrendorf

Eine Biographie

C.H.Beck

Gedruckt mit Unterstützung der ZEIT-Stiftung Ebelin und Gerd Bucerius,
Hamburg und der Gerda Henkel Stiftung, Düsseldorf

Ausgezeichnet mit dem Preis der Wolf-Erich-Kellner-Gedächtnisstiftung 2016

Mit 24 Abbildungen

Für Johannes

Inhalt

Einleitung

Neben dem Studentenführer Rudi Dutschke sitzt ein gutgekleideter Herr in lässiger, doch konzentrierter Pose, ein Bein über das andere geschlagen, auf einem Autodach. Mikrofone sind auf die beiden gerichtet, während eine Menschenmenge aus jungen Leuten aufmerksam das Gespräch zwischen ihnen verfolgt. In dieser Szene, die am Rande des Bundesparteitags der FDP am 29. Januar 1968 vor der Stadthalle in Freiburg von mehreren Fotografen festgehalten wurde, kondensierte sich ein geradezu ikonisches Bild von Ralf Dahrendorf: der eloquente Diskutant, der die protestierenden Studenten ernstnahm und dem diese zuhörten. Er war einer der wenigen Professoren und Politiker, die die Diskussion mit dem «roten Rudi» wagten – und er konnte diesen am Ende sogar im Wortgefecht besiegen.[1]

Die Phase, in der sich der damals 38-jährige Soziologieprofessor als Politiker der FDP engagierte, ist wohl die bekannteste in seinem Leben. Dahrendorf gewann 1968/69 in einem bundesweit geführten Dauerwahlkampf insbesondere junge, studentische Wähler für sich, die wenige Jahre später die akademische Elite des Landes stellten. Noch heute gilt er vielen als intellektueller Vordenker der FDP, der entscheidend zur sozialliberalen Wende der Partei, wenn nicht gar zum Machtwechsel 1969 in Bonn, beitrug. Durch seinen Bestseller *Gesellschaft und Demokratie in Deutschland* (1965), der eine ganze akademische Generation prägte, und durch sein bildungspolitisches Engagement legte er das Fundament für seinen Ruf als liberaler Analytiker und intelligenter Pragmatiker.

Doch nicht nur als Soziologe, Bildungsreformer und Politiker ist Ralf Dahrendorf bekannt geworden. Nach seinem Tod am 17. Juni 2009 erschien kaum ein Nachruf, der ihn nicht als «Intellektuellen» mit großen Verdiensten für die öffentliche Debatte in der Bundesrepublik würdigte. Die *Süddeutsche Zeitung* etwa erklärte «Deutschlands größte[n] Liberale[n]» sogar zu einem «geistige[n] Gründervater der Republik».[2] Dahrendorfs Lebensthemen, zu denen er sich immer wieder öffentlich äußerte, waren der Liberalismus und die Demokratie. Ihn beschäftigten die Fragen, welche Faktoren die Demokratie gefährdeten und welche sie stabilisierten, wie individuelle Lebenschancen ausgeweitet werden könnten und wie der Wandel der Gesellschaft voranzutreiben sei. Für ihn verbanden sich Liberalismus und Demokratie zu der Formel: Demokratie bedeutet Konflikt, und Konflikt bedeutet Freiheit. Diese Erkenntnis war in den frühen Jahren der Bundesrepublik noch alles andere als selbstverständlich. Vielmehr gab Dahrendorfs 1965 gestellte Frage nach den «Hemmnissen der liberalen Demokratie in Deutschland»[3] die Richtung eines neuen Demokratiediskurses vor, der die politische Diskussion in der Bundesrepublik dauerhaft bestimmen sollte.[4]

Ralf Dahrendorf gilt als hochbegabter Überflieger. Im Jahr 1929 als Sohn des SPD-Reichstagsabgeordneten Gustav Dahrendorf geboren, übersprang er als Schüler eine Klasse. Bereits mit 22 Jahren hatte er seine Dissertation über den Begriff des Gerechten bei Karl Marx abgeschlossen; vier Jahre später wurde ihm auch der englische Doktorgrad Ph. D. verliehen. Nach seiner Habilitation mit einer konflikttheoretischen Arbeit ging er mit 28 Jahren in die USA, wo er während eines Forschungsaufenthalts in Stanford seinen Lebensfreund, den Historiker Fritz Stern, kennenlernte. Im Jahr darauf wurde der erst 29-Jährige zum ordentlichen Professor für Soziologie an der Akademie für Gemeinwirtschaft in Hamburg ernannt.

Mitte der sechziger Jahre war er als Mitglied des Gründungsausschusses maßgeblich an der Konzeption der Reformuniversität Konstanz beteiligt und machte sich zur selben Zeit mit dem Slogan «Bildung ist Bürgerrecht» einen Namen als Bildungsreformer. Zugleich war er als gesellschaftspolitischer Kommentator in Zeitungen, Rundfunk und Fernsehen gefragt. Insbesondere mit der Hamburger Wochenzeitung *Die Zeit* kam es zu einer jahrzehntelang währenden Zusammenarbeit, die auch von der Freundschaft mit Marion Gräfin Dönhoff getragen wurde. Ebenso schnell und zielstrebig, wie Dahrendorf seine Universitätskarriere vorangetrieben hatte, gelang ihm der Ein- und Aufstieg in der Politik. 1969, nur zwei Jahre nach seinem Eintritt in die FDP, wurde der Seiteneinsteiger zum Parlamentarischen Staatssekretär im Auswärtigen Amt ernannt. Nach neun Monaten auf diesem Posten wechselte er 1970 in die Kommission der Europäischen Gemeinschaft (EG) nach Brüssel, der er jedoch 1974 den Rücken kehrte, um einem Angebot aus England zu folgen und das Direktorat der renommierten London School of Economics and Political Science (LSE) zu übernehmen, an der er einst selbst Student gewesen war. Von 1987 bis 1997 leitete er das St. Antony's College in Oxford. Für seine Verdienste wurde Dahrendorf von Königin Elisabeth II. in den Adelsstand erhoben. Seit 1993 war er als Lord Dahrendorf sogar Mitglied des britischen Oberhauses.

Dahrendorfs Beteiligung an Debatten – ob im Wortgefecht mit Dutschke oder schreibend in der *Zeit* – entsprach seinem Selbstverständnis, Konflikte in der Öffentlichkeit artikulieren und aushandeln zu wollen. Seinen Willen, wissenschaftliche Erkenntnisse für die Politik nutzbar zu machen und Einfluss auf die politische Gestaltung zu nehmen, versuchte er nicht nur als Politiker, sondern auch in der Politikberatung und mit seinem Engagement in verschiedenen Kommissionen umzusetzen. So entwarf er 1967 im Auftrag des Kultusministers einen Hochschulgesamtplan für Baden-Württemberg, leitete von 1993 bis 1995 die vom Vorsitzenden der britischen Liberaldemokraten, Paddy Ashdown, eingesetzte «Commission on Wealth Creation and Social Cohesion» und war 2008 Vorsitzender der vom damaligen Ministerpräsidenten Jürgen Rüttgers bestellten «Zukunftskommission NRW». Mit einer Forschungsprofessur am Wissenschaftszentrum Berlin (WZB) in den Jahren 2005 bis 2009 kehrte er in seinen letzten Lebensjahren wieder nach Deutschland zurück, behielt aber neben einem Haus in Bonndorf im Schwarzwald und einer Wohnung in Köln seinen Wohnsitz in London bei.

Hamburg und London, Bonndorf und Oxford: Durch seinen deutschbritischen Lebensweg war Dahrendorf in zwei Ländern zu Hause, auf die er zunehmend aus europäischer Perspektive blickte. In seiner Person und Persönlichkeit sowie in der großen Bandbreite der Themen, zu denen er sich äußerte, spiegelt sich deutsche, britische und europäische Geschichte, die Dahrendorf durch seine fünf Jahrzehnte während Beteiligung an öffentlichen Debatten zugleich mitgestaltete. Dahrendorfs Auftreten in Radio und Fernsehen, seine beachtliche publizistische Tätigkeit und seine wissenschaftlichen Analysen machen die vielen Facetten des öffentlichen Intellektuellen Dahrendorf aus. Von sich selbst sagte Dahrendorf, dass er «exoterisch», nach außen gewandt, denke und schreibe und sich nicht in erster Linie an die *scientific community* wende.[5] Dahrendorf war kein Wissenschaftler im Elfenbeinturm, der sich lediglich in elitären Zirkeln austauschte. Er war immer auf die öffentliche Resonanz seiner Ideen bedacht. Dabei ging er kaum einer Auseinandersetzung aus dem Weg, wie die eingangs geschilderte Episode mit Rudi Dutschke belegt. Der Erfolg, den seine Ideen auch außerhalb der Wissenschaft hatten, ist nicht zuletzt auf seinen zupackenden, gut verständlichen Schreibstil und auf sein Talent, sich in druckreifen, medienaffinen Sätzen zu äußern, zurückzuführen. Sein Drang, seinen Ideen öffentliche Wirkung zu verschaffen, unterschied ihn von anderen Denkern seiner Zeit und machte ihn zum *öffentlichen* Intellektuellen.[6]

Während Dahrendorf seinen Lebensthemen bemerkenswert treu blieb, veränderte sich sein Blickwinkel auf die Dinge im Verlauf der Jahrzehnte. Nachdem er sich in den fünfziger Jahren vor allem aus soziologischer Sicht mit gesellschaftlicher Ungleichheit beschäftigt und auf dem Klassenbegriff beharrt hatte, wurde das entscheidende Thema der sechziger Jahre für ihn die Reform der Gesellschaft. Er engagierte sich für die Bildungs- und Hochschulreform und kommentierte zunehmend die Tagespolitik. In diese Zeit fällt auch sein Engagement als Politiker. Seine Tätigkeit als EG-Kommissar, aber auch sein Umzug nach England ließen seit den siebziger Jahren das Interesse an europäischen Fragen wachsen.

Als Leiter des St. Antony's College in Oxford und durch die dort entstandene Freundschaft mit dem Historiker Timothy Garton Ash kam Dahrendorf in den Umbruchjahren um 1989 mit osteuropäischen Dissidenten in Kontakt, die nach dem Zerfall der Sowjetunion in ihren Ländern in politische Führungspositionen gelangten. Dahrendorf nahm regen Anteil an der Revolution von 1989 und versuchte publizistisch ebenso wie durch intellektuellen Austausch mit den Akteuren die Demokratisierung in Ostmitteleuropa zu begleiten und zu unterstützen. Die frühe gedankliche Öffnung nach Osten unterschied Dahrendorf von anderen Intellektuellen, wie zum Beispiel Jürgen Habermas, die weitaus westlicher ausgerichtet blieben.

Seit den achtziger Jahren rückte zudem die Sozialstaatsdebatte für Dahrendorf in den Vordergrund, und er suchte in Arbeitsgruppen und Parteikommissionen nach Möglichkeiten, um die «Quadratur des Kreises»[7] aus ökonomischer Wettbewerbfähigkeit, sozialem Zusammenhalt und politischer Freiheit zu vollziehen. Zur Jahrtausendwende beschäftigte sich Dahrendorf schließlich zunehmend mit der Bedeutung der Globalisierung für Wirtschaft, Politik und Gesellschaft und wurde angesichts der Bedrohung durch den islamistischen Terror zum entschiedenen Verteidiger des «Westens».

Obwohl Ralf Dahrendorf als einer der wichtigsten Intellektuellen in der Bundesrepublik gilt, gibt es bisher nur wenige geschichtswissenschaftliche Auseinandersetzungen mit ihm. Die Forschungsliteratur konzentriert sich auf die sechziger Jahre, insbesondere auf Dahrendorfs Beitrag zur Gesellschafts- und Bildungsreform und auf seine Rolle als politischer Seiteneinsteiger der FDP.[8] Der biographische Zugriff wiederum bietet die Chance, den Wirkungsmöglichkeiten und -grenzen eines Intellektuellen wie Ralf Dahrendorf auf den Grund zu gehen. Ein Schwerpunkt dieser Biographie liegt auf den gesellschaftspolitischen Diskursen und intellektuellen Auseinandersetzungen, die die Bundesrepublik dabei begleiteten, sich vor dem Hintergrund der nationalsozialistischen Vergangenheit zu einer stabilen und doch immer wieder an sich selbst zweifelnden Demokratie zu entwickeln. Historiker haben dies als «geglückte Demokratie» (Edgar Wolfrum) und als «Ankunft im Westen» (Axel Schildt) nach einem «langen Weg» (Heinrich August Winkler) dorthin charakterisiert. Die Geschichtsschreibung zur Bonner Republik hat der sogenannten «45er-» oder «Flakhelfergeneration», der auch Dahrendorf angehörte, einen besonders großen Anteil an diesen Prozessen der «Westernisierung» und Liberalisierung nach 1945 beigemessen. In diesem Sinne wird Ralf Dahrendorf als ein Typus des Intellektuellen in wissenschaftliche Deutungsmuster der Bundesrepublik eingeordnet. Er bleibt ein Individuum und repräsentiert doch zugleich kollektive Charakteristika. Seine Biographie kann so zur Mentalitäts- und Erfahrungsgeschichte seiner Generation von Sozial- und Geisteswissenschaftlern und der intellektuellen Elite der Bundesrepublik und Großbritanniens beitragen.

Dass die erste wissenschaftliche Biographie über Ralf Dahrendorf auf der Grundlage einer breiten und bislang unbekannten Quellenbasis erscheint, wurde vor allem durch den exklusiven Zugang zu seinem Nachlass möglich, den Lady Christiane Dahrendorf 2010 an das Bundesarchiv Koblenz übergab. Die Verfasserin hat den sehr umfangreichen Nachlass erschlossen, verzeichnet und ausgewertet.[9] Neben weiteren Archivbeständen im In- und Ausland bilden die publizierten Schriften Ralf Dahrendorfs einen wichtigen Bezugspunkt dieser Biographie. Vor allem sind hier Dahrendorfs eigene, 2002 erschienene Lebenserinnerungen zu nennen. Ihr Titel *Über Grenzen* hätte kaum treffender gewählt sein können. Zum einen füllte Dahrendorf durch seinen deutsch-britischen Lebensweg und seine Beteiligung an gesellschaftspolitischen Debatten in beiden Ländern die Funktion eines transnationalen Intellektuellen aus. Zum anderen bewegte er sich in seinen verschiedenen Rollen als Universitätsprofessor, als politischer Berater und Politiker sowie als Universitätsmanager und als Publizist in den Sphären von Universität, Politik und Öffentlichkeit und überschritt immer wieder die teils fließenden, teils auch harten Grenzen, die diese Sphären voneinander trennen. Und schließlich sah er sich selbst als Grenzgänger und wollte von anderen als solcher gesehen werden.

Dahrendorfs individueller Lebensweg wurde von äußeren Faktoren ebenso wie von seinen persönlichen Entscheidungen geprägt. Er folgte bestimmten Strategien und Handlungsmustern, um auf verschiedenen Themenfeldern, in unterschiedlichen Rollen und nationalen Kontexten erfolgreich zu sein. Wie wurde Dahrendorf zum öffentlichen Intellektuellen, und warum wurde er als solcher akzeptiert? Welche Mittel und Wege wählte er, um seine Ideen und Meinungen zu verbreiten? Was folgte aus seinen Rollenwechseln für seine Tätigkeit als Intellektueller? Welche Konflikte ergaben sich, als der unabhängige Kritiker seinen Standpunkt verließ, um zum Experten und Politikberater zu werden und dann schließlich in die Politik zu wechseln? Und was bedeutete Dahrendorfs «exoterisches» öffentliches Engagement für seine Akzeptanz in der akademischen Sphäre? Das zunächst mühelos erscheinende Hin- und Herwechseln zwischen seinen vielfältigen Beschäftigungen in Wissenschaft, Politik und Öffentlichkeit macht Dahrendorfs Karriere einerseits so spannend und einzigartig, wurde ihm aber andererseits auch als Unstetigkeit ausgelegt. Als intellektueller Seiteneinsteiger in die FDP-Politik in den Jahren 1968 und 1969 stieß Dahrendorf auf Begeisterung. Doch als er sich nicht als Überpolitiker entpuppte und schon nach kurzer Zeit die Bundespolitik verließ, um EG-Kommissar in Brüssel zu werden, enttäuschte er einige seiner Anhänger. Diese Enttäuschung ist auch in nachträglichen Bewertungen von Dahrendorf als Politiker zu spüren, wenn etwa Matthias Micus und Jens Hacke ihn als «gescheiterten Seiteneinsteiger» sehen.[10] Sie greifen damit die Interpretation Arnulf Barings auf, der Dahrendorfs Erfahrung in der Politik in seiner Studie *Machtwechsel. Die Ära Brandt-Scheel* (1982) als logischen Fall eines «brillanten, ambitiösen, reformorientierten unruhestiftenden Geist[es]»[11], eines «unsteten und hochfliegenden»[12] Intellektuellen, dem parteipolitische Erfahrungen und Netzwerke fehlten, beschrieb.

Tatsächlich geriet Dahrendorf vor allem deshalb wiederholt in Rollenkonflikte und Schwierigkeiten, weil sein Selbstverständnis als öffentlicher Intellektueller mit seinem doppelten, geographischen und beruflichen, Grenzgängertum kollidierte. Etwa als der EG-Kommissar versuchte, neben seiner Rolle als Politiker zugleich als unabhängiger Kritiker aufzutreten: Unter dem Pseudonym «Wieland Europa» griff Dahrendorf in der *Zeit* die europäischen Institutionen an und löste damit einen Sturm der Entrüstung aus, der den «Nestbeschmutzer» beinahe zum Rücktritt gezwungen hätte. Als er in den achtziger Jahren in die Wissenschaft zurückzukehren versuchte, musste er schmerzlich feststellen, dass er sich mittlerweile – sowohl inhaltlich als auch stilistisch – zu weit aus der akademischen Sphäre entfernt hatte. So stieß der Grenzgänger zwischen Wissenschaft, Politik und Öffentlichkeit wiederum an neue Grenzen.

Der Individualist Dahrendorf entschied sich bewusst für den Rollenpluralismus in seiner Biographie und nahm die Risiken und möglichen Enttäuschungen, die damit verbunden waren, in Kauf. Er selbst charakterisierte den Intellektuellen als «modernen Hofnarren», der als kritisches Gewissen die Herrschenden provoziere und ihnen den Spiegel vorhalte. So sah der Rollentheoretiker auch die eigene Rolle als Politikberater in den

sechziger Jahren. Doch selbst als er vom unabhängigen Berater zum Parteipolitiker wechselte, war er nicht bereit, das Hofnarrenkostüm des Intellektuellen abzulegen und auf dessen «inkompetente Kritik»[13] zu verzichten. In
diesem Sinne blieb er sich in allen Widersprüchen und Grenzüberschreitungen treu.

I.
Ein «doppelt gebranntes Kind des Totalitarismus»:
Herkunft und Prägungen (1929–1954)

1. Für immer 28? Ralf Dahrendorfs
autobiographische Selbsterzählung

Gleich mehrfach hat sich der Vielschreiber Ralf Dahrendorf in seinem Leben
an autobiographischen Texten versucht. Bereits 1976 meldete *Der Spiegel*:
«Ralf Dahrendorf, 46, Direktor der ‹London School of Economics› und
Buchautor, verfaßt derzeit sein erstes autobiographisches Werk – in Deutsch
und Englisch.»[1] Allerdings wurden die Lebenserinnerungen Dahrendorfs erst
2002 unter dem Titel *Über Grenzen* im Verlag C.H.Beck veröffentlicht.
Autobiographische Bezüge spielen in Dahrendorfs Schriften eine große Rolle;
immer wieder verwendet er Anekdoten, Kindheitserinnerungen oder persönliche Erlebnisse, um Thesen zu untermauern, Aussagen zu rechtfertigen oder
die Bedeutung eines Themas zu veranschaulichen. Zugleich geben Dahrendorfs veröffentlichte und unveröffentlichte Lebenserinnerungen Aufschluss
über seinen Werdegang, über seine Kindheit und Jugend, aber auch über
seine Selbstsicht und Selbstdarstellung.

Im Nachlass Dahrendorf finden sich verschiedene autobiographische Ma-
nuskripte aus den siebziger bis zweitausender Jahren. Neben Vorarbeiten zu
Über Grenzen[2] ist hier eine größer angelegte englischsprachige Fassung seiner
Autobiographie aus den späten neunziger Jahren in mehreren Manuskript-
versionen auf 320 maschinengeschriebenen Seiten vollständig überliefert.[3]
Außerdem gibt es ein Fragment eines Schreibmaschinenskripts von etwa
150 Seiten mit dem Titel «Zwischenbericht aus einem öffentlichen Leben».
Dabei handelt es sich um das 1976 im *Spiegel* genannte «autobiographische
Werk», das Dahrendorfs Leben bis in die sechziger Jahre behandelt.[4] In
einem weiteren Manuskript hielt Dahrendorf unter der Überschrift «Es ist
Zeit, dass in Deutschland wieder Politik gemacht wird» Erinnerungen an
seine politische Karriere zwischen 1967 und 1969 fest.[5]

Autobiographien gehören als Selbstzeugnisse oder *self-narratives*[6] zu den intentionalen Quellen. Seit geraumer Zeit wird kritisiert, dass autobiographische Schriften in der Geschichtswissenschaft dennoch überwiegend als «realistisches Zeugnis» bewertet werden, ohne nach textuellen und narrativen Aspekten zu differenzieren.[7] Dagmar Günther etwa bemängelt die Nutzung von autobiographischen Quellen als «Steinbruch» für historische Fakten und Alltagspraktiken und kritisiert, dass die Umstände und Motive für das Verfassen von Autobiographien oftmals nicht hinterfragt würden.[8]

Bei der Quellenauswertung sollte stets darüber reflektiert werden, ob im Prozess des Schreibens eine «Wirklichkeit» geschaffen wird, von der ein Wahrheitsanspruch ausgeht. Der Autor oder die Autorin will schildern, «wie es wirklich gewesen ist». Dadurch wird das eigene Leben in ein konstruiertes Sinngeflecht eingefügt, das persönliche Erlebnisse in einen Zusammenhang mit zeitgeschichtlichen Entwicklungen stellt. Aus ursprünglich kontingenten Erfahrungen, deren Ausgang und Folgen zum Erlebniszeitpunkt noch offen waren, wird retrospektiv die «biographische Illusion»[9] eines lebensgeschichtlich sinnstiftenden Narrativs entwickelt, welches sich zwangsläufig in gegenwärtige Diskurskontexte stellt.[10] Als selbstpräsentative, bewusste soziale Handlung, die sich an einen Adressatenkreis richtet, ist der autobiographische Akt immer auch Reaktion auf gegenwärtige Zeitumstände und setzt sich in Bezug zu erinnerungskulturellen Prozessen der zeitgeschichtlichen Wahrnehmung. Doch nicht nur der autobiographische Akt selbst, auch das Erinnern an Vergangenes ist in hohem Maße konstruiert. Das menschliche Gedächtnis ist selektiv; Erinnerungslücken werden teils bewusst, zumeist aber unbewusst mit subjektiv-plausiblen Erklärungen aufgefüllt. Dabei beeinflussen äußere Faktoren die Entstehung, Veränderung oder gar Überschreibung von Erinnerung.[11] Beachtet man diese Faktoren, sind Dahrendorfs autobiographische Zeugnisse mehr und vor allem etwas anderes als ein «Faktensteinbruch»: Sie sind als narrative Texte zu lesen, in denen der Autor als Subjekt in sinnstiftender Weise seine Identität in Auseinandersetzung mit historischen Erfahrungen und gegenwärtigen Umständen konstituiert.[12]

Dahrendorf war sich der Goethe'schen Symbiose von «Dichtung und Wahrheit» bewusst, die Autobiographien zwangsläufig eingehen: «Autobiographien sind Lebenslügen», stellt er gleich zu Beginn von *Über Grenzen* fest, da

sie Ereignissen und Erlebnissen einen roten Faden einzuziehen versuchen, den diese tatsächlich nicht hatten. Sie verdecken die Wechselfälle des Lebens mit einem schönen Schleier von Sinn und Bedeutung. Der Autor der Autobiographie macht sich selbst und damit auch seinen etwaigen Biographen etwas vor, was zumindest Postmoderne [Menschen] durchschauen.[13]

Dieser Erkenntnis zum Trotz baut Dahrendorf seine Lebenserzählung teleologisch auf, indem er sein 28. Lebensjahr zur «Achsenzeit» erklärt, um die herum er sein Leben in zwei Teilen schildert. Auf den ersten gut einhundert Seiten der Lebenserinnerungen beschreibt er seine familiäre Herkunft und berichtet dann aus seiner Kindheit und Jugend bis 1945. Im Nationalsozialismus sozialisiert, stellt Dahrendorf sich als sportbegeisterten, hochbegabten Jungen vor, der eigentlich der prototypische Hitlerjunge gewesen wäre. Doch seine Familie, vor allem sein sozialdemokratischer Vater, der in Opposition zum NS-Regime stand, habe ihn davor bewahrt, der «Versuchung» des Totalitarismus zu erliegen. So sei er 1944 als Fünfzehnjähriger selbst in den Widerstand gegangen und dafür in Gefängnis- und Lagerhaft geraten – ein Erlebnis, das ihn, wie er schreibt, für immer die Bedeutung von Freiheit gelehrt habe. Weiter beschreibt Dahrendorf die Zeit seines Studiums in Hamburg und London von 1947 bis 1954 und erste journalistische Erfahrungen unter anderem bei der *Hamburger Akademischen Rundschau*. Sein Weg führte ihn 1957 zur Habilitation an die Universität des Saarlandes in Saarbrücken und anschließend als Stipendiat für ein Auslandsjahr nach Stanford in die USA. Mit dem Antritt der ersten Professur 1958 an der Akademie für Gemeinwirtschaft in Hamburg, an seinem 29. Geburtstag, endet die chronologische Schilderung. In der zweiten Hälfte seiner Lebenserinnerungen gibt Dahrendorf dem Leser einen Vorblick auf seine spätere Karriere, indem er seine verschiedenen Berufe und Berufungen beschreibt: Journalist, Politiker, Gelehrter, «Kapitän auf großer Fahrt», Poet, Soziologe und «Weltkind».[14]

Bereits durch die Wahl des Titels «Über Grenzen» macht Dahrendorf die Fähigkeit zum Überschreiten von Grenzen zwischen verschiedenen Professionen zu seinem persönlichen Charakteristikum. In Anlehnung an seine «Lieblingsdichterin»[15] Ingeborg Bachmann bezeichnet er sich als jemand, dessen spezifisches Lebensalter immer 28 gewesen sei.[16] Denn bis zu diesem Lebensjahr hätten ihm «tausendundeine Möglichkeit»[17] an Lebenswegen und Werdegängen offen gestanden: «Achtundzwanzig ist gleichsam meine Entelechie, die Form, in der meine Lebenskraft ihren reinsten Ausdruck fand.»[18] Durch die Verwendung des teleologischen Begriffs der Entelechie[19] wird die Jugend Dahrendorfs zu einem Ermöglichungsraum, in dem die Motive sichtbar werden, die zu seinem späteren Werdegang geführt haben. Darüber hinaus fallen persönliche oder berufliche Niederlagen nicht in den Fokus dieser Erzählweise. Für den Redakteur der *Frankfurter Allgemeinen Zeitung* Jochen Hieber zeigt sich in der Beschränkung auf die ersten 28 Jahre Dahrendorfs Perspektive auf das eigene Leben: «Hier schreibt ein Glücklicher, hier schreibt ein Sieger.»[20] Dahrendorfs Lebenserzählung ist als Aufstiegsnarrativ seines beruflichen Werdegangs mit charakterbildenden Momenten angelegt. Als Erfolgsfaktoren und Bedingungen seiner Persönlichkeitsbildung nennt er vor allem seine intellektuelle Begabung, das positive Beispiel seines Vaters und die prägenden Erfahrungen durch die Verfolgung im Nationalsozialismus sowie «bedeutende Lehrer»[21] als Vorbilder. Privates und Emotionales bleibt überwiegend ausgeblendet, wie die Schwierigkeiten mit seiner ersten Ehefrau Vera, einer Engländerin, mit der er eine – wie aus dem eigenen Elternhaus gewohnt – klassische Rollenverteilung lebte, die nicht hinterfragt wird. Seine Frau hatte jedoch Anteil an seinem Erfolg; zu Beginn von Dahrendorfs Karriere sah sie etwa seine englischen Manuskripte durch und half bei der Übersetzung aus dem Deutschen.[22] Seine privilegierte Situation durch die Netzwerke des Vaters sowie durch Förderer und Gönner spielt ebenfalls eine untergeordnete Rolle. Obwohl Dahrendorf als Soziologe systematisch zu Eliten, zu Rollen und zu Faktoren gesellschaftlichen Aufstiegs gearbeitet hat, wählte er für *Über Grenzen* eine klassische teleologische Lebenserzählung, in der das Individuum auf seinem Weg zum Erfolg narrativiert wird.

Zentrales Moment in *Über Grenzen* ist Dahrendorfs Versuch, seine Entwicklung zu einem liberalen Intellektuellen mit einem besonderen Verantwortungsgefühl für die Gesellschaft zu erklären. Er schildert, wie er durch das Vorbild seines Vaters und die eigene Unrechts- und Gefangenenerfahrung zum Liberalen mit besonderem gesellschaftspolitischem Engagement wurde. Dabei war ihm wichtig, als unabhängiger Geist, als Individualist aufzutreten, der sich weder in eine Schule noch in eine politische Seitenzuordnung von rechts oder links einordnen lässt. Er entwirft sich als Tausendsassa, der «zwischen den Stühlen» sitzt und der das Überschreiten von Grenzen zwischen den Sphären von Wissenschaft, Politik und Öffentlichkeit zu seinem Lebensmotto gemacht hat.

2. Elternhaus und Schulzeit im Nationalsozialismus

Der 1. Mai war und ist der Tag der Arbeit in Deutschland und daher ein Feiertag. Mein Vater, Sozialdemokrat mit Leib und Seele, und 1929 schon Mitglied der Hamburger Bürgerschaft sowie Redakteur der Parteizeitung *Hamburger Echo*, redete auf einem der Plätze der Hansestadt zu einer Versammlung Gleichgesinnter. Gegen halb elf Uhr morgens an jenem 1. Mai 1929 schob ihm jemand einen Zettel aufs Rednerpult, um ihm mitzuteilen, dass er gerade Vater eines Sohnes, seines ersten Kindes, geworden war. Gewiss verkündete er der versammelten Menge die freudige Nachricht; die Genossen werden ihm Beifall gespendet haben für die exemplarische sozialistische Tat; dann entschwand er zum Barmbecker Krankenhaus, um den kleinen Ralf in Augenschein zu nehmen und die Hand der Mutter zu halten.[23]

Mit diesen Worten beginnt Ralf Dahrendorf die Schilderung seines Lebens. Bereits in diesem Abschnitt wird der für Dahrendorf so charakteristische selbstironische Ton hörbar. Zugleich dient das Ereignis der eigenen Geburt als prototypischer Beginn der Erzählung der Vorstellung seines Vaters, Gustav Dahrendorf, dem damit eine besondere Bedeutung zugeschrieben wird.[24] Mit dieser Passage wird Gustav Dahrendorf als überzeugter Sozialdemokrat vorgestellt, für den das politische Engagement stets Priorität hatte und über dem Privaten stand.

Gustav Dahrendorf wurde 1901 in Hamburg als Sohn eines Arbeiters geboren und war nach einer Kaufmannslehre bei einem Papiergroßhandel bereits in jungen Jahren politisch aktiv. Nach dem Eintritt in die SPD wurde er als Neunzehnjähriger nach Schlesien geschickt, um dort Bergleute in einer Gewerkschaft zu organisieren. Anschließend stieg er vom Reporter zum Redakteur der Parteizeitung *Hamburger Echo* auf. In dieser Funktion war er hauptsächlich für die Lokalpolitik verantwortlich, wurde aber von der Zeitung schon 1931 für eine Reportage nach New York entsandt und machte so bereits früh horizonterweiternde Erfahrungen. Seit 1927 war er zudem Abgeordneter der Hamburger Bürgerschaft für die SPD. Zwei Jahre zuvor hatte er seine spätere Ehefrau Lina Witt in Plön in der Holsteinischen Schweiz kennengelernt. Sie arbeitete bis zu ihrer Heirat im Jahr 1927 als Sekretärin beim Handels- und Schifffahrtskonzern Stinnes.[25]

In der politisch bewegten Zeit der zwanziger Jahre seien seine Eltern aufgrund der Bekanntheit seines Vaters zuweilen sowohl von Kommunisten als auch von Nationalsozialisten angefeindet worden, berichtet Ralf Dahrendorf.[26] Die Bedrohungen auf offener Straße vermochten Gustav Dahrendorf jedoch ebensowenig in seinem politischen Engagement zu beirren wie eingeworfene Fensterscheiben. Er kandidierte für den Reichstag und wurde am 6. November 1932 mit 31 Jahren als jüngster Abgeordneter der SPD-Fraktion ins Parlament gewählt. Nach der «Machtübernahme» durch die Nationalsozialisten wurde er zunächst im März 1933 für einige Tage inhaftiert. Drei Monate später wurde er gemeinsam mit allen Anwesenden bei einer Redaktionssitzung der SPD-Parteizeitung *Hamburger Echo* erneut verhaftet und bis Anfang August im Konzentrationslager Fuhlsbüttel festgehalten.[27] Wie Ralf Dahrendorf schreibt, hätten seine Eltern nach Gustav Dahrendorfs Entlassung erwogen, das Land zu verlassen, sich aber dann für einen Umzug von Hamburg nach Berlin entschieden, wo sie sich aufgrund der Anonymität Schutz vor weiterer Verfolgung durch die neuen Machthaber erhofften.[28]

Am 26. Mai 1934 wurde in Berlin der fünf Jahre jüngere Bruder Frank geboren. Die Dahrendorfs gehörten keiner Religionsgemeinschaft an. Wie viele Sozialdemokraten waren die ursprünglich evangelischen Eltern aus der Kirche ausgetreten. Die Söhne Ralf und Frank wurden nicht getauft.[29] Ralf Dahrendorf hebt in *Über Grenzen* die Unterschiede zwischen seinem Bruder und sich hervor und erklärt sich zum Individualisten und Kopfmenschen. Während er an Einzelsportarten wie etwa Leichtathletik interessiert gewesen sei, habe Frank Mannschaftssportarten wie Hockey vorgezogen.[30] Wenn es etwas zu reparieren gegeben habe, sei Frank gerufen worden, denn: «Ralf ist so unpraktisch»[31]. Bis ins Erwachsenenalter blieb Ralf stets der große Bruder, der von dem jüngeren bewundert wurde, selbst als Frank eine beachtliche Karriere als Rechtsanwalt und in der SPD-Politik gemacht hatte und Senator in Hamburg (1978–1979) und Berlin (1981) geworden war.

In Berlin fand Gustav Dahrendorf durch Beziehungen, vermutlich zum Vorstandsmitglied Herbert Dorendorf, eine Stelle bei der Märkischen Brikett- und Kohlen-Verkaufs GmbH, in der nach Dahrendorf «eine Reihe von prominenten Persönlichkeiten der Weimarer Republik Unterschlupf fanden»[32]. Nach der zunächst existenzbedrohenden Situation von 1933 konnten die Dahrendorfs nun vergleichsweise gute Jahre erleben. Gustav Dahrendorf stieg bei der «Märkischen» schnell auf: Seine Stellung, zunächst als Büroangestellter, ab 1936 als Prokurist und schließlich ab 1940 als Vorstandsmitglied und Direktor der Firma, ermöglichte den Dahrendorfs ein finanziell sorgenfreies Leben.[33] Bald zogen sie in eine größere Wohnung am Schmargendorfer Crampasplatz um und stellten ein Dienstmädchen ein.

Die bürgerlichen Lebensumstände der Dahrendorfs werden in *Über Grenzen* weit weniger explizit geschildert als in der englischen Autobiographie oder in den unveröffentlichten Manuskripten.[34] Das Dienstmädchen wird beispielsweise in *Über Grenzen* nicht erwähnt; lediglich die Kapitelüberschrift «Im Herrenzimmer» bleibt als Indiz bürgerlichen Lebensstils erhalten. In Nebensätzen wie «während wir von einem Auto oder Ferien im Ausland nur träumen konnten»[35] zeigt sich, dass die Insignien der Oberschichten in den dreißiger Jahren für die Dahrendorfs noch unerreichbar waren. Das Umfeld, in dem Ralf Dahrendorf aufwuchs, war dennoch nicht das einer «Arbeiterfamilie», wie er in späteren Jahren für sich reklamierte.[36] Seine Eltern freilich stammten beide aus einfachen Verhältnissen: Der Vatersvater, Gustav Dahrendorf, war ein nichtehelich geborener Landarbeiter aus der Nähe von Flensburg, der sich als junger Mann nach Hamburg aufgemacht hatte. Der Vater der Mutter war gelernter Bäcker und arbeitete in späteren Jahren im Friedhofsdienst der Stadt Hamburg. Gustav und Lina Dahrendorf selbst gelang der soziale Aufstieg in die Schicht des Bürgertums.[37] Lina Dahrendorf war zunächst Sekretärin und später Hausfrau, während Gustav Dahrendorf Kaufmann, dann Zeitungsredakteur und später Hamburger Bürgerschafts- sowie Deutscher Reichstagsabgeordneter war. Damit gehörten Lina und Gustav Dahrendorf der oberen Mittelschicht und in späteren Jahren schließlich der Oberschicht an. In den fünfziger Jahren, als Gustav Dahrendorf als Vorstandsvorsitzender des Zentralverbandes deutscher Konsumgenossenschaften e. V. tätig war, konnten sie sich sogar eine Villa in Hamburg-Blankenese leisten.[38] Indem er die eigene bürgerliche Herkunft in *Über Grenzen* herunterspielt, lässt Dahrendorf seinen späteren Aufstieg umso spektakulärer erscheinen und betont zugleich seine Nähe zum Arbeitermilieu.

Die Eltern legten indessen Wert auf bürgerliche Umgangsformen. Die Atmosphäre im Hause Dahrendorf war eher kühl, das Verhältnis zu den Eltern relativ förmlich. Ralf Dahrendorf konnte sich nicht erinnern, in seiner Kindheit je das Schlafzimmer der Eltern betreten zu haben. Die Beziehung war von gegenseitiger Wertschätzung und Verlässlichkeit bestimmt, aber weniger von liebevoller Zuwendung und Nähe. Noch als Erwachsener gab er seiner Mutter zur Begrüßung die Hand, anstatt sie zu umarmen, auch wenn er sie über Monate nicht gesehen hatte.[39] Die emotionale Distanz scheint Teil eines auferlegten bürgerlichen Habitus vor allem von Lina Dahrendorf gewesen zu sein. In einem autobiographischen Manuskriptfragment betonte Dahrendorf die sachliche Atmosphäre in seinem Elternhaus:

> Die Umwelt, in der ich aufwuchs, hatte etwas sehr Individuelles ja Individualisierendes an sich. [...] Wir, das heisst der Vater, den ich Pappi nannte, die Mutter, zu der ich Mutti sagte, und der Bruder, der für mich Butz hiess, kamen gut miteinander aus, taten vieles gemeinsam, langweilten weder uns selbst noch einander und hatten nur selten ernsthaft Streit. Mein Bruder und ich wuchsen in einer Atmosphäre des Respekts auf. Nicht der Liebe. Das Verhalten meiner Eltern wurde vor allem moralisch bestimmt, wenngleich im persönlichen Bereich mein Vater es wahrscheinlich schwieriger fand, Prinzipien zu praktizieren als meine Mutter. Manche Dinge kamen nie zur Sprache. Für meinen Vater und bald auch für mich galt, dass wir eine Privatsphäre hatten, die dem Scheinwerferlicht der Familie nicht ausgesetzt wurde, sondern realen Eskapaden oder doch solchen der Phantasie vorbehalten blieb.[40]

In dieser Beschreibung der familiären Sozialisation liegen drei Motive, die in Dahrendorfs Lebenserinnerungen immer wiederkehren: das eigene Selbstverständnis von sich als Individualisten, die Selbstbeschreibung als sachlicher und beherrschter Mensch, für den die Rationalität über der Emotionalität steht, und schließlich die Vorbildrolle des Vaters. Über seinen Vater schrieb er: «Für mich [...] war mein Vater Vorbild und Mentor zugleich. Ich mochte ihn und bewunderte ihn. Ich hatte ihn gern. Habe ich das Wort Liebe nicht verwendet? Es ist so ein schwieriges Wort.»[41]

Ralf Dahrendorf charakterisierte in seinen Lebenserinnerungen seine Eltern sehr unterschiedlich. Beide seien intelligent gewesen, doch der Vater extrovertiert, gesellig und offen, während die Mutter eher nachdenklich und zuweilen abweisend gewesen sei.[42] Der traditionellen Verteilung der Geschlechterrollen entsprechend war die Sphäre der Mutter das «Innen» und die des Vaters das «Außen». Die Familie der Mutter war «ehrbar», «verlässlich» und «herzlich», die des Vaters «munter», «liebenswürdig» und «etwas leichtfertig».[43] Die Mutter hätte es lieber gesehen, wenn Vater und Sohn sich weniger politisch engagiert und mehr in der privaten Sphäre geblieben wären. Doch es war kennzeichnend für die Dahrendorf'sche Familie, «dass die Grenze zwischen dem Privaten und dem Öffentlichen nie richtig gezogen werden konnte und dass das Öffentliche, dass das Zeitgeschehen ständig hineinwirkte», wie Dahrendorf 2003 in einem Interview äußerte.[44] Von seinem Vater übernahm er die Haltung, öffentliche Ereignisse zu seiner Privatangelegenheit zu machen und sich in der Öffentlichkeit politisch zu engagieren. Weil er es von seinem Vater kannte, war es für Ralf Dahrendorf in späteren Jahren selbstverständlich, in der Öffentlichkeit zu stehen. Bezeichnenderweise nannte Dahrendorf das erste autobiographische Manuskript, an dem er in den siebziger Jahren arbeitete: «Zwischenbericht aus einem *öffentlichen* Leben».[45] Vom Vater wurde Dahrendorf von dessen politischen Überzeugungen und von dessen Haltung, für Gerechtigkeit einzutreten und einen eigenen Kopf zu haben, und von der Mutter durch die Werte Anstand, Ehrbarkeit und Moral geprägt. Er wurde dazu erzogen, Gefühle für sich zu behalten und beherrscht aufzutreten.

Neben den durch das Elternhaus vermittelten Werten und Tugenden beschreibt Dahrendorf in seinen autobiographischen Selbstzeugnissen vor allem seine intellektuelle Begabung als Fundament seines Werdeganges. Er betont, welch hohes Gut Bildung für seine Eltern war. Schon bevor er in die Schule kam, lernte er lesen, und seine Eltern gaben ihm oft spielerische Rechenaufgaben.[46] In seinen Lebenserinnerungen zitiert Dahrendorf sein Zeugnis aus der ersten Klasse: «Ralf ist in seinen Leistungen hervorragend. Auf seine Entwicklung darf man gespannt sein.»[47] Da seine intellektuelle Begabung früh erkannt wurde, konnte er das vierte Schuljahr überspringen. Zu Ostern 1938 sei er mit noch nicht einmal neun Jahren «das Klassenbaby»[48] auf seiner neuen Schule, dem Theodor-Mommsen-Gymnasium in Berlin-Charlottenburg gewesen.

Das Mommsen-Gymnasium sei bewusst aufgrund seines Rufs als «Judenschule» von seinen Eltern für den Sohn ausgewählt worden, erinnerte sich Dahrendorf. Zwar habe er wahrgenommen, wie seine jüdischen Mitschüler nach und nach nicht mehr zum Unterricht erschienen, sich aber zunächst nicht viele Gedanken darüber gemacht. Er war inzwischen Mitglied des Jungvolkes und zunächst beeindruckt von den Nationalsozialisten. So erinnerte er sich daran, wie er 1939, im Alter von zehn Jahren, begeistert einen Wimpel aus dem Polenfeldzug nach Hause brachte, den er von einem Wehrmachtssoldaten erhalten hatte. Die kühle Reaktion seiner Mutter habe ihm zum ersten Mal ins Bewusstsein gebracht, dass seine Eltern eine kritische Einstellung gegenüber dem NS-Staat haben könnten. Für sie als Regimegegner war die Mitgliedschaft ihres Sohnes im Jungvolk jedoch auch eine willkommene Tarnung.[49]

In der Wohnung der Dahrendorfs am Crampasplatz waren unterdessen häufig alte SPD-Genossen wie Hermann Schwamb, Adolf Reichwein und

Theodor Haubach zu Gast. Besonders mit dem bekannten ehemaligen SPD-Reichstagsabgeordneten (1924–1933) und Chefredakteur des sozialdemokratischen *Lübecker Volksboten* (1921–1933) Julius Leber, dessen Frau Annedore und ihren Kindern Katharina und Matthias waren die Dahrendorfs eng befreundet.[50] Man saß im «Herrenzimmer» zusammen, spielte Karten oder führte politische Diskussionen. Im Sommer fuhren die Familien gemeinsam in die Ferien an die Ostsee.

Bis Ende der dreißiger Jahre verlief das Leben der Dahrendorfs relativ ruhig. Doch bald nutzte Gustav Dahrendorf seine Geschäftsreisen durch das Deutsche Reich, um Oppositionelle und Widerständler zu treffen. Er brachte die Sozialisten Wilhelm Leuschner, Julius Leber, Carlo Mierendorff, Theodor Haubach, Hermann Maaß und Adolf Reichwein, aber auch Max Habermann, den früheren Vorsitzenden des Deutschnationalen Handlungsgehilfen-Verbandes, den ehemaligen Hamburger Gauleiter Albert Krebs sowie Fritz-Dietlof von der Schulenburg, Offizier und Mitglied der sogenannten «Grafengruppe» des 20. Juli, miteinander in Kontakt und versorgte sie mit Nachrichten.[51]

Auch auf seiner neuen Schule fiel Ralf Dahrendorf bald als Überflieger auf. Er sollte eine von Hitlers Eliteschulen besuchen, was seine Eltern jedoch verhindern konnten.[52] In dieser Zeit werden die Ambivalenzen deutlich, denen er als Heranwachsender in einem systemkritischen Elternhaus ausgesetzt war. Mit dreizehn Jahren etwa wurde Dahrendorf Jungvolkführer.[53] Zunächst habe ihn die Koppel an der Uniform noch stolz gemacht, erinnert er sich. Als Schlüsselmoment für den Prozess des Umdenkens beschreibt er in *Über Grenzen*, wie er irgendwann zwischen 1940 und 1942, also im Alter von elf bis dreizehn Jahren, im Keller des Wohnhauses eine Kiste mit Unterlagen aus der Zeit vor 1933 fand. Darin hätten sich auch die Reichstagshandbücher der Jahre 1932 und 1933 befunden, in denen er auf den Namen seines Vaters gestoßen sei. Zwar habe er damals noch nicht verstanden, was die Bezeichnung «Sozialdemokrat» bedeutete, aber ihm sei sofort klar gewesen, dass es sich um etwas Geheimzuhaltendes handelte, von dem er niemandem erzählen dürfe.[54]

Ab 1940 gab es aufgrund des Krieges keinen regulären Unterricht mehr. Die Schule fand nur noch halbtags statt, unterbrochen von einem Ernteeinsatz in Schlesien und der Kinderlandverschickung (KLV) nach Polen. Dahrendorf erinnerte sich gut daran, wie er und seine Klassenkameraden aufgrund der mangelnden erzieherischen Strukturen im KLV-Lager außer Rand und Band gerieten. Sie hätten sich im polnischen Städtchen Zakopane als Herren aufgeführt und aus den Geschäften gestohlen, was ihnen gefiel, ohne dass es Konsequenzen gegeben habe. Diese Erfahrung, so schreibt Dahrendorf in seinen Lebenserinnerungen, erfülle ihn noch immer mit Scham.[55]

3. «Der elementare Drang, frei zu sein»: Widerstand und Lagerhaft

Schon 1941 waren die Dahrendorfs nach Zehlendorf in ein Reihenhaus am Süntelsteig in der Siedlung Onkel-Toms-Hütte umgezogen. Aufgrund der zunehmenden Luftangriffe auf Berlin wichen sie 1943 auf eine Pension in Buckow in der Märkischen Schweiz aus. Ralf Dahrendorf ging hier im nahegelegenen Waldsieversdorf auf das dortige Pädagogium, ein Internatsgymnasium mit preußisch geprägter Grundhaltung und einer Schülerschaft von gutbürgerlicher und adliger Herkunft.[56] Ebenfalls aus Berlin an diese Schule gewechselt war der ein Jahr ältere Eduard Grosse, genannt «Poldi», mit dem sich Ralf Dahrendorf anfreundete. Die Freundschaft mit Grosse verstärkte Dahrendorfs Distanz zum Nationalsozialismus, wie er selbst schildert. Grosse habe ihn nicht nur für die von den Nazis als «entartet» eingestufte und verbotene Swing-Musik begeistert, sondern ihn auch in seine Widerstandsaktivitäten eingeweiht.[57] Wenige Monate zuvor hatte Grosse noch in Berlin mit seinem Freund Harald Müller den «Freiheitsverband Höherer Schüler Deutschlands» ins Leben gerufen. Im Frühjahr 1944 gründete er zusammen mit Ralf Dahrendorf, den beiden Mitschülern Fritz Thayssen und Peter Rossbacher sowie Wolf Krüger-Hochstedt, der bereits beim Reichsarbeitsdienst war, in Waldsieversdorf eine weitere Zelle der Widerstandsgruppe.[58]

Der «Freiheitsverband» ist kaum bekannt und bisher nicht wissenschaftlich erforscht. Aus den Schilderungen der damals Beteiligten und aus den wenigen überlieferten Quellen ergeben sich unterschiedliche Versionen der Tätigkeit dieser Widerstandsgruppe und ihrer Folgen.[59] In einem 1996 veröffentlichten Bericht schildert Eduard Grosse, wie die Gruppe auf einem Handkopierer seines Vaters vier Flugblätter zu je hundert Exemplaren herstellte, die den NS-Staat kritisierten und die Beseitigung des Hitler-Regimes forderten. Grosses Berliner Freund Harald Müller hätte die Flugblätter daraufhin mit anderen in Umlauf gebracht. Außerdem seien sie von Wolf Krüger-Hochstedt an dessen Kameraden beim Reichsarbeitsdienst verteilt worden.[60] Vom Herstellen und Verteilen der Flugblätter berichtet auch Ralf

Dahrendorf in seinen Lebenserinnerungen und in einem Briefwechsel.[61] Sein ehemaliger Mitschüler Fritz Thayssen, der der Gruppe ebenfalls angehörte, bestritt hingegen, dass die Gruppe Flugblätter verteilt habe. Eine solche Aktion sei viel zu gefährlich gewesen.

Vielmehr habe die Widerstandstätigkeit darin bestanden, durch subversive Mund-zu-Mund-Propaganda das zu bewirken, was die Nationalsozialisten als «Defätismus» bezeichneten, nämlich Mitschüler oder HJ-Kameraden davon zu überzeugen, dass das NS-Regime verbrecherisch und der Krieg ohnehin verloren war, weshalb die von Hitler eingeforderten Heldentaten zur Verteidigung des Vaterlandes selbstmörderisch und unsinnig waren.[62]

Auch wenn sich die Widerstandsaktivitäten des «Freiheitsverbands Höherer Schüler Deutschlands» und die Rolle Dahrendorfs darin hier nicht abschließend klären lassen, zeigt seine Beteiligung an der Gruppe, dass er – auch geprägt durch seine Familie – schon als Jugendlicher nicht willens war, wegzusehen oder mitzumachen, wie so viele andere Deutsche, sondern dass er bereits einen wachen politischen Geist und eine oppositionelle Haltung gegen den Nationalsozialismus entwickelt hatte. Der «Freiheitsverband» selbst kann als Beispiel dafür gelten, wie Widerstand gegen den Nationalsozialismus sich unter jungen Menschen auch im Kleinen regte.

Zugleich wusste Ralf Dahrendorf um die Notwendigkeit, zumindest oberflächlich mitzumachen, um nicht aufzufallen. Im Sommer 1944 fuhr er als HJ-Lagermannschaftsführer in ein KLV-Lager ins Seebad Horst an der Ostsee. Nach seiner Schilderung war er vom Schulleiter nominiert worden.[63] Fritz Thayssen hingegen berichtete, Dahrendorf habe sich freiwillig als Lagermannschaftsführer gemeldet, und zwar zur Tarnung und um einem Einsatz als Flakhelfer zu entgehen.[64] In Horst erhielt Dahrendorf Ende Juli Besuch von seiner Mutter und seinem Bruder Frank. Von ihnen erfuhr er, dass sein Vater im Zusammenhang mit dem Hitler-Attentat vom 20. Juli verhaftet worden war. Gustav Dahrendorfs Beteiligung an der Verschwörung gegen den «Führer» war durch ein Telegramm aufgedeckt worden, in dem er als Zivilbeauftragter für den Wehrkreis 10, also als zukünftiger Regierungschef von Hamburg, genannt worden war.[65] Ralf Dahrendorf schildert, wie ihm seine Mutter die «schmerzhaften Worte» auf den Weg gab: «Dies wird eine schwierige Zeit, mein Sohn. Ich glaube nicht, dass ich dir helfen kann. Jetzt muss jeder von uns selber sehen, wie er zurechtkommt. Ich kann nur hoffen, dass alles ein gutes Ende nimmt.»[66] Die Wort der Mutter zeigen, dass der 15-jährige Ralf nicht mehr von seinen Eltern beschützt werden konnte. In Dahrendorfs autobiographischen Schriften belegt diese Episode seine Entwicklung zum Individualisten, da er schon als Jugendlicher lernen musste, Verantwortung in Situationen zu übernehmen, denen selbst die Erwachsenen nicht mehr gewachsen waren. Am 20. Oktober 1944 wurde Gustav Dahrendorf gemeinsam mit Julius Leber, Adolf Reichwein und Hermann Maaß wegen Landesverrats vor dem Volksgerichtshof in Berlin angeklagt. Den Vorsitz der Verhandlung hatte der berüchtigte Strafrichter und Gerichtspräsident Roland Freisler. Während Leber, Reichwein und Maaß wegen ihrer Zusammenarbeit mit Wilhelm Leuschner und Carl Friedrich Goerdeler zum Tode verurteilt wurden, kam Gustav Dahrendorf mit der Verurteilung zu sieben Jahren Zuchthaus wegen Mitwisserschaft davon. In den Monaten bis zur Verhandlung war er im Gestapo-Gefängnis in Berlin und im KZ Ravensbrück inhaftiert gewesen, wo er schwere körperliche Misshandlungen erfuhr. Die Monate bis zu seiner Befreiung durch die Rote Armee am 28. April 1945 verbrachte er im Zuchthaus Brandenburg.[67]

Durch Beteiligung seines Vaters am Widerstand machte Ralf Dahrendorf früh und unmittelbar die Erfahrung, dass man sich gegen Unrecht auflehnen kann und eigene Werte verteidigen muss, sei es unter Einsatz des eigenen Lebens. In *Über Grenzen* schrieb er über die am Hitler-Attentat des 20. Juli beteiligten Sozialdemokraten: «Für sie waren Vaterland, Recht und Sozialismus untrennbar [...] Zudem, und zum Unterschied von den anderen Gruppen waren sie Demokraten. Ich bin politisch andere Wege gegangen, westlichere, liberalere, aber bis heute ist für mich die Welt meines Vaters der Inbegriff des Guten in der deutschen Tradition.»[68]

Nicht nur der Vater, auch der Sohn hatte sich in den Widerstand und damit in Lebensgefahr begeben. Auch wenn Ralf Dahrendorf selbst im Nachhinein seinen Beitrag und die Bedeutung der hergestellten Flugblätter als eher gering einstufte,[69] waren solche Aktionen höchst gefährlich, wenn man etwa an das Schicksal der Münchner Studentengruppe «Die weiße Rose» denkt. Dahrendorf und seinen Mitstreitern war die Dimension der Gefahr wohl nicht bewusst. Noch nach der Verhaftung seines Vaters verfassten Ralf Dahrendorf und sein Freund Eduard Grosse im Deutschunterricht kritische Aufsätze, in denen sie gegen den «Volkssturm» Stellung bezogen, und brachten damit sich und ihre Familien in Gefahr.[70]

Im Herbst 1944 wurden Ralf Dahrendorf, Eduard Grosse, Fritz Thayssen, Peter Rossbacher und Wolf Krüger-Hochstedt verhaftet. Der genaue Zeitpunkt der Verhaftung und wie es dazu kam, wird von den Beteiligten unterschiedlich geschildert. Nach Ralf Dahrendorfs und Eduard Grosses Erinnerungen stand Ralf Dahrendorf durch die Verurteilung seines Vaters im Zusammenhang mit dem 20. Juli unter Briefzensur, so dass Briefe zwischen ihm und Eduard Grosse abgefangen wurden. Ob der «Freiheitsverband Höherer Schüler Deutschlands» in den Briefen lediglich Thema war oder ob in den Briefen sogar Flugblätter ausgetauscht wurden, darüber gehen Dahrendorfs und Grosses Schilderungen auseinander. Grosse erklärte, er habe Dahrendorf ein Flugblatt ins Seebad Horst geschickt; nach Dahrendorf schrieben die beiden sich die betreffenden Briefe erst nach seiner Rückkehr nach Buckow im August 1944.[71] Fritz Thayssen, der gemeinsam mit Peter Rossbacher ebenfalls verhaftet wurde, gab im Gespräch an, die genauen Umstände, die zur Aufdeckung der Gruppe führten, seien bis heute nicht geklärt. Neben den Berichten von Dahrendorf und Grosse habe es das Gerücht gegeben, dass in Dahrendorfs Spind im KLV-Lager in Horst bei einer Durchsuchung eine Liste mit den Klarnamen der Beteiligten gefunden worden war.[72] Eine weitere unbelegte Vermutung war, dass Wolf Krüger-Hochstedt Thayssen und Rossbacher verraten habe.[73]

Dahrendorf schildert in *Über Grenzen*, wie ihn eines Tages zu Hause ein Gestapo-Mann erwartete, der ihn über den Inhalt der Briefe verhörte. Eine Woche später sei er erneut zum Verhör geholt worden. Dabei habe man ihn mit einem Rohrstock geschlagen, was ihn jedoch «vollends obstinat» machte.[74] Er habe seine Freunde nicht verraten, sondern stattdessen ein Protokoll voller Widerrufe und Fantasiegeschichten unterschrieben. Wenige Wochen später, wahrscheinlich Anfang Dezember 1944, wurde Ralf Dahrendorf abends von der Gestapo aus der Wohnung in Buckow abgeholt, als seine Mutter gerade im Kino war. Gemeinsam mit Eduard Grosse wurde er in ein Gestapo-Gefängnis in Frankfurt an der Oder gebracht. Eduard Grosses und Ralf Dahrendorfs Schilderungen unterscheiden sich zum Teil in ihrer Erinnerung an die folgenden Wochen, worüber Dahrendorf auch in seinen Lebenserinnerungen *Über Grenzen* berichtet.[75] Dahrendorf und Grosse stimmen in ihrer Darstellung darin überein, dass sie in Einzelhaft, aber in benachbarten Zellen saßen und durch einen Kachelofen, der die beiden Zellen verband, miteinander kommunizieren konnten.[76]

Ralf Dahrendorf hat in späteren Jahren immer wieder betont, dass die zehn Tage in Einzelhaft für ihn eine existenzielle Erfahrung gewesen seien, die in ihm einen absoluten Freiheitsdrang ausgelöst hätten. Seine Reith Lectures von 1974 in der BBC mit dem Titel «The New Liberty» («Die neue Freiheit»), begann er mit den Worten:

Der elementare Drang, frei zu sein, ist die treibende Kraft aller Freiheiten, ob alt oder neu. Diesen Drang braucht man kaum zu erklären, und mancher hat ihn in einer Weise erfahren, die er nicht vergißt. Ich sehe mich noch in meiner Zelle im Polizeigefängnis von Frankfurt an der Oder; es war November 1944 und ich war fünfzehneinhalb; [...] die zehn Tage Einzelhaft haben jenen fast klaustrophobischen Drang zur Freiheit in mir geweckt, den aus den Eingeweiden kommenden Widerwillen gegen das Eingesperrtsein, sei es durch die persönliche Macht von Menschen oder durch die anonyme Macht von Organisationen.[77]

Auch in seinen Lebenserinnerungen *Über Grenzen* besitzt die Einzelhaftepisode für Dahrendorf ein charakterbildendes Moment:

Ich war ziemlich mitgenommen, aber moralisch ungebrochen. Im Gegenteil. Was bislang bis zu einem gewissen Grade jugendliche Spielerei gewesen war, verwandelte sich spätestens jetzt in ein ernstes Engagement. Wenn ich je erwogen haben sollte, mich mit dem Nazi-Regime einzulassen, anstatt es zu bekämpfen – und es mag wohl sein, dass es ein paar solcher Momente gab –, war ich nun für alle Zeit resistent gegen solche Versuchung. Wahrscheinlich hat jene Zelle in Frankfurt an der Oder mich sogar immun gemacht gegen die Versuchungen jeder Art von Totalitarismus. Sie hat mich nicht nur immunisiert, sondern auch mit Antikörpern versehen, die ein Leben lang ausreichen sollten.[78]

Wie Jürgen Kocka bemerkt hat, wird in Dahrendorfs Schilderung ein eigentlich mehrjähriger Lern- und Bildungsprozess auf die Erfahrung der Unfreiheit im Gestapo-Gefängnis verkürzt.[79] Dahrendorf wollte deutlich machen, warum für ihn aus der unmittelbaren persönlichen Erfahrung der «deutschen Katastrophe» die Überzeugung erwuchs, sein Leben lang in besonderer Weise für die Freiheit einstehen zu müssen. Diese Überzeugung wird damit zu einem Grundstein für sein späteres Engagement als Intellektueller.

Am 12. Dezember wurden die Jungen in das Erweiterte Polizeigefängnis Schwetig (heute Swiecko, Polen), ein Arbeitserziehungslager der Gestapo (AEL) mit dem euphemistischen Namen «Oderblick», verlegt, wohin sie mit anderen Gefangenen von Frankfurt aus marschieren mussten.[80] In diesem Lager saßen politische Gefangene sowie Zwangsarbeiter, die gegen die «Arbeitsdisziplin» verstoßen hatten, ein. Die beiden Gruppen hatten einen unterschiedlichen Status. Die politischen Gefangenen hatten teilweise Privilegien; sie durften Post empfangen oder hatten sogar Freigang aus dem Lager, während die ausländischen Zwangsarbeiter deutlich schlechteren Haftbedingungen ausgesetzt waren.[81] Dahrendorf und seine Kameraden hatten aufgrund ihres Alters einen Sonderstatus im Lager. Statt wie die übrigen Häftlinge in Baracken, waren sie, so erinnerte sich Fritz Thayssen, in «Zweierstuben» untergebracht und mussten nicht arbeiten.[82] Im Januar 1945 konnte sogar Dahrendorfs Mutter Lina ins Lager kommen, um für zehn Minuten mit ihrem Sohn zu sprechen.[83] Der im Lager zuständige SS-Hauptscharführer Kienert holte die Jungen häufig für Unterweisungen im nationalsozialistischen Gedankengut in sein Büro, da er in ihnen offenbar trotz allem ein Potenzial sah.[84] Grosse berichtet, der SS-Mann habe ihn mehrfach mit einer Lederpeitsche verprügelt.[85] Trotzdem versuchten die Jungen durch spitzfindige Fragen, ihren Aufenthalt in der warmen Stube des Lagervollstreckungskommissars zu verlängern, denn der Winter 1944/45 war bitterkalt.[86] Dahrendorf hat mehrfach beschrieben, wie er die Brutalität im Lager erlebte, als ein russischer Mithäftling, der ein Stück Butter gestohlen hatte, auf grausame Weise vor allen Gefangenen erhängt wurde.[87] Während Grosse auch von Gewalt gegen ihn selbst berichtet, hat sich die von Dahrendorf geschilderte Brutalität in seiner Erinnerung nicht gegen ihn, sondern gegen andere gerichtet. Auf diese Weise bleibt Dahrendorf in seiner Erzählung stets Agent mit eigenem Handlungsspielraum, als welcher er zwar Opfer, aber nicht ohnmächtig war.[88]

Mit Dankbarkeit schildert Dahrendorf die Solidarität der sozialdemokratischen und kommunistischen Mithäftlinge. Diese hätten den Jungen mit einem Stück Brot, einer zusätzlichen Decke oder Ausreden gegenüber den Bewachern geholfen und ihnen damit das Leben gerettet. Besonders das gemeinsame Weihnachtsfest blieb ihm im Gedächtnis:

> So kam es, dass 1944 zum erinnernswertesten Weihnachten meines Lebens wurde. Irgendwie hatten unsere väterlichen Freunde etwas zu essen und sogar ein paar Süßigkeiten aufgetrieben. Dann begannen sie zu singen, nicht «Stille Nacht», sondern das ganze Repertoire der Lieder der Arbeiterbewegung mit ihrem Lob der Solidarität und dem Versprechen neuer und besserer Zeiten. [...] Wir fühlten uns zugehörig zu einer Gemeinschaft, die keine Uniformen und Marschkolonnen brauchte, sondern auf einfachen Banden der Kameradschaft und des Mitgefühls beruhte.[89]

Ein bislang unveröffentlichter Bericht des ebenfalls im Lager inhaftierten KP-Funktionärs Alfred Donath bestätigt Dahrendorfs Schilderung:

Als Mitte Dezember 44. 4 jugendliche Deutsche Häftlinge in das Lager Schwetig gebracht wurden, versuchten wir erneut sofort mit ihnen in Verbindung zu kommen, was uns auch gelang. Es handelte sich um 4 Schüler einer Privatschule aus Buckow (Märk. Schweiz). [...] Durch Einzelhaft u.Hunger sowie Steinchensammeln auf dem Lagerhof, versuchte mann diese Jungen weich u.mürbe zu machen. Von uns wurde ihnen Rauchware und Lebensmittel zugeschanzt, sie merkten, das nicht allein sind, ihr bisheriger Mut wurde gestärkt, der Gestapo gelang ihr Vorhaben nicht. Nach einiger Zeit wurden diese Jungen nach der Revierbaracke in ein Lerzimmer verlegt, sie kamen regelmässig mit uns zuerst auf den Hof beim Spaziergang zusammen, wir konnten mit ihnen Diskutieren, denn sie waren ja sehr wissenshungrig, zumal wir als Sozialisten eingekerkert waren.

Zu den Weihnachtsfeiertagen erhielten diese Jungen dann die Erlaubnis über die Feiertage zu uns Überzusiedeln, was für sie dann ein besonderes Erlebnis war.[90]

Am 31. Januar 1945, als die Front immer näher rückte, wurden die Jungen entlassen. Ihr Entlassungsschein enthielt die lapidare Feststellung, dass sie in den letzten Wochen im Erweiterten Polizeigefängnis Schwetig «Gemeinschaftsverpflegung» erhalten hätten.[91] Nach Dahrendorf war die Entlassung ein willkürlicher Akt des Lagervollstreckungskommissars Kienert.[92] Grosse hingegen gibt zu Protokoll, dass sein Vater Kienert und den Reichssicherheitshauptmann Kurt Valenski bestochen habe, um die Entlassung der Jungen zu erreichen.[93] Ihre Entlassung bewahrte die Jungen vor einem schlimmen Schicksal: Nur wenige Tage später wurde das Lager Schwetig von den Wachmannschaften in Brand gesteckt, wobei viele Häftlinge ums Leben kamen; andere wurden auf Todesmärsche nach Sachsenhausen und Buchenwald geschickt.[94] Eduard Grosses Freund Wolf Krüger-Hochstedt jedoch blieb im Lager zurück und wurde dort erschossen, wie Grosse und Thayssen übereinstimmend berichten.[95] Dahrendorf erwähnt in *Über Grenzen* hingegen nicht, dass Rossbacher, Thayssen und Krüger-Hochstedt mit ihm und Grosse im Lager einsaßen. In einem Brief aus dem Jahr 1999 erklärt er sogar: «An den Namen Krüger-Hochstädt erinnere ich mich überhaupt nicht. Dass Thayssen und Rossbacher mit uns im Lager waren, erinnere ich ebenfalls nicht.»[96] Es ist erstaunlich, dass Dahrendorf sich später nicht mehr zu entsinnen vermochte, dass auch drei weitere Freunde mitinhaftiert waren. Diese Erinnerungslücken machen einmal mehr deutlich, wie unzuverlässig das menschliche Gedächtnis ist. Es mag sein, dass für Dahrendorf die Zeit im Gestapo-Lager derart traumatisch war, dass er die Inhaftierung weiterer Gefährten verdrängte, umso mehr, wenn noch Schuldgefühle hinzukämen, falls die Verhaftung seiner Mitstreiter tatsächlich auf den Fund einer Liste mit Namen der Gruppe in seinem Spind im KLV-Lager an der Ostsee zurückging.

Dahrendorf selbst setzte sich in seinen Memoiren mit den Grenzen der eigenen Erinnerung auseinander: «Das Gedächtnis ist, wie man mit zunehmendem Alter lernt, ein brüchiges Gewebe, durch spätere Ereignisse aufgedröselt und dann wieder zusammengeknüpft.»[97] Erst in späteren Jahren beschäftigte er sich, auch wegen seiner zweiten, jüdischen Ehefrau Ellen, mit der Frage, was er wann über den Völkermord an den Juden wusste. Vor der eigenen Verhaftung habe er, wie er in seinen Lebenserinnerungen schrieb, bloß eine vage Ahnung gehabt, was in den Konzentrations- und Vernichtungslagern vor sich ging:

Dass es Konzentrationslager gab, in denen Schreckliches geschah, wussten meine Eltern früh. [...] Aber der Massenmord? Der Holocaust? Es ist nicht leicht, wirklich Erinnertes und seitdem Gehörtes und Gelesenes auseinanderzuhalten, so dass [ich] nicht mehr tun kann, als die Verquickungen von Wissen und Nichtwissen ins Gedächtnis zu rufen, die jedenfalls meine Kindheit und vielleicht das Leben mancher in Deutschland kennzeichnete.[98]

Vermutlich aus den neunziger Jahren stammen folgende Notizen in seinem Nachlass:

1. Was haben wir gewusst? Wir kannten das Wort Konzentrationslager, oder eher KZ. Und wir wussten, dass es etwas Unangenehmes war. Kannten wir das andere Wort, Gaskammer? Wir wussten, dass Juden verschwunden waren – aber natürlich wanderten die meisten Berliner Juden aus. Holocaust war noch kein gebräuchliches Wort. (Selbst später, Genozid kam zuerst auf.) «Judenvernichtung» sicherlich. Auschwitz? Oder war es Bergen-Belsen?

2. Eindrückliche Bilder blieben mir im Gedächtnis. Aber das war Bergen-Belsen, nicht Auschwitz. Der eigentliche Horror wurde erst mit dem Eichmann-Prozess real.

3. Haben wir über Nazi-Verbrechen gesprochen? Ja, sicher. Es gab Karl Jaspers «Schuldfrage», also die ganze Frage der kollektiven Schuld. Die Verbindung zu Nürnberg natürlich. Ich war immer der Meinung, dass die richtige Übersetzung nicht Schuld sei (die im Deutschen metaphysisch ist – vergleiche Schuld und Sühne), sondern Verantwortung, Kollektivverantwortung, und daher die Notwendigkeit, etwas zu tun.
4. Aber ein stark nach vorne gewandtes Moment: Jugend und die neue Zeit für mich wichtig.[99]

Es mag zunächst erstaunen, dass sogar für Dahrendorf, der selbst mit seiner Familie vom NS-Regime verfolgt worden war, eine intensive Auseinandersetzung mit dem Holocaust und eine neue Art der kritischen Selbstbefragung erst 16 Jahre nach Kriegsende mit dem Eichmann-Prozess in Jerusalem einsetzte. Zugleich spiegelt dies wider, dass die Verbrechen der Nationalsozialisten an den europäischen Juden erst Jahrzehnte später ins Bewusstsein der Deutschen drangen und damit eine wirkliche «Vergangenheitsbewältigung» beginnen konnte.[100] Neben dem dritten Punkt – dem Bedürfnis, etwas zu tun, das heißt eine demokratische Ordnung aufzubauen – ist auch Punkt 4 interessant: Dahrendorf betont seine in der Zeit nach 1945 nach vorn gerichtete Haltung. Die Gedanken gingen in die Zukunft, nicht in die Vergangenheit. Diese weitverbreitete Einstellung unter den Deutschen führte zum schnellen Wiederaufbau des Landes und wird in der Forschung zudem als typisches Merkmal der 45er-Generation beschrieben.[101]

4. Neuanfang nach 1945: Von Berlin nach Hamburg

In den Monaten von Januar bis zum Kriegsende im Mai 1945 versteckte sich Dahrendorf im Haus seiner Eltern am Süntelsteig in Zehlendorf, wohin auch seine Mutter und sein Bruder Frank inzwischen zurückgekehrt waren.[102] Er verbrachte viel Zeit in der Dachstube des Hauses, wo er sich die Zeit mit dem Verfassen von Texten vertrieb. Ein Theaterstück, das bezeichnenderweise den Titel «Genie!» trägt und deutliche Bezüge zu Goethes *Faust* aufweist, ist aus diesen Monaten im Nachlass Dahrendorf überliefert.[103] Wie sein Vater, der vor dem Krieg als Redakteur tätig gewesen war, hatte Ralf Dahrendorf ein Talent zum Schreiben, was vom Vater spielerisch gefördert worden war, etwa, als Vater und Sohn zusammen eine Familienzeitung, die «DZ» («Dahrendorf-Zeitung»), herausgaben.[104]

Als Ende April die sowjetischen Truppen immer näherrückten, erlebte Dahrendorf die deutsche Kapitulation nicht als die später oft beschworene «Stunde Null». Vielmehr beschrieb er in seinen Erinnerungen die kurz währende «Anomie»[105], die in den wenigen Tagen zwischen Nazi-Herrschaft und Besatzung herrschte. Er erlebte, wie die Geschäfte in der Ladenzeile von Onkel-Toms-Hütte geplündert wurden, stahl auch selbst einige Bücher.[106] In den folgenden Tagen rückten die russischen Truppen in Zehlendorf ein, und es kam zu Plünderungen und Vergewaltigungen in der Nachbarschaft. Als «Opfer des Faschismus»[107] erhielten die Dahrendorfs jedoch ein «schützendes Schild»[108] an ihrem Haus. Aus den Verfolgten waren nun Privilegierte geworden. Auf Anraten seiner Mutter meldete Ralf Dahrendorf sich freiwillig bei den sowjetischen Besatzern und wurde zum Straßenbeauftragten, zuständig für die Verbreitung von Informationen. Mit diesen Aufgaben ging ein *Propusk* (russ. Passierschein) einher, der ihm erlaubte, nach der Sperrstunde auf der Straße zu sein. Nach kurzer Zeit sei er zudem gemeinsam mit einem «unbelasteten» Fotografen zum Verantwortlichen für die Lebensmittelverteilung in Zehlendorf ernannt worden. Damit hatte Dahrendorf bereits mit 16 Jahren eine Position mit Verantwortung inne.[109]

In den ersten Maitagen kehrte auch Gustav Dahrendorf, den Angehörige der sowjetischen Armee aus dem Zuchthaus Brandenburg befreit hatten, nach Hause zurück. Da es nur noch wenige unbelastete Männer mit Verwaltungserfahrung gab, wurde er Leiter der Zentralen Kohlenstelle in Berlin und war ab August 1945 Vizepräsident der Deutschen Zentralverwaltung für Brennstoffindustrie für die Sowjetische Zone.[110] Sofort begann Gustav Dahrendorf sich auch wieder politisch zu engagieren. Die Sozialdemokraten Otto Grotewohl und Erich Gniffke lebten in der Nachbarschaft. Die Männer trafen sich zu Hause, um den Wiederaufbau ihrer Partei zu organisieren. Am 19. Juni 1945 gründeten sie den Zentralen Parteiausschuss der SPD in Ost-Berlin; Otto Grotewohl, Erich Gniffke und Max Fechner als Vorsitzende, Gustav Dahrendorf als Stellvertreter. Der 16-jährige Ralf war bei ihren Diskussionen dabei und traf so auch spätere Parteigrößen wie Willy Brandt, der damals in der Uniform eines norwegischen Presseoffiziers bei Annedore Leber zu Besuch war.[111] Ralf Dahrendorf beschreibt, wie er als Teil seiner Familie ein besonderes gesellschaftliches Verantwortungsgefühl entwickelte:

In unserer Familie wurde das Empfinden bald zur Gewohnheit, dass wir gleichsam ein Stück unserer Zeit mitzutragen haben. Es überraschte daher auch niemanden, wenn dies Stück zuweilen schwer wurde und es

Schwierigkeiten gab, Widerstand, Zweifel, Ärger. Wir sprachen viel über politische Dinge; mein Vater erzählte, ich wollte Grundsätze diskutieren, meine Mutter hätte etwas weniger Aufregung sicher gerne gesehen.[112]

Diese Schilderung aus dem unveröffentlichten autobiographischen Manuskript «Zwischenbericht» ist eine der wenigen Passagen, in denen Dahrendorf sich zu Schwierigkeiten und Zweifeln in der Familie Dahrendorf äußert. In *Über Grenzen* bleiben diese Aspekte meist ausgespart. Beispielsweise erwähnt Dahrendorf nicht, welche Empfindungen ihn bei der Nachricht von der Verhaftung seines Vaters überkamen oder wie er dessen Rückkehr aus der Haft erlebte. Emotionales und überhaupt Privates bleiben in seinen Lebenserinnerungen überwiegend ausgeblendet. So entsteht der Eindruck von zwei Männern, Gustav und Ralf Dahrendorf, die nach den Hafterfahrungen einfach weiterfunktionierten und nun sachlich und nüchtern im Auftreten, aber leidenschaftlich in der Sache, am demokratischen Aufbau des Landes mitwirken wollten.

Im Juli 1945 wurde Zehlendorf Teil der amerikanischen Besatzungszone. In der Folge waren häufig Briten und Amerikaner im Hause Dahrendorf zu Gast. Der Beauftragte für Erziehung und Bildung der Kontrollkommission und spätere Schulleiter des Eliteinternats Eton, Robert Birley, lud Ralf Dahrendorf gemeinsam mit anderen jungen Leuten zu Diskussionen in seine Villa in Grunewald ein. Birley sollte Ralf Dahrendorfs Lebensweg begleiten. «The great educator kept a friendly eye on me in the subsequent years», schrieb Dahrendorf in seiner englischen Autobiographie.[113] In späteren Jahren trafen die beiden sich immer wieder, beispielsweise bei den Königswinter Konferenzen der Deutsch-Britischen Gesellschaft, an denen Dahrendorf ab den sechziger Jahren regelmäßig teilnahm und die entscheidend für den Auf- und Ausbau seines deutsch-britischen Netzwerks waren.[114]

Indessen musste Ralf Dahrendorf wieder zur Schule gehen, nun auf das Gymnasium Zehlendorf, was ihm, der sich mit seinen 16 Jahren nach den Erlebnissen der letzten Monate sehr erwachsen fühlte, wie ein Rückschritt vorkam. Er beschreibt, wie er plötzlich wieder auf der Schulbank saß, neben Klassenkameraden, die kriegsversehrt und mit Eisernen Kreuzen aus dem Krieg zurückgekommen waren. Er selbst war hingegen durch die Lagerhaft geprägt und stand jetzt als «Opfer des Faschismus» unter besonderem Schutz der Besatzungsmächte. Anlässlich einer Gedenkfeier für die Opfer des Faschismus am 8. September 1945 wurde Dahrendorf gebeten, vor der ganzen Schule eine Rede zu halten. Bezeichnenderweise nutzte er diese Gelegenheit nicht, um mit den Tätern oder Mitläufern des Nationalsozialismus abzurechnen. Stattdessen stellte er die Frage: «Ist nicht eigentlich unser ganzes deutsches Land ein einziges gewaltiges Opfer des Faschismus?»[115] Diese eher apologetische Position mag überraschen. Möglicherweise ist diese Rede aber auch als Versuch zu verstehen, seine Mitschüler und Lehrer auf eine gemeinsame demokratische Zukunft einzuschwören und die eigene Sonderstellung zu nivellieren.

Mittlerweile war sein Vater Gustav Dahrendorf immer stärker politisch involviert. Geprägt von den Erfahrungen der Weimarer Republik und von der Mahnung seines ermordeten Parteifreundes Wilhelm Leuschner («Schafft mir die Einheit!»), strebte Gustav Dahrendorf zunächst die Vereinigung der Parteien der Arbeiterbewegung SPD und KPD an, um sie zu stärken. Doch mit steigendem politischen Druck der Sowjets auf die beiden Parteien änderte er seine Meinung und stellte sich gegen die Vereinigung. Damit wurde er zum Problem für die sowjetischen Besatzungskräfte, die angesichts des starken Rückhalts der SPD eine Niederlage der KPD bei den ersten freien Berliner Wahlen im Oktober 1946 befürchteten. Daraufhin wurde sein Sohn Ralf im Sommer 1945 von Mitarbeitern des sowjetischen Geheimdienstes NKWD von der Schule abgeholt. Sie wollten ihn als Spitzel gegen seine Eltern gewinnen. Diese Gespräche hätten ihn, so Dahrendorf, so stark an die Gestapo-Erlebnisse ein Jahr zuvor erinnert, dass er zu dem Schluss gekommen sei, dass sich das faschistische und das kommunistische System glichen. Wegen der politischen Verfolgung im Nationalsozialismus und wegen seiner Erfahrungen mit den sowjetischen Besatzern bezeichnete sich Dahrendorf später als «doppelt gebranntes Kind des Totalitarismus».[116] Der «tiefsitzende […] Widerwille […], fast Ekel»[117], den er wegen dieser Erlebnisse gegen den Kommunismus verspürte, und die positiven Erfahrungen, die Dahrendorf in Berlin und bald darauf in Hamburg mit den amerikanischen und britischen Besatzungsoffizieren machte, führten zu einer Hinwendung zum Westen.

Als sich Gustav Dahrendorf bei der SPD-internen Abstimmung Anfang Februar 1946 dezidiert gegen die «Zwangsvereinigung» mit der KPD aussprach, wurde die Situation für die Dahrendorfs in Berlin gefährlich. Nach einer Aufforderung, zum Gespräch ins sowjetische Hauptquartier nach Karlshorst zu kommen, war Gustav Dahrendorf in Gefahr, von den Russen inhaftiert zu werden. Doch die britischen und amerikanischen Freunde unter den Besatzungsoffizieren kamen den Dahrendorfs zu Hilfe und organisierten die hastige Flucht der Familie.[118] Am Morgen des 21. Februar 1946 wurden zunächst Gustav und Ralf Dahrendorf von den Briten von Berlin in die westliche Besatzungszone nach Bückeburg ausgeflogen. Von dort ging es zunächst ins Hauptquartier der Kontrollkommission der Briten in Lübbecke in Westfalen, wo Gustav und Ralf Dahrendorf Bekanntschaft mit Noel Annan, Nachrichtendienstoffizier des Security Service, machten. Für Ralf Dahrendorf war Annan «der Wichtigste unter den frühen Begegnungen mit Briten»[119]. Annan hatte die Flucht aus Berlin für Gustav und Ralf Dahrendorf arrangiert und kümmerte sich nun darum, dass die Familie in Hamburg eine Wohnung bekamen.[120] Nach dem Treffen mit Annan wurden Vater und Sohn nach Hamburg gebracht, wohin ihnen eine Woche später Lina und Frank nachfolgen konnten.[121] Mit Noel, später Lord Annan, blieb Ralf Dahrendorf zeitlebens verbunden. Als er in den siebziger und achtziger Jahren Direktor der London School of Economics and Political Science war, war Annan Provost des University College. Dadurch gehörten beide der föderal organisierten University of London an und saßen gemeinsam in verschiedenen Gremien und Ausschüssen. Bei seiner Ernennung zum Lord und Mitglied des britischen Oberhauses 1993 wählte Ralf Dahrendorf Lord Annan neben dem ehemaligen Innenminister, Schatzmeister und Präsidenten der Europäischen Kommission, Lord Roy Jenkins, als einen der beiden «Sponsoren», die ihn als neuen Peer förmlich einführten.

Wie schon in Berlin waren auch in Hamburg Verbindungen zu den britischen Besatzungsoffizieren wichtig für die Dahrendorfs. Ralf Dahrendorf erinnert sich Mitte der siebziger Jahre im «Zwischenbericht»:

> Während mein Vater mit den politischen Offizieren der Militärregierung sprach, kümmerten sich die Jugendoffiziere um mich. Sie leiteten mich weiter an Diskussionszirkel, wie sie vor allem zu den Errungenschaften der britischen Besatzungszone gehörten. Wir liebten diese Diskussionen, bei Captain Luxton oder Captain Wolsey oder anderen; denn hier gab es nicht nur Gin und englische Zigaretten, sondern immer neue, bislang unbekannte Themen: Christentum und Sozialismus und Existentialismus, England und Amerika und Afrika, Wahlrecht und Gemeindeversammlung und Steuergesetzgebung.[122]

Schon früh wurde Dahrendorf also über seinen Vater in Kreise eingeführt, in denen er in Kontakt mit wichtigen Persönlichkeiten kam, die ihn auch später in seinem Werdegang unterstützten.

Durch die überstürzte Flucht aus Berlin im Februar hatte Ralf Dahrendorf kurz vor dem Abitur die Schule verlassen müssen. Nun versuchte er das Abitur als Externer in einem Schnellverfahren in Kiel nachzuholen. Doch da er seit 1939 nicht mehr regelmäßig die Schule besucht und keine konstante Schulbildung erhalten hatte, mangelte es ihm an einigen Grundkenntnissen. Und so fiel er «mit Pauken und Trompeten»[123] durch die Prüfung. Danach meldete er sich bei der Heinrich-Hertz-Schule in Hamburg an, an der sein Onkel Walter Dahrendorf Englisch- und Deutschlehrer war, und legte dort im Frühjahr 1947 das Abitur ab.[124] In der Abiturzeitung wurde ihm der Beruf des Rundfunkjournalisten prophezeit,[125] was sicher daran lag, dass Dahrendorf über seine Kontakte zu den britischen Besatzungsoffizieren inzwischen zum Nordwestdeutschen Rundfunk (NWDR) gekommen war, den der BBC-Journalist Hugh Carelton Greene 1946 nach dem Vorbild des BBC-Inlanddienstes mit Funkhäusern in Hamburg und Köln geschaffen hatte. Bei Peter von Zahn und Axel Eggebrecht war Dahrendorf nun regelmäßig in Diskussionsrunden zu Themen wie «Junge Menschen in Berlin», «Sollen wir auswandern?» oder «Ist die Dame ausgestorben?» zu hören.[126] Tatsächlich galt der 17-jährige Ralf Dahrendorf schon bald als «Wortführer»[127] der Jugend.

Durch die Teilnahme an solchen Diskussionen und durch die Begegnungen mit den Besatzungsoffizieren und BBC-Journalisten wie Hugh Carleton Greene lernte Dahrendorf die britische Diskussionskultur kennen und für sein Leben lang schätzen: «Das war tatsächlich ein Teil des Neubeginns. Selbst die Idee der Diskussion war uns ja neu: dass man also unterschiedliche Meinungen an einem Tisch versammelt, dass man sich darüber unterhält und man dabei diese unterschiedlichen Meinungen dann auch kund tut.»[128] Dieser erste Schritt positiver Westerfahrung sollte ihn wie viele Angehörige seiner Generation prägen. Er machte außerdem die Erfahrung, dass er als junger Mensch mit seiner Meinung nicht nur ernstgenommen wurde, sondern auch gefragt war.

In diesem Sinne war Dahrendorf ein prototypischer Vertreter der 45er-Generation, wie sie unter anderem von Joachim Kaiser, Dirk Moses und Christina von Hodenberg beschrieben worden ist.[129] Die als «unverbraucht» geltende Jugend definierte sich selbst in starker Abgrenzung zu den alten, «belasteten» Kräften und wollte für einen Neuanfang in Deutschland stehen. «Jugend» und «junge Generation» erschienen in der Nachkriegszeit geradezu als «Kampfbegriffe» in einer politischen und moralischen Auseinandersetzung um Macht und Deutungshoheit, wie Ohad Parnes, Ulrike Vedder und Stefan Willer dargelegt haben.[130] Auch jüdische Emigranten wie Theodor W. Adorno und Hannah Arendt legten ihre Hoffnungen und Erwartungen für den Aufbau eines demokratischen deutschen Staates in die Jugend: «alles, was über 20 Jahre alt ist, ist hoffnungslos», schrieb Hannah Arendt am 25. Juli 1952 an ihren Mann Heinrich Blücher.[131] Diese Generationenkluft wurde auch von der «jungen Generation» selbst postuliert und in den Jahren 1946 und 1947 durch zahlreiche Zeitschriftengründungen, Ansprachen und Artikel manifestiert. Doch nicht erst seit 1945, sondern bereits im Nationalsozialismus hatte die Jugend als Hoffnungsträger des sogenannten «Dritten Reiches» fungiert. Durch Einrichtungen wie die «Napolas» wurde eine jugendliche Elite besonders gefördert und ihr das Selbstverständnis vermittelt, eine besondere Verantwortung in einem auserwählten Volk zu tragen. Vor diesem Hintergrund erscheint die Konjunktur der «Jugend» nach 1945 vielmehr als Kontinuum der NS-Zeit und steht nicht in Abgrenzung zu ihr: Die Überzeugung der besonderen gesellschaftlichen Verantwortung konnte nun vom Nationalsozialismus auf einen neu aufzubauenden demokratischen Staat übertragen werden.[132]

Über seine britischen Förderer wurde dem 18-jährigen Dahrendorf im Januar und Februar 1948 ein Aufenthalt in Wilton Park, einem britischen *Re-education Camp* westlich von London, ermöglicht.[133] Dieser erste England-Aufenthalt wurde zu einem prägenden Erlebnis. Insbesondere die von Lord Lindsay of Birker, Master des Balliol College in Oxford, geleiteten Diskussionen mit Intellektuellen und Politikern wie dem Deutschland-Minister Lord Frank Pakenham beeindruckten den jungen Dahrendorf. Seine Begeisterung für die angelsächsische Diskussionskultur, gerade vor dem Hintergrund der Erfahrung von Unterdrückung kontroverser Meinungen in der NS-Diktatur und unter den sowjetischen Besatzern, ist charakteristisch für einen Angehörigen der 45er-Generation. Wie ein Schwamm habe er die Gespräche und Debatten in Wilton Park aufgesogen, bekannte Dahrendorf später.[134]

Durch eine Mandelentzündung verlängerte sich sein Aufenthalt in England noch um einige Wochen, welche er in einem Krankenhaus in Amersham verbrachte. Seine englischen Zimmergenossen schlossen bald Freundschaft mit ihm und beschenkten den Deutschen, der vor kurzem noch ihr Feind gewesen wäre, großzügig mit knappen Lebensmitteln wie Süßigkeiten, Obst und Eiern. In den Gesprächen mit ihnen machte Ralf Dahrendorf die für den Sohn eines Sozialdemokraten überraschende Erfahrung, dass seine neuen Freunde aus der Arbeiterschicht mit ihrer Position im Klassensystem durchaus zufrieden waren. «Klassen ohne Klassenkampf – auch das ein Stück britischer Wirklichkeit, jedenfalls in den Jahren nach 1945»[135], bemerkt er in *Über*

Grenzen. «Nicht eine Minute lang hatte ich das Gefühl, hier als Fremder zu sein.» Ohne daß es irgendwie befohlen oder auch nur empfohlen schien, hatte mich jeder behandelt, als gehöre ich dazu»[136], schreibt er in einem Manuskript mit dem Titel «Aus der Bettperspektive», das sogar Eingang in eine Radiosendung fand und 1948 gemeinsam mit Aufsätzen unter anderem von Marion Gräfin Dönhoff und Peter von Zahn in dem Band *Inselmenschen* veröffentlicht wurde.

Auch wenn Dahrendorf in Hinsicht auf seine Bejahung der «westlichen Werte» von Demokratie und Freiheit wie ein prototypischer Angehöriger der 45er-Generation erscheint, so verlief seine nachhaltige Westerfahrung eher untypisch nicht in den USA, sondern in Großbritannien. Auch fand sie ungewöhnlich früh statt, da er, auch über seinen Vater, bereits mit 16, 17 Jahren Beziehungen zu prominenten britischen Besatzungsoffizieren knüpfen konnte, die für ihn wichtige Kontakte waren und ihm weitere Schritte ermöglichten. Außerdem konnte Dahrendorf sich so schon in sehr jungen Jahren im Umgang mit Angehörigen der intellektuellen Oberschicht in Großbritannien üben, von deren Habitus er sehr beeindruckt war. Da sein Vater bereits 1946 wieder in die Hamburgische Bürgerschaft gewählt wurde und von 1947 bis 1949 dem Frankfurter Wirtschaftsrat der britischen und der amerikanischen Zone als Vizepräsident angehörte, machte der junge Ralf zudem früh Bekanntschaft mit der praktischen Politik und traf bekannte Politiker, etwa wenn er seinen Vater zu den Sitzungen nach Frankfurt begleitete.[137]

5. Studium an der Universität Hamburg und erste journalistische Erfahrungen

Zum Sommer 1947 nahm Ralf Dahrendorf sein Studium an der Universität Hamburg auf. Er schrieb sich für Philosophie und Germanistik, später auch für Klassische Philologie ein. In den völlig überfüllten Vorlesungen und Seminaren trafen zwei Generationen von Studenten aufeinander: die um die 20-Jährigen, die gerade erst das Abitur abgelegt hatten, und die zehn Jahre älteren Kriegsheimkehrer, die erst jetzt ihr Studium antreten konnten. Ralf Dahrendorf war zu seinem 18. Geburtstag in die SPD eingetreten und kam darüber in den Sozialistischen Deutschen Studentenbund (SDS), wo er die Bekanntschaft des späteren Bundeskanzlers Helmut Schmidt, des späteren Parlamentarischen Staatssekretärs Willi Berkhan und des späteren *Spiegel-*

Redakteurs Hans Schmelz machte. Für Dahrendorf und seine Freunde galten die älteren Veteranen wie Helmut Schmidt als «die Offiziere», die eine völlig andere Einstellung als er und seine idealistischen Altersgenossen hatten. Im «Zwischenbericht» erinnerte sich Dahrendorf:

> Immerhin brachten die Treffen [des SDS] neue, wichtige Diskussionen, und ich zweifelte nicht, dass ich mich der sozialistischen Seite des Spektrums zurechnete, also denen, die klugen Plänen einiges zutrauten und ausserdem die Sorgen der Vielen für wichtiger hielten als die der Wenigen. Den stärksten Eindruck hinterliess mir Heinz-Joachim Heydorn mit seiner Forderung, Arbeiterkinder in grosser Zahl an die Universitäten zu bringen, auch wenn dadurch vorübergehend das Bildungsniveau gesenkt wird. Die Universität hatte sich ohnehin nach unserem Eindruck allzu unverändert erhalten. Verwirklicht allerdings wurde die Forderung damals nicht.[138]

Der Anspruch, mehr Arbeiterkinder an die Universität zu bringen, den Dahrendorf mit seiner Artikelserie «Bildung ist Bürgerrecht» 1964 stark machte, hatte seine Wurzeln also in dem sozialdemokratischen Solidaritätsgedanken und wird von ihm auf seine Zeit beim SDS zurückgeführt. Aus dieser Zeit stammen auch seine Vorbehalte gegenüber Helmut Schmidt, der Dahrendorf in Diskussionen überheblich erschien. Als Dahrendorf später herausfand, dass Schmidt als junger Oberleutnant bei der Verurteilung seines Vaters, Julius Lebers, Adolf Reichweins und Hermann Maß' im Gerichtssaal gesessen hatte, nahm er ihm das ein Leben lang übel, auch wenn er anerkannte, dass Schmidt dort nicht als Nazi-Sympathisant war: «Er war dorthin abgeordnet worden, was indes nichts ändert am Unterschied unserer Perspektiven.»[139] Die Beziehung der beiden sei «jahrzehntelang spannungsgeladen»[140] geblieben. Dahrendorf, dem Schmidts bestimmendes Auftreten und dessen Befehlston widerstrebten, fühlte sich von dem elf Jahre älteren Schmidt nicht ernstgenommen. Er betrachtete Schmidt lange als «Fundamental-Illiberale[n]».[141] Erst als Schmidt 1998 für eine Fernsehsendung im NDR Gespräche mit politischen Weggefährten führte und dazu auch Dahrendorf einlud, näherten sie sich einander an.[142] In seiner unveröffentlichten englischen Autobiographie schrieb Dahrendorf über diesen Prozess: «I have come to respect Helmut Schmidt, and he has gradually learned to accept me.»[143]

Über seine Rundfunkbeiträge beim NWDR genoss Dahrendorf bereits als 18-Jähriger eine gewisse Prominenz unter seinen Kommilitonen. So kam er

1947 in seinem ersten Semester zur gerade neugegründeten *Hamburger Akademischen Rundschau*. Diese Zeitschrift war von dem damals 26-jährigen Studenten und späteren Germanistikprofessor Karl Ludwig Schneider unter der Lizenznummer 34 der britischen Militärregierung gegründet worden.[144] Sein Stellvertreter war Hans-Joachim Lang, damals ebenfalls Student und später Professor für Amerikanistik unter anderem in Tübingen, wo er und Ralf Dahrendorf Anfang der sechziger Jahre Kollegen werden sollten. Unter «KLS» und «HJL» entwickelte sich die *Rundschau* schnell von einer Universitätszeitschrift zu einer führenden Kulturzeitschrift, in der sich neben jungen Studenten bekannte Schriftsteller zu Wort meldeten. Walter Jens, der mit Ralf Dahrendorf bei dem Altphilologen Bruno Snell studierte und in der *Rundschau* ebenfalls erste journalistische Erfahrungen sammelte, erinnerte sich 1986:

> Eine illustre Mannschaft war das, die sich damals unter der Ägide des Chefredakteurs Karl Ludwig Schneider zusammenfand. Jeder ein Individualist, jeder ein streitbarer Republikaner, jeder von der Überzeugung getragen, daß es keine höhere Ehre gebe, als in der Hamburger Akademischen Rundschau Seit' an Seit' mit Thomas Mann oder Erich von Kahler zu publizieren, im Bund mit helvetischen Demokraten, kosmopolitischen Jesuiten und Emigranten aus aller Herren Ländern. [...]
> Preis des Heftes: eine Reichsmark. Und was wurde dafür geboten! Welche Namen! Welche Premieren! Grauer Umschlag, graues Papier, leuchtende Perspektiven [...][145]

Jürgen Ponto etwa veröffentlichte einen Bericht über das erste Internationale Studententreffen in Tübingen und Conrad Ahlers verdiente sich seine ersten journalistischen Sporen bei der *Rundschau*. Für Ralf Dahrendorf, der vor allem in der dem Universitätsleben gewidmeten Beilage «Der Anschlag» publizierte, war die *Hamburger Akademische Rundschau* bis zu ihrer Einstellung im Jahr 1950 ein wichtiges Medium, um sich schon in jungen Jahren publizistisch Gehör zu verschaffen. Zugleich erhielt er hier sozusagen eine inoffizielle journalistische Ausbildung. Der «Anschlag» war für ihn «ein Stück Freiheit der ersten Nachkriegsjahre».[146] Die *Hamburger Akademische Rundschau* ermöglichte dem 19-jährigen Dahrendorf sogar, 1948 am Deutschen Schriftstellerkongress in Frankfurt am Main teilzunehmen, was er selbst als «ein Stück Hochstapelei» empfand, wie er im «Zwischenbericht» zugab.[147] Darüber hinaus konnte Dahrendorf, wahrscheinlich auch über Kontakte seines Vaters, immer wieder kleinere Artikel wie Rezensionen oder Reiseberichte in der *Welt*, im *Hamburger*

Abendblatt und in den SPD-Zeitungen *Geist und Tat* und *Echo* veröffentlichen. Diese frühe journalistische Tätigkeit stattete ihn schon als jungen Mann mit einem publizistischen Selbstbewusstsein aus und mit der Gewissheit, dass das, was er schrieb, lesenswert war.

Nach Dahrendorfs Selbstdarstellung in *Über Grenzen* gründete sein Erfolg zwar auf harter Arbeit, war aber vor allem das Ergebnis einer Mischung der Faktoren von persönlicher Begabung, Glück und Zufall. Er beschreibt sich zwar als ehrgeizig, dennoch vermittelt seine Schilderung trotz aller Anstrengungen und Entbehrungen eine nonchalante Leichtigkeit. Dies gilt auch für die Beziehungen zu den beiden Mentoren, die Dahrendorf als besonders einflussreich für seinen akademischen Werdegang beschreibt: den Philologen Ernst Zinn und den Philosophen Josef König. Er spricht vom «Glück, gleich zwei bedeutende Lehrer zu finden»[148], und vom «Zufall»[149], durch den er Ernst Zinn auffiel. Der Privatdozent für Klassische Philologie nahm sich des begabten Studenten an und prägte dessen intellektuelle Entwicklung nachhaltig, indem er ihm konsequente Textkritik nahebrachte. Dozent und Student trafen sich zu Spaziergängen im Hamburger Sachsenwald. Zinn sah in Dahrendorf eine Nachwuchshoffnung und plante schon ein ganzes Gelehrtenleben für ihn. Doch Dahrendorf zog es in die Philosophie. Zinn unterstützte Dahrendorf dennoch weiterhin. 1954, als Zinn seinen ersten Lehrstuhl an der Universität des Saarlandes in Saarbrücken innehatte, empfahl er seinem Rektor, dem Germanisten Jean-François Angelloz, Dahrendorf für eine Assistentenstelle. Sechs Jahre später, als Dahrendorf seine Professur in Tübingen antrat, war Zinn dort Professor und gehörte dem Berufungsgremium an. Ralf Dahrendorfs zweiter wichtiger akademischer Lehrer an der Universität Hamburg wurde der Philosophieprofessor Josef König. Er schlug Dahrendorf vor, über Karl Marx zu promovieren. Aus mehreren Gesprächen mit dem Doktorvater und der Entdeckung, dass Marx den zentralen Begriff «Gerechtigkeit» nur selten, und dann mit negativem Beiklang, erwähnt, entsprang die Idee für den Untersuchungsgegenstand von Dahrendorfs Dissertation: «Der Begriff des Gerechten im Denken von Karl Marx».[150]

Doch bevor er sich an das Schreiben der Dissertation machte, hatte Dahrendorf im Frühjahr 1951 die Möglichkeit, gemeinsam mit seinem Studienfreund Hans Joachim Strüber auf einem Frachtschiff nach Amerika zu fahren. Die Reise hatte sein Vater über den befreundeten Hamburger Reeder Carl Fisser arrangiert.[151] Während der Überquerung des Atlantiks blieb Dahrendorf genug Zeit, um *Das Kapital* und *Das kommunistische Manifest* von Karl Marx zu lesen. In New York angekommen, erkundeten er und Hans Joachim Strüber die Columbia University und lernten dort eine Studentin kennen, die die beiden in eine kleine Stadt nördlich von New York einlud, wo sie an einem Ostergottesdienst teilnahmen. «We experienced American hospitality at its warmest»[152], schreibt Dahrendorf über diese Erfahrung in seinen englischen Lebenserinnerungen. Und in den deutschen betonte er, wie verlegen ihn die unvoreingenommene Gastfreundschaft machte, als sie der Pfarrer in der Predigt als willkommene Gäste von weither begrüßte, denn «[n]och waren – man darf es nicht vergessen – nur wenige Jahre seit dem Ende des Krieges vergangen».[153] Anschließend ging es für zwei Wochen nach Kuba, wo der Frachter Zucker lud, so dass den beiden jungen Männern genügend Zeit blieb, Cienfuegos und Santiago de Cuba zu erkunden. Da Hans Joachim Strüber in Mexiko aufgewachsen war und Spanisch sprach, kamen sie mit Angehörigen der Universität in Santiago ins Gespräch, die ihnen ihre Vision von einem unabhängigen Lateinamerika ausmalten.[154] Weitere Reisen in seiner Studienzeit hatten Ralf Dahrendorf bereits 1949 nach Holland und Dänemark, wo er an sozialistischen Jugendcamps teilnahm,[155] und 1950 mit einer Studentengruppe über Tübingen nach Rom geführt. Für die damalige Zeit lernte er also sehr früh eine Reihe anderer Länder kennen.[156]

Bei seiner Rückkehr aus Amerika Anfang Mai 1951 blieb Dahrendorf nur noch wenig Zeit, um die Dissertation zu schreiben, aber nach seiner Schilderung lernte er damals, seine Zeit effektiv zu nutzen:

> Nach der Rückkehr von der amerikanischen Reise war jedoch ernsthafte Arbeit an der Tagesordnung. Glücklicherweise machte ich damals die Erfahrung, das ich durch absolute Konzentration über einen begrenzten Zeitraum viel erreichen kann. Sobald eine Arbeit – ein Vortrag, ein Essay, manchmal auch ein Buch – in meinem Kopf Kontur angenommen hatte, umgebe ich mich mit dem entsprechenden Material und beginne zu schreiben in der Hoffnung, dass Ideen und Argumentation im richtigen Moment auf wundersame Weise zusammenfinden. In der Terminologie der modernen Industrie ausgedrückt, könnte man dies als meinen persönlichen «Just in time»-Prozess bezeichnen. Zwanzig Seiten am Tag sind oft machbar, zehn sind das Minimum. Das Schreiben wird von schnellen Spaziergängen unterbrochen. Ich schlafe schlecht, esse unregelmäßig und trinke wenig. Am Ende stellt sich Erschöpfung ein und die Sehnsucht nach weniger strapaziösen Beschäftigungen.[157]

Diese Arbeitsweise behielt Dahrendorf ein Leben lang bei. Weggefährten und Schüler berichten von seiner Fähigkeit zur absoluten Konzentration.[158] Seine zweite Frau Ellen Dahrendorf beschrieb, wie er sich auch nach einer Abendeinladung bei der Rückkehr nach Hause noch in sein Arbeitszimmer zurückzog, um diszipliniert und hochkonzentriert innerhalb von zwei oder drei Stunden einen Artikel oder eine Rede zu schreiben.[159] Er schrieb zumeist am Stück und überarbeitete Texte eher ungern. Lieber formulierte er sie noch einmal ganz neu, wenn sie ihm nicht gefielen. Diese Schreibtechnik erklärt Dahrendorfs bemerkenswerte Produktivität, die im Laufe seines Lebens zu über 30 publizierten Monographien und unzähligen Zeitschriften- und Zeitungsartikeln führte. Allerdings mag die beschriebene eher temporäre Konzentration im Sinne eines «Schreib-Flows» es ihm erschwert haben, später ein groß angelegtes, gar mehrbändiges Hauptwerk zu verfassen, an dem er über einen langen Zeitraum kontinuierlich gearbeitet hätte. Dennoch gelang es ihm mit dieser Methode, beeindruckend umfangreiche und tiefgreifende Werke wie *Gesellschaft und Demokratie in Deutschland* (1965) oder seine Geschichte der LSE (1995) zu schreiben.

In seiner Dissertation, bei der er von Josef König und dem Marx-Kenner Siegfried Landshut betreut wurde, beschäftigt sich Dahrendorf im ersten Teil mit der Analyse der Begriffe «Gerechtigkeit» und «gerecht» und übt also ganz klassische Textkritik, wie er sie bei Ernst Zinn gelernt hatte. Im zweiten, nicht publizierten Teil unternimmt er eine Kontextualisierung des jungen Marx in die Moralphilosophie der Junghegelianer Ludwig Feuerbach, David Friedrich Strauß, Bruno und Edgar Bauer und Arnold Ruge. Der dritte Teil ist der eigentliche Kern der Dissertation. Dahrendorf geht der Frage nach, was die Geringschätzung der moralischen Kategorie «Gerechtigkeit» bei Marx in Anbetracht von dessen Überzeugung, dass die geschichtliche Notwendigkeit am Ende zu den «richtigen» Ergebnissen führen werde, bedeutete. Im letzten und für ihn selbst wichtigsten Teil formuliert er Thesen zu Marx. Diese Thesen beinhalten die Feststellung, dass Marx' theoretisches Gedankengerüst sich einerseits aus spekulativer Philosophie und andererseits aus Sozialwissenschaft zusammensetze, beides jedoch unverbunden nebeneinander stehe. Dahrendorf äußert Zweifel an der spekulativen Theorie der Geschichte: Wie können überhaupt determinierte Aussagen über den Verlauf der Geschichte gemacht werden? Diese Zweifel hätten ihn zu einer «instinktiven»[160] Ablehnung von Marx gebracht. «In that sense I was a Popperian before reading Popper»[161], erklärt Dahrendorf in seiner englischen Autobiographie. Schließlich kommt er zu dem Schluss, dass Marx' Konzept von Arbeit, seine Idee von Freiheit ebenso wie sein Klassenkonzept und seine Thesen zur Logik von sozialem Wandel weiterer Untersuchung bedürften. «Woher ich das alles 1951, also vor der Begegnung mit Popper, ja vor aller Soziologie nahm, weiß ich nicht mehr», schreibt Dahrendorf in *Über Grenzen*, «doch entwarfen die ‹Thesen zur Marx-Kritik› mein wissenschaftliches Programm für das folgende Jahrzehnt».[162]

Mit der Arbeit über Marx, die 1952 unter dem Titel *Marx in Perspektive*[163] erschien, wurde Dahrendorf mit dem Prädikat «opus eximium» promoviert.[164] Auch wenn in den fünfziger Jahren die Frage nach der Existenz einer Klassengesellschaft ein regelrechtes Modethema war und auch andere über Marx arbeiteten,[165] betont Dahrendorf in *Über Grenzen*, wie ungewöhnlich es Anfang der fünfziger Jahre gewesen sei, über Karl Marx zu schreiben. In einer Zeit, in der McCarthy in den USA die Kommunisten verfolgte, hätten im Adenauer-Staat der Bundesrepublik die Systemgegensätze des Kalten Krieges auch die Wissenschaftswelt bestimmt und Kommunisten als verdächtig gegolten. «Man musste kein Linker sein, um eine philosophische Arbeit über Karl Marx zu schreiben, aber man bewegte sich doch auf schlüpfrigem Boden», schreibt Dahrendorf in seinen Lebenserinnerungen.[166] Möglicherweise empfand Dahrendorf es damals tatsächlich so, vielleicht wollte er damit aber auch noch einmal auf die Exzeptionalität seiner Forschung verweisen. In den Jahren 1967/68 jedenfalls sollte seine genaue Kenntnis von Marx' Schriften dem Hochschullehrer und Politiker Dahrendorf in der Auseinandersetzung mit den linken Studenten helfen.

6. Ph. D. an der London School of Economics and Political Science

Nach dem Abschluss seiner Doktorarbeit erhielt Ralf Dahrendorf die Möglichkeit, für ein Postgraduiertenstudium an die London School of Economics and Political Science (LSE) zu gehen. Das schien ihm attraktiv, zumal ihm geraten worden war, «auf anständige Art etwas Zeit zu verlieren»,[167] weil er mit seinen 23 Jahren und dem Doktortitel noch so jung war und bei interessanten beruflichen Positionen zunächst die Generation der zehn Jahre älteren Kriegsheimkehrer zum Zuge kam. Wahrscheinlich legten ihm britische Bekannte ein Studium an der LSE nahe. Noel Annan setzte sich offenbar dafür ein, dass Dahrendorf einen Platz an der renommierten Londoner Hochschule bekam, denn in einer Notiz im Nachlass von Annan heißt es in Bezug auf Ralf Dahrendorf: «I got him into LSE – + his academic career was launched.»[168] Dahrendorf selbst konnte sich in späteren Jahren nicht mehr erinnern, warum er sich gerade an der LSE bewarb, verwies aber auf das Buch *Diagnosis of Our Time* (1943, dt. 1951) von Karl Mannheim, das er in dieser Zeit las und das ihn beeindruckte. Auf dem Umschlag habe gestanden, dass Karl Mannheim Professor an der LSE war;[169] ihm sollte Dahrendorf jedoch nicht mehr begegnen, denn er war 1947 in London gestorben.

Die LSE war 1895 von Beatrice und Sidney Webb, Anhänger der reformsozialistischen Fabian-Bewegung, gegründet worden und hatte den Ruf, eine «linke» Hochschule zu sein. Vor allem unter William Beveridge, Direktor von 1919 bis 1937, wurden sehr unterschiedliche bedeutende Wissenschaftler verpflichtet wie die Ökonomen Friedrich von Hayek und Lionel Robbins, die Wirtschaftshistoriker Eileen Power und R. H. Tawny, der Jurist Otto Kahn-Freud, der Anthropologe Bronislaw Malinowski und der Politikwissenschaftler und Labour-Politiker Harold Laski.[170] Die Präsenz solcher berühmter Persönlichkeiten trug dazu bei, dass sich die Universität zum Zentrum der britischen Sozialwissenschaften entwickelte und bald zu den britischen Elitehochschulen von Oxford, Cambridge und London zählte. Die LSE ist außerdem Teil eines Verbundes von Colleges, die zusammen die University of London bilden.

Im Sommer 1952 war Ralf Dahrendorf durch Italien gereist, und es fiel ihm zunächst schwer, sich in London einzugewöhnen. Die Stadt erschien ihm – insbesondere im Vergleich zu Italien – streng und abweisend. Er fühlte sich verloren und war niedergeschlagen.[171] Außerdem – und das mag angesichts seiner perfekten Sprachkenntnisse in späteren Jahren überraschen – tat Dahrendorf sich mit der englischen Sprache zunächst schwer und besuchte deshalb Englischkurse.[172] Auch der Studienbeginn an der LSE selbst verlief nicht ohne Probleme. Zunächst erfuhr er im Büro der Graduate School von der Studiengangskoordinatorin Anne Bohm, dass ihn sein Abschluss in Philosophie nicht für das Ph.-D.-Studium, sondern lediglich für ein Master-Studium der Soziologie qualifiziere.[173] Gleichwohl empfahl sie ihm, sich für ein Leverhulme-Stipendium zu bewerben, das er schließlich auch erhielt.[174] Als Dahrendorf 1974 als Direktor an die LSE zurückkehrte, war Anne Bohm noch immer dort tätig und ließ sich von Dahrendorf dafür gewinnen, die Alumniorganisation «Friends of the LSE» aufzubauen, die in den siebziger Jahren ein wichtiger Erfolgsfaktor für die private Finanzierung und das Renommee der «School» werden sollte.

Doch nicht nur die Einstufung in den Master-Studiengang, auch die Konfrontation mit seinem Betreuer T. H. Marshall enttäuschten Dahrendorf, der es bislang gewohnt war, besondere Aufmerksamkeit und Förderung zu erhalten:

> Auch T. H. («Tom») Marshall widerlegte eine Erwartung. Mit meinen akademischen Lehrern in Hamburg hatte ich Glück gehabt. Nun ging ich naiverweise davon aus, dass sich die Erfahrung bei dem *supervisor*, dem Dissertations-Aufseher, wiederholen müsse. Ich erwartete das umso mehr, als ich zu Marshall eine zumindest indirekte Beziehung hatte; er war nämlich Nachfolger von Robert Birley als Bildungsberater der britischen Kontrollkommission für Deutschland gewesen. Als ich ihn indes zum ersten Mal in seinem Büro sah, gab es kein persönliches Wort. Sein unbewegtes Gesicht blickte mit freundlichem Desinteresse auf den jungen Deutschen.[175]

Dahrendorf hatte mit Bewunderung Marshalls Werk *Citizenship and Social Class* (1949) gelesen. Darin legt Marshall die Entwicklung eines erfüllten Begriffs der Bürgerrechte dar, welche im 18. Jahrhundert durch staatsbürgerliche Gleichheitsrechte begann und im 19. Jahrhundert um allgemeine politische Teilhaberechte ergänzt wurde, um schließlich im 20. Jahrhundert um die sozialen Teilhaberechte ergänzt zu werden. Das Werk beeinflusste den jungen Dahrendorf wesentlich; später zitierte er immer wieder daraus. Doch der Rat seines *supervisors*, wenn er Soziologie lernen wolle, solle er *Morals in Evolution* von L. T. Hobhouse lesen, stieß bei ihm auf wenig Begeisterung. Hobhouse und seine Schule der «hegelisierenden Sozialphilosophen»[176], zu der auch der LSE-Professor Morris Ginsberg gehörte, langweilten ihn:

> Das allgemeine Reden von Kulturgeschichte gab mir auch dann nichts Handfestes, wenn es in ein dialektisches Schema gezwängt wurde; um Handfestes, möglichst Empirisches zu finden, war ich jedoch nach London gekommen.[177]

Besser aufgehoben fühlte Dahrendorf sich bei jungen Dozentinnen und Dozenten, wie Jean Floud, die noch bei Mannheim studiert hatte und soziologische Empirie mit theoretischer Einbettung lehrte, dem Marxisten Thomas Bottomore und der späteren Vorsitzenden der Liberaldemokraten im Oberhaus Nancy Seear.

Am wichtigsten war für den angehenden Soziologen jedoch die Begegnung mit dem Philosophen Karl Popper. Poppers Seminar fand im Souterrain des alten Gebäudes der LSE statt. «Vor einer eher bescheidenen Studentenschar sprang der kleine Mann mit seinem scharf konturierten Gesicht oft aufgeregt hin und her, vor allem wenn er ins Polemisieren kam»[178], erinnerte sich Dahrendorf in *Über Grenzen*. Nach und nach hätten seine britischen Kommilitonen das Seminar verlassen, und er selbst sei kurz davor gewesen, es ihnen gleichzutun. Trotz des oft gereizt-polemischen Unterrichtsstils, den Dahrendorf anfangs schwer ertrug, kam er schließlich dazu, Popper zu verehren. Dessen «hypothetisch-deduktive Methode», nach der die Menschen ihre Theorien von der Beschaffenheit der Welt immer wieder an der Realität zu überprüfen haben, um anhand der Falsifikation zum Fortschritt der Erkenntnis und zu besseren Theorien zu gelangen, überzeugte Dahrendorf und formte seine Auffassung von den Bedingungen einer liberalen Gesellschaft. Poppers *Offene Gesellschaft und ihre Feinde* (1945) wurde für Dahrendorf zu einem Kultbuch, das er immer wieder zitierte und auch als Begründung für sein politisches und intellektuelles Engagement anführte:

> Der Kern der Popperschen Position fand bei mir ein unmittelbares Echo. Wir leben in einer Welt der Ungewissheit. Niemand weiss genau, was wahr und was gut ist. Darum müssen wir immer neue und bessere Antworten suchen. Das geht aber nur, wenn Versuch und Irrtum erlaubt sind, ja ermutigt werden, also in einer offenen Gesellschaft. Sie wenn nötig zu verteidigen und sie jederzeit zu entwickeln ist daher die erste Aufgabe.
>
> Das ist nicht so abstrakt wie es klingt. [...] Es bedeutete, dass ich mich immer dann zu politischem Tun aufgerufen fühlte, wenn die Verfassung der Freiheit selbst in Frage stand.[179]

Allerdings ist die Begegnung mit Karl Popper an der LSE von Dahrendorf möglicherweise erst im Nachhinein in ihrer Bedeutung erkannt worden. Dafür spricht, dass Dahrendorfs Gutachten für Bewerbungen auf Assistentenstellen nach seinem LSE-Studium 1954 von T. H. Marshall und Morris Ginsberg kamen.[180] Wahrscheinlich entstand die persönliche Beziehung zu Popper erst in späteren Jahren. Im Nachlass Dahrendorf ist sie seit 1961 dokumentiert, als Dahrendorf Popper im Oktober für eine Arbeitstagung der Deutschen Gesellschaft für Soziologie unter dem Titel «Die Logik der Sozialwissenschaften» nach Tübingen einlud, welche unter der Chiffre «Positivismusstreit» bekannt wurde.[181] Für Dahrendorf selbst war Popper derjenige, der ihn in seinem Werdegang zum Liberalen am meisten prägte.[182]

Nach den schwierigen Anfangswochen lebte Dahrendorf sich dann schnell in London und an der LSE ein, was auch daran lag, dass es viele Möglichkeiten zum sozialen Leben und zum Kontakteknüpfen unter den Studenten gab:

> Die LSE war immer auch eine Lebenswelt. Erwartungsvoll kam man morgens in dem all seine hässlichen Stile im Londoner Russ vereinigenden Gebäudekomplex rings um Houghton Street und Clare Market an. Ein Kaffee bei Joe's neben dem Haupteingang weckte die Lebensgeister. Vorlesungen, meist im New Theatre, waren eher Wahl als Pflicht. Die besten Vorträge wurden ohnehin von Gästen entweder im grossen Old Theatre oder im intimen Kreis im Graham Walls Room gehalten. Die Treffen der Students' Union, der Studentenschaft, erschienen uns Graduierten etwas unter unserer Würde. In der Mensa wurde ein billiges Essen serviert; im Common Room lagen Zeitungen aus.[183]

Weiter schreibt Dahrendorf: «LSE war und ist noch immer eine sehr vereinnahmende Institution, nicht gerade eine ‹totale Institution› im Sinne des amerikanischen Soziologen Erving Goffman, aber doch eine, die das Draussen ziemlich nebensächlich erscheinen lässt.»[184]

Unter den Studenten hatte er schon bald eine Gruppe von Gleichgesinnten gefunden: David Lockwood, A. H. «Chelly» Halsey, Asher Tropp stellten die kommende Generation von britischen Soziologen dar. Die Freunde David Lockwood und Ralf Dahrendorf etablierten das sogenannte «Donnerstagabend-Seminar», in das sie führende Soziologen einluden, um mit ihnen zu diskutieren. So machte Dahrendorf die Bekanntschaft von Talcott Parsons, Reinhard Bendix und Martin Lipset. Im Kreis seiner Kommilitonen entstand auch eine «Interessengruppe Theorie des Konflikts», die sich mit sozialen Konflikten oder dem, was früher «Klassenkampf» geheißen hatte, beschäftigte.[185] Dieses Thema ließ Dahrendorf auch später nicht mehr los. Über die wissenschaftliche Zusammenarbeit hinaus entwickelten sich auch persönliche Freundschaften. Mit David Lockwood und dem amerikanischen Kommilitonen Gene Herrington bezog Dahrendorf 1953 eine gemeinsame Wohnung in der Church Row in Hampstead.[186] Es gab eine starke «group identity» der jungen Soziologen, die sich mit dem Wandel der britischen Sozialstruktur auseinandersetzten, wie sich A. H. Halsey erinnerte.[187] Man

las Max Webers Vorträge über Wissenschaft und Politik als Beruf und entschied sich für erstere Option, was nach Halsey aber keinesfalls bedeutete,
dass das Interesse und die Begeisterung für Politik, die alle teilten, aufgegeben wurden.[188] «Taken together, the work of the LSE group in the 1950s can
reasonably be thought of as a significant addition to knowledge of the changing social structure of Britain.»[189]

David Lockwood schrieb eine hochgelobte Doktorarbeit über die Mittelschicht, *The Black Coated Worker*, A. H. Halsey erarbeitete eine empirische
Studie über die Folgen des Education Act für soziale Mobilität von 1944.[190]
Und Ralf Dahrendorf? Bei seiner Ankunft an der LSE im Herbst 1952 hatte
er gegenüber seinem Betreuer T. H. Marshall den Wunsch geäußert, eine Arbeit über die britischen Intellektuellen zu schreiben. Es ist bezeichnend, dass
sich Dahrendorf schon zu diesem frühen Zeitpunkt für das Thema Intellektuelle interessierte, das sowohl in Theorie als auch in Praxis für ihn ein Leben
lang ein wichtiger Bezugspunkt wurde. Allerdings gab es ein Problem: «Über
dieses Thema wusste Marshall alles und ich nichts.»[191] Nach frustrierenden
Monaten, in denen Dahrendorf feststellte, dass das Thema für ihn einfach
nicht zu bewältigen war, schlug er Marshall einen neuen Forschungsgegenstand vor: «Unskilled Labour in British Industry». Mit der Untersuchung
über ungelernte Industriearbeiter in Großbritannien, an der Dahrendorf von
nun an arbeitete, habe er jedoch das Interesse des *supervisors* endgültig verloren gehabt, berichtet Dahrendorf.[192] Trotzdem schlug Marshall Dahrendorfs
Abschlussarbeit schließlich zur Annahme für den Grad des Ph. D. vor, wie
aus einem Briefentwurf Dahrendorfs an seinen zukünftigen Vorgesetzten,
den Leiter des Frankfurter Instituts für Sozialforschung, Max Horkheimer,
hervorgeht.[193] Allerdings war Marshall wenig überzeugt von der Arbeit seines
Studenten. Er fand sie mittelmäßig und bezeichnete sie als «mediocrity»,
was Dahrendorf hart traf.[194] Dieses Urteil verschweigt Dahrendorf in seinen
Lebenserinnerungen *Über Grenzen* ebenso wie die Tatsache, dass er ursprünglich gar nicht als Ph.-D.-, sondern nur als Master-Student zugelassen
worden war. Auch für Dahrendorf selbst war die Dissertation *Unskilled
Labour in British Industry*, für die er 1956 den Grad des Ph. D. erhielt,[195] nicht
gerade ein Meisterwerk, sondern vor allem eine Fingerübung für spätere
Arbeiten, insbesondere *Class and Class Conflict in Industrial Society* (1959).[196]
Doch mit seinem Thema lag er im Trend der damaligen Forschung, die sich
in Großbritannien mit Klassenkonzepten und in der Bundesrepublik mit
Industriesoziologie beschäftigte. Trotzdem stellte er später fest: «Man kann
nicht sagen, dass ich in irgendeinem systematischen Sinn Soziologie gelernt

hätte; doch half mir die LSE, tief in die Gedankenwelt des Fachs einzutauchen.»[197] Anthony Giddens, der von 1959 bis 1961 an der LSE studierte und nach I. G. Patel und John Ashworth 1997 Dahrendorfs Nachfolger als Direktor der Hochschule wurde, berichtete aus seiner Studienzeit: «Even at that date Dahrendorf was already a legendary figure. Stories abounded about how quickly he had written the dissertation and what an extraordinary capacity he had for work, coupled to a highly original cast of mind.»[198] Dahrendorf schien diese Beschreibung gefallen zu haben, denn er zitiert sie in seinen Lebenserinnerungen. Allerdings fügt er auch hinzu, dass er schon damals ein «workaholic» gewesen sei.[199] In seiner unveröffentlichten englischen Autobiographie erwähnt er ebenso wie in *Über Grenzen*, dass er bei einem Vortrag Anfang der sechziger Jahre einen Schwächeanfall hatte. Als er diesen gegenüber dem Tübinger Philosophieprofessor Walter Schulz als Folge des Zigarettenrauchens erklärte, habe er geantwortet: «Aber lieber Herr Kollege, das war nicht das Rauchen, sondern die Ehrgeiz-Krankheit».[200] Seiner zweiten Ehefrau Ellen sagte Dahrendorf später, sie habe das Glück gehabt, erst in den siebziger Jahren mit ihm zusammenzuleben, nachdem er seine «Ehrgeiz-Krankheit» überwunden hatte.[201]

Im ersten Semester lernte Ralf Dahrendorf bei einer abendlichen Tanzveranstaltung die ein Jahr jüngere Vera Banister kennen. Sie studierte Sozialpolitik an der LSE und strebte einen Beruf in der Personalführung an. Für ihn sei es Liebe auf den ersten Blick gewesen, bekannte Dahrendorf in seinen Lebenserinnerungen.[202] «Sie war hübsch und intelligent, aber auch verletzt und schwierig», schrieb Dahrendorf, «reizvoll und rätselhaft zugleich».[203] Die attraktive Frau war, nach Aussage des gemeinsamen Freundes Fritz Stern, mit ihrer lebhaften und unerschrockenen Art für viele Jahre die einzige, die Ralf Dahrendorf direkt die Meinung sagen konnte.[204] Als die beiden kurz vor der Abreise aus London im Juni 1954 heirateten, kamen nur Ralfs Mutter Lina, Veras Halbschwester Yvonne und Dahrendorfs Studienfreund David Lockwood mit seiner Frau zu der Feier.[205] Veras Mutter, die beide Söhne im Zweiten Weltkrieg verloren hatte, konnte sich mit ihrem deutschen Schwiegersohn nicht abfinden. Ebenso blieb Gustav Dahrendorf seiner Schwiegertochter gegenüber reserviert.[206] Die Beziehung zwischen Ralf und Vera war von Beginn an konfliktreich. «Die Ehe blieb turbulent. Sie hatte ihre guten Tage, führte aber nie zu der Erfüllung eines gemeinsam gestalteten Lebens», schreibt Dahrendorf in *Über Grenzen*.[207]

Das Studium an der LSE war für Dahrendorf aus mehreren Gründen wichtig: Erstens lernte er in diesen zwei Jahren fließend Englisch, eignete sich die englische Kultur an und lernte dort seine erste Frau kennen. Die damit verbundende Orientierung nach England und die Verankerung im Westen wurden in seinem Leben zum bestimmenden Faktor.[208] Zweitens richtete er seine Karriere nach seinen philologisch-philosophischen Marx-Studien in Hamburg mit seinem zweiten, englischen Doktortitel auf die Soziologie aus und erarbeitete sich so das kulturelle Kapital, das er für den Weg zum Hochschulprofessor benötigte. Darüber hinaus erlernte er die Methoden der empirischen Soziologie und machte die Bekanntschaft seines wichtigsten Lehrers, Karl Popper. Drittens baute er sein britisches Netzwerk weiter aus und ergänzte es um Kontakte und Freundschaften zu der aufstrebenden britischen Soziologengeneration. In *Über Grenzen* schreibt Dahrendorf: «Im Übrigen war und ist London für mich vor allem die London School of Economics. […] Jedenfalls bedeutet mir die LSE mehr als jede andere Einrichtung.»[209]

II.
Das «Wunderkind der deutschen Soziologie»: Der Weg zur Professur (1954–1960)

1. Enttäuschte Erwartungen: Am Frankfurter Institut für Sozialforschung

Als sich Dahrendorfs Ph.-D.-Studium an der LSE im Januar 1954 dem Ende zuneigte, stand für den inzwischen 24-Jährigen außer Frage, dass er den Weg der Wissenschaft weiter beschreiten und sich deshalb alsbald habilitieren wollte. Bei seinem Vorhaben konnte er sich der Unterstützung seines Hamburger Lehrers Ernst Zinn sicher sein, der inzwischen an der Universität Saarbrücken zum ordentlichen Professor für klassische Philologie ernannt worden war. Zinn wollte seinen Schüler ebenfalls nach Saarbrücken holen. Doch Dahrendorf erhielt ein weitaus prestigeträchtigeres Angebot aus Frankfurt am Main: eine Assistentenstelle am Institut für Sozialforschung (IfS) bei Max Horkheimer und Theodor W. Adorno. Bei den berühmten Begründern der «Frankfurter Schule» zu arbeiten, reizte den ambitionierten Dahrendorf. «Eine vornehmere Anfangsstellung als die des Assistenten von Professor Max Horkheimer konnte es für den jungen Soziologen nicht geben», schreibt er in seinen Lebenserinnerungen.[1]

In der frühen Bundesrepublik befand sich die Soziologie in einer Phase der Wiederbelebung und des Wiederaufbaus. Die noch junge Wissenschaft, die in Deutschland mit bedeutenden Denkern wie Karl Marx, Max Weber, Ferdinand Tönnies und Georg Simmel verknüpft war, hatte in den Jahren der nationalsozialistischen Herrschaft ihre personelle und inhaltliche Grundlage eingebüßt. Die Mehrheit der an deutschen Universitäten tätigen Soziologen war von den Nationalsozialisten verfolgt, aus ihren Ämtern gedrängt, zwangsemeritiert oder ins Exil getrieben worden. Die Deutsche Gesellschaft für Soziologie (DGS) wurde in dieser Zeit von ihrem Vorsitzenden, Hans Freyer «stillgelegt».[2] Von 1933 bis 1945 verlor die deutsche Soziologie durch den *Braindrain* infolge der Emigration ihre Vormachtstellung und gab diese an die USA ab, wo sich zudem mit Talcott Parsons der bedeutendste soziologische Theoretiker der Zeit etablierte. Die unter anderem von M. Rainer Lepsius vertretene Auffassung, im «Dritten Reich» habe keine Soziologie mehr existiert, ist nach Volker Kruse jedoch eine «Selbsttäuschung der Soziologen der 1950er und 1960er Jahre», die aus dem Selbstverständnis heraus entstanden sei, dass es sich bei der Soziologie per se um eine demokratische Wissenschaft handele.[3] So begann die oft als Nachkriegsentwicklung beschriebene Hinwendung der deutschen Soziologie zur Empirie nicht erst durch den amerikanischen Einfluss in den fünfziger Jahren, sondern bereits vor 1945. Allerdings ist die systematische Survey-Forschung der fünfziger Jahre, wie Uta Gerhardt gezeigt hat, ein Import aus den USA und somit Teil einer nach 1945 in Deutschland neu entwickelten Soziologie.[4] Die Soziologie im Nationalsozialismus war demgegenüber zum einen von rechtsintellektuellen Wissenschaftlern geprägt, die wie Hans Freyer zumindest zeitweise mit den Ideen der Machthaber sympathisierten. Zum anderen bestimmten die «NS-Soziologen», die sich ganz eindeutig in den Dienst der Nationalsozialisten stellten, die Ausrichtung der Wissenschaft auf Gebiete wie die Regional- und Raumforschung, die Völkerkunde, die Industriesoziologie sowie die Anthropologie.[5]

Nach 1945 wurde der Wiederaufbau der Soziologie als Universitätsfach in Westdeutschland vor allem von den Amerikanern gefördert. Wissenschaftler wie Leopold von Wiese und Alfred Weber, die die Jahre des Nationalsozialismus in «innerer Emigration» verbracht hatten, kehrten ebenso an die Universitäten zurück wie die Remigranten aus dem ausländischen Exil: Max Horkheimer und Theodor W. Adorno, Helmuth Plessner und René König. Leopold von Wiese gründete 1946 die Deutsche Gesellschaft für Soziologie neu und erklärte: «Wir nehmen den Faden dort, wo wir ihn fallen lassen mussten, wieder auf.»[6] Doch wie überall in der frühen Bundesrepublik gab es auch in der Soziologie personelle Kontinuitäten, die immer wieder zu Spannungen zwischen den Remigranten wie René König oder Theodor W. Adorno und den «Dabeigewesenen»[7] wie Arnold Gehlen und Helmut Schelsky führten.

Geprägt von den jeweiligen Lehrstuhlinhabern, entwickelten sich in den fünfziger Jahren vier wichtige Zentren der Nachkriegssoziologie. An der Freien Universität Berlin machte sich der Sozialdemokrat Otto Stammer für die Verknüpfung von Soziologie und Politikwissenschaft stark. Am Frankfurter Institut für Sozialforschung vertraten Max Horkheimer und Theodor W. Adorno die «Kritische Theorie», die auf marxistischen und freudianischen Analysekategorien beruhte. René König betrieb nach seiner Rückkehr aus dem Schweizer Exil in Köln Soziologie als empirische Einzelwissenschaft und etablierte ab 1955 die *Kölner Zeitschrift für Soziologie und Sozialpsychologie* als Leitorgan der Disziplin. In Hamburg leitete der Gehlen-Schüler Helmut Schelsky zunächst die gewerkschaftsnahe Akademie für Gemeinwirtschaft, bevor er 1953 an die Universität Hamburg wechselte. Seine Forschungen zu den Gegenwartsproblemen der Nachkriegsgesellschaft wurden breit rezipiert, aufgrund ihres Theorieverzichts jedoch auch kritisiert. Schelsky tat sich als besonderer Förderer des wissenschaftlichen Nachwuchses hervor.[8]

Die große Zielstrebigkeit, mit der Ralf Dahrendorf seine wissenschaftliche Karriere von Beginn an verfolgte, zeigte sich bereits in den brieflichen Verhandlungen mit Max Horkheimer und Theodor W. Adorno, die er 1953/54 noch aus London führte. Nicht nur ging er direkt die Frage nach seinem Gehalt an und handelte die ursprünglich vorgesehen 500 DM pro Monat auf 800 DM hoch.[9] Er versuchte auch, seinem zukünftigen Chef Horkheimer die Zusicherung abzuringen, dass ihm neben der Arbeit für das Institut genügend Zeit für seine Habilitation bleiben werde, welche er «etwa in 2–3 Jahren» zu schreiben beabsichtigte.[10] Horkheimer jedoch hatte andere Pläne mit seinem Assistenten und blieb in seiner Antwort vage bis ablehnend:

> Wenn Ihre Tätigkeit sich so entfaltet, wie wir es uns versprechen, dann zweifele ich nicht daran, daß Sie auch die Zeit für eine Habilitationsschrift finden werden. Ich glaube aber, dass die Chancen dafür sich umso günstiger entfalten, je rückhaltloser Sie der Arbeit an den Institutsdingen sich überlassen. Noch keiner ist dabei schlecht gefahren. Unaufrichtig wäre es von mir, wenn ich Ihnen nicht sagen würde, daß hier eine Reihe dringender Aufgaben Ihrer harren, teils aus den immanenten Notwendigkeiten des Instituts heraus, teils, weil Adorno und ich uns von gewissen Aufgaben entlasten wollen, um endlich wieder zusammen etwas ansehnliches schreiben zu können.[11]

In die «dringenden Aufgaben» wurde der Assistent schon bald eingeführt: Am 1. Juli 1954, seinem ersten Arbeitstag am Institut für Sozialforschung, gab Adorno ihm sogleich zwei Aufträge: Zum einen sollte er innerhalb von drei Wochen einen Bericht über eine vom Institut durchgeführte Studie zur Haltung deutscher Studenten zu Universität und Gesellschaft ausarbeiten. Zum anderen galt es ein Gruppenexperiment auszuwerten, in dem Deutsche zum Thema Faschismus befragt worden waren. Jedoch war Dahrendorf die Art und Weise, wie man ihn in seine neue Stelle und seine neuen Aufgaben einführte, sofort zuwider. «Bislang sei einer damit beauftragt worden», so

gibt Dahrendorf in seinen Lebenserinnerungen *Über Grenzen* Adornos Ansprache an ihn wieder, «der sich als ‹stupider Marktforschungstyp› erweise.
Ich solle mir doch das Material einmal ansehen; denn er, Adorno, hoffe, dass
ich mehr daraus machen würde als der Marktforscher, der dann entlassen
werden könne.» Nach Dahrendorfs eigener Erzählung behagte es ihm nicht,
durch seine Arbeit «einen anderen gleichsam überflüssig zu machen», und so
sei er zum «stupiden Marktforscher» gegangen und habe ihm gesagt, dass er
am IfS keine Zukunft habe, aber dass er selbst «aller Wahrscheinlichkeit
nach vor ihm gehen» werde.[12] Den Bericht über die Studentenbefragung habe
er noch abgeliefert, doch nach nur einem Monat tat er «das Unerhörte und
kündigte die Stellung»[13].

Dahrendorf machte seine Abneigung gegen das IfS weniger an Adorno,
sondern vor allem an Horkheimer und an der Atmosphäre am Institut fest.
Er stand Horkheimer regelrecht feindselig gegenüber, wie im unveröffentlichten «Zwischenbericht», den Dahrendorf Mitte der siebziger Jahre verfasste, deutlich wird:

> Das Betriebsklima des Instituts […] war gekennzeichnet durch eine miss-
> liche Mischung von Brutalität und Komplizentum. An der Spitze, eher
> schemenhaft, die absolute Autorität des unsichtbaren Gottes Horkhei-
> mer, repräsentiert in der Praxis weniger durch Adorno, der derlei welt-
> liche Aufgaben eher widerwillig versah, als durch seine Frau Gretel. Am
> Fuss der Pyramide zwei Kategorien von Bediensteten, die einen, die
> Passanten blieben wie mein «stupider» Kollege, und die anderen, die aus
> welchen Gründen auch immer dem Institut verfallen waren, und daher
> benutzt werden konnten und auch wurden. [Ludwig von] Friedeburg ge-
> hörte dazu, Jürgen Habermas, der seine eigene Geschichte über Humani-
> tät und Führungsstil im Frankfurter Institut erzählen könnte, Heinz
> Maus, der aus der Ostzone gekommen war und daher zu verkürztem Ge-
> halt versteckt und mit verfassungsfreundlichen Dingen beschäftigt
> wurde.[14]

Dahrendorf beschreibt das Institut für Sozialforschung als ein autoritär-hier-
archisches System, innerhalb dessen er sich weigerte, zum opportunistischen
«Mittäter» zu werden und sich für Horkheimers und Adornos Zwecke ein-
spannen zu lassen. Eine Manuskriptfassung von *Über Grenzen* im Nachlass
enthält eine für Dahrendorf völlig untypische emotionale Formulierung über
Horkheimer, die er erst kurz vor der Drucklegung entschärfte. Hier heißt es

über spätere Begegnungen mit Horkheimer: «Da ging es nicht um Fragen des Geistes, sondern solche der Zeit, um Personen und Ereignisse. Wenn ich ihn sah, wurde ich nie das lebhafte Empfinden der Gegenwart des Bösen los.»[15] Dahrendorfs Kündigung nach nur vier Wochen kam für die Institutsdirektoren überraschend. So schrieb Adorno an Horkheimer, der in New York weilte:

> Dahrendorf hat zum 1. September gekündigt, mir völlig unerwartet. Er hat ein glänzendes Stellenangebot von der Universität in Saarbrücken 1000.– DM im Monat, dazu freies Auto, rasche Habilitation und alle möglichen anderen Dinge. Er erklärte sogleich, sein Entschluß sei unwiderruflich, und sagte dann im Gespräch, er fühle sich theoretisch nicht zu uns gehörig, weil wir ihm zu «historisch» dächten, er wolle jedoch im Sinne der formalen und der Wissenssoziologie arbeiten und passe überhaupt nicht in ein Institut, sondern ziele auf die ganz selbständige Universitätslaufbahn ab. Da war halt nichts zu machen. Er ist ein sehr begabter Mensch, aber verzehrt sich geradezu vor Ehrgeiz, und vor allem: er haßt im Grunde das, wofür wir einstehen. Mir ist es eine ziemliche Enttäuschung, denn er hatte sich in der Arbeit wirklich gut angelassen – aber ist wohl der stärkste Beweis für unsere These, dass in einem strengen Sinne nach uns nichts kommt.[16]

Neben der menschlichen Animosität gab es damit wohl noch zwei andere ausschlaggebende Gründe für Dahrendorfs rasche Kündigung: Erstens schien sich die von Dahrendorf angestrebte baldige Habilitation in Frankfurt nicht verwirklichen zu lassen. Statt eigenständige Forschung betreiben zu können, sollte der Assistent den Institutsdirektoren zuarbeiten. Die vielen Aktenordner mit den Protokollen der Gruppendiskussionen schreckten ihn ebenso ab wie die Auswertung der Studentenbefragung, die er weder geplant noch selbst durchgeführt hatte.[17] Die Forschungsideen anderer umzusetzen war schon als junger Assistent nicht Dahrendorfs Sache. Zweitens gab es zwischen ihm und den Begründern der Frankfurter Schule nicht nur unterschiedliche Auffassungen von Soziologie, sondern auch diametrale Haltungen zur modernen Gesellschaft. Dahrendorfs liberalem Fortschrittsoptimismus stand die marxistische Kulturkritik der Frankfurter entgegen.[18]

Ralf Dahrendorfs Ausgabe von Adornos und Horkheimers grundlegendem Werk der «Kritischen Theorie» *Dialektik der Aufklärung* (1947) wird heute in der Dahrendorf-Bibliothek der Universitäts- und Landesbibliothek

Bonn verwahrt. Die darin enthaltenen Notate Dahrendorfs hat der Sozialwissenschaftler Matthias Hansl ausgewertet, um Dahrendorfs ideengeschichtliche Entwicklung zu untersuchen. Aufgrund der Vielzahl an kritischen Anmerkungen, die sich zu «einem Verriss der zivilisationskritischen Kaskaden auftürmen»[19], konstatiert Hansl: «Schon bevor Ralf Dahrendorf 1954 eine Assistentenstelle am Frankfurter Institut für Sozialforschung annahm, hatte er sich von den Schulgründern der Kritischen Theorie emanzipiert.»[20] Gegen diese Interpretation ist jedoch einzuwenden, dass Hansl aus der mit Bleistift geschriebenen Datierung bei Erhalt des Buchs «November 1950» in Dahrendorfs Ausgabe der *Dialektik der Aufklärung* schließt, dass auch alle Anmerkungen aus der Studienzeit vor 1954 stammten. Gegen diese Annahme spricht jedoch, dass die Anmerkungen zum Teil auf Englisch und die eingelegten Zettel zum Teil mit Schreibmaschine geschrieben sind. Denn Dahrendorf, der erst in seiner Zeit an der LSE von 1952 bis 1954 flüssiges Englisch lernte, begann nicht früher als 1957 während eines Forschungsaufenthaltes in Stanford mit der Schreibmaschine zu schreiben, wie er in seinen Lebenserinnerungen *Über Grenzen* berichtet: «Ich gab alles Schreiben mit der Hand, vielmehr mit Federhalter und Tinte, auf und begann alles zu tippen, Briefe, Tagebücher, Bücher.»[21]

An einer Notiz aus seinem Nachlass zeigt sich hingegen, dass Dahrendorf als Student in Hamburg 1950/51 die *Dialektik der Aufklärung* noch mit Zustimmung gelesen hatte. Für die SPD-Zeitung *Hamburger Echo* wählte Dahrendorf 1951 eine Passage daraus über den «Massenbetrug» der Menschen durch die Kulturindustrie zum Abdruck aus. In der Einführung zu dem Text bezeichnete er die *Dialektik der Aufklärung* als eines «der bedeutendsten Bücher der letzten Jahre»[22]. Neben den im Nachlass überlieferten Zeitungsausschnitt des Artikels notierte er handschriftlich: «Ich identifiziere mich gern mit diesem glänzenden Buch».[23] Es ist also anzunehmen, dass Dahrendorf einen Teil der von Hansl untersuchten Anmerkungen als Student, aber andere, wahrscheinlich die kritischeren, erst in den Jahren nach seiner Frankfurter Erfahrung machte. Er hat sich also intensiv mit dem Werk auseinander gesetzt und es mehrmals gelesen.

Die hier aufgezeigte Entwicklung spricht dafür, dass die Stelle am Institut für Sozialforschung bei Horkheimer und Adorno die Wunschanstellung des Hamburger Studenten gewesen wäre. Doch bei seiner Rückkehr aus England war dieser Wunsch eigentlich schon überholt: Dahrendorfs Denkweise hatte sich an der LSE unter anderem durch die Begegnung mit Karl Popper weiterentwickelt. Seine Herangehensweise an die Sozialforschung war nicht mehr eine abstrakt-philosophische, sondern eine konkret-empirische geworden. Sein Denken war nun angelsächsisch geprägt, was sich auch stilistisch niederschlug: Adornos und Horkheimers komplizierte Formulierungen galten Dahrendorf fortan als «Frankfurterisch verstellte [...] Sprache»[24]. Durch England geprägt, bevorzugte er einen klaren, knappen Schreibstil, den er später «exoterisch»[25] nennen sollte. Die Vertreter der Kritischen Theorie der Frankfurter Schule glaubte er als reine Worthülsenproduzenten entlarvt zu haben.[26] So heißt es auf einem mit Schreibmaschine geschriebenen Zettel in seiner Ausgabe der *Dialektik der Aufklärung*: «dialectics is a temptation: the temptation to produce elegant nonsense».[27]

Für Dahrendorf war die Erfahrung am Institut für Sozialforschung also sowohl fachlich wie persönlich eine Enttäuschung. Die ursprünglich so vielversprechend erschienene Erstanstellung hatte sich für den ambitionierten Habilitanden als Sackgasse erwiesen. Möglicherweise war er auch verärgert darüber, dass er sich hatte blenden lassen. Sein überstürzter Wechsel an die wesentlich weniger renommierte Universität des Saarlandes wurde so zu einer Reaktion auf Horkheimers «totalitäres System», das für einen «moralischen Menschen» nicht auszuhalten war. Außerdem war die Ablehnung der Frankfurter Schule Ausdruck einer politischen Differenz. Dahrendorf hatte sich auch während seines Englandaufenthalts von sozialistischen Positionen entfernt und lehnte die linkshegelianisch-marxistische Weltanschauung der Frankfurter Schule als utopischen Dogmatismus ab. Trotz dieser Differenzen hielt Dahrendorf den Kontakt zu Adorno und Horkheimer weiterhin aufrecht. Das Verhältnis zu Adorno war zwar ambivalent, aber positiv, wie sich aus dem Briefwechsel der beiden ablesen lässt.[28] Als Vorsitzender der Deutschen Gesellschaft für Soziologie hielt Dahrendorf nach Adornos plötzlichem Tod 1969 die Trauerrede aus der Position des «kritischen Verehrers».[29]

2. Ein kritischer Exponent der jungen Generation: Dahrendorf etabliert sich als Soziologe

Nach der Frankfurter Enttäuschung blieb für Dahrendorf noch die Saarbrücker Option. Sein Hamburger Mentor Ernst Zinn vermittelte ihm zum 1. September 1954 eine Assistentenstelle am Institut für Soziologie.[30] Die Universität des Saarlandes war erst sechs Jahre zuvor, 1948, gegründet worden und stand zu Beginn der fünfziger Jahre ebenso wie das teilautonome Saargebiet unter französischem Einfluss.[31] Alles war noch neu und im Aufbau

begriffen. Es gab keine universitären Traditionen und die Universität hatte –
im Gegensatz zum Frankfurter Institut für Sozialforschung – noch kein besonderes Renommee. So äußerte sich der SPD-Politiker und Herausgeber der
Zeitschrift *Geist und Tat*, Willi Eichler, in einem Brief an Dahrendorf überrascht, dass es den begabten jungen Mann nach Saarbrücken verschlagen
hatte: «Sie haben in der Tat Recht, dass ich erstaunt war, von Ihrem Aufenthalt im Saargebiet zu hören. Ich hätte gedacht, dass es für Sie nicht schwer
gewesen wäre, an einer deutschen Universität anzukommen.»[32]

Die Studenten der Universität des Saarlandes stammten zu zwei Dritteln
aus dem Industrierevier an der Saar, und über die Hälfte von ihnen kam aus
Arbeiter- und Angestelltenfamilien. Ein studentischer Bericht von 1953 beschreibt das geistige Klima an der Universität:

> Mangel an geistigem Interesse, an Tradition, an studentischer Aktivität,
> Mangel vor allem an «Form» und «Ton». Fast hat man als Außenstehen-
> der den Eindruck einer Verkrampfung. Den Neuimmatrikulierten emp-
> fängt nicht, wie an den meisten and(e)ren [sic] Hochschulen, ein vorge-
> prägtes Milieu. Es fehlt fast an allem, was den jungen Studienbeflissenen
> die Einstellung und den Lebensstil vermitteln könnte, den er zu dem
> seinen machen will; den Lebensstil der gesellschaftlichen Macht und Bil-
> dung besitzenden mittleren, beziehungsweise höheren Bourgeoisie. Die
> Söhne und Töchter der saarländischen Bourgeoisie aber studieren «drau-
> ßen» in Köln, Paris, Heidelberg oder München. Aus dem Fehlen dieser
> Schicht läßt sich vielleicht teilweise die kulturell-politische Verkramp-
> fung der Atmosphäre erklären, die in den hemmenden Gegensätzen ger-
> manophil-francophil ausläuft.[33]

Nicht nur die Atmosphäre an der Hochschule, auch die Stimmung unter
den Professoren war zu Beginn der fünfziger Jahre von den Gegensätzen
zwischen dem deutschen und dem französischen Universitätssystem geprägt.[34] Dahrendorf engagierte sich in seinen Saarbrücker Jahren als Assis-
tentensprecher für die Europäisierung der Universität. In «einer Art
Aufstand der Assistenten»[35] habe er sich dagegen eingesetzt, dass die französischen Professoren durch die deutschen überstimmt würden, und sich damit unter den «national gesonnenen»[36] deutschen Professoren nicht nur
Freunde gemacht. Unter diesen waren auch der Ökonom Herbert Giersch,
1964 Gründungsmitglied der «Wirtschaftsweisen», und der Rechtswissen-
schaftler und spätere FDP-Politiker Werner Maihofer (1918–2009), der seit

1955 Professor in Saarbrücken war. Letzterer, so Dahrendorf 1998 in einem Interview, sei ein «ganz nationaler Liberaler [gewesen], wenn er denn ein Liberaler war, und er hat uns Assistenten das Leben sehr schwer gemacht». Ihm sei damals – ob von Maihofer selbst, bleibt unklar – gesagt worden: «Wenn Du so weiter machst, hast Du in Deutschland keine Chance».[37] Ob Dahrendorf sich in diesem Interview lediglich als unerschrockener Kämpfer für die Gerechtigkeit und gegen nationalistische Tendenzen zeigen wollte oder ob sein Engagement für ihn tatsächlich karrieristische Probleme hätte bedeuten können, muss offen bleiben. In dem Briefwechsel zwischen Werner Maihofer und Ralf Dahrendorf, der sich in Dahrendorfs Nachlass findet, ist jedenfalls keine Missstimmung zu spüren.[38] Dennoch blieben sich der Jurist und der Soziologe bei ihrem späteren Engagement für die FDP fremd. Trotz der lang zurückreichenden Bekanntschaft und der ähnlichen Situation als professorale Seiteneinsteiger in die Politik kam es nicht zu einer Zusammenarbeit. Von den von Werner Maihofer und Karl-Hermann Flach formulierten sozialliberalen Freiburger Thesen aus dem Jahr 1971 distanzierte sich Dahrendorf sogar ausdrücklich.[39]

Nicht nur in Bezug auf die Ausrichtung der Universität lehnte der junge Dahrendorf jeglichen Nationalismus ab. Als es 1955 zu einer Volksabstimmung über das Saarstatut kam, das die Europäisierung des Saarlandes vorsah, stand Ralf Dahrendorf auf der Seite der Befürworter. Er habe sogar erwogen, gemeinsam mit Freunden eine liberale proeuropäische Partei zu gründen, da diese im saarländischen Parteienspektrum noch gefehlt habe, schreibt er.[40] Allerdings ist nicht bekannt, ob Dahrendorf in Saarbrücken Freundschaften zu französischen Kollegen geknüpft hatte.[41] Nachdem das Saarstatut in einer Volksabstimmung mit Zweidrittelmehrheit abgelehnt worden war, erfolgte zum 1. Januar 1957 die Eingliederung des Saarlandes in die Bundesrepublik.

Unmittelbar vor dem Umzug nach Saarbrücken starb Ralf Dahrendorfs Vater am 30. Oktober 1954 infolge eines Herzinfarkts. Die Bedeutung und Bekanntheit, die Gustav Dahrendorf vor allem in Hamburg erreicht hatte, lässt sich daran ablesen, dass eine große öffentliche Trauerfeier mit Ansprachen der SPD-Politiker Erich Ollenhauer und Adolph Schönfelder ausgerichtet und eine Straße in Hamburg-Horn nach ihm benannt wurde. Der frühe Tod des Vaters mit nur 53 Jahren traf Ralf Dahrendorf tief. Seinen ersten Winter in Saarbrücken verbrachte er damit, die Schriften seines Vaters zu sichten und ausgewählte Texte in einem Sammelband zu veröffentlichen, *Der*

Mensch, das Maß aller Dinge (1955), zu dem er ein persönliches Vorwort schrieb. Der Vater war eine wichtige Bezugsperson für ihn und ein Vorbild; nicht zuletzt für das eigene publizistische und politische Engagement. Mitte der siebziger Jahre schrieb er über ihn:

> Wenn die Freiheit bedroht war, war auf ihn Verlass, weil er Bevormundung und Zwang nicht ertrug. War sie nicht unmittelbar bedroht, trat er doch mit Entschiedenheit für eine Politik ohne Dogma ein, für den Einzelnen und gegen die Übermacht der Organisationen und Bürokratien. Und zu allen Zeiten schien ihm sicher, dass man seine Kraft für die vielen einsetzen muss, denen wichtige Lebenschancen fehlen, und nicht für die wenigen, die sie schon haben. Das war einmal sozialdemokratische Politik; heute würde ich sie sozialliberal nennen. Mein Vater gehörte zu den bedeutenden liberalen Sozialdemokraten, die – wie Hugh Gaitskell in Großbritannien, Fritz Erler in der Bundesrepublik, von Julius Leber ganz zu schweigen – zu früh gestorben sind, um solche Politik verwirklicht zu sehen.[42]

Dahrendorf beschrieb den Vater mit den Begriffen des eigenen Weltbildes, indem er die sozialdemokratische Idee in eine sozialliberale umdeutete. Er bestand auf der Bedeutung seines Vaters als «liberalem Sozialdemokraten» und nahm die Sorge um dessen Nachruhm mit der Publikation selbst in die Hand.

Die Saarbrückener Assistentenjahre von 1954 bis 1957 nutzte Dahrendorf, um sich als junger Soziologe zu etablieren. In seinen Lebenserinnerungen betont er vor allem, wie sehr ihm das Leben an der Grenze zu Frankreich gefiel.[43] Im «Zwischenbericht» erzählt er von einer «konfusen, aber auch lebendigen, in Bewegung begriffenen Umwelt»[44] an der Universität. Sein Vorgesetzter, der belgische Soziologe Georges Goriely, war erst seit 1953 in Saarbrücken und offenbar nicht besonders präsent für Dahrendorf. In einem Interview bezeichnete er sich als «Assistent ohne Professor»,[45] der in Saarbrücken «mein erstes soziologisches Institut aufgebaut»[46] habe. So hatte er zwar keinen renommierten Habilitationsbetreuer, aber auch niemanden, der ihn mit Aufträgen von der eigenen Arbeit abhielt. Goriely ließ ihm freie Hand, was Dahrendorf entgegenkam. Er konnte sich den eigenen Forschungsinteressen widmen, schuf sich ein Netzwerk in der deutschen Soziologie und entwickelte eine rege Publikationstätigkeit. In den drei Jahren von 1954 bis 1957 brachte er es auf rund 25 Veröffentlichungen; dabei handelt es sich überwiegend um Aufsätze und Rezensionen, aber auch die Publikation der Schriften von Gustav Dahrendorf, der Göschen-Band *Industrie- und Betriebssoziologie* (1956) und seine englische Doktorarbeit *Unskilled Labour in British Industry* (1956) fallen darunter. Mit Aufsätzen über «Klassenstruktur und Klassenkonflikt in der entwickelten Industriegesellschaft»[47] und «Industrielle Fertigkeiten und soziale Schichtung»[48], vor allem aber mit dem kleinen Göschen-Band zur Industriesoziologie, der bald als Standardwerk galt, begründete Dahrendorf seinen Ruf als Industriesoziologe.[49] Damit knüpfte er an das an, was ihn in London an der LSE geprägt hatte, und gliederte sich zugleich in eine Reihe von jungen Soziologen ein, die an industriesoziologischen Themen arbeiteten. Diese kamen regelmäßig in Frankfurt am Institut für Sozialforschung zusammen, wo Ludwig von Friedeburg ihre Treffen organisierte.[50] Das unter jungen Soziologen beliebte Thema der Industriesoziologie sei, wie Dahrendorf später schrieb, jedoch vor allem deshalb interessant gewesen, weil sich an ihm empirische Forschung in theoretischer Perspektive betreiben ließ.[51] Es ging ihm also weniger um den Inhalt als um die Methode.

Weitere Kontaktpunkte für junge Soziologen waren der Fachausschuss der Industriesoziologie der DGS und ein 1955 von Helmut Schelsky und Helmuth Plessner in Hamburg ausgerichtetes Norddeutsches Soziologen-Nachwuchstreffen. Bei Letzterem diskutierte Ralf Dahrendorf mit anderen Nachwuchswissenschaftlern wie Heinrich Popitz, Hans Paul Bahrdt und Karl Martin Bolte, die bald die Zukunft des Fachs bestimmen sollten. Zu Heinrich Popitz, mit dem Dahrendorf die Geschichte des familiären Widerstandes gegen den Nationalsozialismus ebenso wie wissenschaftliche Interessen teilte – beide hatten über Marx promoviert und beschäftigten sich nun mit der Industriesoziologie –, entwickelte sich eine enge Freundschaft, so Dahrendorf im «Zwischenbericht»:

> Mit Popitz [...] begann damals eine zunächst stockende, dann immer weiter gefächerte Freundschaft, in die das wechselseitige Verständnis für das Geschick der Väter, der scheinbar gegenläufige Prozess der politischen Interessen, er hin zur Sozialdemokratie, ich fort von ihr, und eine tiefe Übereinstimmung in Thematik und Methode der soziologischen Theorie einfloss.[52]

Im März 1957 kehrte Dahrendorf für zwei Wochen nach London zurück, um in den dortigen Bibliotheken die englischsprachen Soziologen wie Alfred Radcliffe-Brown, Talcott Parsons und Robert K. Merton zu studieren und zu übersetzen.[53] Mit dieser bewussten Entscheidung für eine Soziologie westlicher, das heißt angloamerikanischer Prägung kam ihm in der frühen Bundesrepublik eine Vorreiterrolle zu.[54] Jürgen Habermas, der als Journalist für die *Frankfurter Allgemeine Zeitung* 1955 über das Norddeutsche Soziologen-Nachwuchstreffen berichtete, erinnerte sich 2009 anläßlich Dahrendorfs achtzigstem Geburtstag:

> Fast alle später bekannt gewordenen Soziologen unserer Generation waren versammelt. In diesem aus der Retrospektive auf die alte Bundesrepublik erlauchten Kreis stellte ein Privatdozent aus Saarbrücken alle anderen in den Schatten. Dieser konstruktive Geist, der lieber mit idealtypischen Stilisierungen Klarheit schafft als mit hermeneutischer Kunst jongliert, fiel durch seine wuchtige Eloquenz ebenso auf wie durch ein kompromissloses, Autorität beanspruchendes Auftreten und die etwas kantige Art des Vortrages. Was Dahrendorf aus diesem Kreis auch heraushob, war das avantgardistische Selbstbewusstsein, mit alten Hüten aufzuräumen.
>
> Der Vorsprung auf der Karriereleiter war imponierend genug. […] Was ihm den größten Respekt seiner Altersgenossen sicherte, waren aber sein fachliches Wissen, die Vertrautheit mit der englischsprachigen Diskussion und das Bewusstsein, mit einer konflikttheoretisch zugespitzten Kritik an Talcott Parsons, der damals die internationale Szene beherrschte, an der Forschungsfront zu sein – während uns Hinterbänklern die Lektüre von Parsons selbst noch bevorstand.[55]

Die Generation von Soziologen, die sich hier zusammenfand und die bald die Ausrichtung des Faches für die nächsten Jahrzehnte bestimmen sollte, ist vor allem von Heinz Bude und Paul Nolte beschrieben worden.[56] Als Angehörigen der 45er-Generation wird Karl Martin Bolte (* 1925), M. Rainer Lepsius (* 1928), Erwin K. Scheuch (* 1928), Ralf Dahrendorf (* 1929), Jürgen Habermas (* 1929) und – als einziger Frau unter den Soziologen – Renate Mayntz (* 1929) das Kriegsende als gemeinsames identitätsstiftendes Ereignis zugeschrieben. Wie Paul Nolte hervorgehoben hat, zeichnete diese Generation «auf des Messers Schneide»[57] aus, dass sie zwar alt genug waren, um den Nationalsozialismus und sein Ende bewusst mitzuerleben, aber noch jung genug, um von den Verbrechen unbelastet zu sein und das Gefühl zu haben, mit dem befreienden Kriegsende neu anfangen zu können. Emphatisch begriffen sie die Demokratie nicht nur als Gesellschaftsform, sondern geradezu als «Lebensmotto», das es zu verteidigen galt. Als «lange Generation» (Nolte), die schnell auf der Karriereleiter aufstieg, haben die *Twens* der fünfziger Jahre die Soziologie der Bundesrepublik mit ihrer empirischen und wirklichkeitsorientierten Herangehensweise bis in die zweitausender Jahre geprägt.[58] Kaum einer hatte das erst junge Fach selbst studiert. Gerade diese Aufbruchs- und Aufbausituation der Soziologie half vielen, schnell zu einer Professur zu kommen. Bis 1952 gab es in Westdeutschland lediglich zwölf Lehrstühle für Soziologie. Diese Zahl verdoppelte sich bis 1960 auf 25 und versechsfachte sich nahezu auf 69 im Zuge der Hochschulexpansion bis in die Siebziger.[59] Seit den fünfziger Jahren erlebte die Soziologie einen Aufschwung, der in einer kulturellen Hegemonie der Wissenschaft über die Deutungshoheit gesellschaftlicher Ordnung in den sechziger Jahren gipfelte.[60] Erst als der Glaube an die Planbarkeit gesellschaftlicher, politischer und wirtschaftlicher Prozesse nach dem «Ölpreisschock» ab Mitte der siebziger Jahre schwand, wurde das Ende dieser Vorherrschaft eingeleitet.[61]

Heinz Bude beschreibt die Einstellung der jungen Soziologen in den fünfziger Jahren folgendermaßen:

> Nach 1945 war nicht Geschichtsphilosophie geboten, sondern Erfahrungswissenschaft, nicht das Vibrieren abendländischer Vernunft, sondern Theorien mittlerer Reichweite, nicht moralische Erregung, sondern nüchterne Diskussion. Diese Haltung traf Helmut Schelskys Formel von der «skeptischen Generation» auf den Kopf. Dabei glaubten die «Fünfundvierziger», den Geist der Zeit auf ihrer Seite zu haben.[62]

Von einem Gemeinschaftsgefühl, einer Wir-Identität dieser Generation zeugt, dass auch die damaligen Nachwuchssoziologen am eigenen Narrativ mitgeschrieben und zu dessen Verbreitung beigetragen haben.[63] Gemeinsam war ihnen das Bedürfnis, sich von der Garde der alten Soziologen, ob Exilanten oder «Dabeigewesene», und ihrer Denkweise abzusetzen. Typisch dafür ist Dahrendorfs Äußerung, dass er die Diskussionen der etablierten Soziologen als «Nachhall des geistigen Klimas der Weimarer Republik»[64] empfand und sich in ihrem Kreis fremd fühlte. Die Anregung für eine neue, moderne Soziologie suchten Dahrendorf und seine Generationsgenossen M. Rainer Lepsius, Renate Mayntz und Erwin K. Scheuch in den USA und in England. Viele zog es zum Studium oder in die Post-Doc-Phase mit Fulbright-Stipendien gen Westen.[65]

Dahrendorfs Generationsgenosse M. Rainer Lepsius schildert die damalige Stimmung:

Wenn man will, kann man in der damaligen Situation eine Offenheit erblicken, die für die Jüngeren das Studium der Soziologie zu einem weitgehend unkodifizierten und intellektuell reizvollen Unternehmen machte. Es gab keine «herrschende Schule», keine verbindlichen Standards, hingegen eine motivierende Überzeugung von der aufklärerischen Wirkung von Soziologie bei hinreichender Skepsis gegenüber ihrer technologischen Verwertbarkeit.[66]

Die Angehörigen der «skeptischen Generation» (Schelsky)[67] verband die Überzeugung, angesichts der deutschen Vergangenheit auf jegliche Ideologie verzichten zu wollen. In den Worten Dahrendorfs: «Wir hatten uns von einer allzu ätherischen Geisteswissenschaft befreit und genossen die handfestere Welt der Sozialwissenschaften.»[68] Diese Präferenz für eine empirische Sozialforschung statt einer geisteswissenschaftlichen Hermeneutik war nicht nur eine wissenschaftliche, sondern auch eine politische Entscheidung. Für Volker Kruse stellt sie als Kontrastprogramm zum Nationalsozialismus sogar eine Form der «Vergangenheitsbewältigung» dar.[69] Diese Einstellung zeichnete gleichwohl nicht nur die jungen Soziologen aus: Auch Schelsky war *Auf der Suche nach Wirklichkeit* (1965), und René König wollte eine «Soziologie, die nichts als Soziologie»[70] sein sollte, betreiben. Die Auffassung von der Soziologie als Kernwissenschaft des gesellschaftlichen Wiederaufbaus war ein allgemeiner Konsens, dem auch die «Alten» zustimmten. Eine neue, nüchterne Soziologie trat seit den fünfziger Jahren ihren Siegeszug an.[71]

Im Vergleich zu seinen Generationsgenossen in der Soziologie wie M. Rainer Lepsius, Jürgen Habermas, Heinrich Popitz, Renate Mayntz oder Karl Martin Bolte zeichnete Dahrendorf aus, dass er schon früh keine Scheu hatte, sich mit thesenreichen und kritischen Aufsätzen zu exponieren. Davon zeugt ein Album mit Artikeln im Nachlass Dahrendorf, in welches er Ausschnitte aus Zeitungen und Sonderdrucke aus Zeitschriften mit den Artikeln, die er in den fünfziger Jahren veröffentlicht hatte, einklebte und zum Teil mit handschriftlichen Kommentaren versah. Bereits 1951/52, als 22-Jähriger, lieferte Dahrendorf sich in der Zeitschrift *Geist und Tat* einen Disput mit dem Publizisten Kurt Hiller über den intellektuellen Einfluss von Friedrich Engels auf Karl Marx und hatte sichtlich Freude an dem Wettstreit: Dahrendorf notiert im Dezember 1951 in Reaktion auf Hillers Artikel: «Es war nicht zu erwarten, dass Hiller sich eine Polemik entgehen lässt. Aber – vergleichsweise lässt er mich wirklich gut davon kommen. Lohnt die Antwort?».[72] Es wird deutlich, dass Dahrendorf sich schon früh mit «den Großen» maß und die Auseinandersetzung mit ihnen nicht scheute.[73] Das Album ist außerdem ein Beleg dafür, wie zielstrebig Dahrendorf in den fünfziger Jahren an seiner akademischen Karriere feilte. Er sammelte nicht nur systematisch seine publizierten Artikel, sondern skizzierte auch graphisch die Verkaufsentwicklungen seiner Bücher und legte Übersichten der Rezensionen zu seinen Büchern an. Das Album dokumentiert nicht nur Dahrendorfs hohe Publikationstätigkeit in jungen Jahren, sondern zeugt auch davon, wie wichtig es ihm war, seine publizistische Wirkung festzuhalten.[74]

Ein weiteres Beispiel dafür, wie unerschrocken Dahrendorf das akademische Establishment herausforderte, sind seine kritischen Aufsätze über den Zustand der Soziologie. Nachdem er im Oktober 1954 zum ersten Mal an der Fachtagung der Deutschen Gesellschaft für Soziologie (DGS) teilgenommen hatte, kritisierte er in einem Tagungsbericht im *Hamburger Echo* unter dem provokanten Titel «Soziologie ohne Soziologen» die Auswahl der Themen als zu philosophisch und zu wenig soziologisch. So sei der Soziologentag eine «Enttäuschung» für diejenigen gewesen, die sich eine Klärung von brennenden Problemen der Zeit versprochen hätten.[75] Neben dem eingeklebten Zeitungsartikel im Album notierte Dahrendorf die Frage: «Was wohl die Kollegen dazu sagen?»[76] Dahrendorf suchte also ganz bewusst die Auseinandersetzung mit der Zunft und wollte Reaktionen provozieren. Dabei zielte er vor allem auf die Generation der älteren Soziologen, gegen die er sich abzugrenzen versuchte. Er prangerte 1959 den Provinzialismus des Faches an und warf seinen Kollegen vor, wichtige Entwicklungen zu verschlafen: «Vor allem aber ist aus der deutschen soziologischen Forschung seit dem Kriege kaum ein Werk hervorgegangen, das die internationale Diskussion angeregt oder befruchtet hätte.»[77]

Sein selbstbewusstes Auftreten, seine analytischen Beiträge in Fachdiskussionen und seine hohe Publikationsfrequenz sollten Dahrendorf bald den Ruf des «Wunderkinds der deutschen Soziologie» eintragen.[78] Dieses Image haftet Dahrendorf bis heute an und wurde auch von ihm selbst in seinen Lebenserinnerungen *Über Grenzen* gepflegt. Allerdings waren auch andere Generationsgenossen ähnlich zielstrebig auf ihrem Weg zur Professur beziehungsweise profitierten von den damaligen Strukturen und Vakanzen, die ihnen Chancen zum schnellen Aufstieg in der Wissenschaft boten: Dahrendorfs Freund, Heinrich Popitz, Jahrgang 1925, promovierte bereits 1949 und schloss die Habilitation wie Dahrendorf 1957 ab. Karl Martin Bolte, Jahrgang 1925, war 1952 promoviert und ebenfalls 1957 habilitiert, die 1928 geborenen

M. Rainer Lepsius und Erwin K. Scheuch kamen 1955 beziehungsweise 1956 zur Promotion und 1963 beziehungsweise 1961 zur Habilitation und die wie Dahrendorf 1929 geborenen Renate Mayntz und Jürgen Habermas promovierten 1953 beziehungsweise 1954 und habilitierten sich 1957 beziehungsweise 1961. Im Schnitt waren die frisch gebackenen Doktoren also zwischen 23 und 28 Jahre alt, die Habilitation erfolgte zwischen dem 28. und 35. Lebensjahr. Lediglich der «Spätzünder» Niklas Luhmann, geboren 1927, der erst nach einer Verwaltungskarriere zur Soziologie kam, bildet mit der späten (aber zeitgleichen) Promotion und Habilitation 1966 eine Ausnahme. Den 45er-Soziologen waren die günstigen Bedingungen ihrer Generation durchaus bewusst, wie sich an einem Brief von Heinrich Popitz an seinen Freund Dahrendorf zeigt, in dem es um Dahrendorfs Berufung nach Tübingen zum Wintersemester 1960 ging:

> Über Tübingen höre ich die verschiedensten Dinge. [Heinz] Kluth erzählte mir, dass [Hans Paul] Bahrdt an erster Stelle auf der Liste stände. Von einem Ruf war nicht die Rede. [Edgar] Salin aber sagte mir vor einigen Tagen, Sie seien obenan. Nun, warten wir ab. In Basel kommt selbst der Lehrstuhlklatsch immer mit einigen Wochen Verzögerung an, wenn überhaupt. Jedenfalls dreht sich Karussell weiter und ich hoffe nur, dass es für jeden an einem günstigen Punkt stehengeblieben ist, wenn die Soziologen-Lehrstuhlkonjunktur vorüber ist.[79]

Nach eigenen Angaben schrieb Dahrendorf seine 270 Seiten umfassende Habilitationsschrift in nur acht Wochen nieder,[80] da im Herbst 1957 ein Auslandsjahr an der Universität Stanford, USA, anstand und er sich zuvor unbedingt habilitieren wollte. Der Titel des Werkes *Soziale Klassen und Klassenkonflikt in der industriellen Gesellschaft* beinhaltet alle Aspekte, die Dahrendorf in dieser Zeit umtrieben: zunächst einmal die Industriesoziologie, dann die in den fünfziger und sechziger Jahren in der Soziologie dominante Frage, ob es noch Klassen beziehungsweise eine Klassengesellschaft gab, und schließlich – und ganz entscheidend – die Frage nach der Entstehung und Bedeutung gesellschaftlicher Konflikte. Mit dieser Themenwahl positionierte sich Dahrendorf auf der Höhe der damaligen soziologischen Debatte.[81] Sein großer Ehrgeiz lässt sich auch an dem Ziel der Arbeit ablesen: Er wollte mit diesem Buch die Marx'sche Klassentheorie nicht bloß kritisieren und widerlegen, sondern gleichsam «überwinden», also weiterdenken und eine eigene Klassentheorie vorlegen.

Mit Mut zu prägnanten Thesen und dem Selbstbewusstsein, mit seiner Habilitationsschrift ein ebenso bedeutendes Werk wie *Das Kapital* zu schreiben, arbeitete Dahrendorf sich wie bereits in seiner Dissertation an Karl Marx ab. In Bezug auf dessen Klassentheorie konstatierte Dahrendorf «Was Marx richtig sah» und vor allem «Was Marx falsch sah» (so die Teilüberschriften) und verfasste «Das ungeschriebene 52. Kapitel von Marx' Kapital».[82] Klassenkonflikt, so Dahrendorf, beruhe nicht, wie von Marx angenommen, auf der ungleichen Verteilung von Besitz und Produktionsmitteln, sondern auf Herrschaftsverhältnissen. Seine Kernthese entwickelte Dahrendorf nicht nur in Abgrenzung zu Karl Marx, sondern auch zu Talcott Parsons und dessen funktionalistischer Integrationstheorie. Statt wie Parsons die Stabilität gesellschaftlicher Systeme in den Vordergrund zu stellen, waren in der von Dahrendorf entwickelten Konflikttheorie dynamische Konflikte die entscheidende Antriebskraft gesellschaftlichen Wandels. Der Klassenbegriff im Titel der Habilitationsschrift ist dabei eigentlich irreführend und wurde von Dahrendorf vor allem in Abgrenzung zu Marx bemüht. Tatsächlich ist Dahrendorfs Konflikttheorie allgemeiner zu verstehen: «gesellschaftliche Veränderungen [sind] das Ergebnis von Auseinandersetzungen zwischen Gruppen [...], die ihre Kraft aus den obwaltenden sozialökonomischen Umständen beziehen [...]. Immer kämpft eine Gruppe im Namen zukünftiger Möglichkeiten gegen eine andere, die vorhandene Strukturen verteidigt.»[83]

Es mag ambitioniert erscheinen, dass Dahrendorf es sich zutraute, innerhalb nur weniger Wochen ein Werk zu verfassen, das es nicht nur mit Karl Marx, sondern auch mit dem damals einflussreichsten Soziologen Talcott Parsons aufnahm und in dem er sich nicht scheute, massive Kritik an dem Werk seines Zweitgutachters Helmut Schelsky und dessen Konzeption der «nivellierten Mittelstandsgesellschaft» zu üben. Und tatsächlich hatte er sich damit wohl ein wenig verhoben. Wie Dahrendorf 1985 in einem «persönlichen Bericht» zu *Soziale Klassen und Klassenkonflikt* selbst zugab, war das Werk «allzu rasch geschrieben»[84].

Das blieb auch den Gutachtern nicht verborgen. Die Beurteilung seines Vorgesetzten Georges Goriely war vernichtend. Goriely, der offenbar keinerlei Einfluss auf die Entstehung der Arbeit hatte, zeigte sich tief enttäuscht. Die Habilitationsschrift entsprach in keiner Hinsicht den hohen Erwartungen, die Goriely aufgrund von Dahrendorfs Arbeitseifer und Verdiensten um den Aufbau des Soziologischen Instituts an der Universität des Saarlandes an seinen Assistenten hatte.[85] Er war der Ansicht, dass Dahrendorf seine Fähigkeiten und Kenntnisse überschätzt hatte, um den selbstgesteckten Ansprü-

chen der Arbeit gerecht zu werden. Mit Ausnahme des von ihm als «Parade-
stück»[86] bewerteten «ungeschriebene[n] 52. Kapitel des II. Bandes von Marx'
Kapital» ging Goriely mit Dahrendorfs Arbeit hart ins Gericht.

Zwar äußerte er sich anerkennend über Dahrendorfs Marx-Kenntnis,
doch er kritisierte, dass diese im Wesentlichen philologisch sei. Dahrendorfs
philosophische Bildung sei hingegen nicht ausreichend, um ein solches philo-
sophiekritisches Werk zu schreiben. Er warf Dahrendorf vor, mit Methoden
zu operieren, die er nicht beherrsche, etwa eine mathematische Darstellung
des sozialen Konflikts.[87] Darüber hinaus seien zentrale Begriffe wie «Klasse»
und «Schicht» oder «Herrschaft» und «Herrschaftsverband» nur unzureichend definiert und methodologische Aussagen willkürlich getroffen.[88] Als
weiteren Kritikpunkt führte Goriely Dahrendorfs Nachlässigkeit in der kritischen Auseinandersetzung mit anderen Denkern an – etwa die Auseinandersetzung zwischen Joseph A. Schumpeter und Theodor Geiger um die Konzepte «Realphänomen» und «Ordnungsphänomen», die von Dahrendorf
vorschnell als «Scheinproblem» abgetan werde. Außerdem meinte Goriely bei
Dahrendorf eine fatale Tendenz zum Eklektizismus zu erkennen, da er sich
«unbeholfen» auf völlig unterschiedliche Denker wie Marx und Parsons berufe, ohne diese ausreichend in Bezug zueinander zu setzen.[89] Schließlich war
für ihn Dahrendorfs Kapitel über die soziale Mobilität ein «Beispiel der
Ungenauigkeit», in dem Dahrendorf unseriös mit seinen Statistiken gearbeitet habe.[90] Dahrendorfs Theorie der Konflikte in Herrschaftsverbänden erschien Goriely sogar «unnütz und lächerlich».[91]

In Gorielys Augen war die von Dahrendorf angestrebte «Überwindung»
von Marx nicht gelungen. Stattdessen bleibe es bei einer Marx-Kritik ohne
die versprochene Entwicklung einer fundierten neuen Theorie. Mit anderen
Worten, Dahrendorf hatte sich in Gorielys Augen mit seinem Anspruch,
eine neue Klassentheorie vorzulegen, übernommen. Am Ende seines Gut-
achtens betonte Goriely, dass er seine scharfe Kritik nicht ohne großes
Zögern formuliere, da Dahrendorf ihm bislang immer nur Anlass zu Lob
gegeben habe. Um Dahrendorfs weiterer Karriere aber nicht im Wege zu
stehen, entschloss sich Goriely zu einem sehr ungewöhnlichen Schritt für
einen Erstgutachter: Er zog sein Gutachten zurück und verließ sich auf die
Meinung der Fakultät.[92]

Es ist nicht zu rekonstruieren, ob Dahrendorf das negative Gutachten
Gorielys kannte. Ihre persönliche Beziehung schien jedenfalls nicht beein-
trächtigt zu sein. Sie blieben einander in den folgenden Jahren zugewandt,
und Dahrendorf sagte sogar, er habe Goriely «geliebt», auch wenn dieser ein

«ganz verrücktes Huhn» gewesen sei.[93] Doch Dahrendorf muss zumindest gewusst haben, dass Goriely alles andere als angetan von seiner Arbeit war, denn er schrieb im «Zwischenbericht», er sei dankbar gewesen, «dass Schelsky mir als auswärtiger Gutachter über die Klippe half».[94]

Tatsächlich war das Gutachten Helmut Schelskys außerordentlich positiv. Im Gegensatz zu Goriely lobte Schelsky Dahrendorfs Rezeption der internationalen Diskussion um den Klassenbegriff und die moderne Industriegesellschaft und deren problemsystematische Zusammenfassung. Er bescheinigte Dahrendorf profunde Kenntnisse der theoretischen und empirischen Soziologie und hob besonders die Entwicklung einer eigenen Konflikttheorie hervor: «Diese Theorie ist so gewichtig, daß keine zukünftige sozialwissenschaftliche Erörterung der Gültigkeit der Klassentheorie für die moderne Gesellschaft an diesen Thesen wird vorbeigehen können.»[95] Und weiter:

> Ich halte diese [Arbeit] daher nicht nur für einen Ausweis selbständigen wissenschaftlichen Denkens und einer ausgezeichneten Kenntnis der modernen klassischen Soziologie, sondern darüber hinaus für eine die wissenschaftliche Diskussion unseres Faches klärende und entscheidend weiterführende originale Leistung.[96]

Es ist dem Gutachten jedoch anzumerken, dass es Kritik zurückhält:

> Einwände gegen diese Theorie hätte ich durchaus vorzubringen; sie würden etwa auf die Fragen hinauslaufen, ob den Begriff der «Klassen» für die so reduzierte Konfliktlage zu verwenden, noch sinnvoll und zweckmäßig ist, ob nicht die Herrschaft keineswegs nur Konflikt-, sondern auch ein Integrationsphänomen ist, ob nicht der hier von Max Weber kritiklos übernommene Begriff der «Herrschaft» in einer technischen und von bürokratischen Reglements gesteuerten Gesellschaft selbst obsolet wird usw. Alle diese Einwände würden aber mitten in die schwierigsten Probleme der modernen soziologischen Theorie führen und bestätigen so eigentlich den wissenschaftlichen Rang der Arbeit.[97]

Dass Schelsky seine Kritik nicht weiter ausführte, sondern seine Einwände gegen Dahrendorfs Arbeit sogar ins Positive ummünzte, zeigt, dass er Dahrendorf zur Habilitation verhelfen wollte. Das wird auch an den abschließenden Bemerkungen zu Dahrendorfs Person deutlich:

Dieses positive Urteil über die Habilitationsschrift möchte ich ausweiten auf die gesamte Person Dahrendorfs. Ich kenne ihn selbst und seine Arbeiten seit drei Jahren und schätze ihn als einen sehr gebildeten, vielfältig interessierten und hochbegabten Menschen. Sein Buch über Marx (1953), seine verschiedenen kleineren Arbeiten sowie sein Auftreten auf Fachtagungen, nationalen und internationalen Soziologenkongressen haben überall in meinem Fach einen in jeder Hinsicht sehr günstigen Eindruck hinterlassen. Ich selbst halte ihn für die wahrscheinlich stärkste *theoretische* Begabung unter dem wissenschaftlichen Nachwuchs meiner Disziplin.[98]

Schelsky war überzeugt von Dahrendorfs Fähigkeiten und hatte ihn deshalb früh gefördert. Er teilte mit Dahrendorf das Plädoyer für eine an der anglo-amerikanischen Forschung ausgerichtete, nüchterne und empirische Soziologie ebenso wie die Kritik an Parsons' Integrationstheorie.[99] Offensichtlich war er so angetan von Dahrendorfs Habilitationsschrift, dass er sie in die von ihm, Carl Jantke und Ludwig Neundörfer herausgegebene Reihe der *Soziologischen Gegenwartsfragen* beim Stuttgarter Enke Verlag aufnahm. Aus Dahrendorfs Habilitationsakte geht hervor, dass das Manuskript vom Verlag – und also auch von den Herausgebern – sogar schon angenommen war, bevor die Gutachten vorlagen und das Habilitationsverfahren abgeschlossen war.[100]

Als Förderer Dahrendorfs schien sich Schelsky nicht daran zu stören, dass Dahrendorf ihn teils heftig kritisierte. Und für Dahrendorf war es offenbar trotz der eigenen Vergangenheit als Verfolgter des NS-Regimes kein Problem, mit Schelsky assoziiert zu werden, der als junger Mann überzeugter Nationalsozialist gewesen war.[101] Bei einer Sitzung der DGS im Januar 1962 etwa protestierte René König gegen die von Schelsky betriebene Berufung des durch einschlägige NS-Schriften bekannten Karl Heinz Pfeffer und blieb dabei allein auf weiter Flur, wie das Sitzungsprotokoll belegt. Auch Ralf Dahrendorf äußerte lediglich, dass die Informationen über Pfeffer unzureichend seien und man den Fall noch einmal genau prüfen solle.[102] Henning Borggräfe und Sonja Schnitzler haben in ihrem Forschungsprojekt zur Deutschen Gesellschaft für Soziologie gezeigt, dass die Organisationsstrukturen der DGS diejenigen begünstigten, «die von der Nazizeit nichts hören wollten, während derjenige, der die NS-Belastung von Kollegen thematisierte, als Querulant erschien.»[103] Auch in späteren Jahren, als Dahrendorf sich als Politiker in der FDP engagierte, erhob er seine Stimme nicht öffentlich, als es 1974 um die Karriere

des FDP-Politikers Ernst Achenbach im Europäischen Parlament ging, der
als NS-Diplomat in Paris an der Deportation von französischen Juden beteiligt gewesen war, sondern äußerte seine Kritik nur parteiintern.[104] Zwölf
Jahre später, als Dahrendorf eine gefestigte Position innehatte und mit einer
jüdischen Frau verheiratet war, sagte er hingegen in Reaktion auf die «Wald-
heim-Affäre» seine Eröffnungsrede bei den Salzburger Festspielen 1986 ab. Er
begründete dies in einem öffentlich verbreiteten Brief damit, dass er dem
neuen österreichischen Bundespräsidenten Kurt Waldheim nicht die Hand
geben wolle, da über diesen bekannt geworden war, dass er als Offizier der
Wehrmacht an Kriegsverbrechen beteiligt gewesen war; und vor allem, weil
dieser keinen Grund sehe, das Geschehen «zu bedauern, geschweige denn, zu
bereuen.»[105] Im Gegensatz zu seinem öffentlichen intellektuellen Engagement
war Dahrendorf in der Praxis also nicht immer ein «Moralemphatiker»[106].

Ob für Schelsky wiederum rein altruistische Motive bei der Unterstützung Dahrendorfs im Vordergrund standen oder er möglicherweise auch
hoffte, von der Verbindung mit dem «Widerständler» Dahrendorf zu profitieren, ist offen. In späteren Jahren, als beide parallel Hochschulen gründeten (Bielefeld respektive Konstanz) und sich immer wieder als öffentliche
Intellektuelle exponierten, trugen sie noch manchen Disput aus.[107] In einem
Nachruf auf Schelsky stellte Dahrendorf das ambivalente Verhältnis zu
seinem Förderer folgendermaßen dar: «Er hat viele unterstützt, die seine
Meinungen nicht teilten, und dabei die Großzügigkeit seines Herzens gezeigt.»[108]

Die Diskrepanz zwischen den Gutachten von Goriely und Schelsky war
sicher auch auf deren unterschiedliche Forschungsansätze und auf die unterschiedliche Wissenschaftskultur im deutschen beziehungsweise belgisch-
französischen Raum zurückzuführen. So bemängelte etwa Goriely, dass
Dahrendorfs theoretische Ausführungen viel zu allgemein gehalten seien,
was seiner Meinung nach typisch für die deutsche Soziologie sei. Außerdem
warf er Dahrendorf vor, den Marx-Forscher Henri de Man und weitere Denker nicht berücksichtigt zu haben, während Schelsky gerade die Rezeption
des internationalen – hier war vor allem der angloamerikanische gemeint –
Forschungsstandes lobte.[109] Die drei weiteren Gutachten von den (fachfrem-
den) Saarbrücker Professoren André Philip, Bela von Brandenstein und Robert Fricker waren überwiegend positiv, trotz erheblicher Kritik. Besonders
beeindruckt zeigten sich die Gutachter von Dahrendorfs eleganter Sprache.
Allerdings formulierten alle Einwände gegen Dahrendorfs Klassen- und
Konflikttheorie, welche ihnen noch nicht «kritisch durchgereift»[110] erschien.

Während Dahrendorf in *Über Grenzen* betont, dass seine Habilitationsschrift »(vor allem in der zwei Jahre später veröffentlichten erweiterten englischen Ausgabe) einigen Widerhall fand»[111], gab er im unveröffentlichten «Zwischenbericht» zu, dass die Schrift «ziemlich flüchtig»[112] war. Erst die englische Fassung des Buchs, *Class and Class Conflict in Industrial Society* (1959), habe «Hand und Fuß»[113]. Diese schrieb Dahrendorf als «completely new book»[114] im folgenden Jahr in Stanford am Center for Advanced Study in the Behavioral Sciences und nahm dabei die an seinem deutschen Buch geübte Kritik auf. Der Einfluss der englischen Ausgabe war ungleich größer als der der deutschen. Während von *Soziale Klassen und Klassenkonflikt* keine 2000 Exemplare verkauft worden waren, entwickelte sich *Class and Class Conflict* sowohl in den angelsächsischen Ländern als auch in Italien, Spanien und Lateinamerika zu einem Standardwerk.[115]

In einer späteren Auseinandersetzung mit der «Entwicklung und Wirkung» seines «Theoriestücks» *Soziale Klassen und Klassenkonflikt* von 1985[116] erklärte Dahrendorf, die mangelnde Wirkung des Buches in Deutschland sei weniger auf die Schwächen der deutschen Ausgabe, als vielmehr auf das in Deutschland neurotische Verhältnis zu Karl Marx und vor allem auf die «Harmoniesehnsucht»[117] der Deutschen zurückzuführen. Diese schrieb er der politischen Rechten und Helmut Schelsky und dessen «nivellierter Mittelstandsgesellschaft» ebenso wie der Linken und deren Ideal der «herrschaftsfreien Kommunikation» zu.[118] Seine Distanzierung von diesen beiden Polen zeigt, dass er sich bewusst weder links noch rechts einordnen lassen wollte. Außerdem wurden in seinen Augen in Deutschland im Unterschied zur angelsächsischen Forschungskultur vor allem erfahrungswissenschaftliche Mikrosoziologie und sozialphilosophische Makrosoziologie betrieben.[119] Eine Rückübersetzung von *Class and Class Conflict* ins Deutsche hat Dahrendorf allerdings nie angestrebt. Seine Konflikttheorie stellte er in Deutschland in seinen Publikationen *Homo Sociologicus* (1958) und der Aufsatzsammlung *Gesellschaft und Freiheit* (1961) vor, die er ebenfalls 1957/58 am Center for Advanced Study in the Behavioral Sciences vorbereitete.

Die Universität des Saarlandes war für Dahrendorf vor allem eine hilfreiche Zwischenstation, denn die Jahre in Saarbrücken von 1954 bis 1957 gaben ihm den notwendigen Freiraum, um viel zu publizieren, ein Netzwerk aufzubauen und sich als Soziologe einen Namen zu machen. Mit der in nur drei Jahren entwickelten und schließlich im Akkordtempo verfassten Habilitationsschrift hatte er die *venia legendi* erlangt – ein Schritt, der ihm am Institut für Sozialforschung bei Horkheimer und Adorno angesichts der dortigen administrativen Anforderungen und der unterschiedlichen wissenschaftlichen Herangehensweisen wohl nicht gelungen wäre. So konnte sich der 28-Jährige 1957 als Privatdozent auf den Weg nach Amerika machen.

In privater Hinsicht war es keine leichte Zeit. In seinen Lebenserinnerungen berichtet Dahrendorf von einer Krise in der jungen Ehe mit Vera und von amourösen Eskapaden beider, die dazu führten, dass er zunächst allein nach Stanford ging.[120] Vera folgte ihm im November nach; sie versöhnten sich. Doch eine Rückkehr nach Saarbrücken war nach dem Jahr in Stanford keine Option mehr für Dahrendorf: «Too many memories would tear us apart in no time.»[121] Der Universität des Saarlandes fühlte er sich ohnehin nicht besonders verbunden.[122] Wichtig waren die Jahre in Saarbrücken vorwiegend im Sinne einer wissenschaftlichen Findungsphase, in der Dahrendorf sich auch damit auseinandersetzte, was die Rolle des Soziologen für ihn bedeutete. Dies brachte er in seinem Habilitationsvortrag «Sozialwissenschaft und Werturteil» auf den Punkt, indem er ausgehend vom Weber'schen Werturteilsstreit dafür plädierte, die Rolle des Soziologen als eine zu betrachten, die über die des werturteilsfreien Wissenschaftlers hinausgehe. Dahrendorf war der Ansicht, dass der Soziologe eine spezifische Verantwortung für die Gesellschaft trage und deshalb die Konsequenzen seines Tuns immer mitbedenken müsse: «Der Soziologe muß immer mehr sein als ein Mensch, der Soziologie betreibt. Was er tut, was er sagt und schreibt, wirkt in besonderem Maße in die Gesellschaft hinein.»[123] In diesen Worten klingt schon die Verantwortung für die Gesellschaft an, die Dahrendorf für sich selbst empfand und die er dem Soziologen zusprach. Damit erschuf er sich selbst eine Rolle, die er bald in der Position des öffentlichen Intellektuellen ausfüllen sollte.

3. Im Paradies: Das Center for Advanced Study in the Behavioral Sciences, Stanford

Im Juli 1957 machte sich Dahrendorf auf den Weg nach Westen, um ein Jahr am Center for Advanced Study in the Behavioral Sciences in Palo Alto, Kalifornien, zu verbringen. Die Einrichtung der Universität Stanford wurde 1954 von der Ford Foundation gegründet und bietet seither Postdoktoranden und etablierten Wissenschaftlern aus den Fachgebieten Anthropologie, Wirtschaft, Politikwissenschaft, Psychologie und Soziologie die Möglichkeit, ein Jahr lang in einem interdisziplinären Umfeld ihren Forschungsprojekten nachzugehen. Wie Dahrendorf zu der Einladung an das Center kam, ist unklar. Möglicherweise erhielt er sie auf persönliche Empfehlung eines seiner Förderer in England. Bereits die Reise nach Kalifornien war für Dahrendorf Teil einer prägenden Amerikaerfahrung. Nach der Überfahrt per Schiff stieg er in Baltimore in einen Greyhound-Bus um und durchquerte mit mehreren Zwischenstopps unter anderem in St. Louis und Reno die Vereinigten Staaten von Ost nach West.[124] Nach seinem ersten kurzen Besuch in New York 1951 als Student, lernte er nun die USA intensiv kennen. Seine Eindrücke hielt er, wie bereits bei seiner ersten Amerikareise, in literarischen Kurzgeschichten fest.[125]

Das Center for Advanced Study in the Behavioral Sciences begeisterte Dahrendorf vom ersten Tag an. In einem enthusiastischen Brief an den Rektor der Universität des Saarlandes vom 3. September 1957 schrieb er:

> Reise hierher und Ankunft waren ueberwaeltigend. Jetzt sitze ich in meinem neuen Buero, dessen eine Wand aus einem grossen Schiebefenster besteht, von dem aus ich ueber Stanford University, die Stadt Palo Alto, die Bay von San Francisco und die Rocky Mountains dahinter sehen kann. [...] Ich bin zwar erst seit wenigen Tagen hier, aber mir scheint, dass das Wort «ideal», wenn es irgendwo zutrifft, fuer die Arbeitsbedingungen und Arbeitsatmosphaere hier gilt.[126]

Wie beeindruckt er von der Ausstattung und der Atmosphäre des Centers war, zeigt sich auch in weiteren Briefen und vor allem in seinen Lebenserinnerungen.[127] Dort bezeichnete er das Center als «Paradies auf Erden»[128], in dem er, umgeben von anderen bekannten und begabten Wissenschaftlern, in inspirierender und zugleich entspannter Umgebung arbeiten konnte. Diese Bedingungen wurden für ihn zum Idealbild einer elitären Forschungseinrichtung und waren Vorbild für spätere Projekte, etwa die Konzeption der Universität Konstanz und der Idee eines Thinktanks an der LSE.

Dahrendorf war mit seinen 28 Jahren der jüngste Stipendiat am Center. Zu seinen 39 Kollegen – Fellows genannt – gehörten die Ökonomen und späteren Nobelpreisträger Milton Friedman, George Stigler, Kenneth Arrow und Robert Solow. 1974 äußerte sich Dahrendorf in einem Brief an Robert K. Merton über den großen Einfluss, den diese Begegnungen für ihn hatten:

> das Jahr am Center hat mich sicherlich tiefgreifend verändert. Am wichtigsten für mich zu dieser Zeit die Anwesenheit von Milton Fried-

man, George Stigler, Kenneth Arron und Melvin Reder – einer Gruppe von Volkswirtschaftlern, die mein Denken nicht nur auf Fragen der Ökonomie ausrichteten, sondern auch die letzten Spuren des althergebrachten europäischen Sozialismus aus meinem politischen Denken beseitigten.[129]

Insbesondere dem berühmten Ökonomen und Vordenker des freien Marktes Milton Friedman schrieb Dahrendorf dabei eine wichtige Rolle zu. Auch wenn Dahrendorf manche Ideen Friedmans wie etwa Gewerbefreiheit in der Medizin oder ein privatwirtschaftliches Bildungswesen zu weit gefasst waren, bekannte er im «Zwischenbericht», den er etwa zur selben Zeit wie den Brief an Merton verfasste:

> Dennoch trieb er mir jenen aus Europa mitgebrachten milden Sozialdemokratismus aus, wonach staatliche Tätigkeit eigentlich keiner Begründung bedarf. Wie leicht glaubt es sich doch, zumindest in der Praxis, dass der gute Onkel Staat letztlich alles darf, wenn man auch hofft, dass er nicht alles will; und wie wichtig ist es, demgegenüber zu begreifen, dass es um die Legitimation des Staates a priori keinen Deut besser bestellt ist als die des Marktes oder irgendeiner privaten Instanz. Seit den langen Diskussionsstunden im Center nenne ich mich mit Absicht liberal.[130]

Für Ralf Dahrendorf wurde das eigene Selbstverständnis als «Liberaler» in den folgenden Jahren zunehmend wichtig, da er sich über seine liberale Grundhaltung in der intellektuellen Debatte positionierte und sie zur Grundlage seines politischen Engagements machte. Um seine Haltung zu fundieren, hat er für sich selbst und gegenüber anderen immer wieder Instanzen ausgemacht, die ihn zum Liberalen «gemacht» hätten. Dabei nannte er vor allem die Begegnung mit Karl Popper an der LSE und die Begegnung mit Milton Friedman in Stanford.[131] Diese personenbezogenen liberalen «Erweckungserlebnisse» scheinen jedoch nur ein Moment dieses Prozesses zu sein. Auch wenn Dahrendorfs Abkehr von der Sozialdemokratie eine Folge der Auseinandersetzung mit Friedman war und die Überzeugung von der Notwendigkeit einer offenen Gesellschaft, in der das Prinzip von *trial and error* gilt, auf Karl Popper zurückzuführen ist, hat sich Dahrendorfs liberales Grundverständnis auch aus anderen persönlichen Erlebnissen und Gesprächen sowie aus seiner vielfältigen Lektüre ergeben. Insbesondere die Schriften von Alexis de Tocqueville und Edmund Burke sind hier zu nennen, die

auch Pate für eigene Publikationen Dahrendorfs standen, etwa *Die angewandte Aufklärung* (1963), *Gesellschaft und Demokratie in Deutschland* (1965)
und auch die spätere Veröffentlichung *Betrachtungen der Revolution in Europa*
(1990).[132]

Zentrale ideengeschichtliche Einflüsse auf Dahrendorfs Werk hatten zudem Immanuel Kant und Max Weber. In einem Brief an eine Soziologiestudentin, die ihn nach wichtigen intellektuellen Einflüssen gefragt hatte,
nannte Dahrendorf 1976 neben Karl Popper und Milton Friedman Kant,
Weber und Marx als wichtigste Denker. Kant sei mit seinem erkenntnistheoretischen Ansatz und seiner positiven Auffassung von Konflikten beziehungsweise Antagonismen in der Gesellschaft, die er in der *Idee zu einer allgemeinen Geschichte in weltbürgerlicher Absicht* (1784) entwickelt hatte, der
«nachhaltigste Einfluss».[133] Max Weber, den schon Dahrendorfs Vater rezipiert hatte,[134] umfasse alles, was ihn interessiere: «Je mehr man ihn liest, desto
stärker entdeckt man die Breite und Subtilität seines Werks; auch ist mir
Webers Biographie durchaus nahe.» Die kritische Auseinandersetzung mit
Marx bezeichnete er sogar als «Kernstück seines Tuns» – obwohl er zu dieser
Zeit gar nicht mehr über Marx publizierte.[135]

Neben der politischen Neuausrichtung des sozialdemokratisch geprägten Dahrendorf war in wissenschaftlicher Hinsicht die Auseinandersetzung
mit Talcott Parsons, den er bereits in Europa kennengelernt hatte, der wichtigste intellektuelle Anstoß am Center. Parsons war in dem «Donnerstagabend-Seminar», das Dahrendorf gemeinsam mit seinem Freund David
Lockwood an der LSE organisierte, zu Gast gewesen, und später war Dahrendorf ihm in Amsterdam und in Salzburg begegnet, wo Parsons 1954 am
Schloss Leopoldskron lehrte.[136] Talcott Parsons war seinerzeit der weltweit
bedeutendste Soziologe, dessen strukturfunktionale Systemtheorie als umfassende Synthese aus den Einsichten von Vilfredo Pareto, Emile Durkheim
und Max Weber eine große Breitenwirkung in den vierziger bis siebziger
Jahren entfaltete.[137]

Schon in seiner Habilitationsschrift sowie in dem Aufsatz «Struktur und
Funktion. Talcott Parsons und die Entwicklung der soziologischen Theorie»
(1955) hatte Dahrendorf sich mit Parsons' Theorien kritisch auseinandergesetzt.[138] In der direkten Konfrontation während der gemeinsamen Zeit am
Center spitzte Dahrendorf seine Argumente gegen Parsons' funktionalisti-
tische Integrationstheorie immer weiter zu. Das in seinen Augen «klassifika-
torische»[139] Denken Parsons widersprach Dahrendorfs Ansatz von einer
politikbezogenen und kritischen Soziologie. Dahrendorf war grundsätzlich

skeptisch gegenüber einer geschlossenen Gesellschaftstheorie mit universalistischem Anspruch, welche vor allem auf die Stabilität von Systemen abzielte.

> Ein solches Modell in Bewegung zu setzen ist schwierig, wenn nicht unmöglich. Es eignet sich mehr zum Ausstreuen einer Terminologie, einer Sprache, in der sich die Dinge (auch) beschreiben lassen, alle Dinge. Beides schien mir abwegig: Begriffssprachen haben etwas grundsätzlich Willkürliches; wenn sie nicht auf Probleme – «explicanda» – bezogen werden, werden sie zum Jargon, dessen innere Beliebigkeit durch äusseren Druck, die «guten Sitten» des Berufsstandes zum Beispiel, ersetzt werden muss. Und was die Bewegung, den Wandel angeht, so schien mir in ihm das Herzstück des sozialwissenschaftlichen Interesses zu liegen, «das Entwicklungsgesetz der kapitalistischen Gesellschaft» zum Beispiel, und Stabilität von «Systemen» schien mir wichtig vornehmlich als Sonderfall des Wandels, aus dem Revolutionen entstehen. Gesellschaft ist immer im Wandel, und unter den Faktoren, die dessen Tempo, Intensität und Richtung bestimmen, hat der Konflikt eine besondere Rolle. Konflikte sind also nicht abzuschaffen, sondern zu bändigen, damit Wandel Gesellschaften nicht überrollt, sondern zu ihren besten Möglichkeiten verhilft.[140]

In Abgrenzung zu Parsons' Theorie entwickelte Dahrendorf in den folgenden Monaten seine «Konflikttheorie» weiter. Auf diese Weise positionierte er sich in der soziologischen Debatte als Vertreter eines «dritten Weges» neben Empirismus und Strukturfunktionalismus und öffnete die Soziologie für einen Theorienpluralismus.[141]

Fritz Stern hat darauf hingewiesen, dass Dahrendorf Opposition, manchmal auch Feinde brauchte, um sich über die eigenen Positionen klarer zu werden.[142] Darüber hinaus spricht die Tatsache, dass er es wagte, den berühmten Talcott Parsons offen anzugreifen – und das nur zwölf Jahre nach Kriegsende als Deutscher in den USA –, für Dahrendorfs Selbstbewusstsein als Wissenschaftler. Auch wenn es nicht ohne ein gewisses Risiko war, sich gegen den Spiritus Rector der Soziologie zu profilieren, so verschaffte sich Dahrendorf damit gleich zu Beginn seiner Karriere große Aufmerksamkeit.

In seinem Aufsatz «Out of Utopia» im *American Journal of Sociology* (1958) beklagt er den «loss of problem-consciousness in modern sociology»[143] und wirft Talcott Parsons und seinen Anhängern vor, durch «werturteilsfreie»

Wissenschaft zum Erhalt des Status quo von Gesellschaften beizutragen. Über die «utopisch» genannte Systemtheorie Parsons' heißt es: «The system theory of society comes, by implication, dangerously close to the conspiracy-theory of history – which is not only the end of all sociology but also rather silly.»[144]

Mit dem bissigen Tonfall seines Aufsatzes machte er sich in den USA nicht nur Freunde. Doch im Einklang mit seiner Konflikttheorie sah Dahrendorf Kritik als Antriebskraft des wissenschaftlichen Fortschritts und somit als grundsätzlich konstruktiv an. In diesem Sinne empfand er auch die kritischen Rezensionen der eigenen Habilitationsschrift als fruchtbar, denn: «Lack of controversy means lack of interest, of stimulation and advance.»[145] Für Dahrendorf war wissenschaftlicher Fortschritt die Leistung Vieler, und die Hauptaufgabe von wissenschaftlicher Kritik sah er darin, ideologisch verzerrte Aussagen zu entlarven.[146] Diese Einstellung teilte er im Übrigen mit Helmut Schelsky, der seinem Protégé Dahrendorf die wiederholte Kritik an seinen Thesen nicht übelnahm. Noch 1965, aus Anlass des Erscheinens von *Gesellschaft und Demokratie in Deutschland*, schrieb Schelsky an Dahrendorf, der schon fürchtete, «den Bogen der Kritik überspannt»[147] zu haben:

> Er ist den Gegenstandsgebieten nach einfach ein Wurf, der fällig war, wie immer man zu den einzelnen Thesen stehen wird und kann. Sie beziehen sich im Vorwort auf die wissenschaftlichen Forderungen von mir und stellen damit eine Kontinuität her. Bei aller Kritik meiner soziologischen Aussagen – für die ich Ihnen außerdem ausdrücklich danken möchte.[148]

Aus der Auseinandersetzung mit Parsons und durch die intellektuelle Anregung und Muße am Center entstanden drei wichtige Werke, die Dahrendorfs Ruhm als Konfliktsoziologe und als Rollentheoretiker begründen sollten: die bereits erwähnte englische Überarbeitung seiner Habilitationsschrift *Class and Class Conflict in Industrial Society*, der Aufsatz «Out of Utopia» («Pfade aus Utopia») und *Homo Sociologicus*.

Die 1957 an der University of California in Berkeley gehaltene Vorlesung «Out of Utopia» erschien zuerst 1958 im *American Journal for Sociology* und wurde 1961 unter dem Titel «Pfade aus Utopia» für den Band *Gesellschaft und Freiheit* ins Deutsche übersetzt.[149] In dieser Sammlung von Aufsätzen und Vorträgen legte Dahrendorf seine Konflikttheorie dar, nach der Konflikten die Funktion zukommt, den sozialen Wandel voranzutreiben. Dem auf gesellschaftlichem Konsens und Stabilität beruhenden Strukturfunktionalismus Parsons' stellte Dahrendorf die Auffassung von der Notwendigkeit und der Produktivität sozialer Konflikte entgegen. Vorstellungen von gesellschaftlicher Harmonie und gleichgewichtig funktionierenden stabilen oder sogar klassenlosen Gesellschaften ordnete Dahrendorf hingegen ins Reich der Utopien ein:

> Wer den Konflikt als eine Krankheit betrachtet, mißversteht die Eigenart geschichtlicher Gesellschaften zutiefst; wer ihn in erster Linie «den anderen» zuschreibt und damit andeutet, daß er konfliktlose Gesellschaften für möglich hält, liefert die Wirklichkeit und ihre Analyse utopischen Träumereien aus. Jede «gesunde», selbstgewisse und dynamische Gesellschaft kennt und anerkennt Konflikte in ihrer Struktur; denn deren Leugnung hat ebenso schwerwiegende Folgen für die Gesellschaft wie die Verdrängung seelischer Konflikte für den Einzelnen: Nicht wer vom Konflikt spricht, sondern wer ihn zu verschweigen versucht, ist in Gefahr, durch ihn seine Sicherheit zu verlieren.[150]

Dahrendorf war überzeugt, dass Konflikte immanenter Bestandteil einer Gesellschaft sind. Darin folgte er Lewis A. Coser, der in *The Functions of Social Conflict* bereits 1956 herausgearbeitet hatte, dass soziale Konflikte nur dann dysfunktional und disintegrativ sind, wenn sie nicht toleriert und institutionalisiert werden. Die Zulassung von Konflikten, beispielsweise zwischen widerstreitenden Parteien in einem parlamentarischen System mit wechselnden Akteuren in Regierung und Opposition, war für Dahrendorf das Lebenselexier einer freiheitlichen und demokratischen Gesellschaftsordnung.[151]

> Alles soziale Leben ist Konflikt, weil es Wandel ist. Es gibt in der menschlichen Gesellschaft nichts Beharrendes, weil es nichts Gewisses gibt. Im Konflikt liegt daher der schöpferische Kern aller Gesellschaft und die Chance der Freiheit – doch zugleich die Herausforderung zur rationalen Bewältigung und Kontrolle der gesellschaftlichen Dinge.[152]

Dahrendorfs positive Auffassung von Konflikten, die bislang als Störung der gesellschaftlichen Ordnung galten, war für viele Leser neu. Für den Schweizer Publizisten Fritz René Allemann, der *Gesellschaft und Freiheit* für Melvin Laskys kulturpolitische Zeitschrift *Der Monat* rezensierte, war das Buch «so stimulierend wie wenige vergleichbare Schriften der letzten Jahre»[153]. Nicht nur die intellektuellen Anstöße hatten es ihm angetan, sondern auch «ein sehr klarer, unprofessoraler, fast überraschend einfacher und erfrischend direkter Stil, der mit einem Minimum von Fachjargon auskommt»[154], und zwar ohne zu popularisieren oder zu simplifizieren. Kritisch merkte Allemann an, dass Dahrendorfs Analyse auf den Westen ausgerichtet blieb und der deutsche Systemgegensatz von Bundesrepublik und DDR kaum, die Sowjetunion gar nicht vorkomme.[155] Es ist in der Tat bemerkenswert, wie sehr sich Dahrendorf in seinem Denken auf den Westen fokussierte. Darüber hinaus gab Allemann zu bedenken, dass bei aller Akzeptanz von Konflikten auch gewisse Spielregeln und vor allem auch ein «Mindestmaß an *positiven* Gemeinsamkeiten, an ‹integrierenden› Gegengewichten gegen die Tendenz der Auflösung, die jedem Pluralismus nun einmal als Gefahr innewohnt»[156], nötig seien. Diesen Aspekt griff Dahrendorf in späteren Publikationen auf, in denen er mehr und mehr die Bedeutung von Institutionen und Bindungen, wie er sagte «Ligaturen», als Bindemittel der Gesellschaft betonte.[157] Allemann lobte Dahrendorfs Plädoyer für eine engagierte Soziologie, der es nicht nur darauf ankäme, die Gesellschaft zu interpretieren, sondern sie auch zu verändern. Dieser Impetus lässt sich auch aus der zweiten einflussreichen in Stanford verfassten Schrift ablesen, die hier besprochen werden soll: *Homo Sociologicus*.

Der 70-seitige Essay «Homo Sociologicus», den Dahrendorf seinem Doktorvater Josef König zum 65. Geburtstag widmete, erschien zunächst 1958 in zwei Teilen in der *Kölner Zeitschrift für Soziologie und Sozialpsychologie*, bevor er im darauffolgenden Jahr noch einmal als eigenständige Publikation gedruckt wurde.[158] Seither ist der «Versuch zur Geschichte, Bedeutung und Kritik der sozialen Rolle», wie der Untertitel lautet, in siebzehn Auflagen erschienen (zuletzt 2010); außerdem wurde er in viele Sprachen übersetzt. Das Buch hatte großen Einfluss auf die deutsche Soziologie, da es den in Amerika entwickelten Begriff der «sozialen Rolle» in Deutschland bekannt machte. Nach dem Urteil Joachim Fischers zündete Dahrendorf mit dem Begriff der Rolle «eine Rakete, die den Aufstieg der jungen Wissenschaft Soziologie entscheidend beförderte und ihr zugleich öffentliche Attraktivität verschafft hat.»[159]

Auf der Suche nach einer allgemeingültigen Analysekategorie für soziales Handeln orientierte sich Dahrendorf an dem Begriff der sozialen Rolle, den der Kulturanthropologe Ralph Linton einführte und den auch Talcott Parsons aufgegriffen hatte. Der «Homo Sociologicus» war für Dahrendorf der soziologisch zu untersuchende Mensch in seiner Gesamtheit als Träger von unterschiedlichen sozialen Rollen, die mit jeweils unterschiedlichen Erwartungen einhergehen. Diese Verhaltenserwartungen geben Sicherheit, machen berechenbar, sind aber zugleich auch Ausdruck von Zwängen, denen jeder Mensch unterliegt und die ihn in der freien Entfaltung behindern.

> Wer seine Rolle nicht spielt, wird bestraft; wer sie spielt, wird belohnt, zumindest aber nicht bestraft. Konformismus mit den vorgeprägten Rollen ist keineswegs nur die Forderung bestimmter moderner Gesellschaften, sondern ein universelles Merkmal aller gesellschaftlichen Formen.[160]

Für Dahrendorf war dies die «ärgerliche Tatsache der Gesellschaft»[161]: dass Menschen sich der Gesellschaft nicht entziehen können, dass jeder Schritt, den sie machen, innerhalb der bereits bestehenden Strukturen der Gesellschaft und in Interaktion mit anderen Menschen geschieht. Im Zwang zum Konformismus sah Dahrendorf einen Konflikt zwischen individueller Freiheit und Einschränkung derselben durch gesellschaftliche Strukturen und Institutionen, zu denen auch Rollenerwartungen zählen.[162]

Im *Homo Sociologicus* positionierte sich Dahrendorf gegen Talcott Parsons und dessen Vorstellung von Rollen als Strukturkomponenten der Gesellschaft. Während für Parsons rollenkonformes Verhalten die Funktion hat, gesellschaftliche Ordnungen stabil zu halten, wird nach Dahrendorf die Gesellschaft nicht durch Konsens zusammengehalten, sondern durch Zwang. Dahrendorf dachte in seiner Rollentheorie die ungleiche Verteilung von Macht und den Gegensatz zwischen Individuum und Gesellschaft also mit und unterlegte sie konflikttheoretisch.[163]

Der *Homo Sociologicus* mit der in ihm entwickelten Rollentheorie wurde eines der bekanntesten Werke Dahrendorfs. Im Hinblick auf das kommende Jahrzehnt, das mit dem Jahr 1968 seinen Höhepunkt in der Auseinandersetzung zwischen den Studenten und dem Staat hatte, sollte das Buch jedoch eine Rolle spielen, die von Dahrendorf alles andere als intendiert war. Bereits 1966 hatte Helmuth Plessner Dahrendorf vorgeworfen, «das Sein in einer Rolle von dem eigentlichen Selbstsein» mutwillig zu trennen und gegen «das Ärgernis der Gesellschaft» auszuspielen und damit dem antigesellschaftlichen Affekt neue Nahrung zu geben.[164] Dieser Vorwurf des Kulturpessimismus war für Dahrendorf damals «ein Schock», wie er im Vorwort zur 16. Auflage des *Homo Sociologicus* 2006 bekannte.[165] In den sechziger Jahren, in denen sich der Studentenprotest insbesondere mit dem

Fach Soziologie verband, lasen viele Studenten den *Homo Sociologicus* und machten sich den darin postulierten Antagonismus von Gesellschaft und Freiheit als Argument für die Bekämpfung von Institutionen zu eigen. In seinem Aufsatz «Motive, Erfahrungen, Einsichten – Persönliche Anmerkungen zur deutschen Soziologie der Nachkriegszeit» (1998) deutet Dahrendorf sogar an, dass er sich mitverantwortlich fühle für die Auswirkungen seiner Publikation auf die Stimmung der radikalen Linken, in der Gewalt als probates Mittel für die gesellschaftliche Veränderung propagiert wurde und die schließlich im RAF-Terror endete. «Es ist leicht zu sehen, daß der ‹Homo Sociologicus›-Ansatz nicht nur zur Abkehr von Institutionen, sondern auch zu deren Bekämpfung führen kann», schrieb Dahrendorf im Rückblick auf die fünfziger und sechziger Jahre. Zwar fügte er noch hinzu: «Nicht, daß ich mich da allein schuldig fühle; so wichtig ist eine einzelne Veröffentlichung ohnehin nicht.»[166] Doch zeigt dieses Bekenntnis sowohl ein Moment der Selbstüberschätzung als auch Dahrendorfs Verständnis von sich selbst als Ideenproduzent, dessen wissenschaftliche Publikationen nicht nur in Fachkreisen gelesen wurden, sondern Einfluss auf gesellschaftliche Entwicklungen wie die Protestbewegung der «68er» hatten. Die Tatsache, dass er von einem «Schock» spricht, den er vielleicht nicht schon mit Plessners Veröffentlichung, sondern erst mit dem Aufkommen der 68er-Bewegung erlitt, könnte darauf hindeuten, dass ihn nicht nur die Kritik Plessners, sondern auch die Erkenntnis, dass er durch die Gleichsetzung der Sphären von Privatheit und Freiheit mit diesem Buch tatsächlich einem gewissen Kulturpessimismus Vorschub geleistet hatte, erschütterten. Sechs Jahre nach der Erstveröffentlichung hatte er sich 1964 im Vorwort zur vierten Neuauflage von seinem Ursprungstext distanziert.[167] Doch dieser «hatte inzwischen ein Eigenleben entwickelt und allerlei falsche Freunde gefunden».[168] Indes stimmte Dahrendorf Plessner in seiner Kritik zu: «Mit Recht bestand Plessner […] auf der aufgeklärten These, dass der Mensch ein gesellschaftliches Wesen ist, das nur durch Gesellschaft seine Freiheit gewinnen und sichern kann.»[169] In späteren Veröffentlichungen wie *Law and Order* (1985) oder *Der moderne soziale Konflikt* (1992) hat Dahrendorf Institutionen dann zum unverzichtbaren Bestandteil seiner Theorie der liberalen Gesellschaft gemacht.

Seine Zeit am Center for Advanced Study in the Behavioral Sciences in Stanford war für Dahrendorf nicht nur wegen seiner außerordentlichen wissenschaftlichen Produktivität wichtig. Er lernte hier auch jemanden kennen, der seine Motivation teilte, die Gesellschaft prägen zu wollen, und der in den kommenden Jahrzehnten bis zu seinem Tod im Jahr 2016 immer wieder als öffentlicher Intellektueller in Erscheinung trat: Fritz Stern. Der damals 31-jährige Historiker lehrte an der Columbia University in New York. Er stammte ursprünglich aus Breslau in Schlesien und war in einer assimilierten Familie jüdischer Abstammung aufgewachsen. Als Zwölfjähriger war er 1938 mit seiner Familie aus Deutschland in die USA geflohen und amerikanischer Staatsbürger geworden. In seiner Autobiographie *Fünf Deutschland und ein Leben* (2007, amerik. 2006) berichtete Stern, dass seine anfänglichen Vorbehalte gegenüber dem jungen Deutschen Ralf Dahrendorf bereits nach dem ersten Gespräch verschwunden waren:

> Bei unserer ersten Begegnung erzählte er mir sofort, daß er Mitglied des Jungvolkes gewesen sei […] (davon, daß er in einem Konzentrationslager gesessen hatte, erzählte er nichts), und mit gleicher Offenheit erzählte ich ihm, daß ich aus Breslau stammte und nichts dagegen hätte, daß meine Heimatstadt jetzt in den Händen der Polen war. Damit waren die Präliminarien erledigt.[170]

Der Grund, warum Dahrendorf seine Opposition (und die seiner Familie) zum Nationalsozialismus und seine Lagerhaft gegenüber Fritz Stern anfangs nicht erwähnte, wird in *Über Grenzen* genannt: Er empfand, dass er «trotz allem die Verantwortung, auch die Schuld aller Deutschen teilte».[171]

Stern lud Dahrendorf für den folgenden Sonntag, den 15. September 1957, zum Mittagessen ein, um den Ausgang der deutschen Bundestagswahl gemeinsam im Radio zu verfolgen. Beide sympathisierten mit den Sozialdemokraten und betrachteten die absolute Mehrheit der Adenauer-CDU von 50,2 % mit Besorgnis. Der CDU-Slogan «Keine Experimente» hatte Dahrendorf ohnehin schon im Wahlkampf abgestoßen.[172] Stern und Dahrendorf sahen in dem großen Zuspruch der Bevölkerung zum über 80-jährigen Konrad Adenauer nicht nur die Zustimmung zum wirtschaftlichen Aufschwung der jungen Bundesrepublik, sondern auch eine gefährliche Sehnsucht vieler Deutscher nach einem autoritativen Führer.[173] Dieser Nachmittag war der Beginn einer lebenslangen engen Freundschaft zwischen Fritz Stern und Ralf Dahrendorf. Beide teilten das Interesse für deutsche Politik und vor allem für die «deutsche Frage» – wie hatte es zum Nationalsozialismus mit all seinen furchtbaren Auswirkungen kommen können?[174] – sowie eine liberale Grundeinstellung.

Stern äußerte sich fasziniert von der «sprühenden Intelligenz»[175] seines deutschen Freundes, der ihm «auf wunderbare Weise begabt»[176] erschien. In seinem Buch *Fünf Deutschland und ein Leben* charakterisierte er Dahrendorf wie folgt:

> Er nahm das Leben im Galopp, wechselte die Fächer und überquerte Grenzen, verweilte aber jeweils lange genug, um sich an wichtigen Kontroversen zu beteiligen. Er war rastlos und dynamisch, suchend und kritisch.[177]

Stern staunte über Dahrendorfs außergewöhnlichen Ehrgeiz und Arbeitseifer, der sich nicht nur auf seine wissenschaftliche Tätigkeit beschränkte. Dahrendorfs Wunsch, in jedem Feld überragend sein zu wollen, zeigte sich für Stern beispielsweise darin, dass dieser eines Tages in aller Frühe das am Center beliebte Hufeisenspiel trainierte, um seine Geschicklichkeit zu verbessern.[178] Mit einer regelrechten «Arbeitswut» habe Dahrendorf an der Schreibmaschine gesessen, berichtete Stern. Zudem war er über die Jahrzehnte immer wieder aufs Neue beeindruckt, mit welcher Schnelligkeit Dahrendorf Artikel, Aufsätze und Bücher schrieb: «Sein Tatendrang, sein Wissensdrang waren enorm».[179]

Für Dahrendorf war die Begegnung mit Fritz Stern persönlich und intellektuell wichtig. «Seit unserer ersten Begegnung in Palo Alto haben wir die wichtigen Wendepunkte unseres Lebens gemeinsam durchlebt», schrieb er in seinen Lebenserinnerungen.[180] Stern wurde Dahrendorf über die nächsten Jahre ein wichtiger, zuweilen der wichtigste Gesprächspartner. Er war der Freund, der ihn am längsten in seinem Leben begleitete. Die beiden unterstützten sich gegenseitig bei der Bewerbung um Gastprofessuren oder Forschungsaufenthalte und nutzten diese, um in der Nähe des anderen zu sein, etwa in Konstanz, Brüssel oder New York.[181] In einer Zeit, als lange Telefonate nach Übersee noch unerschwinglich waren, korrespondierten sie regelmäßig und versorgten sich gegenseitig mit Informationen über politische oder wissenschaftliche Entwicklungen. Im Nachlass Dahrendorf findet sich beispielsweise ein Briefwechsel über die «Fischer-Kontroverse» um die Kriegsschuldfrage von 1914, in die sich Fritz Stern von New York aus einschaltete, oder zur *Spiegel*-Affäre von 1962.[182] Sie lasen die Manuskripte des anderen und tauschten sich über viele Jahre intellektuell aus.[183] Die Gespräche mit Fritz Stern beeinflussten etwa die Entstehung des *Homo Sociologicus*. Welchen Einfluss der Historiker und der Soziologe aufeinander hatten, zeigt sich auch in Dahrendorfs sozialhistorischer Analyse *Gesellschaft und Demokratie in Deutschland* (1965) oder daran, dass Dahrendorf das Vorwort zu Sterns wichtigem Buch *Kulturpessimismus als politische Gefahr* (1963) schrieb.[184] Erst durch Sterns Arbeiten sei ihm «ganz klar geworden, wie groß die Versuchung des Nationalsozialismus war»[185], erklärte Dahrendorf 2005. Sie trafen sich zudem immer wieder in der Schweiz, wo Stern gern in Sils und Dahrendorf in Davos den Urlaub verbrachte. Auf diese Weise gelang es ihnen, ihre Freundschaft über den Atlantik über Jahrzehnte aufrechtzuerhalten.[186]

Die Zeit am Center for Advanced Study in the Behavioral Sciences war für Ralf Dahrendorf also in mehrfacher Hinsicht bedeutend: erstens aufgrund der intellektuellen Einflüsse durch Milton Friedman in Bezug auf den Liberalismus und Talcott Parsons in Bezug auf die Schärfung seines soziologischen Standpunktes. Zweitens fand er in Stanford Zeit und Muße für die Arbeit an wichtigen wissenschaftlichen Werken, vor allem der Konflikt- und der Rollentheorie, die seinen Ruf als Soziologen begründeten. Drittens war das Jahr in Stanford Teil von Dahrendorfs positiver West- beziehungsweise Amerikaerfahrung, die typisch für einen Angehörigen der 45er-Generation gelten kann. Für Dahrendorf wurden insbesondere das universitäre Umfeld und die akademischen Arbeitsbedingungen in den USA zum Vorbild: der Austausch mit anderen klugen Köpfen in anregender und zugleich entspannter Atmosphäre sowie die von Lehre und Verwaltung ungestörte Forschungsumgebung. Schließlich konnte Dahrendorf am Center ein wichtiges Netzwerk knüpfen, zu dem bedeutende Wissenschaftler, vor allem in den USA, gehörten. Und es entwickelte sich eine lebenslange persönliche und intellektuelle Freundschaft mit dem Historiker Fritz Stern.

In *Über Grenzen* macht Dahrendorf die Zeit in Stanford gar zum Dreh- und Angelpunkt seines Lebens. In diesem Jahr, in dem er sich so wohl fühlte, hätten ihm noch alle Möglichkeiten und Türen offen gestanden. Hierin liegt zwar eine gewisse Verklärung, doch in diesem Lebensjahr hatte er, kurz bevor er nach Stanford ging, mit dem Abschluss seiner Habilitation für seine erst 28 Jahre etwas Großes erreicht, er war frei von den privaten Sorgen, die ihn in Saarbrücken geplagt hatten, und das Umfeld und der *American Way of Life* waren für ihn anregend und inspirierend.

4. Endlich «Herr Professor»:
An der Akademie für Gemeinwirtschaft in Hamburg

Die Zahl 28 steht auch für Dahrendorfs enormen Ehrgeiz. Wie er selbst in *Über Grenzen* schildert, hatte er bereits als Student die Möglichkeit ins Auge gefasst, auf schnellstmöglichem Weg zur Professur und damit in Amt und Würden und zu Geld zu kommen:

> Zinn [...] hatte mich gefragt, ob ich nicht die Universitäts-Laufbahn einschlagen wolle. Oh nein! war meine Antwort, ich will doch nicht arm sein! Wenn ich 28 bin, will ich mindestens 800 Mark im Monat verdienen (das deutsche Durchschnittseinkommen lag zu jener Zeit bei etwa der Hälfte davon.) Daraufhin begann Zinn mir vorzurechnen, dass ich meine Promotion im Alter von 23 Jahren abschließen könne (was ich auch tat) und die Habilitation mit 27 (was ich beinahe schaffte); dann könnte es durchaus sein, dass ich mit 28 auf einen Lehrstuhl berufen und daher sogar noch mehr als 800 Mark im Monat verdienen würde. Ich glaubte ihm nur halb. Dabei hatte er offenbar hellseherische Talente, denn bald nach Jahresbeginn erreichte mich 1958 der Ruf auf den Lehrstuhl für Soziologie an der Akademie für Gemeinwirtschaft [...][187]

Allerdings hatte Dahrendorf, wie schon gesagt, bereits 1954 am Frankfurter Institut für Sozialforschung 800 DM verdient.[188] Vielleicht war ihm sein Ehrgeiz im Nachhinein etwas unheimlich geworden, denn in seinem in den siebziger Jahren geschriebenen und unveröffentlichten «Zwischenbericht aus einem öffentlichen Leben» hatte die Episode etwas anders geklungen:

> Was ich denn werden wolle, fragte er [Zinn] mich. Journalist, sagte ich, oder Schriftsteller. Warum ich nicht Wissenschaftler werden wolle. Weil ich, so erklärte ich bestimmt, nicht von einem Hungerlohn leben wollte. Wieviel ich denn zu verdienen gedächte. Nun, meinte ich, so an die 2000 Mark mit 30 Jahren, ein bisschen unverschämt fand ich die Forderung schon. Zinn ließ sich nicht aus der Ruhe bringen und rechnete mir vor, dass ich mit 22 promovieren, mich mit 26 habilitieren und vor dem 30. Geburtstag Ordinarius werden könne, dann hätte ich meine 2000 Mark. Es mag absurd klingen, aber ich muss vermuten, dass er mich damit auf meinen Berufsweg gebracht hat.[189]

Ein abgeschlossenes Habilitationsverfahren allein reichte noch nicht aus, um auf eine Professur zu kommen. Doch Dahrendorf erwartete schon bei seiner Ankunft in Palo Alto, also nur zwei Monate nach der Habilitation, ein Ruf als Professor für Soziologie an die Akademie für Gemeinwirtschaft in Hamburg (und nicht erst zu Jahresbeginn 1958, wie in *Über Grenzen* geschildert).[190] Die Akademie für Gemeinwirtschaft, heute Hamburger Universität für Wirtschaft und Politik, war 1948 von Gewerkschaftlern, Genossenschaftlern und Sozialdemokraten gegründet worden. Ihre Studenten kamen größtenteils über den zweiten Bildungsweg an die Hochschule, waren also schon etwas älter und verfügten bereits über praktische Berufserfahrung. Dahrendorfs sozialdemokratischer Stallgeruch mag ihm bei der Berufung ebenso geholfen haben wie sein in Hamburg bekannter Vater. Vor allem aber hatte sich sein Förderer Schelsky wieder für seinen noch in Amerika weilenden Schützling eingesetzt, wie Dahrendorf im «Zwischenbericht» schreibt: «die Verhandlungen übernahm in meiner Abwesenheit einer meiner Vorgänger auf diesem Lehrstuhl, Helmut Schelsky, was den Vorteil hatte, dass ohne die schamvolle Zurückhaltung, die ich selbst zweifellos an den Tag gelegt hätte, mein Anfangsgehalt erheblich über 2000 Mark lag.»[191] Bei der Entscheidung für die Professur an der Akademie für Gemeinwirtschaft konnte Dahrendorf sich auch auf den Rat von Schelskys Gegenspieler René König verlassen.[192]

Neben Dahrendorfs persönlicher Begabung, seinem Ehrgeiz, seiner Zielstrebigkeit und seinem Arbeitseifer war sein persönliches Netzwerk ein Grund für seine außergewöhnliche akademische Karriere. Schon früh ermöglichten die Kontakte seines Vaters zu britischen und amerikanischen Besatzungsoffizieren, zu Politikern und Journalisten Dahrendorf, sich in ausgewählten Zirkeln zu bewegen und verschafften ihm die Möglichkeit, erste journalistische Erfahrungen zu sammeln und zum Studium nach England zu gehen. Auch in der wissenschaftlichen Sphäre fiel der talentierte Dahrendorf auf und wurde von verschiedenen akademischen Lehrern, insbesondere von Ernst Zinn und Helmut Schelsky, gefördert, indem diese ihm bei der Erlangung von Qualifikationen und bei der Vermittlung von Stellen halfen. In diesem Sinne war Dahrendorf in jungen Jahren auch Profiteur einer «Kultur der Patronage». Die soziale Praxis der Patronage ist bislang vor allem in der Forschung zur Frühen Neuzeit als Instrument der sozialen und politischen Integration und als Begleitfaktor der Macht- und Staatsbildung untersucht worden.[193] Nach 1945 ergab sich durch den Zusammenbruch des Deutschen Reiches ein Mangel an formalisierten bürokratischen Strukturen und etab-

lierten Institutionen, so dass persönliche Kontakte zu Menschen in Schlüssel-
positionen ähnlich wie in der Vormoderne eine besondere Bedeutung für das
eigene Fortkommen erhielten, wie sich nicht nur am Beispiel Dahrendorf
zeigt, sondern was auch am raschen Aufstieg anderer Generationsgenossen
der 45er-Kohorte ablesbar ist.

Dahrendorfs erste Professur führte ihn also in seine Vaterstadt Hamburg
zurück. Mit Vera bezog er ein Reihenhaus in Blankenese, das seine Mutter
Lina für die beiden gefunden hatte.[194] Im Januar 1959 wurde ihre erste Tochter Nicola geboren. Mit erst 29 Jahren bereits «Herr Professor»[195] zu sein, er-
füllte Dahrendorf mit Stolz. Die Ankündigung seiner Antrittsvorlesung zum
Thema *«Demokratie ohne Freiheit: Zur Sozialanalyse der westlichen Gesellschaft»* in Hamburg, die am 13. Juni 1958 im Hörsaal A der Universität Hamburg stattfand, klebte Dahrendorf in das bereits erwähnte Album ein. An der
Seite notierte er: «Zum Antritt – vor vollem Auditorium Maximum – sechs
Jahre, nachdem ich dort selbst noch unter den Hörern sass.»[196] Trotz seines
Alters verfügte Dahrendorf bereits über einen professoralen Habitus. Der
ehemalige BDI–Vorsitzende Hans-Olaf Henkel studierte in Hamburg bei
Dahrendorf und beschrieb ihn als jemanden,

> der schon damals einen wahren Starappeal hatte und uns Studenten schon
> allein durch sein Auftreten maßlos beeindruckte [...] Vorgefahren kam er
> in einem VW-Cabrio mit offenem Verdeck, seine hübsche Frau, ich
> glaube, sie war Engländerin, auf dem Beifahrersitz. Die souveräne Ruhe,
> mit der er ihr, seine Aktentasche unter dem Arm, die Türe öffnete, dazu
> der bohrende Blick, in dem der ganze Ernst der Wissenschaft gebündelt
> schien – all das war phänomenal, ein deutscher Kennedy. Wenn Dahren-
> dorf auftauchte, war der Mief weg. So müsste man sein, dachte ich.

Der ironische Unterton in Henkels Schilderung macht deutlich, dass Dahrendorfs Grandezza auch etwas Inszeniertes hatte:

> Erst später fiel mir auf, dass er selbst großen Wert auf dieses Image legte.
> Warum nicht? Und so waren auch wir, seine Studenten, erschüttert von
> seiner unermesslichen Bedeutung. Schon damals im Stil eines Country
> Gentleman gekleidet, wirkt er heute wie die Inkarnation eines Eng-
> länders. Er präsentiert die Merkmale dieses Landes mit einer Perfektion,
> wie ich sie an keinem echten Engländer je erlebt habe.[197]

Dahrendorf selbst hob insbesondere die Lehrerfahrung an der Akademie für Gemeinwirtschaft positiv hervor: «Nie wieder hat mir das Lehren so viel Spaß gemacht wie an der Akademie: Die Hörer waren nicht gelangweilte Abiturienten ohne praktische Erfahrung, sondern erwachsene Menschen, begierig Möglichkeiten suchend, begierig, ihre Erfahrungen besser zu verstehen», schreibt Dahrendorf in seinem «Zwischenbericht».[198] Mit diesem Bekenntnis betonte Dahrendorf die eigene Bodenständigkeit und machte deutlich, dass er Studenten mit einfachem Hintergrund und intellektueller Begabung mehr schätzte, als die Phrasendrescher bildungsbürgerlicher Herkunft, die um 1968 die Universitäten dominierten. Doch auch die Zeit an der Akademie für Gemeinwirtschaft war für Dahrendorf die eines Überganges, denn er lehrte dort nur zwei Jahre. Bereits 1960 ging er für ein Semester als Gastprofessor an die Columbia University in New York. Dort war sein Freund Fritz Stern *Assistant Professor* und außerdem zählten hier der Historiker Richard Hofstadter sowie die Soziologen Robert K. Merton und Daniel Bell zu seinen Kollegen und Diskussionspartnern.[199] Im Anschluss an das Auslandssemester folgte Dahrendorf einem Ruf an seine «Traumuniversität» Tübingen.[200]

III.
Der öffentliche Professor:
Bildungsreformer, Hochschulgründer und engagierter Publizist (1960–1967)

1. Ein Intellektueller mit Mission

Die sechziger Jahre gelten als das Jahrzehnt der Demokratisierung und Liberalisierung der Bundesrepublik. Mit dem Ende der Nachkriegszeit setzte ein gesellschaftlicher Mentalitätswandel ein, der vor dem Hintergrund der nationalsozialistischen Vergangenheit zu einer «Fundamentalliberalisierung»[1] der westdeutschen Gesellschaft führte. Ausdruck dieses Wandlungsprozesses waren die innere Festigung der bundesrepublikanischen Demokratie, der Wille zur gesellschaftspolitischen Reform und der Wandel der Öffentlichkeit. Der Glaube an die wissenschaftliche Planbarkeit nahezu aller Gesellschaftsbereiche schlug sich in einem chancenerweiternden Ausbau des Bildungssystems nieder. Der «Konsensjournalismus» der fünfziger Jahre wurde von der politischen «Zeitkritik» abgelöst, und in den Feuilletons, im Rundfunk und im Fernsehen fand eine intellektuelle Auseinandersetzung mit der noch jungen Bundesrepublik statt.[2] In das geschichtskulturelle Gedächtnis der Deutschen ist unter dem Schlagwort der «68er-Bewegung» vor allem die seit Mitte der sechziger Jahre einsetzende Politisierung der Jugend als entscheidender gesellschaftlicher Wandlungsfaktor eingegangen.

Zu Beginn der sechziger Jahre wurden zahlreiche freiwerdende Führungsstellen in Wissenschaft, Journalismus, Politik und Wirtschaft durch Angehörige der 45er Generation besetzt.[3] Damit kam eine Generation in verantwortliche Positionen, die in ihrer Mehrheit eine bejahende Einstellung zum demokratischen bundesrepublikanischen Staat und zur Modernisierung hatte und die sich ganz selbstverständlich nach Westen, vor allem an den USA orientierte. Am Ende des Jahrzehnts schien sich durch den Regierungswechsel 1969, bei dem die sozialliberale Koalition aus SPD und FDP erstmalig seit 1949 eine CDU-geführte Regierung ablöste, mit Willy Brandts

Worten «Wir wollen mehr Demokratie wagen» der gesellschaftlich stattgefundene Wandel institutionell zu bestätigen.

Auch für Ralf Dahrendorf waren die sechziger Jahre ein entscheidendes, wenn nicht gar das entscheidende Jahrzehnt in seiner Karriere. Mit einer außergewöhnlichen Umtriebigkeit war er gleichzeitig auf den Feldern von Wissenschaft, Politik und Öffentlichkeit tätig. Als Soziologieprofessor in Tübingen (1960–1966) veröffentlichte Dahrendorf 1965 gleich zwei Bücher, die einen entscheidenden Einfluss auf die öffentliche Diskussion haben sollten: Die «intellektuell und politisch bahnbrechende»[4] Analyse *Gesellschaft und Demokratie in Deutschland* und sein Plädoyer für eine Bildungsreform *Bildung ist Bürgerrecht*. Mit seinem Werk *Gesellschaft und Demokratie in Deutschland* stieß Dahrendorf die Diskussion um die Liberalisierung und Demokratisierung der Bundesrepublik an, während der Titel «Bildung ist Bürgerrecht» bald zur eingängigen Losung der Bildungsdebatte wurde. Als gefragter Bildungsexperte war Dahrendorf zudem wissenschaftlicher Politikberater, etwa in einem Unterausschuss des Wissenschaftsrates, als Mitglied im Deutschen Bildungsrat (1964–1966) und seit 1964 im Beirat für Bildungsplanung Baden-Württemberg. Als stellvertretender Vorsitzender des Gründungsausschusses schließlich wirkte er maßgeblich an der Ausgestaltung der Universität Konstanz mit, an der er seit 1966 auch einen Lehrstuhl innehatte. Dahrendorfs Reputation als Soziologe zog zwar Studenten und Doktoranden nach Konstanz, doch sein dortiges Wirken war nur von kurzer Dauer. Nachdem er bereits 1967 für ein halbes Jahr in Stuttgart im Auftrag des Kultusministers einen Hochschulgesamtplan für Baden-Württemberg ausgearbeitet hatte, ging er 1968 in die Politik.

Neben diesen vielfältigen Tätigkeiten in Wissenschaft und Politikberatung etablierte sich Dahrendorf als öffentlicher Intellektueller. Mit Zeitungs-, Rundfunk- und Fernsehkommentaren, mit öffentlichen Vorträgen und mit gesellschaftspolitischen Stellungnahmen wandte er sich an ein breites Publikum. Die gleichzeitigen Aktivitäten in Wissenschaft und Öffentlichkeit standen für ihn in keinem Widerspruch. Nicht zuletzt aufgrund seiner Publikationen und seines medienwirksamen Auftretens wurde und wird Dahrendorf bis heute als Protagonist der Bildungs- und Hochschulreformen und des deutschen Demokratisierungsdiskurses in den sechziger Jahren wahrgenommen.

Die gesellschaftliche Einflussnahme war durchaus gewollt. Dahrendorf war der Überzeugung, dass den Soziologen die Aufgabe zukäme, «die große Transformation in eine moderne, freie und zivilisierte Gesellschaft in Gang

zu setzen»[5]. Mit einer Mischung aus Pragmatismus und Hegelianismus erklärte er in seiner Konstanzer Antrittsvorlesung im Sommer 1966:

> Es ist Sache des Soziologen, zu bedenken, wie eine moderne, offene, zivi-
> lisierte Gesellschaft aussehen kann und welche Wege zu ihr führen. Das
> ist das Problem der Theorie. Es ist aber auch Sache des Soziologen, ausge-
> rüstet mit seinen Theorien in den Prozeß der Veränderung der Wirklich-
> keit hineinzugehen und dazu beizutragen, daß das Vernünftige wirklich
> wird. Das ist die Frage der Praxis.[6]

Wie im Folgenden gezeigt werden soll, lässt sich bei Dahrendorfs Agieren auf
den Feldern von Universität, Politik und Öffentlichkeit in den sechziger Jahren am Beispiel der Bildungspolitik eine überaus erfolgreiche eskalatorische
Strategie der Einflussnahme ausmachen: Zunächst entwickelte Dahrendorf
auf der Grundlage seiner empirischen Forschung zu Bildungsfragen Theorien
und Verbesserungsvorschläge. Diese verbreitete er im nächsten Schritt nicht
nur in der Fachwissenschaft, sondern versuchte ihre Wirkung publizistisch
zu verstärken, wie etwa im Falle der Artikelserie «Bildung ist Bürgerrecht» in
der *Zeit*. Dank seines dadurch gesteigerten Renommees kam Dahrendorf
nun der Status des Bildungsexperten zu, der ihn wiederum zum begehrten
Berater und Aushängeschild aller politischen Parteien machte. Seine Mitgliedschaft in verschiedenen Gremien konnte Dahrendorf darüber hinaus
strukturell nutzen, um seine Überzeugungen und Programme umzusetzen,
beispielsweise im Gründungsausschuss der Universität Konstanz oder im Arbeitskreis Hochschulgesamtplan für Baden-Württemberg.

Die große Wirkungskraft, die Dahrendorf in den sechziger Jahren erreichte, gründet also auf einem Zusammenspiel unterschiedlicher Faktoren:
Zum einen waren da sein enormer Arbeitseifer und seine überaus hohe Produktivität, die sich in brillanten Analysen und Konzepten niederschlug, welche er öffentlichkeitswirksam zu vertreten verstand. Im Sinne eines Mat-
thäus-Effekts («wer hat, dem wird gegeben»)[7] multiplizierte sich sein Einfluss
zudem: Durch ein immer größeres persönliches Netzwerk erhielt er immer
weitere Posten in Kommissionen und Beiräten; durch seine zunehmende Bekanntheit im öffentlichen Feld stieg seine Nachfrage im publizistischen Bereich. Die positive Rückmeldung, auf die Dahrendorf stieß, steigerte seine
Bekanntheit und Wahrnehmung in der Öffentlichkeit und damit sein Selbstbewusstsein. Seine Überzeugung wurde bestärkt, durch breitenwirksame
Veröffentlichung seiner Forschungsergebnisse, die daraus entwickelten

Handlungsanleitungen und durch Einflussnahme auf die Politik tatsächlich etwas in der Gesellschaft verändern zu können.

2. An der «Traumuniversität» Tübingen

Die Berufung an die Universität Tübingen zum Wintersemester 1960 war für Dahrendorf alles, was er sich erhofft hatte.[8] Seinem Kollegen Hans Paul Bahrdt berichtete Dahrendorf am 8. August 1960 von seinem Ruf und fügte hinzu: «Es ist wirklich sehr reizvoll, zumal für mich, der ich mir schon immer Tübingen gewünscht hatte.»[9] Dort war eine Reihe von Freunden und alten Bekannten vertreten: Dahrendorfs Hamburger Lehrer Ernst Zinn, der ihn bereits nach Saarbrücken geholt hatte und inzwischen Professor für Philologie war, sein Freund und journalistischer Mentor von der *Hamburger Akademischen Rundschau* Hans Joachim Lang, der nun Professor für Amerikanistik war, und Dahrendorfs «innigster Freund seit 1946»[10], Hans Joachim Strüber, der an seiner Dissertation schrieb.

Dass Tübingen Dahrendorfs «Traumuniversität»[11] war, lag auch daran, dass es sich um eine traditionsreiche Hochschule handelte. Nach seinen Stationen an den Nachkriegsneugründungen in Saarbrücken und Hamburg konnte Dahrendorf sich mit dieser Berufung in den hohen Kreisen der Ordinarien angekommen fühlen. Schließlich zählten zu den Tübinger Professoren bekannte Namen wie der Politikwissenschaftler und baden-württembergische Staatsrat Theodor Eschenburg, der Erziehungswissenschaftler Andreas Flitner, der Jurist Ludwig Raiser, der Philosoph Walter Schulz, der Historiker Hans Rothfels und der Philologe Walter Jens. 1963 kam zudem der streitbare katholische Theologe Hans Küng, zu dem Dahrendorf in den Folgejahren eine Freundschaft entwickelte.

Für Dahrendorf war in Tübingen zum ersten Mal eine Professur für Soziologie eingerichtet worden. Die Übernahme dieser neuen Professur, die sowohl in der Rechts- und Staatswissenschaftlichen als auch in der Philosophischen Fakultät angesiedelt war, verlangte einige Aufbauarbeit. Diese ging Dahrendorf, so sein damaliger Assistent Hansgert Peisert, «wie stets in schneller Gangart» und «mit großem Elan» an.[12] Das Soziologische Seminar in der Gartenstraße wurde eingerichtet, die Institutsbibliothek bestückt, Forschungsvorhaben wurden skizziert und für die damalige Zeit moderne Hilfsmittel wie eine voluminöse Walther-Addiermaschine und ein Lochkartensortierer für empirische Studien angeschafft. Die empirische Forschung betrieben allerdings vor allem die Assistenten Hansgert Peisert und Wolfgang Zapf.[13] Dahrendorf verfolgte lieber die großen theoretischen Themen: «Über den Ursprung der Ungleichheit unter den Menschen» lautete seine Tübinger Antrittsvorlesung; «Soziologische Theorie der Revolution», «Herrschaft und Gesellschaft», «Gesellschaft und Soziologie in Amerika» oder «Gesellschaft und Demokratie in Deutschland» waren die Titel weiterer Vorlesungen. Aus diesen entstanden Publikationen wie das Büchlein *Über den Ursprung der Ungleichheit unter den Menschen* (1961), die *Angewandte Aufklärung. Gesellschaft und Soziologie in Amerika* (1963) und Dahrendorfs einflussreiches «Deutschlandbuch» *Gesellschaft und Demokratie in Deutschland* (1965), auf das später noch zurückzukommen sein wird. Themen und Vortragsstil des dynamischen jungen Professors zogen an: Dahrendorfs Vorlesungen waren überaus gut besucht, und das nicht nur von Soziologiestudenten. Auch angehende Juristen, Historiker, Pädagogen und Ökonomen wollten ihn hören. Nicht selten kamen so viele, dass der Hörsaal gewechselt werden musste und oft nur der Festsaal der Neuen Aula mit seinen fast tausend Plätzen ausreichte, um alle Zuhörer unterzubringen. Einen solchen Andrang konnte in Tübingen sonst nur der Rhetorikprofessor Walter Jens für sich verbuchen.[14]

Während die «großen» theoretischen Themen, und dabei insbesondere die Frage nach der Konstitution der deutschen Gesellschaft, Dahrendorf also nach wie vor beschäftigten, gab es in der anwendungsbezogenen Forschung eine Interessenverschiebung von der Industrie- und Betriebssoziologie der fünfziger Jahre hin zu Fragen der sozialen Schichtung, zur Zusammensetzung und Rekrutierung der deutschen Eliten und zur Bildungsforschung. Mit seinem Assistenten, dem späteren Präsidenten des Wissenschaftszentrums Berlin (WZB), Wolfgang Zapf, führte Dahrendorf mittels Fragebögen Studien zur Elitenforschung durch. Die Ergebnisse sind in Zapfs Dissertation *Wandlungen der deutschen Elite* (1965) veröffentlicht, die bald zum Klassiker der Elitenforschung avancierte. Auch Dahrendorf selbst hatte mit seinen Publikationen einen entscheidenden Einfluss auf die Debatte um den Topos der Elite in der frühen Bundesrepublik. Nach Veröffentlichungen von Urs Jaeggi (1960) und Hans Peter Dreitzel (1962), die die Betonung auf Machtstrukturen beziehungsweise die Auslesebedingungen der Elite gelegt hatten,[15] bezog Dahrendorf sich auf amerikanische Veröffentlichungen und machte diese in der deutschen Soziologie bekannt. Insbesondere die Studie von Karl W. Deutsch und Lewis Edinger *Germany Rejoins the Powers* (1959) und C. Wright Mills' *The Power Elite* (1956) fanden seine Aufmerksamkeit.[16] Die von Dahrendorf vertretene Auffassung, dass durch die Analyse der Eliten Rückschlüsse auf Problemlagen der gesamten Gesellschaft gezogen werden könnten, hatte großen Einfluss auf die Elitenforschung.[17] Deshalb beschreibt Morten Reitmayer Dahrendorf sogar als Vollender der «Elite-Doxa», nämlich «des Glaubens an die ‹Elite› als den relevantesten oder sogar einzigen relevanten Teil der Gesellschaft»[18]. Diese Annahme verband Dahrendorf mit der programmatischen Konzeption, dass durch Elitenkonkurrenz die Liberalisierung der Gesellschaft vorangetrieben werde, wie er in *Gesellschaft und Demokratie in Deutschland* ausführte. Das Ergebnis von Dahrendorfs Beschäftigung mit der «sozialen Stratifikation» der deutschen Gesellschaft der sechziger Jahre wurde in Abgrenzung zur «Bolte-Zwiebel» seines Münchner Kollegen Karl Martin Bolte als «Dahrendorf-Häuschen» bekannt und fand in den siebziger Jahren Eingang in den westdeutschen Sozialkundeunterricht.[19] Als Weiterentwicklung von Theodor Geigers Schichtenmodell zeichnet es sich durch vertikale Durchlässigkeiten zwischen den Schichten und eine besondere Betonung der «Dienstklasse» als bürokratische Unterfütterung der Elite aus. Das zweite Standbein am Tübinger Lehrstuhl neben der Elitenforschung war die empirische Bildungsforschung, die Dahrendorf mit Hansgert Peisert betrieb und die das theoretische Fundament für Dahrendorfs publizistisches Eintreten für die Bildungsreform in den folgenden Jahren bildete.

Obwohl Dahrendorf eine eher philosophisch-theoretische Herangehensweise pflegte – etwa in den Arbeiten über Herrschaft, Konflikt und Wandel –, betonte er stets seine Auffassung von der Soziologie als empirischer Sozialwissenschaft und befand sich damit in einer Zwischenposition innerhalb der in den fünfziger und sechziger Jahren dominierenden sozialwissenschaftlichen Denkschulen. Damals gab es in der bundesrepublikanischen Soziologie drei sich teils überschneidende Positionen: Helmut Schelsky und René König standen trotz ihrer gegensätzlichen politischen Einstellung und unterschiedlichen Vergangenheit im Nationalsozialismus in der empirischen Ausrichtung ihrer Forschung vereint den marxistischen Frankfurtern gegenüber, die für eine dialektisch-philosophische Herangehensweise plädierten. Dagegen vereinte König und das Duo Horkheimer und Adorno ihre Opposition zum Nationalsozialismus und ihr Status als Remigranten.[20]

Um die dialektische Soziologie den Methoden der falsifizierbaren empirischen Soziologie, die er in England gelernt hatte, gegenüberzustellen, richtete Ralf Dahrendorf im Oktober 1961 in Tübingen unter dem Titel «Die Logik der Sozialwissenschaften» eine interne Arbeitstagung der Deutschen Gesellschaft für Soziologie aus.[21] Die dort geführte Diskussion zwischen Theodor W. Adorno und Karl Popper wurde als «Positivismusstreit» bekannt.[22] Karl Popper, der selbst freilich kein Vertreter einer rein positivistischen Lehre war, die jegliche metaphysische Erklärungsansätze ablehnt,[23] vertrat dabei die Auffassung, dass in den Sozialwissenschaften wie in den Naturwissenschaften falsifizierbare Hypothesen aufgestellt werden müssten. Diese könnten dann auf der Grundlage von empirischer Forschung überprüft und bestätigt oder verworfen werden (hypothetisch-deduktive Methode). Dabei plädierte er für eine praxisorientierte Wissenschaft, um zu Lösungen einer Vielzahl von Einzelproblemen einer Gesellschaft zu kommen («Sozialtechnik der Einzelprobleme»). Adorno dagegen war der Auffassung, dass Gesellschaften nur als Gesamtsystem betrachtet werden könnten und daher keine Teiltheorien, sondern eine dialektische Gesamttheorie gefunden werden müsste. Von dieser ausgehend, sei es die Aufgabe der Soziologie, die Gesellschaft emanzipatorisch zum Positiven zu verändern. Adorno äußerte zudem die Sorge, die empirische Soziologie würde die «schlechte» Gesellschaft verdinglichen und sie «positivistisch» verstärken, das heißt systemstabilisierend wirken, statt immanente Widersprüche der Gesellschaft aufzuklären.

Der erklärte Popper-Anhänger Dahrendorf, der äußerst skeptisch gegenüber Großtheorien wie die der Frankfurter Schule war, beschränkte sich in Tübingen als Gastgeber der Diskussion auf eine moderierende Rolle.[24] Die Auseinandersetzung zwischen Popper und Adorno wurde auf der Arbeitstagung jedoch nicht so scharf und direkt geführt, wie Dahrendorf intendiert hatte. Die beiden redeten in ihren Referaten eher aneinander vorbei, als dass es zu einer wirklichen Diskussion kam.[25] Diese wurde erst im Nachgang von Jürgen Habermas und Hans Albert ausgetragen.[26] Es dauerte acht Jahre, bis der Tagungsband 1969 unter dem Titel *Positivismusstreit* erschien, weshalb Hans Albert klagte, Adorno habe als Herausgeber die Veröffentlichung der Debatte bewusst verschleppt, um die Darstellung in seinem Sinne zu beeinflussen.[27] Zu diesem Zeitpunkt war Dahrendorf jedoch schon in die Politik gewechselt, weshalb er die Debatte nur noch am Rande verfolgte.

In seinen englischsprachigen Lebenserinnerungen betont Dahrendorf die Lebendigkeit der Soziologie in den frühen sechziger Jahren. Ihm gefiel es, Teil der internationalen Wissenschaftsgemeinschaft zu sein, die sich mit Themen wie der Industriegesellschaft und der darin entstehenden sozialen Ungleichheiten beschäftigte. Er bedauerte jedoch, dass die Disziplin in den folgenden Jahren in verschiedenste Soziologien, die sogenannten «Bindestrich-Soziologien»[28], wie Rechts-Soziologie, Religions-Soziologie, Wissen-schafts-Soziologie zerfallen sei.[29] Mit der Studentenbewegung kam in der zweiten Hälfte der sechziger Jahre die Kritische Theorie Adornos und Hork-heimers in Mode; dann mit Niklas Luhmann die Systemtheorie – beides waren Denkrichtungen, mit denen Dahrendorf wenig anfangen konnte.[30] Seine Entscheidung für eine essayistische Herangehensweise an soziologische Fragestellungen hatte allerdings auch zur Folge, dass Dahrendorf keine fun-dierte theoretische Auseinandersetzung mit der Frankfurter Schule und der Systemtheorie vorlegte.

Dahrendorfs Publikationseifer nahm in Tübingen noch einmal an Fahrt auf: Zwischen 1960 und 1967 veröffentlichte er mehr als 60 Bücher, Aufsätze und Rezensionen.[31] Diese enorme Produktivität verknüpfte sich mit der Strategie, durch eine hohe und am besten internationale, das heißt vor allem englisch-sprachige, Publikationsdichte eine weite Verbreitung seiner Ideen zu er-reichen. 1962 übernahm er das Presserreferat der Universitätszeitung *Attempto*, das er mit großem Engagement führte. Umtriebig war er auch bei der Etab-lierung von eigenen Publikationsorganen: In Tübingen rief er ab 1963 die *Studien und Berichte aus dem Soziologischen Seminar der Universität Tübingen* ins Leben, in denen die Dissertationen von Wolfgang Zapf, Günter Kehrer und Harald Mey, aber auch Magisterarbeiten wie etwa Hannelore Gersteins *Studierende Mädchen* (1965) erschienen.[32] Ausdruck von Dahrendorfs wach-sender internationaler Reputation und Vernetzung war die Herausgabe des *Europäischen Archivs für Soziologie* (*Archives Européennes de Sociologie, Euro-pean Journal of Sociology*), einer dreisprachigen Zeitschrift des 1960 gemein-sam mit Raymond Aron (Paris) und Thomas Bottomore (London) gegründe-ten Europäischen Forschungsinstituts für Soziologie. Neben Ralf Dahrendorf und Raymond Aron, die selbst häufig in ihrer Zeitschrift publizierten, zähl-ten international bekannte Soziologen wie Hans Albert, Martin Lipset, T. H. Marshall und Robert K. Merton zu den Autoren.

Nachdem Dahrendorf bei seinen Buchpublikationen bis dahin keine be-sondere Verlagspräferenz gezeigt hatte, wurde ab 1961 der Münchner Piper Verlag zu seinem Stammhaus. Bis 1980 wurden dort insgesamt zehn Bücher Dahrendorfs verlegt. Klaus Piper hatte seit 1953 einen Schwerpunkt auf das moderne Sachbuch (Soziologie, Geschichte, Politik und Naturwissenschaft) und auf die populäre Vermittlung von Wissen gelegt und den Verlag seines Vaters Reinhard Piper zu einem der führenden deutschen Publikumsverlage der Nachkriegszeit gemacht.[33] Als Piper-Autor fand Dahrendorf sich in der

Gesellschaft von Karl Jaspers, Hannah Arendt, Theodor Eschenburg, Joachim Fest, Ernst Nolte, Kurt Sontheimer und Hans Küng.

In der Zusammenarbeit mit dem Lektor Walter Hinderer (bis 1966) und dem Verlagsleiter Hans Rößner (1958–1977)[34] erschienen zunächst die vielbeachtete Aufsatzsammlung *Gesellschaft und Freiheit. Zur soziologischen Analyse der Gegenwart* (1961) und die von Alexis de Tocqueville inspirierte *Angewandte Aufklärung. Über Gesellschaft und Demokratie in Amerika* (1963). Dieses von Dahrendorf selbst als wissenschaftliches «Leichtgewicht» bezeichnete Buch war die Verschriftlichung einer Vorlesung im Sommersemester 1963 und beruhte auf Dahrendorfs Rezeption der amerikanischen Soziologie ebenso wie auf persönlichen Eindrücken des Landes. Seit seinem ersten Amerikabesuch als Student 1951 hatte er noch weitere drei Mal den nordamerikanischen Kontinent besucht. Insbesondere die Zeit am Center for Advanced Study in Stanford 1957/58 sowie Gastprofessuren in New York an der Columbia University 1960 und in Vancouver an der University of British Columbia in Kanada 1962, wohin er von New York aus mit dem Greyhound-Bus gereist war, hatten sein Bild von der amerikanischen Gesellschaft geprägt. Er bewunderte die USA als Land der «angewandten Aufklärung», der Freiheit und des Individualismus, in dem der amerikanische Traum allen Unkenrufen zum Trotz noch möglich sei.[35]

Ebenfalls im Piper Verlag erschienen *Das Mitbestimmungsproblem in der deutschen Sozialforschung* (1963), *Gesellschaft und Demokratie in Deutschland* (1965), sowie Dahrendorfs «Gesammelte Abhandlungen» *Pfade aus Utopia. Arbeiten zur Theorie und Methode der Soziologie* (1967) und als zweiter Teil *Konflikt und Freiheit. Auf dem Weg zur Dienstklassengesellschaft* (1972). Außerdem verlegte Piper Dahrendorfs politisches Programm zu seiner politischen Kandidatur *Für eine Erneuerung der Demokratie in der Bundesrepublik* (1968), das *Plädoyer für eine Europäische Union* (1973) ebenso wie die deutsche Übersetzung der für die BBC produzierten Reith Lectures *Die neue Freiheit* (1975). 1980 wurde schließlich noch die deutsche Übersetzung des italienischen Interviews *Intervista sul Liberalismo e l'Europa* (1979) als *Der Liberalismus und Europa* bei Piper veröffentlicht, obwohl Dahrendorf sich bereits 1979 vom Verlag abgewandt hatte und mit dem Buch *Lebenschancen* zu Suhrkamp gewechselt war.

3. Der Wunsch, «einen profunden Einfluss auf die Menschen und auf die Welt auszuüben»

Nicht nur mit öffentlichkeitswirksamen Buchpublikationen bewegte sich Ralf Dahrendorf in den Tübinger Jahren immer weiter von der universitären Sphäre in die Öffentlichkeit. Schon in jungen Jahren, seit 1948, war Dahrendorf journalistisch tätig gewesen. Er schrieb für Zeitungen und Zeitschriften, meist Rezensionen oder kleinere Artikel, und hatte erste Erfahrungen im Rundfunk gesammelt. Mit dem Fortschreiten seiner akademischen Karriere waren seine journalistischen Veröffentlichungen vornehmlich wissenschaftlichen Aufsätzen, Rezensionen und Buchpublikationen gewichen. Als Professor in Tübingen jedoch meldete er sich mit Zeitungs- und Zeitschriftenartikeln, Rundfunk- und Fernsehkommentaren sowie mit Vorträgen zunehmend öffentlich zu Wort – jedoch nicht mehr von der Warte des jungen Gelegenheitsjournalisten, sondern von der des Soziologieprofessors.

Sein Schreibstil sprach ein über die wissenschaftliche Zunft hinausgehendes Publikum an. Damit war er als Autor nicht nur für die einschlägigen Fachzeitschriften interessant, sondern insbesondere für kulturpolitische Zeitschriften wie den *Merkur*, den *Monat* oder die *Frankfurter Hefte*, die das Forum für die intellektuellen Debatten der Zeit boten. Briefwechsel in seinem Nachlass machen deutlich, dass Ralf Dahrendorf seit den frühen sechziger Jahren vermehrt um publizistische Stellungnahmen gebeten wurde. Offenbar beeindruckt von der Aufsatzsammlung *Gesellschaft und Freiheit* (1961), wandte sich der Herausgeber des *Merkur* Hans Paeschke am 4. Juni 1962 an Dahrendorf und bat ihn, auch einmal etwas für seine Zeitschrift zu schreiben.[36] Auf Dahrendorfs Zusage folgten von 1964 bis 2009 insgesamt 56 Artikel für die Zeitschrift, begleitet von einem umfangreichen Briefwechsel über gesellschaftliche Themen, Aufsätze und Buchprojekte mit Herausgeber Paeschke.[37] Auch Fritz René Allemann, der ebenfalls begeistert von *Gesellschaft und Freiheit* war, fragte Dahrendorf bereits im Juli 1961 nach einem Artikel für den *Monat*, den dieser prompt lieferte.[38] Außerdem schrieb Dahrendorf zwischen September 1961 und Dezember 1966 etwa einmal im Monat für die *Basler National-Zeitung* über deutsche Politik und Gesellschaft. Und seit 1963 zählte er zu den Autoren der Hamburger Wochenzeitung *Die Zeit*, in der er sich in den sechziger Jahren vor allem zu Bildungsfragen äußerte.

Die Zeitungen und Kulturzeitschriften der sechziger Jahre bevorzugten einen verständlichen, leichten und eleganten Schreibstil, der für die Plausibilität der vorgestellten Ideen bürgen und eine größere öffentliche Resonanz hervorrufen sollte.[39] «Kathedersprache» und «Soziologendeutsch» waren dagegen verpönt. Dahrendorf verfügte über den geforderten sprachlichen Duktus, wie eine Rezension seiner Aufsatzsammlung *Gesellschaft und Freiheit* im *Merkur* lobte: Man könne sich kaum ein Buch vorstellen, das die Soziologie einer allgemeinen Leserschaft besser näher brächte, was an der «völlige[n] Abwesenheit einer zurückweisenden Fachsprache, dessen, was man Jargon zu nennen pflegt», liege. Denn hier werde nicht «reine Wissenschaft» präsentiert, sondern «littérature engagée»; «die Probleme sind ‹unter dem Aspekt des moralischen Engagements› ausgewählt und behandelt».[40]

Dahrendorfs Talent, seine Gedanken in eingängiger, verständlicher und doch anspruchsvoller Sprache vorzubringen, trug dazu bei, dass er auch von Rundfunk- und Fernsehsendern als Kommentator engagiert wurde. Im Hessischen Rundfunk wurde er ab 1962 neben Publizisten wie Karl Korn, Hermann Proebst, Harry Pross, Schriftstellern wie Alfred Andersch und Horst Krüger und Hochschullehrern wie Alexander Mitscherlich, Iring Fetscher, Hans Paul Bahrdt und Ernst Bloch zu einem der kulturellen Kommentatoren in Adolf Frisés Sendung «Vom Geist der Zeit».[41] In den zehnminütigen Beiträgen analysierte Dahrendorf die Bedingungen von Freiheit und Wandel in der Gesellschaft. Dabei war die Ausrichtung nach Westen mit dem Vorbild USA und Großbritannien deutlich. In einem «Plädoyer für die Diskussion» am 7. Oktober 1962 beklagte er beispielsweise die mangelnde Diskussionsfreudigkeit der Deutschen. Im Gegensatz zu den Briten empfänden sie den Austausch von Argumenten als lästig und seien zu sehr auf Konsens ausgerichtet. Dabei sei das Miteinanderreden Ausdrucksweise und Gestaltungsmöglichkeit und als solche Element der Freiheit.[42] Eine große Reichweite hatten seine politischen Kommentare im Fernsehen, mit denen er gleich nach dem Sendestart des ZDF von 1963 bis 1965 alle vier Wochen am Samstagabend zu sehen war.[43] Wie wichtig Dahrendorf seine Rezeption war, zeigt sich an einem Dokument aus seinem Nachlass: Auf der Rückseite der ihm zugeschickten Sendeanalysen seiner ZDF-Kommentare rechnete er handschriftlich die Zuschauerzahlen seiner Sendungen aus und kam im Schnitt auf 500 000.[44]

Weiterhin war er häufig bei Diskussionsrunden zu Gast, etwa am 19. Juli 1964 gemeinsam mit Carlo Schmid, Elisabeth Noelle-Neumann, Rudolf Augstein, Henri Nannen und Herbert Kremp bei der Radiosendung «Das

Podium» im Hessischen Rundfunk. Zur Diskussion stand die Frage, wer die öffentliche Meinung mache.[45] Auch in einer Sendereihe des Süddeutschen Rundfunks zu den «Hoffnungen unserer Zeit», die zu Beginn des Jahres 1963 ausgestrahlt wurde, zählte er neben Karl Jaspers, Thure von Uexküll, Arnold Bergstraesser, Iring Fetscher und Konrad Lorenz zu den Beiträgern.[46]

Mit der Erweiterung des Rezeptionskreises über die Fachöffentlichkeit hinaus ging auch eine Erweiterung der Themen einher: Dahrendorf brach seine Forschungsergebnisse zu den deutschen Eliten, zur gesellschaftlichen Ungleichheit oder zu den Bedingungen von Demokratie und Freiheit «populärwissenschaftlich» herunter und verband diese mal mit tagespolitischen Analysen, mal mit politischen Forderungen, wie etwa zur Bildungs- und Universitätsreform. Durch seine Betätigung als Kommentator entsprach er dem eigenen Plädoyer, Konflikte zu gesellschaftspolitischen Themen öffentlich auszutragen. Sein sprachliches Kapital gepaart mit dem Anspruch, die Ergebnisse soziologischer Forschung für die Gesellschaft nutzbar zu machen, ließen ihn eine große Deutungsmacht auf dem Feld der intellektuellen Debatte entfalten.

Im Vergleich zu früheren publizistischen Äußerungen konnte Dahrendorf seit den frühen sechziger Jahren mit einem gewichtigeren kulturellen und symbolischen Kapital auftreten. Als Professor gehörte er einer der angesehensten Berufsgruppen der Bundesrepublik an.[47] Seine Identität als Soziologe, als Experte für die Gesellschaft, vermittelte seinen Aussagen besondere Autorität und prädestinierte ihn zum intellektuellen Kommentator von Politik und Gesellschaft.[48] Hinzu kam, dass sich die Soziologie in den fünfziger und sechziger Jahren zur Leitdisziplin der Zeitkritik mit großer kultureller Deutungsmacht entwickelt hatte und politische Kommentarsendungen angesichts einer zunehmenden Medialisierung von Diskussionen eine Konjunktur erlebten.[49] Vor diesem Hintergrund war Dahrendorf seit der vielbeachteten Publikation von *Gesellschaft und Freiheit* 1961 in einem Maße in der öffentlichen Sphäre engagiert und gefragt, dass er als Intellektueller auftrat und auch als solcher wahrgenommen wurde.[50] Er füllte diese Rolle aus, indem er sich seit Beginn der sechziger Jahre zunehmend nicht nur sozialwissenschaftlich, sondern fächerübergreifend – und damit «inkompetent» nach Lepsius – zu politischen Fragen äußerte.

Den Drang, durch seine Äußerungen in der Öffentlichkeit Einflussmöglichkeiten auf die Gestaltung von Politik und Gesellschaft zu suchen und damit auch der eigenen Person Bedeutung zu verleihen, hatte Dahrendorf von früher Jugend an verspürt. In *Über Grenzen* erklärte er das Schreiben explizit zum Mittel der Einflussnahme und erinnerte sich an seinen Jugendwunsch, Journalist zu werden:

> Und dann war die Faszination des gedruckten Wortes, die eitle Freude, den eigenen Namen als Autor zu sehen, und die noch eitlere Erwartung, schon durch den Druck des Verfassten einen profunden Einfluss auf die Welt und die Menschen auszuüben.[51]

So war es auch eine Selbstzuschreibung, als er in der Sendereihe von Adolf Frisé im Februar 1963 die Rolle des Intellektuellen als die des «Hofnarren» der modernen Gesellschaft charakterisierte: Wie einst der Hofnarr im Mittelalter die Herrschenden als kritisches Gewissen umkreist habe und durch seine Position außerhalb von sozialen Hierarchien unangenehme Wahrheiten sorglos aussprechen konnte,[52] täten dies nun im 20. Jahrhundert die Intellektuellen:

> die Intellektuellen haben als Hofnarren der modernen Gesellschaft geradezu die Pflicht, alles Unbezweifelte anzuzweifeln, über alles Selbstverständliche zu erstaunen, alle Autorität kritisch zu relativieren, all jene Fragen zu stellen, die sonst niemand zu stellen wagt. Gewiß, solche Fragen sind nicht bequem: Wollen wir eigentlich die deutsche Wiedervereinigung? Ist Landesverrat unter Umständen ein patriotisches Verdienst? Gehört Religionsunterricht in die Schule? Sollte Abtreibung gesetzlich erlaubt werden? Jede dieser Fragen schockiert. Aber während es mir fern liegt, die in den etwas suggestiv formulierten Fragen angezeigten Antworten gutzuheißen, bin ich doch überzeugt, daß sie gestellt werden müssen: Jede Position, deren Gegenteil nicht zumindest erörtert worden ist, ist eine schwache Position. Und dies, akzeptierte Positionen – politisch, moralisch, pädagogisch, religiös, in welchem Bereich auch immer – dadurch zu Fall zu bringen oder zu stärken, daß man sie in Frage stellt und daher begründen muss, ist die soziale Aufgabe der Hofnarren der modernen Gesellschaft, der Intellektuellen.[53]

Dahrendorf hatte mit seinen Überlegungen zum Intellektuellen ein Modethema der Zeit getroffen.[54] Der Feuilletonchef der Wochenzeitung *Die Zeit*, Rudolf Walter Leonhardt, telegraphierte so auch begeistert an Dahrendorf: «Ihr trefflicher Vortrag für Frisé über den Intellektuellen sollte doch weiteste

Verbreitung finden. Können wir ihn drucken? Herzlich Leonhardt Zeit-redaktion»[55] Mit diesem Telegramm begann 1963 Ralf Dahrendorfs Mitarbeit für *Die Zeit*, der er als Autor mehr als vier Jahrzehnte treu bleiben sollte.

Wie der von ihm zitierte Hofnarr trat Dahrendorf in seiner Rolle als kriti-scher Gesellschaftskommentator als Solist auf.[56] Seine bevorzugte Form des intellektuellen Engagements waren die Radio- und Fernsehkommentare so-wie Zeitschriften- und Zeitungsartikel. Hier präsentierte er sich als unabhän-giger Soziologieprofessor, der weder Teil einer Gruppe noch einer politischen Richtung, sondern nur sich selbst und seinem unbestechlichen Urteil ver-pflichtet ist. In Spannung zu dieser für sich beanspruchten neutralen Position war Dahrendorf zeitweilig als Berater von Parteien oder Politikern tätig. 1961 war er Mitglied in einem Beraterstab für den Kanzlerkandidaten der SPD Willy Brandt, 1963 kandidierte er erfolglos bei der Gemeinderatswahl in Tü-bingen als Unabhängiger auf einer FDP-Liste, und ab 1964 beriet er den ba-den-württembergischen Ministerpräsidenten Kurt Georg Kiesinger und des-sen Kultusminister Wilhelm Hahn von der CDU. Ihm war aber zu Beginn der sechziger Jahre seine parteipolitische Unabhängigkeit sehr wichtig,[57] denn er wusste, dass die Indienstnahme durch eine Partei seinen Status als öffent-licher Intellektueller gefährdete:

> Anfang der 60er Jahre war in der Bundesrepublik die Zeit der bekennen-den Wissenschaftler noch nicht gekommen. Die Intellektuellen selbst hielten sich vom direkten Engagement weitgehend fern, waren insofern «wertfrei»; für die Parteien andererseits war ein politisch unabhängiger Wissenschaftler mehr wert als zehn Mitglieder.[58]

So äußerte Dahrendorf noch im Herbst 1965 bei einem Verlagsempfang, er sehe sich als Intellektuellen, und in dieser Rolle dürfe man sich, anders als etwa Günter Grass, nicht zu eindeutig mit einer Partei identifizieren.[59]

Wie verortete sich Dahrendorf also in der bundesrepublikanischen Intel-lektuellenlandschaft? An einer Passage aus dem «Zwischenbericht», den Dah-rendorf um 1976 schrieb, wird deutlich, dass er seine Position – auch im Rückblick auf die sechziger Jahre – vor allem in Abgrenzung zu anderen be-stimmte. Zunächst grenzte sich Dahrendorf von seinen Parteifreunden in der FDP ab. Er nannte den frühverstorbenen FDP-Politiker Wolfgang Döring (1919–1963) und den *Spiegel*-Herausgeber Rudolf Augstein (1923–2002), die zwar als Liberale galten, aber in Dahrendorfs Augen in ihrer nationallibe-ralen Ausrichtung «Fundamental-Illiberale»[60] waren:

> Rudolf Augstein steht für mich für eine Liberalität, die sich in einem (Anti-)Kirchenkomplex beinahe schon erschöpft; im übrigen sucht er Gegenmacht für einen friderizianischen Nationalismus besonderer Prägung, in dem sich eine eigentümliche Liebe zum Militärischen mit der tiefen Abneigung gegen das Volk und Zuneigung für die Nation paart.[61]

Als weitere «für die Bundesrepublik entscheidende [...] geistig-politische [...] Gruppe» machte Dahrendorf «die protestantische Mafia» aus: «Sie schließt viele, sicherlich in manchem (zum Beispiel der Parteiaffiliation) sehr verschiedene, dennoch auch wieder ähnliche bedeutende Menschen ein». Zu ihnen zählte Dahrendorf die Vertreter des liberalen Bürgertums der Bundesrepublik: den Juristen Ludwig Raiser, die Herausgeberin der *Zeit* (1973–2002) Marion Gräfin Dönhoff, den Physiker und Friedensforscher Carl Friedrich von Weizsäcker und seinen Bruder, den Juristen und späteren Bundespräsidenten (1984–1994) Richard von Weizsäcker, den Physiker Werner Heisenberg, die Bildungsforscher Georg Picht und Hellmut Becker, den Intendanten des WDR (1961–1976) und Präsidenten des Evangelischen Kirchentages (1977–1979) Klaus von Bismarck sowie den damaligen Bundespräsidenten (1969–1974) Gustav Heinemann. Dahrendorf konstatierte: «Es fällt auf, wie umfangreich die Liste der Funktionen ist, die schon auf diese neun Menschen entfallen sind». Dahrendorf hob den inoffiziellen Einfluss dieses Netzwerkes von Personen, die untereinander lange bekannt, befreundet und sogar familiär verbandelt waren, hervor.[62] Er betonte zugleich: «doch waren und sind sie alle unbequem, ein ausgesprochenes Ärgernis sogar für die Regierungen des Tages; das ist ein Kompliment für die Bundesrepublik.»

Der von Dahrendorf ironisch verwendete, negativ konnotierte Ausdruck «protestantische Mafia» kennzeichnet das Cliquenhafte dieser Gruppe.[63] Der Begriff war von ihm wohl zwar polemisch, aber nicht so abwertend gemeint, wie er zunächst erscheinen mag. Zudem war Dahrendorf von der Notwendigkeit einer tonangebenden Elite überzeugt, wie er 1995 im *Europäischen Tagebuch* ausführte.[64] Dahrendorf wollte die «protestantische Mafia» zwar nicht als «primär liberal» bezeichnen, betonte aber:

> ihre gesinnungsethische Politik, oft in der vermutlich christlichen Verbindung von Askese und Moral, hat erstens nie einen Zweifel daran gelassen, dass sie auf der Seite der Geplagten und damit des Fortschritts stehen, und hat zweitens immer wieder starre Formen, Dogmen, auch

organisierte Gruppen und vor allem liebgewonnene Gewohnheiten aufgescheucht, beunruhigt, damit geöffnet. Ich gehöre der protestantischen Mafia aus vielen Gründen nicht an; auch darum nicht, weil sie eben jene besten Seiten der deutschen Tradition fortführt, die im 20. Juli 1944 Gestalt gewonnen haben, und mir doch nicht genug erscheinen für eine Verfassung der Freiheit; aber mein Respekt für diesen Strom deutscher Nachkriegspolitik erwächst aus Nähe und nicht aus Ferne.[65]

Dahrendorf stand vielen Angehörigen dieser Gruppe persönlich nahe und teilte viele politische Positionen und moralische Grundeinstellungen. Insbesondere mit Marion Gräfin Dönhoff war er seit den siebziger Jahren befreundet. Der «religiös unmusikalische» Dahrendorf konnte jedoch mit der Gesinnungsethik dieser Gruppe nichts anfangen und war dem aristokratisch-traditionalen Element gegenüber skeptisch.

Als dritte intellektuelle Gruppierung nannte Dahrendorf im «Zwischenbericht» die «Bundesrepublikaner». Diese zeichne aus, dass sie sich trotz ihrer Sehnsucht nach einer größeren Nation nicht «daran hindern lassen, diese Bundesrepublik als ihren Staat zu akzeptieren und sich um die Fortentwicklung seiner Liberalität zu mühen.»[66] Als Vertreter führte Dahrendorf seinen Freund, den Politikwissenschaftler und CDU-Mann Waldemar Besson an. Dessen Werk *Die Außenpolitik der Bundesrepublik Deutschland* vertrat für Dahrendorf exemplarisch die Position der «Bundesrepublikaner». Auch Helmut Kohl und vor allem Walter Scheel, die Dahrendorf beide schätzte, zählte er zu dieser Gruppe. In seinen Augen, waren sie «bundesdeutsche Liberale», die in den Worten des damaligen Generalsekretärs und Parteivordenkers Kurt Biedenkopf «Fortschritt in Freiheit»[67] suchten. Dass den «Bundesrepublikanern» jedoch die tiefe Überzeugung fehle, «dass es nötig ist, mehr Demokratie zu wagen, wenn man die Freiheit erhalten will», war für Dahrendorf ihr Manko.[68]

Um seine Position zu den «Linken» zu erläutern, nahm Dahrendorf im «Zwischenbericht» Bezug auf Kurt Sontheimers gerade erschienene polemische Abrechnung mit den bundesrepublikanischen Linksintellektuellen *Das Elend der Intellektuellen* (1976). Aus der von Sontheimer beschriebenen Verschiebung des politischen Bewusstseins nach links seit den Studentenprotesten der späten sechziger Jahre konstatierte Dahrendorf eine Spannung zwischen dem «aufgeregten Bewusstsein» und einem «ungenauen Utopismus» der Vertreter der «neuen Linken» auf der einen und der «weithin zufriedene[n] Realität» der Bundesrepublik auf der anderen Seite. Für Dahrendorf resultierte aus dieser Entwicklung eine nur noch größere Distanz zu der «neuen Linken». Doch sah sich Dahrendorf, zumindest in diesem um 1976 geschriebenen Rückblick, als «liberalen Intellektuellen – auch gegen das Wort ‹Linksintellektueller› hätte ich nichts», der seit Beginn der sechziger Jahre angesichts des damals aufgekommenen «Utopismus» in der deutschen Gesellschaft «heimatlos» geworden sei.[69]

Auch wenn eine klare Selbstverortung ausbleibt, wird deutlich, welchen Platz Dahrendorf für sich beanspruchte: den des unabhängigen liberalen Intellektuellen «linker» Prägung. Für ihn war «liberal» der Ausdruck, mit dem er sich selbst charakterisierte und sich gegen andere «Illiberale» wie etwa Rudolf Augstein abgrenzte.[70] Anders als die von ihm skizzierte «protestantische Mafia» suchte Dahrendorf für sein Engagement selten Zusammenschlüsse mit anderen Intellektuellen – wie es etwa dem von Pierre Bourdieu postulierten Idealbild des «kollektiven Intellektuellen» entspricht.[71] So lehnte er es in der Regel ab, Resolutionen zu unterzeichnen, weil es ihm «zuwider» war.[72] Eine seltene Ausnahme, in der Dahrendorf als Intellektueller in der Gruppe tätig wurde, bildet sein Engagement in der *Spiegel*-Affäre.

4. Die *Spiegel*-Affäre

Die *Spiegel*-Affäre vom Herbst 1962 gilt als Moment, in dem sich eine kritische Öffentlichkeit in der Bundesrepublik manifestierte. In der politisch angespannten Situation des Kalten Krieges, vor dem Hintergrund der Kuba-Krise und der Sorge vieler Bundesbürger vor einer atomaren Bewaffnung der Bundesrepublik erschien am 8. Oktober 1962 unter der Überschrift «Bedingt abwehrbereit» ein Artikel des stellvertretenden *Spiegel*-Chefredakteurs Conrad Ahlers, der über Mängel im deutschen Verteidigungswesen berichtete.[73] Brisanz erhielt der Artikel, weil er auf geheime Quellen über das NATO-Herbstmanöver «Fallex 62» zurückgriff und suggerierte, dass die Mängel in der Wehrfähigkeit der Bundesrepublik bewusst in Kauf genommen würden, da Verteidigungsminister Franz Josef Strauß ohnehin auf künftige Atomwaffen setze. Zwei Wochen später erfolgte eine Durchsuchung der *Spiegel*-Redaktion in Hamburg. Unterlagen wurden beschlagnahmt, Redakteure verhaftet. Sowohl Conrad Ahlers als auch der Herausgeber des *Spiegels* Rudolf Augstein saßen wegen Verdachts auf Landesverrat mehrere Monate in Haft. *Der Spiegel* konnte wochenlang nur in

Notausgaben erscheinen. Das als unverhältnismäßig angesehene Vorgehen gegen die Redaktion brachte den ohnehin angeschlagenen Verteidigungs-minister Franz Josef Strauß ins Wanken, als publik wurde, dass er bei der Verhaftung von Ahlers in Spanien seine Kompetenzen überschritten hatte. Kanzler Adenauer versuchte lange, an seinem Minister festzuhalten, und sprach im Bundestag von einem «Abgrund von Landesverrat», den die *Spiegel*-Redakteure begangen hätten. Der lautstarke öffentliche Protest, den dieser politische Eingriff in die Pressefreiheit hervorrief, führte schließlich zu Strauß' Rücktritt und einer Umbildung des Kabinetts, die das Ende der Ära Adenauer einläutete.[74]

Über diese politischen Konsequenzen hinaus zeigte sich an der Reaktion der Öffentlichkeit auf die *Spiegel*-Affäre, wie weit der Mentalitätswandel in der Bundesrepublik vorangeschritten war.[75] In einer bis dahin nicht gekann-ten Vehemenz solidarisierten sich Fernsehen, Rundfunk und Printmedien im Zeichen der Pressefreiheit mit den *Spiegel*-Redakteuren. Die Solidaritäts-bekundungen kamen nicht nur von journalistischer Seite. Der Protest von Studenten auf der Straße, die teils scharfe Kritik am Vorgehen der Bundes-anwaltschaft, die Präsenz von Schriftstellern und Professoren in öffentlichen Erklärungen sowie in Diskussionen mit Medienvertretern sprachen für eine neue Qualität der bundesrepublikanischen Öffentlichkeit. Am bekanntesten ist das Manifest von Vertreten der Schriftstellervereinigung Gruppe 47 vom 28. Oktober 1962. In der Erklärung verurteilten die Unterzeichner um Alfred Andersch, Ingeborg Bachmann, Günter Grass, Walter Jens, Uwe Johnson, Hans Werner Richter und Siegfried Unseld das Vorgehen gegen den *Spiegel* scharf als «Akt staatlicher Willkür» und forderten den Rücktritt von Ver-teidigungsminister Strauß.[76]

Im Vergleich zur Reaktion der Gruppe 47 kam, nach Frank Bösch in seinem Aufsatz zum Verhalten der Intellektuellen während der *Spiegel*-Affäre, die Reaktion der Professoren auffällig spät.[77] Im Gegensatz zu den Schriftstellern hätten sich die Hochschullehrer erst einmal abwartend ver-halten. Es muss allerdings gesagt werden, dass die Gruppe 47 vor allem deshalb so rasch und schlagfertig im Kollektiv reagieren konnte, weil sie gerade in Berlin tagte, als die Besetzung der *Spiegel*-Redaktion und Aug-steins Verhaftung bekannt wurden. Auch für die Professoren waren die Er-eignisse um die *Spiegel*-Affäre Anlass, in bis dahin nicht gekannter Zahl öffentlich Stellung zu beziehen. Große Beachtung fand die Kontroverse des Freiburger Historikers Gerhard Ritter (1888–1967) und des Bonner Politik-wissenschaftlers Karl Dietrich Bracher (1922–2016) in den Leserbriefspalten der *Frankfurter Allgemeinen Zeitung* am 10. beziehungsweise 13. November. Ritter verteidigte hier das Vorgehen der Regierung gegen den «Terror der Nachrichtenmagazine», während sich Bracher entschieden gegen den von Ritter proklamierten Vorrang der Staatsräson vor innerer Freiheit und Rechtsstaatlichkeit aussprach.

Der Disput zwischen dem 40-jährigen Bracher und dem 74-jährigen Ritter legt nahe, dass es bei der *Spiegel*-Affäre auch um eine Auseinandersetzung von Jung gegen Alt ging. So macht Christina von Hodenberg besonders die Rolle der Angehörigen der 45er-Generation unter den Journalisten für die Wende vom Konsensjournalismus zur Zeitkritik verantwortlich.[78] Der 45er Hans-Ulrich Wehler ist ihr in dieser Interpretation im Hinblick auf die *Spiegel*-Affäre gefolgt: «Das hebt sie aus allen anderen Skandalgeschichten hervor: das leidenschaftliche Engagement der ‹Generation 45›, einer kritischen Öffentlichkeit zum Durchbruch zu verhelfen»[79]. Die *Spiegel*-Affäre zeigt jedoch, dass es nicht nur 45er waren, die sich als Kritiker des Vorgehens gegen das Nachrichtenmagazin exponierten, wie schon Frank Bösch festgestellt hat.[80] Die Kontroverse war weniger Kennzeichen einer Auseinandersetzung von Jung gegen Alt, als ein geradezu exemplarischer Ausdruck des Wandels von einer konservativen zu einer liberalen Staatsauffassung, wie sie Hans-Ulrich Wehler als «Binnendemokratisierung» der Bundesrepublik beschrieben hat.[81] Generationszugehörigkeiten waren nicht ausschlaggebend beim öffentlichen Eintreten für demokratische und rechtsstaatliche Prinzipien. Auch Vertreter der älteren Generation verschafften sich deutlich Gehör: Sebastian Haffner, Jahrgang 1907, übte in der ersten «Panorama»-Sendung zur Affäre und dann in der *Süddeutschen Zeitung* am 8. November heftige Kritik an dem Vorgehen der Regierung. Und bereits am 1. November hatte Eugen Kogon, Jahrgang 1903, bei einer Podiumsdiskussion vor 4000 Zuhörern in Hamburg ebenso Stellung zugunsten der Pressefreiheit bezogen wie der 1904 geborene Theodor Eschenburg am 13. November bei einem Vortrag ebenfalls in Hamburg.[82] Neben diesen Einzelaktionen traten westdeutsche Hochschullehrer nun auch im Kollektiv auf. Bereits am 31. Oktober, also nur drei Tage nach dem Manifest der Gruppe 47, hatten 29 Professoren und Dozenten der Universität zu Köln eine Erklärung verfasst. Diese fand jedoch, wie auch zwei offene Briefe Kölner und Göttinger Professoren an Bundesjustizminister Wolfgang Stammberger, zunächst keine Aufmerksamkeit in der öffentlichen Wahrnehmung, was vermutlich auf die mangelnde Prominenz der Unterzeichner zurückzuführen ist.[83] Erst als sich die Ereignisse im Laufe der folgenden Wochen zuspitzten und sich abzeichnete, dass Strauß

trotz unüberhörbarer Forderungen von Opposition, Koalitionspartner und
Öffentlichkeit nicht gewillt war, zurückzutreten, fand der Protest der Professoren größere Beachtung. Am 19. November 1962, dem Tag, an dem auch
die FDP-Minister der Bundesregierung aus Protest gegen Strauß gemeinsam
ihren Rücktritt verkündeten, wurde eine Erklärung von 54 Tübinger Professoren veröffentlicht.

Ralf Dahrendorf spielte für das Zustandekommen dieser Erklärung eine
entscheidende Rolle. Bereits im Vorfeld hatte er gemeinsam mit Walter Jens,
Hans Joachim Lang und Walter Schulz an einer Demonstration von Studenten in Tübingen teilgenommen. Anschließend schickten die Professoren
einen Leserbrief an das *Schwäbische Tagblatt*, dessen Redakteur die Regie-
rungsaktion in Schutz genommen hatte. In dem Brief heißt es:

> Nach 13 Jahren unter ein und demselben Bundeskanzler, nach 13 Jahren
> ohne Ministersturz und bei einem Rücktritt, sollen wir mit Ihrem [Re-
> dakteur] «lh.» «um den Schutz der Autorität und unserer Sicherheit vor
> der zügellosen chaotischen Freiheit» besorgt sein. Der Journalist denkt
> autoritär, nicht demokratisch; er ist ein Gegner unseres Staates, nicht wir,
> die wir allerdings um die Freiheit besorgt sind.[84]

Bald darauf bereitete Dahrendorf gemeinsam mit Ludwig Raiser, Walter
Schulz und Walter Diem eine Erklärung vor und bewegte in «mühsamen
Telephonaten und Gesprächen 54 der 180 Lehrstuhlinhaber der Universität
zur Unterschrift»[85]. Darunter waren bekannte und renommierte Professoren
wie Hans Rothfels, Andreas Flitner, Walter Erbe und Hans Joachim Lang.[86]

Entgegen seiner Gewohnheit, als Individualist aufzutreten, suchte Dahrendorf in diesem Fall nach Mitstreitern, um wirkungsvoller agieren zu können. Das staatliche Vorgehen gegen den *Spiegel* mag eine solche konzertierte
Aktion in seinen Augen erfordert haben, weil er die demokratischen und liberalen Prinzipien in Gefahr sah. Sicherlich waren Dahrendorf wie Raiser auch
durch das Vorbild der Gruppe 47 und die Erklärungen anderer Professoren
inspiriert. Auch die Proteste der Studenten mögen ihn beeindruckt haben.
Wie Manfred Liebel dargelegt hat, verstanden sich viele der protestierenden
Professoren als Mittler zwischen dem Staat und seinen Bürgern, insbesondere
der jungen Generation.[87] Dahrendorf und die anderen Professoren setzten ihr
Prestige und ihre Netzwerke gezielt ein, um die Rechte auf Presse-, Mei-
nungs- und Informationsfreiheit sowie Rechtssicherheit und Verfassung zu
verteidigen.

Blickt man auf den Inhalt der professoralen Verlautbarungen aus Tübingen und anderen Städten, dann muss Frank Böschs Urteil, diese wären im Vergleich zum Manifest der Schriftsteller der Gruppe 47 zurückhaltend und abwägend, widersprochen werden. In den Erklärungen wurden in unmissverständlicher Sprache die Verletzung der Grundrechte kritisiert, Rücktrittsforderungen gegen Strauß oder die gesamte Regierung formuliert und der Glaubwürdigkeitsverlust von Staat und Regierung beklagt.[88] Dahrendorf und Raiser betonten in der Tübinger Erklärung zwar, dass es nicht ihre Absicht sei, «zu rechtlichen Problemen Stellung zu nehmen oder gar in ein schwebendes Verfahren einzugreifen».[89] Stattdessen sprachen die Unterzeichner von einer «Vertrauenskrise», die durch «den weitverbreiteten Eindruck, daß die Bundesregierung mit dem Bundestag und der Öffentlichkeit ein unwürdiges und unwahrhaftiges Versteckspiel getrieben habe», entstanden sei.

> Wir halten es daher für unsere Pflicht, in aller Öffentlichkeit darauf hinzuweisen, daß das Ansehen der Bundesrepublik als eines demokratischen Rechtsstaates auf dem Spiel steht und es von uns allen, besonders aber von den Politikern aller Parteien abhängt, ob dieses Ansehen gerettet werden kann.
>
> Angesichts der Verletzlichkeit der Demokratie in unserem Lande und der Schwäche ihrer Tradition kann die Vertrauenskrise nur noch durch einen unmißverständlichen Akt des politischen Anstandes behoben werden. In älteren Demokratien hätte eine Krise dieses Ausmaßes den Rücktritt der Regierung zur Folge. Wir meinen daher, daß eine durchgreifende innere Erneuerung der Regierung die Voraussetzung dafür ist, daß die Glaubwürdigkeit unseres politischen Gemeinwesens wiederhergestellt wird.[90]

Mit Überschriften wie «53 Professoren warnen: So geht es nicht weiter!» oder «Vertrauen in den Staat ist gefährdet – 53 Tübinger Professoren fordern ‹durchgreifende Erneuerung› der Regierung» fand die Tübinger Erklärung ein großes mediales Echo.[91] Weitere Stellungnahmen und Petitionen von Professoren und Dozenten anderer Hochschulen folgten, so dass insgesamt über 600 westdeutsche Hochschulwissenschaftler an kollektiven Protestdemonstrationen dieser Art teilnahmen.[92] Damit war eine kritische Masse erreicht, die auch aufgrund der hohen Reputation dieser Berufsgruppe nicht zu übersehen war, was wiederum zusammen mit dem Engagement der Journalisten und dem Protest des Koalitionspartners am 30. November 1962 zum Rücktritt von Franz Josef Strauß führte.

Den seit Ende der fünfziger Jahre einsetzenden Wandel der politischen Kultur der Bundesrepublik hat Axel Schildt als «Wendung liberaler Medien nach links, die Öffnung für kritische Berichte im Umgang mit der NS-Vergangenheit, die Unterstützung von Forderungen nach Reformen der Justiz und Bildung sowie nach Demokratie statt Obrigkeitsstaat»[93] treffend zusammengefasst. Genau diese Themen trieben auch Ralf Dahrendorf und andere Intellektuelle um. Nach den Erfahrungen seit 1945, Besatzungszeit, deutscher Teilung und Wiederaufbau, wurde die Bundesrepublik seit Ende der fünfziger Jahre zunehmend als etwas Selbstständiges, Dauerhaftes angesehen. Damit war es möglich geworden, sich kritischer als zuvor mit den bestehenden Strukturen auseinanderzusetzen und den staatsfixierten Demokratiebegriff, das heißt den Vorrang des Staates gegenüber Gesellschaft und Öffentlichkeit, infrage zu stellen.[94] Als Beispiel können die zeittypischen Sammelbände *Ich lebe in der Bundesrepublik* (1960) von Wolfgang Weyrauch und *Bestandsaufnahme* (1962) von Hans Werner Richter gelten, in denen deutsche Wissenschaftler, Schriftsteller und Publizisten zur Bundesrepublik Stellung bezogen.[95] In Richters Band war auch Dahrendorf mit einem Beitrag zum Strukturwandel der Nachkriegsgesellschaft vertreten.[96] Dahrendorfs intellektuelle Auseinandersetzung mit dem deutschen Staat kulminierte schließlich in seinem Buch *Gesellschaft und Demokratie in Deutschland* (1965).

5. Gesellschaft und Demokratie in Deutschland (1965)[97]

Das große Engagement in Wissenschaft und Öffentlichkeit sowie die vielen Termine und Verpflichtungen zehrten an Dahrendorfs Gesundheit. Im Januar 1963 musste er wegen einer «verschleppten Grippe»[98] für mehrere Wochen in ein Sanatorium.[99] Ob es tatsächlich eine Grippe war oder nicht eher das, was man heute einen «Burnout» nennen würde, ist unklar. In einem Brief ermahnte Dahrendorfs englischer Soziologenkollege und Studienfreund David Lockwood ihn eindringlich, beruflich kürzer zu treten:

> Dies soll keine Moralpredigt sein, aber ich hoffe doch sehr, dass Du dies nun als eine Zeit zur Besinnung betrachtest – als eine Zeit, um zu überdenken, ob Dein außerordentlicher Beitrag für die deutsche und die internationale Soziologie Dich nicht dazu berechtigt, Dich *wirklich* einmal

für eine Weile auf Deinen Lorbeeren auszuruhen. Ich bin mir sicher, dass es das wäre, was alle sich für Dich wünschen, und denke, dass Du es Dir verdient hast, statt mitanzusehen, wie Du Dich wie schon in den letzten zehn Jahren weiter ausbrennst.[100]

Bedenkt man Dahrendorfs enormes Arbeitspensum, verwundert es nicht, dass es in den folgenden Monaten immer wieder zu Konflikten in seiner Ehe kam. Vera war zu dieser Zeit schwanger mit der zweiten Tochter Alexandra, die im März 1964 geboren wurde. Ein Freisemester im Winter 1964/65 gab Dahrendorf die Zeit, sein Buch *Gesellschaft und Demokratie in Deutschland* zu schreiben. Die Dahrendorfs mieteten dafür ein Haus in Brissago am Lago Maggiore, wo die Ruhe und Abgeschiedenheit vom Alltag nach Dahrendorfs Schilderung zur Entspannung zwischen den Eheleuten beitrug.[101]

Dahrendorfs Buch *Gesellschaft und Demokratie in Deutschland* kann als Kristallisationspunkt seiner Programmatik der sechziger Jahre gelten. Hier finden sich fast alle wichtigen Themen, die Dahrendorf in dieser Zeit umtrieben und die er nicht nur theoretisch analysierte, sondern mit einem programmatischen Impetus verband: Konflikt, Herrschaft, Schichtung, Elite, Liberalisierung, Bildung und Bürgerrechte.

In der Geschichtswissenschaft scheint man sich einig: *Gesellschaft und Demokratie in Deutschland* gilt als ein entscheidender Diskursbeitrag zur gesellschaftlichen Demokratisierung und Liberalisierung der Bundesrepublik und als ein «Grundbuch des westdeutschen Identitätswandels»[102]. Diesem Urteil liegt zugrunde, dass Dahrendorf mit seinem Opus magnum die Leitmotive des Demokratisierungsdiskurses formulierte, der die sechziger Jahre dominieren sollte: zum einen die Diagnose eines strukturellen Demokratiedefizits in Deutschland, das auf verkrusteten Autoritätsstrukturen beruhte, und zum anderen das Argument für die Ausweitung der Demokratie von den Institutionen hinein in die Gesellschaft. Außerdem hatte seine historisch begründete Analyse der «Hemmnisse der liberalen Demokratie» aus einem «deutschen Sonderweg» heraus einen wichtigen Einfluss auf die Geschichtswissenschaft und insbesondere auf die Historische Sozialwissenschaft der Bielefelder Schule.[103]

In *Gesellschaft und Demokratie* stellte Dahrendorf die «deutsche Frage», die für ihn nicht etwa die Frage nach der nationalen und territorialen Einheit Deutschlands oder nach einem wie auch immer gearteten «Deutschtum» war, sondern «die Frage nach den Hemmnissen der liberalen Demokratie in Deutschland»[104]. Warum also hatte sich Deutschland in der Vergangenheit mit der liberalen Demokratie so schwer getan und tat es – nach Ansicht Dahrendorfs – noch immer? Aus dieser Frage entwickelte er politisch-programmatisch eine zweite: Was muss getan werden, damit sich auch in Deutschland das Prinzip der liberalen Demokratie durchsetzen kann?[105]

Die erschwerten Bedingungen für die liberale Demokratie in Deutschland erklärte Dahrendorf aus der Geschichte. Er beschrieb Deutschland mit Bezug auf Helmuth Plessner als «verspätete Nation»[106], deren Industrialisierung später, dafür aber schneller und gründlicher erfolgt sei als in England und Frankreich. Dabei diagnostizierte er ein Übermaß an staatlicher Intervention bei gleichzeitig weniger stark ausgeprägtem Kapitalismus und Liberalismus als in den westlichen Nachbarländern. Symptomatisch sei dafür gewesen, dass in der deutschen Gesellschaft feudale Strukturen überdauert und sich keine selbstbewusste Bourgeoisie ausgebildet habe. Die Sehnsucht nach staatlicher Einhegung als Kontinuum vom Kaiserreich über die Weimarer Republik bis in den Nationalsozialismus habe Bestand gehabt und so die Liberalisierung der Gesellschaft verhindert.

Provokant und einflussreich zugleich war Dahrendorfs These von der Modernisierung der deutschen Gesellschaft durch den Nationalsozialismus.[107] In den sechziger Jahren war Dahrendorf mit *Gesellschaft und Demokratie in Deutschland* (1965) einer der wenigen, die versuchten, die Gründe für den Nationalsozialismus an gesellschaftlichen Bedingungen festzumachen und zugleich die Gesellschaft der Bundesrepublik mit Rückgriff auf die Vergangenheit zu erklären.[108] Dahrendorf argumentierte, dass die Gleichschaltung im «Dritten Reich» zur Aufhebung traditioneller Bindungen wie Familie und Religion geführt und gleichzeitig die Macht von Institutionen wie Parteien und Vereinen sowie der alten Eliten eingeschränkt habe. Auf diese Weise habe das totalitäre Regime der Nationalsozialisten durch die Aufhebung vormoderner Strukturen paradoxerweise auch zu einer unbeabsichtigten Modernisierung der deutschen Gesellschaft beigetragen. Die totale Niederlage von 1945 habe schließlich die Neugründung der staatlichen Institutionen ermöglicht. Erst durch diesen Prozess sei die Voraussetzung für den liberalen Staat der Bundesrepublik geschaffen worden.[109] Diese These hatte großen Einfluss auf die Historische Sozialwissenschaft, wobei manche Schwächen, wie der Mangel an empirischen Belegen für die Modernisierungsthese, dieser Analyse lange ignoriert wurden.[110] Dazu zählt auch die problematische Vorstellung, nach der die Kräfte des Widerstandes – insbesondere die des 20. Juli 1944, an dem ja auch Dahrendorfs eigener Vater beteiligt war – eine antimoderne Funktion im historischen Prozess hatten.[111]

Dahrendorf kombinierte seine Analyse der «Hemmnisse der liberalen Demokratie in Deutschland» mit einem programmatischen Impetus, indem er die Voraussetzungen benannte, unter denen sich das «liberale Prinzip» in einer Gesellschaft durchsetzen könne.[112] Dies war für ihn das Fundament einer soziologischen Theorie der Demokratie, wie er sie mit diesem Buch vorlegen wollte. Neben der Forderung nach einer gesellschaftlichen Elite, welche die Vielfalt der sozialen Interessen der Gesellschaft widerspiegelt, und öffentlichen statt privaten Tugenden als vorherrschende Wertorientierung waren für Dahrendorf vor allem bürgerliche Gleichheitsrechte und die Zulassung und Regelung von Konflikten entscheidende Kriterien einer liberalen Gesellschaft.

Die Forderung nach der Anerkennung von Konflikten war in der Post-Adenauer-Ära, in der sich viele Bürger eine Große Koalition und weniger Streit im Parlament wünschten und in der die Zeitkritik gerade erst begonnen hatte, den Konsensjournalismus abzulösen, alles andere als selbstverständlich.[113] Mit Sätzen wie «Konflikt ist Freiheit» und «Liberale Demokratie ist Regierung durch Konflikt»[114] knüpfte Dahrendorf an seine in den fünfziger Jahren entwickelte Konflikttheorie an. Er war der Meinung, dass den in einer Gesellschaft unvermeidlich existenten Interessenkonflikten mit institutioneller Kanalisierung begegnet werden müsse, um gewaltsame Auseinandersetzungen zu verhindern.[115] Wie schon in *Gesellschaft und Freiheit* (1961) wandte sich Dahrendorf gegen die utopische Vorstellung einer konfliktfreien Gesellschaft. Sie war für ihn zum Scheitern verurteilt, da sie lediglich Spannungen unterdrückte, welche in der Konsequenz umso gewaltsamer hervorbrächen. Konflikt zuzulassen heiße hingegen, unterschiedliche Meinungen und Interessen zu akzeptieren.

> Konflikt ist Freiheit, weil durch ihn allein die Vielfalt und Unvereinbarkeit menschlicher Interessen und Wünsche in einer Welt notorischer Ungewißheit angemessen Ausdruck finden kann.[116]

Für Dahrendorf war der Konflikt Antriebskraft des Wandels[117] und als solcher Stimulus der von ihm geforderten Modernisierung. Konfliktfreiheit, davon war er überzeugt, führe zu politischem und wirtschaftlichem Stillstand.

Als weitere Bedingung für eine moderne Gesellschaft nannte Dahrendorf die Gewährleistung eines grundlegenden Bürgerstatus. Dieser solle allen Staatsbürgern, unabhängig von überlieferten Abhängigkeitsverhältnissen, die gleichen Grundrechte garantieren. Dahrendorf postulierte, daß in der liberalen Demokratie jeder mitzählt, jeder teilnehmen kann und jeder das Recht hat, den Spielraum seiner Existenz gegen die Ansprüche der anderen, der Institutionen und des Staates zu sichern.[118]

Bürgerrechte bedeuteten für Dahrendorf vor allem gleiche Rechte zur Partizipation an der Gesellschaft als mündige Staatsbürger. «Bürgerrechte sind Teilnahme*chancen*»[119], schreibt er und unterstreicht damit seine Auffassung, dass der Status des Staatsbürgers zur Entfaltung von individuellen Möglichkeiten befähigen solle.

Gleiche Bürgerrechte sind nicht das gleiche wie die Gleichheit des sozialen Status oder gar des sozialen Charakters. Bürgerrechte betreffen als Element der Gleichheit immer nur die Chancen der Teilnahme, nicht deren Form oder Ergebnis.[120]

Mit dieser Argumentation führt Dahrendorf dem Leser das Spannungsverhältnis der Grundrechte Freiheit und Gleichheit vor Augen, in dem diese von jeher stehen. Egalisierung widerspricht der Freiheit; zugleich sei staatsbürgerliche Gleichheit notwendige Voraussetzung, um die allgemeine Freiheit dauerhaft zu sichern. In seinem Bürgerrechtsverständnis folgte Dahrendorf seinem Lehrer, dem LSE-Soziologen T. H. Marshall, mit seiner Einteilung der Staatsbürgerschaft in drei Elemente, die in drei historischen Stufen im 18., 19. und 20. Jahrhundert erreicht worden seien: «bürgerlich», «politisch» und «sozial». Bürgerliche und politische Elemente der Staatsbürgerrolle seien in Deutschland in der Vergangenheit im Vergleich zu Staaten mit liberaler Tradition weniger stark ausgeprägt gewesen, was einerseits die Sozialpolitik seit dem 19. Jahrhundert begünstigt, aber zugleich auch zu einer Begrenzung der Bürgerrechte durch die «Sicherung menschlicher Unmündigkeit»[121] geführt habe.

Dahrendorfs historisch-soziologische Analyse der deutschen Gesellschaft erreichte ein ungewöhnlich großes Publikum. Drei Jahre nach der Ersterscheinung hatte *Gesellschaft und Demokratie* mit einer Auflagenzahl von rund 12 500 verkauften Exemplaren längst den Status eines wissenschaftlichen Bestsellers erreicht.[122] Die breite Rezeption des Werks, die weit über das wissenschaftliche Publikum hinaus reichte, lässt sich auch an den zahlreichen Zuschriften, die Dahrendorf erhielt, ablesen.[123] Die «vermutlich gedanken- und einflussreichste politisch-soziologische Zeitdiagnose der Bundesrepublik»[124] fand Mitte der sechziger Jahren sowohl von links als auch von rechts große Beachtung. Der sozialdemokratische Bundestagsabgeord-

nete Wilhelm Dröscher schlug seinen Partei- und Fraktionsvorsitzenden
Willy Brandt und Fritz Erler vor, das Buch in die Schriftenreihe für die
innerparteiliche Bildung der SPD aufzunehmen.[125] Der spätere Arbeits-
minister Norbert Blüm, damals Redakteur der Zeitschrift des christlich-
sozialen Flügels der CDU *Soziale Ordnung*, ließ Dahrendorf wissen,
welchen Einfluss seine Ideen auf das erste Grundsatzprogramm der Christ-
lich-Demokratischen Arbeitnehmerschaft (CDA), die Offenburger Erklärung von 1967, hatten:

> wir haben Ihr Buch «Gesellschaft und Demokratie in Deutschland» mit
> viel Interesse, vor allem mit großem Gewinn gelesen und dürfen Ihnen
> heute versichern, daß Ihre Vorstellung von einer sozialen Demokratie
> nicht ohne Einfluß waren auf das Bild der «offenen und solidarischen Ge-
> sellschaft», das wir in unserer «Offenburger Erklärung» voranstellten.[126]

Arnulf Baring, damals noch Redakteur des Westdeutschen Rundfunks in
Köln, war überzeugt: «Wer in Deutschland lebt und dies Werk nicht kennt,
kann künftig nicht mitreden.»[127] Jürgen Habermas besprach *Gesellschaft und
Demokratie* für den *Spiegel* und zeigte sich beeindruckt von Dahrendorfs
Mut zur Verbindung von «engagierter Wissenschaft und politischer Schrift-
stellerei». Er bemerkte jedoch auch die Grenzen dieser Methode, nämlich die
Unvermeidlichkeit von Oberflächlichkeit und Verallgemeinerungen, da
Dahrendorf «mit einer Handvoll globaler Annahmen und informierter Ver-
einfachungen der Entwicklung gesellschaftlicher Strukturen im Deutschland der letzten hundert Jahre zu Leibe» rücke.[128] Dahrendorf selbst erklärte
etwa zehn Jahre nach der Erstveröffentlichung von *Gesellschaft und Demokratie* in seinem «Zwischenbericht»:

> für wissenschaftlich in einem strengen Sinn halte ich weder das Buch
> noch irgendwelche Kommentare dazu; hier geht es um weniger genaue,
> weniger strenge Analysen, nicht um Theorien, dafür aber um elementare
> Fragen, nämlich darum, ob man in diesem Deutschland leben kann,
> wenn man die Freiheit über alles liebt.[129]

Habermas stellte in seiner Rezension einen Aspekt von Dahrendorfs Analyse besonders heraus, nämlich die Diskrepanz zwischen institutioneller
und gesellschaftlicher Demokratisierung und Liberalisierung in der Bundesrepublik:

> Zunächst bleiben die Garantien der staatsbürgerlichen Gleichheit unvoll-
> ständig oder haben nur eine formale Geltung. In ihrer modernisierten
> Welt leben die Deutschen als unmoderne Menschen.[130]

Auch für viele andere Leser war dies die entscheidende Erkenntnis über die
deutsche Gesellschaft im Jahr 1965. Für den Historiker Moritz Scheibe ist
Dahrendorfs Forderung nach der «Ausweitung der Demokratie über die
staatlichen Institutionen und Verfahren hinaus auf die Gesellschaft»[131] auch
heute noch ein entscheidender Beitrag zum Demokratisierungsdiskurs der
sechziger Jahre. Dahrendorfs These, dass nach einer erfolgten Demokratisierung der politischen Institutionen in den fünfziger Jahren die gesellschaftliche Liberalisierung noch ausstand und es deshalb zu den heftigen Umbrüchen der sechziger Jahre kam, zeigt noch immer einen großen Widerhall in
der Geschichtswissenschaft. Dass er solches in *Gesellschaft und Demokratie*
erkannt und beschrieben hat, wird als sein Beitrag zur Liberalisierung der
Bundesrepublik anerkannt.

Allerdings war Dahrendorf nicht bloß Protagonist der Liberalisierung
der Bundesrepublik, zu der er mit seiner Betonung von freiheitlichen und
demokratischen Werten, aber auch durch sein Engagement als Bildungsreformer beitrug. Er kann auch als Agent des Liberalisierungsnarrativs in
der Geschichtswissenschaft gelten, da er durch seine sozialgeschichtliche
Interpretation einen großen Anteil daran hatte, dass die fünfziger und sechziger Jahre in der Zeitgeschichtsschreibung als Phase der Liberalisierung
gesehen werden.

Schließlich lag ein großer Einfluss von Dahrendorfs Analyse darin, dass
er im gleichberechtigten Zugang zur Bildung die Voraussetzung für die
soziale Rolle des Staatsbürgers und damit eine Bedingung der liberalen
Demokratie erkannte.[132] Damit setzte er einen Schwerpunkt seines Libera-
lismusverständnisses auf die Freiheit in Form des «status positivus» beziehungsweise auf die sozialen Bürgerrechte. Die gesamtgesellschaftlichen
Überlegungen von *Gesellschaft und Demokratie* wollte Dahrendorf nun auf
der praktischen Ebene anhand eines spezifischen Themas umsetzen: dem
der Bildungspolitik. Diesem Thema widmete er 1965 sein zweites Buch *Bildung ist Bürgerrecht*.

6. «Bildung ist Bürgerrecht»[133]

In der programmatischen Schrift, die dem Verfasser zufolge eine «Mischung von Theorie, Argument und Programm»[134] sein sollte, entwickelte Dahrendorf vor dem Hintergrund der Bildungsforschung, die er an der Universität Tübingen betrieb, Ansatzpunkte für eine «aktive Bildungspolitik». Dahrendorfs Thesen wurden zunächst im November und Dezember 1965 als mehrteilige Artikelserie in der *Zeit* veröffentlicht[135] und noch im selben Jahr als Buch gedruckt. Durch diese zweifache Publikation waren sie einer breiten Öffentlichkeit zugänglich, die weit über die Fachwelt hinausreichte.

Anderthalb Jahre zuvor hatte der Religionsphilosoph und Pädagoge Georg Picht bereits mit seiner These von der «deutschen Bildungskatastrophe» in *Christ und Welt* für Aufsehen gesorgt. Picht forderte auf Grundlage des prognostizierten Facharbeiter- und Lehrermangels ein bildungspolitisches «Notstandsprogramm».[136] In der ersten Hälfte der sechziger Jahre wurde das deutsche Bildungswesen zu einem bestimmenden Thema in Politik und Öffentlichkeit. Nachdem bereits seit den späten fünfziger Jahren entscheidende Weichen in der Hochschulpolitik gestellt worden waren, verlegte sich die Diskussion ab Mitte der sechziger Jahre auf den Schul- beziehungsweise den Sekundarbereich. Nicht zuletzt durch die hohen publizistischen Wellen, die die Schriften von Ralf Dahrendorf, Georg Picht, Friedrich Edding, Hildegard Hamm-Brücher und weiteren Mitstreitern schlugen, entwickelte sich eine Aufbruchstimmung in der westdeutschen Bildungspolitik, die zur Gründung des Bildungsrates, der Wiederbelebung des Wissenschaftsrates sowie zur Umsetzung von bereits bestehenden Reformvorhaben führte, deren Ergebnis die Bildungsexpansion der sechziger und siebziger Jahre war.[137]

Ausgelöst durch eine Studie der OECD, welche die Rückständigkeit des deutschen Bildungssystems gegenüber anderen Ländern offenlegte, war die Sorge um die Wettbewerbsfähigkeit der Bundesrepublik groß.[138] Vor dem Hintergrund des «Sputnik-Schocks» von 1957 fürchtete man im Wettlauf der Systeme gegenüber der Sowjetunion abgehängt zu werden. Häufiger noch galten wirtschaftliche Gründe als Hauptargument für die Notwendigkeit einer Bildungsreform. Georg Picht etwa warnte mit der Aussage «Bildungsnotstand heißt wirtschaftlicher Notstand»[139] vor dem drohenden Rückgang der internationalen Konkurrenzfähigkeit Westdeutschlands, ein Argument, das auch der Berliner Bildungsökonom Friedrich Edding anführte.[140]

In ähnlich alarmistischem Tonfall wie Picht formulierte auch Dahrendorf in *Bildung ist Bürgerrecht*: Eine «Bildungsrevolution»[141] sei nötig, um die Missstände im deutschen Bildungswesen zu beheben. Dahrendorf ging es vor allem darum, dass begabte Schüler durch das Bildungssystem unter ihren Möglichkeiten blieben und ihre individuellen Potenziale nicht ausschöpfen konnten. Um das soziale Bürgerrecht auf Bildung durchzusetzen, war seine wichtigste Forderung die Expansion des Bildungswesens, die er vor allem durch die Erhöhung der Abiturientenzahlen erreichen wollte.[142] Wie er durch empirische Studien über die Abhängigkeit des Bildungsabschlusses vom Elternhaus belegen konnte, hatten begabte Kinder aus bildungsfernen Schichten nahezu keine Chance, das Gymnasium zu besuchen, und verließen es zudem überdurchschnittlich häufig ohne Abitur. Vor allem Landkinder, Arbeiterkinder und Mädchen gehörten zu dieser Gruppe.[143] Das von Dahrendorf als besonders chancenlos identifizierte «katholische Arbeitermädchen vom Lande» wurde zum Sinnbild der Benachteiligung im westdeutschen Bildungssystem.

Neben der fehlenden Bildungsfreundlichkeit von Eltern aus dem Arbeitermilieu machte Dahrendorf vor allem die Lehrer als Verantwortliche für den mangelnden Bildungserfolg von begabten Schülerinnen und Schülern aus. Er nahm kein Blatt vor den Mund, als er in der *Zeit* vom 3. Dezember 1965 über die «Ursache für die überwiegende Zahl der vorzeitigen Abgänge» schrieb: «Sie liegt in dem, was ich mit einem bösen und doch überlegten Wort den pädagogischen Defaitismus der deutschen höheren Schule nennen möchte; sie liegt also mittelbar bei den Lehrern.» Zwar dokumentiere der «pädagogische Defaitismus des deutschen Gymnasiums […] nicht ein Versagen einzelner», sondern sei «vielmehr, wie der Modernitätsrückstand der deutschen Gesellschaft, Prinzip sozialer Institutionen, an das die in ihnen Lebenden durch ein System sozialer Kontrolle gebunden sind». Doch sei gerade das Verhalten der Lehrer, die darauf verzichteten, sich der Schüler wirklich anzunehmen, sie «zu ihren besten Möglichkeiten zu führen»[144], die Hauptursache für die vorzeitigen Abgänge von den höheren Schulen.[145] Viele Studienräte fühlten sich durch diese provokanten Äußerungen diffamiert und reagierten mit wütenden Briefen an den Professor. Dahrendorfs wenig diplomatische Antwortschreiben trugen nicht gerade zur Deeskalation bei.[146] Im Februar 1966 kam es bei einer Sitzung des Beirats für Bildungsplanung für Baden-Württemberg im Kultusministerium zu einem Eklat. Versammelt waren Kultusminister Wilhelm Hahn, Ralf Dahrendorf, Hansgert Peisert sowie einige Gymnasialdirektoren, die sich zum Teil mit heftigen Worten dagegen wehrten, als Sündenbock für das Schulversagen einzelner Schüler hingestellt zu werden.[147]

Dahrendorf beschränkte sich jedoch nicht auf die Problemanalyse, sondern machte auch konkrete Vorschläge für eine «aktive Bildungspolitik». Die Hauptansatzpunkte waren, den Übergang zu den weiterführenden Schulen zu erleichtern, die Zahl der vorzeitigen Abgänge von den Gymnasien zu reduzieren und die Hochschulen zu reformieren. Eine Hochschulreform sah Dahrendorf als notwendig an, um dem prognostizierten Zuwachs an Studierenden durch Verkürzung des Studiums zu begegnen.[148] Charakteristisch für die damalige Zeit, konzentrierten sich Dahrendorfs Reformansätze überwiegend auf die höheren Schulen und die Hochschulen. Die Haupt- und Realschulen sowie die berufliche Bildung blieben hingegen ein Stiefkind der Bildungsreformer.[149] In Dahrendorfs Programmschrift *Bildung ist Bürgerecht* waren vor allem drei Aspekte entscheidend: die bildungssoziologische Argumentation, die Formulierung eines Bürgerrechts auf Bildung und die Forderung nach einer effektiven Verbindung von Wissenschaft und Politik.

Zunächst einmal betonte Dahrendorf den Zusammenhang von liberaler Demokratie und gleichen Bildungschancen. Das Bürgerrecht auf Bildung stand für Dahrendorf in einem größeren Kontext einer modernen und freien Gesellschaft, wie er sie in *Gesellschaft und Demokratie in Deutschland* entworfen hatte. Dementsprechend strebte er als Folge und Ziel einer aktiven Bildungspolitik eine neue, veränderte Gesellschaft an:[150] Eine moderne Arbeiterschicht sollte ebenso entstehen wie eine «neue Rolle der Frau, also Anerkennung der oft beschworenen, ebenfalls bislang weitgehend formalen Gleichberechtigung als soziale Realität».[151] In Dahrendorfs Augen bestand eine Diskrepanz zwischen den formalen Gleichheitsrechten und den tatsächlichen Möglichkeiten zur Ausübung dieser Rechte in der gesellschaftlichen Realität der Bundesrepublik. Er übertrug also die These seines Deutschlandbuchs, dass der Modernisierung der Institutionen die Liberalisierung der gesellschaftlichen Mentalitäten folgen müsse, auf die Bildungspolitik. Sie sollte das zentrale Instrument der Liberalisierung und Demokratisierung der Gesellschaft sein.

Folglich setzte sich Dahrendorf argumentativ von anderen Bildungstheoretikern wie Georg Picht und Friedrich Edding ab, indem er ökonomische Beweggründe als zweitrangig gegenüber dem «Bürgerrecht» auf Bildung ansah. «Aktive Bildungspolitik wird allein durch die Sorge um den Bestand der inneren Ordnung moderner Liberalität überzeugend begründet»[152] – und ausdrücklich nicht durch wirtschaftliche Argumente oder den internationalen Vergleich mit anderen Ländern. Als Konsequenz regte Dahrendorf an, das Bürgerrecht auf Bildung als Verfassungsartikel festzu-schreiben.[153] Damit formulierte er einen Grundgedanken, der die Bildungs-diskussion der nächsten Jahrzehnte bestimmte, etwa bei der Auseinander-setzung um die Gesamtschulen oder noch nach 2000 im Zusammenhang mit der PISA-Debatte.[154]

Schließlich strebte Dahrendorf eine enge Verzahnung von Wissenschaft und aktiver Bildungspolitik an.[155] Um diese zu erreichen, schlug er vor, als Instrumente der Reform die Bildungsforschung, die Bildungsplanung und die Bildungspolitik einzusetzen, denn die Erfahrung der erfolgreichen Zu-sammenarbeit dieser Trias hatte er in den Vorjahren in Baden-Württemberg machen können.

Wie erwähnt, befasste sich Dahrendorfs Tübinger Seminar für Soziologie be-reits seit den frühen sechziger Jahren mit der Bildungsforschung. Herzstück der Forschung war ein durch Mittel der Thyssen-Stiftung gefördertes Projekt zu den sogenannten «Begabungsreserven».[156] Auf der Grundlage der Volks-zählung von 1961 konnten Ralf Dahrendorf und Hansgert Peisert Ungleich-heiten der Bildungsbeteiligung aufgrund von regionaler Herkunft sowie Schicht-, Geschlechts- und Religionszugehörigkeit nachweisen.[157] Mit dem Begriff «Begabungsreserven» waren diejenigen gemeint, die trotz Begabung nicht das Gymnasium oder die Hochschule erreichten und deshalb als poten-zielle Leistungsträger in der deutschen Gesellschaft ausfielen.[158]

Dass es gravierende strukturelle Hindernisse gab, die begabten Kindern den Weg zum Abitur und zur akademischen Ausbildung verstellten, war Dahrendorf offenbar erst durch seine Studien bewusst geworden. Noch we-nige Jahre zuvor hatte er die industrielle Gesellschaft der Bundesrepublik in einem Aufsatz als hochgradig dynamische Leistungsgesellschaft beschrieben. Leistung, so schrieb er 1956, löse Herkunft als Determinante der sozialen Stellung in der bundesrepublikanischen Gesellschaft ab: «Weil Leistung mehr gilt als Herkunft, wechselt das Personal aller [sozialen] Positionen mit jeder neuen Generation.»[159] Die Überzeugung, dass jeder, der begabt und leis-tungswillig sei, es auch nach oben schaffen könne, – und die womöglich vor allem auf seinen persönlichen Erfahrungen beruhte – hatte er auch noch in seiner Habilitationsschrift vertreten und war dafür von seinem Erstgutachter Georges Goriely als naiv kritisiert worden.[160] Als Dahrendorf jedoch Anfang der sechziger Jahre durch die Ergebnisse der empirischen Bildungsforschung erkannte, dass viele Menschen trotz vorhandener Begabung ihre Möglichkeiten nicht ausschöpfen konnten, machte er es in den folgenden Jahren zu seinem Hauptanliegen, diese «Lebenschancen» in einer liberalen Demokratie verwirklicht zu sehen.[161]

Durch die an seinem Tübinger Lehrstuhl betriebenen empirischen Studien und durch öffentliche Vorträge zu Bildungsthemen[162] machte sich Dahrendorf schnell einen Namen als Bildungsexperte und wurde im Sommer 1961 vom damaligem Bundeswirtschaftsminister Ludwig Erhard gebeten, als Mitglied der westdeutschen Delegation zu einer OECD-Konferenz zum Thema «Ability and Educational Opportunity» nach Kungälv in Schweden zu fahren.[163] Bei dieser Konferenz ging es im internationalen Rahmen um die übersehenen und daher im volkswirtschaftlichen Sinne brachliegenden Talente. Die Einleitung des Tagungsbandes forderte entsprechend, die Bildungssysteme der OECD-Länder weiter auszubauen, um damit die wirtschaftliche Entwicklung voranzutreiben. Auch wurde hier die Bedeutung von Bildung als «human right»[164] betont, was Dahrendorfs späterem Standpunkt in der Debatte entsprach. Auf der Konferenz erhielt Dahrendorf nicht nur wichtige Impulse, die seine Position zur Bildungsreform schärften, er traf auch alte Bekannte aus der Studienzeit in London wie A. H. Halsey und Jean Floud wieder, die zu seinem internationalen Soziologennetzwerk zählten.

Über seine Zeitschrift *Archives Européennes de Sociologie* stieg Dahrendorf mit dem Artikel «Starre und Offenheit der deutschen Universität. Die Chancen der Reform» 1962 in die hochschulpolitische Diskussion ein.[165] Wie Moritz Mälzer in seiner Dissertation zu den Hochschulneugründungen Bielefeld und Konstanz bemerkt hat, verband Dahrendorf in diesem Artikel in einer Fußnote seine Reformhoffnungen bereits mit einer «geplanten südwestdeutschen Universität»[166], obwohl diese damals erst Insidern bekannt war. Der baden-württembergische Ministerpräsident Kurt Georg Kiesinger, der sich – ganz im Zeitgeist der Expertenkonjunktur – zur Bekräftigung seiner Thesen gern auf Soziologen berief, zitierte in seiner Regierungserklärung vom 30. Mai 1963 wörtlich aus Dahrendorfs Artikel, um zu betonen, dass der Impuls zur Hochschulreform von den Landesregierungen auszugehen habe.[167]

Im Juni des folgenden Jahres trug Dahrendorf die Forschungsergebnisse zu den «Begabungsreserven» anlässlich der Immatrikulationsfeierlichkeiten an der Universität Tübingen vor und wies dabei auf die eklatanten Unterschiede in den Bildungschancen aufgrund von Schichtzugehörigkeit hin: Während der Anteil der Arbeiter in der westdeutschen Bevölkerung bei 50 % lag, stammten lediglich 5 % aller Studenten aus Arbeiterfamilien. Die Vorlesung mit dem Titel «Arbeiterkinder an deutschen Universitäten» erreichte ein großes Publikum, da sie auch in der *Zeit* veröffentlicht wurde.[168] Erneut wurde Kurt Georg Kiesinger aufmerksam auf Dahrendorfs Ausführungen und nahm den Gedanken, dass Deutschland einen großen Teil seines Ausbildungspotenzials verschenke, in seine Regierungserklärung vom 25. Juni 1964 auf.[169] Die auf Dahrendorfs Argumente gestützte Regierungserklärung Kiesingers kann als Initialzündung der Bildungsreform in Baden-Württemberg gelten.[170] In den Augen Dahrendorfs führte sie zu einer «nahezu unmittelbaren Umsetzung von Wissenschaft in Politik»[171].

Ähnlich unmittelbar wie der Ministerpräsident reagierten auch die Studenten auf Dahrendorfs Veröffentlichungen zu den Begabungsreserven: Für die 1965 von Freiburger Studenten ausgehende Initiative «Student aufs Land» fuhren sie in sogenannte «Bildungsnotstandsgebiete»[172] in abgelegenen Schwarzwaldgemeinden, um dort bei Eltern und Lehrern für den Besuch von weiterführenden Schulen zu werben.[173]

Angesichts der großen Resonanz, auf die er in Politik und Öffentlichkeit stieß, lag für Dahrendorf ein noch stärkeres Engagement in der Politikberatung nahe. Bald war er nicht nur als persönlicher Berater für den Ministerpräsidenten, sondern auch für den damaligen Kultusminister Wilhelm Hahn (ebenfalls CDU) und den Regierungsdirektor Paul Harro Piazolo tätig, für die er Auftragsstudien zu Bildungsthemen anfertigte.[174] Im November 1964 wurde Dahrendorf darüber hinaus zum stellvertretenden Vorsitzenden des Beirates für Bildungsplanung unter der Leitung von Kultusminister Hahn berufen.[175] Der Beirat hatte sich der Verbindung von Politik und Wissenschaft verschrieben und trug zum Ruf Baden-Württembergs als Vorreiter der Bildungsreform bei.[176] Hansgert Peisert urteilte in einer Festschrift zu Dahrendorfs 65. Geburtstag über den Beirat:

> Die Politikberatung dieses Beirates war ungewöhnlich wirksam, nicht zuletzt dank der glücklichen Konstellation *Dahrendorf – Piazolo – Hahn*, fast eine Personifizierung der von Piazolo wenig später initiierten vorbildlichen Schriftenreihe *Bildungsforschung – Bildungsplanung – Bildungspolitik. Bildung in neuer Sicht*.[177]

Aus der engen Zusammenarbeit mit der baden-württembergischen Landesregierung ergab sich die Nominierung Dahrendorfs für den Deutschen Bildungsrat, in dem er von 1966 bis 1967 einen Unterausschuss zum Thema «Gleichheit der Bildungschancen» leitete.[178] Durch diese institutionelle Vernetzung konnte Dahrendorf seine Ideen und Vorstellungen nun in diversen Gremien vertreten.

Im langen Jahrzehnt der Planungseuphorie von Ende der fünfziger bis Anfang der siebziger Jahre war die Überzeugung weit verbreitet, dass es staatlicher Planung auf der Grundlage von wissenschaftlich begründeten Zielen bedürfe.[179] Bereits seit Ende der fünfziger Jahre hatte eine Gründungswelle von Expertengremien zur Politikberatung begonnen. Diese Welle erfasste nicht nur den Bildungsbereich mit den bereits erwähnten Institutionen auf Bundes- und Länderebene wie dem Wissenschaftsrat, dem Deutschen Bildungsrat oder dem Beirat für Bildungsplanung in Baden-Württemberg, sondern auch andere Bereiche wie die Wirtschaft oder den Wohnungsbau. Durch die Verbindung von Wissenschaft und Staat waren Experten wie Politiker gleichermaßen überzeugt, die Entwicklung moderner Gesellschaften planen zu können. Wie Ulrich Herbert betont, war der Einfluss von Expertengremien nie größer als in diesen Jahren.[180] Davon profitierte nicht zuletzt Dahrendorf selbst, der schließlich mit dem Anspruch angetreten war, einen «profunden Einfluss auf die Gesellschaft auszuüben.»[181]

7. Ein «Klein-Harvard am Bodensee»?
Die Gründung der Universität Konstanz

Eine herausragende Möglichkeit, prägend auf dem Feld der Bildungs- und Hochschulentwicklung zu sein, ergab sich für Dahrendorf im März 1964, als er als stellvertretender Vorsitzender in den Gründungsausschuss der Universität Konstanz berufen wurde. Wegen der seit den fünfziger Jahren steigenden Studentenzahlen hatte der 1957 ins Leben gerufene Wissenschaftsrat bereits 1960 «Empfehlungen zum Ausbau der wissenschaftlichen Einrichtungen» veröffentlicht. Eine regelrechte «Gründerzeit» brach an, die in den sechziger und siebziger Jahren zu einem beispiellosen Ausbau des bundesdeutschen Hochschulwesens führte. Den Anfang machten die Bundesländer Nordrhein-Westfalen und Bremen, wo bereits 1961 die Gründungsausschüsse für die Universitäten Bochum und Bremen ihre Arbeit begannen. Neugründungen wie Regensburg (Beschluss 1962; Lehrbetrieb ab 1967), Bielefeld (Beschluss 1965; Lehrbetrieb ab 1969) und Düsseldorf (Beschluss 1962, Lehrbetrieb ab 1965) folgten. Die Idee für eine Universität in Konstanz am Bodensee hatte Ministerpräsident Kurt Georg Kiesinger bereits 1959 geäußert. Nach Regierungsberatungen und der Verabschiedung einer «Denkschrift über die Errichtung von wissenschaftlichen Hochschulen in Baden-Württemberg» am 16. April 1963 wurde am 27. Februar 1964 die Gründung der Universität Konstanz durch den baden-württembergischen Landtag beschlossen. Am 21. März 1964 konstituierte sich der Ausschuss und zum Sommer 1966 wurde der Lehrbetrieb aufgenommen.[182]

Als Vorsitzender des Gründungsausschusses wurde der Romanist Gerhard Hess (1907–1983) benannt; der ehemalige Rektor der Universität Heidelberg und Vorsitzende der Westdeutschen Rektorenkonferenz (1950–1951) sowie Präsident der Deutschen Forschungsgemeinschaft (1955–1964) verfügte über Erfahrung in der Hochschuladministration und war mit dem deutschen Hochschulsystem bestens vertraut. Neben ihm und seinem Stellvertreter Dahrendorf gehörten dem Gründungsausschuss acht weitere Professoren an: der Zoologe Hansjochen Autrum (Universität München), der Politikwissenschaftler Waldemar Besson (Universität Erlangen-Nürnberg), der Chemiker Hellmut Bredereck (Technische Hochschule Stuttgart), der Assyriologe Adam Falkenstein (Universität Heidelberg), der Althistoriker Herbert Nesselhauf (Universität Freiburg), der Jurist Ludwig Raiser (Universität Tübingen), der Philosoph Joachim Ritter (Universität Münster) und der Anatom Emil Tonutti (Universität Bonn). Als ständige Gäste waren die Professoren Gottfried Bombach (Basel), Theodor Eschenburg (Tübingen), Ludwig Heilmeyer (Freiburg), Hans Wenke (Hamburg), der Konstanzer Oberbürgermeister Bruno Helmle, der Ministerialdirektor und Generalsekretär des Wissenschaftsrates Friedrich Schneider, der ehemalige baden-württembergische Kultusminister Gerhard Storz sowie als Sekretär Günther Schlensag vertreten. Frauen, Nachwuchswissenschaftler oder Studenten waren an der Planung nicht beteiligt. In zehn Sitzungen und unterstützt durch Unterausschüsse erarbeitete der Gründungsausschuss in zwei Jahren die Konzeption der neuen Universität, die im *Bericht des Gründungsausschusses* (1965) festgehalten wurde.[183]

Ralf Dahrendorf, neben Waldemar Besson mit 35 Jahren der Jüngste im Gründungsausschuss, verfügte zwar nicht über das Maß an hochschulpolitischer Erfahrung wie der Vorsitzende Gerhard Hess, konnte aber seine wissenschaftliche Beschäftigung mit Bildungsthemen und seine Erfahrungen an britischen und amerikanischen Hochschulen einbringen. Wie Moritz Mälzer bemerkt hat, verstanden es sowohl Hess als auch Dahrendorf, durch beachtliche Publikationstätigkeit mit geschickter Mehrfachverwertung eine breite öffentliche Resonanz ihrer Positionen zur Bildungspolitik im Allgemeinen und zur Konstanzer Neugründung im Besonderen zu erreichen.[184]

Beide hatten bereits 1961 gemeinsam mit Ludwig Raiser und Gerd Tellenbach in einem Unterausschuss des Wissenschaftsrates Empfehlungen für eine Hochschulneugründung formuliert.[185] Dazu zählten die Konzeption einer Studienhochschule für eine begrenzte Anzahl von 3000 besonders begabten Studenten und die Idee, als Gegenentwurf zu den traditionellen Universitäten eine neue Struktur zu schaffen, die sich in drei Fakultäten gliederte, eine naturwissenschaftliche, eine sozialwissenschaftliche und eine geisteswissenschaftliche. Diese Vorschläge wurden in die «Anregungen zur Gestaltung neuer Hochschulen» des Wissenschaftsrates von 1962 aufgenommen, welche wiederum grundlegend für die «Regierungsdenkschrift zu Ausbau und Neugründung in Baden-Württemberg» von 1963 waren.[186] Ludwig Raiser wurde Teil von Dahrendorfs akademischem Netzwerk, das auch Raisers Freund, den einflussreichen Hellmut Becker, ab 1963 Direktor des Max Planck Instituts für Bildungsforschung in Berlin, umfasste.[187]

Da mit Gerhard Hess, Ralf Dahrendorf und Ludwig Raiser drei der vier Mitglieder des Unterausschusses des Wissenschaftsrates von 1961 im Konstanzer Gründungsausschuss versammelt waren, verwundert es nicht, dass ihre Ideen hier aufgegriffen wurden. Nach dem Vorbild britischer Universitäten konzipierte der Gründungsausschuss von vornherein keine Volluniversität, sondern sprach sich für eine Teiluniversität mit lediglich drei Fakultäten aus. Leitgedanken waren die Wiederherstellung der Einheit von Lehre und Forschung im Sinne Wilhelm von Humboldts, die Kooperation zwischen den verschiedenen Fächern und die Zentralisierung von allgemein genutzter Infrastruktur wie etwa der Bibliothek oder des Rechenzentrums.[188] In Anlehnung an das angelsächsische Modell sollte ein durchdachtes Studiensystem an die Stelle einer «falsch verstandenen akademischen Freiheit»[189] treten und durch eine stärkere Strukturierung des Studienablaufs das Studium zugleich intensiviert und verkürzt werden. Ebenfalls nach dem Vorbild der angelsächsischen *postgraduate studies* sah der Gründungsbericht vor, in der Philosophischen und in der Sozialwissenschaftlichen Fakultät im Anschluss an den Magisterabschluss die Möglichkeit zu einem zweijährigen Aufbaustudium zu geben, welches mit dem Grad des Lizenziaten abgeschlossen werden konnte.[190] Im Gegensatz zu Hochschulneugründungen wie der Universität Bochum sollte es sich bei der Konstanzer Universität nicht um eine – wie es im Vokabular der Zeit hieß – «Entlastungshochschule» für die Massen handeln, sondern um eine Eliteuniversität, die für 3000 Studenten sowie 160 Professoren und 17 ständigen Gastprofessoren besonders günstige Forschungsbedingungen schaffte.

Was die konkrete Ausgestaltung der Universität anbelangte, gab es allerdings auch erhebliche Kontroversen. So hatten der Vorsitzende Hess und sein Stellvertreter Dahrendorf unterschiedliche Vorstellungen, wie die Neugründung tatsächlich realisiert werden sollte. Moritz Mälzer hat anhand der Ausschussprotokolle gezeigt, dass Hess «Kontinuität im Neuen»[191], also eine konservative Modernisierung der Universität, wollte. Hess war praktisch orientiert, wollte schnell Professoren berufen und diese in die Arbeitsgruppen einbeziehen. Für Dahrendorf hatten wiederum nicht die schnelle Arbeitsfähigkeit der Universität oder Personalfragen Vorrang, sondern er wollte ein grundlegendes, neues universitäres Reformmodell von den Institutionen her entwickeln.[192]

Dahrendorfs erklärte Agenda war es, die Universitätsgründung unter den Titel «Erfahrungswissenschaften» (empirische Wissenschaften) zu stellen und die geplante Philosophische Fakultät zu verhindern; er wollte sein angelsächsisches Verständnis der Geisteswissenschaften in Konstanz gegen den deutschen Idealismus stellen. Dadurch beabsichtigte er, die eigene Disziplin, die Soziologie, als Leitwissenschaft der Sozialwissenschaften in Abgrenzung von den traditionellen philosophischen Fächern Geschichtswissenschaft und Philosophie besonders prominent zu platzieren. Einen Verbündeten fand er in seinem Generationsgenossen, ebenfalls Vertreter eines jungen, noch nicht etablierten Faches, dem Politikwissenschaftler Waldemar Besson. Mit ihm verband Dahrendorf bald eine enge Freundschaft, die jedoch mit dem frühen Tod Bessons 1971 ein jähes Ende fand. Gegen den Verzicht auf die Philosophische Fakultät regte sich vor allem bei dem Philosophen Joachim Ritter und dem Althistoriker Herbert Nesselhauf heftiger Widerspruch, was Dahrendorf allerdings nicht daran hinderte, das Thema immer wieder auf die Tagesordnung zu bringen.[193] Am Ende konnte er seine Vorstellung von einem erfahrungswissenschaftlichen Schwerpunkt jedoch nicht durchsetzen. Trotzdem gab er später vor, seine Meinung sei allgemeiner Konsens gewesen. 1966 schrieb er etwa, die «Grundabsicht» der Konstanzer Gründung sei gewesen, «eine Hochschule zu schaffen, an der die modernen Erfahrungswissenschaften im Zentrum» und die – wie es etwas despektierlich hieß – «spekulativ-interpretierend-historischen Disziplinen dagegen am Rande stehen».[194]

Auch wenn Dahrendorf die erfahrungswissenschaftliche Ausrichtung der Universität nicht erreichte, ist sein persönliches Engagement für die schnell erfolgte Gründung deutlich. Er wirkte entscheidend an der Ausgestaltung der Universität mit und verfasste große Teile des Gründungsberichts.[195] Es gelang ihm darüber hinaus, sich im Gedächtnis der Nachwelt als ein Hauptakteur der Hochschulgründung zu festzusetzen, so dass das Prestige, welches von dieser Gründung ausging, auch ihm zukam.[196] Allerdings hielt er selbst die Gründung für einen «gescheiterten Plan» und erklärte 2001 in einem Interview, er habe in Konstanz «nicht das erreicht, was ich wollte».[197]

Dies war nicht der einzige Punkt, an dem die Konstanzer Gründungsplanungen sich nicht verwirklichen ließen. Auch ein vom Gründungsausschuss zunächst nicht vorgesehenes juristisches Vollstudium wurde nach Protesten aus Wissenschaft und Politik schließlich doch eingeführt.[198] Vor allem aber war die Zahl von 3000 Studenten in Zeiten der Hochschulexpansion, in der von Jahr zu Jahr mehr Studenten an die Universitäten drängten, realistischerweise nicht zu halten. So konnte auch die elitäre Vorstellung eines «Klein-Harvard am Bodensee»[199] mit exzellenten Forschungsbedingungen nicht umgesetzt werden. Ursächlich dafür war, dass die Konstanzer Gründung im Widerspruch zum sich wandelnden Zeitgeist stand.[200] Im Zuge der beginnenden Studentenproteste, bei denen die Forderung nach Gleichheit im Vordergrund stand, wurde die elitäre Ausrichtung der Universität misstrauisch beäugt.[201] Dahrendorf bezeichnete das Projekt der Universität Konstanz deshalb 1976 im Rückblick als «süßen Anachronismus», dessen ursprüngliche Idee im Moment der Umsetzung eigentlich bereits überholt war.[202]

Unter ihren Möglichkeiten blieb die Neugründung auch angesichts ihrer wenig klaren Zielsetzung. In der Einleitung des Gründungsberichts heißt es:

> Aus der für Konstanz geltenden Grundkonzeption folgt nicht, dass eine Universität dieser Art primär Modellcharakter habe, auch ist nicht an eine «Reformuniversität» gedacht, die um jeden Preis Veränderungen durchführen will oder sich nur für eine Elite bestimmt hält. Der Gründungsausschuss sieht in der Universität Konstanz eine Chance, besonders günstige Voraussetzungen für Forschung und Lehre institutionell zu sichern. Wenn der Versuch gelingt, kann er als Beispiel gelten.[203]

Moritz Mälzer hat diese Formulierung mit Recht als «unglücklich» bezeichnet,[204] denn sie machte allzu deutlich, dass eine klare Vision als gemeinsame Identifikationsbasis des Gründungsausschusses fehlte und es sich bei der Konzeption der Universität Konstanz um eine Kompromisslösung handelte.

Als es im Herbst 1965 konkret wurde, wollte demzufolge auch kaum eines der Mitglieder des Gründungsausschusses Professor in Konstanz werden; Ludwig Raiser und Joachim Ritter blieben lieber auf ihren Lehrstühlen in

Tübingen und Münster, und auch Hansjochen Autrum, Hellmut Bredereck, Adam Falkenstein und Emil Tonutti wollten nicht an die neue Universität wechseln. Auch Ralf Dahrendorf hatte von Anfang an gezögert, nach Konstanz zu gehen. Zwar reizten ihn neue Aufgaben, aber zugleich war die Universität nicht das Reformmodell, das er sich erhofft hatte. Bereits eine gute Woche nach der Konstituierung des Gründungsausschusses, am 29. März 1964, hielt er seine Bedenken gegen die Gründung der Universität Konstanz fest. Die «inspirierte Neugründung», die er sich wünschte, erschien ihm schon zu diesem Zeitpunkt kaum mehr zu erreichen:

> Die «Anregungen des Wissenschaftsrates zur Gestaltung neuer Hochschulen», die in die Denkschrift der Landesregierung eingegangen sind und nun sogar Gesetz zu werden scheinen, sind ein zufällig zusammengekommenes Konglomerat von ad hoc-Überlegungen. Die Sozialwissenschaftliche Fakultät z. B., die ich erfunden habe, entspricht zwar alten Halb-Gedanken, ist aber doch noch ganz unverdaut. Die traditionelle Philosophische Fakultät ist ein Unding, und die Biologische ein reines Zufallsprodukt auf Grund der Anwesenheit eines Biologen, Delbrück, bei einer der Sitzungen.
>
> [...] Es ist ein bejammernswerter Kommentar zur deutschen Situation heute, dass ein solches Artefakt nichtsdestoweniger allen früheren Ideen der gleichen Art überlegen scheinen kann. Dennoch liegt hierin keine Entschuldigung. Die grösste Gefahr des Provinzialismus liegt darin, dass man alle Ereignisse nur noch «relativ» bewertet, nämlich am gleichen Universum misst. Sicher wird Konstanz besser als die übrigen deutschen Gründungen, aber das ist ein schwacher Trost.
>
> [...] Sollte ich daraus die Konsequenz ziehen, mich von vornherein nicht an dem neuen Unternehmen zu beteiligen?[205]

Angesichts dieser frühen Bedenken überrascht es fast mehr, dass Dahrendorf schließlich doch in Konstanz Professor wurde, als dass er die Universität bereits nach drei Jahren wieder verließ, um in die Politik zu wechseln. Trotz seiner Zweifel fiel Dahrendorfs Entscheidung für Konstanz, weil er erstens hoffte, weiter prägend bei der Gestaltung der Universität wirken zu können, weil er sich zweitens der Neugründung verpflichtet fühlte und drittens, weil sein Freund Waldemar Besson sich ebenfalls für Konstanz entschied.[206] Am 26. März 1966 fand im Ratsaal zu Konstanz die feierliche Ernennung der ersten Konstanzer Professoren durch Ministerpräsident

Kurt Georg Kiesinger statt. Neben Ralf Dahrendorf und Waldemar Besson wurden der Vorsitzende des Gründungsausschusses und nunmehr Rektor der Universität Gerhard Hess sowie die Professoren Hans Aebli, Hans Robert Jauß, Franz Georg Maier, Herbert Nesselhauf und Wolfgang Preisendanz berufen.[207]

Der Lehrbetrieb wurde zum Sommersemester 1966 in einem Seitenflügel des Konstanzer Inselhotels aufgenommen, bis in den folgenden Jahren die modernen Universitätsgebäude auf dem Gießberg bezogen werden konnten. Wie schon in Saarbrücken und Tübingen machte sich Dahrendorf ein weiteres Mal an den Aufbau eines Soziologischen Instituts und initiierte zugleich ein neues Forschungsprojekt zum Thema «Soziale Mobilität».[208] Seine Assistenten Hansgert Peisert und Wolfgang Zapf waren ihm von Tübingen nach Konstanz gefolgt; neu hinzu kamen Karl Ulrich Mayer, Walter Müller und Uta Gerhardt. Die Universität war noch klein und übersichtlich. Professoren, wissenschaftliche Mitarbeiter und Studenten kannten sich persönlich: «Eine Universität, die nicht mehr Studenten hatte, als eine Grundschule Schüler, ermöglichte mir ein ganz intensives Studieren in fast familiärer Atmosphäre», schildert die Soziologiestudentin Traute Sommer-Otte 2011 die Anfänge in Konstanz.[209]

Als Hochschullehrer habe Dahrendorf in Vorlesungen, Seminaren und Kolloquien hohe Maßstäbe gesetzt und sei ein «überaus kritischer Gutachter» gewesen, der zugleich mit pädagogischen Geschick seine Studenten ermuntert und gefördert habe, erinnerte sich Hansgert Peisert 1994: «Staunend erlebte man, wenn R. D. eine offenkundig falsche Wortmeldung im Seminar aufnahm, relativierend interpretierte und am Ende dem Studiosus doch noch die Hoffnung vermittelte, einen richtigen Gedanken eingebracht zu haben.»[210]

Ralf und Vera Dahrendorf hatten 1966 mit den Töchtern Nicola und Alexandra ein großzügiges Haus in der Konstanzer Straße Zur Torkel bezogen. In der Gartenlaube des Hauses arbeitete Dahrendorf oft bis spät in die Nacht. Dort hielt er auch sein Doktorandenseminar ab, das in der Regel um 18 Uhr begann und meist bis Mitternacht ging. Er suchte intensiven Austausch, allerdings nicht so sehr über die eigenen Arbeiten, sondern über Neuerscheinungen und Thesen Dritter, die rege diskutiert wurden, schildert seine damalige Doktorandin Uta Gerhardt die Atmosphäre im Doktorandenseminar.[211]

Dahrendorf bekannte in seiner unveröffentlichten englischen Autobiographie in den späten neunziger Jahren, er sei im Grunde kein guter Lehrer gewesen, weil er von seinen Schülern zu große Selbstständigkeit verlangt und sie nicht genügend fördernd unterstützt habe:

> Ich war kein guter Lehrer [...]. Immer schon habe ich Gleichgestellte gegenüber Untergeordneten vorgezogen, und wenn es Unterschiede gab, habe ich sie eher negiert oder so getan, als wären andere letztlich gleich-rangig. Einigen mag das geholfen haben. Als zwei meiner engsten Mit-arbeiter, Hansgert Preisert und Wolfgang Zapf, eine Festschrift anläss-lich meines 65. Geburtstags herausgaben, versammelten sie nicht weniger als 21 ehemalige Doktoranden und Postdoktoranden, die mein Anliegen bezüglich Gesellschaft, Demokratie und Lebenschancen teilten. Andere jedoch werden sich vernachlässigt oder durch meine oftmals irrige Annahme, dass sie genauso viel wüssten wie ich und deshalb keine Anleitung bräuchten, verloren gefühlt haben.[212]

Uta Gerhardt, die von Renate Mayntz aus Berlin zu Dahrendorf nach Kons-tanz gewechselt war, berichtet auch, dass Dahrendorf ein Betreuer war, der eine große Eigenständigkeit von seinen Doktoranden erwartete, etwa, wenn es darum ging, einen Verlag zu finden. Andererseits habe Dahrendorf großen Freiraum für eigene Ideen und Forschungsvorhaben gelassen. Als er sich zu-nehmend Aufgaben in der Politik zuwandte und häufig von Konstanz ab-wesend war, hätten seine Mitarbeiter Hansgert Peisert, Karl Ulrich Mayer, Walter Müller und Uta Gerhardt das Institut am Laufen gehalten. Wenn man mit Dahrendorf sprechen wollte, hätte man sich in den Zug nach Stutt-gart setzen und die Fahrkarte selbstverständlich selbst bezahlen müssen. Doch wenn man sich mit ihm traf, dann sei er für genau die halbe Stunde, die er Zeit hatte, hochkonzentriert gewesen und habe sehr analytische und konstruktive Rückmeldungen gegeben.[213]

Jens Alber, damals «Hiwi» bei Dahrendorf, betonte, dass dieser fähig war, Kritik auch von studentischen Hilfskräften anzunehmen.[214] Fachlich habe er sich jedoch kaum von seinen Schülern beeinflussen lassen:

> Zwar hatte er allerlei professionelle Forschung bei Schülern und Assisten-ten aktiv angeregt und auf den Weg gebracht – zunächst in der Bildungs-und Elitenforschung in Tübingen und Konstanz und später die Mobili-täts- und z. T. auch die Modernisierungsforschung in Konstanz –, aber sein eigenes Denken hat diese Forschung erkennbar nicht beeinflusst. So findet sich in seinen Schriften so gut wie keine Spur seiner ehemaligen

«Schüler», von denen es kaum einer schaffte, jemals von ihm zitiert zu werden, obwohl zu dieser Gruppe international bekannte Professoren wie Peter Flora, Karl Ulrich Mayer oder Walter Müller zählen. Einzig Wolfgang Zapfs Arbeiten hat der Meister gelegentlich in dieser oder jener Fußnote mit einer Erwähnung bedacht.[215]

Als Soziologieprofessor hatte Dahrendorf eine große Wirkung auf seine Studenten und Doktoranden, aber kein Gefolge. Auf diese Weise bildete er zwar keine traditionelle, aber doch eine indirekte Schule, denn er wählte seine Doktoranden genau aus und sah sie als Aushängeschild.[216]

Während ihm begabte Doktoranden förmlich zuliefen, war es für Dahrendorf schwierig, renommierte Professoren für «seine» Universität zu gewinnen.[217] So sagte etwa der Heidelberger Ökonomieprofessor Carl Christian von Weizsäcker ab, obwohl Dahrendorf sich sehr um ihn bemühte. Der Grund dafür war nicht nur die geographische Randlage und die mangelnde Urbanität der Stadt Konstanz. In den Verhandlungen zeichnete sich auch ab, dass Dahrendorf Weizsäcker nicht die Arbeitsbedingungen für ein exzellentes Economics Departement mit den entsprechenden Mitarbeiterstellen, die dieser sich wünschte, zusagen konnte.[218] An Jürgen Habermas, der zu diesem Zeitpunkt in ernsthaften Verhandlungen mit der Universität Konstanz stand, schrieb Dahrendorf am 30. Oktober 1967:

> Über die Fakultät ist jedoch hinzuzufügen, was ich Ihnen mit aller Offenheit sagen muss: dass ich selbst nämlich neulich in einem langen Bericht an den Rektor entwickelt habe, dass der Versuch, hier eine umfassende sozialwissenschaftliche Fakultät aller ersten Ranges zu schaffen, aus personellen Gründen als weitgehend gescheitert betrachtet werden muss. Alle von uns berufenen Ökonomen haben die Rufe abgelehnt. In der Psychologie ([Hans] Hörmann, [Martin] Irle), in der Politik ([Iring] Fetscher), in der Statistik und Methodenlehre ([Hans] Albert, [Johann] Pfanzagl) haben wir ebenfalls Absagen bekommen. Die Gründe dafür sind komplex. Sie beruhen zum Teil darauf, dass wir sehr hoch gegriffen haben. Aber die Absagen haben wohl auch etwas mit der exzentrischen Lage der Stadt Konstanz zu tun, die es zumal Sozialwissenschaftlern nicht immer leicht macht, den Zentren der Datensammlung und der Entscheidung nahezubleiben, die sie für ihre Forschung brauchen. Daraus ergibt sich für die Fakultät die Situation einer Neuorientierung [...][219]

Die zunehmende Frustration in den Berufungsverhandlungen war einer der Beweggründe für Dahrendorf, sich selbst neu zu orientieren. Wie er in dem Brief an Habermas weiter ausführte, hatte er zudem beschlossen, sich bei der Landtagswahl im Frühjahr 1968 um ein Landtagsmandat der FDP in Stuttgart zu bewerben. Für ihn bedeutete diese Entscheidung «natürlich keinen Verzicht auf den Lehrstuhl, aber es bedeutet ohne Frage eine gewisse Beanspruchung, die mich von Konstanzer Dingen ein bisschen abhält».

Unter diesen Voraussetzungen ist es nicht verwunderlich, dass Habermas ebenfalls absagte. Tatsächlich hielt Dahrendorfs politisches Engagement ihn nicht nur «ein bisschen» von seiner Konstanzer Tätigkeit ab. Zwar gab er noch Seminare und Vorlesungen und war als Dekan der Sozialwissenschaftlichen Fakultät bis Ende 1968 Mitglied im Großen Senat und bis zum Ende des Sommersemesters 1967 im Kleinen Senat der Universität, doch er war in den Universitätsgremien weit weniger aktiv. In den Sitzungsprotokollen wird er meist als entschuldigt genannt, da er durch seine Arbeit in Stuttgart am Hochschulgesamtplan im Sommersemester 1967 und ab April 1968 durch sein Landtagsmandat nicht vor Ort war.[220] Auch fiel seine Vorlesung im Sommersemester 1968 mehrfach aus, wie Dahrendorf in einem Aushang an die Hörer seiner Vorlesung über die «Deutsche Gesellschaft» reuevoll mitteilte:

> Ich bedaure ganz besonders, dass ich die Vorlesung am Montag, dem 10. Juni, ausfallen lassen musste. An diesem Tag finden in Stuttgart Verhandlungen zur Regierungsbildung statt, bei denen ich nicht fehlen kann. Das bedauerliche ist, dass diese Vorlesung sich nicht nachholen lässt, nachdem sie die letzte des Semesters gewesen wäre. So bleibt eine Lehrveranstaltung, die ohnehin schon ein Fragment war, noch fragmentarischer.[221]

Die mit dem zunehmenden außeruniversitären Engagement einhergehende Vernachlässigung seiner Universitätsverpflichtungen blieb bei Dahrendorfs Professorenkollegen nicht unbemerkt. Der ebenfalls publizistisch zu Fragen der Hochschulreform engagierte Biochemiker Peter Hemmerich ließ Waldemar Besson wissen: «Die Universität Konstanz hat ‹von alters her› zwei Aushängeschilder – die Namen Dahrendorf und Besson. Die Universität wird mit diesen Namen identifiziert, mit naturgemäß schwindender Berechtigung.»[222]

Möglicherweise hatte Konstanz für Dahrendorf seinen Reiz verloren, als es nichts Neues mehr zu konzipieren gab und der Alltag einkehrte. Vor allem war ein Soziologielehrstuhl in der Provinz am Bodensee dem ambitionierten

Professor, der sich zu einem tatkräftigen Engagement für eine demokratische Gesellschaft berufen fühlte, schon von Anfang an nicht genug gewesen. Bereits am Tag seiner Ernennung als Konstanzer Professor sagte er einem neuen Auftrag zu, der viele seiner Kräfte im nächsten Jahr binden sollte: die Erarbeitung eines Hochschulgesamtplans für Baden-Württemberg.

8. Der «Dahrendorf-Plan»: Ein Hochschulgesamtplan für Baden-Württemberg

Als am 26. März 1966 die feierlichen Reden zur Einführung der neuen Professoren in ihre Ämter gehalten und die Zeremonien beendet waren, ergab sich beim Kaffeetrinken bei Rektor Hess ein Gespräch zwischen Dahrendorf und Kultusminister Wilhelm Hahn. Dahrendorf nutzte die Gelegenheit, so schreibt er im Nachhinein, dem Kultusminister, der sich im Gegensatz zu seinem Ministerpräsidenten zunächst weniger für die Hochschulen und mehr für die Schulentwicklung interessiert habe, die Dringlichkeit einer Hochschulreform nahezulegen.[223] Daraufhin habe Hahn ihn mit der Ausarbeitung eines Hochschulgesamtplans für alle Universitäten Baden-Württembergs beauftragt. Der ehemalige Rektor der Universität Heidelberg (1958–1960) Wilhelm Hahn war allerdings bereits seit Beginn der sechziger Jahren in verschiedenen Funktionen in die Diskussion um die Hochschulreform involviert und früh an den Gründungsplänen der Universität Konstanz beteiligt gewesen.[224] In seiner Autobiographie reklamiert Hahn die Idee des Hochschulgesamtplans und der «integrierten Gesamthochschule» so wiederum für sich.[225] Die Ausarbeitung dieser Idee oblag jedoch schließlich Dahrendorf, der ein Jahr lang, von Juni 1966 bis Juni 1967, als Vorsitzender des Arbeitskreises Hochschulgesamtplan intensiv daran arbeitete. Dafür bezog er ein Büro in der Stuttgarter Staatskanzlei – weit weg von seiner Konstanzer Professur.[226]

Mitte der sechziger Jahre, als große Pläne im Trend der Zeit lagen, versuchte man sich nicht nur in Baden-Württemberg an Programmen zur Hochschulreform. In Nordrhein-Westfalen arbeiteten Helmut Schelsky und der Reformpädagoge Hartmut von Hentig im Zusammenhang mit der Gründung der Bielefelder Universität ebenfalls an neuen Konzepten. Während sich der Hochschulgesamtplan für Baden-Württemberg in erster Linie auf die Effizienz des Hochschulwesens im Bundesland mit Betonung der Kooperation der Hochschulen miteinander und Strukturierung der Ausbildung konzentrierte, legten Schelsky und von Hentig den Schwerpunkt auf die Forschung beziehungsweise die Erziehungs- und Bildungsaufgaben der Universität.[227]

Für Dahrendorf war der Arbeitskreis Hochschulgesamtplan ein «nononsense-committee»,[228] dem er gerne vorsaß. «Er leitete es sehr schwungvoll», erinnert sich Carl Christian von Weizsäcker, damals junger Professor für Volkswirtschaftslehre in Heidelberg.[229] Außer Dahrendorf und von Weizsäcker gehörten dem Arbeitskreis der Chemieprofessor an der Technischen Hochschule Stuttgart Hellmut Bredereck, die Freiburger Professoren für Pädagogik beziehungsweise Musikwissenschaft Karl Erlinghagen und Heinrich Lindlar sowie Walter Ludewig und Richard Sinn vom Chemiekonzern BASF an; hinzu kam die Unterstützung durch sechs Forschungsassistenten.

Unter dem Leitsatz «How can we be equal and excellent, too?»[230] entwarf der Arbeitskreis das Konzept einer «integrierten Gesamthochschule» in Baden-Württemberg, in der die verschiedenen Hochschultypen gemeinsam die Herausforderung angehen sollten, den steigenden Studentenzahlen eine angemessene Ausbildung zu bieten und zugleich die Universität an die Herausforderungen der modernen Wissenschaft anzupassen. Fünf Grundgedanken waren dabei maßgeblich: Erstens sollte zuerst der Umbau der bestehenden Hochschulen und dann der Ausbau des Gesamtsystems erfolgen. Zweitens setzten Hahn und Dahrendorf auf einen «differenzierten Gesamthochschulbereich», der die Universitäten, die Fach-, die Technischen und die Pädagogischen Hochschulen als Einheit dachte, um den Wechsel zwischen den verschiedenen Hochschultypen zu erleichtern. Drittens sollte durch die Abschaffung des Numerus Clausus das Recht auf Bildung für alle verwirklicht und die Benachteiligung von Abiturienten aus bildungsferneren Elternhäusern beseitigt werden. Viertens plante der Arbeitskreis die Einführung neuer Studiengänge, die sich am angelsächsischen Bachelor- und Master-System orientierten. An fünfter Stelle standen Überlegungen, die Ausbildung der Studenten durch differenzierte und strukturierte Studiengänge zu optimieren. Diese zielten darauf, die Studiendauer und damit die Abbrecherquote zu senken und infolgedessen zugleich – zumindest relativ gesehen – die Studentenzahlen zu senken. Die Einführung von Lang- und Kurzstudiengängen war bereits Teil des Konzepts der Universität Konstanz gewesen und zeugte von Dahrendorfs Erfahrungen in Großbritannien und den USA, vor allem an der University of California und an der Columbia University, wo er 1957/58 respektive 1960 tätig gewesen war.[231] Etwa zeitgleich mit den Empfeh-

lungen von Dahrendorfs Arbeitskreis kamen ähnliche Vorschläge zur Verkürzung der Studienzeiten vom Wissenschaftsrat. Dessen *Empfehlungen zur
Neuordnung des Studiums* von 1966 sahen die Strukturierung durch Basis-
und Aufbaustudiengänge und die Einführung von Zwischen- und Ab-
schlussprüfungen vor. Den Empfehlungen schlug jedoch aufgrund der
starken Reglementierungsabsichten eine Welle des Protests sowohl von der
Professorenschaft als auch von den Studierenden entgegen.[232]

Die Vorgabe von Chancengleichheit und Exzellenz im Hochschulgesamtplan für Baden-Württemberg war Ausdruck von Dahrendorfs Überzeugung,
dass sowohl ein gleicher Zugang zur Bildung für alle als auch die Bedingungen für die Spitzenforschung gewährleistet sein müssen. In Analogie zu seinen theoretischen Ausführungen in *Gesellschaft und Demokratie*, dass in der
liberalen Gesellschaft die gleichen Teilnahmechancen für alle gelten, aber
nicht Gleichheit im Ergebnis bestehen müsse, befürwortete Dahrendorf in
der Praxis bei der Hochschulreform neben dem allgemeinen Zugang zur
Bildung sehr wohl eine Elitenförderung. Deshalb standen die als elitäre Einrichtung konzipierte Universität Konstanz und der Hochschulgesamtplan,
der vor allem eine strukturierte, verkürzte Ausbildung für die Massen bieten
sollte, für Dahrendorf auch nicht im Widerspruch zueinander.

Als er sich 1966 an die Ausarbeitung des Hochschulgesamtplans machte,
wurde die Reform der Hochschulen aufgrund der steigenden Studentenzahlen als so dringlich empfunden, dass der Plan Gegenstand gespannter Erwartungen war. Noch während seiner Stuttgarter Tätigkeit erhielt Dahrendorf zahlreiche Zuschriften, vor allem von interessierten Studenten.[233] Der
Erste Vorsitzende des Allgemeinen Studierendenausschusses des Oskar-von-
Miller-Polytechnikums in München bat beispielsweise um die Zusendung
eines Vorabdrucks:

> An dieser Schrift haben außer uns noch der Direktor und andere Herren
> außerordentliches Interesse. Was wir bisher gelesen haben, findet unsere
> volle Zustimmung und wird doch hoffentlich verwirklicht werden.[234]

Dahrendorf setzte sich für die öffentliche Aufnahme seines Plans ein. Bereits
Wochen vor der offiziellen Vorstellung des Hochschulgesamtplans vertrat
Dahrendorf seine Ideen in «einer Art Roadshow» (Mälzer) bei rund 20 verschiedenen Terminen zwischen Januar und Juli 1967, unter anderem im Bildungsrat, Wissenschaftsrat, Hochschulausschuss der Kultusministerkonfe-
renz, im Bergedorfer Gesprächskreis der Körber-Stiftung, aber auch vor

SPD-Ministern, Studienseminardirektoren und der baden-württembergischen Abteilung des Bundes deutscher Baumeister, Architekten und Ingenieure.[235] So ist es nicht verwunderlich, dass Fachöffentlichkeit und Presse nach seinem Erscheinen im Sommer 1967 ausführlich über den «Dahrendorf-Plan» berichteten.[236] In langen Artikeln behandelten Brigitte Beer in der *Frankfurter Allgemeinen Zeitung* und Hilke Schlaeger in der *Zeit* den «im besten Sinne revolutionäre[n] Vorschlag»[237], der versprach, dem Studentenansturm auf die Universitäten in gerechter und wirtschaftlicher Weise Herr zu werden.[238] Die geplante Einführung des Kurzstudiums zur Entlastung der Universitäten wurde überwiegend positiv aufgenommen: «Baden-Württembergs Kultusminister Hahn und die Experten mit Professor Dahrendorf an der Spitze können zu Recht sagen: Wir sind vorangegangen», schrieb etwa die *Esslinger Zeitung*.[239] Der gesellschaftliche Konsens über die Notwendigkeit der Hochschulreform zeigt sich im ausdrücklichen Lob der Zeitungsredakteure für die Reformbereitschaft im «akademischen Musterländle».[240] Um das Presseecho zu dokumentieren, beauftragte Dahrendorf den Presseausschnittdienst Argus. Auf seinen Vorschlag hin wurde eine Auswahl der – überwiegend zustimmenden – Zeitungsartikel als Anhang in die Publikation des Hochschulgesamtplans aufgenommen.[241]

Trotz der anfänglichen Euphorie in der Presse und bei der Studentenschaft scheiterte die Verwirklichung des Hochschulgesamtplans jedoch am mangelnden Umsetzungswillen von Politik und Professoren. Zudem stand das gleichzeitig von der Landesregierung eingebrachte Hochschulgesetz zum Teil im Widerspruch zum «Dahrendorf-Plan». Die Hochschulgesamtpläne I und II, die Baden-Württemberg 1969 und 1972 verabschiedete, basierten zwar auf dem ursprünglichen Plan von 1967, übernahmen aber nur noch wenige seiner Ideen.[242] Insbesondere der Vorschlag eines Kurzstudiums war politisch nicht durchsetzbar und wurde nicht übernommen. Dahrendorf, der seit 1968 bildungspolitischer Sprecher der FDP-Fraktion im baden-württembergischen Landtag war, wurde in dieser Zeit zum exponierten Kritiker seines ehemaligen Mitstreiters, Kultusminister Wilhelm Hahn. Statt des CDU-regierten Baden-Württemberg, wo der Hochschulgesamtplan entstanden war, führten Nordrhein-Westfalen und Hessen unter den SPD-Kultusministern Johannes Rau und Ludwig von Friedeburg 1971/72 in Duisburg, Essen, Paderborn, Siegen, Wuppertal und Kassel sechs Gesamthochschulen ein. Doch auch hier scheiterte die Zusammenführung mit den bereits bestehenden Universitäten zu einem Gesamthochschulbereich, so dass das Experiment schließlich abgebrochen wurde.[243]

Dennoch waren die Rückmeldungen in Politik und Öffentlichkeit, auf die Dahrendorf in seiner Tübinger und Konstanzer Zeit stieß, überwiegend positiv. Dies schien ihn in seiner Auffassung zu bestärken, sowohl durch breitenwirksame Veröffentlichung seiner Forschungsergebnisse und die daraus entwickelten Handlungsanleitungen als auch durch Einflussnahme auf die Politik tatsächlich etwas in der Gesellschaft verändern zu können. Dass Dahrendorf im Anschluss daran – und auf dem Höhepunkt seiner öffentlichen Popularität – den Weg in die aktive Politik suchte, erscheint daher nur konsequent. Schon bald zog der Konstanzer Professor als sogenannter «politischer Senkrechtstarter» zunächst in den baden-württembergischen Landtag und dann zum Regierungswechsel Ende 1969 in den Deutschen Bundestag sowie als Parlamentarischer Staatssekretär ins Auswärtige Amt ein. Sein Wechsel von der Universität in die Politik kann als Versuch gelesen werden, das auf bildungspolitischer Ebene erprobte Vorgehen nun auf der gesellschaftspolitischen Ebene umzusetzen. Vor allem zeigte seine Entscheidung für die Politik, dass ihm die Tätigkeit in der wissenschaftlichen Sphäre als Professor der Universität Konstanz nicht mehr genügte. Es zog ihn in die praktische Politik, in eine andere Form der Karriere und der erhöhten öffentlichen Sichtbarkeit. Über das politische Mandat hoffte Dahrendorf seinen gesellschaftsprägenden Einfluss zu vergrößern und zu einem Politikwechsel in der Bundesrepublik beizutragen.

IV.
«Es ist Zeit, daß in Deutschland wieder Politik gemacht wird»: Dahrendorf als Politiker der FDP (1967–1974)

1. Vom unabhängigen Politikberater zum Hoffnungsträger der FDP

Als Professor in Tübingen und Konstanz suchte Dahrendorf in der ersten Hälfte der sechziger Jahre die Nähe zur Politik und die damit verbundenen Einflussmöglichkeiten, während er zugleich seine Unabhängigkeit von jeglicher Parteibindung unbedingt bewahren wollte. Dies war noch wichtiger für ihn, seit er sich zunehmend in der Rolle des Intellektuellen öffentlich einzuschalten begann. Deshalb kam die Nachricht von seinem Eintritt in die FDP im Oktober 1967 für viele überraschend. Tatsächlich lag Dahrendorfs Entscheidung für die Freien Demokraten nicht unbedingt auf der Hand. Schließlich war der Sohn eines bekannten Sozialdemokraten, der in jungen Jahren SPD-Mitglied gewesen war, von 1964 bis 1967 vor allem als Berater für CDU-Politiker aufgefallen.

Wie kam es dazu, dass Dahrendorf aus der universitären Sphäre in die Politik wechselte und seine Rolle als unabhängiger Berater und öffentlicher Intellektueller gegen die des aktiven Politikers tauschte? Weshalb suchte der sozialdemokratisch geprägte Dahrendorf den Weg in die FDP? Und warum konnte Dahrendorf als FDP-Politiker einen solchen «Senkrechtstart» hinlegen, der ihn innerhalb kürzester Zeit in höchste Ämter beförderte?

Die Phase, in der Dahrendorf sich als Politiker der FDP betätigte, ist die einzige in seinem Leben, zu der es ausführliche Forschungsliteratur gibt. Klaus Weber hat in seiner 2012 erschienenen Dissertation den «Linksliberalismus» in der Bundesrepublik um 1969 untersucht und dabei Dahrendorf neben Hildegard Hamm-Brücher, Karl-Hermann Flach und Werner Maihofer als Fallbeispiel gewählt. Weber bestätigt die These, dass Dahrendorf in seiner kurzen Zeit als Parteimitglied die FDP entscheidend prägte und zur Bildung der sozialliberalen Koalition beitrug.[1] Der Politikwissenschaftler

Matthias Micus beschreibt in seiner Dissertation *Tribunen, Solisten, Visionäre* (2010) Ralf Dahrendorf als «Prototyp des (gescheiterten) Seiteneinsteigers», dem zwar ein «rasanter Aufstieg», aber eben auch einen «jäher Fall» als Politiker beschieden war.[2]

Bereits 1982 hat Arnulf Baring in seinem Buch *Machtwechsel. Die Ära Brandt-Scheel* Dahrendorfs Tätigkeit als Parlamentarischer Staatssekretär im Auswärtigen Amt unter Walter Scheel ein kurzes Unterkapitel gewidmet. Darin wird Dahrendorf als allzu ehrgeiziger Überflieger beschrieben, der sich Scheel intellektuell überlegen fühlte und dem wesentliche Voraussetzungen für eine politische Führungsposition fehlten. Denn, so Baring,

> die glänzenden Eigenschaften, die Dahrendorf besaß, waren nicht unbedingt förderlich für parteipolitische Führungsrollen. [...] Ihm fehlten Ausdauer, Stehvermögen, Geduld, Bescheidenheit im Umgang, vor allem Beliebtheit in der Partei, fehlten loyale Mitarbeiter, verlässliche Anhänger, eine feste Hausmacht. Dahrendorf stand allein. Wie viele Intellektuelle war er leicht verletzbar, rasch zu entmutigen.[3]

Barings psychologisierende Analyse von Dahrendorfs Rolle im Außenministerium, die sich vor allem auf Gespräche mit den damaligen Akteuren stützt, aber kaum Quellenangaben aufweist, hat bis heute großen Einfluss auf die Untersuchungen zu Dahrendorfs Zeit als Politiker. Auch Jens Hacke hat zuletzt 2013 auf der Grundlage von Barings Studie Dahrendorf als gescheiterten «liberalen Hoffnungsträger» beschrieben. Dort schreibt er: «Dahrendorf als Politiker, das ist die Geschichte eines Scheiterns. Ein Scheitern gemessen an den eigenen Ambitionen und gemessen an der Bilanz, die der Amtsträger Dahrendorf in der Politik vorzuweisen hatte».[4]

Tatsächlich ist die Geschichte von Dahrendorf als Politiker jedoch weniger die eines gescheiterten Seiteneinstieges als eine Geschichte von Erwartung und Enttäuschung; und zwar sowohl von Erwartungen anderer als auch von eigenen Ansprüchen. Entscheidend für die Schwierigkeiten, die Dahrendorf als Politiker hatte, war der Konflikt zwischen der Rolle des öffentlichen Intellektuellen und der des Politikers. Beide zugleich konnte Dahrendorf nicht ausfüllen – obwohl er es immer wieder versuchte. Um mit Lepsius zu sprechen, verlor Dahrendorf seinen Status als «inkompetenter Kritiker», als er zum Politiker wurde, da er mit dem politischen Amt auch Handlungsverantwortung übernahm und somit «kompetent» wurde.[5] Wie ging Dahrendorf mit diesem Rollenkonflikt um?

Seine Entscheidung für die FDP 1967 erklärte Ralf Dahrendorf in seinen autobiographischen Selbstzeugnissen aus seiner Biographie.[6] Wahrscheinlich wollte er so auch Vorwürfen begegnen, er habe sich mit seinem Engagement sowohl für die SPD, für die CDU als auch für die FDP opportunistisch der Macht angebiedert. So nannte er seinen Aufenthalt in England in den fünfziger Jahren und die Prägung durch seinen akademischen Lehrer Karl Popper an der London School of Economics als Grund für die Abkehr vom Sozialismus und für die Hinwendung zum Liberalismus.[7] Die Bekanntschaft mit Karl Popper war für die Entwicklung von Dahrendorfs Liberalismusverständnis unzweifelhaft von entscheidender Bedeutung; sie ist jedoch erst einmal unabhängig von einer Parteibindung zu sehen. Als seine SPD-Parteimitgliedschaft 1952 während seines Ph.-D.-Studiums an der LSE in England erlosch, weil er seine Beiträge nicht zahlte, sei ihm das recht gewesen, denn er fühlte sich der SPD nicht mehr zugehörig, sondern war ihr vor allem durch seinen Vater verbunden.[8] Außerdem berichtete Dahrendorf, dass er bereits 1955 als Assistent in Saarbrücken zusammen mit einigen Freunden anlässlich der Landtagswahl des Saarlandes erwogen habe, eine proeuropäische liberale Partei zu gründen.[9] Allerdings war es nicht mehr als eine Idee,[10] die ihm wie seine Kandidatur als Parteiloser auf einer FDP-Liste bei der Gemeinderatswahl in Tübingen 1962 vielleicht nachträglich als Bestätigung für seine spätere Identifikation mit der FDP als liberaler Partei diente.[11]

Dahrendorf setzte sich in seinen autobiographischen Selbstzeugnissen explizit von den beiden großen Parteien SPD und CDU ab, um sein Selbstverständnis als Liberaler zu betonen. Obwohl ihm einige Vertreter der CDU wie Kurt Georg Kiesinger und natürlich sein Freund und Kollege Waldemar Besson durchaus nahestanden, war für ihn eine Mitgliedschaft in der Partei schon aufgrund von Wahlsprüchen wie «Keine Experimente» unvorstellbar. Die Intellektuellenfeindlichkeit Ludwig Erhards, für den Intellektuelle nicht mehr als lästige «Pinscher» waren, habe ihn ebenso abgeschreckt wie das «Hohe C» der CDU, das ihm, dem «religiös [U]nmusikalische[n]»[12], zu viel «Heuchelei» abverlangt hätte, schreibt Dahrendorf.[13] Von Seiten der Sozialdemokraten habe er sich zu schnell vereinnahmt gefühlt. Ihm missfiel «ein ängstliches law-and-order-Kleinbürgertum» und die illiberale, «höchst defensive, fortschrittsfeindliche Position» mancher Genossen.[14]

Der Abstand zur SPD war jedoch bis in die sechziger Jahre hinein noch nicht so groß, wie Dahrendorf später erklärte. Gegen eine vollständige Entfremdung von der SPD nach seinem Englandaufenthalt spricht beispielsweise die Tatsache, dass ihn Willi Eichler, der Herausgeber der Zeitschrift *Geist und Tat* und zugleich Mitglied des Bundesvorstandes der SPD, in Briefen noch 1955 mit «Lieber Genosse Dahrendorf» anredete, was Dahrendorf nicht zurückwies.[15] Auch trat Dahrendorf (in seiner Funktion als «wissenschaftliche Persönlichkeit» und nicht als Parteimitglied, wie er später betonte[16]) noch am 7. Oktober 1960 beim Jugendkongress der SPD zum Thema «Junge Generation und Macht» in Bad Godesberg als Hauptredner auf. Dort erklärte er, die Bundesrepublik solle sich auf die liberale Tradition besinnen, und forderte, dass sich die SPD zu einer «großen liberalen Partei» entwickeln müsse. Diese Forderung rief den Protest des Parteivorsitzenden der FDP Erich Mende hervor, der am folgenden Tag erklärte, eine liberale Partei gebe es schon.[17] Wie Micus richtig bemerkt hat, ist diese Episode allerdings weniger als Beleg für Dahrendorfs Entfremdung oder gar Bruch mit den Sozialdemokraten zu sehen, sondern «eher Ausdruck seiner Hoffnungen, die er zu dem Zeitpunkt in die deutsche Sozialdemokratie setzte, denn ein Zeichen eines Präferenzwechsels zur FDP»[18].

So stellte sich Dahrendorf 1961 einem intellektuellen Beraterstab für den Kanzlerkandidaten Willy Brandt zu Verfügung. Allerdings bekam er Brandt in dieser Zeit nicht ein einziges Mal zu Gesicht.[19] Zugleich wollte er sich nicht von der SPD vereinnahmen lassen und dementierte drei Jahre später umgehend eine Zeitungsmeldung, in der er und sein Tübinger Kollege Ludwig Raiser als «beratende Hochschulprofessoren» für Willy Brandt genannt wurden.[20]

Dennoch zeigt Dahrendorfs grundsätzliche Bereitschaft, Politiker zu beraten, seinen Willen, direkten Einfluss auf die Politik auszuüben. Seine Auffassung der Soziologie als praxisbezogene Wissenschaft tat dabei ihr Übriges. Dabei waren für ihn nicht so sehr Parteiprogramme entscheidend, sondern vor allem Personen und die Möglichkeiten zur Einflussnahme, die sie ihm boten. Diese kamen in den sechziger Jahren vor allem durch die CDU, namentlich durch den baden-württembergischen Ministerpräsidenten Kurt Georg Kiesinger, den Dahrendorf seit 1964 sowohl zu Bildungsfragen als auch zu allgemeinpolitischen Themen beriet und zu dem er eine «enge Beziehung»[21] hatte.

Der Ministerpräsident lud die befreundeten Konstanzer Professoren Besson und Dahrendorf des Öfteren zu sich nach Tübingen oder in seinen Amtssitz in die Villa Reitzenstein ein. Dahrendorf lag Kiesingers elitär-feingeistige Art, und er gefiel sich in der Rolle des «Fürsten-Beraters»[22]. In entspannt-vertraulicher Atmosphäre bei Kaffee oder Wein suchte Kiesinger «ausgedehnte Gespräche über die geschichtlichen und geistigen Hintergründe der Politik»[23]. Dass Kiesinger im Bildungsbereich als reformfreudig galt und intellektuelle Berater schätzte, war sicher ein entscheidender Anziehungsgrund für den damals Anfang 30-jährigen Dahrendorf. Micus schreibt darüber hinaus der Tatsache eine wichtige Bedeutung zu, dass Kiesinger Dahrendorf an «der ‹Aura der Macht› teilhaben [ließ], indem er ihn in seinen Beraterstab der – wie es hieß – ‹best and the brightest› aufnahm»[24].

Als die Gründung der Universität Konstanz auf den Weg gebracht war, wollte Kiesinger Dahrendorf und Besson schließlich formell in die Regierung einbinden: «Jetzt muß ich nur noch die Schulfrage regeln, aber wenn das geschafft ist, mache ich Sie zu Staatsräten»[25], habe er ihn und Besson wissen lassen, berichtete Dahrendorf 1984. Zwar blieb es bei dieser Ankündigung, doch auch als Kiesinger von Stuttgart nach Bonn ging, um Kanzler der Großen Koalition zu werden, wollte er zunächst nicht auf die Beratung durch Dahrendorf und Besson verzichten. Wie wichtig die Beziehung für Dahrendorf war, lässt sich daran ablesen, dass er 1966 offenbar sogar mit dem neuen Kanzler nach Bonn gegangen wäre, wenn «Kiesingers Umgebung das nicht abgeschmettert hätte»[26]. Diese Bereitschaft erstaunt, da sich Dahrendorf immer wieder zum prinzipiellen Gegner der Großen Koalition erklärte. Doch lässt sich zeigen, dass er in die damaligen Geschehnisse um die Regierungsbildung einbezogen war. Schon im Vorfeld hatten er und Besson Kiesinger hinsichtlich dessen anstehender Wahl zum Bundeskanzler am 1. Dezember 1966 beraten. Und nur drei Tage nach der Wahl lud Kiesinger Besson und Dahrendorf zu sich nach Hause in die Tübinger Goethestraße ein, um mit ihnen die anstehende erste Regierungserklärung zu diskutieren. Aus dem Gespräch ergab sich der Auftrag, je ein Papier zur Innen- (Dahrendorf) und zur Deutschland- und Außenpolitik (Besson) zu entwerfen. Also schrieb Dahrendorf für Kiesinger einen langen Essay mit dem Titel «Notizen zu einer Infrastruktur-Politik für die Bundesrepublik»[27], der sich jedoch weniger durch konkrete Vorschläge als durch allgemeine Aufforderungen zur Entwicklung einer «gesellschaftspolitischen Konzeption» unter dem Prinzip der Verbindung «effektiver Bürgerrechte mit großer Vielfalt der Ausdrucksmöglichkeiten»[28] auszeichnete.

Möglicherweise lag es an dem Theoriegehalt seiner Ausführungen, dass Kiesinger seine Regierungserklärung schließlich völlig anders abfasste, als von Dahrendorf vorgeschlagen, und nicht mehr – wie noch 1964 in seiner Funktion als Ministerpräsident – auf dessen Formulierungen und Ideen zurückgriff. Im Gegenteil, in der Erklärung dominierten finanz- und wirtschaftspolitische Erwägungen, während die für Dahrendorf so wichtige Gesellschaftspolitik nur am Rande erwähnt wurde.[29] Auch Kiesinger war die Diskrepanz wohl bewusst, als er Dahrendorf am 19. Dezember 1966 schrieb:

> Das Gespräch in Tübingen und das von Ihnen übersandte Arbeitspapier, in dem ich weit mehr als den Ausdruck guten Willens sehe, waren mir bei den Vorbereitungen an meiner Regierungserklärung eine wertvolle Hilfe. Wie Sie offenbar schon bei der Ausarbeitung Ihrer Papiere gespürt haben, mußte ich für diesmal das Problem auf andere Weise anpacken. Ich hoffe, daß Sie dennoch an der nun veröffentlichten Erklärung weder die deutlichen Vorstellungen, noch die Gelassenheit und auch nicht den Spaß an der Sache vermissen werden.[30]

Kiesingers Brief konnte Dahrendorfs Enttäuschung über die Zurückweisung nicht lindern. Noch Jahre später bemerkte er, seine Vorschläge seien wohl «allzu intellektuell»[31] gewesen, obwohl er auch zugeben musste, dass ihr Stil dem widersprach, was eine Regierungserklärung erforderte.

Während Dahrendorf im Dezember 1966 den neuen Bundeskanzler der CDU beriet, stellte eine zeitgleiche Einladung der FDP, an einer Kundgebung mit Günter Grass und Thomas Dehler in der Bonner Beethovenhalle «gegen die Große Koalition zu wettern», für Dahrendorf ein «Dilemma» dar. Obwohl die Bildung der Großen Koalition ihm schon wegen der fehlenden Möglichkeit zum Konflikt und der schwachen parlamentarischen Opposition grundsätzlich widerstrebte, sagte er die FDP-Kundgebung ab. Er wollte, so erklärte er im Nachhinein, die Möglichkeit nicht vergeben, «notwendige Reformen über die Regierung der Großen Koalition zu realisieren»[32]. Umso wichtiger war es Dahrendorf, zu betonen, dass sein Engagement für Kiesinger nicht durch das Interesse an der Macht begründet sei:

> Natürlich begibt sich der intellektuelle Ratgeber in den Bannkreis der Macht. Das heißt indes nicht, daß er den Verlockungen der Macht (was immer diese sein mögen) erliegt. Ich liebe die Macht nicht, mache mir aber auch keine Illusionen über die Möglichkeit ihrer Abschaffung. Daher gilt es, sie entweder auszuüben, oder ihr mit der Haltung des Intellektuellen gegenüberzutreten, das heißt sie zugleich zu beeinflussen und zu bekämpfen.[33]

Die Möglichkeit, darüber zu bestimmen, was getan wird, ist allerdings ein entscheidender Bestandteil der Macht. Und Dahrendorf war an Gestaltungsmöglichkeiten interessiert, was ihn die Nähe zur Macht und auch die Macht selbst suchen ließ. Deshalb beriet er in Baden-Württemberg den CDU-Ministerpräsidenten Kurt Georg Kiesinger und dessen Kultusminister Wilhelm Hahn, als sich die Chance zur Einflussnahme in die Bildungspolitik des Landes bot. Und weil dieselbe Chance auf Bundesebene ihn umso mehr reizte, blieb er Kiesinger treu – ungeachtet der Tatsache, dass dieser Kanzler einer von Dahrendorf abgelehnten Großen Koalition war.

Die Beratung Kiesingers anlässlich Koalitionsbildung und Regierungserklärung war noch informell und von der Öffentlichkeit unbemerkt geschehen. Doch am 7. Januar 1967 titelte die *Frankfurter Rundschau*: «Kiesinger beruft Planungsstab». Als «modernes politisches Führungsinstrument» seien der Hamburger Professor Carl Friedrich von Weizsäcker und der Rektor der Universität Tübingen, Theodor Eschenburg für einen Planungsstab verpflichtet worden, und auch mit «dem bekannten Soziologen der Universität Konstanz» Ralf Dahrendorf habe Bundeskanzler Kiesinger bereits im Dezember des Vorjahres «ein vorbereitendes Gespräch» geführt.[34]

Die Reaktion darauf ließ nicht lange auf sich warten. In einem *Konkret*-Artikel beschrieb Ulrike Meinhof die «Indienstnahme» von Ralf Dahrendorf als «Prozeß der Ausschaltung der oppositionellen Kräfte bei gleichzeitiger Integration – Einschaltung – der opportunistischen». Außerdem warf sie Dahrendorf, der bis dato durch seine Publikationen als «Institution gewordene Kritik» und Kritiker der Großen Koalition aufgetreten war, vor, der «Anziehungskraft der Macht» zu erliegen und sich «denen zur Verfügung gestellt [zu haben], die den Konflikt kurzgeschlossen haben».[35] Dahrendorf galt damals nicht nur Meinhof, sondern vielen Linken als «Chefideologe des bejahten Konflikts»[36] – und in dieser Funktion als jemand, der sich gegen die restaurativen Strömungen der Bundesrepublik stellte. Dass gerade er die Nähe zu einem CDU-Kanzler mit NS-Vergangenheit nicht scheute, erschütterte das Bild.[37] Zudem lief Dahrendorf Gefahr, sich als unabhängiger Intellektueller unglaubwürdig zu machen, wenn der Eindruck entstand, er strebe nach Macht. Meinhofs Kritik traf Dahrendorfs wunden Punkt empfindlich genau, weshalb Dahrendorf noch Jahre später beteuerte, die Zeitungsmeldung, die ihn als Berater von Bundeskanzler Kiesinger benannte, habe «keinerlei Realitätsgehalt» gehabt.[38]

Die Kritik hielt Dahrendorf jedoch nicht davon ab, gemeinsam mit Besson erneut nach Bonn zu fahren, um Kiesinger zu treffen. Die Ruhe des intimen

Gesprächs, wie er sie aus Stuttgart gewohnt war, fehlte in Bonn jedoch völlig. Der Kanzler traf die beiden Professoren lediglich kurz und flüchtig, direkt vor einer Kabinettssitzung im Palais Schaumburg.[39] Im Frühsommer 1967 war Dahrendorf endgültig desillusioniert in Bezug auf seine Einflussmöglichkeiten auf Kiesinger. Anstatt sich selbst mit dem Professor zu treffen, schickte Kiesinger seinen Ministerialdirektor zur Beratung nach Konstanz. Und dieser teilte anschließend mit, dass sich aufgrund der Tagesgeschäfte des Bundeskanzlers keine Möglichkeit ergebe, «den Regierungschef so schnell und umfassend von dem Ergebnis unseres Gesprächs, und insbesondere Ihren Auffassungen hinsichtlich Form und Inhalt politischer Planungsarbeit zu informieren, wie ich es für erforderlich halte».[40]

Parteipolitisch war Dahrendorf also bis Sommer 1967 keineswegs festgelegt – und als Individualist auch gar nicht bereit, sich vereinnahmen zu lassen. Er beriet sowohl SPD als auch CDU, kandidierte auf einer FDP-Liste, wenn sich die Gelegenheit ergab. Dabei waren für ihn der Umgang mit politischen Schwergewichten wie Willy Brandt oder Kurt Georg Kiesinger und konkrete Einflussmöglichkeiten wie die Ausgestaltung einer neuen Universität oder eines Hochschulgesamtplanes wichtiger als Parteistrukturen und -programme. Ein gewisses Maß an Kalkül, sich alle Optionen offenzuhalten und zugleich als unabhängig zu gelten, war sicherlich auch dabei, als er noch im Herbst 1967, also unmittelbar vor seinem Eintritt in die FDP, dem *Spiegel* auf die Frage nach seiner Parteipräferenz antwortete:

> Ich bin nicht festgelegt und überlege mir die Stimmabgabe bei jeder Wahl neu. Mir sind im Prinzip unsere drei Parteien recht. Daß in allen dreien mir vieles unheimlich ist, stört mich nicht, da ich ein politisches Wesen bin.[41]

Die FDP wurde erst in dem Moment zu einer interessanten Option für Dahrendorf, als er merkte, dass Kiesinger ihn abgeschrieben hatte und sich nicht mehr für seine Ratschläge interessierte. Nach dieser Zurückweisung suchte Dahrendorf nach Erklärungen wie der, dass die Liberalisierung durch seine Englanderfahrung zur Hinwendung zur FDP geführt habe. Tatsächlich mögen pragmatische Gründe für seine Entscheidung ausschlaggebend gewesen sein, wie sein spätes Bekenntnis nahelegt, er sei wegen des plötzlichen Todes des FDP-Politikers Walter Erbe «eher zufällig» in die FDP eingetreten, als ihm Landesgeschäftsführer Karl Hermann Hummel die Landtagskandidatur für Erbes Wahlkreis antrug.[42]

Walter Erbe war am 3. Oktober 1967 mit nur 58 Jahren gestorben. Den Rechtsprofessor und langjährigen baden-württembergischen Landtagsabgeordneten der FDP/DVP[43] hatte Dahrendorf gut gekannt, da die beiden an der Universität Tübingen Kollegen gewesen waren. Dahrendorf schätzte Erbe und teilte mit ihm Interessen und Ansichten in der Bildungspolitik.[44] Bekräftigt wurde das Angebot des Landesgeschäftsführers Hummel durch die schriftliche Bitte des Stuttgarter Kreisverbands, Dahrendorf möge für die im April 1968 stattfindenden Landtagswahlen kandidieren.[45] Für die FDP-Basis war der prominente Dahrendorf trotz fehlenden Parteibuchs ein vielversprechender Kandidat: Dahrendorf war durch seine Arbeit am Hochschulgesamtplan im Landtag kein Unbekannter. Darüber hinaus hatte er sich als Bildungsexperte im Bildungsrat und im Beirat für Bildungsplanung profiliert und bei der Gründung der Universität Konstanz bewiesen, dass er nicht nur zum bildungspolitischen Theoretiker, sondern auch zum Praktiker taugt.

Im Nachlass Dahrendorf ist ein unveröffentlichtes Manuskript überliefert, in dem er seine Erfahrungen in der Politik von 1967 bis 1969 festgehalten hat. Darin berichtet Dahrendorf, dass er selbst noch skeptisch gewesen sei, aber von seinem Freund Waldemar Besson zum Eintritt in die Politik gedrängt wurde. Als er bei einem Essen im Casino-Restaurant in Konstanz Besson von dem Angebot der FDP erzählte, habe Besson begeistert reagiert:

> Ralf, das ist Deine Chance. Das musst Du tun. Aber tu es nicht billig. Du musst hingehen und sagen, Leute, wenn Ihr mich wollt, dann müsst Ihr mich ganz wollen, mit allem, was ich Euch zu bieten habe! Und dann verlangst Du, dass sie Dich erstens auf dem Dreikönigstreffen sprechen lassen, und zweitens auf dem Bundesparteitag. Wann ist der? Auch im Januar? Sehr gut. Also das musst Du machen.[46]

In einem Brief vom 24. Oktober 1967 an seinen Freund Fritz Stern in New York erklärte er seine Entscheidung für die Politik:

> Du wirst Dir denken können, dass ich selten in meinem Leben in einer schwierigeren Entscheidungssituation war. Denn je mehr ich über politische Möglichkeiten nachdenke, desto mehr sehe ich die Alternative zwischen Beratung und parlamentarischer Aktivität. Entweder hat der Parlamentarismus noch eine Chance, dann sollte man sie nutzen oder hat sie nicht dann sollte man es genau [nehmen] und nicht nur darüber spe-

kulieren. Jedenfalls habe ich nach längeren eingehenden Überlegungen, bei denen ich Dich gerne zum Gespräch hier gehabt hätte, die für viele wahrscheinlich sensationelle Entscheidung getroffen, mich der Landtagswahl Baden-Württemberg 1968 in einem Wahlkreis in Stuttgart zu bewerben. Damit gehöre ich plötzlich zur Opposition in der Bundesrepublik – das heisst, so plötzlich ist das natürlich nicht für jemanden, der mich einigermassen genau kennt.

Die Entscheidung hat Konsequenzen in viele Richtungen. Die Konsequenzen in Richtung Wissenschaft lassen sich sicher viel leichter beschreiben, wenn wir mal miteinander sprechen können, als dies in einem Brief möglich ist. Politisch bedeutet dies eine klare Trennung von Kiesinger, aber auch von der Grossen Koalition des Landes Baden-Württemberg und dem von mir so intensiv beratenen Kultusminister Hahn. Das alles ist durchaus Absicht. Es lässt sich vielleicht in Kürze so darstellen, dass ich in aktiver Position die Möglichkeiten des deutschen Parlamentarismus, wenn nicht sogar der deutschen Demokratie, auf die Probe stellen möchte, bevor ich mich etwa entschliesse, gänzlich aus Deutschland wegzugehen. Es ist ein Entschluss [zum] Experiment durch Aktion, statt zum Experiment durch Abwarten und Distanz.[47]

Wie in dem Brief deutlich wird, sah Dahrendorf im Angebot der FDP die Chance, seinen Handlungsspielraum über die politische Beratung hinaus zu erweitern. Im Sinne von Karl Poppers Prinzip von *trial and error* wollte er ausprobieren, ob er über das Parlament größere Einflussmöglichkeiten auf die politische Gestaltung finden könne. In einem Brief an Jürgen Habermas vom 30. Oktober 1967 erklärte Dahrendorf seine Hoffnung in der FDP,

> *dort, wo man mir die Möglichkeit dazu gibt*, eine radikale Position einmal mehr als nur publizistisch zu formulieren. Ich möchte also sozusagen versuchen, ein bisschen von der ausserparlamentarischen Opposition, ein bisschen aber auch von der resignierten Abwendung, die im Augenblick grassiert, wieder aufzuheben.[48]

Auch wenn ihm der südwestdeutsche Liberalismus durchaus sympathisch war, diente die FDP Dahrendorf vor allem als «parlamentarisches Vehikel»[49], als Mittel zum Zweck, um ohne langwierige Ochsentour direkt seine Positionen vertreten zu können.[50] Durch das Angebot des Landesgeschäftsführers fühlte er sich zudem gebraucht und geschmeichelt. Womöglich hätte er auch für eine andere Partei kandidiert, wenn ihm ein erfolgreicher Listenplatz oder Wahlkreis und die Möglichkeit, in vorderer Reihe Politik mitzugestalten, angeboten worden wären.

Der Entschluss, als Landtagsabgeordneter für die FDP zu kandidieren, ist der entscheidende Wendepunkt, an dem Dahrendorf vom intellektuellen Politikerberater zum aktiven Politiker mit Parteibindung wurde. Der Gewinn lag für ihn in der «Chance» (Besson), selbst aktiv Politik zu gestalten, – und das bedeutet Einfluss zu nehmen und Macht auszuüben – und aus der zunehmend unbefriedigenden Rolle des Beraters auszubrechen. Der Preis dafür war jedoch die Aufgabe seiner politischen und intellektuellen Unabhängigkeit. Die Konflikte, die sich daraus ergaben, waren ein entscheidender Grund für seinen baldigen Wiederausstieg aus der Politik, wie im Folgenden zu zeigen sein wird.

2. Ein neuer Stern am liberalen Himmel: Dreikönigstreffen und Bundesparteitag 1968

Nachdem die Entscheidung für die FDP gefallen war, ging alles sehr schnell: Bereits am 27. Oktober 1967 trat Ralf Dahrendorf in die FDP ein.[51] In der Wahlkreisversammlung in Stuttgart am 17. November 1967 wurde er «mit offenen Armen»[52] empfangen und mit großer Mehrheit zum Erstkandidaten des Wahlkreises Stuttgart III gewählt, der unter anderem das Villenviertel Degerloch, den Arbeiterbezirk Kaltental und die Fasanenhof-Siedlung, in der überwiegend Zugezogene wohnten, umfasste.[53]

Nach eigener Schilderung folgte Dahrendorf dem Rat seines Freundes Besson und ging selbstbewusst mit der Forderung auf die Parteioberen zu, sowohl auf dem Dreikönigstreffen, dem Landesparteitag der FDP am 6. Januar in Stuttgart, als auch auf dem Bundesparteitag, der drei Wochen später in Freiburg stattfand, reden zu dürfen. Trotzdem habe er seinen Ohren kaum getraut, so Dahrendorf, als die Parteiführung tatsächlich auf seine Forderungen einging.[54] Ein wichtiger Grund für dieses Zugeständnis an den Parteineuling, dem es an jeglicher innerparteilichen Vernetzung fehlte, war das personelle Vakuum, das bei den Liberalen herrschte.[55] Hinzu kam, dass die FDP sowohl im Land Baden-Württemberg als auch auf Bundesebene als Opposition einer übermächtigen Großen Koalition gegenüberstand. Insbesondere auf Bundesebene suchte die FDP seit dem Verlust der Regierungsmacht 1966 ihre Identität und Legitimation.

Im Herbst 1966 hatte die FDP im Streit über den Haushalt für 1967 die Koalition mit der CDU unter Bundeskanzler Ludwig Erhard aufgekündigt, weil sie Steuererhöhungen nicht mittragen wollte. Nach der Bildung der Großen Koalition unter Bundeskanzler Kurt Georg Kiesinger konnte die FDP die Oppositionsrolle jedoch nur unzureichend ausfüllen. Hatten es zuvor 217 SPD-Abgeordnete übernommen, die Regierung zu kontrollieren, blieb diese Aufgabe ab Dezember 1966 50 FDP-Abgebordneten, gegenüber einer erdrückenden Mehrheit von 468 Abgeordneten der Regierungsparteien, überlassen. Damit lag der Mandatsanteil der FDP-Fraktion unter dem erforderlichen Quorum, um entscheidende parlamentarische Rechte auszuüben, wie zum Beispiel einen Parlamentarischen Untersuchungsausschuss oder die Sperrminorität gegen Grundgesetzänderungen, durchzusetzen.[56] Zu allem Überfluss drohten CDU und SPD mit ihrer Stimmenmehrheit die Einführung des Mehrheitswahlrechts zu beschließen, was für die kleine FDP das politische Aus bedeutet hätte.

Im Angesicht des drohenden Absinkens in die Bedeutungslosigkeit brachen die Konflikte zwischen den beiden Flügeln der FDP offen aus. Insbesondere an der Ost- und der Deutschlandpolitik spaltete sich die Partei. So war der Parteitag in Hannover im April 1967 von der Auseinandersetzung zwischen den Befürworten des von Wolfgang Schollwer und Hans Wolfgang Rubin verfassten «Deutschlandplans», der die Anerkennung der Oder-Neiße-Linie und der DDR beinhaltete, und dem nationalliberalen Parteiflügel bestimmt. Dabei geriet der Parteivorsitzende Erich Mende, der ursprünglich noch offen für die Argumente des «Deutschlandplans» gewesen war, immer mehr in die Defensive und versteifte sich auf einer radikalen Position zur Deutschlandpolitik. Auch füllte er die Rolle des Oppositionsführers nicht aus und manövrierte sich innerhalb der FDP in die politische Isolation.[57] Wie dünn die Personaldecke der FDP war und welche Schwierigkeiten es bereitete, einen Nachfolger in der Parteiführung zu finden, der sowohl vom «linken» Reformflügel als auch von den Nationalliberalen akzeptiert wurde, wird daran deutlich, dass relativ unerwartet der von vielen als politisches Leichtgewicht wahrgenommene Walter Scheel für das Amt vorgeschlagen wurde.[58] In dieser Zeit des inhaltlichen und personellen Umbruchs dürsteten die Liberalen geradezu nach unverbrauchten Politikern, die ihrer Partei neues Leben und neue Bedeutung einhauchen konnten. Dabei waren insbesondere prominente Personen mit Rückhalt in der Bevölkerung gefragt, die neue Wählerschichten ansprechen sollten.[59]

Die Bedingungen für Dahrendorfs Einstieg und Aufstieg in der FDP waren also aufgrund der prekären Lage der Partei nahezu ideal. Hinzu kam die seit Beginn der sechziger Jahre einsetzende Konjunktur der Intellektuellen. Dahrendorf hatte sich in der Rolle des Experten und Politikberaters sowie als öffentlicher Kommentator mit Analysen der gesellschaftspolitischen Lage einen Namen gemacht. Seine Stellung als Universitätsprofessor sicherte ihm außerdem Ansehen und das Vertrauen der Bevölkerung.

Die Weihnachtsferien 1967/68 nutzte Dahrendorf, um an verschiedenen Versionen seiner Rede für den Landesparteitag zu feilen. Wie Dahrendorf sich im «Zwischenbericht» erinnerte, war ihm in diesen Tagen Waldemar Besson ein wichtiger Gesprächspartner. Der Freund trieb ihm mit Entschiedenheit zu abstrakte Formulierungen aus: «So nicht, das ist viel zu akademisch. Da muss jeder Satz sitzen, Ralf, knallig und ohne Wenn und Aber.»[60] Mit einem Artikel im *Südkurier*, der am Tag vor dem Dreikönigstreffen erschien, trommelte Besson für seinen Freund. In Anbetracht der Großen Koalition auf der einen und der beunruhigenden Erfolge der NPD auf der anderen Seite sei es wichtig, der NPD in Baden-Württemberg nicht das Feld der Kritik und der abweichenden Meinung zu überlassen. Daher sei

> die persönliche Entscheidung des Konstanzer Professors Ralf Dahrendorf, für die FDP in den Landtag zu gehen, nicht hoch genug zu bewerten. Hier ist einer von den Männern, die durch ihr persönliches Engagement die Lebenskraft unseres Gemeinwesens bezeugen. Das ist auch ein gutes Beispiel für unsere unruhigen Studenten. Dahrendorf zeigt ihnen einen Weg, auf dem sie folgen sollten, wobei es weniger wichtig ist, zu welcher Partei sie stoßen, vorausgesetzt ihr Wille zur Veränderung wirke innerhalb unserer parlamentarischen Demokratie. Ein Landtag mit einem Ralf Dahrendorf wird jedenfalls munterer sein als ohne ihn. Vivant sequentes, mögen ihm andere nachfolgen![61]

Als Dahrendorf am 6. Januar 1968 schließlich die Bühne des Mozartsaals der Liederhalle in Stuttgart betrat, war er «aufgeregt zum Platzen»[62]. Mit «leicht brüchiger Stimme»[63] wandte er sich an die Delegierten. Doch die Anspannung war unbegründet, denn die ausführliche Vorbereitung hatte sich ausgezahlt. Dahrendorf hielt eine wohlkomponierte Rede, mit der es ihm gelang, die Delegierten aufzurütteln, Aufbruchstimmung zu verbreiten und für sich zu werben.[64] Der zentrale Satz, mit dem er seine Rede begann und beendete, war: «Es ist Zeit, daß in Deutschland wieder Politik gemacht wird.» Dahrendorf machte den politischen Stillstand als aktuelles Problem aus, das durch die Selbstzufriedenheit und Ratlosigkeit der Regierung beför- dert werde. Er geißelte die Große Koalition in Bonn als «unpolitischste aller Regierungen» und forderte Reformen in den Bereichen der Verteidigungs- politik, der Notstandsgesetze und der Strafrechtsreform, der Sozial- sowie der Bildungspolitik.[65] Dabei blendete er – wie viele seiner Zeitgenossen – aus, dass der Großen Koalition gerade auf dem Gebiet der Innenpolitik, nament- lich in der Wirtschafts- und Finanzpolitik und der Rechts- und Sozialpolitik, wichtige Reformvorhaben gelungen waren und sie im Bereich der Sicher- heits-, Deutschland- und Ostpolitik Kurskorrekturen vorgenommen hatte.[66]

Dahrendorf nutzte seinen Auftritt auch, um sein Engagement für die FDP zu begründen. Mit Pathos verkündete er: «Ich liebe dieses Land, so sehr ich an ihm leide.»[67] Angesichts der aktuellen politischen Lage, in der er «die Verfassung der Freiheit» aufs Neue bedroht sehe, habe er, der als Junge im «Konzentrationslager» gesessen «und daher früh erfahren [habe], was es hei- ßen kann, daß die Freiheit bedroht ist», vor der Entscheidung gestanden, Deutschland zu verlassen oder selbst aktiv zu werden und Verantwortung zu übernehmen. «Es muß doch möglich sein, eben dieses mein Land so zu ge- stalten, daß es sich lohnt, in ihm zu leben.» In diesem Sinne erklärte er sein Verständnis vom Verhältnis von Geist und Macht: Er wolle seine wissen- schaftliche Expertise zum Nutzen der Politik einbringen. Daher sei für ihn der «Schritt nur klein vom Wissenschaftler mit politischen Problemen zum Politiker mit wachem Sinn für die Erkenntnisse der Wissenschaft»[68]. Seine Entscheidung für die FDP begründete er mit der Oppositionsrolle der Partei und damit, dass ihn «Freiheit [...] von jeder sozialen Formierung und Mani- pulation» beflügele. Schließlich stellte er den regionalen Bezug zu Baden- Württemberg her und lobte die liberalen Qualitäten des föderalen Prinzips. Seine Rede war offensichtlich so überzeugend, dass Dahrendorf, ohne über- haupt Delegierter des Parteitages zu sein, per Akklamation für die Wahl zum Landesparteivorstand nominiert und schließlich mit 116 von 126 Stimmen gewählt wurde.[69]

Dahrendorfs rhetorisch starker Auftritt überstrahlte alle anderen Beiträge und riss die Zuhörer förmlich von den Stühlen. Es überrascht nicht, dass Dahrendorf intensiv auf die Bildungspolitik einging, welche nicht nur sein persönliches Spezialgebiet, sondern auch *das* Modethema der sechziger Jahre war. Dabei übte er scharfe Kritik am baden-württembergischen Kultusminis- ter Wilhelm Hahn, mit dem er ein halbes Jahr zuvor für den Entwurf des Hochschulgesamtplans noch intensiv zusammengearbeitet hatte. Es war ein

geschickter Schachzug, der Großen Koalition Versagen und Erstarrung vorzuwerfen, denn das Gefühl von politischem Stillstand war in der Bevölkerung verbreitet. Dass Dahrendorf selbst zuvor Kanzler Kiesinger noch beraten und als reformfreudig erlebt hatte, verschwieg er. Stattdessen rief er
seinem Publikum zu: «Wir brauchen wieder Politik in Deutschland, und
zwar eine Politik, die das Wagnis des Wandels für eine offene Gesellschaft
sucht.»[70] Damit konnte er für sich und die FDP in Anspruch nehmen, die
einzig wahre dynamische Kraft in der Bundesrepublik zu sein, die eine Ge-
sellschaftsreform anstrebte:

> Der Versuch aber, in Deutschland wieder Politik zu machen, ist uns
> ernst. Wir werden ihn unternehmen mit allen Kräften, die uns zu Gebote
> stehen. Wir werden das Wagnis des Wandels auch auf uns selbst be-
> ziehen.
> Wer uns wählt, trägt dazu bei, daß die Verfassung der Freiheit er-
> halten und mit neuem Leben erfüllt wird.
> Wer uns wählt, sorgt dafür, daß die erstarrten Verhältnisse im Lande
> wieder in Bewegung geraten.
> Wer uns wählt, macht auf seine Weise moderne Politik, und es ist
> Zeit, daß in Deutschland wieder Politik gemacht wird.[71]

Schon während seiner Rede wurde Dahrendorf etliche Male von Beifall
unterbrochen, doch nach diesem fulminanten Abschluss lagen ihm die Par-
teitagsdelegierten zu Füßen. Mit langen Ovationen huldigten die Freien
Demokraten ihrem neuen Star, dem es gelungen war, ihnen Mut zuzu-
sprechen und durch seine Rhetorik zu überzeugen. Dass Dahrendorf mit
zwar relativ vagen, aber kraftvollen Formulierungen den richtigen Ton getroffen hatte, zeigt sich daran, dass keiner der folgenden Redner ohne einen
Hinweis auf Dahrendorf auskam und einige seiner eingängigen Formeln, wie
die Alliteration «Wagnis des Wandels», in den folgenden Reden übernommen
wurden.[72]

Auf dem Bundesparteitag der FDP, der nur drei Wochen später vom 29.
bis 31. Januar 1968 stattfand, schien sich das gleiche Schauspiel in größerem
Rahmen zu wiederholen. Um 9.30 Uhr eröffnete Dahrendorf die Vormittags-
sitzung des zweiten Tages mit seiner Rede «Politik der Liberalität statt Bündnis der Unbeweglichkeit».[73] Schon als er ans Rednerpult trat, wurde er mit
«lebhaften Beifall» begrüßt. Sein Referat wurde dann «vom Parteitag mit lan-
ganhaltendem lebhaften Beifall» aufgenommen, wie das Parteitagsprotokoll

verzeichnet.[74] Anschließend wurde Dahrendorf in den Bundesvorstand gewählt. Das Presseecho war noch größer als beim Dreikönigstreffen und vor allem überregional.[75]

Im Nachhinein liest sich Dahrendorfs Stuttgarter Rede zwar wesentlich pointierter als die Rede auf dem Bundesparteitag, doch wurde letztere vom Publikum mit noch größerer Begeisterung aufgenommen.[76] Stilistisch und inhaltlich knüpfte sie nahtlos an die Dreikönigsrede an. Dahrendorf übte Kritik an der Großen Koalition, die mit einer Politik der «leeren Formeln»[77] die Starrheit der Verhältnisse zementiere. Dagegen stellte er die Idee einer «liberalen Politik der Offenheit», mit der er das «Gefängnis der Immobilität» aufbrechen wolle. Dazu gehörten für ihn Bürgerrechte für alle, insbesondere im Bildungs- und Gesundheitswesen, aber auch in Recht und Verwaltung. Insbesondere forderte er eine Politik der Mobilität und des Leistungsprinzips, um beispielsweise auch Seiteneinsteigern ohne spezifische Abschlüsse einen sozialen Aufstieg zu ermöglichen. Dahrendorf bekannte sich zum Marktprinzip der Wirtschaft mit kontrollierten Regeln, das auch im Presse- und Informationswesen sowie in Bildung und Wissenschaft durch die Konkurrenz privater und staatlicher Einrichtungen für positiven Wettbewerb sorgen solle. In diesem Sinne forderte er auch eine «Politik des akzeptierten Konflikts», in der, ganz im Dahrendorfschen Sinne, nicht die Unterdrückung von Konflikten, sondern deren Regelung im Vordergrund stehen solle.[78]

Nicht nur seine Konfliktsoziologie, auch eine weitere These, die er bereits 1965 als Soziologe in *Gesellschaft und Demokratie* entwickelt hatte, griff Dahrendorf auf: Es müsse dem Einzelnen ermöglicht werden, seine bereits formal bestehenden Rechte auch tatsächlich wahrzunehmen:

> Damit jeder einzelne an den Möglichkeiten der modernen Gesellschaft teilnehmen kann, reicht es nicht, seine Rechtsansprüche in Gesetze und Verfassungen zu schreiben; vielmehr muß ihm die Möglichkeit gegeben werden, seine Rechte auch tatsächlich wahrzunehmen. In diesem bestimmten Sinne ist eine moderne liberale Politik immer zugleich eine soziale Politik.[79]

Als konkretes Beispiel diente ihm hierfür wieder einmal die Bildungspolitik. Zugleich war diese Aussage eine Annäherung an sozialliberale Positionen, da Dahrendorf «liberal» und «sozial» gleichsetzte. Mit den zentralen Begriffen «Chancen» und «Offenheit» argumentierte er für eine «Gesellschaftspolitik der Liberalität», in der Offenheit das Sicherheitsdenken ablösen solle.

Neben dieser eher theoretischen Herangehensweise formulierte Dahrendorf zum Schluss der Rede einen handfesten Macht- und Regierungsanspruch der FDP und sprach der im Bundestag marginalisierten Partei damit neue Bedeutung zu:

> Für uns Freie Demokraten bedeutet das, daß wir endgültig Abschied nehmen müssen von einer Vergangenheit, in der es noch zureichte, daß wir uns als «dritte Kraft», als unbequeme Mahner oder zuweilen auch als Zünglein an der Waage verstanden. Unser Anspruch geht nicht dahin, als Koalitionspartner dem einen oder anderen das Leben ein bißchen schwerer zu machen. Unser Anspruch ist es vielmehr, dieses Land zu regieren, es also in eine offene Welt zu führen und offen zu halten. [...] Sorgen wir dafür, daß wir, die deutschen Liberalen, zum Kristallisationspunkt einer Politik werden, die das Wagnis des Wandels sucht, um die offene Gesellschaft zustande zu bringen, hier in Deutschland.[80]

Dahrendorfs Ansprache überzeugte auch im Vergleich mit den anderen Parteitagsrednern. Der scheidende Parteivorsitzende Mende machte sogar eine ausgesprochen schlechte Figur und erhielt einen zwar lang anhaltenden, aber doch eher pflichtschuldigen Abschiedsbeifall.[81] Auch der mit großer Mehrheit ins Amt gewählte neue Parteivorsitzende Walter Scheel schien die Vorurteile seiner Partei gegen ihn zu bestätigen. Er hielt eine von Selbstzweifeln und Verunsicherung geprägte Antrittsrede. «[Z]ögernd, stockend» vorgetragen, fiel sie deutlich gegen die Strahlkraft von Dahrendorfs Rede ab.[82] Der *Spiegel* sah nach dieser Vorstellung in Scheel denn auch «nicht viel mehr als die Fortsetzung Mendes mit anderen Mitteln»[83].

Dahrendorfs Reden in Stuttgart und in Freiburg hatten, wie Micus konstatiert, dieselbe Wirkung: «Während vorher kaum einer über Dahrendorf gesprochen hatte, war er danach in aller Munde.»[84] In den folgenden Tagen wurde er in den Zeitungen – von «Springer» bis *Spiegel* – regelrecht hochgejubelt. Das *Hamburger Abendblatt* sprach vom «Katapultstart in die Politik»[85], für *Die Welt* war Dahrendorf ein «Komet»[86] am Himmel der FDP, sogar als «Messias»[87] wurde er – ein wenig ironisch – im *Spiegel* bezeichnet. Doch ein großer Teil der Presse nahm diese Form des «Messianismus» offenbar ernst, und der Eintritt des Intellektuellen in die Politik wurde von manchem politischen Kommentator als Zeitenwende verstanden, wie Weber anmerkt.[88] Die überwiegend linksliberal eingestellten Journalisten schienen sich nach einem Quereinsteiger in die Politik zu sehnen, einem

Dahrendorf zumal, der energetisch und frisch an neue Aufgaben heranzu-
gehen versprach und mit rhetorischer Gewandtheit und minutiöser Analyse
die drängenden Probleme der Zeit ansprach. Auch wenn es sich bei der
Dahrendorf-Euphorie in der Presse lediglich um die veröffentlichte und
nicht um die öffentliche Meinung handelt, so hatte sie doch einen Einfluss
auf das Meinungsbild der Deutschen und spiegelt zugleich die Sehnsucht
einer progressiven akademischen Schicht nach einem neuen politischen
Liberalismus wider.

Der Bundesparteitag hatte zu einem überraschenden Linksruck der FDP geführt. Nach der Neuaufstellung gehörten dem Präsidium fast nur noch linksliberale Kräfte (Hans Wolfgang Rubin, Karl Moersch, Hans-Dietrich Genscher) oder Vertreter des Reformflügels (Walter Scheel, Wolfgang Mischnick,
Hermann Müller) und der liberalen Mitte (Liselotte Funcke, Hans-Günter
Hoppe, Knut Freiherr von Kühlmann-Stumm) an. Damit war der gesamte
rechtsliberale Flügel der FDP nicht mehr im Spitzengremium der Partei vertreten.[89] Sowohl in Baden-Württemberg als auch im Bund begann sich der
linke, reformorientierte Flügel der FDP durchzusetzen. Für diesen Wandel
war Dahrendorf das passende Aushängeschild, mit dem bei einer neuen
Wählergruppe um Stimmen geworben werden konnte. Einen Stimmenanteil
von bis zu 20 % visierte Dahrendorf in Interviews und Artikeln für die Bundestagswahl 1969 an und diese Zahl wurde auch bald von anderen Partei-
mitgliedern übernommen und für realistisch gehalten.[90] Der Grund für
diesen Optimismus war, dass nach Umfragen 30 % der Bundesbürger nicht
wussten, welcher Partei sie ihre Stimme geben sollten. Die unentschiedenen
Wähler waren auch in den Augen des neuen Vorsitzenden Walter Scheel das
Wählerpotenzial, das er durch die Erneuerung der Partei zu erreichen ge-
dachte.[91]

Dahrendorfs Verkündung: «Unser Anspruch ist es vielmehr, dieses Land
zu regieren», meldete nicht nur den Führungsanspruch der FDP, sondern zugleich auch seinen eigenen an. Im «Zwischenbericht» schrieb er knapp zehn
Jahre später über seine Worte:

> Sie entsprachen meiner berechtigten Überzeugung von dem, was nötig,
> und meiner verfehlten Einschätzung von dem, was möglich war. Vor
> allem war es aber nicht die Rede eines Landtagskandidaten, sondern die
> eines Präsidentschaftskandidaten oder mindestens eines Bewerbers um
> den Parteivorsitz.[92]

In einem *Spiegel*-Interview direkt nach dem Parteitag trat Dahrendorf ähnlich selbstbewusst auf, als er über seine Zukunftspläne in der FDP sagte: «Zur grauen Eminenz bin ich nicht geboren, und Chefideologe bin ich eigentlich auch nicht. Aber wir haben ja jetzt einen neuen Vorsitzenden, über den ich sehr froh bin. Das bedeutet ja nicht, dass ich politisch das Ende meiner Ziele erreicht hätte.»[93] Welches seine politischen Ziele waren, verkündete er schließlich wenige Wochen später in der *Welt*, als er «lächelnd, aber ohne Ironie» sagte, er wolle Bundeskanzler werden.[94] Das zur Schau getragene Selbstbewusstsein Dahrendorfs war auch eine Strategie, die ihm die Aufmerksamkeit in der Öffentlichkeit sicherte und zunächst hervorragend im Sinne einer *self-fulfilling prophecy* zu funktionieren schien. Denn obwohl er ein absoluter Neuling in der Parteipolitik und erst seit kürzester Zeit Mitglied der FDP war, galt Dahrendorf in der Presse als «künftige[r] führende[r] Mann der Freien Demokraten»[95].

Angesichts dieser Dahrendorf-Euphorie konnten kritische Stimmen nicht ausbleiben: Bereits in der Diskussion nach seiner Rede auf dem Bundesparteitag wurde die Frage gestellt, ob sich sein «geistiger Höhenflug» auch konkret niederschlagen werde.[96] Und der konservative Bundestagsabgeordnete aus Bayern, Josef Ertl, stichelte, er könne Dahrendorfs Reden nicht kommentieren, da sie «nicht präzise genug [seien], um etwas dazu zu sagen».[97] Bis heute wird von verschiedener Seite die Substanzlosigkeit der «Dahrendorfschen Bonmots»[98] kritisiert. Mehr als schöne und vor allem konsensfähige Worthülsen habe er nicht produziert. Tatsächlich lag die Stärke von Dahrendorfs Reden vor allem in seiner Rhetorik, während es ihnen in vielen Aspekten an Konkretheit mangelte. Doch es gelang ihm, den Wunsch nach Veränderung in der gesellschaftlichen Stimmung zum Ausdruck zu bringen und zu intensivieren. Ähnlich wie anderthalb Jahre später Willy Brandt mit seiner berühmten Regierungserklärung versprach, «mehr Demokratie [zu] wagen», wiesen Dahrendorfs Reden einen Impetus auf, der die Liberalisierung und Demokratisierung nicht nur von institutionellen Strukturen, sondern auch von individuellen und gesamtgesellschaftlichen Denkmustern der Deutschen forderte. Damit verlieh Dahrendorf einer Ende der sechziger Jahre weitverbreiteten Empfindung Ausdruck. Darüber hinaus sprach seine «Formelhaftigkeit» insbesondere die jüngere Generation, nicht nur im FDP-Lager, an. «Eben seine ambitiösen Reformforderungen», so Micus, «die Fundamentalkritik der gesellschaftlich-politischen Realitäten und die visionäre Qualität seiner Zielkorridore liberaler Politik, begeisterten die Jüngeren und machten Dahrendorf zum Mann der Parteijugend.»[99] Mit seinen Auftritten in Stuttgart und Freiburg konnte Dahrendorf die Erwartungen der Partei also mehr als erfüllen. Sowohl beim Dreikönigstreffen als auch beim Bundesparteitag schaffte er es, durch seine rhetorisch brillanten Reden, Publikum und Presse zu begeistern und der Partei, die nach dem Verlust der Regierungsmacht noch immer ihre Identität und Legitimation suchte, neuen Mut zu machen.

3. Dutschke versus Dahrendorf?
Der Umgang mit der Studentenbewegung

Der Bundesparteitag der FDP fand im Januar 1968 statt, also zu Beginn des Jahres, das zur Chiffre für eine ganze Generation und der mit ihr verbundenen Periode des soziokulturellen Wandels werden sollte.[100] Seit Mitte der sechziger Jahre hatten sich beunruhigende und aufwühlende Ereignisse und Entwicklungen auf nationaler wie internationaler Ebene akkumuliert. Die Proteste gegen den Vietnamkrieg sowie die Rassenunruhen und die Bürgerrechtsbewegungen in den USA forderten die moralische Autorität der demokratischen Supermacht heraus. Der Sechstagekrieg zwischen Israel und Ägypten im Juni 1967 verschob das Kräftegewicht in dieser Region. Die Bundesrepublik wiederum erlebte die erste Rezession in ihrer Geschichte, und die steigenden Arbeitslosenzahlen führten in eine wirtschaftliche Krise, die in den Augen vieler die Bildung der Großen Koalition nötig machte. Zugleich wuchs die Kritik an eben dieser Großen Koalition. Bundeskanzler Kurt Georg Kiesinger wurde seine Mitgliedschaft in der NSDAP und seine Tätigkeit im Auswärtigen Amt während der NS-Zeit vorgeworfen, und Finanzminister Franz Josef Strauß war seit der *Spiegel*-Affäre 1962 in den Augen vieler längst untragbar geworden. Die von CDU und SPD geplante Notstandsgesetzgebung und die Tötung des Studenten Benno Ohnesorg bei einer Studentendemonstration im Juni 1967 ließen Befürchtungen über den repressiven Einsatz von staatlicher Gewalt aufkommen. Unter anderem ausgelöst durch die Frankfurter Auschwitz-Prozesse ab 1963 begann die Auseinandersetzung der in den vierziger Jahren geborenen 68er-Generation mit der nationalsozialistischen Vergangenheit ihrer Eltern, Lehrer, Professoren, Politiker und Vorgesetzten, also der bisher gültigen Autoritäten, die nun in Frage gestellt wurden. Besorgniserregend war zugleich der Einzug der NPD in sieben der elf Landesparlamente, der als Wiedererstarken nationalsozialistischer Tendenzen gedeutet wurde. Die genannten Entwicklungen führten zu einer Politisierung der Gesellschaft, insbesondere der Studenten, die zunehmend Kritik am kapitalistischen System und an autoritären, undurchlässigen Strukturen vor allem im Bildungssystem übten und dafür Vorlesungen sprengten und auf die Straße gingen. Diese Ereignisse wurden als tiefgehender kultureller und politischer Wandel wahrgenommen.[101]

In diesem Protestklima hatte die Jugendorganisation der FDP, die Jungdemokraten (Judos), die Leitfigur der Westberliner Studentenbewegung, Rudi Dutschke, zu einer Debatte für den Eröffnungsabend des Freiburger Parteitages am 29. Januar 1968 eingeladen – allerdings ohne den Parteivorstand zu informieren. Bei dieser Veranstaltung sollten zusammen mit Dutschke der SDS-Vorsitzende Karl Dietrich Wolff, der IG-Metall-Vorstand Georg Benz und der Hamburger Journalist Gösta von Uexküll im Freiburger Paulussaal diskutieren. Von Seiten der FDP hatten Ralf Dahrendorf, Hermann Oxfort und Hildegard Hamm-Brücher zugesagt.[102] Die Parteiführung reagierte empört und harsch; Walter Scheel rief Dahrendorf eine Woche vor dem Parteitag persönlich an, um ihm die Teilnahme auszureden.[103] Unter diesem Druck mussten die drei diskussionswilligen Vertreter des Reformflügels die Veranstaltung absagen.

Die Jungdemokraten und viele neugierige Studenten reagierten enttäuscht über diesen Eingriff des Parteivorstands und den fehlenden Mut zur Auseinandersetzung. Angesichts der erwarteten Proteste fand die Eröffnung des Parteitages unter Polizeischutz statt, während sich vor der Stadthalle etwa 2000 Studenten versammelten. Die Judos und der FDP-nahe Liberale Studentenbund Deutschlands (LSD) versuchten vehement unter anderem durch Sitzstreiks, einen Antrag gegen den Vietnamkrieg einzubringen, und hatten so schon am Eröffnungstag die Ordner auf den Plan gerufen, die sie schließlich aus dem Saal drängten.[104] Als Dutschke erschien, um von einem Lautsprecherwagen zur Menge zu sprechen, brach unter den Liberalen in der Stadthalle eine heftige Kontroverse darüber aus, «ob man mit so jemandem wie Dutschke überhaupt reden darf», wie sich der damalige Parteitagspräsident Wolfgang Lüder später erinnerte.[105] Eine Diskussion mit dem Studentenführer Dutschke schien in den Augen vieler Parteimitglieder bedrohlich. Der Parteivorsitzende Scheel ließ verlauten: «Ich bin immer und überall für ein Gespräch mit der Außerparlamentarischen Opposition – nur nicht während des Parteitages.»[106] Denn die Parteiführung befürchtete einerseits, die FDP-Vertreter könnten in der Auseinandersetzung mit Dutschke unterliegen und sich dadurch der Lächerlichkeit preisgeben. Andererseits wollte sie dem Eindruck entgehen, mit den linken Studenten gemeinsame Sache zu machen und damit Wähler und Anhänger aus dem nationalliberalen Lager verschrecken. Scheel soll Dahrendorf damals sogar gedroht haben: «Wenn Sie da rausgehen, ist Ihre politische Karriere heute zu Ende.»[107]

Trotz dieser polarisierten Atmosphäre entschieden sich Ralf Dahrendorf sowie der Berliner Hermann Oxfort und Hildegard Hamm-Brücher, die ebenfalls Mitglieder im Bundesvorstand waren, nach draußen zu den Studenten zu gehen. Vor der Beethovenhalle ergab sich dann in der Menge das berühmt gewordene Bild von Dahrendorfs Diskussion mit Rudi Dutschke, das der Korrespondent der *Frankfurter Allgemeinen Zeitung* folgendermaßen schilderte:

> Der zu Reformen bereite Professor und der zur Rebellion entschlossene Student, gemeinsam auf einem Lautsprecherwagen, der ausgerechnet dem Ring Christlich-Demokratischer Studenten gehört, beide gebückt über ein Mikrofon unter einem winterleeren Baum, der eine wie ein schwarzer Vogel, gierig immer wieder zuhackend, der andere eher eitel auf die Sauberkeit seines Kleides bedacht, Distanz suchend, die so einfach auf dem schmalen Wagendach nicht zu finden war.[108]

Eine Stunde lang stritten sich die beiden um die typischen 68er-Fragen: Wie erreicht man Reformen und die Veränderung der Gesellschaft? Ist die revolutionäre, außerparlamentarische Opposition der richtige Weg dafür oder das Parlament und die Argumente und Initiativen der FDP?[109] Dabei war Dahrendorf dem als wortgewaltigen Tiradenschwinger bekannten und als Bürgerschreck gefürchteten «roten Rudi» nicht nur ein ebenbürtiger Diskussionspartner. Als Dutschke auf das System und die «Fachidioten der Politik» schimpfte, die nicht in der Lage seien, notwendige Reformen durchzuführen, entgegnete Dahrendorf ihm mit Freude am Gegenangriff, es gebe nicht nur Fachidioten, sondern auch «Protestidioten, die eine Diskussion von Anbeginn an unterdrückten und irrationale Töne bevorzugten, die man sonst nur bei den Rechtsradikalen höre.»[110] Letztendlich, so beobachtete ein Journalist, «versagte Dutschke und schrumpfte unter Dahrendorfs zielklaren Fragen sichtlich zusammen».[111] Nun drehte sich die Stimmung unter den Zuhören zugunsten Dahrendorfs, der zudem von Hermann Oxfort und Hildegard Hamm-Brücher flankiert wurde. Als Dutschke nach einer Stunde aufbrechen musste, um einen Zug nach Berlin zu erreichen, konnten die drei den Wettkampf um das Publikum als gewonnen verbuchen.

Die Presse reagierte begeistert. Die Diskussion zwischen Dutschke und Dahrendorf habe gezeigt, dass «die Wirkung Dutschkes schlagartig verblaßt, wenn ihm ein starker Diskussionspartner gegenübersteht».[112] Ein Korrespondent der *Rheinischen Post* sah in Dahrendorfs Vorgehen gar die Lösung für den Umgang mit den protestierenden Studenten: «Nach knapp einer Stunde war Dutschkes geisterhafte Größe verschwunden wie ein Spuk. Dieses Randereignis des Parteitages birgt vielleicht die Lösung für seinen Fortgang. Argumente müßten geprüft, nicht jugendliche Rebellen beschwichtigt werden.»[113] In der Wahrnehmung der Presse ging es also in der Auseinandersetzung zwischen Dutschke und Dahrendorf gar nicht im Sinne einer klassischen Diskussion darum, das Gegenüber mit den besseren Argumenten zu überzeugen, sondern um einen Schlagabtausch mit dem Ziel, das Publikum für sich einzunehmen. Dass der bis dahin als rhetorisch unschlagbar angesehene Dutschke auf dem eigenen Feld bezwungen worden war, wurde von der Presse begeistert aufgenommen.

Nach diesem «Punktsieg gegen Dutschke»[114] vor der Stadthalle konnte sich Dahrendorf am nächsten Tag vor der Parteiversammlung damit brüsten, dass er es gewagt hatte, zu Dutschke in die Arena zu steigen, und durch seine «Bereitschaft zur unbequemen Diskussion» bewiesen habe, dass die «angeblich radikalen Studenten» «meinen und unseren Argumenten [wenig] mehr als ein bißchen Revoluzzertum entgegenzusetzen» hätten.[115] Diese Provokation an die Adresse des Parteivorstandes konnte sich der «neue Star»[116] der FDP erlauben, war die Auseinandersetzung doch gewonnen worden. Dem etablierten Parteimann Oxfort hingegen nahmen viele Delegierte die Teilnahme an der nichtgenehmigten Diskussion übel.[117]

Während der medienwirksame Disput mit dem Studentenführer die Vertreter des rechten Parteiflügels erzürnte, imponierten die drei Diskutanten und insbesondere Dahrendorf dem linksliberalen Lager. So schreibt der Parteifunktionär und damalige Chefredakteur des Pressedienstes der Freien Demokraten Wolfgang Schollwer in sein Tagebuch:

> Beeindruckend auch Dahrendorfs Diskussion mit Dutschke am Montagnachmittag vor der Stadthalle. Dahrendorf zeigte sich der nicht leichten Aufgabe durchaus gewachsen, dem von den etwa 2000 herbeigeströmten Studenten verehrten «roten Rudi» überzeugend Paroli zu bieten. An Schlagfertigkeit und Intelligenz konnte er es mit dem nicht gerade sehr diskussionsfreudigen Revolutionär noch allemal aufnehmen; Dahrendorf ging als Sieger vom «Kampfplatz».[118]

Auf diese Weise gelang Dahrendorf der Brückenschlag zwischen den gemäßigt linken Studenten und seiner Partei. Denn anders als viele etablierte Parteipolitiker zeigte sich Dahrendorf grundsätzlich diskussionsbereit gegenüber den Protestierenden und sah die Unruhen weniger als Bedrohung, sondern vielmehr als Folge der «Erstarrung der Verhältnisse im Lande und in vielen seiner Institutionen»[119], die reformiert werden müssten. Die Problematik, vor die der Umgang mit den protestierenden Studenten Politiker wie Hochschullehrer stellte, beschreibt Gerd Langguth:

> Die führenden Repräsentanten der Bunderepublik – worunter nicht nur die Vertreter der im Bundestag vertretenen Parteien zu rechnen sind – waren auf eine solche Auseinandersetzung nicht vorbereitet. Sie verfügten häufig auch nicht über ein entschiedenes demokratisches Selbstbewusstsein, das von einer Bereitschaft zu differenzierter Auseinandersetzung gerade gegenüber Kritikern der politischen Situation in der Bunderepublik geprägt gewesen wäre.[120]

Dahrendorf hingegen scheute die Diskussion nicht, weil er über genau dieses «entschiedene demokratische Selbstbewusstsein» verfügte, weil er von der gesellschaftlichen Notwendigkeit von Konflikten überzeugt war und weil ihn seine Vergangenheit im NS-Widerstand zusätzlich legitimierte.[121] Er war sich seines rhetorischen Talents bewusst und hatte daher den Mut, in den argumentativen Wettstreit mit Dutschke zu treten. Auch wenn die Studentenbewegung in Konstanz am Rande der Republik nur in abgeschwächter Form ankam, so war Dahrendorf als Professor die Diskussion mit Studenten gewohnt, stand ihr grundsätzlich positiv gegenüber und hatte einen entsprechenden «Heimvorteil» gegenüber den etablierten Politikern.

Bereits in seiner Rede auf dem Dreikönigstreffen hatte Dahrendorf sich zu den protestierenden Studenten geäußert. Dabei distanzierte er sich von denjenigen, die in ihnen eine Gefahr sahen. Er suchte den Grund für die Studentenunruhen beim Establishment und war den Studenten an diesem Punkt sehr nahe. Die aus den Fugen geratene Gesellschaft der Bundesrepublik sei die Quittung für eine Politik ohne Experimente, so Dahrendorf.[122] Die Frage müsse lauten: «was haben wir falsch gemacht, so daß auf einmal die Ordnung, in der sich die politische Auseinandersetzung bei uns vollziehen sollte, selbst gefährdet erscheint?»[123] Dahrendorf begründete die «Aufsässigkeit» der Jugend damit, dass «die Professoren, die Lehrer, die Eltern sich auf die hergebrachte Autorität ihrer Stellung verlassen und meinen, die

Jungen müssten doch akzeptieren, was sie selbst in ihrer Jugend akzeptiert haben.»[124] Der von vielen Bürgern und Politikern mit Unverständnis, Sorge oder offener Feindseligkeit wahrgenommene Studentenprotest war für Dahrendorf Ausdruck «nützlicher Unruhe», die zu notwendigen Veränderungen führen könne.[125] «Zum Wagnis des Wandels gehört bei den Politikern der Mut zur Führung, ja Freude daran, Menschen von neuen Wegen zu überzeugen.»[126] Mit dieser verständnisvollen Einstellung gegenüber dem Protest gelang es Dahrendorf, die Studenten anzusprechen und seine Basis, die Jungdemokraten, hinter sich zu versammeln.[127] Zugleich machte sich Dahrendorf nicht mit der APO gemein, sondern beharrte – sowohl durch seine Entscheidung für eine Landtagskandidatur als auch in der öffentlichen Diskussion mit Dutschke – auf dem institutionell und rechtlich geregelten politischen Engagement in Parteien und Parlament im Sinne des von ihm propagierten geregelten Konflikts.

4. Der Deutsche Soziologentag 1968

Der 16. Deutsche Soziologentag vom 8. bis zum 11. April 1968 in Frankfurt am Main stand ebenfalls im Zeichen der Studentenproteste. Erstmals waren Studenten als Tagungsteilnehmer zugelassen worden. Mit Flugblattaktionen, «Teach-ins» und Podiumsdiskussionen sorgten die Vertreter des linksradikalen SDS für eine hohe öffentliche Aufmerksamkeit.[128] In der Protesthochburg Frankfurt trat «die meist Soziologie studierende Elite des SDS ihren verdatterten Lehrern gegenüber» und verwandelte den Soziologenkongress in ein «Tribunal» der Studenten über ihre Professoren.[129]

Erst im Januar des Jahres war der neue Vorstand der Deutschen Gesellschaft für Soziologie gewählt und Dahrendorf zum Vorsitzenden ernannt worden. Aufgrund seines zeitgleichen Einstiegs in die Politik hatte Dahrendorf jedoch kaum Zeit gefunden, diesen Posten auszufüllen. Die Tagung hatte ohnehin noch sein Amtsvorgänger Theodor W. Adorno organisiert und das Thema «Spätkapitalismus oder Industriegesellschaft?» vorgegeben. In seiner Eröffnungsansprache bemerkte Dahrendorf mit Blick auf die politisierten Studenten, dass in der Soziologie mit dem Anspruch, ein kritisches Bewusstsein zu wecken, «mancher etwas unerwartet Sturm geerntet, wo er Wind gesät» habe.[130] Doch stellte er sich mit einer Kritik an der praxisfernen Universitätslehre und an der DGS als «Honoratiorengesellschaft» auf die Seite der Studenten.[131]

Das große Thema, um das die Tagung kreiste, war das Verhältnis von Gesellschaftstheorie und politischer Praxis, während eine wirkliche inhaltliche Auseinandersetzung mit der Leitfrage «Spätkapitalismus oder Industriegesellschaft?» erst später vor allem durch Jürgen Habermas' *Legitimationsprobleme im Spätkapitalismus* (1973) stattfand.[132] Im Hauptreferat setzte sich Theodor W. Adorno mit der Frage nach der Aktualität der Marx'schen Kapitalismustheorie auseinander. Im Sinne der Frankfurter Positivismuskritik plädierte Adorno gegen einen «Fetischismus der Fakten»[133] und für die Betonung des Begriffs der «Struktur», die das «eigentliche Soziale an der Gesellschaft» sei.[134] Aufgrund seines Einsatzes im Wahlkampf hatte Dahrendorf keine Zeit gefunden, sich auf die Plenardiskussion seiner Arbeitsgruppe zu «Herrschaft, Klassenverhältnis und Schichtung» vorzubereiten. Er gab vor, sein eigentliches Referat aufgrund der politisierten Stimmung der Tagung nicht mehr halten zu wollen. Stattdessen sprach er, abgesehen von ein paar Notizen, frei. Sein Vortrag bestand aus vielen Fragen, die sich zu einer Fundamentalkritik an Adornos Einleitungsreferat auftürmten. Dabei ging er jedoch weder auf das Tagungsthema «Spätkapitalismus oder Industriegesellschaft?» noch auf ein zuvor gehaltenes Gruppenreferat der Frankfurter Assistenten Joachim Bergmann, Gerhardt Brandt, Klaus Körber, Ernst Theodor Mohl und Claus Offe ernsthaft ein. Geprägt durch sein politisches Engagement und den Wahlkampf, hatte Dahrendorf wenig Verständnis für die «Praxisferne der Totalanalyse»[135], die Adorno seiner Meinung nach im Einleitungsreferat vertreten hatte. Seine Einwände richteten sich hauptsächlich gegen den Abstraktionsgrad und die Allgemeinheit von Adornos Zeitdiagnose sowie deren mangelnde Praxistauglichkeit. Außerdem warf er der Kritischen Theorie vor, durch den Versuch einer Totalanalyse historische Zwangsläufigkeiten in tautologischem Sprachduktus zu suggerieren und so den Weg von der Theorie in die Praxis zu versperren.[136]

Die Soziologie politisierte sich zunehmend durch den Zeitgeist von 1968. Die 68er-Studenten folgten überwiegend der marxistischen Kulturkritik der Frankfurter Schule und so spitzte sich der Konflikt zwischen der Gesamtgesellschaftstheorie, die Adorno forderte, und der von Ralf Dahrendorf und Erwin K. Scheuch vertretenen «angewandten Soziologie» weiter zu. Obwohl er als Reformer auftrat, wurde Dahrendorf bei einer Podiumsdiskussion von den Studentenvertretern des SDS Hans-Jürgen Krahl und Wolfgang Lefèvre hart kritisiert.[137] Im Bericht des *Spiegels* wird der aggressive Ton deutlich, den Krahl bei der Diskussion anschlug:

«Nun sagen Sie doch mal, was Sie zu sagen haben», blaffte der Frankfurter Soziologiestudent Hans-Jürgen Krahl, der gern als Nachfolger von Rudi Dutschke Chefideologe des SDS werden möchte, den Konstanzer Soziologieprofessor und Präsidenten der Deutschen Gesellschaft für Soziologie (DGS) Ralf Dahrendorf, an. Dem Kölner Professor Scheuch warf er «wissenschaftliche Unredlichkeit» vor.[138]

Da nützte es auch nichts, dass Scheuch versuchte, «seine studentischen Kontrahenten mit Coca-Cola, die er selbst aus dem Imbißraum holte», zu besänftigen.[139] Im Gegensatz zu seiner Diskussion mit Rudi Dutschke auf dem Freiburger Parteitag drei Monate zuvor, konnte selbst der rhetorisch versierte Dahrendorf bei dieser Auseinandersetzung keine Punkte sammeln, wie aus der Darstellung der *Frankfurter Allgemeinen Zeitung* hervorgeht:

> Die Diskussion über Herrschaftsstrukturen und Studentenprotest entwickelte sich zu einem äußerst polemisch geführten Schlagwechsel der Kombatanten, wobei die Professoren Dahrendorf und Scheuch eindeutig nach Punkten ihren brillanten Gegnern Lefèvre und Krahl unterlagen. Zu keiner Phase des Gesprächs gelang es ihnen, den Thesen der radikalen Studentenführer etwas Substantielles entgegenzusetzen, und sie suchten daher zuweilen Ausflucht in unfairen Manövern.[140]

Der Soziologe und Politikwissenschaftler Claus Offe, damals Assistent von Jürgen Habermas, erklärt den Graben zwischen den linken SDS-Studenten und Ralf Dahrendorf auf dem Soziologentag 1968 im Rückblick:

> Wenn Dahrendorf in einer weiteren Intervention sagt: «Die Frage, die mich beschäftigt, ist: Wie kann man gegebene Verhältnisse verändern?», und zwar im Sinne einer «Erweiterung menschlicher Lebenschancen», so liest sich das zunächst wie ein Koalitionsangebot an die protestierenden Studenten, die der Frankfurter Soziologie ja ebenfalls ihre praktisch-politische Abstinenz zum Vorwurf machen. Aber zu einer solchen Koalition konnte es nicht kommen, weil der studentische Protest, befangen im Selbstgenuss seiner eigenen Radikalität, weder über die programmatischen noch die organisatorischen Ressourcen verfügt, die er in eine solche Koalition hatte einbringen können. Stattdessen halten sie an ihrem bei Adorno gelernten Totalitätsdenken fest, mit dem Unterschied, dass es ihnen, jedenfalls rhetorisch, nun in der Tat um die *praktische* Zerstörung jenes «Strukturzusammenhanges» insgesamt geht.[141]

Am Gründonnerstag 1968, dem letzten Tag der Tagung, wurde bekannt, dass in Berlin auf Rudi Dutschke geschossen worden war. Bei den darauf folgenden «Osterunruhen» gingen Hunderttausende in vielen Städten Deutschlands auf die Straße. Die Proteste richteten sich vor allem gegen den Springer-Konzern, der durch seine Hetze gegen die Studentenbewegung und ihren Anführer Dutschke in der *Bild*-Zeitung für den Anschlag mitverantwortlich gemacht wurde.[142] Einrichtungen des Verlags wie Büros und Redaktionen und insbesondere die Auslieferungsdepots der *Bild*-Zeitung wurden besetzt und zum Teil gewaltsam blockiert. In der Folge von Auseinandersetzungen mit der Polizei kam es zu vielen Verletzten und zwei Toten. Die Unruhen, die als die bis dahin schwersten in der Geschichte der Bundesrepublik galten, lösten große Besorgnis um den Zustand der noch jungen deutschen Demokratie aus.[143]

Auch Dahrendorf trug sich mit der Sorge um den Erhalt der Demokratie und der Stabilität der politischen Ordnung in der Bundesrepublik. In einem Briefwechsel mit René König, der aufgrund eines Zwists mit Adorno über die thematische Ausrichtung dem Soziologentag ferngeblieben war, wird diese Besorgnis deutlich. König schrieb Dahrendorf:

> So sehr ich Ihre eigenen Gründe verstehe und schätze, in die Politik zu gehen, so wenig bin ich der Meinung, dass die DGS auf dem hiermit eingeschlagenen Wege der Politisierung weitergehen darf. Das würde über kurz oder lang den vollständigen Zusammenbruch der DGS bedeuten.[144]

Worauf Dahrendorf antwortete:

> leider würde die Entwicklung, die sich in Frankfurt angekündigt hatte, nicht nur den Zusammenbruch der DGS sondern auch den der Soziologie in Deutschland bedeuten. Denn wenn wir diesen Weg weitergehen, wird bald kein vernünftiger Mensch mehr unser Fach studieren. Ich selber bin mit den allergrößten Beklemmungen aus Frankfurt zurückgekommen und wenn irgendetwas mich in der Zukunft leiten wird, dann der Versuch, nicht der Politisierung, sondern der Entpolitisierung. Darauf können Sie sich verlassen.[145]

Für die Soziologie mochte Dahrendorf sich Entpolitisierung wünschen, für sich selbst verfolgte er das Gegenteil. Vor dem Hintergrund des Dutschke-Attentats reiste er am 15. April nach Berlin, um gemeinsam mit dem ehe-

maligen Regierenden Bürgermeister Heinrich Albertz (1966–1967) bei einer
«brodelnden Großkundgebung»[146] zu sprechen. Dort bekräftigte er seine Forderung nach Reformpolitik und nahm bei seiner Rede kein Blatt vor den Mund.
Er konstatierte einen «Teufelskreis der Ratlosigkeit» zwischen Regierung und
Protestierenden: Während die Politik, namentlich Kanzler Kiesinger und Berlins Regierender SPD-Bürgermeister Klaus Schütz (1967–1977), nicht bereit
sei, Verständnis für die Proteste aufzubringen, und lieber nach der Polizei rief,
würde der Ruf nach Gewalt auf der anderen Seite die Lage ebenfalls eskalieren.
Zwar gab Dahrendorf dem Springer-Konzern nicht die Alleinschuld am
Dutschke-Attentat, warf ihm jedoch vor, eine «private Machtstellung ausge-
nutzt»[147] zu haben und so mitschuldig geworden zu sein. In alarmistischen Tö-
nen warnte er vor der Gefahr, in Deutschland könne der Faschismus wiederkehren. Schließlich forderte er sogar als Zeichen für die Glaubwürdigkeit der
Politik den Rücktritt des Bundespräsidenten. Im Nachhinein fand er diese
Forderung selbst überzogen und bezeichnete sie 1984 als «Unsinn».[148]

Wie wenig Dahrendorf sich zu diesem Zeitpunkt mit der Rolle des FDP-
Politikers identifizierte, wird daran deutlich, dass er die Partei in seiner Berliner Rede nicht einmal erwähnte. Sattdessen sprach er sich dafür aus, die
Beratung über die Notstandsgesetze auszusetzen und Informationsmonopole
zu beseitigen. Außerdem verlangte er von den Parteien und Regierungen zu
den Praktiken ihrer Bündnispartner zu Vietnam, zu Südkorea und zu Grie-
chenland Stellung zu nehmen. Hinsichtlich der Anführer der Studentenbewegung rief er seinen Zuhörern zu:

> Mißtrauen Sie den Vereinfachern, den unbedenklichen Parole-Findern,
> fragen Sie sie, woher sie eigentlich alles so genau wissen und wie es
> kommt, daß es ihnen nie an einer Antwort fehlt. Mißtrauen Sie denen,
> die nicht an sich selbst zweifeln und nicht bereit sind, ihre simplen The-
> sen einmal abklopfen zu lassen, weil sie diese Thesen nur brauchen für
> Aktionen deren Ziel keiner von uns kennt.[149]

Während sich die Stimmung in der Bundesrepublik nach dem Attentat auf
Dutschke immer weiter aufheizte und die Gräben zwischen der Außerparlamentarischen Opposition und den innerparlamentarischen Politikern immer
tiefer wurden, nahm man Dahrendorf trotz seiner teilweise radikalen Forderungen durch seine Rede in Berlin an diesen «heißen Ostern» als Stimme
der Vernunft wahr. Wolfgang Schollwer notierte am 18. April 1968 in seinem
Tagebuch:

Diese Ereignisse erschüttern den Glauben an ein politisch aufgeklärtes, liberal-demokratisches deutsches Staatswesen. Die Regierenden haben bis zur Stunde in beängstigender Weise versagt. Ihre Erklärungen zeugen – von [Gustav] Heinemann abgesehen – von völliger Verständnislosigkeit für die junge Generation und einer Denkart, die in Deutschland eine schlimme Tradition hat. Die Stimme der Vernunft kam in diesen Tagen von Männern außerhalb des Regierungslagers von Bischof Scharf, Heinrich Albertz und Ralf Dahrendorf.[150]

Auch wenn Dahrendorf von einer Mitschuld der Springer-Presse am Dutschke-Attentat überzeugt war, weil sie die Konfliktlinien weiter angeheizt hatte, ging seine Solidarität mit den revoltierenden Studenten nicht so weit, dass er sich öffentlich eindeutig auf ihre Seite stellte. Eine Anfrage des Strafverteidigers Klaus Croissant, als Sachverständiger vor der Stuttgarter Staatsanwaltschaft zugunsten der studentische Blockierer der Auslieferungsdepots der *Bild*-Zeitung zu argumentieren, lehnte er ab.[151]

Trotzdem blieb Dahrendorf in einer Zeit, in der sich immer mehr Hochschullehrer in erschreckter Reaktion auf die protestierenden Studenten verschanzten, mit Jürgen Habermas einer der wenigen Vertreter der Wissenschaft und zumal der Soziologie, die bereit waren, mit den radikalen Studenten zu diskutieren und sich mit ihnen auseinanderzusetzen.[152] Dahrendorf tat dies vom Januar 1968 an in der Doppelfunktion des Professors und des Politikers. Der Soziologentag im April 1968 war jedoch der (vorerst) letzte Moment des wissenschaftlichen Engagements Dahrendorfs und zugleich schon Ausdruck seiner Entfremdung von der Sphäre der Wissenschaft. Die Soziologiestudenten des SDS hingen ohnehin der von Dahrendorf abgelehnten Kritischen Theorie und ihren Vordenkern Max Horkheimer, Theodor W. Adorno und Herbert Marcuse an. Dahrendorf ging es aber ab 1968 mehr denn je um die politische Praxis.

5. Der «Senkrechtstarter» im Dauerwahlkampf

Direkt nach dem Parteitag im Januar 1968 hatte Dahrendorf zunächst noch drei Wochen in den USA verbracht, um einer Einladung des Seminars für internationale Studien an der Universität Harvard zu folgen und damit noch einmal in die Wissenschaft einzutauchen, bevor er sich auf absehbare Zeit vollständig der Politik widmen wollte.[153] Bei seiner Rückkehr am 23. Februar landete er gleich mitten im Landtagswahlkampf: Schon am Flughafen empfingen ihn FDP-Hostessen im Wahlkampfoutfit, ausgerüstet mit knall-orangen Regenschirmen, die sie pressewirksam um den Kandidaten Dahrendorf aufspannten.[154] So wurde der bekannte Professor von Beginn an von seiner neuen Partei als Wahlkampflokomotive eingesetzt.

Zugleich hieß es für ihn, sich in der eigenen Partei erst einmal zurecht-zufinden: Aufgrund seines Quereinstiegs waren Dahrendorf die FDP im All-gemeinen und die baden-württembergischen FDP/DVP im Besonderen nicht vertraut. «Weniger geläufig war mir die Partei, der ich nun angehörte», bekannte er in einem unveröffentlichten Manuskript mit dem Titel «Es ist Zeit, dass in Deutschland wieder Politik gemacht wird». Die Tradition der südwestdeutschen Liberalen sei ihm zwar abstrakt klar, aber doch fremd ge-wesen; «in den Knochen saß eher die Hanseatische Sozialdemokratie als die Demokraten Südwestdeutschlands».[155] Auch wichtige Personen musste der Neuling erst kennenlernen: den Ehrenvorsitzenden und ehemaligen Minis-terpräsidenten Reinhold Maier ebenso wie dessen politischen Weggefährten Wolfgang Haußmann, aber auch Friedrich Haag, der für Walter Erbe in den Landtag nachgerückt war und nun zurücksteckte, um den prominenten Dahrendorf als Zweitkandidat im Wahlkampf zu unterstützen.[156] Nur Her-mann Müller kannte Dahrendorf noch als Finanzminister aus der Zeit der Konstanzer Universitätsgründung. Dahrendorf stürzte sich mit großem Elan in die neue Aufgabe und führte seinen Wahlkampf mit unermüdlichem Ein-satz. In den acht Wochen von Anfang März bis zur Landtagswahl am 28. Ap-ril 1968 hielt er über 80 Wahlveranstaltungen ab.[157]

Das Wahlergebnis zeigte, dass sich der Einsatz gelohnt hatte. Zwar ver-passte Dahrendorf den Direkteinzug in den Landtag, doch gewann die FDP im Wahlkreis Stuttgart III aufgrund seines Einsatzes gegenüber der Wahl 1964 5,8 % Wählerstimmen hinzu. Während die FDP im Land auf 14,4 % kam, erhielt sie in Dahrendorfs Wahlkreis 26,0 % der Stimmen.[158] Nun be-gann ein wochenlanges Tauziehen um die Koalitionsbildung, an dem auch Dahrendorf seinen Anteil hatte. Auch hier musste er die Spielregeln erst ein-mal lernen. Kungelei und Machtfragen bestimmten die Szene. Die einfluss-reichen Nordrhein-Westfalen Hans-Dietrich Genscher und Walter Scheel drängten die Baden-Württemberger, eine Koalition mit der CDU abzuleh-nen.[159] Schließlich wurde die Große Koalition von CDU und SPD unter Ministerpräsident Filbinger fortgesetzt und die FDP blieb in Baden-Würt-temberg wie auch im Bund weiterhin in der Opposition.

Als Nachfolger Walter Erbes und ausgewiesener Bildungsexperte wurde

Dahrendorf stellvertretender Vorsitzender und kulturpolitischer Sprecher der FDP-Fraktion. In dieser Funktion griff er wiederholt den CDU-Kultusminister Wilhelm Hahn an, mit dem er in den Jahren zuvor bei der Gründung der Universität Konstanz und beim Hochschulgesamtplan eng zusammengearbeitet hatte. 1984 schrieb Dahrendorf im Rückblick: «Der Landtag hatte eine intime parlamentarische Atmosphäre, die ich mochte. Dennoch bin ich nicht recht heimisch geworden. Die Beziehung zu Kultusminister Hahn wurde schwierig, mehr durch seine Herbheit als durch meine Absicht.»[160]

Die Bildungs- und Kulturpolitik rückte für Dahrendorf jedoch schon bald in den Hintergrund, weil er nun bundespolitische Ambitionen hegte. In einem Gespräch mit Rudolf Augstein im Juni 1968 in Berlin habe ihm dieser gesagt: «Entweder Sie bewegen sich jetzt tiefer in die Politik hinein, dann heißt das selbstverständlich, dass Sie nach Bonn gehen. Oder Sie steigen langsam wieder aus. Eine andere Alternative haben Sie gar nicht.»[161] Ab September 1968 stand fest, dass er auf Platz 3 der Landesliste für den Bundestag kandidieren würde, diesmal für den Wahlkreis Konstanz/Überlingen.[162] Und so befand Dahrendorf sich von Frühjahr 1968 bis Herbst 1969 nahezu ununterbrochen im Wahlkampf. Im Rückblick schreibt er:

> Sein Thema war einfach: Wandel muss sein! Es gibt ungelöste Probleme; es gibt vor allem die immer drängendere Notwendigkeit, die deutsche Demokratie durch einen gewaltlosen Machtwechsel zu bewähren. Überall gab es volle Häuser; ich kam in alle Bundesländer, in kleine und grosse Orte. Zu wenig Schlaf, zu viel Wein, zu lange manchmal waghalsige Autofahrten änderten nichts an der fast permanenten Hochstimmung dieser anderthalb Jahre.[163]

Dahrendorf berauschte sich nicht nur an zu viel Wein. Dass ihn der Erfolg zu korrumpieren drohte, schreibt er in dem autobiographischen Manuskript «Es ist Zeit, dass in Deutschland wieder Politik gemacht wird»:

> Solange ich noch nicht ganz in den Sog dieses politischen Schnellstarts hineingezogen war, und ich am Ende selbst zu glauben begann, was über mich geschrieben wurde, habe ich mich immer gewundert, wie leicht das alles ging.[164]

Meist begann Dahrendorf seine Veranstaltungen mit einem kurzen Statement, in dem er die Themen Chancengleichheit, Bildungsreform, Mitbestimmung, Strafrechtsreform und neue Außenpolitik ansprach, um «damit zur Diskussion zu provozieren»[165]. Dieses Format, das die Zuhörer zur Partizipation einlud, lag dem redegewandten Professor und gefiel den Journalisten. Er bündelte Fragen und Einwände, die er dann in druckreifen Statements beantwortete oder parierte, ohne auszuweichen oder etwas zu vergessen, und das in einem solchen Tempo, dass sich Kommentatoren an John F. Kennedys Pressekonferenzen erinnert fühlten.[166]

Mit der Unbeschwertheit, mit der er dem Publikum gegenübertrat, setzte sich Dahrendorf von den etablierten Politikern ab.[167] Er tolerierte andere Meinungen und kam der zeitgenössischen Forderung nach Diskussion nach,[168] wodurch es ihm gelang, vor allem die jungen Wähler für sich einzunehmen. Die Freude an der Debatte und an der Auseinandersetzung mit anderen zeichnete also nicht nur den Intellektuellen, sondern auch den Politiker Dahrendorf aus. Im Wahlkampf kam ihm diese Eigenschaft sehr zugute. Beispielhaft für die positive Berichterstattung über Dahrendorfs Wahlkampfveranstaltungen sei der Kommentar des *Badischen Tagblatts* zitiert:

> Auffallend war der große Anteil der jungen Generation, die unbeschadet ihrer politischen Standorte den Mann hören und sehen wollte, der in unserem Lande offensichtlich als einer der wenigen die Sprache dieser aufmuckenden Generation versteht und die Auseinandersetzung mit ihr sucht.[169]

Für seine Kampagne konnte er auf etwa 60 ehrenamtliche Wahlkampfhelfer – vor allem Studenten – zurückgreifen.[170] Mit der Ansteckmadel «Ich bin für Dahrendorf» am Revers machten sie für ihn den Fahrservice, verteilten Hauswurfsendungen und klebten Plakate.[171] Bei seinen Auftritten wurde er als ein Mann wahrgenommen, «der nicht nur ‹gebildete Leute› ansprechen kann, sondern ebenso gut den einfachen Mann, und der mit dem selbstzufriedenen Bundesbürger genau so gut diskutiert wie mit [den] Studenten»[172]. Lediglich bei der «im Wahlkampf unvermeidlichen herzlichen Tuchfühlung mit dem wahlfähigen Nächsten erstarrt[e] der Hanseat unter heimlicher Pein», wie *Der Spiegel* bemerkte. «Wenn seine Wahlhelfer ihn anfeuern, sich vor und nach seinem Auftritt etwas um Bonhomie zu bemühen, nickt er: ‹Ich kann es nicht.› Und schüttelt den Kopf: ‹Ich will es wohl auch nicht.› Dann versucht er es doch.»[173]

Von der positiven Presse und dem Zuspruch aus der Bevölkerung getragen, machte Dahrendorf der Wahlkampf «Spaß»[174]. Für ihn war er wichtiger Bestandteil seines Verständnisses von Politik, wie er in *Über Grenzen* schreibt:

> Politik heißt für viele die Beschäftigung mit staatlichen Angelegenheiten; mein Verständnis war von Anfang an angelsächsischer. Politik heißt Wahlkampf, öffentliche Debatte, vor allem aber Parlament, Auseinandersetzung mit anderen.[175]

Dass im Wahlkampf «fast permanente Hochstimmung» herrschte, relativert sich, wenn man in Dahrendorfs Tagebuch von 1967 bis 1969 liest.[176] Dort überwiegen pessimistische und unzufriedene Töne. Trotz seines Erfolges bereitete es Dahrendorf Schwierigkeiten, sich innerhalb seiner Partei durchzusetzen oder gar Verbündete zu finden. Deshalb waren die Wahlkampfveranstaltungen für ihn auch wichtige Popularitätsbeweise. Gewonnene Wählerstimmen waren Dahrendorfs eigentliche Legitimation innerhalb der FDP und bedeuteten damit auch Macht, wie in einem Portrait im *Spiegel* im August 1969 zu lesen war:

> Den nicht immer guten Freunden im F.D.P.-Präsidium seine direkte Wirkung aufs Volk zu beweisen, bedeutet dem Professor so etwas wie Macht. «In der Politik», sagt er, «gibt es ja leider kaum Maßstäbe für den Erfolg.» Da zählen eben die Stimmen, selbst wenn sie nicht zum Wahlkreis-Sieg reichen. [...] Menschen gewonnen, Säle gefüllt zu haben, das, so glaubt der Vierzigjährige nach 22 Monaten in einer Partei, verschafft dem Außenseiter in der erstarrten Szene Spielraum und Auftrieb gegen die bremsenden Kräfte des Apparates.[177]

Während die SPD im Wahlkampf 1969 von der «Sozialdemokratischen Wählerinitiative» durch Schriftsteller und Journalisten wie Günter Grass und Günter Gaus unterstützt wurde, war Dahrendorf seit den Parteitagen im Januar 1968 das intellektuelle Aushängeschild der FDP und stand für die Neuausrichtung der Partei. Unter Walter Scheel legten sich die Liberalen ein neues, modernes Image zu, das durch die neue «Pünktchenschreibweise» (F.D.P.) und Slogans wie «Wir schaffen die alten Zöpfe ab» symbolisiert werden sollte. Wie groß die Hoffnungen auf Seiten der FDP in die Fähigkeiten ihres Neustars waren, zeigt sich daran, dass Dahrendorf im April 1968 mit der Ausarbeitung eines Parteiprogramms beauftragt wurde.[178] Der FDP fehlte es dafür an Köpfen, während es zu den Talenten des

Schnelldenkers und Schnellschreibers Dahrendorf gehörte, solche Programme zügig entwerfen zu können. Das hatte er bei der baden-württembergischen Landtagswahl unter Beweis gestellt, als er in kürzester Zeit ein Positionspapier für die Koalitionsverhandlungen mit der CDU geschrieben hatte. Bereits im Sommer 1968 konnte Dahrendorf dem Bundesvorstand einen Entwurf für ein reformorientiertes «Schwerpunktprogramm» für 1969 vorlegen. Das progressive Konzept stieß jedoch auf die Kritik der Parteikonservativen.[179]

Ohnehin sahen die Vertreter des nationalliberalen Parteiflügels ihre Positionen von Dahrendorf, der für den «Linksruck» der Partei seit dem Bundesparteitag in Freiburg stand, bedroht. Auch durch seine Präsenz in der Öffentlichkeit und seine programmatischen Alleingänge hatte sich Dahrendorf Gegner in der FDP gemacht. Insbesondere seine Äußerungen, man brauche keine Rücksichten auf die konservativen Wähler der FDP zu nehmen, da sich durch die programmatische Neuausrichtung der Partei genügend neue Wähler hinzugewinnen ließen, sorgten für Ärger bei den Nationalliberalen.[180] Die Unberechenbarkeit des «selbstherrlichen Halblinken»[181], der nur selten auf Parteilinie agierte, wurde mit zunehmender Sorge und Verärgerung betrachtet. Als Dahrendorf sich in einem Interview in der *Welt* am 5. August 1968 entschieden für die Anerkennung der Oder-Neiße-Grenze aussprach, hatte er in den Augen des Parteipräsidiums den Bogen überspannt und wurde schriftlich von Walter Scheel gerügt.[182] Der rechte Parteiflügel versuchte in den Sommermonaten 1968 überdies, in Partei und Öffentlichkeit gegen Dahrendorf Stimmung zu machen.[183]

Um die verschiedenen Flügel der FDP zufrieden zu stellen, entschieden sich Bundesvorstand und Bundestagsfraktion der FDP schließlich im September 1968, Dahrendorf die Federführung bei der Ausarbeitung des Wahlprogramms wieder zu entziehen. Stattdessen wurde nun eine Dreierkommission aus Hans Dietrich Genscher, Ralf Dahrendorf und dem nationalliberalen Dietrich Bahner aus Bayern eingesetzt und Genscher der Vorsitz übertragen.[184] Diese Besetzung spiegelte die Zerrissenheit der Partei bezüglich der programmatischen Ausrichtung wider, was die Zusammenarbeit nicht gerade erleichterte. Dennoch gab sich Dahrendorf kurz vor der Veröffentlichung noch überzeugt von der Bedeutung des Wahlprogramms: «Dieses Programm ist die entschiedenste und interessanteste Wahlkampfaussage in der Bundesrepublik.»[185] Als das Programm unter dem Namen «Wahlplattform» im April 1969 vorgestellt wurde, war der ursprüngliche Reformimpetus jedoch massiv zurückgenommen worden.[186] Spöttisch berichtete der *Spiegel* über die Wahlplattform als einem «Programm voller Unverbindlichkeiten»[187]. Nach Genschers Devise «Zuviel Profil schafft zuwenig Wähler»[188] waren Formulierungen zur Deutschlandpolitik und zur Trennung von Kirche und Staat abgeschwächt worden. Der ausgebootete Dahrendorf äußerte sich resigniert: «Ich finde das ganz mies, aber es ist ja an die Wähler adressiert. Ich habe es mir abgewöhnt, mich darüber aufzuregen. Ich konzentriere mich stattdessen auf die komplizierten politischen Entscheidungen, die nach der Wahl zu treffen sind.»[189]

Während der mit großem Einsatz geführte persönliche Wahlkampf von Ralf Dahrendorf sehr erfolgreich war, wurde sein Verhältnis zu den Parteigenossen spannungsreich. Sein Ziel, die Partei programmatisch neu auszurichten, war schwieriger zu erreichen, als er es sich vorgestellt hatte. In der anfänglichen Begeisterung der FDP über ihren Starintellektuellen bekam Dahrendorf zunächst großen gestalterischen Spielraum eingeräumt. Der Zuspruch ermutigte ihn, mit Pressestatements vorzupreschen. Angesichts seiner nicht gerade ausgeprägten Identifikation mit seiner Partei und seines Selbstverständnisses als intellektueller Solist nahm er keine Rücksichten auf die Parteilinie; die Notwendigkeit, innerparteilichen Konsens zu suchen oder Bündnisse aufzubauen, sah er nicht. So setzte nach anfänglicher Begeisterung bald eine beidseitige Ernüchterung ein, sowohl auf Dahrendorfs Seite, der sich in seinen Einflussmöglichkeiten eingeengt fühlte, als auch auf Seiten der FDP, der der Konstanzer Professor zu eigensinnig auftrat, indem er sich selbst und seine Überzeugungen in den Vordergrund spielte, ohne auf Parteibefindlichkeiten Rücksicht zu nehmen.

Auch wenn Dahrendorf äußert unzufrieden mit der Wahlplattform war, beinhaltete sie doch zwei wesentliche Innovationen: die Neuformulierung der Deutschlandpolitik und das konsequente Eintreten für die Demokratisierungsbestrebungen der Bürger. Durch Dahrendorfs Einfluss wurden die Partizipation des Bürgers an der Politik, die Transparenz von Herrschaft und Elemente direkter Demokratie zu entscheidenden Zielen des FDP-Programms.[190] Damit fungierte Dahrendorf als Brücke zwischen gesellschaftlicher Reformstimmung und Partei, der die Anstöße der Studentenbewegung aufgriff und diese in praktische Reformvorschläge umsetzte. Insbesondere in der Bildungs- und Sozialpolitik sollte in Dahrendorfs Worten neue «Lebenschancen» in einer «offenen Gesellschaft» ermöglicht werden.[191] Auch in Bezug auf die Deutschlandpolitik vollzog sich eine einschneidende Veränderung: Als erste Partei in der Bundesrepublik gab die FDP die Zielvorstellung einer nationalstaatlichen Wiedervereinigung und den Alleinvertreteranspruch der Bundesrepublik auf. In den Worten von Ralf Dahrendorf wurde auf dem Bundesparteitag 1969 festgehalten, dass die «Herstellung von Beziehungen zwischen der Bundesrepublik und der DDR nicht an bedeutungslosen politischen Formeln scheitern» dürfe.[192] Die Wahlplattform sprach von zwei deutschen Staaten, die «zueinander nicht Ausland sind». Die Formulierung wurde nahezu wortgleich in die Regierungserklärung der sozial-liberalen Koalition vom 28. Oktober 1969 aufgenommen.[193]

Gemessen an den Hoffnungen, die an die Neuausrichtung der Partei geknüpft waren, fuhr die FDP am Wahltag, dem 28. September 1969, ein denkbar schlechtes Ergebnis ein. Der programmatische Schlingerkurs und der chaotische Wahlkampf führten dazu, dass die Partei bundesweit lediglich auf 5,8 % kam. Die Diskrepanz zwischen Erwartungen an die FDP und ihrem tatsächlichen Wahlergebnis hat Heino Kaack treffend analysiert: «Die prinzipielle Kritik an der Großen Koalition war zwar in der veröffentlichten Meinung weit verbreitet, aber nahezu ausschließlich Anliegen einer intellektuellen Minderheit»[194]. In der Tat ist angesichts der großen Aufmerksamkeit, die Ralf Dahrendorf in den Jahren 1968/69 in den Medien erhielt, zu bedenken, dass gerade die Journalisten der großen Zeitungen überwiegend linksliberal eingestellt waren. Die großen Hoffnungen und Erwartungen, die vielleicht in erster Linie sie selbst in Ralf Dahrendorf und die Erneuerung der FDP setzten, waren deshalb in der veröffentlichten Meinung im Vergleich zur öffentlichen Meinung überrepräsentiert.

Ralf Dahrendorf profitierte von seiner großen öffentlichen Präsenz, die er durch seine zahlreichen Wahlkampfauftritte, Diskussionsveranstaltungen und Interviews erreicht hatte: Er erhielt mit 16,1 % doppelt so viele Erststimmen wie die örtliche FDP Zweitstimmen (8,4 %) und damit ein deutlich besseres Ergebnis als die FDP im Bund.[195] Dieses Ergebnis war jedoch eher ein Achtungserfolg und reichte nicht für den Direkteinzug ins Parlament. Dennoch rückte Dahrendorf über die Landesliste in den Bundestag. Die SPD kam im Bundesgebiet auf 42,7 %. Obwohl die Unionsparteien mit 46,1 % die stärkste Fraktion im Bundestag stellten, kam es zu einer Regierungsbildung zwischen SPD und FDP. Erstmals in der Geschichte der Bundesrepublik stellte die Union nicht mehr den Bundeskanzler. Der Machtwechsel, der von Willy Brandt und Walter Scheel vorangetrieben wurde, stand für eine grundlegende Veränderung und für eine Reform der Gesellschaft. Die erste Regierungserklärung Brandts wurde als Aufbruchsignal verstanden, insbesondere der Satz «Wir wollen mehr Demokratie wagen». Brandt wollte mit einem dezidierten Reformprogramm die Gesellschaft verändern und auch die Studentenbewegung einbinden. Der gesellschaftliche Wandlungsprozess der sechziger Jahre fand mit der Bildung der sozialliberalen Regierung aus SPD und FDP nun auch im Deutschen Bundestag seinen Niederschlag.

6. Politisches Alltagsgeschäft und intellektueller Anspruch: Parlamentarischer Staatssekretär im Auswärtigen Amt

Bei der Regierungsbildung der sozialliberalen Koalition spielte Dahrendorf keine entscheidende Rolle. Die Koalitionsverhandlungen wurden von den etablierten Parteipolitikern Walter Scheel, Hans-Dietrich Genscher, Wolfgang Mischnick, Willi Weyer, Josef Ertl und Werner Mertes geführt.[196] Im Nachlass überlieferte «Notizen zur Regierungserklärung» zeigen, dass Dahrendorf dennoch versuchte, Einfluss auf die programmatische Ausrichtung der sozialliberalen Koalition zu nehmen. Er entwarf Formulierungen, die besonders die Außenpolitik betonten. In Brandts Regierungserklärung fanden diese Vorschläge aber keinen Eingang.[197]

Während sich Scheel, Genscher und Ertl Ministerposten sichern konnten, ging Dahrendorf als Parlamentarischer Staatssekretär unter Walter Scheel ins Auswärtige Amt. Entgegen der Schilderung von Arnulf Baring stolperte Dahrendorf jedoch nicht blind in die neue Position, in der er sich von Scheel «an die Leine nehmen» ließ.[198] Ihm war im Gegenteil sehr wohl bewusst, dass Scheel bei seiner Einbindung ins Außenministerium Hintergedanken hatte. Bereits im August 1969 hielt er nach einem Telefonat mit Scheel fest: «das Einverständnis, dass wir unter Umständen zusammen ein Außenministerium machen, ich als sein Staatssekretär oder Staatsminister, war unverändert spürbar. Es hat für ihn auch den Vorzug, dass er mich damit in der Partei als Konkurrenten vorerst ausgeschaltet hat.»[199] Aus Dahrendorfs Tagebuch geht auch hervor, dass er sich bis zuletzt nicht entscheiden konnte, ob er überhaupt ein Regierungsamt übernehmen wollte. Durch das Tagebuch zieht sich ein resignativer, bisweilen fatalistischer Ton. Dahrendorf beklagte Machtkämpfe, Kungelei und Postenverteilung, wo es eigentlich um Inhalte gehen sollte. Gleichwohl war er bereit, sich an diesen Kämpfen zu beteiligen. Dabei blieb er jedoch Einzelgänger, der weder Genscher noch Scheel vertraute. Lediglich mit Hildegard Hamm-Brücher dachte er kurzzeitig über eine Allianz nach, als es darum ging, das Wissenschaftsministerium für sich einzufordern.[200] Diesen Plan verfolgte er jedoch nicht konsequent genug – wohl auch, weil er sich nicht sicher war, ob er den Ministerposten wirklich haben wollte. So wurde der parteilose Hans Leussink Wissenschaftsminister, und Dahrendorf ging als Parlamentarischer Staatssekretär ins Außenamt.

Ein wichtiges Motiv für Dahrendorfs Engagement in der Politik war sein Anliegen, einen Regierungswechsel zu erreichen und die Große Koalition abzulösen. In *Reisen nach innen und außen* berichtet er, wie er sich am Abend nach seiner Vereidigung als Parlamentarischer Staatssekretär bei einem Empfang des Bundespräsidenten Gustav Heinemann mit seinem Kollegen im Wirtschaftsministerium, dem SPD-Unternehmer Philip Rosenthal, unterhielt. Rosenthal habe zu ihm gesagt: «Wir beide könnten ja jetzt eigentlich gehen. Wir haben doch erreicht, was wir wollten.»[201] Auch Dahrendorfs Tagebuch zeigt, dass er von vornherein weder von Koalitionsbildung und Regierungsverantwortung noch von seiner neuen Tätigkeit überzeugt war. Außerdem befürwortete er bei der Ostpolitik eine grundsätzlich andere Herangehensweise als Kanzler und Außenminister, denn ihm war es wichtig, zunächst mit Polen und dann mit der Sowjetunion zu verhandeln. In einem Tagebucheintrag vom 19. Oktober 1969 heißt es:

> Im Wagen mit Scheel noch einmal der Versuch, abzuklären, was wir denn nun eigentlich tun. [...] Vor allem ist hier deutlich geworden, dass Scheel nicht die Absicht hat, irgendwelche wesentlichen neuen Initiativen zu ergreifen. Die Möglichkeiten, die sich der Bundesrepublik im Augenblick ergeben, polnische Initiativen aufzunehmen, auch auf Initiativen der DDR einzugehen, werden ausgeschlagen werden und insofern ist die einzige Chance, die wir haben, wahrscheinlich schon in wenigen Wochen verspielt. Damit wird es in zunehmendem Masse sicher, dass ich die Aufgabe, die mir da bevorsteht, nur auf Zeit wahrnehmen werde. Und das könnte noch bedeuten, dass ich sie in letzter Minute gar nicht übernehme.[202]

Dahrendorfs Vorbehalte schienen sich zu bestätigen, als er feststellen musste, wie gering seine Bedeutung für Scheel war. Arnulf Baring betont, dass Dahrendorf Scheel «intellektuell nicht ernst nahm» und dies auch nicht immer zu verbergen wusste: «Wenn Scheel in irgendwelchen Gremien sprach, zeigte Dahrendorfs Gesicht unübersehbar leisen Spott, ja Verdruß und Ärger.»[203] Barings Beobachtung mag ihre Berechtigung haben, doch die Ursache für Dahrendorfs Skepsis war eine andere. Er war durchaus von Scheels Intelligenz beeindruckt, warf diesem jedoch mangelnde Ernsthaftigkeit in der

Sache vor. Immer wieder beklagte er in seinem Tagebuch, dass Scheel bei wichtigen Diskussionen Zeitung las, zu viel Wein trank und die inhaltliche Auseinandersetzung nicht ernst genug nahm. Zu leichtfertig ging Scheel nach Dahrendorfs Empfinden in der Politik vor, handelte nach einem inneren Plan, der für den Politikneuling undurchschaubar blieb. Am 14. Oktober 1969 hielt Dahrendorf in seinem Tagebuch fest:

> Scheel und ich führten zwei lange Gespräche, eines ergiebig, das andere unergiebig, in denen die ganze Schwäche und Stärke der Scheelschen Position deutlich wurde. Seine Konzilianz, seine Freundlichkeit, auch seine bewegliche Intelligenz beeindrucken. An der Umsetzung in verbindliche Entscheidungen aber hapert es. Dadurch werden immer wieder uneingelöste Versprechungen gemacht. Es wird fast unmöglich sein, ihn an das zu ketten, was er zugesagt hat. Immerhin hat er mir in den Gesprächen, die direkte Kompetenz 1. für die Planung im Außenministerium, 2. für die kulturelle Aussenpolitik, 3. für die internationalen technologischen Beziehungen, 4. für die Friedenspolitik, 5. für das Parlamentsreferat zugesagt. Immer wieder war auch die Rede vom Kabinettsreferat und von der Notwendigkeit der Koordination der FDP-Kabinettspolitik. Aber hier sehe ich am wenigsten klar und halte vor allem die bisherigen Zusagen für am wenigsten verlässlich. Was im einzelnen aus einem solchen Staatssekretariat werden kann, wird sich wirklich noch herausstellen müssen. Ich selber habe mich inzwischen ein bisschen auf die Aufgabe eingestellt. Es wird vielleicht wichtig sein, einerseits die parlamentarische Tätigkeit sehr ernst zu nehmen, hier vielleicht auch in anderen als in aussenpolitischen Fragen tätig zu werden. Andererseits in bestimmten Bereichen, der Aussenpolitik deutliche Spuren zu hinterlassen. Ich denke dabei vor allem an die kulturelle Aussenpolitik, oder wie sie heisst, die auswärtige Kulturpolitik.[204]

Dennoch hegte Dahrendorf Zweifel an der Zukunft der FDP und war alles andere als überzeugt von seiner Rolle als Parteipolitiker:

> Manchmal beginne ich zu zweifeln, ob das Unternehmen eine Chance hat, ja mehr, es scheint manchmal, als sei mein Experiment gescheitert, das Experiment nämlich, in Deutschland eine liberale Partei zu gründen, die als eigene wirksame Kraft gegenüber vielfältigen Gefahren die Rechte des Einzelnen betont. Sollte ich mich heute fragen, woran es gescheitert

ist, so wäre mir eine Antwort noch schwierig. Zum Teil sind es sicher die innerparteilichen Querelen, das heißt der Kampf mit dem Mittelmass, der übrigens zum ersten Mal zum Problem wird. Akademisch bin ich nie in dieser Lage gewesen. Zum Teil ist hier aber sicher auch die verständliche Schwerbeweglichkeit der Menschen von Bedeutung. Die Frage, die sich für mich persönlich stellt, ist, ob es nicht ehrlicher wäre, daraus die Konsequenzen des Rückzugs zu ziehen. Wenn ich diese Frage zunächst nicht mit dem Rückzug selbst beantworte, dann vornehmlich aus Neugier und aus der Vorstellung, dass es sinnvoll sein mag, zwei Jahre lang mitzumachen, zu sehen, wie die Dinge von innen aussehen, von daher neu die Möglichkeiten abzustecken, und die Frage zu stellen, was ich leisten kann.[205]

Als Parlamentarischer Staatssekretär des Auswärtigen Amtes war Dahrendorf für die Leitung des «Referats für die Aufgaben des Vizekanzlers im Kabinett» zuständig. Er verstand sich als «der Parlamentarische Staatssekretär des Vizekanzlers, nicht des Außenministers»[206], wie er gegenüber der Presse äußerte. Doch die tatsächlichen Kompetenzen, die er im Auswärtigen Amt hatte, waren deutlich geringer als erhofft. Hinzu kam Scheels schwache Stellung als Außenminister zum Zeitpunkt seines Amtsantritts. Dahrendorf merkte rasch, dass die wesentlichen politischen Weichenstellungen bereits von Scheels Amtsvorgänger im Außenministerium, Willy Brandt, getroffen worden waren und dieser seine Ostpolitik nun aus dem Kanzleramt fortsetzte.[207] Während also der Staatssekretär im Bundeskanzleramt, Egon Bahr, die ersten Reisen nach Moskau unternahm und als Chefunterhändler die Ostpolitik zu gestalten begann, wurde der «Parlamentarische Staatssekretär des Vizekanzlers» Dahrendorf mit dem eher sekundären Feld der Auswärtigen Kulturpolitik beauftragt und sollte Scheel in Form von Konzeptpapieren und Redeentwürfen zuarbeiten.[208]

Wie der Tagebucheintrag über die Gespräche mit Scheel zeigt, hegte Dahrendorf im Oktober 1969 noch die Hoffnung, «deutliche Spuren» in der auswärtigen Kulturpolitik zu hinterlassen. Diese sollte nach Ansicht des Soziologen Dahrendorfs vor allem als «zwischenstaatliche Gesellschaftspolitik»[209] aufgefasst werden. Immerhin war das kulturpolitische Betätigungsfeld seinen bisherigen Interessen und Kompetenzen in der Bildungspolitik am nächsten und er ging es mit der ihm eigenen Verve an. Schon einen Monat nach seinem Amtsantritt als Parlamentarischer Staatssekretär gab er in seiner ersten

Rede vor dem Deutschen Bundestag bekannt, bereits mit der Konzeption für einen «Gesamtplan für Auswärtige Kulturpolitik» begonnen zu haben, welcher nun in den nächsten Monaten erarbeitet werden solle.[210]

Der damalige Modeterminus «Gesamtplan» ruft Assoziationen an den «Hochschulgesamtplan» wach, den Dahrendorf gut zwei Jahre zuvor im Auftrag des baden-württembergischen Kultusministeriums verfasst hatte. Dahrendorf verließ sich also auf seine bewährten Planungsstrategien aus der Zeit als Politikberater. Er wollte weiterhin planen, Vorschläge machen und Ideen vorlegen. Nur war er nicht länger beratender Experte, sondern inzwischen selbst Politiker und zudem als Parlamentarischer Staatssekretär Teil der Exekutive. Er war nun für die konkrete Ausführung und Umsetzung von politischen Konzepten verantwortlich – und damit tat er sich schwer; Ideen zu Papier zu bringen, fiel ihm sehr viel leichter. Schon bald hatte er «Leitsätze für die auswärtige Kulturpolitik» formuliert, bei denen es um eine Erweiterung des traditionellen Kulturbegriffs und die Betonung von wechselseitigem Austausch und Zusammenarbeit statt einseitiger Selbstdarstellung ging.[211] Für den «Gesamtplan für Auswärtige Kulturpolitik» holte Dahrendorf seinen ehemaligen Konstanzer Assistenten Hansgert Peisert als Hauptgutachter und Berater zu sich ins Auswärtige Amt.[212] Dabei schuf Dahrendorf für Peisert ganz ähnliche Arbeitsbedingungen, wie er sie selbst in der Baden-Württembergischen Staatskanzlei bei der Erstellung des Hochschulgesamtplanes gehabt hatte.[213] Das entstandene Gutachten mit dem Titel «Die auswärtige Kulturpolitik der Bundesrepublik Deutschland»[214] kann als Musterbeispiel eines mit den Analysewerkzeugen der Sozialforschung erstellten Gesamtplans, inklusive Bestandsaufnahme, Umfrage und mittelfristiger Rahmenplanung, gelten. Dahrendorf lieferte dafür jedoch nur die Grundideen; an der Fertigstellung und Umsetzung war er nicht mehr beteiligt. Für den erst 1978 erschienenen Bericht steuerte Dahrendorf noch das Vorwort bei, welches von seiner Frustration über die Arbeit in der als «Aschenputtel des Auswärtigen Amts»[215] angesehenen Kulturabteilung zeugt:

in der Bundesrepublik ist die kulturelle Außenpolitik ein esoterisches Thema, unbestritten und zugleich von einem Dunstkreis des Desinteresses umlagert. Wer je im Deutschen Bundestag über das Thema gesprochen hat, kennt schon die drei, vier Dutzend Unentwegten, deren höflicher Beifall schon darum quer durch die Parteien geht, weil sie alle gelegentlich ein bißchen Unterstützung für ihre Expertise brauchen; er kennt auch das höfliche Desinteresse der Übrigen: «Ja, ja, das machen Sie man; die Fraktion steht hinter Ihnen …», zu sehen ist sie nicht.[216]

Die Frustration über seine Aufgaben als Parlamentarischer Staatssekretär, die aus diesem Zitat spricht, begründete sich auch in falschen Erwartungen. Trotz der vielfältigen und umfangreichen Aufgaben, die ein solches Amt mit sich bringt, sagte Dahrendorf bereits wenige Wochen nach Amtsantritt in einem Interview, er sei mit den «Aufgaben hier im Auswärtigen Amt […] nicht einmal vollbeschäftigt»[217]. Tatsächlich beruhte Dahrendorfs Unzufriedenheit wohl eher auf einer Überforderung als auf einer Unterforderung. Zum einen war das Feld der Außenpolitik für ihn völlig neu, da er sich bisher vor allem mit der Bildungspolitik beschäftigt hatte. Zum anderen fehlte Dahrendorf die innerparteiliche Vernetzung, um die Aufgabe, als Parlamentarischer Staatssekretär den Kontakt zwischen der FDP-Fraktion und dem Außenminister und Parteivorsitzenden Scheel zu halten, gut erfüllen zu können.[218] Insbesondere in der Fraktion, in der die Mitglieder des rechten FDP-Flügels überwogen, hatte er keine Verbündeten und die Beziehungen waren von gegenseitiger Abneigung geprägt.[219] Dahrendorf blieb ein Einzelkämpfer, der sich keinen Rückhalt in der Partei aufbauen konnte. Schließlich fiel es ihm schwer, sich in seiner Funktion als Parlamentarischer Staatssekretär dem Außenminister Walter Scheel unterzuordnen. Dahrendorf war es nicht gewohnt, einen direkten Vorgesetzten zu haben, er wollte selbst derjenige sein, der leitete und lenkte.[220] Am gravierendsten war die Tatsache, dass er sich mit persönlichen Meinungsäußerungen in der Öffentlichkeit nicht zurückhalten konnte oder wollte.

Zunächst fiel Dahrendorf bei der Königswinter Konferenz der Deutsch-Britischen Gesellschaft im April 1970 mit Kritik an den Verbündeten Großbritannien und den USA auf, die deutsche Ostpolitik nicht hinreichend zu unterstützen. Dass Dahrendorf hier im Alleingang handelte und seine Äußerungen nicht abgesprochen waren, zeigt sich an der irritierten Reaktion aus dem Umkreis der englischen Regierung, wo verlautbart wurde, «daß die Konsultation ausführlich und der britische Zuspruch aufrichtig sei, im übrigen aber London nie von Bonn konkret um diplomatische Unterstützung an bestimmter Stelle und zu bestimmter Zeit gebeten worden sei».[221] Nur eine gute Woche später druckten die *Los Angeles Times* und die *Washington Post* ein Interview mit Dahrendorf, in dem er nunmehr Präsident Nixon scharf kritisierte und dessen Politik mit dem Begriff «Plattitüden» belegte. Außerdem schlug er eine Volksabstimmung über die Anerkennung der Oder-

Neiße-Grenze vor – ohne dies vorher mit Scheel abgesprochen zu haben.[222] Während Dahrendorf bestritt, ein förmliches Interview gegeben zu haben, und erklärte, angesichts der Sprachschwierigkeiten nicht richtig verstanden worden zu sein, versuchte Scheel, die Wogen durch Gespräche mit den Amerikanern zu glätten. Doch Scheels Ärger über seinen Staatssekretär war deutlich spürbar.[223]

Dahrendorfs Verhalten war insbesondere im Auswärtigen Amt, wo es noch mehr als in anderen Ministerien auf die Einhaltung diplomatischer Regeln ankam, ein Affront. Der Kern des Problems war der Rollenkonflikt zwischen der Rolle des öffentlichen Intellektuellen, die Dahrendorf in den Jahren zuvor eingenommen hatte, und seiner neuen Rolle als Politiker. Als Intellektueller war es Dahrendorfs Strategie gewesen, die Öffentlichkeit zu suchen, um seine Ideen und Vorschläge publik zu machen und ihnen damit eine größtmögliche Durchschlagskraft zu verleihen. Er hatte Charisma und konnte seine Positionen rhetorisch gut vertreten. Diese Eigenschaften und die Tatsache, dass er bereits als renommierter Wissenschaftler und einflussreicher Intellektueller bekannt war, hatten ihn für die FDP als Kandidaten für Land- und Bundestag überhaupt erst interessant gemacht. Im Wahlkampf war der Rollenkonflikt zwar bereits unterschwellig spürbar geworden, doch hatte ihm seine rhetorische Brillanz da noch zum Vorteil gereicht. Erstens verlangte der Wahlkampf ähnliche Verhaltensmuster und Eigenschaften, wie er sie als Intellektueller ausgeprägt hatte. Er musste an die Öffentlichkeit drängen, pointiert seine Standpunkte in Interviews oder Reden vertreten und in die Diskussion mit Wählern und Gegnern eintreten. Zweitens war ihm in der Rolle des Seiteneinsteigers noch zugestanden worden, ab und an mit den Parteikonventionen zu brechen. Doch als Parlamentarischer Staatssekretär und Mitglied des Bundestages war von ihm nicht mehr die Rolle des intellektuellen Zugpferdes im Wahlkampf gefragt, sondern die des routinierten Politikers. Und gerade als Parlamentarischer Staatssekretär im Auswärtigen Amt und damit Stellvertreter des Außenministers durfte er sich nicht in den Vordergrund drängen. Dem individualistischen Professor, der es nicht gewohnt war, einen unmittelbaren Vorgesetzten zu haben, bereitete es Schwierigkeiten, sich «nicht [als] Mit- oder Zweitminister, sondern Gehilfe seines Ministers» zu begreifen, wie Theodor Eschenburg im März 1970 in der *Zeit* kritisierte.[224]

Zum Parlamentarischen Staatssekretär passte die Doppelrolle des Intellektuellen-Politikers nicht mehr. Dahrendorf eckte immer mehr an, zog durch Meinungsäußerungen zur Ostpolitik oder Kritik an den Verbündeten

Alliierten den Unmut seiner Parteifreunde auf sich und wurde auch in der Presse kritisiert. Sein Dilemma war es, dass er Geist und Macht zu vereinen suchte. Hätte er lediglich ein Bundestagsmandat und nicht auch gleichzeitig den Posten des Parlamentarischen Staatssekretärs gehabt, hätte er im Bundestag sein rhetorisches Talent nutzen können, um die Öffentlichkeit von seinen Positionen zu überzeugen.[225] Doch im Gegensatz zu seiner Aussage in *Über Grenzen*, Politik bedeute für ihn vor allem die Auseinandersetzung im Parlament, konzentrierte er sich weniger auf sein Bundestagsmandat, sondern hoffte vergeblich, seinen politischen Einfluss als Mitglied der Bundesregierung geltend zu machen. So blieb er hinter seinen Ansprüchen, zur Veränderung der Gesellschaft beizutragen, zurück und musste feststellen, dass seine politischen Wirkungsmöglichkeiten in der Behörde äußerst beschränkt waren.[226]

7. Der Rollenkonflikt zwischen dem Politiker und dem Intellektuellen: Die Wieland-Europa-Artikel als EG-Kommissar

Ende Mai 1970 ergab sich für Ralf Dahrendorf eine elegante Möglichkeit, aus der für ihn so frustrierenden Situation auszubrechen und sich von Scheel «in aller Freundschaft»[227] zu trennen, als der Posten des EG-Kommissars[228] frei wurde.[229] Eigentlich war bereits der FDP-Politiker Ernst Achenbach für den Posten vorgesehen gewesen. Doch als die Journalistin Beate Klarsfeld dessen Rolle bei der Deportation von französischen Juden im Nationalsozialismus öffentlich machte, zog Bundeskanzler Willy Brandt die Nominierung zurück.[230] Nach Dahrendorfs eigener Auskunft brachte ihn daraufhin sein Freund Waldemar Besson auf die Idee, sich selbst für den Posten des EG-Kommissars zu bewerben.[231]

Sein schneller Wechsel zur EG-Kommission nach nur neun Monaten im Auswärtigen Amt wurde Dahrendorf jedoch als Ausweis mangelnder Ausdauer und fehlendem Sitzfleisch ausgelegt.[232] Auch Dahrendorf selbst war mit dem Wechsel nicht wirklich glücklich und hatte seinen Unterstützern gegenüber ein schlechtes Gewissen. Im Manuskript seiner englischen Autobiographie bemerkt er: «Ich fühlte mich ein bisschen wie ein Schuft, als ich versuchte, meinem Wahlkampfteam und anderen politischen Freunden zu erklären, dass der Weggang nach Brüssel einen Aufstieg bedeute, eine Gelegenheit, die nicht verpasst werden dürfte. Sie wussten genau wie ich, dass das eigentlich nicht der Fall war».[233] Insbesondere bei den einst begeisterten Anhängern Dahrendorfs, den Jungdemokraten, machte sich Enttäuschung breit und sie setzten ihre Hoffnungen bald lieber auf den neuen Seiteneinsteiger in die Politik, den Rektor der Universität des Saarlandes Werner Maihofer, den Dahrendorf noch aus Saarbrücker Tagen kannte.[234] Dieser sollte bald Dahrendorf als «Chefideologen der FDP» ablösen und 1971 gemeinsam mit Karl-Hermann Flach und Walter Scheel die Freiburger Thesen schreiben, die für die sozialliberale Ausrichtung der FDP standen. Dahrendorf, der noch immer häufig für einen der Verfasser der Freiburger Thesen gehalten wird, wirkte jedoch nicht an ihnen mit, sondern distanzierte sich sogar von ihnen, weil er sie als nachträgliches Programm von bereits verwirklichten Ideen empfand.[235]

Die Nachricht vom Wechsel Dahrendorfs zur EG-Kommission überraschte Beobachter in Bonn und Brüssel gleichermaßen: «[M]it seiner Ernennung hatte niemand gerechnet, zumal ein übermäßiges Interesse am europäischen Integrationsprozeß, soweit er die EWG angeht, bei ihm bisher nicht aufgefallen war»[236], bemerkte der Brüsseler Korrespondent der *Frankfurter Allgemeinen Zeitung*. Doch Dahrendorf fehlte es für seine neue Aufgabe nicht an Selbstbewusstsein. Als mit der Bildung der neuen Kommission in Brüssel die Ressorts unter Kommissionspräsident Franco Maria Malfatti verteilt wurden, ging er mit der Erwartung in die Verhandlungen, «die Außenbeziehungen für mich an Land zu ziehen».[237] Bei den Verhandlungen konnte er nicht auf Unterstützung durch die Bundesregierung zählen, sondern musste sich sein Ressort allein erkämpfen.[238] Nach drei Tagen zähen Ringens um die Ressortverteilung stand fest, dass er sich zusammen mit dem Franzosen Jean-François Deniau die Außenbeziehungen teilen würde, wobei Dahrendorf die Zuständigkeit für die Handelspolitik und die Generaldirektion der «Auswärtigen Beziehungen» erhielt, während die Beitrittsverhandlungen und die Entwicklungshilfe Deniau zufielen.[239] Das einflussreiche Ressort für Außenhandel machte Dahrendorf quasi zum «Außenminister der Europäischen Gemeinschaft» und damit war er seinem bisherigen Vorgesetzten Walter Scheel protokollarisch gleichrangig.[240]

Dahrendorf war nicht nur für die Wirtschaftsbeziehungen zu Asien und Lateinamerika zuständig, sondern auch für die komplizierten Verhandlungen mit den Vereinigten Staaten im Rahmen des Allgemeinen Zoll- und Handelsabkommens (engl. General Agreement on Tariffs and Trade (GATT)). Wie unerfahren er auf diesem Gebiet war, gab Dahrendorf 1998 im Rückblick in einem Interview freimütig zu: «Damals wußte ich überhaupt nicht, worum es geht. [...] ich bin in einen Buchladen gegangen und habe mir ein

Buch über GATT gekauft, weil ich das Wort GATT noch nie gehört hatte».[241] Durch seine mehrfachen Karrierewechsel der letzten Jahre war Dahrendorf es mittlerweile jedoch gewohnt, sich schnell einzuarbeiten. Mit seiner raschen Auffassungsgabe, seiner außerordentlichen Leistungsbereitschaft und seinem Tatendrang verschaffte sich der Newcomer bald Respekt unter den Brüsseler Beamten.[242] Doch zugleich eckte er, wie schon zuvor im Auswärtigen Amt, mit öffentlichen Erklärungen an, die diplomatisches Geschick vermissen ließen und die Verhandlungspartner brüskierten. So warf er den Vereinigten Staaten eine Blockadehaltung bei der Liberalisierung des weltweiten Handels vor, kritisierte die EG-Mitgliedsländer für ihren Rückfall in nationalstaatliches Denken und forderte von ihnen eine stärkere Unterstützung der europäischen Institutionen ein.[243]

Obwohl er selbst bis dato wenig Interesse für die Europapolitik gezeigt hatte, sagte er 1998 in einem Interview, dass er vom Desinteresse der Bundesregierung an den Details der europäischen Integration enttäuscht gewesen sei. «Europa» schien ihm in der Bonner Politik vor allem ein Wort für Sonntagsreden zu sein. Bei der Agrarpolitik des Gemeinsamen Marktes entpuppte sich die Bundesrepublik sogar als «einer der schwierigsten Partner, weil man sich nie verlassen konnte auf die deutsche Position», was insbesondere an der Unzuverlässigkeit seines Parteifreundes Landwirtschaftsminister Ertl gelegen habe.[244] Wie zuvor in Bonn zeigte sich Dahrendorf überdies bald von den politischen Alltagsgeschäften gelangweilt und von den bürokratischen Arbeits- und Entscheidungsprozessen enerviert.[245] Wieder einmal war er enttäuscht von den tatsächlichen Einflussmöglichkeiten als Politiker. In seiner englischen Autobiographie schildert er seinen Eindruck von der Europäischen Kommission:

> für mich war ihre Ohnmacht überraschender. Wir redeten sehr viel, taten aber wenig. Die Diskussionen waren oft intelligent wie die einer volkswirtschaftlichen Fakultät an der Universität, aber wenn es zu handeln galt, waren wir vor allem mit taktischen Fragen beschäftigt, als wären wir ein Komitee aus Staatsbeamten verschiedener Abteilungen und keine Regierung.[246]

Mit der Frustration über die Brüsseler Entscheidungsprozesse erreichte im Sommer 1971 auch der Rollenkonflikt zwischen dem Politiker und dem öffentlichen Intellektuellen seinen Höhepunkt. Als er dem damaligen Politikchef der *Zeit* Theo Sommer, mit dem er «auf sehr vertrautem Fuße stand»[247], sein Leid über die Zustände in Brüssel klagte, habe dieser ihm vorgeschlagen, seine Kritik in der *Zeit* zu publizieren. Da Dahrendorf die Probleme, die ein solcher Artikel aus der Feder eines EG-Kommissars verursachen würde, bewusst waren, sollte der Text unter Pseudonym veröffentlicht werden. Sommer schlug dafür «Wieland Europa» vor, denn unlängst waren Artikel unter den Namen «Wieland Schmid» und «Wieland Deutsch» erschienen, die politische Verhältnisse kritisierten. So kam es, dass am 9. und am 16. Juli 1971 zwei Artikel in der *Zeit* erschienen, die für einige Furore und vor allem für Probleme für den Europakommissar Dahrendorf sorgen sollten.

Dahrendorfs erster Artikel trug die Überschrift «Über Brüssel hinaus: Unorthodoxes Plädoyer für ein Zweites Europa»[248]. Darin vertrat er die Ansicht, dass das sogenannte «Erste Europa», also das der Römischen Verträge, zwar die Entwicklung der europäischen Integration begonnen und vieles geleistet, sich aber inzwischen erschöpft habe. Während gerade grundlegende Veränderungen im Bereich der Wirtschafts- und Währungsunion anstünden, verlören Montanunion und Euratom an Bedeutung. Für die Europäische Kommission konstatierte er im Zuge dieser Veränderungen einen Machtverfall. Denn umso mehr auf europäischer Ebene zu entscheiden sei, umso größeren Anteil wollten die Nationalstaaten an diesen Entscheidungen haben. Das war für Dahrendorf alias Wieland Europa grundsätzlich eine positive Entwicklung, da es so wieder um wichtigere Dinge gehe und nicht länger nur um Technokratisches wie «gefrorene Rinderhälften».

In seinem zweiten, ebenfalls unter dem Pseudonym Wieland Europa veröffentlichten Artikel mit dem Titel «Ein neues Ziel für ein neues Europa»[249] stellte Dahrendorf die Frage, wie das von ihm geforderte «Zweite Europa» aussehen müsse. Doch statt konkreter Verbesserungsvorschläge lieferte Dahrendorf vor allem polemische Schelte der EG-Institutionen. Die große Schwäche des überkommenen «Ersten Europas» sei der «Harmonisierungswahn», der die EG «zu einem bürokratischen Leviathan gemacht» habe. Die Folge davon sei «nicht nur ein unlogisches, sondern auch ein illiberales bürokratisches Europa», während die Gefahr eines «gleichgeschalteten Europas» drohe. Außerdem formulierte er Kritik an den USA und an den EG-Staaten, denen er defizitäre Demokratien vorwarf. Den USA und der Sowjetunion bescheinigte er Hegemonialstreben und Arroganz der Macht, während Europa orientierungs- und tatenlos zwischen den Supermächten stehe. Er sprach von «kostenspielige[r] institutionelle[r] Heuchelei» der EG und urteilte im harschen Tonfall über die Kommission: «Aufwendiger kann Ineffizienz kaum organisiert werden.» Auch die Bundesregierung kritisierte er für ihr Desinteresse an Europa. Um das «neue Ziel für Europa» zu erreichen, forderte er mehr Selbstbestimmung und Eigenverantwortung der Mitgliedstaaten: «Der Übergang vom Ersten zum Zweiten Europa verlangt die Wendung vom Harmonisierungsdogma zum Subsidiaritätsprinzip.»

Dahrendorfs ganze Frustration über seine Tätigkeit des letzten Jahres brach sich Bahn, wenn er etwa von der «charakteristischen Kleinkariertheit» der EWG und der «wachsenden Ineffizienz» des Ministerrates sprach, der «seine politische Funktion zunehmend verloren» habe. Über das EG-Parlament schrieb er gar:

> Ein Demokrat kann sich nur schämen, wenn er ausgewachsene und in ihren Heimatländern ehrlich gewählte Abgeordnete die Farce spielen sieht, die sie in Straßburg oder Luxemburg zehnmal im Jahr eine Woche lang spielen müssen. Entweder dürfen sie von Dingen reden, die sie nicht oder nur am Rande interessieren, oder sie interessieren sich für Probleme, dann dürfen sie nicht davon reden; entscheiden können sie ohnehin in keinem Fall.

Nach dem ersten Artikel war es noch relativ still geblieben, aber in der Woche nach Erscheinen des zweiten Artikels brach ein Sturm der Entrüstung los. Katharina Focke, damals Parlamentarische Staatssekretärin im Bundeskanzleramt (SPD), schrieb in einer Replik in der *Zeit*, dass der «‹informierte deutsche Politiker› wenig von dem verstanden hat, was in Brüssel geschieht».[250] Focke wehrte sich gegen die Auffassung, «als wäre das sogenannte Erste Europa ein Fehlgebilde gewesen und als gelte es jetzt, einen ganz neuen Anlauf zu nehmen.» Im Gegensatz zu den Ausführungen des Autors seien die Brüsseler Bürokraten nicht als «Bremsklotz, sondern als ein Motor Europas» anzusehen. In den Artikeln werde das Schreckgespenst der supranationalen Fiktion erst aufgebaut, um dann darauf einzudreschen und genau das zu fordern, um was es in Europa bereits gehe, nämlich «um den Versuch der gemeinsamen Ausübung der Souveränität der europäischen Nationen.» Diese werde durch die Kooperation des Ministerrates und der Kommission gesichert. Focke betonte, dass der europäische Prozess zwar mühsam, aber auf einem guten Wege sei. Nun dürfe man weder das Kind mit dem Bade ausschütten noch auf «Zauberformeln» zur Beschleunigung hoffen.

In der *Welt* meldete sich ein weiterer «Herr Europa» mit dem Vornamen Felix zu Wort, der seinem Namensvetter die Lektüre eines Hallstein-Buches empfahl, welches ihn «vor manchem Fehlurteil [hätte] bewahren können».[251]

Der Spiegel bezeichnete die Wieland-Europa-Artikel als «Plattitüdensammlung»[252] und tatsächlich gehörten sie nicht zu Dahrendorfs stärksten Stellungnahmen. Beim Lesen fallen zudem sprachliche und sachliche Ungereimtheiten auf, die auf ein impulsives Diktat ohne anschließende Überarbeitung schließen lassen.[253]

In einer Bundestagsdebatte am 19. Juli 1971 musste sich Außenminister Walter Scheel zu den Wieland-Europa-Artikeln erklären, denn längst wurde vermutet, dass der Urheber sein ehemaliger Staatssekretär war.[254] Der Zusatz des zweiten Artikels «Unter dem Pseudonym Wieland Europa schreibt ein bekannter deutscher Politiker für die *Zeit*» hatte eine deutliche Fährte gelegt. Zudem verriet der sprachliche Duktus den Autor, wie Dahrendorfs Kommissionskollege und Schriftsteller Albert Borchette ihm auf den Kopf zu sagte: «Also [...] ich schreibe ja Romane und kenne mich ein bißchen mit Stil aus. Diese Artikel, lieber Herr Dahrendorf, die sind von Ihnen geschrieben.»[255]

Eine solche «Nestbeschmutzung»[256] konnte natürlich nicht ohne Konsequenzen bleiben. Kommissare und Parlamentarier fühlten sich angegriffen und reagierten «bitterböse»[257]. Sowohl in der Kommissionssitzung als auch im EG-Parlament kam es zu heftiger Kritik an Dahrendorf. Nur knapp entkam Dahrendorf einem Rücktritt, indem er ein Entschuldigungsschreiben an seine Kommissionskollegen und eines an das Parlament richtete. Darin bezeichnete er die Wieland-Europa-Artikel als «einen persönlichen Diskussionsbeitrag», so Dahrendorf, «den ich ausdrücklich von meiner amtlichen Tätigkeit trenne.» Und weiter:

> Es war nicht die Absicht der Artikel, das in Europa Erreichte in Frage zu stellen, sondern zur Diskussion und zur Stärkung und Fortentwicklung der persönlichen Einigung Europas beizutragen. Es versteht sich von selbst, daß ich die Verträge von Rom und Paris als Grundlage und die durch sie geschaffenen Institutionen als Rahmen meiner Tätigkeit in der Kommission der Europäischen Gemeinschaften betrachte. Es ist zu keiner Zeit und unter keinem Namen meine Absicht gewesen, diese Grundlagen in Zweifel zu ziehen.[258]

Ein Rücktritt war damit abgewehrt, doch Dahrendorf blieb bei seiner Haltung. *Der Spiegel* zitierte ihn mit den trotzigen Worten: «Die finden, daß ich nicht die richtige Funktionärsgesinnung habe. Ich bin eben kein Beamtenhäuptling.»[259] Und in der *Frankfurter Rundschau* erklärte Dahrendorf vier Monate später:

> Ich bin heute der Meinung, daß es nicht völlig richtig ist, wenn ein Mit-
> glied der Kommission kritisch nach vorne denkt. Auf der anderen Seite
> muß ich auch ganz direkt sagen, daß es mir schwer fällt, diese Seite mei-
> nes politischen oder publizistischen Temperaments über Jahre hinweg zu
> zügeln, daß ich Dinge nicht sage, wenn ich den Eindruck habe, daß
> leider niemand anders sie sagt.[260]

Dahrendorf konnte die Rolle des öffentlichen Intellektuellen nicht einfach
abstreifen, als er in die des Politikers schlüpfte. Die Wieland-Europa-Artikel
bilden den Kulminationspunkt dieses Rollenkonfliktes. In geradezu schizo-
phrener Weise versuchte Dahrendorf mit Hilfe eines Pseudonyms, seine Persönlichkeit zwischen dem EG-Kommissar und dem unabhängigen Kommentator aufzuspalten, um öffentlich Kritik üben zu können. Diese Aktion
hätte ihn beinahe sein Amt gekostet. Der Grund für die große Empörung in
Kommission und Parlament lag weniger an dem Inhalt seiner Kritik als an
dem bissigen Ton, der die überzeugten Europäer in Brüssel und Luxemburg
vor den Kopf stieß. Dahrendorfs Überheblichkeit fußte auch auf einer Unter-
schätzung seines Umfelds. Darüber hinaus mangelte es ihm an Loyalität und
Zugehörigkeitsgefühl zu seinen Kollegen sowie am Gespür für das angemessene Verhalten in seiner neuen Rolle als EG-Kommissar und Berufspolitiker.
In seiner englischsprachigen Autobiographie wird deutlich, dass er durch die
Wieland-Europa-Affäre erkannte, nicht zugleich als Politiker und als öffentlicher Intellektueller agieren zu können:

> Im Nachhinein muss ich zugeben, dass ich töricht war. Der Angriff auf
> Institutionen, deren Mitglied ich war, war unnötig verletzend. Der Ver-
> such, durch die Erfindung von Wieland Europa den Kommissar Dahren-
> dorf vom Autor der Artikel zu trennen, war, um das Mindeste zu sagen,
> naiv. […] man muss sich entscheiden, ob man Akteur oder Kritiker sein
> will. Der Versuch, beides zugleich zu sein, hilft keinem; es gibt Momente,
> in denen man entweder den Mund halten oder zurücktreten muss.[261]

Die Sache wegzustecken fiel ihm schwerer, als er zugeben wollte. Das zeigen
zwei Mappen im Nachlass, in denen er akribisch Artikel zur Debatte sammelte und kommentierte. Unter der Überschrift «Die Affäre Dahrendorf.
Reaktionen auf Wieland Europa» unterschied er «Qualifizierte Darstellungen und Kritiken», «Meldungen, Spekulationen, Polemiken, Psycho-
analysen, etc.» und «Die Reaktionen der übrigen Welt», aufgeteilt nach

Ländern.[262] Am stärksten traf Dahrendorf jedoch nicht die Kritik von Kommission und Parlament, sondern die Missbilligung seines Verhaltens durch sein Kabinett. Sein damaliger Kabinettschef Klaus Terfloth und dessen Stellvertreter Horst Günther Krenzler, ein überzeugter Europäer, der den europäischen Einigungsprozess seit Jahren begleitet hatte, waren enttäuscht von ihrem Vorgesetzten und hatten kein Verständnis für sein in ihren Augen illoyales Verhalten. Sie überzeugten Dahrendorf, «aus Reue»[263] ein Buch zu schreiben, das 1973 unter dem Titel *Plädoyer für die Europäische Union* erschien.

Dahrendorf war bei alldem kein Europaskeptiker. Er befürwortete eine Europäische Union der Kooperation und der Integration. Doch grundsätzlich war er der Überzeugung, dass viele politische Fragen besser im Nationalstaat entschieden werden sollten. Vor allem war Dahrendorf nicht der Meinung, dass es nötig sei, eine europäische Staatengemeinschaft als Gegenpol zu den Vereinigten Staaten von Amerika zu schaffen.[264]

Die Affäre um die Wieland-Europa-Artikel hatten seine Position in der Kommission geschwächt.[265] Nach dem EG-Beitritt Großbritanniens im Januar 1973 musste er überdies seinen Kommissionsposten für Außenhandel, auf dem er sich als «Außenminister der EWG»[266] gesehen hatte, an den Churchill-Schwiegersohn Christopher Soames abgeben und sich mit dem weniger einflussreichen Ressort für Forschung, Wissenschaft und Bildung begnügen.[267] Noch im selben Jahr erreichte ihn das Angebot, als Direktor der LSE wieder in die akademische Sphäre zu wechseln, woraufhin er im Herbst 1974 Brüssel und der Politik den Rücken kehrte.

8. Dahrendorf als Politiker – ein gescheitertes Experiment?

Waren Dahrendorfs Jahre in der Politik nun ein gescheitertes Experiment, wie Micus und Hacke sie bewerteten? Zunächst schien Dahrendorf als Politiker überaus erfolgreich. Mit seinen Parteitagsreden und seiner Forderung nach Reformen traf er den Zeitgeist. Ihm gelang ein gelassener Umgang mit den protestierenden Studenten, selbst mit dem «Bürgerschreck» Rudi Dutschke. Auch im Wahlkampf und als stellvertretender Oppositionsführer im Stuttgarter Landtag konnte Dahrendorf mit seinem Profil als begabter Redner und origineller Ideenentwickler punkten. Doch dieser anfängliche Erfolg schlug bald um, als Dahrendorf zunehmend in Konflikt mit seiner Partei geriet, weil er auf innerparteiliche Bündnisse und Konsensbildung verzichtete und weil ihm das Gespür für Parteitaktik fehlte. Dahrendorf blieb in der FDP ein Einzelkämpfer.

Noch entscheidender war der Rollenkonflikt, der zwischen dem öffentlichen Intellektuellen und dem Politiker Dahrendorf entstand. Denn ein Intellektueller darf seine Position als unabhängiger Kritiker nicht verlassen, um weiterhin als solcher gelten zu können. Als Wahlkämpfer und Oppositionspolitiker stellte sich dieses Problem für Dahrendorf noch nicht, weil er keine politische Entscheidungsverantwortung trug. In dieser Position konnte er sowohl weitreichende als auch relativ unkonkrete Reformforderungen stellen. Mit dem Wechsel in ein Regierungsamt jedoch musste Dahrendorf sich mit seinen Gesellschaftsentwürfen dem Praxistest stellen. Dabei war er dann, wie jeder andere Politiker auch, an die Spielregeln der Politik, die nach Max Weber vor allem das «Bohren dicker Bretter» bedeuten, gebunden. Er musste mit Regularien, langsam mahlenden Mühlen der Bürokratie und mit der Zurücknahme der eigenen Person zurechtkommen – was ihm nicht immer leichtfiel. Mehrmals versuchte er, aus der Rolle des Politikers auszubrechen und wieder als öffentlicher Intellektueller die Bühne zu betreten, sei es mit unabgesprochenen Meinungsäußerungen, Ankündigungen von politischen Ambitionen oder mit den Wieland-Europa-Artikeln.

Dahrendorfs Einstieg in die Politik war im Popper'schen Sinne von *trial and error* ein Experiment, um auszuprobieren, ob er als Politiker noch größeren gesellschaftsverändernden Einfluss ausüben konnte als zuvor als unabhängiger Publizist und Politikberater. Deshalb ergriff er die Chance, die ihm die FDP bot, obwohl er weder besondere inhaltliche Übereinstimmungen mit der Partei hatte, noch in ihr vernetzt war. Er überschätzte jedoch seine Möglichkeiten und unterschätzte die etablierten Politiker der FDP, als er glaubte, die in seinen Augen programmatisch inhaltsleere Partei in seinem Sinne umformen zu können.

Klaus Weber, der die Bedeutung Dahrendorfs für den «Linksliberalismus» in der Bundesrepublik untersucht hat, argumentiert sogar, Dahrendorf habe durch den Einstieg in die Politik seine gesellschaftliche Prägekraft verloren.[268] Das hieße für den Intellektuellen Dahrendorf, der ja die Macht vor allem aufgrund größerer Einflussmöglichkeiten suchte, dass er mit seinem Schritt genau das Gegenteil erreicht hätte. Wäre er unabhängiger öffentlicher Kommentator geblieben, wäre sein gesellschaftspolitischer Einfluss möglicherweise sogar größer gewesen.

Dennoch gelang es Dahrendorf gerade in der Zeit von seinem Parteieintritt Ende 1967 bis zum Regierungswechsel in Bonn 1969, die FDP in entscheidender Weise zu prägen. Deshalb ist seine Aussage in *Über Grenzen*, er habe sein «Scherflein zum Machtwechsel» in Bonn beigetragen und gemeinsam mit Walter Scheel die FDP zum sozialliberalen Koalitionspartner umgeformt,[269] kein Ausdruck «völliger Selbstüberschätzung», wie Dieter Rulff meint.[270] Durch sein entschiedenes Eintreten für die zugegebenermaßen etwas diffuse Forderung nach Demokratisierung und Liberalisierung der Gesellschaft gab Dahrendorf dem linken Flügel der FDP entscheidenden Auftrieb und ebnete der Partei und Walter Scheel so den Weg zu einer sozialliberalen Koalition mit der SPD. Durch seinen Wahlkampf, mit dem er der zeitgenössischen Forderung nach Diskussion entsprach, und durch seine hohe Präsenz in der Öffentlichkeit gelang es ihm, den öffentlichen Diskurs zu prägen und neue Wählerschichten, insbesondere junge Akademiker, zu erschließen.[271]

In diesem Sinne ist Dahrendorfs Phase in der Politik nicht als Geschichte des «Scheiterns» zu beurteilen. Vielmehr geht es um eine Diskrepanz zwischen Erwartung und Erfüllung. In der Bundesrepublik der sechziger Jahre gab es ein Bedürfnis nach intellektuellen Seiteneinsteigern in die Politik, die sich außerhalb von politischen Machtspielen als Experten der Sache verpflichtet sahen. Der Soziologe Dahrendorf galt als Experte für die Gesellschaft und war als solcher die optimale Besetzung, um die damals als dringlich empfundenen Gesellschaftsreformen anzugehen. Auch er selbst verknüpfte seinen Eintritt in die Politik mit der Erwartung, höchste Ämter zu erreichen und dadurch gesellschaftliche Gestaltungsmacht zu erlangen. Gemessen an diesen überbordenden Erwartungen musste schon die Tatsache, dass Dahrendorf sich nicht als Überpolitiker entpuppte, enttäuschen. In einigen nachträglichen Beurteilungen über Dahrendorfs Zeit als Politiker scheint eine Enttäuschung über den nicht bestandenen politischen Praxistest des bewunderten «konstitutiven Vordenkers und Demokratielehrers»[272] mitzuschwingen. So wird der Seiteneinsteiger Dahrendorf bis heute mit einem anderen Maß gemessen als der gewöhnliche Politiker.

Ralf Dahrendorf mit
Mutter Lina, Vater Gustav
und Bruder Frank in Berlin
um 1936

Ralf Dahrendorf als Lagermannschaftsführer der
Hitlerjugend im Sommer
1944

«Für mich war mein Vater Vorbild und Mentor zugleich»: Gustav Dahrendorf wird vor dem Volksgerichtshof als Mitwisser des 20. Juli 1944 verurteilt.

Engagierter Hochschullehrer: Dahrendorf bei einer Soziologievorlesung in Hamburg

Arbeit im Gründungsausschuss der Universität Konstanz, 1964

Universitätsreformer: Ministerpräsident Kurt Georg Kiesinger ernennt Ralf Dahrendorf zum Professor der Universität Konstanz.

Außenansicht der Universität Konstanz

Vera und Ralf Dahrendorf mit den Töchtern Nicola und Alexandra
und Haushälterin am Mittagstisch, 1968

Die Familie Dahrendorf hinter ihrem Haus in Konstanz, 1968

«Es ist Zeit, daß wieder Politik gemacht wird»: Der «Senkrechtstarter»
der FDP bei seiner Rede auf dem 19. Bundesparteitag der FDP in
Freiburg im Januar 1968

«Es gibt auch Fachidioten des Protests»: Dahrendorf diskutiert mit
Rudi Dutschke am Rande des Freiburger FDP-Parteitags 1968.

Im Wahlkampf: Dahrendorf wird am Stuttgarter Flughafen von FDP-
Hostessen in Empfang genommen, 23. Februar 1968.

Turbulent und im Zeichen der Studentenproteste: Der 16. Deutsche Soziologentag 1968. Der Vorsitzende der Deutschen Gesellschaft für Soziologie Ralf Dahrendorf bei der Eröffnungsansprache

«Misstrauen Sie den Vereinfachern»: Dahrendorf spricht am Ostermontag 1968 nach dem Attentat auf Rudi Dutschke in Berlin.

Der Parlamentarische Staatssekretär Ralf Dahrendorf spricht im
Bundestag. Auf der Regierungsbank Bundeskanzler Willy Brandt und
Außenminister Walter Scheel, 1970

Portrait Ralf Dahrendorf, 1970

EG-Kommissar in Brüssel, 1972

Ralf Dahrendorf zu Gast bei einer Redaktionskonferenz der *Zeit*, 1979

Direktor der London School of
Economics and Political Science,
1982

Sir Ralf mit Ehefrau
Ellen und Tochter
Daphne anlässlich des
Ritterschlages durch
Elisabeth II. im
Buckingham Palace,
1989

Ralf Dahrendorf mit seinem Lehrer und Freund Karl Popper, 1992

Lord Dahrendorf bei der Einführung ins Oberhaus 1993 mit seinen beiden Sponsoren Lord (Roy) Jenkins und Lord (Noel) Annan

Mit Lebensfreund Fritz Stern bei der Verleihung des Friedenspreises des Deutschen Buchhandels an Fritz Stern, 1999

Mit Ehefrau Christiane

V.
«I shall forever love LSE»:
Die Jahre als Direktor der
London School of Economics and Political Science
(1974–1984 bzw. 1987)

1. «An original and welcome appointment»

Im Rahmen einer dienstlichen Reise nach London traf sich der EG-Kommissar Ralf Dahrendorf am 12. Juli 1973 zum Lunch mit Lionel Robbins in der gediegenen Atmosphäre des Londoner Reform Clubs.[1] Zu seiner «grenzenlosen Überraschung»[2], so schildert es Dahrendorf später, habe ihn der Vorsitzende des Gouverneursrats der LSE gefragt, ob er sich vorstellen könne, Direktor der renommierten «School» zu werden.[3]

Ganz so überraschend kam das Angebot von Lord Robbins für ihn nicht. Zumindest gerüchteweise wusste Dahrendorf bereits ab März 1973 von der möglichen Jobofferte. Damals schrieb ihm sein Herausgeberkollege beim *European Journal of Sociology* Eric de Dampierre in einem kurzen Brief: «Dear Ralf, Friends in London ask me whether you would be interested in being turned into a Director of LSE ... I have better ask you myself! And I shall forward messages if there is any.»[4] Dahrendorfs Antwort ist nicht überliefert. Auch sein Freund Fritz Stern erinnerte sich, dass er mit ihm bereits im Winter 1972/73 über die Möglichkeit, als Direktor an die LSE zu gehen, sprach.[5] Stern war zu dieser Zeit für ein Jahr Stipendiat am Netherlands Institute for Advanced Studies in Wassenaar bei Den Haag, um sein Buch *Gold und Eisen* über Bismarcks Bankier Gerson Bleichröder zu schreiben.[6] Dieser Umstand ermöglichte es den Freunden, sich häufig im nur zwei Autostunden entfernten Brüssel zu treffen. Bei Spaziergängen am Grand Place sprachen sie über Dahrendorfs Aussichten, als Direktor an die LSE zu wechseln. Stern riet Dahrendorf zu: «Ja, Ralf, das paßt in deine Biographie.»[7] Dahrendorfs Liebe zu England, sein Bedürfnis nach einem neuen Wirkungsfeld und die Tatsache, dass Deutschland für ihn «gewissermaßen ausgelesen»[8] war, sprachen aus seiner Sicht für die Aufgabe.

Für Dahrendorf waren die letzten drei Jahre in Brüssel eher unbefriedigend gewesen. Zwar hatte er einen hochdotierten Posten inne, der ihn mit wichtigen Entscheidungsträgern zusammenbrachte, ihm Reisen in ferne Länder ermöglichte und allerlei Annehmlichkeiten, wie einen Mercedes 600 mit Chauffeur, Fernseher und Bar als Dienstwagen, bescherte. Doch empfand er die Einhegung seines Handlungsspielraums in bürokratische Entscheidungsprozesse als ebenso unerquicklich wie die mangelnde Anerkennung und Beachtung seiner Arbeit als EG-Kommissar in der Bundesrepublik.[9] Sein Versuch, wieder publizistisch zu wirken, mündete in der Affäre um die Wieland-Europa-Artikel, die seinem Ansehen erheblich schadete. In einer solchen Situation musste sich Dahrendorf, den das Wandern auf ausgetretenen Pfaden schnell langweilte, nahezu zwangsläufig nach einer neuen Aufgabe umsehen. In der deutschen Politik schienen sich in absehbarer Zeit keine Optionen für ihn aufzutun, weshalb das Londoner Angebot ihm gelegen kam.

Dennoch fiel Dahrendorf die Entscheidung nicht leicht. Davon zeugt eine Liste mit Argumenten für und gegen den Wechsel an die LSE in seinem Nachlass.[10] An der neuen Aufgabe reizte ihn vor allem, «eine traditionsreiche einrichtung reformerisch weiterzuführen». Er wollte «einmal eine sache ganz tun» und erhoffte sich von der Tätigkeit eine «angemessene verbindung von wissenschaft, politischer erfahrung, europ.[äischem] denken». Hinzu kamen Gründe, die sich aus seiner Persönlichkeit und auch aus seiner Unzufriedenheit mit den letzten Jahren in Brüssel ergaben. Nach der enttäuschenden Erfahrung in der Politik erhoffte sich Dahrendorf von der neuen Stelle an der LSE, endlich wieder für seinen Einsatz geschätzt zu werden. Außerdem gehörte es zu seinem Selbstverständnis, nur Aufgaben zu übernehmen, die seiner Begabung entsprachen und die andere nicht leisten konnten: «an einen ort gehen, wo man mich will» und «eine sache tun, die nicht ein dutzend anderer genauso tun könnten».

Es war ihm andererseits bewusst, dass dieser erneute Wechsel seinen Ruf als unsteter «Zugvogel»[11] ohne Ausdauer und Beharrungsvermögen noch verstärken werde. Gegen das Angebot standen für ihn vor allem «der zeitpunkt: [...] ein wechsel, ohne etwas zuende gebracht zu haben», aber auch, durchaus selbstbewusst, «die hoffnungen, die manche in der deutschen politik auf mich setzten».[12] Zugleich waren seine Ambitionen in der deutschen Politik mittelfristig nicht erfüllbar: «kultusmin.[ister] will ich nicht», schrieb er und bezeichnete die «absurde vorstell.[ung], dass gerade ich fdp auf rückweg zur cdu helfe», als belastend. Ihm war bewusst, dass der Wechsel nach

London bedeutete, Deutschland für längere Zeit zu verlassen und damit auch ein Stück Heimat und seine gefühlte Verantwortung für den «kampf um mehr freiheit» in seinem Land aufzugeben. Die Europapolitik kam nur am Rande vor. Hier schrieb Dahrendorf zwar, «die eigene europa-konzeption muss praktiziert werden», er stellte aber fest, dass er seine «umfassendere vorst.[ellung] von eur.[opa] als kommissar nie realis.[ieren] werde».

Neben dem Ratschlag, den er von Fritz Stern bekam, halfen ihm bei der Entscheidungsfindung Gespräche mit den Publizisten Theo Sommer und Rudolf Augstein sowie mit seinem ehemaligen Vorgesetzen Walter Scheel. Sie brachten ihn zu der Überzeugung, dass die Position des LSE-Direktors ihm die Möglichkeit bot, seine wissenschaftlichen und öffentlichen Interessen zu verbinden und seine internationalen Erfahrungen einzubringen.[13]

Doch welche Kriterien hatten die Auswahlkommission der LSE zur Nominierung des deutschen EG-Kommissars bewogen? Die Berufung eines Ausländers an die Spitze eines britischen Colleges wäre heute keine Besonderheit. Im Jahr 1973 war dies jedoch eine äußerst ungewöhnliche Wahl, wie auch Ralf Dahrendorfs ehemaliger LSE-Professor Karl Popper in seinem Gratulationsschreiben an den frisch gekürten Direktor bemerkte:

> Ich war sehr froh, aber auch sehr überrascht, als ich von Ihrer neuen Berufung hörte. Es ist höchst ungewöhnlich, einen Ausländer für eine solche Position zu ernennen; und ich bewundere den Vorstand der L. S. E. sehr für diesen beispiellosen Schritt.[14]

Tatsächlich hatte die Suche der Auswahlkommission nach einem geeigneten Direktor über ein Jahr gedauert. Die Kommission wollte eine Persönlichkeit mit exzellenter akademischer Reputation, administrativer Erfahrung und politischen Fähigkeiten – und Dahrendorf verkörperte diese drei Eigenschaften. Außerdem hatte man sich darauf verständigt, dieses Mal einen jüngeren Mann zu verpflichten und bei der Suche den Blick über die Landesgrenzen hinaus zu richten.[15]

Zuvor war die LSE seit 1967 eher glücklos von dem Historiker Sir Walter Adams geleitet worden. Seine Ernennung zum Direktor hatte aufgrund seiner Vergangenheit als Rektor der Universität Salisbury im damaligen Apartheidsregime Rhodesien massive Studentendemonstrationen an der LSE ausgelöst.[16] Die Proteste im Zuge der Studentenbewegung fielen in Großbritannien zwar insgesamt weniger heftig aus als etwa in Frankreich oder in der Bundesrepublik, trafen die LSE jedoch besonders hart und verstärkten ihren Ruf als «linke»

Hochschule. Die Auseinandersetzungen führten zudem zu einer Spaltung der Professorenschaft. Zwei Dozenten, die sich auf die Seite der Protestierenden schlugen, waren fristlos entlassen und einige Studenten von der «School» suspendiert worden.[17] In der Folge gab es Dozenten, die sich weigerten, den *Senior Common Room* zu betreten, weil sich dort die Professoren aus dem verfeindeten Lager aufhielten.

Nun wurde ein Direktor gesucht, der die Kampflinien wieder befrieden konnte. Diese Rolle wurde Dahrendorf zugetraut, weil er von außen kam und nicht in die universitätsinternen Querelen involviert war. Darüber hinaus sprach ihn seine Vergangenheit im Widerstand gegen den Nationalsozialismus vom Verdacht auf eine reaktionäre oder autoritäre Haltung frei und bot daher wenig Angriffsfläche für die Studenten.[18] Dies und seine Inhaftierung in einem Arbeitserziehungslager (fälschlicherweise von ihm selbst wie auch in den Medien oftmals als «KZ» bezeichnet) wurden in vielen englischen Zeitungsartikeln thematisiert. Dahrendorf wird selbst in Presseerklärungen darauf hingewiesen haben; für ihn als Deutschen war seine Vergangenheit auch eine Eintrittskarte für England. Außerdem hoffte man, durch die Ernennung des EG-Kommissars die Ausrichtung der LSE auf Europa zu verstärken. Die Bedeutung des *Common Market* war für die Briten zum Zeitpunkt der Wahl Dahrendorfs zum LSE-Direktor allgegenwärtiges Thema, da Großbritannien zum 1. Januar 1973 der Europäischen Gemeinschaft beigetreten war.[19] Zugleich galt Dahrendorf durch die Wieland-Europa-Affäre als Euro-«Maverick», was ihm im euroskeptischen England durchaus positiv angerechnet wurde.[20]

Der Vorschlag, Dahrendorf zum Direktor zu wählen, kam vermutlich von Ernest Gellner. Der Philosoph und Anthropologe war Professor im Fachbereich Soziologie der LSE. Die beiden kannten sich seit der Gründung des *European Journal of Sociology* im Jahr 1960. Gellner hielt Dahrendorf für so bedeutend, dass er ihm zutraute, zukünftiger Präsident eines vereinten Europas werden zu können.[21] Gellners Vorschlag wurde zunächst mit Skepsis aufgenommen, was sich änderte, als Dahrendorf im Mai 1973 auf einer Konferenz an der LSE sprach und zwei Mitglieder des Auswahlkomitees, den Ökonomieprofessor Harry Johnson und den Bankier Lord Frederic Seebohm, von sich überzeugte.[22]

Gellner erinnert sich, in der Auswahlkommission für den neuen Direktor der LSE habe es vor allem deshalb Bedenken gegen Dahrendorf als möglichen Kandidaten gegeben, weil man befürchtete, ihm könne es an Vertrautheit mit den britischen Institutionen, insbesondere mit den Gepflogenheiten der britischen Ministerialbürokratie mangeln.[23] Vom neuen Direktor der

LSE wurde also erwartet, Verbindungen in die Politik mitzubringen und diese zum Nutzen der «School» einzusetzen. Obwohl er zunächst nicht zu den Favoriten gehörte, hatte sich Dahrendorfs Name schließlich gegen eine ungewöhnlich große Zahl von Vorschlägen durchsetzen können.[24] Offenbar verkörperte er die Art von Direktor, die sich viele wünschten, nämlich: «an academic entrepreneur, and not just another caretaker».[25]

Als im September 1973 die Wahl des Soziologen Ralf Dahrendorf zum neuen Direktor der London School of Economics and Political Science (LSE) bekannt wurde, sorgte die Meldung in der deutschen und britischen Presse für Schlagzeilen.[26] Begeistert pries etwa die *Times* Dahrendorfs Ernennung als «original and welcome appointment» und stimmte damit in den positiven Tenor der Zeitungsmeldungen ein, die Dahrendorf als geeigneten Kandidaten für die LSE-Direktorenschaft ansahen.[27] Der 45-jährige Dahrendorf zeichne sich dadurch aus, dass er, abgesehen von den Meriten, die er im akademischen Feld vorzuweisen habe, prädestiniert dafür sei, auch eine wichtige Rolle in der britischen Politik und Gesellschaft zu spielen und sich als öffentlicher Intellektueller zu engagieren:

> Ein vergleichsweise junger Mann [...] er wird auf einer exzellenten Position sein, um zum politischen und gesellschaftlichen Leben des Landes aus der Sicht eines aufrichtigen Freundes beizutragen. Auf jeden Fall hat er nicht vor, Auseinandersetzungen zu vermeiden, umso besser. Mit seinem europäischen Hintergrund und seiner Liebe zu England hat er viel zu bieten.[28]

Diese Erwartungen an den neuen LSE-Direktor mochten in deutschen Ohren etwas ungewöhnlich klingen, denn in Deutschland wäre ein solches Profil nicht unbedingt Voraussetzung für die Leitung einer Hochschule gewesen. Doch wer in England eines der führenden Colleges in Oxford, Cambridge oder London leitete, hatte automatisch eine herausgestellte Position im öffentlichen Leben inne. Deshalb war die Erwartung an Dahrendorf, zur öffentlichen Debatte beizutragen, auch nicht ungewöhnlich. Leiter von Hochschulen in Großbritannien haben bis heute gute Aussichten, wegen ihrer Verdienste von der Königin zum Ritter geschlagen zu werden oder sogar auf Lebenszeit in den Adelsstand eines Barons mit dem Titel «Lord» erhoben zu werden, was die Mitgliedschaft im britischen Oberhaus mit sich bringt (*Life Peerage*). Sie haben zwar traditionell wenig Einfluss auf den Inhalt von Lehre und Forschung an ihrer Universität beziehungsweise ihrem College, dafür aber Mitsprache bei Berufungsentscheidungen und der Genehmigung von Forschungsprojekten und können die akademische Ausrichtung des Colleges auf Jahre entscheidend mitgestalten.[29]

In der deutschen Berichterstattung, in der Dahrendorfs Wechsel an die LSE von den großen Tageszeitungen bis hin zu kleinen Regionalzeitungen breit rezipiert wurde, dominierten Überschriften wie «Aufsehen um Dahrendorf», die von der Überraschung, die der erneute Wechsel des Politikers hervorrief, zeugten. Weiter hieß es: «Senkrechtstarter landet wieder» oder: «Blitzkarriere in der Politik endet». Zwar erwähnten die Artikel auch die Schadenfreude, die so mancher spürte, als Dahrendorf nach seinem Senkrechtstart in der Politik mit dem Wechsel von Bonn nach Brüssel und der Wieland-Europa-Affäre 1971 unsanft gelandet war. Doch überwog der Respekt vor seinem neuen Posten an der LSE.[30] In den überregionalen Zeitungen wurde über die überaus positive Aufnahme der Nachricht in England berichtet.[31] In einer Pressekonferenz musste Dahrendorf allerdings betonen, dass er «nicht aus Verdruß»[32] die EG-Kommission verlasse, wie es viele Journalisten vermuteten. Auch im Interview mit der *Stuttgarter Rundschau* bestritt er entschieden, aufgrund von Problemen in der Kommission oder aus Resignation nach London zu wechseln.[33]

Der Weggang aus Brüssel wurde von Dahrendorf nicht als Abschied von der deutschen Bühne empfunden. Er blieb weiterhin beurlaubter Professor der Universität Konstanz, denn das Land Baden-Württemberg akzeptierte sogar die Leitung der LSE als Aufgabe im öffentlichen Interesse. In der deutschen Politik hatten sich mit der Wahl von Scheel zum Bundespräsidenten im Mai 1974 die Gewichte in der FDP neu verteilt; Genscher rückte zum Parteichef auf. Mit Scheel blieb Dahrendorf verbunden. Auch mit dem Taktiker Genscher verstand er sich inzwischen besser als zu Zeiten des Machtwechsels 1969, wohl auch, weil die beiden keine direkten Konkurrenten mehr waren. Dahrendorf zufolge deutete Genscher ihm gegenüber in den folgenden Jahren manches Mal an, dass er sich Dahrendorf noch immer als künftigen Parteivorsitzenden vorstellen könne, weshalb eine Rückkehr in die deutsche Politik für ihn keineswegs ausgeschlossen war.[34] Doch nun war seine Energie erst einmal auf England gerichtet – denn wenn Dahrendorf sich für etwas Neues entschied, erhielt es seine volle Konzentration und Aufmerksamkeit.[35]

Der Umzug nach England war auch ein Versuch, der Beziehung zu seiner Frau Vera eine neue Chance zu geben, in neuer, aber doch vertrauter Umgebung, wie Dahrendorf in seinen englischsprachigen Lebenserinnerungen schrieb.[36] Im Juli 1970 hatten Vera und Ralf Dahrendorf noch eine dritte Tochter, Daphne, bekommen. Doch Vera hatte Brüssel mit den drei Töchtern bereits nach kurzer Zeit wieder verlassen und war nach Konstanz zurückgekehrt. So hatten die Dahrendorfs in den letzten Jahren eine Beziehung auf Distanz geführt. Nun kauften sie ein Haus im Londoner Stadtteil Notting Hill. Doch Dahrendorf fühlte sich dort nicht wohl; zu groß waren die Differenzen zwischen den Eheleuten geworden. Bald richtete Ralf Dahrendorf sich im «Anchorage», dem zur LSE gehörende ehemalige Pfarrhaus der nahegelegenen Kirche St. Mary le Strand in der Clement's Inn Passage ein. Einen größeren Unterschied zum bunten Reihenhaus in Notting Hill konnte es kaum geben. Die Gegend um das grauschwarze Backsteingebäude von 1890 war von LSE-Gebäuden und Bürohochhäusern geprägt. Unter der Woche war es laut, am Wochenende ausgestorben. Für Dahrendorf war die Wahl dieses Wohnsitzes, in dem er sozusagen «over the shop»[37] lebte, Understatement und Demonstration seines Selbstverständnisses als LSE-Direktor zugleich. Er blieb dort nicht lange allein. Dahrendorf lernte bald nach seiner Ankunft die LSE-Dozentin Ellen de Kadt kennen, die russische Politik und Geschichte unterrichtete und sich für russische Dissidenten engagierte. Sie zog 1976 zu Dahrendorf und wurde seine Lebensgefährtin und 1980, nach Dahrendorfs Scheidung von Vera, seine Ehefrau.

2. Ein Thinktank an der LSE?
Vom Hochschulreformer zum Hochschulbewahrer[38]

Die Erwartungen an den neuen Direktor waren hoch gesteckt. Zugleich verfolgte Dahrendorf auch eine eigene Agenda. In einem Artikel mit der Überschrift «Why I am Coming to LSE» für das LSE Magazine erklärte der neue Direktor, er sehe sich als «scholar-politician» an der Grenze von Wissenschaft und Politik sowie von Deutschland und Großbritannien, der einerseits stets nach Fortschritt strebe und andererseits davon überzeugt sei, dass man bewährte Regeln beibehalten sollte. Seine Auffassung von der Leitung der LSE beschrieb er wie folgt:

> Ich habe es bislang abgelehnt, programmatische Stellungnahmen abzugeben, weil der Direktor der LSE kein Regierungschef ist, der seine politischen Vorhaben ankündigt, bevor er sie umsetzt; er ist eher wie ein Dirigent, der in ein Konzert hineinkommt, das bereits mit Geschick diri-

giert und wirkungsvoll gespielt wird, und der erst einmal seinen Weg in den Rhythmus des Orchesters und die Aufführung finden muss, bevor er überhaupt daran denken kann, ihm eine eigene Prägung zu geben.[39]

Gleichwohl hatte Dahrendorf durchaus genaue Vorstellungen davon, was ihm an seiner neuen Aufgabe wichtig war. Als Direktor war es ihm ein Anliegen, an der LSE Brücken zwischen den Feldern von Wissenschaft, Politik, Wirtschaft und Öffentlichkeit zu schlagen. Schon bevor Dahrendorf den Posten überhaupt angetreten hatte, äußerte er gegenüber dem Präsidenten der LSE Society Richard J. Hacon: «My idea is at the moment [...] that we should organise many more contacts with the City, Fleet Street and Whitehall, and thus correct a certain inward lookingness of the School.»[40]

Dahrendorf knüpfte an den bereits existierenden regelmäßigen Abendessen im Director's Dining Room an[41] und richtete sogenannte «Director's Dinners» nach einem bestimmten Prinzip aus: Er lud bis zu sechzehn Personen ein, die sich heterogen aus den Bereichen Wissenschaft, Journalismus, Wirtschaft und Politik zusammensetzten. Nach einem eher kurz gehaltenen Abendessen wurde nach dem Dessert die Diskussion zu einem vorgegebenen Thema, zum Beispiel aus den Bereichen Politik, Wirtschaft oder internationale Beziehungen, eröffnet. Es war dezidiert kein gesellschaftliches, sondern ein intellektuelles Ereignis, weshalb keine Paare eingeladen wurden. Dahrendorf ging es darum, Menschen zusammenbringen, die etwas Wichtiges zu sagen hatten. Zu dieser Zeit war ein solcher hochkarätig besetzter, aber zugleich vertraulicher Diskussionskreis etwas Ungewöhnliches, so dass diese Abendessen in London bald bekannt und die Einladungen begehrt wurden.[42]

Mit der Ernennung zum Direktor der LSE stieg Dahrendorf ins *High Class Establishment* auf. Er wurde Mitglied im Garrick Club und im Reform Club. 1977 wurde er in die British Academy aufgenommen und 1982 für seine Verdienste als LSE-Direktor von Königin Elisabeth II. zum Knight Commander of the Order of the British Empire (KBE) ernannt und damit in den Adelsstand erhoben. Dahrendorf genoss seinen hohen gesellschaftlichen Status:

> Ich habe es übrigens auch gemocht, zum jährlichen Dinner der British Academy mit Frack und Orden zu gehen, von der Royal Box in Covent Garden eine Oper anzuhören und in den Pausen zu soupieren, oben in der Downing Street Nummer 10, also beim Premierminister mit fremden

Gästen zu plaudern, auf einem der zahlreichen Botschaftsempfänge flüchtige Freundschaften zu erneuern. Ja, auch das *establishment* hat mir Spaß gemacht.[43]

Bald galt Dahrendorf als «political animal»[44], denn er lernte dank seiner enormen Auffassungsgabe schnell dazu und vermochte so seine mangelnde Erfahrung im britischen System auszugleichen. Außerdem konnte er sein bereits bestehendes Netzwerk weiter ausbauen. Noch aus seiner Jugend kannte er Noel Annan, der sein früher Förderer gewesen war und ihm 1952 auch das Studium an der LSE überhaupt erst ermöglicht hatte.[45] Aus dem Studium hatte er sich Kontakte nach England erhalten können, wie beispielsweise zu seinem Freund David Lockwood und seinem hochverehrten Lehrer Karl Popper. Schon als Soziologieprofessor in Deutschland war er international in der Welt der Wissenschaft vernetzt gewesen, und als EG-Kommissar für Außenhandel und für Forschung und Wissenschaft hatte er seine Kontakte auf der politischen Ebene ausbauen können. Diese Kontakte waren Teil seines sozialen Kapitals und halfen ihm, sowohl für den Posten des LSE-Direktors vorgeschlagen zu werden, als auch, sich nach seiner Ernennung in London zu etablieren.[46] Ein Beispiel ist ein Brief von Bernard Donoughue vom 27. März 1974 im Nachlass Dahrendorf. Donoughue schreibt darin: «It is ironic that, having done what little I could to get you to the L.S.E., I shall not now be there when you arrive.»[47] Donoughue hatte als Privatdozent an der LSE gearbeitet und wurde 1974 Chef des neueingerichteten politischen Beraterstabes von Premierminister Harold Wilson. Damit war er für Dahrendorf ein Türöffner zur Downing Street Nr. 10, wo Dahrendorf in den Jahren der Labour-Regierung immer wieder zu Gast war.

Nach kurzer Zeit bewegte Dahrendorf sich mühelos in der politischen Sphäre und war viel beschäftigter Berater, zum Beispiel als Mitglied in einer Kommission zur Wahlrechtsreform der Hansard Society (1975–1976), der «Royal Commission on the Legal Services» (1976–1979) oder im «Committee to Review the Functioning of Financial Institutions» unter Harold Wilson (1977–1980).[48] Wie bereits in den sechziger Jahren war er wieder als unabhängiger Politikberater tätig. Er besetzte also erneut eine Position an der Schnittstelle zwischen Universität und Politik, die der in den sechziger Jahren in Baden-Württemberg ähnelte. Nur, dass er – anders als in Tübingen und Konstanz – nicht an der Peripherie der Bundesrepublik saß, sondern in London im Zentrum Großbritanniens, mit Zugang zu verschiedenen elitären Zirkeln. Seine Position als LSE-Direktor ermöglichte es ihm, jede Person aus Wissenschaft, Wirtschaft, Politik oder Journalismus zu treffen, die er treffen wollte. So hatte er das Gefühl, am Puls der Zeit zu sein, gesellschaftlichen Einfluss ausüben zu können und dabei mehr Freiheiten zu haben, als zuvor als Politiker; er musste sich politisch nicht festlegen oder Rücksichten auf Parteilinien nehmen – das wäre sogar eher hinderlich gewesen. Auf die Frage des *Guardian*-Journalisten Terry Coleman, ob er nach seinen Erfahrungen in der deutschen Regierung und als EG-Kommissar die LSE nicht ein wenig «local» fände, antwortete er 1978, ohne eine gewisse Arroganz zu verbergen:

> Was ich jetzt sage, klingt vielleich blöd, und ich entschuldige mich dafür, aber es beschreibt, was ich verdeutlichen will. Ich muss gleich los zu einem Mittagessen mit Kreisky […], und heute werde ich mit Brandt zu Abend essen. … Ich habe überhaupt nicht das Gefühl, eingeschränkt oder beengt zu sein. Im Gegenteil, in gewisser Weise ist Brüssel viel provinzieller.[49]

Aus seinen Erfahrungen in der Politikberatung gewann Dahrendorf die Überzeugung, dass wissenschaftliche Erkenntnisse besser politisch nutzbar gemacht werden müssten. In der *Zeit* schrieb er im Dezember 1977 über das Verhältnis von Wissenschaft und Politik:

> Freilich stößt die Beziehung zwischen beiden auf alle klassischen Schwierigkeiten des Verhältnisses von Theorie und Praxis. Die unmittelbar einleuchtende Differenz ist die der Zeitmaßstäbe. Vor einiger Zeit war ich mit sechs Ökonomen der *London School of Economics* bei Premierminister Callaghan, um über Forschungen zur Arbeitslosigkeit zu sprechen. An einem Punkt fragte der Premier: «Und wann rechnen Sie mit Ergebnissen Ihrer Forschungen?» Einer der Professoren antwortete wahrheitsgemäß: «Das kann fünf Jahre dauern, es kann auch zehn Jahre dauern, Herr Premierminister.» Callaghans Antwort: «Das nützt mir wenig, denn nächste Woche sehe ich den deutschen Bundeskanzler, und da müssen wir mit diesem Thema weiterkommen.» Ein extremes Beispiel, vielleicht – und doch könnte es sein, daß die Frage von höchster Bedeutung ist, wie man die Zeitskalen nützlicher Wissenschaft verkürzen und die informierter Politik verlängern kann.
>
> Das ist es, was mit «mittelfristigem» Denken gemeint sein könnte, und was in allen entwickelten Ländern Probleme schafft.[50]

Dahrendorfs Ziel war also eine politikzugewandte Forschung, die nicht, wie in der akademischen Welt üblich, nur in langen Zeiträumen dachte, sondern die sich an den Geschwindigkeiten der Entscheider orientierte.

Um dieses Ziel zu erreichen, machte Dahrendorf im Januar 1976 mit einem Diskussionspapier unter dem Titel «A Centre for Economic and Political Studies in London» die Idee publik, an der LSE einen Thinktank zu errichten. Dieser sollte sich am Vorbild der Washingtoner Brookings Institution orientieren, weshalb seine Idee als «British Brookings» oder «London Brookings» bekannt wurde. In dem Papier schilderte Dahrendorf die Problemlage («predicament»), in der sich die Welt und insbesondere Großbritannien in den siebziger Jahren befand und nach seiner Prognose auch im nächsten Jahrzehnt noch befinden werde. Vor diesem Hintergrund sei ein Institut notwendig, um Politik, Geschäftswelt und Wissenschaft zu helfen, langfristige Antworten auf das ökonomische, soziale und politische Dilemma zu finden.[51] In Dahrendorfs Worten ging es dabei nicht nur um «making sense», sondern auch um «knowledge into policy»[52], also darum, die Erforschung der wirtschaftlichen und sozialen Krise um die Umsetzung der Forschungsergebnisse in Anregungen für die praktische Politik zu erweitern.

Im Unterschied zum Reformimpetus, der Dahrendorfs Publikationen der sechziger Jahre geprägt hatte, war der Vorschlag von der zeitgenössischen Krisenstimmung seit dem Ölpreisschock von 1973 bestimmt. Gut ein Drittel des 21-seitigen Diskussionspapiers war einer für Dahrendorf typischen Analyse des politischen, ökonomischen und gesellschaftlichen Kontextes gewidmet. Dabei nahm er ausdrücklich auf aktuelle politische Entwicklungen wie die KSZE-Konferenz und das befürchtete Ende der Entspannungspolitik Bezug, ging auf die problematische wirtschaftliche Situation in Großbritannien und in der Welt ein und sprach soziale und kulturelle Veränderungen an. Vorstellungen zum konkreten Aufbau des Thinktanks fehlten noch.[53] Auch wenn sich der Kontext verändert hatte, sind doch die Parallelen zu Dahrendorfs Publikationen aus der ersten Hälfte der sechziger Jahren unverkennbar: Wieder einmal versuchte er, durch die Verbindung von elaborierter Zeitdiagnose und praxisbezogener wissenschaftlicher Analyse Einfluss auf Politik und Gesellschaft zu nehmen.

Das Konzeptpapier zum Thinktank schickte er nicht nur an alle Dozenten, Professoren und Studentenorganisationen der LSE, sondern auch an zahlreiche Vertreter aus Politik, Wirtschaft und an Mitglieder anderer Universitäten. Ausdrücklich bezeichnete er den Vorschlag als Diskussionsgrundlage, über die er in einen offenen Austausch treten wolle. Indessen betonte er, dass die Idee des «Centres» nicht von ihm selbst kam, sondern von Personen innerhalb und außerhalb der LSE an ihn herangetragen worden sei.[54] Tatsächlich existierte die Idee schon länger unter britischen Wirtschaftsvertretern und Sozialwissenschaftlern.[55] Dahrendorf gelang es jedoch, diese Idee aufzugreifen, ihr Publizität zu verschaffen und durch die Prägung des eingängigen Namens «British Brookings» für sich zu reklamieren. Die Tatsache, dass er die öffentliche Auseinandersetzung suchte, ist wiederum ein Beleg für Dahrendorfs positive Einstellung gegenüber kontroversen Diskussionen. Über 100 Briefe habe er als Antwort auf sein Papier bekommen, so Dahrendorf.[56] Allerdings waren die Rückmeldungen überwiegend von Einwänden und Vorbehalten geprägt. Studentenvertreter kritisierten die Idee, ein neun Millionen Pfund teures «Centre for Economic and Political Studies» als Eliteinstitution zu errichten, während die LSE gleichzeitig von so starken Kürzungen betroffen war, dass unter anderem die Abteilung für Linguistik geschlossen werden sollte.[57] In der Professorenschaft stieß das Papier zwar auf prinzipielle Zustimmung, aber auch auf Bedenken an einer allzu politiknahen Ausrichtung des Thinktanks. Der ehemalige Direktor der LSE, Sidney Caine, der Sozialwissenschaftler Brian Abel-Smith und Dahrendorfs einstiger Doktorvater T. H. Marshall sahen die Unabhängigkeit ihrer Universität bedroht. Überdies wurden Befürchtungen geäußert, ein aufgeblähtes «Centre for Economic and Political Studies» könne Gefahr laufen, die eigentlichen Aufgaben der LSE zu überlagern.[58]

Am 1. März 1976 wurde Dahrendorfs Vorschlag bei einer Sitzung des *Academic Board*, dem alle Dozenten der LSE angehören, diskutiert. Die Mehrheit plädierte jedoch für eine strikte Trennung von Wissenschaft und Politik, also der beiden Sphären, die Dahrendorf eigentlich zusammenbringen wollte. Außerdem hieß es, das «Centre» müsse, wenn es überhaupt eingerichtet würde, ein fester Bestandteil der LSE sein und dürfe im Gefüge der universitären Institutionen keine dominante Position einnehmen. Der skeptische Gegenwind, der ihm von Seiten des Academic Board und der Studentenvertreter entgegenschlug, ließ Dahrendorf erkennen, dass das «Centre» nicht in seinem Sinne durchzusetzen war – oder jedenfalls nicht, ohne erhebliche Widerstände und Feindseligkeiten zu provozieren.[59] Gegen Ende seiner Zeit als LSE-Direktor bezeichnete er sein Vorgehen in Bezug auf das «British Brookings» als «naiv». Durch die Sitzung des Academic Board sei er als neuer Direktor der LSE «geprüft – und erzogen» worden und habe begriffen, dass die LSE als Institution im strengen Sinne akademisch sei.[60] Zudem war ihm wohl bewusst, dass er als Deutscher, der von außen an die

LSE gekommen war, ein besonderes Fingerspitzengefühl brauchte. Dies zeigt das vorsichtige persönliche Vorwort, das er seinem Diskussionspapier zum «Centre for Economic and Political Studies» voranstellte: «For a foreign director of the London School of Economics who has arrived in Britain little more than a year ago it must be odd to be associated with such a proposal.»[61] Gleichwohl war die Idee der Notwendigkeit von «politikzugewandte[r] Forschung»[62] damit noch nicht endgültig begraben. Es folgten weitere Diskussionen innerhalb und außerhalb der LSE über die Errichtung eines «British Brookings» oder eines «European Brookings» in einem anderen europäischen Land. Die Ford Foundation, deren Stiftungsrat Dahrendorf seit 1976 als Trustee angehörte, hegte ernsthafte Pläne, einen solchen Thinktank in Großbritannien oder in einem anderen europäischen Land mitzufinanzieren.[63] Noch im Mai 1977 empfing Dahrendorf eine Ford-Delegation, angeführt von Stiftungspräsident McGeorge Bundy in London, um die Möglichkeiten eines «British Brookings» zu erläutern.[64] Nach Dahrendorfs Auffassung sollten die Aufgaben einer solchen Institution nun darin liegen, so unterschiedliche Themen wie die Langzeiteinflüsse der britischen Ölförderung in der Nordsee auf die Wirtschaftslage, die Einführung von Mitbestimmung in den Industriebetrieben und die Möglichkeiten einer Verfassungsreform zu ergründen. Ähnlich wie die – ebenfalls aus Mitteln der Ford Foundation finanzierte – Washingtoner Brookings Institution sollte das geplante Londoner Institut Personen aus verschiedenen Bereichen des öffentlichen Lebens, der Gewerkschaften und privaten Wirtschaftsunternehmen als Fellows einladen, Konferenzen veranstalten und eine Zeitschrift herausgeben. Die jährlichen Kosten wurden auf eine Million britische Pfund geschätzt. Das Ergebnis der Gespräche war jedoch ernüchternd. Zwar waren die Planungen im Vergleich zu anderen Ländern in Großbritannien vor allem dank Dahrendorfs Engagement in dieser Sache am weitesten vorangeschritten, doch zog die Ford Foundation aufgrund der mangelnden Bereitschaft britischer Institutionen und der Regierung, das «Centre» mitzutragen, ihr Finanzierungsangebot zurück. Die Stiftung sei nicht bereit, die Initiative für ein solches Projekt selbst zu übernehmen, sondern nur eine bereits vorhandene Initiative finanziell zu unterstützen, ließ McGeorge Bundy wissen.[65] Dahrendorf kam in der Folge zu der Meinung, dass die LSE bereits ein Zentrum für Politikstudien sei und dass die bestehenden Institute Political and Economic Planning (PEP), National Institute for Economic and Social Research (NIESR) oder das Center for Studies in Social Policy (CSSP) ausreichten, um die von ihm geforderte mittelfristige politische Planung zu bewältigen.[66] In einem Artikel in der *Times*-Beilage *Times Higher Education Supplement* (THES) erklärte Dahrendorf das Projekt im April 1978 schließlich für gescheitert.[67] Trotz seiner Stellung als Trustee der Ford Foundation, die ernsthaft bereit war, sich an der Finanzierung zu beteiligen, war das «British Brookings» in Großbritannien für Dahrendorf also nicht durchzusetzen.

Das Scheitern des «British Brookings» war eine Lehre für Dahrendorf, die seine Auffassung vom Verhältnis von Universität und Direktor prägte. Er sah sich nun vielmehr als Bewahrer der Institution LSE, die möglichst geschützt, aber nicht verändert werden sollte. In den verbleibenden acht Jahren seiner Direktorenschaft brachte Dahrendorf kaum noch neue Initiativen ein und trug wenig zur Profilbildung der LSE bei. Er erkannte die Vorzüge eines zurückhaltenden, präsidialen Führungsstils und verglich seine Rolle als Hochschuldirektor mit der des Lordkanzlers im britischen Oberhaus:

> Eine Universität will weder noch muss sie geleitet werden. Vielleicht soll einer mit einem Lächeln im Gesicht da oben sitzen, aber im Grunde hält sie sich selbst am Laufen, und zwar auf ihren eigenen geheimnisvollen «üblichen Bahnen». In diese Bahnen einzugreifen sollte nur in extremen Situationen geschehen. Hilfreich ist allerdings, wenn eine Atmosphäre geschaffen wird, die jeden unterstützt und ermutigt [...].[68]

Entscheidend für das Ausbleiben akademischer Reformbemühungen war auch die finanzielle Situation der Universitäten, die sich seit 1977 verschärft hatte. Bereits die Labour-Regierung von James Callaghan hatte einen Anstieg der Studiengebühren für ausländische Studenten und Postgraduierte durchgesetzt. Während die Unterstützung von Studenten aus dem Ausland, insbesondere aus den Commonwealth-Nationen, lange Zeit in Großbritannien geradezu als nationale Pflicht wahrgenommen worden war, wurden staatliche Subventionen für Ausländer infolge der wirtschaftlichen Rezession immer weiter gekürzt. Die LSE war mit ihrem traditionell hohen Anteil von ausländischen Studenten und fortgeschrittenen Studenten besonders betroffen. Als Direktor der LSE sprach Dahrendorf sich vehement gegen die zunehmenden Ressentiments gegenüber ausländischen Studenten aus – schließlich hatte er selbst in seiner Zeit als LSE-Student Anfang der fünfziger Jahren von der britischen Gastfreundschaft und von einem Stipendium profitiert. In einem Artikel für den konservativen *Daily Telegraph* machte er deutlich, dass die ausländischen Studenten ein Gewinn für die britischen Universitäten und für die Gesellschaft seien und hob hervor, dass ihre Zahl im Verhältnis zu den britischen Studenten nicht gestiegen sei. Protektionismus sei zwar eine natürliche, aber die falsche Antwort auf wirtschaftlichen Druck. Er betonte seine Überzeugung, dass Bildung ein Bürgerrecht sei, das jedem unter Berücksichtigung seiner persönlichen Fähigkeiten gewährt werden müsse.[69]

Dahrendorfs Kampf gegen die Mittelkürzungen an der LSE hielt die Studenten jedoch nicht davon ab, ihren Protest auch gegen den Direktor zu richten. Mit *Sit-ins* protestierten sie gegen die Erhöhung der Studiengebühren.[70] Doch die finanziellen Einschnitte unter Premierminister Callaghan waren nichts im Vergleich zu dem, was die LSE mit dem Amtsantritt von Margaret Thatcher ereilte: 1979 wurde die staatliche Finanzierung der LSE um mehr als ein Drittel gekürzt.[71] Die LSE entschied sich daraufhin notgedrungen, den Anteil der ausländischen Studenten (*overseas students*) zu erhöhen, welche fortan die volle Studiengebühr selbst zu tragen hatten. Außerdem trieb Dahrendorf als Direktor die Beschaffung von Geldern durch private Einnahmequellen und Stifter massiv voran, um das finanzielle Überleben der LSE zu sichern, und begründete eine aktive Alumni-Arbeit durch die Mobilisierung der «Friends of the LSE».[72] Schon im Jahr 1978 war es Dahrendorf gelungen, eine Spende des japanischen Automobilherstellers Toyota über zwei Millionen Pfund für die LSE einzuwerben.[73]

Infolge der Privatisierungspolitik Thatchers veränderte sich die Finanzierungsbasis der LSE grundlegend. Nur noch die Hälfte der Einnahmen kam von staatlicher Seite, vierzig Prozent der Einnahmen bildeten nun die Studiengebühren der ausländischen Studenten und die subventionierten Gebühren der britischen Studenten. Zehn Prozent konnten extern durch Forschungsmittel und Spenden eingeworben werden.[74] Um weiterhin Studenten aus anderen Ländern das Studium an der LSE zu ermöglichen, wurde ein privater Stipendienfonds eingerichtet.[75] Durch die prekäre finanzielle Situation fühlte sich der Direktor gelähmt. In einem Interview im Jahr 2001 bekannte er: «ich habe schon in der Thatcher-Zeit als Direktor der LSE angesichts bestimmter Regierungsentscheidungen Ohnmacht empfunden, die wirklich sehr herb war und wo die Dame sehr unzugänglich war.»[76] In seiner Geschichte der LSE erklärte Dahrendorf, was diese Ohnmacht für die Leitung der «School» bedeutete:

> Gelegentlich haben mir Freunde innerhalb und außerhalb der LSE gesagt, wie sehr sie bedauerten, dass ich zu einer so ungünstigen Zeit an die «School» gekommen sei. Sie hätten es lieber gesehen, wie ich dort eigene Ideen umgesetzt hätte, statt meine Zeit dafür zu verwenden, die «School» gegen Bedrohungen von außen zu verteidigen. […] Wenn ich die Chance

gehabt hätte, so hätte ich die LSE weiter in Richtung Graduiertenschule und Forschungsuniversität entwickelt.[77]

Dahrendorfs eigentlicher Wunsch, die LSE als Forschungs- und Eliteeinrichtung auszubauen, anstatt noch mehr *overseas students* und *undergraduates* zu akzeptieren, blieb unerfüllt. Auch in der Berufungspolitik konnte Dahrendorf der LSE keinen Stempel aufdrücken, wie der LSE-Professor Ernest Gellner im Mai 1980 konstatierte:

> Die Berufungen während seiner Zeit als Direktor waren eher vorsichtig als gewagt, jedenfalls gab es keinen unmittelbar sichtbaren Schritt, um die Führung in den Sozialwissenschaften wiederzuerlangen. Wahrscheinlich wäre es in dieser Zeit der finanziellen Einsparungen, die wenig Spielraum ließen, jedoch auch schwierig für ihn gewesen, sich dem internen Druck und den internen Interessen zu widersetzen. Starke Führung wäre ihm, gerade als Deutschem, womöglich als autoritär verübelt worden.[78]

Der einst von der Auswahlkommission gewünschte «academic entrepreneur» einer innovativen Neuausrichtung war Dahrendorf also nicht geworden. Gleichwohl gelang es ihm durchaus, die LSE als unternehmerischer Universitätsmanager erfolgreich durch die Finanzkrise zu manövrieren und die Hochschule vor allem durch die Förderung von informellen Kontakten zu einem Zentrum der Vernetzung von Wissenschaft, Politik und Wirtschaft zu machen. Außerdem wurde in seiner Zeit die Aufnahme von Studentenvertretern in die Gremien der LSE eingeführt und damit die studentische Mitbestimmung erweitert.[79] Die traditionellen jährlichen Studentenproteste an der LSE waren damit jedoch nicht beigelegt. Regelmäßig wurden Dahrendorfs Büro und das Sekretariat der LSE besetzt. Das versuchte Dahrendorf zwar mit Humor, aber doch auch ernst zu nehmen: 1978 ließ er einmal die LSE-Gebäude gerichtlich räumen, als die Studenten nicht freiwillig von ihren Protesten ablassen wollten.[80]

Grundsätzlich lag Dahrendorf jedoch vor allem daran, die LSE als Institution, die sie war, zu bewahren. Dahrendorf wurde also vom Hochschulreformer, der er in den sechziger Jahren gewesen war, zum Hochschulbewahrer. So schreibt er zum Ende seiner Zeit als LSE-Direktor:

> Dies war mir glücklicherweise sofort klar: die LSE, die ich erbte, war die bedeutendste sozialwissenschaftliche Hochschule der Welt. Wenn es mir

gelingen würde, sie zu bewahren, sie meinem Nachfolger intakt zu über-
geben, wäre das schon ein Erfolg. Die LSE braucht nicht Politik, sondern
Schutz. Große Universitäten haben ihr Ziel immer schon, und das heißt
Qualität, erste Qualität, *excellence*. Sie brauchen jemanden, der es ihnen
erleichtert, das Ziel zu erreichen, nicht mehr, aber auch nicht weniger.
Meine Aufgabe war also Bewahrung und Versöhnung.[81]

Dahrendorf wurde in seiner Zeit in Großbritannien im Wortsinne konservativer. Statt nach Erneuerungen zu streben, ging es ihm darum, Erreichtes zu
sichern. Diese Einstellung war auch eine Reaktion auf die Thatcher-Politik.
Thatcher war zwar Premierministerin einer konservativen Partei, setzte aber
zur Bewältigung der Wirtschaftskrise in ihrer Regierungszeit alles daran, die
Traditionen der britischen Wirtschafts- und Sozialordnung zu sprengen.[82] So
kam es, dass Dahrendorf in Reaktion auf die Wirtschaftkrise und die darauf-
folgende neoliberale Politik der Thatcher-Regierung konservativ-bewahrend
wurde.

Dahrendorf nutzte seine Funktion als LSE-Direktor auch, um in der
britischen Öffentlichkeit präsent zu sein.

Dahrendorf bei Vorträgen, Dahrendorf im Fernsehen, Dahrendorf auf
allen nur denkbaren Diskussionspodien, Dahrendorf als engagierter
Londoner Bürger, Dahrendorf, der 1981 zum «Knight Commander of the
Order of the British Empire» geschlagen wurde. Sir Ralf war omnipräsent und aus dem intellektuellen Leben Englands nicht wegzudenken.[83]

So erinnerte sich der spätere Herausgeber der *Badischen Zeitung*, Christian
Hodeige, der damals an der LSE studierte. Zum Ende seiner zehnjährigen
Amtszeit sprach man in der Presse von «the glamour and high visibility of
Dahrendorf (known as ‹Superkraut›)».[84] Zu dieser hohen Sichtbarkeit gehörte
auch, dass Dahrendorf immer wieder Artikel in Zeitungen publizierte, Interviews gab und öffentliche Vorträge hielt. Die stärkste öffentliche Resonanz
erreichte er mit zwei Sendungen, die er gemeinsam mit der BBC realisierte:
Den Radiovorträgen Reith Lectures und der Fernsehdokumentation *Dahrendorf On Britain*.

3. Der Deutsche als Analytiker der britischen Gesellschaft: Die Reith Lectures und «Dahrendorf On Britain» in der BBC[85]

Anfang 1974 lud die BBC den designierten Direktor der LSE ein, die renommierten Reith Lectures zu halten. Deutlicher konnten die Erwartungen an den neuen Direktor kaum gezeigt werden, denn die Radiovorlesungen, die bis heute eine große Zuhörerschaft erreichen, werden seit 1948 stets von bekannten intellektuellen Persönlichkeiten gehalten. Im Sinne ihres Namenspatrons, dem ersten Generaldirektor der BBC, Sir John (später Lord) Reith, sollen sie das öffentliche Verständnis für und die Debatte über wichtige Themen von zeitgenössischem Interesse fördern.[86] Durch die Ausstrahlung seiner Vorträge im November und Dezember 1974 hatte Dahrendorf die Gelegenheit, sich unmittelbar nach seinem Amtsantritt im Oktober der britischen Öffentlichkeit vorzustellen, und er galt damit zugleich als «Sprecher des Zeitgeistes» und «Intellektueller des Jahres»[87].

Als Thema für seine Radiovorträge wählte Dahrendorf «The New Liberty. Survival and Justice in a Changing World».[88] In seinen Vorlesungen ging es Dahrendorf also um die Verbindung von Freiheit und Gerechtigkeit in der «veränderten Welt» der siebziger Jahre. Die Herausforderungen und Probleme der Zeit waren schnell umrissen: die Energiekrise, die Gefahr der Inflation und ein zunehmender Bewusstseinswandel etwa in Bezug auf Umweltprobleme, Bevölkerungswachstum und Armut in den Entwicklungsländern. Zwar habe die «historische Leistung sozialistischer Parteien und Bewegungen in Europa»[89] die notwendige Ausdehnung der Staatsbürgerrechte erreicht, aber zugleich, so Dahrendorfs Diagnose, ein falsch verstandener Anspruch auf Gleichheit auch zu einem Anstieg der Bürokratisierung und daher zur Erstarrung der Verhältnisse geführt.

Wie schon in seinem Buch *Gesellschaft und Demokratie in Deutschland* hob Dahrendorf die Notwendigkeit von Konflikten hervor. Die mit ihnen verbundene Möglichkeit zum Wandel sah er als Lebenselixier einer freien Gesellschaft an. Mit Bezug auf John Stuart Mill und Karl Popper beschrieb Dahrendorf seine Agenda für eine «neue Freiheit». Sie sei ein Plädoyer für «eine Politik des geregelten Konflikts und die Sozialökonomik der Maximierung individueller Lebenschancen».[90] Die Verbindung von Freiheit und Gerechtigkeit bedeutete für ihn durch Staatsbürgerrechte garantierte prinzipielle Chancengleichheit bei gleichzeitiger Anerkennung von Unterschieden zwischen einzelnen Menschen sowie deren Wahlfreiheit von verschiedenen Optionen und Lebensentwürfen.

Dahrendorf forderte das Zusammenwirken der Bereiche Politik, Ökonomie und Gesellschaft, um von einer «Expansionsgesellschaft» zu einer «Meliorationsgesellschaft» zu kommen. Der etwas bemüht klingende Begriff der Meliorationsgesellschaft bezeichnet die Notwendigkeit, bereits formal bestehende Rechte und Möglichkeiten tatsächlich zu nutzen, um die Lebenschancen für alle Menschen auszuweiten. Auf Englisch klingt es griffiger: «improving society» statt «expanding society».[91] Diese Formel markiert eine Weiterentwicklung der bereits knapp zehn Jahre früher in *Gesellschaft und Demokratie* vertretenen These, dass den formal, also vor allem juristisch bestehenden Bedingungen der Modernisierung und Liberalisierung, nun die tatsächliche Liberalisierung der Gesellschaft folgen müsse. Denn Staatsbürgerschaft sei, in Anlehnung an T. H. Marshall, kein Status, sondern ein nie wirklich abgeschlossener Prozess in einer sich stets im Wandel befindlichen Gesellschaft.[92] «Lebenschancen» – so führt Dahrendorf 1979 in der gleichnamigen Abhandlung aus[93] – müssten immer wieder neu verhandelt und erstritten werden.

Als Ansatzpunkte, um die bestehende Gesellschaft zum Besseren zu verändern, seien weder realitätsferne und tendenziell totalitäre Utopien noch pragmatische Kurzzeitlösungen geeignet. Stattdessen sprach sich Dahrendorf für eine Politik der mittelfristigen Planung aus. Als wissenschaftlicher Politikberater in Baden-Württemberg und als Politiker in Bundestag und EG-Kommission habe er selbst immer wieder feststellen können, wie schwierig es sei, Ratschläge von Experten in praktische Politik umzusetzen. Aufgrund seiner Erfahrungen mit den Widrigkeiten der Verbindung von Wissenschaft und Politik schlug er vor, einen «Rat für mittelfristige Planung» («Council of Medium-Term Planning»[94]) aus Sozial- und Naturwissenschaftlern gesetzlich einzurichten. Dieser solle – nach Vorbild des bundesdeutschen Sachverständigenrats zur Begutachtung der gesamtwirtschaftlichen Entwicklung (besser bekannt als «Die fünf Wirtschaftsweisen») – unabhängig von der Tagespolitik die politischen Entscheidungsträger beraten.[95] Dieser Vorschlag macht deutlich, dass Dahrendorf auch nach dem «Ölschock» gedanklich noch dem Planungsglauben der sechziger Jahre verhaftet war.[96] Die Grundidee ist dieselbe wie beim «British Brookings»: Die Grenzen zwischen Wissenschaft und Politik sollten überwunden werden, um die Erkenntnisse der Experten für die praktische Politik nutzbar zu machen.

Daneben sprach sich Dahrendorf aber auch ganz praktisch für Arbeits-
zeitmodelle aus, die eine individuelle Aufteilung von Arbeit und Freizeit ermöglichen sollten, weiterhin für flexible Pensionsgrenzen und Weiterbildungs-
möglichkeiten im Erwachsenenalter. Er betonte die Notwendigkeit einer
neuen politischen Öffentlichkeit mit direkter Beteiligung der Bürger an politischen Prozessen, zum Beispiel durch Volksentscheide und die Direktwahl
von Amtsträgern. Auch die Bürger wollte Dahrendorf durch die Einführung
eines sozialen Pflichtjahres stärker in ihre gesellschaftliche Verantwortung
einbinden.

In den sechs Wochen, in denen die Vorlesungen wöchentlich gesendet
wurden, hörten eine Million Menschen Dahrendorfs Ausführungen zu,[97]
welche als «important contribution to public debate» auch in Buchform veröffentlicht wurden.[98] Wie groß die Resonanz war, zeigt sich an den zahlreichen Hörerzuschriften und Leserbriefen im Nachlass Dahrendorf.[99] Bei
den Rezensenten stießen die Vorlesungen auf ein überwiegend positives
Echo; vor allem die Brillanz und der Optimismus von Dahrendorfs Gegen-
wartsanalyse und der elegante Sprachstil wurden gelobt.[100] Dahrendorf enttäuschte aber auch an ihn gerichtete Erwartungen. Kritische Stimmen fanden die Aktionsprogramme zur Lösung der Krise zu oberflächlich und
warfen Dahrendorf vor, lediglich in den Chor der Wachstumskritiker einzu-
stimmen, ohne substanzielle Vorschläge für die praktische Umsetzung zu
machen.[101]

Die Reith Lectures waren nur der Auftakt von Dahrendorfs intellektuellen
Interventionen. Mit einer Vielzahl an Zeitungs- und Zeitschriftenartikeln und
mit Interviews meldete er sich von nun an regelmäßig in der britischen Öffentlichkeit zu Wort. Auch wenn seine bevorzugte Zeitung die *Times*, vor allem die
seit 1971 erscheinende Beilage *Times Higher Education Supplement* (THES),
war,[102] reichte die Bandbreite vom *Daily Telegraph* über die *Times* bis hin zum
Guardian und zum *New Statesman*.[103] Dahrendorf war also keineswegs auf ein
bestimmtes Presseerzeugnis mit einer bestimmten politischen Ausrichtung
abonniert. Darüber hinaus hielt er zahlreiche Vorträge zu allen möglichen
tagespolitischen Themen und schaltete sich in Debatten ein, ob es nun um
Hochschulpolitik, um Großbritanniens Rolle in Europa, um das Ende der
Klassengesellschaft oder um Gewalt im Fußball ging.[104]

Aus dieser Vielfalt sticht eine Rolle hervor, die Dahrendorf mit über-
raschender Selbstverständlichkeit übernahm: die des Analytikers des *state of
Britain*. Seine Stellung als Soziologieprofessor und Direktor der LSE ermöglichte es ihm, als Experte für die britische Gesellschaft aufzutreten, was er

mit zunehmender Regelmäßigkeit tat. In zahlreichen Artikeln beschäftigte er sich mit den Ursachen der «britischen Krankheit» (*british disease*), also den Hintergründen von Großbritanniens ökonomischem Niedergang im Vergleich zu seinen europäischen Nachbarn. Großbritannien galt mit seinem niedrigen Lebensstandard und der unproduktiven Wirtschaft in den siebzigern als «der kranke Mann Europas». Dahrendorf analysierte in Vorträgen wie «Why Britain failed»[105] die Gründe für die wirtschaftliche Stagnation und die wiederkehrenden Streikwellen, trat aber zugleich mit Artikeln wie «Reply to the Britain Bashers» und «Why I like it here» als Verteidiger seiner britischen Wahlheimat auf.[106] Diese Artikel wurden sehr positiv aufgenommen. Gerade aus dem Mund des Deutschen wurde die Aufforderung, sich trotz der allgegenwärtigen Probleme auf die Vorzüge der britischen Nation zu besinnen, gern gehört.[107] Diese Gedanken, die Dahrendorf in Artikeln bereits entwickelt hatte, brachte er schließlich 1983 mit einer Fernsehproduktion der BBC in eine breitere Öffentlichkeit.

Die 1982 produzierte Fernsehdokumentation *Dahrendorf On Britain* wurde Anfang 1983 ausgestrahlt.[108] Das große Thema der fünfteiligen Serie war der Wandel der Industriegesellschaft in Anbetracht des *British Decline*. Das in den Siebzigern und Achtzigern in Großbritannien allgegenwärtige Narrativ des *Decline* beschreibt das Jahr 1945 als Moment des beginnenden Abstiegs Großbritanniens. Hatten die Briten nach dem Sieg der Alliierten über das nationalsozialistische Deutsche Reich noch als Weltmacht auftreten können, verloren sie in den folgenden Jahren mit dem *Empire* nicht nur diesen Status, sondern auch einen Teil ihrer Identität. Die stagnierende Wirtschaft, die Inflation, das schlechte Abschneiden im Vergleich zu anderen europäischen Ländern und strukturelle Probleme des Wohlfahrtsstaats verstärkten seit den siebziger Jahren die Krisenwahrnehmung.[109]

Anhand der Themen der fünf Sendungen «Decline», «Class», «Institutions», «Identity» und «The Future» zeichnete Dahrendorf das Bild einer britischen Gesellschaft, die nach dem industriellen Niedergang eine Bedeutungsverschiebung innerhalb ihrer Klassen erlebte und auf der Suche nach einer neuen, sinnstiftenden Identität war. Eine neue Mittelklasse sei im Entstehen, deren künftige Bedeutung bislang ebenso wenig abzusehen sei wie die Konsequenzen aus einer sich verändernden Arbeitsgesellschaft. Hinzu kämen Herausforderungen wie der Umgang mit den Einwanderern aus den Commonwealth-Nationen und ein nach sozialen Klassen stark geteiltes Bildungssystem. Die sonst von Dahrendorf so positiv beurteilte traditionelle Konfliktorientiertheit der Gesellschaft entpuppe sich für Großbritannien als Schwäche, da die verhärteten Fronten zwischen den sich abwechselnden Regierungsparteien ebenso wie zwischen Gewerkschaften und Arbeitgebern die Politik handlungsunfähig machten. Seine problemorientierte Analyse der britischen Gesellschaft verband Dahrendorf mit der Frage, wie dem als unaufhaltsam empfundenen Abstieg Einhalt geboten werden könne, ob und wie sich dieser sogar umkehren lasse. Mit Kritik an der Thatcher-Regierung hielt er sich an dieser Stelle zurück.

Dahrendorf trat jedoch nicht nur als Problemanalytiker, sondern zugleich auch als Verteidiger der britischen Lebensart auf, die er besonders durch das Gefühl von gesellschaftlicher Solidarität charakterisiert sah. Er appellierte an den Nationalstolz der Briten, wenn er an die Errungenschaften der Industrialisierung oder an die hohe Zahl von britischen Nobelpreisträgern erinnerte. Mit öffentlichem Lob für die Briten war Dahrendorf bereits früher aufgefallen. Der *Guardian* schrieb 1978 über ihn: «[...] he has become more British than the British, praising the British way of life in a way no Englishman would dare.»[110] Derartige Elogen auf die Deutschen wären aus Dahrendorfs Mund kaum vorstellbar gewesen.

Trotz der hohen Publizität, die Dahrendorf mit der Serie erreichte, war er mit dem Ergebnis nicht zufrieden. Mehrmals hatte er mit dem Gedanken gespielt, das Projekt aufzugeben, auch weil es Meinungsverschiedenheiten mit dem BBC-Produzenten Adrian Milne gegeben hatte.[111] In der nachträglichen Beurteilung bezeichnete er die Sendung als «quaint and irrelevant»[112] und verhinderte die Übersetzung der zugehörigen Buchpublikation ins Deutsche. Auch beim Publikum traf die Fernsehdokumentation auf gemischte Reaktionen. Während einerseits die hohe journalistische Qualität der Sendung hervorgehoben und das Programm als verständliche Fernsehunterhaltung beschrieben wurde,[113] kritisierten andere Rezensenten Dahrendorfs hölzernen Moderationsstil und den geringen Erkenntniswert seiner Analyse des *British Decline*. «The main business of *Dahrendorf on Britain* is not to advance the special views and developed criticisms of its presenter but to offer instead a broad summary of conventional contemporary thought»[114], schrieb das *Sunday Times Magazine*. Und der *Daily Telegraph* monierte «he made obvious points in an obvious way».[115] Überhaupt sei doch die Frage, ob Dahrendorf als Deutscher, der sich erst seit 1974 im Land aufhalte, überhaupt qualifiziert sei, sich zur Lage Großbritanniens zu äußern, hieß es weiter.

Die Einmischung des Deutschen als «friendly outsider»[116] wurde jedoch auch positiv bewertet: «Perhaps it needs a foreigner's eye to remind us that

Britain despite her ills, is still a nice place. This view of his actually left me with a feeling of shame,» schrieb eine Journalistin des *Daily Express*.[117] Ein Kommentar im *Guardian* macht deutlich, wie außergewöhnlich die Akzeptanz für den Kommentar eines Deutschen zur britischen Lage in Zeiten des *Decline* war: «how many other Germans, or even foreigners, could have got away with it?»[118] Dahrendorf «got away with it», weil er die geschundene britische Seele streichelte und den Briten in einer Phase, in der sie sich zunehmend anderen Ländern (und gerade auch den Deutschen) gegenüber wirtschaftlich unterlegen fühlten, ihren Stolz zurückgab. Außerdem hatte sich der «Auslandsdeutsche»[119], wie Dahrendorf sich selbst sah, in Großbritannien assimiliert. In einem Portrait über Dahrendorf im Jahr 1983 hieß es, er sei «as English as buttered crumpets at four o'clock.»[120]

Es ist symptomatisch, dass Dahrendorf in Großbritannien einerseits noch als Deutscher wahrgenommen wurde und andererseits so sehr als Engländer akzeptiert war, dass viele gar nicht wussten, dass er Deutscher war.[121] Zu dieser Akzeptanz trug sicherlich auch bei, dass er dank seiner frühen Aufenthalte in England und den USA und seiner englischen Frau Vera (und später seiner amerikanischen Frau Ellen) perfekt und akzentfrei Englisch sprach und sich auch mit seinem ganzen Habitus dem englischen Establishment angepasst hatte.[122]

Die Wahrnehmung als Engländer war Dahrendorf sehr wichtig. Er wollte nicht als Ausländer auffallen, denn er fühlte sich als Teil der englischen Gesellschaft. So beschreibt er seine Rolle als Deutscher in Großbritannien in *Reisen nach innen und außen* (1984):

> Auch in der Kommission, die sich mit dem Funktionieren der britischen Finanzinstitutionen beschäftigt hat, blickte niemand sich nach mir um [...], wenn davon die Rede war, daß man die ausländischen Banken bändigen müsse. Die Königin ernannte ‹Ralf Dahrendorf Esq.› ebenso zum Mitglied der Royal Commission on Legal Service wie ein Dutzend anderer. Das Schatzamt, das eine notorische Liste *of the good and the great*, der ‹Guten und Großen›, führt, also derer, die für öffentliche Ämter in Frage kommen, hatte mich wohl auf diese Liste gesetzt. In England war ich (beinahe) Engländer. [...] Es war richtig schön, sich ein paar Jahre lang als Deutscher zu verstecken, einmal jemand anderes zu sein [...].[123]

Es ging ihm jedoch nicht darum, sein Vaterland zu verleugnen, sondern darum, an der von ihm so bewunderten britischen Lebensart teilzuhaben:

Ich wollte halt einmal Engländer sein: einer von denen, die auf ihre Geschichte stolz sein können, die ihre Institutionen lieben, deren Stil Respekt und Distanz auf höchst humane Weise verbindet; einer, der nicht
wohlhabend zu sein braucht, um glücklich zu sein, dem überhaupt der
materielle Wohlstand nicht allzuviel bedeutet.[124]

An Noel Annan schrieb Dahrendorf bereits 1977, er fühle sich in England
«almost frightening at home considering that it is after all not my home. It is
almost like a reincarnation.»[125]

Kein Zweifel, Dahrendorf gehörte zum Establishment in Großbritannien,
er stand auf der Liste der «good and great», was ihm die Nominierung für
diverse Komitees und die Erhebung in den Adelsstand einbrachte. Zudem
eilte Dahrendorf bei seiner Ankunft in London 1974 das Image eines «Wun-
derkindes»[126] voraus, das durchaus einschüchternd wirken konnte, wie der
Ökonom John Vaizy 1976 in einem Brief an Dahrendorf zugab:

> Ich muss zugeben, dass ich im Laufe der Jahre wegen Ihres Rufs als Wun-
> derkind gehemmt war, Sie zu sehen und zu treffen; tatsächlich ist es recht
> leicht, glaube ich, etwas eifersüchtig auf die Zeitgenossen zu sein, denen
> alles so mühelos zu gelingen scheint. Aber ich war von der Höflichkeit und
> dem Charme und dem ernsthaften intellektuellen Austausch, der unsere
> Beziehung auszeichnet, immens beeindruckt, und ich bin zutiefst dankbar.
> Nun, wie ich zu einem unserer Kollegen sagte, der größte lebende Eng-
> länder unserer Vorgängergeneration ist in Riga, Lettland, geboren – Isaiah
> Berlin –, und es spricht einiges dafür, dass der größte lebende Engländer
> meiner Generation in Deutschland geboren ist.[127]

Der Vergleich mit seinem Idol Isaiah Berlin wird Dahrendorf ebenso geschmeichelt haben wie das Lob seines frühen Förderers Noel Annan anlässlich seiner Aufnahme in die British Academy 1977:

> Ich bewundere Sie für die Position, die Sie sich in der britischen akademi-
> schen Welt erworben haben. Ihre Artikel in der *THES*; Ihre Bereitschaft,
> fast überall zu sprechen; Ihre Autorität im Auftreten in diesem bizarren
> Gremium, dem Committee of Vice-Chancellors; Ihre Klugheit bei der
> Auswahl der Universitätsgremien, denen Sie beiwohnen, und wann Sie
> dort sitzen und zu welcher Stunde genau Sie sie ihren Beratungen wieder
> überlassen – all das und vieles mehr hören nie auf, mich zu erstaunen und
> mir Vergnügen zu bereiten! Ich glaube nicht, dass irgendjemand dort Sie

je anders sieht als einen wahrhaftigen Engländer! – Und wie Sie wissen, ist das das größte Kompliment, dass die Engländer überhaupt jemandem machen können![128]

Brian Flowers, Rektor des Londoner Imperial College of Science and Technology hob Dahrendorfs Verdienste für Großbritannien am Ende seiner Amtszeit als LSE-Direktor besonders hervor:

> Ihr Beitrag für das Land ist wohl einzigartig. Sie haben den Universitäten zu neuen, anderen Perspektiven verholfen, wie es andere nicht hätten tun können, oder vielleicht nur Edward Boyle [konservativer Bildungsminister 1962–1964] es hätte tun können. Hinter den Kulissen war Ihr Einfluss auf Regierung und Opposition und auf andere Mächte im Land enorm.[129]

Tatsächlich hatte Dahrendorf die LSE von 1974 bis 1984 mit großem Geschick durch schwierige Zeiten geführt: Es war ihm gelungen, die Hochschule nach den Studentenunruhen wieder zu befrieden und die finanziellen Probleme, die bald nach seiner Amtsübernahme immer stärker hervortraten, zu lösen. Seine hohe persönliche Identifikation mit der «School» war stets spürbar und machte ihn zu einem besonders authentischen Direktor, der die LSE stärker als zuvor mit der Politik, Wirtschaft und Presse in Kontakt brachte.

In seinem Buch zur Geschichte der LSE – von dem er später sagte, es sei sein liebstes[130] – trägt der Abschnitt über seine Wahl zum Direktor 1973 den Titel «Coming home».[131] Die Jahre an der LSE empfand er als erfüllend. Als er sich 1983 dazu entschloss, nach zehn Jahren an der Spitze der LSE ab 1984 für keine weitere Amtszeit zur Verfügung zu stehen, schrieb der sonst emotional eher reservierte Dahrendorf, er betrachte die Jahre an der LSE als die glücklichste Zeit seines Lebens. Und weiter: «The directorship of the School has given me more satisfaction and pleasure than any other position which I have held. I shall forever love LSE.»[132]

4. Ein *Cultural Broker* zwischen der Bundesrepublik und Großbritannien

Dahrendorf war in den Jahren als LSE-Direktor nicht nur in Großbritannien als Intellektueller aktiv, sondern blieb zugleich auch in der Bundesrepublik präsent. Seit 1974 war er das liberale Aushängeschild der *Zeit*. Als Pauschalist

für ein monatliches Fixum von 1800 DM schrieb er regelmäßig zu tagespolitischen Themen.[133] Sein erster großer Beitrag aus Großbritannien waren
die BBC Reith Lectures, deren Thesen so auch in der Bundesrepublik Verbreitung fanden. *Die Zeit* war in den folgenden Jahren für Dahrendorf eine
wichtige Verbindung zur Bundesrepublik. Er nahm häufig an Redaktionssitzungen teil,[134] zu denen er von Marion Gräfin Dönhoff oder Theo Sommer
eingeladen wurde. Mit der «Gräfin» verbanden ihn und Fritz Stern eine enge
Freundschaft, und auch zu Haug von Kuenheim und zu Theo Sommer
pflegte er freundschaftliche Beziehungen.

Doch Dahrendorf schrieb von England aus nicht nur für *Die Zeit*, sondern
er konnte – wie auch in der englischen Presse – eine ganze Bandbreite von
unterschiedlichen Publikationsorganen erreichen. Die konservative *Frankfurter Allgemeine Zeitung* brachte ebenso Artikel von ihm wie der linksliberale
Spiegel, der *Stern*, *Christ und Welt* oder Lokalzeitungen wie der *Südkurier* und
die *Hessische Allgemeine*. In der Schweiz und in Österreich war Dahrendorf
ebenfalls präsent, etwa in Artikeln und Interviews in der *Weltwoche* oder in
einer monatlichen Kolumne in *Finanz und Wirtschaft*. Darüber hinaus blieb
sein publizistisches Wirken nicht auf den deutsch- und englischsprachigen
Raum beschränkt. Insbesondere in Italien wurde er lebhaft rezipiert, und auch
französische und spanische Zeitungen brachten häufig Artikel von ihm.

Durch seine publizistische Tätigkeit nahm Dahrendorf an den aktuellen
Debatten in Deutschland aktiv teil und verfolgte weiterhin die Themen, die
ihn auch in den Jahren zuvor beschäftigt hatten, etwa die Hochschulpolitik.
Zum Beispiel kritisierte er in einem Artikel für den *Rheinischen Merkur* im
Mai 1982 die Ineffizienz des deutschen Hochschulwesens. Im Vergleich zu
Frankreich und Großbritannien hielt er es für zu kostenintensiv und forderte – wie bereits in den sechziger Jahren – eine Verkürzung des Studiums
durch stärkere Strukturierung und die Einführung von Kurzstudiengängen.[135] Außerdem wehrte er sich gegen die Vereinnahmung seiner Konflikttheorie für die sogenannte «Konfliktpädagogik» in den Hessischen Rahmenrichtlinien des SPD-Kultusministers und früherem Adorno-Assistenten
Ludwig von Friedeburg.[136]

Durch seine Position in Großbritannien an der LSE wurde Dahrendorf in
der deutschen Öffentlichkeit zu einem Experten für seine Wahlheimat. Eine
Vielzahl der Artikel, die Dahrendorf schrieb, und der Interviews, die er gab,
handelten von der Situation in Großbritannien und von der britischen Kultur
und Gesellschaft.[137] Beispielhaft dafür sind zwei Essays, die Dahrendorf 1979
im *Stern* und im *Spiegel* veröffentlichte. Im Februar erläuterte Dahrendorf in

einem Sonderheft des *Sterns* zu «Großbritannien» unter dem Titel «Abwarten und Teetrinken» den Deutschen die dortige gesellschaftspolitische Lage. Im Mai kommentierte er im *Spiegel* unter der Überschrift «Englands Anarchie und Solidarität» die britischen Unterhauswahlen, bei denen Margaret Thatcher zur Premierministerin gewählt wurde.[138] Während er der Frage nach den Unterschieden zwischen Großbritannien und Deutschland sowie den Gründen für das schlechte wirtschaftliche Abschneiden der Briten nachging, entwickelte er bereits die Thesen, die er später in der Fernsehserie *Dahrendorf On Britain* ausführte. Ausgehend von persönlichen Erfahrungen, beschrieb er Großbritannien als ein Land der kollektiven Solidarität, während Deutschland eine Konkurrenzgesellschaft sei. Im *Stern* schrieb er:

> in Deutschland ist die individuelle Konkurrenz der vorherrschende Wert; man will besser sein als andere, besser bezahlt, besser angesehen, zuweilen sogar wirklich besser. [...] Kollegialität, Zusammengehörigkeitsgefühl ist [in England] überall das erste Prinzip. Wer sich besonders anstrengt, um allein voranzukommen, macht sich nicht nur unbeliebt, sondern gilt als seltsamer Typ.[139]

Die Gruppensolidarität der Briten habe jedoch eine gewisse Lethargie zur Folge, die sich negativ auf die Wirtschaftsleistung des Landes auswirke, denn: «Individuelle Konkurrenz führt nicht nur zu einem höheren Lebensstandard für den einzelnen, sondern stimuliert offenkundig den Wirtschaftsprozeß allgemein».[140] Für die Briten seien allerdings Teepausen wichtiger als die Steigerung der Produktivität, was zwar einerseits sehr angenehm und sympathisch sei, aber nicht zu Wohlstand führe. So seien die Briten unfähig, «ihr Geschick selbst in die Hand zu nehmen».[141] Darüber hinaus erweise sich die Gruppensolidarität als Hemmnis für die soziale Mobilität, «so daß sozialer Aufstieg zwar stattfindet, aber viel schmerzhafter ist als in Amerika oder Deutschland; wer seine Herkunftsgruppe verlassen hat, gehört nirgendwo mehr hin.»[142]

Als zweites Charakteristikum der britischen Mentalität beschrieb Dahrendorf eine Haltung, die er als «Nullsummenmentalität»[143] bezeichnete. Diese durchziehe alle Institutionen des Landes und zeichne sich dadurch aus, dass Auseinandersetzungen immer absolut seien, man also nur entweder verlieren oder gewinnen könne. Während in der Bundesrepublik im Bundestag Koalitionen gebildet würden und die Menschen den Konsens anstrebten, herrsche in Großbritannien das Prinzip der «adversary politics». Modell dafür war das britische Unterhaus, wo sich die nach relativem Mehrheitswahlrecht gewählte

Regierung und Opposition konfrontativ gegenübersitzen. Die Haltung der «adversary politics» führe aber auch zur «sichtbarsten Form der ‹englischen Krankheit›», den Streiks, in denen es keine auf Konsens hinauslaufenden Verhandlungen gebe, sondern sich die von der Gruppensolidarität getragenen Fronten gegeneinander verhärteten und keine Einigung erzielt werden könne. Auf der anderen Seite war Großbritannien in den Augen Dahrendorfs ein Land, in dem es «gewisse, ungeschriebene und meist auch unausgesprochenen Werte, Spielregeln und mehr [gibt], an die man sich hält. Eine sanfte Grundsolidarität hält das ganze Land zusammen.»[144] Dies sei auch eine Haltung, die es Großbritannien leichter mache als anderen Ländern mit zukünftigen Herausforderungen, wie den prognostizierten sinkenden Beschäftigungszahlen, umzugehen.

Als Analytiker der britischen Gesellschaft trat Dahrendorf in der Bundesrepublik als kultureller Vermittler oder *Cultural Broker* auf.[145] Dabei fällt auf, dass seine deutschen Artikel eine deutlich persönlichere Note hatten als die britischen:

> Manchmal bin ich versucht zu meinen, es läßt sich hier besser leben als irgendwo sonst auf der Welt. Es ist schlicht angenehm, von Solidarität getragen zu werden, nicht ständig an die Grenzen eines allzu engen und expliziten Konsens anzuecken, von Institutionen umgegeben zu sein, mit denen es sich gelassen leben läßt und alles Mißliche mit Humor zu ertragen.[146]

Dahrendorf wurde zum Verteidiger der britischen Solidaritätskultur. So sei die Bundesrepublik zwar das wirtschaftlich erfolgreichere, Großbritannien aber das lebenswertere Land. Obwohl Dahrendorf diese These immer wieder an verschiedener Stelle vertrat, blieb er einen genaueren Nachweis, der über stereotypische Beispiele wie das höfliche Schlangestehen der Briten hinausging, schuldig. Sein Lob der Briten schien also vor allem durch persönliche Erfahrungen begründet zu sein.

Vor dem Hintergrund von Dahrendorfs England-Deutschland-Komparatistik blieb Europa weiterhin ein wichtiges Thema, zu dem sich der ehemalige EG-Kommissar immer wieder als Experte äußerte. Die Aussage Gangolf Hübingers, Europa sei der «zentrale Bezugspunkt für Dahrendorfs intellektuelle Interventionen [...] spätestens seit den frühen 1970er Jahren»,[147] hält jedoch einer systematischen Auswertung von Dahrendorfs Publikationen aus dieser Zeit nicht stand. Dahrendorf richtete sich zudem weniger an Europa

oder gar an eine noch kaum existente europäische Öffentlichkeit, sondern be-
schränkte sich im Wesentlichen auf die Bundesrepublik und Großbritannien.
Angesichts seiner Würdigung der britischen Solidaritätsgesellschaft war der
Wahlsieg Margaret Thatchers am 3. Mai 1979 für Dahrendorf «eine eigentüm-
liche Abkehr des Landes von sich selbst». Trotz einiger positiver Ansätze zur
Modernisierung wie «weniger Steuern [...] und vor allem weniger Staat», die
Dahrendorf in der «radikalkonservative[n] Politik» Thatchers erkannte, war
die Welt der Konservativen für ihn eine von «Vorgestern». Dem Regierungswechsel maß er zunächst noch keine große Bedeutung zu: «Was sind schon
Wahlen? Das Leben geht weiter.»[148] Den Erfolg Margaret Thatchers hielt er für
ein vorübergehendes Phänomen und wettete sogar mit dem befreundeten Ban-
ker Claus Moser um 50 Pfund gegen Thatchers Wiederwahl 1983. Aber Dahrendorf hatte die Rechnung ohne den Falklandkrieg gemacht, der Thatcher
durch ihr entschiedenes Auftreten einen überragenden Wahlsieg bescherte.
Dahrendorf nahm Thatcher übel, dass sie, um die Mittelklasse zu stärken, die
Working Class und die *Upper Class* gegeneinander ausspielte und durch radikale Veränderungen die Stärken der britischen Gesellschaft schwächte:

> Kontinuität hatte plötzlich einen schlechten Ruf; alles sollte neu gestaltet
> werden. Exzellenz wurde als Vorwand für Privileg angegriffen; im Ma-
> nagement machte sich Mittelmäßigkeit breit. Selbstverwaltung hatte zur
> Folge, dass Institutionen ihre Zugkraft verloren; ihnen sollte nun beige-
> bracht werden, zum Staatsvermögen beizutragen. Solidarität, noch dazu
> Klassensolidarität, verkörpert derweil alles, was in Großbritannien falsch
> lief; die Verfechter der entfesselten Mittelschicht bevorzugten konkurrie-
> rende Individuen. «There is no such thing as society.»[149]

1989, nach der Zerschlagung der Gewerkschaften, der Privatisierung von
öffentlichen Aufgaben und den massiven Kürzungen, unter denen die Universitäten besonders zu leiden hatten, zog Dahrendorf in der *Zeit* ein deut-
liches Fazit: Thatchers Politik sei «ein Sozialdarwinismus» mit verheerenden
Folgen für ein Land, das traditionell auf die Solidarität in Gruppen und
Klassen gebaut sei. Dahrendorf verurteilte Thatchers Politik scharf als «Fron-
talangriff auf die *civil society*, die bürgerliche Gesellschaft» und damit «auf
die Grundlagen der spezifisch englischen Form der Freiheit.»[150]

In der Mitte von Dahrendorfs Amtszeit als Direktor der LSE gab es gleich
zwei berufliche Angebote, die ihn beinahe zurück in die Bundesrepublik ge-

lockt hätten: 1978 sollte Dahrendorf Herausgeber der Wochenzeitung *Die Zeit* werden, und 1978/79 spielte er nicht nur mit dem Gedanken, gemeinsam mit Jürgen Habermas das Max-Planck-Institut zur Erforschung der Lebensbedingungen der wissenschaftlich-technischen Welt in Starnberg zu übernehmen. Dahrendorf bezeichnete die Versuchung, eines der beiden Angebote anzunehmen, in seiner englischsprachigen Autobiographie als «five year itch»[151], dem er dann doch widerstanden habe.

Im Sommer 1978 kam es bei der *Zeit* zu einer Herausgeberkrise zwischen Theo Sommer, Marion Gräfin Dönhoff und Diether Stolze. Als Theo Sommer seine immer weiter gewachsenen Verpflichtungen einschränken wollte, da er sich überlastet fühlte, hegte der liberal-konservative Diether Stolze den Plan, den Meinungsschwerpunkt der *Zeit* nach rechts zu verschieben.[152] Sommer und Stolze schlugen ein Herausgebergremium vor, das eine Kollegialverfassung ähnlich wie bei der *Frankfurter Allgemeinen Zeitung* vorsah. Dafür sollten Intellektuelle als Herausgeber angeworben werden. Bald waren die Namen von Ralf Dahrendorf, von *Capital*-Chefredakteur Johannes Gross und von dem Verleger Wolf Jobst Siedler im Gespräch, und es fanden konspirative Treffen auf Sylt und im Hamburger Hotel Atlantik statt.[153] Während Gerd Bucerius den Plan befürwortete, war Marion Gräfin Dönhoff gegenüber dieser Lösung skeptisch.[154] Dahrendorf reizte die Aufgabe des Herausgebers der *Zeit* sehr, denn er war seit seinen Anfängen bei der *Hamburger Akademischen Rundschau* Ende der vierziger Jahre journalistisch tätig und mit der *Zeit*, die für ihn die wichtigste Stimme der Bundesrepublik war, fühlte er sich seit vielen Jahren verbunden. Doch bald wurde er gewahr, dass er zusammen mit Siedler und Gross nur Mittel zum Zweck für Stolzes Plan war, Sommer aus dem Herausgebergremium zu drängen. Dieses Vorgehen empfand er als «morally distasteful»[155] und zog sich zurück. Auch die Mitarbeiter der *Zeit* stellten sich auf der Großen Konferenz vom 18. August 1978 entschieden gegen das Komplott gegen den beliebten Chefredakteur Sommer, so dass das Vorhaben platzte.[156] Stolze blieb schließlich noch für vier turbulente Jahre bei der *Zeit*, bis er von Bucerius abgefunden und Pressesprecher von Helmut Kohl wurde. In den folgenden Jahren konnte die Wochenzeitung ihr liberales Profil an der kritischen Berichterstattung zur «geistig-moralischen Wende» schärfen,[157] woran auch Dahrendorfs Artikel ihren Anteil hatten.

Im Juni 1978 erhielt Dahrendorf in London Besuch von Reimar Lüst, dem Präsidenten der Max-Planck-Gesellschaft. Dieser bot ihm die Nachfolge von Carl Friedrich von Weizsäcker am Starnberger Max-Planck-Institut (MPI) an, das Dahrendorf dann gemeinsam mit Jürgen Habermas leiten sollte.[158]

Das Institut zur Erforschung der Lebensbedingungen der wissenschaftlich-technischen Welt war vor allem mit dem Namen seines Gründungsdirektors, des Physikers und Philosophen Carl Friedrich von Weizsäcker (1912–2007) verbunden, der inzwischen das Emeritierungsalter erreicht hatte. 1971 war der als Neomarxist geltende Philosoph Jürgen Habermas als zweiter Direktor nach Starnberg berufen worden. Das Starnberger Angebot übte einen großen Reiz auf Dahrendorf aus, da er schon in früheren Jahren davon geträumt hatte, einmal die Leitung eines sozialwissenschaftlichen Max-Planck-Instituts zu übernehmen.[159] Außerdem konnte er sich gut vorstellen, mit Jürgen Habermas, den er persönlich und fachlich sehr schätzte und um den er sich bereits in den sechziger Jahren für Konstanz bemüht hatte, zusammenzuarbeiten.

In der Absprache mit Habermas ergab sich, dass Dahrendorf als künftiger MPI-Direktor den Fokus auf gesamtgesellschaftliche Analysen legen und die Forschungsbereiche «Internationale Beziehungen» und «Theorie sozialer und politischer Prozesse» übernehmen solle. Die empirische Forschung spielte in Dahrendorfs Konzept hingegen eine nur marginale Rolle, was Habermas durchaus skeptisch sah. In der Kommission des Max-Planck-Instituts wurde ohnehin die Frage geäußert, wie eine wissenschaftliche Kooperation zwischen Habermas und Dahrendorf mit ihren heterogenen Forschungsinteressen überhaupt aussehen solle. Zudem fehle Dahrendorf ein konkretes Forschungsprogramm.[160] Dennoch befürworteten sowohl der Präsident der Max-Planck-Gesellschaft Reimar Lüst als auch die amtierenden Direktoren Carl Friedrich von Weizsäcker und Jürgen Habermas Dahrendorfs Berufung.

Die Entscheidung fand schnell ihren Weg in die Presse. Noch im Juni 1978 war Dahrendorfs Berufung an das Max-Planck-Institut im *Spiegel* gemeldet worden.[161] Doch ein knappes Jahr später, kurz bevor der Wechsel nach Starnberg passieren sollte, zog Dahrendorf in allerletzter Sekunde zurück und entschied sich im Mai 1979, an der LSE zu bleiben.[162] Der Grund dafür war vor allem, dass Dahrendorf persönliche und inhaltliche Schwierigkeiten mit Angestellten aus dem Arbeitsbereich von Carl Friedrich von Weizsäcker hatte, die er jedoch hätte übernehmen müssen. Marxistisch eingestellte Wissenschaftler prägten die Stimmung am Institut, was der Max-Planck-Gesellschaft sehr missfiel. Dahrendorf hätte sich hier positionieren und interne Altlasten aufarbeiten müssen, statt neu anfangen zu können.[163] Sowohl Jürgen Habermas als auch Carl Friedrich von Weizsäcker waren sehr enttäuscht von Dahrendorfs Absage.[164]

Dahrendorfs Verhandlungen mit dem Max-Planck-Institut sind auch vor dem Hintergrund des politischen Diskurses der siebziger Jahre zu sehen. Im Nachgang der 68er-Bewegung hatten sich die Demarkationslinien der politisch-intellektuellen Grabenkämpfe zwischen links und rechts in der Bundesrepublik verschoben. Ursprünglich eher als linksliberal geltende Professoren der 45er-Generation wie Erwin K. Scheuch oder Kurt Sontheimer, die sich 1969 im Wahlkampf noch für Willy Brandt engagiert hatten, wandten sich in Reaktion auf die radikallinke Studentenbewegung konservativeren Positionen zu. Im 1970 gegründeten «Bund Freiheit der Wissenschaft» (BFW) wollten Professoren wie Erwin K. Scheuch, Hermann Lübbe, Wilhelm Hennis und Friedrich Tenbruck einen Gegenpol zum linken Zeitgeist schaffen.[165] Ralf Dahrendorf ließ sich als schillernder Liberaler weder für die eine noch für die andere Position vereinnahmen, so dass seine Berufung an das Max-Planck-Institut bei einigen die Hoffnung weckte, dieses wieder zur Mitte hin ausrichten zu können. Erwin K. Scheuch hingegen erklärte in einem Interview: «Mit Ralf Dahrendorf wird es [das MPI] wohl stärker von der Sinekure für Kulturlinke zur Propaganda-Plattform [für die sozialliberale Koalition].»[166] In einem Brief an Marion Gräfin Dönhoff erklärte Dahrendorf, ihm sei die Absage nicht leicht gefallen:

> Dann war da der Widersinn, dass eine Berufung auf ein wissenschaftliches Amt ganz in die Mühle der politisierten Welt der Bundesrepublik zu geraten schien. [Das Interview] mit Herrn Scheuch ist nur eine Seite der Medaille; die andere ist, dass die Linken getreulich die wirklich allenfalls zweitrangigen marxistischen Mitarbeiter von Herrn von Weizsäcker verteidigen wollten. Das ist nicht meine Welt, oder vielmehr, wenn ich auf dieser Ebene kämpfen will, dann gehe ich nicht an ein Max-Planck-Institut.

Außerdem sei er in England und an der LSE «wirklich zufrieden», denn die LSE sei: «nun einmal ein eigentümlich wichtiger, menschlich herzlicher Ort.» Deutschland sei hingegen für ihn «schwierig»:

> Warum muss man Fremder sein in unserem Land? Ich will das weder übertreiben noch romantisieren, aber ich finde es schlicht sehr schwierig, im Augenblick nach Deutschland zurückzukehren. Da ist wieder eine Starre und Phantasielosigkeit eingekehrt, die schon manchen vor mir aus dem Land vertrieben hat. Wenn man, wie ich, ein Grenzgänger ist, oder

vielmehr einer, der keinen Respekt vor Grenzen hat, dann hat das sehr schwierige Konsequenzen. Natürlich wäre DIE ZEIT besser gewesen als Starnberg, wenn man diese Aspekte bedenkt.[167]

5. Dahrendorfs Positionierung als liberaler Intellektueller

Ganz entscheidend für das Jahrzehnt von 1974 bis 1984 ist, dass Dahrendorf aktiv und bewusst die Position des liberalen Intellektuellen besetzte. Zwar hatte Dahrendorf auch schon zuvor in *Gesellschaft und Demokratie* (1965) und *Konflikt und Freiheit* (1972) den Begriff des «Liberalismus» verwendet, doch standen dort eher die Begriffe «liberale Demokratie» und «Freiheit» im Mittelpunkt. Erst in den siebziger Jahren wurde der «Liberalismus» zum Zentralbegriff in Dahrendorfs Publikationen und öffentlichen Äußerungen. Im Vergleich zu den sechziger Jahren bezeichnete sich Dahrendorf nun immer häufiger als «Liberaler».[168] Die Reith Lectures «The New Liberty» von 1974 stellten den Auftakt dieser Entwicklung dar und wurden 1979 durch das Buch *Lebenschancen* (*Life Chances*) ergänzt. In der bei Suhrkamp erschienenen theoretischen Abhandlung entwickelte Dahrendorf eine systematische Definition des Begriffs «Lebenschancen», den er bei Max Weber entlehnt hatte und bereits seit den fünfziger Jahren verwendete.[169] Von Weber abgesehen verzichtete Dahrendorf darauf, sich in eine deutsche liberale Tradition zu stellen. Er nahm weder auf die 1848er Bezug, noch auf Friedrich Naumann und schon gar nicht auf den ungeliebten Hegel.[170] Dagegen waren es seine Heroen Karl Popper (mit seiner Theorie der «Offenen Gesellschaft»), die Autoren der *Federalist Papers* sowie Alexis de Tocqueville, John Stuart Mill und der Vater der Aufklärung, Immanuel Kant, die seine Auffassung vom Liberalismus beeinflussten:

> Liberalismus ist im Grundsatz eine durchaus klare und einfache Zielrichtung politischen Handelns: Es kommt darauf an, alles zu tun, um die Lebenschancen des Einzelnen zu erweitern. Je mehr Menschen mehr Lebenschancen haben, um so liberaler ist eine Gesellschaft.[171]

Für Dahrendorf war die Maximierung von Lebenschancen als Ziel des Liberalismus dem des «größten Glücks der größten Zahl» vorzuziehen, da sich in diesem Begriff «die Möglichkeiten des individuellen Wachstums, der Realisierung von Fähigkeiten, Wünschen und Hoffnungen»[172] besser ausdrückten.

Lebenschancen definierte er als «Gelegenheiten für individuelles Handeln, die sich aus der Wechselbeziehung von Optionen und Ligaturen ergeben»[173]. Mit Optionen waren Wahlmöglichkeiten des menschlichen Handelns, mit Ligaturen sozial-emotionale Zugehörigkeiten oder Bindungen, die beispielsweise durch Familie, Vereine oder die Kirche entstehen, gemeint. «Ligaturen stiften Bezüge und damit die Fundamente des Handelns; Optionen verlangen Wahlentscheidungen und sind damit offen in die Zukunft».[174] Wichtig ist hier die Betonung des Individualismus, der bei Dahrendorf zentral bleibt. Jeder Mensch soll zwar grundsätzlich die gleichen Chancen, das heißt auch die gleichen Staatsbürgerrechte haben, aber diese mit unterschiedlichem Ausgang nutzen können. Menschen unterscheiden sich in ihren Befähigungen und Erwartungen, weshalb soziale Ungleichheit die Konsequenz menschlichen Handelns ist. Dahrendorfs Lob der Ligaturen – die ihm aufgrund der unterschiedlichen historischen Entwicklung in der britischen Gesellschaft im Vergleich zur deutschen intakter erschienen – ging zugleich mit einer konservativeren Ausrichtung einher. Karl Heinz Bohrer bemerkte in der *Frankfurter Allgemeinen Zeitung*:

> Die Schwierigkeit, politisch und gesellschaftlich überzeugende «Ligaturen» heute in Deutschland zu finden, zeigt ein theoretisches Problem an, das zugleich ein praktisches ist: denn ist nicht der Ideal-Typus des bindungslosen Westdeutschen ein sozialdemokratisch wählender mittlerer Angestellter oder Lehrer, mobil, technokratisch-aufgeklärt, geschichtslos? Das Produkt eben jener «Aufklärung», an der Dahrendorf selbst als junger Hochschullehrer an erster Stelle und aus guten Gründen mitgearbeitet hat? Und wäre nicht der am stärksten gebundene, durch «Ligaturen» geschützte Typus ein Strauß wählender bayrischer Handwerker oder Kleinunternehmer? Sind also die in Westdeutschland verbliebenen Ligaturen, die Dahrendorf für so notwendig zur Balance von Lebenschancen hält, konservativ besetzt?[175]

In der Tat zeigt sich mit den *Lebenschancen* eine konservativere Haltung Dahrendorfs als in den Jahren zuvor. Ob Dahrendorf aber tatsächlich, wie Bohrer schrieb, «in der Perspektive vieler akademischer Londoner Linker [...] ein in der Wolle gefärbter Konservativer»[176] war, sei dahingestellt. Dahrendorf ließ und lässt sich nicht einfach in ein «Links-Rechts-Schema» einordnen. Nachweislich richtete er sich jedoch nach den sechziger Jahren konservativer aus, etwa, als er am von Wilhelm Hahn initiierten Münchner

Tendenzwende-Kongress 1974, der sich gegen eine angebliche kulturelle Hegemonie der «Neuen Linken» richtete, stichwortgebend mitwirkte.[177] Dort erklärte Dahrendorf, er habe zwar von seiner Forderung von Bildung als Bürgerrecht von 1964 nichts zurückzunehmen, allerdings habe sich in der Entwicklung der letzten Jahre die von ihm damals postulierte Chancengleichheit in eine Forderung nach tatsächlicher Gleichheit gewandelt, die er nicht akzeptieren könne. Deshalb sei es heute notwendig, «Gründe für Ungleichheit» geltend zu machen, das hieße, auf gemischten Schulsystemen zu bestehen, verschiedene Ausbildungsangebote zu fördern und Einkommensunterschiede anzuerkennen. Dabei war Ungleichheit nach Dahrendorf «als Element einer in sich flexiblen, nach vorn gerichteten, offenen, entwicklungsfähigen Gesellschaft»[178] anzuerkennen.

Wer aber nun dachte, dass Dahrendorf sich auf die Seite der Liberalkonservativen Wilhelm Hahn, Hermann Lübbe und Robert Spaemann schlagen wollte, irrte. 1979 stellte er sich mit dem Beitrag «Kulturpessimismus vs. Fortschrittshoffnung» in Jürgen Habermas' *Stichworten zur geistigen Situation der Zeit* in eine Reihe mit «Linken» wie Oskar Negt, Claus Offe und Peter Glotz.[179] Schon drei Jahre zuvor hatte er sich gegen «Schelsky und die Neue Rechte» und den neuaufkommenden Konservatismus positioniert. Dabei wehrte er sich auch dagegen, von links oder rechts vereinnahmt zu werden:

> Kann man denn nicht von der bewegenden Kraft sozialer Konflikte überzeugt sein, ohne die hessischen Rahmenrichtlinien für Gesellschaftslehre zu akzeptieren? Kann man nicht das Bürgerrecht auf Bildung verteidigen und zugleich eine Verkürzung der Schul- und Studienzeit fordern? Kann man nicht Soziologe und dennoch liberal, ja sogar vernünftig sein? Was soll man eigentlich, wenn die aktive Mitte denunziert wird, ob sie Dahrendorf heißt oder Böll, Mitscherlich oder der *Spiegel*? Was für eine Welt wünschen uns die Neue Rechte und ihr Sprecher Schelsky?[180]

Doch durch seine Selbstbezeichnung als «Liberaler» besetzte Dahrendorf erfolgreich die Position des liberalen Intellektuellen, die in der Bundesrepublik bis dahin vakant geblieben war, wie Jens Hacke betont hat:

> Dahrendorfs erstaunliches Alleinstellungsmerkmal beruht auch auf dem merkwürdigen Umstand, dass er der einzige namhafte Intellektuelle war, der sich selbst immer wieder als Liberaler bekannte. Sicherlich, als liberal

könnte man grundsätzlich viele politische Denker bezeichnen. Nur waren sie entweder eher liberalkonservativ oder sozialliberal und besaßen kein Interesse, den Liberalismus begriffspolitisch zu vereinnahmen.[181]

Die deutlichere Positionierung als Liberaler mag auch mit dem Einfluss der englischen liberalen Tradition von John Maynard Keynes und dem Begründer des britischen Wohlfahrtsstaates William Beveridge zusammenhängen, die den Liberalismus mit einer sozialen Komponente versahen. So ist das Adjektiv «liberal» auf Englisch anders konnotiert als im Deutschen. In den USA ist ein «Liberaler» fast schon «links» und in England spielt zum einen eine Grundhaltung des «live and let live» und zum anderen eine durchaus sozialliberale Komponente in den Begriff hinein.[182] Die ideenpolitische Affinität von Sozialismus und Liberalismus war für Dahrendorf schon früh bei seiner Suche nach der Balance zwischen «Freiheit» und «Gleichheit» maßgeblich.[183] Bereits in *Konflikt und Freiheit* (1972) hatte Dahrendorf betont, dass der Liberalismus gewissermaßen durch den Sozialismus um «die soziale Erfüllung des Gleichheitsversprechens der Staatsbürgerrechte»[184] ergänzt und erweitert worden sei. Der neue Liberalismus, den Dahrendorf anstrebte, war ein Liberalismus, der über «die effektive Gleichheit der Ausgangschancen aller Bürger»[185] wache. Dabei sei es aber wichtig, dass jeder einzelne die Fülle seiner Entwicklungsmöglichkeiten individuell ausschöpfen könne: «Liberalismus will Unterschied, denn Unterschied heißt Freiheit.»[186] Während Dahrendorf für gleiche Chancen und eine soziale Grundsicherung eintrat, wandte er sich entschieden gegen einen bevormundenden Sozialstaat. «Liberalismus» war für Dahrendorf kein ausgeklügeltes Konzept, sondern zunächst vor allem eine Grundhaltung, die jeden ideologischen Dogmatismus ablehnte, die die Offene Gesellschaft im Sinne von Karl Popper verteidigte und die «hinter Symptomen Ursachen sucht und sich dann bemüht, mit diesen fertig zu werden – illiberal dagegen ist eine Reaktion, die sich auf die Unterdrückung der Symptome beschränkt.»[187] Für die Umsetzung einer liberalen, offenen Gesellschaft war für Dahrendorf ein funktionierender Staat mit funktionierenden Institutionen nötig, die für «Recht und Ordnung» sorgten und die Gleichheit der Staatsbürgerrechte garantierten. Innerhalb dieses Staates sollte dann aber jeder nach seiner Façon leben können. Deshalb hat Dahrendorf sich selbst auch nie als «sozialliberal», sondern allenfalls als «radikalliberal» bezeichnet.[188]

Auch wenn Dahrendorfs Liberalismusverständnis immer ein wenig diffus blieb, so trug die ideenpolitische Besetzung der Position des Liberalen auch dazu bei, dass er 1982, als sich die FDP nach dem als «Wende» bezeichneten Koalitionsbruch mit der SPD und ihrer Hinwendung zur CDU ideologisch neu orientierte, als «liberaler Vordenker» der FDP ins Spiel kam.

6. Die gescheiterte Rückkehr in die deutsche Politik 1982/83

Obwohl die sozialliberale Koalition 1980 im Deutschen Bundestag mit Stimmenzuwächsen bestätigt worden war, zeichneten sich schon bald nach der Wahl wachsende Spannungen zwischen den Koalitionspartnern ab. Aufbruchstimmung und Fortschrittsoptimismus der frühen siebziger Jahre waren nach Ölkrise, Rezession und steigenden Arbeitslosenzahlen einem spürbaren Kulturpessimismus und Zukunftsängsten gewichen. Die Friedensbewegung und die immer mehr an Zulauf gewinnenden Grünen setzten die Regierungsparteien unter Druck. Die SPD war durch die innerparteiliche Auseinandersetzung um den NATO-Doppelbeschluss zerrissen, und die FDP forderte einen Kurswechsel in der Sozial- und Gesellschaftspolitik, vor allem in Bezug auf staatliche Interventionen in der Arbeitsmarkt- und Wirtschaftspolitik. Aus dem Umfeld von Außenminister Hans-Dietrich Genscher war seit 1981 zu vernehmen, dass er keine Möglichkeit zur Fortsetzung der Koalition mit der SPD sehe.[189]

Im September 1982 kam es dann zu dem bereits antizipierten Koalitionsbruch: Am 9. September schickte Otto Graf Lambsdorff seine als «Scheidungsbrief»[190] bekannt gewordene Programmschrift «Konzept für eine Politik zur Überwindung der Wachstumsschwäche und zur Bekämpfung der Arbeitslosigkeit» an Kanzler Helmut Schmidt. Darin stellte er ein klassisch marktwirtschaftliches Konzept auf, das durch radikale Reduktion «der Staats- und Sozialleistungsquote die wirtschaftlichen Grundlagen des erworbenen Wohlstandes»[191] sichern sollte. Das Papier war in seiner Radikalität absolut unvereinbar mit den Positionen der SPD und wurde von Schmidt als «unglaubliche Provokation»[192] empfunden. Es bedeutete, dass die politischen Differenzen zwischen den Regierungsparteien unüberbrückbar geworden waren. Schmidt informierte die FDP-Minister über sein Vorhaben, die Opposition im Bundestag zu einem konstruktiven Misstrauensvotum aufzufordern, woraufhin diese ihren Rücktritt erklärten. Am 1. Oktober wurde Helmut Schmidt durch ein konstruktives Misstrauensvotum des Amtes enthoben und Helmut Kohl mit den Stimmen von CDU, CSU und FDP zum Kanzler einer neuen schwarz-gelben Koalition gewählt.[193]

Damit war die «Wende» vollzogen. Sie hatte der FDP die Regierungsmacht erhalten, die kleine Partei aber in eine tiefe Krise gestürzt. Viele, die sich auf dem sozialliberalen Flügel gesehen hatten, empfanden den Koalitionsbruch als Verrat. Neben bekannten Linksliberalen wie Ingrid Matthäus-Maier, Günter Verheugen und Andreas von Schoeler, die die FDP verließen und sich der SPD anschlossen, kehrten bis 1985 rund 20 000 Mitglieder der Partei den Rücken.[194] In den Landtagswahlen in Hessen (26. September 1982), Bayern (10. Oktober 1982), Rheinland-Pfalz (6. März 1983) und Schleswig-Holstein (13. März 1983) scheiterte die FDP an der Fünf-Prozent-Hürde und gehörte damit diesen Landesparlamenten nicht mehr an. Und auch für die im März 1983 angesetzten Bundestagswahlen sagten Prognosen ein Ergebnis unter 5 % voraus.

Der Parteivorsitzende Hans-Dietrich Genscher war schwer angeschlagen. Er wurde zwar von seiner Partei auf dem höchst emotionalen Berliner «Parteitag der Tränen»[195] im November 1982 als Vorsitzender knapp bestätigt,[196] allerdings war klar, sollte die FDP die Bundestagswahl verlieren, müsste Genscher zurücktreten. Es ist nicht abschließend belegbar, aber vermutlich kam es in dieser Zeit zu einer Absprache zwischen Genscher und Dahrendorf. Der langjährige Parteifunktionär und -stratege Fritz Fliszar (später Goergen) schreibt in seinem Buch *Skandal FDP* (2004):

> Innerlich hielt Genscher die Bundestagswahl für verloren. Wer ihm in diesen Monaten nahe genug war, konnte das äußerlich spüren. Aber er hatte einen Plan. Dahrendorf, der noch Chef der *London School of Economics* war, müsse sich bereithalten, in dieser Lage beide Ämter zu übernehmen, das des Parteivorsitzenden und das des Außenministers.
>
> Stufe eins des Plans: Dahrendorf wird im Dezember 1982 neuer Vorstandsvorsitzender der Friedrich-Naumann-Stiftung; das stellt seine erneute Präsenz im politischen Bonn sicher. Stufe zwei: Der liberale Vordenker füllt die intellektuelle Lücke, welche die abtrünnigen Sozialliberalen hinterlassen haben. Stufe drei: Bei dem nur noch herbeigehofften knappen Überspringen der Fünf-Prozent-Hürde nimmt man den Druck aus der Partei, indem Dahrendorf Genschers Nachfolge antritt.
>
> Dahrendorf war damals noch kein britischer Ritter mit der Anrede Sir und auch noch kein Lord wie heute. Aber sein Spitzname war längst Sir Ralf. *Sir Ralfs* Intellektuellen-Image also, so Genschers kluges Kalkül, würde ein Gutteil des Verräter-Bildes der FDP erst einmal überstrahlen. Und dann würde man weitersehen.[197]

Fliszar/Goergen ist gewiss eine schillernde Figur in der FDP-Geschichte und sein Buch *Skandal FDP* ist eine polemische Abrechnung mit seiner ehemaligen Partei. Und doch enthält seine Schilderung vermutlich viel Wahres. Auch wenn sie nie von offizieller Seite oder gar durch Dahrendorf oder Genscher selbst bestätigt wurde, so erinnert sich auch Dahrendorfs damalige Frau Ellen an eine Unterhaltung zwischen ihrem Mann und Genscher, die Überlegungen zur Übernahme des Parteivorsitzes und des Außenministeriums durch Dahrendorf zum Inhalt hatte.[198]

Dafür spricht auch, dass Dahrendorf sich bereits seit Sommer 1982, als sich die Anzeichen für ein bevorstehendes Ende der sozialliberalen Koalition mehrten, wieder häufiger im Zusammenhang mit der deutschen Parteipolitik in der deutschen Presse zu Wort meldete. In der *Neuen Presse* äußerte er Zweifel am Fortbestehen der Regierung Schmidt–Genscher und erklärte, die FDP dürfe nicht mehr als Bremser auftreten, sondern müsse wieder treibende Kraft werden. Diese Rolle traute er den Liberalen eher in einer Koalition mit einer konservativen Partei zu. Außerdem forderte er die Reduktion der öffentlichen Haushalte und allgemein «weniger Staat».[199] In einem Interview mit der *Wirtschaftswoche* sah er die Zukunft des Liberalismus gefährdet und erklärte, die FDP sei durch die lange Zeit an der Regierung zur taktischen Partei verkommen und bräuchte «neuen Schwung». Dass er mit dieser Einschätzung seine Parteifreunde bloßstellte, schien ihn nicht zu kümmern. Er ging sogar noch weiter, als er sagte, dass Genscher, wenn er als Parteivorsitzender mit den besten Wahlergebnissen in die Geschichte eingehen wolle, nur der Rücktritt vor der nächsten Wahl bleibe.[200] Das war eine zwar indirekte, doch ziemlich unverblümte Rücktrittsforderung an den angeschlagenen Parteivorsitzenden. Diese Aussage scheint zunächst gegen eine Absprache mit Genscher zu sprechen, mag aber auch symptomatisch für Dahrendorfs bereits in den späten sechziger Jahren immer wieder offenbar gewordenen Unwillen zu parteipolitischer Loyalität sein.

Es überrascht zunächst, dass Dahrendorf, der sich damit rühmte, sein «Scherflein zum Machtwechsel»[201] in Bonn und zur Begründung der sozialliberalen Koalition beigetragen zu haben, plötzlich so unsentimental deren Ende forderte und für ein Zusammengehen seiner Partei mit der CDU plädierte. Hier zeigt sich erneut, dass Dahrendorf nicht der dezidiert «Sozialliberale» war, als der er häufig gesehen wird. Wie bereits in den sechziger Jahren, als er abwechselnd SPD und CDU beriet und schließlich für die FDP kandidierte, war er im Hinblick auf politische Koalitionen Pragmatiker, kein Ideologe. Außerdem hatten sich seine politischen Positionen seit dem Ende der sechziger Jahre immer weiter den Konservativen angenähert. Seine Forderungen nach weniger staatlichen Eingriffen und mehr Eigeninitiative der Bürger, ebenso wie nach Deregulierung des Marktes, ließen den einst als «linksliberal» geltenden Dahrendorf nun ziemlich «marktliberal» erscheinen.[202] So bemerkte Dahrendorf im Mai 1983: «In der Wirtschaftspolitik braucht man dem, was Graf Lambsdorff sagt, nichts hinzuzufügen.»[203] Auch seine Erfahrungen aus England, wo er (gezwungenermaßen) die Privatisierung der LSE vorantreiben musste, weil die Gelder immer weiter gekürzt wurden, mögen dazu beigetragen haben, dass er Eigeninitiative als immer selbstverständlicher ansah und diese daher auch im deutschen Kontext in zunehmendem Maße einforderte. Der Begriff des Marktes wurde von Dahrendorf weiter gefasst als bei herkömmlichen ordnungspolitischen Debatten, blieb aber im Wesentlichen unscharf. Charakteristisch dafür ist seine Äußerung in der Schweizer *Weltwoche*:

> Markt ist natürlich ein Wort, das für einen Liberalen immer einen guten Klang hat. Auch für die Wirtschaft gilt die These, dass der Staat nicht wohlwollend, sondern störend wirkt. Aber die Wirtschaft ist ja nicht allein: Sie ist eingebettet in die Gesellschaft. Deshalb brauche ich das Wort «Marktgesellschaft». Ich halte also die Gesellschaft, die ohne staatliche Interventionen ihren Weg gehen kann, für mindestens so wichtig.[204]

Für die künftige leitende Position in der FDP brachte sich Dahrendorf im Dezember 1982 durch die Übernahme des Vorsitzes der Friedrich-Naumann-Stiftung in Stellung. Zudem wurde er vom Wahlkreis Konstanz–Überlingen als Delegierter für den Landes- und Bundesparteitag aufgestellt und in die Wahlkampfkommission für die baden-württembergische Landtagswahl berufen. In Interviews zeigte er sich als neuer «Vordenker»[205] der FDP. Einen solchen schien die Partei nötig zu haben, befand sie sich doch – nicht erst seit der «Wende» – in einer Identitätskrise. Die Suche nach Neuorientierung betraf nicht nur die bundesrepublikanische FDP, sondern den gesamten westeuropäischen Liberalismus.[206] Während Wachstums- und Fortschrittsoptimismus immer mehr infrage gestellt wurden und die Forderungen nach Deregulierung von Staat und Gesellschaft immer lauter wurden, war ein neues Bedürfnis nach Individualität entstanden. Diese Trends verstand Dahrendorf geschickt aufzugreifen, aber seine Vorschläge und Forderungen nach «radikaler Freiheit»[207] waren zu abstrakt, um wirklich eine Neuorientierung des Liberalismus oder gar eine «liberale Renaissance»[208] herbeizuführen. Eine inhaltlich-programmatische Neuausrichtung gelang der FDP in dieser Phase nicht. Selbst die eigens eingesetzte Programmkommission für ein «Liberales Manifest für eine Gesellschaft im Umbruch»[209] scheiterte daran, ein eigenes programmatisches Profil zu entwickeln, das über unkonkrete «Formelkompromisse» hinausging.[210] Und der «Vordenker der FDP» Dahrendorf gehörte der Programmkommission gar nicht an.

Zum traditionellen Dreikönigstreffen in Stuttgart kehrte der LSE-Direktor am 5. Januar 1983 mit einer Grundsatzrede auf die deutsche politische Bühne zurück. Da war die Vermutung längst offenbar geworden, dass Dahrendorf – unbelastet durch die «Wende»-bedingten parteiinternen Querelen – angetreten war, um der FDP nicht nur neue Inhalte zu geben, sondern auch Genscher als Parteivorsitzenden zu beerben.[211] Mit seiner mehrfach wiederholten Äußerung, es käme nicht auf die nächste Bundestagwahl am 6. März, sondern auf die übernächste Wahl an und bis dahin könne der Partei einige Zeit in der Opposition nicht schaden, erntete er allerdings vor allem Kopfschütteln.[212] Dahrendorfs «Rezept der reinigenden Niederlage»[213] wurde als Ausdruck des Auseinanderklaffens von Theorie und Praxis wahrgenommen. *Die Welt* sah in Dahrendorf so auch einen «Reißbrett-Kavalleristen», dessen Rede zwar gut anzuhören sei, die Übereinstimmung von Ideal- und Realfaktor jedoch vermissen lasse.[214] Wie der Korrespondent des Bonner *General-Anzeigers* bemerkte: «Wer seine eigene Partei schon vor einer Wahl aufgibt, taugt kaum zum großen Animateur.»[215] So wurde er auch alsbald von Genscher zur Zurückhaltung gemahnt, was ihn nicht davon abhielt, die eigene Partei zu kritisieren und ihr vorzuwerfen, sie habe beim Regieren das Nachdenken verlernt.[216]

Das Interesse der Zeitungen an einem «Comeback»[217] Dahrendorfs war groß. Während die Berichterstattung der *Welt* noch im Dezember 1982 an den «Senkrechtstart» von 1968 erinnerte und ihn erneut zum «Heiler» und «Retter» der Liberalen ausgerufen hatte,[218] überwogen nach dem Dreikönigstreffen im Januar 1983 die Zweifel an Dahrendorfs Eignung, die Partei in die Zukunft zu führen. Zwar nehme es die gebeutelte FDP dankbar auf, wenn sich «ein großer Mann wie Dahrendorf» ihr nun abermals zuwende, aber es sei doch ungewiss, ob dieser, «eher eine geistreiche denn eine Fundamente legende Erscheinung», wirklich der Richtige sei, um den Liberalen einen stabilen politischen Stand zu garantieren, hieß es im Kommentar der *Frankfurter Allgemeinen Zeitung*.[219] Zu präsent war die Erinnerung an Dahrendorfs «Sprunghaftigkeit»[220] aus den Jahren um 1969, als es ihn weder lange im

Landtag noch im Bundestag hielt. Außerdem wurde ihm Praxisferne und Unfähigkeit «für die mühselige Kleinarbeit eines Parteivorsitzenden in der Opposition»[221] vorgehalten. Unterdessen gab Dahrendorf in einer Pressemitteilung im Januar 1983 bekannt, dass er für eine Wiederernennung als Direktor der London School of Economics nicht zur Verfügung stehe. Diese Entscheidung bedeute jedoch nicht, dass er für den FDP-Bundesvorsitz kandidieren wolle, wie dies Zeitungsmeldungen nahegelegt hätten. Es sei seine Absicht, auf seinen Lehrstuhl in Konstanz zurückzukehren und im Übrigen die Partei dabei zu unterstützen, in den Bundestag einzuziehen.[222]

Als die FDP am 6. März 1983 bei der Bundestagswahl unerwartet einen Stimmenanteil von 7 % erreichte, wurde Dahrendorf als «Nothelfer»[223] nicht mehr gebraucht. Er ließ sich zwar noch im Juli 1983 für den Wahlkreis Stuttgart III als Landtagskandidat aufstellen, zog seine Kandidatur aber nur einen Monat später überraschend zurück.[224] Seine Begründung, eine Schilddrüsenerkrankung zwinge ihn zum Rückzug für mindestens anderthalb Jahre, war wohl eher vorgeschoben. Vielmehr erschien der Wahlkreis aussichtslos und Dahrendorf die Tätigkeit als Landtagsabgeordneter nicht reizvoll genug. In seinen unveröffentlichten englischsprachigen Lebenserinnerungen resümiert er: «When I succumbed to a mysterious (and temporary) illness, I used the chance to opt out of a venture that was clearly as hopeless as it was devoid of meaning.»[225] Es war der letzte Versuch, noch einmal in die deutsche Politik und die FDP zurückzukehren. Dahrendorf behielt zwar bis 1987 den Vorsitz der Friedrich-Naumann-Stiftung, führte diese aber überwiegend als Nebentätigkeit und ohne die große Leidenschaft, mit der er üblicherweise neue Aufgaben übernommen hatte.[226]

Dahrendorf schweigt sich über diese Episode in seinen Lebenserinnerungen weitgehend aus. In *Über Grenzen* erwähnt er sie nicht und in seiner englischsprachigen Autobiographie widmet er lediglich der Landtagskandidatur einen kurzen Absatz und geht nicht auf seine angestrebte Rolle als Vordenker der FDP oder die geplante Übernahme des Parteivorsitzes ein. Auch in Hans-Dietrich Genschers *Erinnerungen* (1995) bleibt sie ausgespart. Der einstige Hoffnungsträger und «Chefideologe»[227] der FDP taucht bezeichnender Weise in Genschers Autobiographie nicht einmal im Personenregister auf.[228]

In den folgenden Jahren löste Dahrendorf sich zunehmend von der FDP. Schon in *Chancen der Krise* (1983) nannte er die Freidemokraten «eine mutlose, orientierungslose Partei»[229] und erklärte den Liberalismus für wichtiger als die FDP.[230] Im Sommer 1984 griff er die Parteiführung in *Zeit*-Artikeln scharf an. Die politische «Wende», die Dahrendorf zuvor befürwortet hatte, kritisierte er in ihren Folgen für die Partei nun harsch. Hans-Dietrich Gen-scher warf er vor, die FDP von einer Programmpartei zu einer «zentralis-tischen Kaderpartei» mit «kranker Seele» und «ohne Richtungssinn» gemacht zu haben.[231] Entgegen dieser Unkenrufe erholte sich die Partei in den späten achtziger Jahren von den Folgen des Koalitionsbruchs. Bei der Bundestags-wahl 1987 erreichte sie stabile 9,1 % der Wählerstimmen. Da hatte Dahren-dorf sich jedoch bereits innerlich von der Partei verabschiedet. Zwar unter-stützte er die Liberalen noch einmal als Redner im Wahlkampf, doch war dies für ihn eher eine Form der nostalgischen Erinnerung an die Zeit seines «Senkrechtstarts» Ende der sechziger Jahre.[232] Im folgenden Jahr, 1988, trat er schließlich mit der Begründung, sich nun bei den britischen Liberaldemokra-ten engagieren zu wollen, aus der FDP aus.[233]

7. Der «Auslandsdeutsche» als Exilintellektueller?

Da Dahrendorf all die Jahre seit 1969 von der Universität Konstanz beurlaubt gewesen war, war er in der komfortablen Situation, jederzeit zurückkehren zu können. Von dieser Möglichkeit machte er 1984 Gebrauch, nachdem seine Rückkehr in die Politik gescheitert war. Ein Grund für seinen Abschied aus England war wohl auch die Sorge, andernfalls seine deutschen Pensions-ansprüche zu verlieren.[234] Im Nachhinein empfand Dahrendorf die Rück-kehr nach Konstanz als Fehler.[235] Zu groß war der Kontrast seines alten-neuen Lebens als Soziologieprofessor am Bodensee zu seinem Leben der letzten Jahre in London, wo er erfolgreich eine Elitehochschule geleitet hatte und in wichtigen gesellschaftlichen Zirkeln verkehrt hatte. Die Lehre bereitete ihm keine Freude, zumal er sich seit Jahren nicht mehr in der klassischen So-ziologie wissenschaftlich betätigt und die Forschungsentwicklung nur am Rande verfolgt hatte. Seine Interessen waren inzwischen breiter, um aktuelle politische und wirtschaftliche Aspekte erweitert, aber nicht mehr im stren-gen Sinne hochschulakademisch.[236] Dessen war er sich auch bewusst, wie seine Bemerkung aus dem Jahr 1983 zeigt: «Ich weiß nicht, ob ich den Titel Soziologieprofessor noch verdiene. Denn ich bin jetzt 14 Jahre lang aus dem Gewerbe heraus und Leiter einer sozialwissenschaftlichen Hochschule.»[237] Zudem sah sich der Professor mit Studentinnen konfrontiert, die in seinen Seminaren strickten, was in seinen Augen ihr Desinteresse demonstrierte.[238] Der Zeitgeist war ein anderer geworden, und von der Aufbruchstimmung der Hochschulgründung in den Jahren 1966 bis 1969 war nichts mehr zu spüren. Das idyllische Konstanz am Bodensee kam Ralf Dahrendorf und seiner Frau Ellen nun sehr provinziell vor, und es gelang ihnen nicht, sich einzuleben.[239] Deshalb suchten und fanden sie schon bald Gelegenheiten, von dort wieder zu entfliehen. Zunächst erhielt Dahrendorf eine Gastprofessur in Basel, dann ging er – erneut von der Universität Konstanz beurlaubt – für das akademische Jahr 1986/87 als Gastwissenschaftler der Russell Sage Foundation nach New York. Von dort aus berichtete er in seinen «Briefen von unterwegs» regelmäßig in der *Zeit* über die Lage in den USA. Die Dahrendorfs mieteten sich in einem luxuriösen Hotel direkt am Central Park ein und Dahrendorf widmete sich der Aufgabe, das Buch *The Modern Social Conflict* (1988) zu schreiben. Dafür holte er sich Rat bei seinem Freund Fritz Stern und seinem Mentor und Förderer, dem Soziologen Robert K. Merton.[240]

Dahrendorf sah *The Modern Social Conflict* als «die Summe meiner Sozialwissenschaft» an.[241] Die These des Buches beruhte auf seinen theoretischen Annahmen der letzten Jahrzehnte: «Der moderne soziale Konflikt ist ein Antagonismus von Anrechten und Angebot, Politik und Ökonomie, Bürgerrechten und Wirtschaftswachstum. Das ist immer auch ein Konflikt zwischen fordernden und saturierten Gruppen.»[242] Nach der Entwicklung der letzten Jahrhunderte, in denen zunächst im 18. Jahrhundert die Bürgerrechte, im 19. Jahrhundert politische Teilhaberechte erstritten und schließlich im 20. Jahrhundert die gleichen sozialen Rechte erlangt worden seien, erscheine die Bürgergesellschaft heute fast erreicht. Die Klassengesellschaft sei im 20. Jahrhundert zur Schichtgesellschaft geworden und die Bürgerrechte würden gemeinhin (in den OECD-Ländern) als akzeptiert gelten. Schon in *Chancen der Krise* (1983) hatte Dahrendorf deshalb das «sozialdemokratische Jahrhundert» für beendet erklärt. «In seinen besten Möglichkeiten war das Jahrhundert sozial und demokratisch. An seinem Ende sind wir (fast) alle Sozialdemokraten geworden.»[243] Doch da die Forderungen der Sozialdemokratie «Wachstum, Gleichheit, Arbeit, Vernunft, Staat, Internationalismus»[244] inzwischen erreicht seien, habe sich der Sozialdemokratismus erschöpft. Damit seien auch die klassischen Antagonismen verbraucht, die – im Sinne von Dahrendorfs Konflikttheorie – bisher den gesellschaftlichen Wandel vorangetrieben hätten. Vor diesem Hintergrund fragte sich Dahrendorf, welche neuen sozialen Konflikte zukünftig das menschliche Zusammenleben bestimmen würden. Er identifizierte vor allem Momente, in denen das Verhältnis von Angeboten und Anrechten in einer Bürgergesellschaft nicht ausgewogen sei. Denn Bürger müssten sich selbstständig für ihre Anrechte einsetzten und sie dort einfordern, wo sie nur unvollständig realisiert seien.[245]

Doch gerade an dieser Stelle beobachtete Dahrendorf in der modernen Gesellschaft einen Motivationsverlust, weil die Menschen die Bürgergesellschaft bereits verwirklicht glaubten und nicht mehr gegen bestehende Hemmnisse zur Inanspruchnahme von Lebenschancen angingen. Diese Gefahr sah er vor allem bei den Unterschichten, die aus der Mehrheitsklasse herausfielen und die auf einem gefährlichen Weg in die Anomie seien, in der die Regeln der Bürgergesellschaft nicht mehr für alle Menschen gleichermaßen griffen.

Nach dem Zusammenbruch der Sowjetunion 1990/91 wurde vor allem die – 1992 zunächst auf Deutsch erschienene und dann in viele Sprachen übersetzte – überarbeitete Version des *Modernen Sozialen Konflikts* in Ostmitteleuropa breit rezipiert, da Dahrendorfs Ideen dort neue Anknüpfungspunkte für den Demokratisierungs- und Liberalisierungsprozess boten. Trotzdem gelang es Dahrendorf nicht, mit dem Buch wieder in die *scientific community* zurückzukehren, wie er selbst bedauerte:

> Das Buch erhielt respektable Besprechungen, aber im Grunde ist es mehr oder weniger untergegangen. Allmählich dämmerte mir warum. Die Welt der Wissenschaften hat ihre eigenen sozialen Strukturen. Sie ist fein säuberlich in «scientific communities» eingeteilt – diese Gemeinschaften haben ihre Identität, ihre Geschichte und ihre Gesinnung. Ich hatte meinen Platz in der Soziologengemeinschaft, aber nicht als aktuelles Mitglied. [...] In Wahrheit war ich kein aktiver Wissenschaftler, seit ich die «Zwischenbilanz» meiner wissenschaftlichen Leistungen unterbrochen hatte, um mich 1967 für das Parlament in Stuttgart aufstellen zu lassen. Wissenschaftler in Großbritannien, in den Vereinigten Staaten, in Frankreich, Polen und Russland hatten mich zum Fellow gemacht, Universitäten in 15 Ländern hatten mir Ehrendoktorwürden verliehen, aber vieles davon war in Anerkennung dessen, was ich mit 28 und kurz danach gemacht hatte. In den zwanzig Jahren vor *The Modern Social Conflict* war ich ein Wanderer zwischen den Welten, Parlamentarier und Kommissar, Universitätsverwalter und natürlich Autor, aber nicht in einem strengen Sinne Wissenschaftler. Diese Entdeckung war nicht vollkommen schmerzlos.[246]

In der Tat hatte Dahrendorf in den letzten Jahren als Hochschulmanager kaum noch wissenschaftlich gearbeitet. Zwar nahm er die fachwissenschaftliche Debatte noch wahr, kommentierte sie auch mit Buchrezensionen, doch waren seine Äußerungen in diesen Jahren immer «globaler», immer angewandter und weniger theoretisch und vor allem nicht mehr auf die Soziologie beschränkt. Ein seit Ende der siebziger Jahre geplantes großes wissenschaftliches Buchprojekt, das den Namen «Modernity in Eclipse» trug, vollendete er nicht, obwohl er sich dafür von der LSE im Frühjahr 1980 eigens ein Sabbatsemester ausbat.[247] Darin wollte er seine einstige Konflikttheorie, die er mit *Class and Class Conflict in Industrial Society* (1959) begründet hatte, weiterentwickeln, um ein allgemeingültiges Instrumentarium für die Analyse des sozialen Wandels zu schaffen, das noch ergiebiger war, als seine Konflikttheorie.[248] Die Analyse, die Dahrendorf im Kontext des Diskurses der siebziger Jahre um die «Grenzen des Wachstums» schrieb, genügte jedoch seinen eigenen Ansprüchen nicht und brachte keine «really worthwhile conclusions», wie er in seiner englischen Autobiographie bekennt.[249]

Die Rolle zwischen Wissenschaft, Politik und Öffentlichkeit, die Dahrendorf in den vergangenen Jahren stets angestrebt hatte, gereichte ihm in den achtziger Jahren zugleich zum Vorteil wie zum Nachteil. Er gehörte nirgends mehr wirklich hin: weder nach Deutschland noch nach Großbritannien, weder in die Wissenschaft noch in die Politik, noch in die Wirtschaft und auch nicht in den Journalismus. Ralf Dahrendorf war nun endgültig der Grenzgänger zwischen den Welten, als der er sich später in seinen Lebenserinnerungen charakterisierte.[250] Der *Times*-Journalist Peter Hennessy skizzierte bereits 1974 in einem Dahrendorf-Portrait das Dilemma, in dem sich dieser befand:

> Wie alle Überflieger stößt er bei all denjenigen auf Abneigung, die schon Schwierigkeiten haben, in einem einzigen Beruf hervorzustechen. Seine Art, von einem Job zum nächsten zu springen, nährt für viele den Verdacht, dass bei Ralf Dahrendorf der Anspruch die Leistung übertrifft. Seine politischen Gegner verspotten ihn als Leichtgewicht, als einen verhinderten Wissenschaftler, während seine akademischen Kritiker ihn als einen intellektuellen Poseur verunglimpfen.[251]

Andererseits war es genau diese Position, die Dahrendorf in jenen Jahren zum stimmmächtigen öffentlichen Intellektuellen machte: Er war im besten Sinne zum «inkompetenten Kritiker» (Lepsius) geworden: Weder in Großbritannien noch in der Bundesrepublik hatte er sich zu sehr durch eine politische Partei vereinnahmen lassen. In Großbritannien beriet er zwar bis 1979 die Labour-Regierung, doch blieb er unabhängig, und in Deutschland blieb er selbst während seines politischen Comeback-Versuches ein Solist, der sich nicht in Parteidisziplin nehmen ließ.[252] Als «englischer Deutscher» erhielt er sich in Großbritannien eine gewisse Distanz, die es ihm erlaubte, als unab-

hängiger Beobachter, als «friendly outsider» aufzutreten, wenn er die gesellschaftspolitische Lage analysierte. Die britische Tradition, in der, wie Stefan
Collini gezeigt hat, «high brows» ohnehin als unbritisch beziehungsweise als
«foreigners» oder «aliens» gelten,[253] mag es ihm sogar erleichtert haben, dies
gerade als Ausländer zu tun. Und in der Bundesrepublik meldete er sich aus
der britischen Vogelperspektive zu Wort und schien dadurch oftmals einen
weiteren Blick- und Analysewinkel als die Daheimgebliebenen zu haben.
Seine Positionen konnte Dahrendorf gewissermaßen in der Rolle eines
«Exilintellektuellen»[254] vertreten. Für Alexander Gallus, Peter Burschel und
Markus Völkel bietet sich das «Exil – respektive die verschiedenen Formen
einer peripheren, exterritorialen, dekontextualisierenden Kommunikations-
situation – [...] als eine Art Vergrößerungsglas für den Blick auf Intellektuelle an»[255]. Sie fragen sogar, ob nicht das Exil die zentralen Eigenschaften
eines Intellektuellen verschärfe oder der fremde Intellektuelle nicht gar die
Potenzierung des einheimischen Intellektuellen sei.[256] Für Dahrendorf scheint
diese Überlegung durchaus zutreffend zu sein. Man kann sagen, dass er
durch seinen «Exilantenstatus», der ihm Unabhängigkeit und Weitblick verschaffte, in den Jahren 1974 bis 1984 erst recht zum einflussreichen Intellektuellen wurde.

VI.
«Lord Dahrendorf»: Rückkehr nach England und Leben im Establishment (1987–2009)

1. St. Antony's College: Dekadenz statt Dynamik?

Noch während des Aufenthaltes bei der Russell Sage Foundation in New York ergaben sich zu Beginn des Jahres 1987 zwei interessante berufliche Optionen für Ralf Dahrendorf. Die renommierte Universität Stanford in Kalifornien plante, ein Institut für Internationale Studien einzurichten, und bot Dahrendorf dessen Leitung an. Fast zeitgleich erreichte ihn das Angebot, «Warden», also Rektor oder, wie Dahrendorf selbst sagte, «Vorsteher», am St. Antony's College in Oxford zu werden. Obwohl Ralf und Ellen Dahrendorf das amerikanische Angebot reizte und trotz des deutlich höheren Gehalts, das ihm aus Stanford geboten wurde, entschied sich Dahrendorf kurzerhand für Oxford, wie er 1995 notierte:

> Ich war in Amerika, als der *Governing Body* von St. Antony's mich zum Warden wählte. Der präsidierende Sub-Warden rief mich an, um mir die freudige Mitteilung zu machen. Wieviel Zeit habe ich zur Entscheidung? Der Sub-Warden stotterte ein bißchen am Telefon und sagte mir dann, die Sitzung des *Governing Body* dauere noch an, und die Kollegen erwarteten eine klare Antwort, wenn er zurückkäme, also innerhalb von zwei, drei Minuten.[1]

Die Entscheidung für Oxford statt für Stanford war auch eine Entscheidung für England und für Europa, wie Ellen Dahrendorf betonte.[2] Dahrendorf beschreibt in seinen englischsprachigen Lebenserinnerungen seine Entscheidung zwischen der altehrwürdigen Oxforder Universität und dem neu aufzubauenden Institut für Internationale Studien an der Eliteuniversität Stanford selbstironisch: «Dynamism versus decadence (so my notes of the time say about the decision between Stanford and Oxford), and I had chosen the latter.»[3]

Eine Rückkehr nach Deutschland war nach der unbefriedigenden Zeit in

Konstanz und dem erfolglosen Versuch, Mitte der achtziger Jahre noch einmal in die deutsche Politik zurückzukehren, keine Option mehr. Aus einem Brief, den Dahrendorf seiner Freundin Marion Gräfin Dönhoff am 12. Februar 1987 aus New York schrieb, spricht Bedauern in Bezug auf seine Möglichkeiten in der Bundesrepublik:

> Positiv ist vor allem die Erwartung eines reichen und vielseitigen Lebens in England, wo ja nach wie vor viele meinen Rat oder meine Mitwirkung suchen. Und negativ ist es nun einmal so, dass ich zu lange im Ausland war, um in Deutschland noch meinen Platz zu finden. Das tut schon seit einiger Zeit nicht mehr weh, es ist schlicht eine Tatsache.[4]

Also stand 1987 ein weiterer Umzug für die Dahrendorfs an: von New York nach Oxford, immerhin nur eine knappe Stunde Autofahrt von Dahrendorfs geliebtem London entfernt. Mit der Rückkehr nach England entschied sich Dahrendorf, die britische Staatsbürgerschaft zu beantragen. Bei diesem Vorhaben profitierte er von seiner Position und seinen Verbindungen; als Bürgen benannte er den ehemaligen britischen Schatzkanzler und EG-Kommissionspräsidenten und damaligen Rektor der Universität Oxford Lord Roy Jenkins und den ehemaligen Vorsitzenden des britischen Kunstrates und damaligen Leiter des Oxforder University Colleges Lord Arnold Goodman. Seinen deutschen Pass behielt er und galt fortan als «Englands prominentester Deutscher und Deutschlands prominentester Brite»[5]. Dahrendorf war als Autor und öffentlicher Intellektueller in beiden Ländern gleichermaßen zuhause. Doch bemerkte er eine Kluft: «meine beiden Sprachen sind zwei Welten»[6]. Er schrieb seine Artikel und Bücher entweder für ein deutsches oder für ein englisches Publikum. Wenn er seine Texte übersetzte, dann arbeitete er nicht nur am Sprachstil, sondern passte auch den Inhalt an. Häufig schrieb er einen Text jedoch lieber noch einmal ganz neu, als ihn zu übersetzen.

In seiner englischsprachigen Autobiographie macht Dahrendorf deutlich, dass die Annahme der britischen Staatsbürgerschaft für ihn zum einen seine Zugehörigkeit zu Großbritannien ausdrückte, zum anderen sein Engagement als kritischer Kommentator in Großbritannien zusätzlich legitimierte: «I soon decided that this time I would not remain a foreigner told by little Englanders, prime ministers and otherwise, to remain silent about British affairs.»[7] Die Staatsbürgerschaft gab ihm also noch mehr Freiheit, sich zu britischen Angelegenheiten zu äußern. Was er in den siebziger und achtziger Jahren beispielsweise mit der Fernsehserie «On Britain» noch als «Outsider» getan

hatte, konnte er nun als «Insider» tun.[8] Als britischer Staatsbürger durfte
Dahrendorf sich zudem «Sir Ralf» nennen und damit den Adelstitel, den er
seit 1982 durch die Verleihung des Ordens eines Knight Commander of the
Order of the British Empire (KBE) als Ausländer lediglich ehrenhalber inne-
gehabt hatte, nun offiziell führen, was ihm zusätzliches Prestige verlieh.

Zu diesem elitären Status schien kaum ein Ort besser zu passen als die berühmte Universitätsstadt Oxford. Im Verbund der traditionsreichen Universität von Oxford gehört das St. Antony's College zu den jüngeren Colleges,
denn es ist erst 1950 gegründet worden. Das Graduierten-College hatte rund
200 Studenten, zumeist Doktoranden, von denen etwa zwei Drittel aus dem
Ausland kamen. Mit einem Schwerpunkt auf internationalen Beziehungen
verfügte es über regionale Studienzentren für Osteuropa und Lateinamerika.

Oxford repräsentierte die Art von Eliteuniversität, die sich Dahrendorf
schon 1966 für Konstanz vorgestellt hatte. In seiner englischsprachigen Autobiographie schwärmt er:

> Die Universität von Oxford ist in vielerlei Hinsicht eine akademische
> Institution weltweit ohnegleichen. Das Niveau sowohl von Mitarbeitern
> als auch von Studenten, ihre überschaubare Anzahl – alles in allem nur
> 14 000, und diese in durchstrukturierten kleineren Einheiten –, die einen
> Gemeinschaftssinn ermöglicht, das Bekenntnis zur Lehre, die schiere
> intellektuelle Lebendigkeit des Ortes sind ein Vergnügen für jeden, der
> für solche Wonnen empfänglich ist.[9]

Trotz seiner Begeisterung für die Oxforder Universitätskultur verbrachten
Ralf Dahrendorf und seine Frau Ellen die Wochenenden häufig in ihrer Lon-
doner Wohnung. In der Urbanität der Weltstadt fühlten sie sich am Puls der
Zeit. Jenseits der elitären universitären Kreise blieb Dahrendorf die Stadt
Oxford fremd:

> Die Universität von Oxford ist wie ein Archipel von Schatzinseln – die
> Colleges, die Bodleian Library, das Convocation House, das Sheldonian
> Theatre – in einem weit weniger beachtenswerten Meer. Ich jedenfalls
> bin in mit der Stadt Oxford nie warm geworden. Sie war und ist eine
> heruntergekommene mittelenglische Industriestadt mit all dem Elend
> von Arbeitslosigkeit, schlechtem Wohnraum, perspektivlosen jungen und
> hilflosen alten Menschen. Sie erschien mir nicht wie eine Stadt mit einer
> besonderen Sinnhaftigkeit.[10]

Am St. Antony's College konnte Dahrendorf seine internationalen Kontakte, seine Interessen für die Verbindung von Wissenschaft und Politik, sein weitgespanntes akademisches Netzwerk und seine reiche Erfahrung als Universitätsmanager aus den Jahren als LSE-Direktor einbringen. Das erklärte Ziel des Colleges war es, die Welt der Wissenschaft mit der realen politischen Praxis zu verbinden. Es bestanden enge Kontakte und Beraterverträge mit der britischen und mit ausländischen Regierungen, aber auch mit Medien und multinationalen Wirtschaftsunternehmen.[11] Als *Warden* führte Dahrendorf die Geschäfte des Colleges. Hierbei gehörten das Einwerben und die Investition von Geldern zu seinen wichtigsten Aufgaben.[12] Aber auch zeremonielle Auftritte, die in Oxford eine große Rolle spielten, waren Teil seiner Pflichten.

Die religiösen Rituale bereiteten Dahrendorf jedoch zunächst Schwierigkeiten, obwohl St. Antony's in der Oxforder Landschaft ein sehr säkulares College war. Die Sitzungen des wöchentlich tagendenden College-Rats (*Hebdomadal Council*) begannen mit einer Bibellesung und Gebeten. Als *Pro-Vice Chancellor* musste der ungetaufte Agnostiker außerdem kirchliche Aufgaben der anglikanisch geprägten Universität übernehmen. Als er zum ersten Mal sonntags bei einem Gottesdienst in der Universitätskirche präsidieren musste, sei ihm als «Ungläubigen» unbehaglich zumute gewesen, gab Dahrendorf 1995 im *Europäischen Tagebuch* zu, aber dann habe er sich die Bemerkung eines seiner Fellows am St. Antony's College zu Herzen genommen:

> Durch Jahrhunderte hin, Warden, haben die wenigsten das geglaubt, was da gepredigt wurde. Aber wer sind wir, um die lange Geschichte, in der wir stehen, plötzlich abzubrechen? Außerdem, wenn ich es mir gestatten darf, das zu sagen, ein bißchen Demut hat noch niemandem geschadet.[13]

Während Dahrendorf sich an seine Rolle im kirchlichen Zeremoniell erst gewöhnen musste, gefielen ihm andere Traditionen wie die feierlichen Abendessen zur *Guest Night* am *High Table* im Speisesaal mit vier Gängen auf feinem Porzellan, erlesenen Weinen und gestärkten Servietten sowie anschließendem Kaffee und Portwein im *Senior Common Room* von Beginn an.[14] Umgeben von interessanten Fellows und Gästen, intelligenten und talentierten Wissenschaftlern, Politikern und Entscheidungsträgern aus verschiedenen Ländern, war der *Warden* ganz in seinem Element.[15] Zudem schätzte er mit zunehmendem Alter Traditionen und Rituale, denn sie bedeuteten für ihn

> ein Gerüst, mit dem man sich abfinden, gegen das man sich auch auflehnen kann, das aber Strukturen schafft und mit ihnen eine gewisse

Disziplin, die den meisten nicht schadet. [...] Wir leiden ja nicht gerade an einem Übermaß an Strukturen in der postmodernen Welt. [...] Das ist jedenfalls meine Empfindung – aber dann haben mir Freunde mit einigem Recht nicht nur romantische Neigungen, sondern auch einen gewissen Hang zur Dekadenz nachgesagt.[16]

Wie schon als Direktor der LSE versuchte Dahrendorf am St. Antony's College vor allem als Bewahrer aufzutreten. In der Welt der Traditionen, in denen College-Rektoren als Erste unter Gleichen gelten, verstand er schnell: «Oxford is one of those places where many have the power to block change and few if any can make it happen.»[17] Zu Beginn seiner Amtszeit als *Warden* war Dahrendorf zwar Reformen angegangen; beispielsweise hatte er die beiden Studienzentren für West- und Osteuropa des Colleges neu strukturiert, indem er ein neues «European Studies Centre» schuf, in dem auch die ostmitteleuropäischen Länder ihren Platz fanden, während die Forschung zu östlicheren Ländern und Russland dem «Russian and Eurasian Studies Centre» zugeordnet wurde.[18] Später stimmte er jedoch in Universitätsgremien gegen Reformen, die er eigentlich für sinnvoll hielt:

> Ich war überzeugt, dass Oxford akademischen Fakultäten eine größere Rolle einräumen musste (wie sie sie in Cambridge haben) und womöglich ein Graduiertenkolleg gründen sollte, um seine Vorrangstellung zu behaupten. Das bedeutete für mich ein Dilemma. St. Antony's war für seine Mitglieder das Graduiertenkolleg, das der Universität fehlte, und während ich vom Kopf her wusste, dass sich die Universität eines Tages auf Kosten seiner Colleges würde entwickeln müssen, war ich im Herzen nicht bereit, für ein Ziel, das mein College degradieren würde, zu kämpfen. Mit anderen Worten, ich verhielt mich in wahrer Oxford-Manier.[19]

Dahrendorf, der in der Theorie stets den Wandel forderte und der den Grad der Liberalisierung von Gesellschaften daran maß, inwieweit Wandel in ihnen möglich war, ging in Oxford verhalten vor. Er versuchte, die Errungenschaften seines Colleges zu bewahren, und wurde zum Verteidiger des Status quo, selbst wenn er andere Lösungen eigentlich für sinnvoller hielt.

Als *Warden* sah Dahrendorf sich eher als Symbolgestalt denn als Herrschaftsinstanz.[20] Seinen Professorenkollegen so viel Freiheit wie möglich zu lassen gelang ihm nicht immer: «Colleges are small businesses, and contrary to medium-sized ones like LSE they require more hands-on management than I had bargained for.»[21] Zugleich war er sich bewusst, dass er durch sein vielfältiges anderweitiges Engagement seine Pflichten in der College-Leitung und vor allem in der finanziellen Akquise manchmal vernachlässigte.[22] In einem Nachruf im *Telegraph* hieß es später über seine Zeit am St. Antony's College:

> Dahrendorf hatte Gefallen daran, eine Institution zu leiten; er war ein geistreicher Redner und ein geselliger Mensch. Aber an der LSE hatte er sich wohler gefühlt [...] als in Oxford. Sein Stil war präsidialer, als manche Kollegen erwartet hatten, und er verließ St. Antony's früher als geplant.[23]

Ein Grund für sein vorzeitiges Ausscheiden mit immerhin schon 67 Jahren als *Warden* war seine Überzeugung, man sollte alle zehn Jahre eine neue Aufgabe übernehmen, um geistig beweglich zu bleiben. Bereits 1995 plante er deshalb den Abschied aus Oxford für 1997, obwohl er noch bis 2000 hätte bleiben können.[24] Zudem reizten ihn seine vielfältigen anderen Aufgaben und Optionen und es ärgerte ihn immer wieder, dass er interessante Einladungen zu Konferenzen oder Vorträgen nicht annehmen konnte, weil zeitgleich College-Meetings anstanden.[25]

2. Zeitenwende 1989:
Oxford, Osteuropa und die deutsche Einheit

Neben den Leitungsaufgaben war es der wissenschaftliche Forschungsschwerpunkt Osteuropa, der Dahrendorfs Zeit am St. Antony's College prägte. Das lag vor allem an der Bekanntschaft mit dem Historiker Timothy Garton Ash, der als Fellow in St. Antony's lehrte und in den achtziger und neunziger Jahren zu einem Chronisten der friedlichen Revolution in Ostmitteleuropa wurde. Als der Ostblock hinter dem Eisernen Vorhang spürbar zu bröckeln begann und Gorbatschows Politik von Glasnost und Perestroika die Auflösung der Sowjetunion einleitete, entstand auf Initiative der Ford Foundation, der European Cultural Foundation und anderer Stiftungen ein typisches «Cold War Project»[26] mit dem Namen «Central and Eastern European Publishing Project» (CEEPP).[27] Ziel war es, die Publikation, Übersetzung und Verbreitung von Büchern und Zeitschriften in Osteuropa zu fördern und auf diese Weise die Region in den westlichen Diskursraum zu integrieren. Aufgrund seiner Verbindung zur Ford Foundation, für die Ralf

Dahrendorf von 1976 bis 1987 als Trustee tätig gewesen war, übernahm er den Vorsitz des Projekts, das von März 1986 bis Dezember 1994 lief.[28]

Auf dem Weg zum ersten Treffen des Kuratoriums in Brüssel lernten sich Ralf Dahrendorf und der damals 31-jährige Timothy Garton Ash im März 1986 am Flughafen kennen. Sie waren sich sofort sympathisch. Sie entsprachen sich in ihrer Einstellung, in ihren liberalen Überzeugungen und in ihrem Bekenntnis zum öffentlichen Engagement. Obwohl sie ein Altersunterschied von 26 Jahren trennte, wurden sie enge Freunde, die sich auf wissenschaftlicher Ebene austauschten und inspirierten.[29] Timothy Garton Ashs öffentliche Rolle ist seit den neunziger Jahren mit der Ralf Dahrendorfs vergleichbar. Er hat im geteilten Berlin studiert, spricht sehr gut Deutsch, mischt sich immer wieder in Debatten ein und gilt in Deutschland als Experte für Großbritannien und in Großbritannien als Experte für Deutschland und Osteuropa.

Von Oxford aus koordinierten Timothy Garton Ash und die *Times*-Redakteurin Elizabeth Winter die Arbeit des CEEPP. Das Geld der Stiftung wurde genutzt, um die Übersetzung und Verbreitung von Literatur, die nur jenseits der staatlichen Verlage im Samisdat oder in Exilverlagen erscheinen konnte, zu finanzieren. Der Schwerpunkt lag auf den Ländern Ostmitteleuropas, Polen, die Tschechoslowakei und Ungarn, aber auch Publikationen aus Rumänien und Bulgarien sowie den – nach dem Zusammenbruch der Sowjetunion – unabhängigen baltischen Ländern wurden gefördert. In Anlehnung an die in Großbritannien übliche Bezeichnung der Europäischen Gemeinschaft als «Common Market» sollte ein «common market of the mind»[30], also ein gemeinsamer Marktplatz des Diskurses in Ost- und Westeuropa, geschaffen werden. Es war explizit nicht das Ziel des Kuratoriums, politisch oder gar propagandistisch zu wirken, sondern in erster Linie die Verbreitung von politischer, aber auch schöngeistiger Literatur zu unterstützen. Doch wie Timothy Garton Ash schreibt, war man sich zugleich sehr bewusst, welchen politischen Effekt die Unterstützung von unabhängiger Samisdat- und Exilliteratur auf Länder haben konnte, in denen die Kontrolle von Informationen elementarer Bestandteil des politischen Machtmonopols der kommunistischen Parteien war.[31] Deshalb war Garton Ash überzeugt, dass die Arbeit der Stiftung einen Beitrag zur Selbstbefreiung von Ostmitteleuropa in den späten achtziger Jahren und durch Förderung des Kulturaustauschs schließlich auch zur Vereinigung des vormals geteilten Europas leistete.[32]

Schon vor seiner Zeit in Oxford hatte Dahrendorf als Parlamentarischer Staatssekretär im Auswärtigen Amt und als EG-Kommissar Kontakte nach Osteuropa gehabt. Auch hatte er gemeinsam mit seinem Freund Kraft-

Alexander Prinz zu Hohenlohe und dessen Frau Ursula 1973 eine private Polenreise unternommen und neben Auschwitz auch den Ort seiner eigenen Inhaftierung 1944/45 in Schwetig/Świecko an der Oder besucht.[33] Im Februar 1975 nahm er an einer von der Körber-Stiftung organisierten Moskaureise teil, bei der auf Einladung des Zentralkomitees der KPdSU führende Wissenschaftler, Politiker und Wirtschaftsvertreter zum Gedankenaustausch zusammenkamen.[34] Außerdem war seine Frau Ellen Übersetzerin von Werken des sowjetischen Historikers Roi Medwedew und hatte durch ihr Engagement für sowjetische Dissidenten Verbindungen in die Sowjetunion.[35] Dennoch war Dahrendorfs Aufmerksamkeit – typisch für einen Angehörigen der 45er-Generation – bislang vor allem nach Westen ausgerichtet gewesen. Das CEEPP eröffnete für ihn nun ein neues Interessensfeld. Durch die Aktivitäten des Projekts, ebenso wie durch den Osteuropaschwerpunkt des St. Antony's College, lernte er viele Intellektuelle und Schriftsteller kennen, die in Opposition zu den kommunistischen Regimen im Ostblock standen. Die Seminare, Mittagessen und privaten Treffen mit den Akteuren des Umbruchs in Ostmitteleuropa in den Jahren 1989 und 1990 waren für Dahrendorf «almost unbearably exciting»[36]. An das St. Antony's College kamen bedeutende Politiker wie der tschechische Schriftsteller, Oppositionelle und spätere Staatspräsident (1998–2003) Václav Havel oder der Ökonom und spätere tschechische Minister- und Staatspräsident Václav Klaus (1992–1998 beziehungsweise 2003–2013). Auch Michail Gorbatschow machte 1993 und 1996 seine Aufwartung.[37] Zu den osteuropäischen Dissidenten, die um 1989 in St. Antony's ein- und ausgingen, zählten Wissenschaftler, Intellektuelle und Schriftsteller, die nach dem Fall des Eisernen Vorhangs in wichtige politische Positionen aufstiegen wie Jiří Dienstbier, Philosoph und 1989 bis 1992 erster Außenminister der Tschechoslowakei, der Philosoph und späterer Präsident von Bulgarien (1990–1997), Schelju Schelew, der Historiker und spätere polnische Außenminister Bronisław Geremek (1997–2000), der Publizist, Bürgerrechtler und polnische Premier (1989–1990) Tadeusz Mazowiecki oder der Historiker und (seit 1990) Chefredakteur der *Gazeta Wyborcza* Adam Michnik. Auch zum Gründer der Open Society Foundation, dem amerikanischen Milliardär George Soros, der sich mit seinen Stiftungen für die Abkehr der osteuropäischen Länder vom Kommunismus einsetzte und auch das CEEPP förderte, entstand eine wichtige Verbindung.

Dahrendorf traf die Akteure der Revolution von 1989 jedoch nicht nur in Oxford, sondern er reiste seit den späten achtziger Jahren auch selbst immer

wieder in die Länder Ost- und Ostmitteleuropas. Eine besonders denkwür-
dige Begegnung hatte Dahrendorf noch in der Umbruchzeit im März 1990,
als er an einer Konferenz in Warschau teilnahm und vom Staatspräsidenten
General Wojciech Jaruzelski ins Belvedere eingeladen wurde. Jaruzelski
hatte im Dezember 1981 in Reaktion auf die Gründung der unabhängigen
Gewerkschaftsbewegung Solidarność das Kriegsrecht verhängt und am-
tierte bis 1985 als Ministerpräsident. Erst im Dezember 1990 wurde er durch
Lech Wałęsa als erstem frei gewählten Staatspräsident abgelöst. Während
dieses Besuchs sprach Jaruzelski, der Dahrendorf als lebender Beweis für
das bevorstehende Ende des kommunistischen Regimes erschien, über die
Veränderungen in seinem Land. Er wollte von Dahrendorf wissen, wohin
die Revolutionen von 1989 in Europa und insbesondere in Polen seiner Einschätzung nach führen würden und was der Prozess der Auflösung von
Strukturen, Parteien, Kultur und Wirtschaftsordnung für die Länder
Ostmitteleuropas bedeuten werde.[38]

Das Gespräch mit Jaruzelski war für Dahrendorf Anlass, nach seiner
Rückkehr nach Oxford in völliger Zurückgezogenheit innerhalb von nur
drei Wochen sein «wahrscheinlich leidenschaftlichstes»[39] Buch zu schreiben:
Reflections on the Revolution in Europe (1990). Der als Brief an einen «Sehr
geehrten Herrn J.» in Warschau angelegte Essay wurde in nahezu alle osteuropäischen Sprachen übersetzt.[40] In Anlehnung an Edmund Burkes *Reflections on the Revolution in France* (1790) versuchte Dahrendorf, der Bedeutung
der Revolution in Ostmitteleuropa auf den Grund zu gehen. Durch die dortige Entwicklung sah er seine seit den späten fünfziger Jahren propagierte
Überzeugung bestätigt, dass die Unterdrückung von Konflikten langfristig
zum Aufstand und zur Revolution führen müsse. Er argumentierte, dass die
Menschen in den Ländern Ostmitteleuropas sich nicht gegen das kommunistische System gewandt hätten, um es gegen das kapitalistische System des
Westens einzutauschen, sondern dass sie eine geschlossene Gesellschaft überwunden hätten, um eine offene Gesellschaft zu schaffen. In der Euphorie, die
die Jahre 1989/90 begleitete, hofften viele, dass der politische Umformungs-
prozess in demokratische Staaten im Sinne eines «return to Europe»[41] nun
schnell vonstattengehen werde. Dahrendorf begrüßte die Entwicklungen in
Ostmitteleuropa als «liberale Revolution», sorgte sich jedoch, dass die neuen
Demokratien am Widerspruch von politischen Hoffnungen und wirtschaftlichen Realitäten scheitern könnten. Er warnte, dass die osteuropäischen
Länder durch ein ökonomisches «Tal der Tränen»[42] würden gehen müssen,
bevor sich eine funktionierende Marktwirtschaft durchsetzen werde. Dah-

rendorf wusste, dass Demokratie und Freiheit zwar Voraussetzungen für Bürgerrechte, aber noch lange keine Garanten für Wohlstand seien.[43] Durch gute politische Führung und die nötige Ausdauer, so war er jedoch überzeugt, würde den osteuropäischen Ländern der wirtschaftliche Aufstieg gelingen.

Dahrendorfs Interesse an den Umbrüchen in Ostmitteleuropa und seine Faszination für die Dissidenten, die für die Demokratisierung ihrer Länder kämpften, wurzelte auch in seinen eigenen biographischen Erfahrungen mit dem Nationalsozialismus und dem Aufbau der Demokratie in der Bundesrepublik. Ihm ging es in seinem Selbstverständnis als Liberaler um die großen Themen Freiheit und Demokratie, um den Weg zur politischen Selbstbestimmung und Mündigkeit. Zentral war für ihn hierbei der Begriff der Bürgergesellschaft, den er vor dem Hintergrund von 1989/90 in die Diskussion um die gesellschaftliche Neugestaltung der Länder in Ost- und Ostmitteleuropa einbrachte.[44] Als Bürgergesellschaft verstand Dahrendorf in Anlehnung an James Madisons Ausführungen im zehnten *Federalist Paper* eine Gesellschaft mit heterogenen Interessen und Meinungen:

> Alle Bürger haben gewisse Rechte; vor allem gehören sie allerlei Organisationen, Unternehmen, sonstigen Sozialgebilden an, und diese bilden ein so kompliziertes Netzwerk, daß niemand erfolgreich versuchen kann, ihre Interessen und damit am Ende die Rechte anderer zu usurpieren. *Civil society* ist immer eine Unordnung, aber sie allein trägt die institutionelle Ordnung, und zwar gerade dann, wenn es wirtschaftlich schlecht geht.[45]

Dahrendorf war es wichtig, den englischen Begriff *civil society* nicht mit «Zivilgesellschaft», sondern mit «Bürgergesellschaft» zu übersetzen, da es ihm nicht um den Gegensatz zwischen Militär und Zivil ging, sondern auf die Verwirklichung von Bürgerrechten für alle Menschen und auf das bürgerliche Engagement ankam.[46] In diesem Sinne stand auch das Central and Eastern European Publishing Project für Dahrendorf nicht nur für die Schaffung eines «gemeinsamen Marktes des Geistes», sondern auch für die Unterstützung der Entstehung einer Bürgergesellschaft. Auf dieser Grundlage, so hoffte Dahrendorf, könne eine offene Gesellschaft mit Lebenschancen aus Optionen und Ligaturen, wie er sie bereits 1979 entworfen hatte, auch in den Ländern Osteuropas verwirklicht werden.[47] Während er sich noch fragte, was die Ligaturen sein könnten, die die osteuropäischen Gesellschaften in Zukunft zusammenhalten würden, plädierte er vor allem für die Etablierung von parlamentarischer Demokratie, Marktwirtschaft und Bürgergesellschaft. Kurz vor seinem Tod im Jahr 2009 sagte er, was er damals unterschätzt habe, sei die Bedeutung des Rechtssystems, des «rule of law», gewesen.[48]

Doch nicht nur in den Ländern Osteuropas zerfiel die kommunistische Staatsordnung. In der DDR demonstrierten plötzlich in vielen Städten Menschenmengen für Demokratie und Bürgerrechte. Der Fall der Berliner Mauer am 9. November 1989 leitete den Weg zur deutschen Wiedervereinigung ein. Obwohl Dahrendorf sehr bewegt über die Ereignisse in Deutschland war, erklärte er in einem Interview im März 1990:

> Meine Kollegen an der Universität gehen in Moskau, Prag, Warschau, Budapest, Berlin ein und aus. Also eigentlich beschäftigt mich seit sechs Monaten kaum etwas anderes [als die Umwälzungen in Osteuropa], und das wird auch noch eine Weile so weitergehen. Entscheidend dabei ist, dass die ostmitteleuropäische Perspektive mich mehr beschäftigt als die deutsche.[49]

Dahrendorf brachte seine Kenntnisse über Veränderungen und Perspektiven der ostmitteleuropäischen Länder in die Diskussion um die deutsche Vereinigung ein. Die unter deutschen Intellektuellen äußerst kontrovers geführte Auseinandersetzung drehte sich um die Frage, ob und auf welche Weise es zu einer Vereinigung der Bundesrepublik und der DDR kommen solle.[50] Zur Debatte standen einerseits die Wiedervereinigung nach Artikel 146 des Grundgesetzes, die eine neue gesamtdeutsche Verfassung zur Folge gehabt hätte, und andererseits der Beitritt der DDR zum Geltungsbereich des bestehenden Grundgesetzes der Bundesrepublik nach Artikel 23. Allerdings blieb nicht viel Zeit zur Diskussion. Bundeskanzler Helmut Kohl hatte bereits am 28. November 1989 im Bundestag ein Zehn-Punkte-Programm vorgestellt, mit dem er nur gut zwei Wochen nach dem Mauerfall einen Weg zu einer möglichen Wiedervereinigung skizzierte. Damit reagierte Kohl einerseits auf die anhaltende Ausreisebewegung aus der DDR und deren anhaltenden wirtschaftlichen Verfall, andererseits setzte er auch eine neue Dynamik in Gang. Das war beabsichtigt, denn der Kanzler befürwortete den Beitritt nach Artikel 23 gegenüber dem sehr viel langwierigeren Prozess, eine neue Verfassung zu erarbeiten. Zudem war in außenpolitischer Hinsicht unklar, wie lange das Zeitfenster für eine mögliche Wiedervereinigung überhaupt offenstand. Niemand wusste, ob Gorbatschow seine kooperative Haltung beibehalten würde und wie lange er sich an der Spitze des Kremls würde halten können. Auch die Mehrheit der Ostdeutschen befürwortete den schnellen Beitritt ihres Landes zur Bundesrepublik.[51]

Die Regierung Kohl erkaufte sich die Wiedervereinigung nach Verhandlungen mit Moskau auch durch Milliardenzahlungen an die Sowjetunion. Schon bald wurden angesichts der ökonomischen Übermacht der Bundesrepublik Befürchtungen laut, dass die Bundesrepublik die deutsche Einheit vor allem aus machtpolitischen und ökonomischen Interessen verfolge. Viele ostdeutsche Intellektuelle und Protagonisten der Bürgerrechtsbewegung wandten sich gegen eine deutsche Einheit. Sie befürworteten einen eigenen reformierten sozialistischen Staat. In dem Aufruf «Für unser Land» warnten DDR-Bürgerrechtler wie Stefan Heym, Bärbel Bohley, Ulrike Poppe und Friedrich Schorlemmer bereits am 26. November 1989 vor einem Ausverkauf der DDR an die Bundesrepublik. Als Antwort veröffentlichten prominente Persönlichkeiten aus Westdeutschland, unter ihnen Heinrich Albertz, Annemarie Böll, Ossip K. Flechtheim, Helmut Gollwitzer, Margarete Mitscherlich und Wolf-Dieter Narr, den Aufruf «Für Euer Land, für unser Land», in dem die Vereinigung der beiden deutschen Staaten ebenfalls abgelehnt wurde.[52]

Besonders prägnant brachte der Schriftsteller Günter Grass die Bedenken gegen eine deutsche Einheit auf den Punkt. Bereits im November 1989 hatte er sich im *Spiegel* für die Entwicklung eines demokratischen Sozialismus in der DDR und für eine Konföderation der beiden deutschen Staaten ausgesprochen.[53] Sein Plädoyer für eine «Kulturnation» als deutsche Gemeinschaft aus Bundesrepublik und DDR auf Grundlage einer gemeinsamen Kultur statt nationaler Grenzen bekräftigte er im Februar 1990 unter der Überschrift «Rede eines vaterlandslosen Gesellen» in der *Zeit*. Dort sprach er sich auch für einen «dritten Weg» als Alternative zu Kapitalismus und Kommunismus in der DDR aus. Er warnte, die DDR und das Nachbarland Polen könnten zur «Beute» der Bundesrepublik werden. Seine Befürchtung begründete er damit, dass in Kohls Zehn-Punkte-Plan zur Wiedervereinigung von einer Anerkennung der polnischen Westgrenze nicht die Rede gewesen war. Vor allem aber argumentierte Grass mit der nationalsozialistischen Vergangenheit gegen eine mögliche Vereinigung: Die Erinnerung an den Völkermord an den Juden verbiete die Schaffung eines deutschen Einheitsstaates, denn ein solcher sei einst erst die «Voraussetzung für Auschwitz» gewesen.[54] Damit griff der gebürtige Danziger auch die Bedenken aus den europäischen Nachbarländern auf, die ein wiedererstarktes Deutschland fürchteten.

Viele westdeutsche Linksintellektuelle stimmten Grass' Kritik zu. Die Vorstellung, in der DDR einen besseren sozialistischen Staat verwirklichen zu können, schien für sie so verlockend, dass die deutsche Einheit dem Verlust einer Utopie gleichkam. Viele teilten die Sorge um das Wiedererstarken eines deutschen Nationalismus und entdeckten zugleich eine nostalgische Sympathie für die alte Bundesrepublik, die sie über viele Jahre vor allem mit Skepsis betrachtet hatten.[55] Die Ablehnung einer deutschen Einheit und das Eintreten für die Bewahrung eines – wenn auch reformierten – Sozialismus in der DDR erfolgte zum Teil von einer recht abgehobenen Warte aus, wie der Schriftsteller Peter Schneider im Nachhinein selbstkritisch bemerkte:

> Wie Günter Grass und andere Kollegen sah ich in der deutschen Teilung eine unmittelbare Folge des Hitlerkrieges, eine historische «Strafe», mit der die Deutschen sich nun einmal abzufinden hatten. Wer die Teilung infrage stellte, entlarvte sich nach dieser Lesart als «Revanchist» und «unverbesserlicher kalter Krieger», der die Lehren der Geschichte ignorierte. Dabei hätte uns doch auffallen können, dass das Denkverbot in Sachen «Deutsche Einheit» auf einer höchst einseitigen und narzisstischen Geschichtsinterpretation beruhte. Denn warum war eigentlich die Bereitschaft, für die deutsche Schuld in Gestalt der Teilung zu büßen, vornehmlich bei den Westdeutschen anzutreffen, die ja gar nicht büßten und mit der Teilung vergleichsweise prächtig lebten?[56]

Die Mehrheit der DDR-Bürger wollte nämlich keinen sozialistischen Staat auf dem Boden der DDR, sondern Freiheit, Demokratie und den gleichen Lebensstandard wie die Westdeutschen. Unterstützt durch die West-CDU siegte bei der Volkskammerwahl am 18. März 1990 die konservative Allianz für Deutschland mit der Forderung «Nie wieder Sozialismus» und dem Programm einer deutschen Einheit und der sofortigen Einführung der D-Mark deutlich über die Bürgerrechtler von Bündnis 90.[57]

Die Volkskammerwahl bestätigte den Kurs Helmut Kohls in Richtung einer schnellen Wiedervereinigung. Gerade deshalb warnte Jürgen Habermas anderthalb Wochen später in der *Zeit*, wie bereits zuvor Günter Grass, vor dem Ausverkauf der DDR. Habermas war die westdeutsche Machtdemonstration der wirtschaftlichen und politischen Überlegenheit im Umgang mit der DDR zuwider. Seiner Meinung nach drohte die wirtschaftsnationale Gesinnung eines «pausbäckigen DM-Nationalismus» das republikanische Bewusstsein der Deutschen zu überwältigen.[58] Zudem kritisierte er die Geschwindigkeit, mit der die Einheit durch die Regierung Kohl vollzogen wurde, und dass die im Grundgesetz vorgesehene Volksabstimmung über die deutsche Einheit nach Artikel 146 nicht durchgeführt wurde.[59]

Während ostdeutsche Stimmen nach der Volkskammerwahl im März 1990 zu verstummen schienen, machten in den folgenden Monaten die westdeutschen Intellektuellen die Diskussion um die Einheit unter sich aus.[60] In der Debatte wurde die Frage nach dem nationalen Selbstverständnis der Deutschen und ihrem Verhältnis zur eigenen Nation immer wichtiger. Nachdem die Bundesrepublik in Anbetracht der nationalsozialistischen Vergangenheit jahrzehntelang außenpolitisch Zurückhaltung geübt hatte, wurde im Ausland eine wiedervereinigte, erstarkte Nation bei aller Freude über den Fall der Mauer durchaus mit Skepsis betrachtet, etwa in Großbritannien und in Frankreich. Die Furcht vor einer Renaissance des Nationalismus war auch unter den deutschen Intellektuellen verbreitet. Der Publizist und SPD-Politiker Peter Glotz betrachtete den «Irrweg des Nationalstaates»[61] als Gefährdung für den europäischen Einigungsprozess und sah nicht im eigenständigen Territorialstaat die Zukunft Deutschlands, sondern in der «intelligente[n] Aufteilung der Souveränität» in Europa.[62]

In Dahrendorfs Augen waren die Bedenken von Günter Grass, Jürgen Habermas und Peter Glotz gegen die Einheit unbegründet. In einem Interview in der *Basler Zeitung* vom 1. März 1990 erklärte er:

> dass die deutschen Intellektuellen, gerade die der Linken, denen ich mich zugehörig fühle, stärker gebunden sind an traditionelles Denken als die Mehrzahl der Menschen. Sie hängen sozusagen krampfhaft an Ideen, die eigentlich ganz abwegig und unwesentlich sind. Leute wie Grass, Glotz oder Habermas, die ich sehr schätze, werden überhaupt nicht fertig mit dem, was heute in Europa geschieht.[63]

Dieses Bekenntnis war wohl eher eine Sympathiebekundung für die grundsätzlichen Einstellungen der «Linken» als eine Identifikation mit ihnen. Seit den siebziger Jahren hatte Dahrendorf sich explizit als «Liberaler» positioniert.[64] Von den von linken Intellektuellen in der Einheitsdebatte vertretenen Positionen grenzte er sich schließlich auch entschieden ab. Die von Habermas beschworene Gefahr eines Ausverkaufs der DDR konnte er nicht erkennen. Im Gegenteil sei die DDR viel eher von einer wirtschaftlichen Übervorteilung bedroht, wenn sie nicht zusammen mit der Bundesrepublik einen Rechts- und Währungsbereich bilde. Deshalb hielt er Habermas' Formulierung vom «DM-Nationalismus» für «abwegig»[65]. Der Kapitalismus im Sinne der Sozialen Marktwirtschaft war für Dahrendorf wichtiger Teil der demokratischen Verfassung der Bunderepublik. Im *Merkur* legte er dar:

> Das Angebot der Währungsunion an die DDR hat nicht nur Verfassungsrang, sondern es ist das Angebot einer Verfassung. Die heutige DM ist das höchst komplexe Resultat von vierzig Jahren demokratischer Geschichte. Die DM ist also weit mehr als schnöder Mammon oder selbst «obszönes Muskelspiel»; sie symbolisiert nicht nur, sondern enthält auch praktisch ein ganzes Paket konstitutioneller Garantien und Chancen.[66]

Auch die Angst vor der deutschen Nation hielt er für ungerechtfertigt. Bei einem Vortrag im Berliner Renaissance Theater im Juli 1990 erklärte er die Bundesrepublik zur bisher größten «Erfolgsstory in der deutschen Geschichte»[67]. Seit 1945 sei eine neue Gesellschaft mit neuen Strukturen entstanden, die nichts mehr mit dem Nationalcharakter der Kaiserzeit und des Nationalsozialismus zu tun habe. Dem deutschen Einheitsstaat den Völkermord während des Nationalsozialismus anzulasten, wie es Günter Grass tat, hielt Dahrendorf für falsch. In einem vielbeachteten *Merkur*-Artikel stellte er im Herbst 1990 klar: «Auschwitz war kein Resultat der deutschen Einheit».[68] Für Dahrendorf ging die Gefahr vielmehr von den pessimistischen Wortmeldungen der linken Intellektuellen aus, da sie Zweifel säten, statt die Idee des Nationalstaates zu stärken.[69] Er betonte, dass die deutsche Einheit als institutionelle und konstitutionelle Chance zu sehen sei, in der die Bürgergesellschaft verwirklicht werden könne:

> Sie erlaubt es den Deutschen, aus freien Stücken den Rahmen zu schaffen, in dem Wirtschaft und Gesellschaft den Menschen immer weitere Lebenschancen eröffnen können. Die deutsche Einheit ist also eine Verfassungsaufgabe. Sie hat es mit Bürgerrechten zu tun und mit den Bedingungen der bürgerlichen Gesellschaft. *Citizenship* und *civil society* können auf diese Weise (wieder, wie zuletzt im Vormärz) zu Vokabeln werden, die auch in ihrer deutschen Version einen unzweideutigen, radikalen und liberalen Sinn haben.[70]

Dahrendorf sah zwar eine Nähe zu Habermas und dessen Stichwort vom «Verfassungspatriotismus» im Sinne einer nationalen Identität, die sich nicht auf territoriale Räume, sondern auf die Verfassung und ihre Institutionen bezog, betonte jedoch, dass der Verfassungspatriotismus einen nationalen Rahmen brauche:

> Verfassungspatriotismus ist eine öffentliche Tugend, aber er schwebt nicht in der Luft. Verfassungen gelten für einen bestimmten Raum oder vielmehr für die in diesem Raum lebenden Menschen. Diese bilden eine Rechtsgemeinschaft. Ihr Stolz gilt ihren Institutionen. Er gilt sicher nicht ihren Grenzen. Die Kraft des Verfassungspatriotismus liegt darin, daß er den Regeln des Zusammenlebens gilt und nicht der Größe des Territoriums oder der Stärke der Wirtschaft oder gar der Überlegenheit der Rasse. Doch haben Verfassungen einen Geltungsbereich, und dieser ist einstweilen der Nationalstaat. Jetzt, da Deutschland kein Provisorium mehr, sondern ein normaler Nationalstaat ist, kann es auch einen normalen Verfassungspatriotismus entwickeln.[71]

Mit seiner positiven Bewertung des Nationalstaates als unentbehrlichen Garanten der Grund- und Bürgerrechte stellte sich Dahrendorf gegen die Position von Peter Glotz. Dieser hatte Europa schon auf dem Weg ins postnationale Zeitalter gesehen, in dem wirtschaftliche und politische Probleme künftig auf einer supranationalen Ebene gelöst werden könnten.[72] Dahrendorf hielt Glotz' Abkehr vom Nationalstaatsgedanken und die Idee eines «Europas der Regionen»[73] für eine Illusion und für unrealistisch angesichts der antiimperialen Stoßrichtung der demokratischen Revolutionen in Ostmitteleuropa, die den Nationalstaat als Abkehr von der Sowjetunion zum Ziel hatten. Für ihn konnte auch Europa kein Ersatz für den Nationalstaat sein. Stattdessen hielt er es für wichtig, dass regionale, kulturelle oder ethnische Besonderheiten innerhalb eines heterogenen Nationalstaates geschützt würden.[74] Die Grass'sche Vorstellung einer «Kulturnation» lehnte er ebenfalls ab, denn diese sei «immer zugleich imperial und exklusiv».[75]

Wenn Dahrendorf die deutsche Einheit nachdrücklich befürwortete und für ein vereinigtes Deutschland in der Struktur der Bundesrepublik plädierte,[76] tat er das aus ganz anderen Gründen als nationalkonservative Denker wie Karl-Heinz Bohrer, Thomas Nipperdey und Hans-Peter Schwarz. Diese sahen den Willen zur nationalen Identität als etwas Naturgegebenes an, das den Deutschen durch die Teilung verwehrt worden sei. Nipperdey etwa wandte sich gegen Grass und Habermas und gegen Stimmen, die den Deutschen das Nationsein absprechen wollten. Die Nation sei ein «Normaltatbestand»: «Wer nationale Identität nicht sozusagen selbstverständlich hat, hat ein Identitätsproblem, leidet an einem Identitätsverlust oder an einer Störung», schrieb Nipperdey in der *Frankfurter Allgemeinen Zeitung*.[77]

Dahrendorf ging es in der Abgrenzung von Glotz und Grass nicht um einen Post-Postnationalismus, sondern um eine verfassungsrechtlich abgesicherte Bürgergesellschaft, die er nur im Nationalstaat für möglich hielt. Seine Position zur deutschen Wiedervereinigung zeichnete sich dadurch aus, dass er sich als einer der wenigen Intellektuellen explizit auf die Lage in Osteuropa und die Entwicklung der osteuropäischen Länder bezüglich der Zukunft Europas bezog.[78] So war ihm wichtig, dass Polen bei den Verhandlungen um die deutsche Einheit nicht übergangen werde, wie er in einem Brief an seinen früheren Parteifreund Bundesaußenminister Hans-Dietrich Genscher betonte.[79] Wie Ilko-Sascha Kowalczuk hervorgehoben hat, war es auch die Freundschaft und Zusammenarbeit mit dem britischen Chronisten der Revolutionszeit um 1989, Timothy Garton Ash, die Dahrendorf zum «89er» werden ließ. Als einer der wenigen westdeutschen Intellektuellen würdigte Dahrendorf «1989» als epochale Zäsur in der Geschichte der Moderne, in der die Revolution der Bürger die Türen zur Demokratisierung und Liberalisierung geöffnet hatte.[80] Für ihn bedeutete das Jahr 1989 nicht wie für Francis Fukuyama das «Ende der Geschichte»[81], sondern im Gegenteil den «Wiederbeginn der Geschichte». So nannte Dahrendorf einen Essayband, in dem er Aufsätze und Reden aus den Jahren von 1990 bis 2003 versammelte.[82]

Sein unaufgeregter Blick auf die Debatte um die deutsche Einheit war auch auf den geographischen und mentalen Abstand zurückzuführen, mit dem er die deutschen Ereignisse von Großbritannien aus beurteilte. Großbritannien, und das hieß für Dahrendorf vor allem England, war inzwischen zu seinem Lebensmittelpunkt geworden. Im Jahr 1993 wurde ihm sogar eine Ehre zuteil, die für einen eingebürgerten Deutschen höchst ungewöhnlich war: Er wurde von Königin Elisabeth II. zum Lord mit Sitz im Oberhaus ernannt.

3. Im «besten Club Londons»: Als Lord im Oberhaus

Das House of Lords hat als erste Kammer des britischen Parlaments die Aufgabe, den Gesetzgebungsprozess des Unterhauses zu überprüfen. Seine Mitglieder (*Peers*) können Einfluss auf Gesetze nehmen, indem sie Zusätze vorschlagen, sie dürfen Anfragen an die Regierung stellen und sie nehmen an Parlamentsausschüssen teil. Die Zusammensetzung des Oberhauses aus den adligen Erblords (*Hereditary Peers*) und den auf Lebenszeit ernannten Mitgliedern (*Life Peers*) hat sich seit der zweiten Hälfte des 20. Jahrhunderts immer weiter zugunsten der *Life Peers* verschoben. So ist es üblich, dass Politiker wie ehemalige Minister und Personen, die sich besonders für das Land verdient gemacht haben, zu *Peers* ernannt werden. Dabei werden die Vorschläge für die Ernennung von neuen Mitgliedern und ihre Erhebung in den Adelsstand in der Regel von den Parteivorsitzenden im Unterhaus an den Premierminister herangetragen.[83]

Unter Premierministerin Margaret Thatcher, mit der Ralf Dahrendorf in herzlicher Abneigung verbunden war, wäre Dahrendorf sicher nicht für die Ernennung zum Lord vorgeschlagen worden. Doch ihr Amtsnachfolger seit 1990, John Major, der ebenfalls der Conservative Party angehörte, war flexibler als die «Eiserne Lady». Wie Dahrendorf in seiner unveröffentlichten englischen Autobiographie berichtet, hätte Premierminister Major den damaligen Führer der Liberaldemokraten Paddy Ashdown wissen lassen: «If you nominate someone not for party services but on his merits, I shall be sympathetic.»[84] Paddy Ashdowns Wahl fiel auf Ralf Dahrendorf, der der Liberal Party aufgrund seiner politischen Überzeugungen und persönlicher Freundschaften seit den achtziger Jahren als Berater nahestand und der sich durch seine Leitungstätigkeiten an der LSE und am St. Antony's College, seine Mitgliedschaft in Regierungskommissionen und durch sein Auftreten als öffentlicher Intellektueller um das Land verdient gemacht hatte.[85] Ashdown betonte, dass er den parteilosen Dahrendorf wegen seiner dezidiert liberalen Einstellung sowie wegen seiner Verbindungen zur internationalen Politik für eine *Peerage* vorgeschlagen habe.[86]

Nach der offiziellen Nominierung durch den Premierminister wurde Ralf Dahrendorf am 15. Juli 1993 von Königin Elisabeth II. in den Adelsstand erhoben und zum Lord auf Lebenszeit ernannt. Bereits 1990 hatte die Boulevardzeitung *Today* unter der Überschrift «Herr raising plan» die «haarsträubende» Nachricht gemeldet, dass mit dem Deutschen Ralf Dahrendorf ein ehemaliges Mitglied der Bundesregierung auf einer Nominierungsliste für das House of Lords stehe.[87] Auch über seinen Bekanntenkreis war Dahrendorf schon zu Ohren gekommen, dass seine Ernennung möglich oder wahrscheinlich sei.[88] Sicherlich trugen nicht nur seine Verdienste für die deutschbritischen Beziehungen und für die britische Universitätslandschaft sowie seine gute Verbindung zu Paddy Ashdown, sondern auch seine weitreichende Vernetzung im britischen Establishment zu seiner *Peerage* bei. Durch langjährige freundschaftliche und professionelle Beziehungen zu bedeutenden Personen sowie institutionelle Verbindungen nach seinen Karrierestationen an der LSE und in Oxford, seine Teilnahme an Regierungs- und Nichtregierungskommissionen sowie seine Mitgliedschaften im konservativen Garrick Club und im liberalen Reform Club bewegte sich Dahrendorf selbstverständlich inmitten der Elite, die in Großbritannien «the great and the good» genannt wird. Seit seinen Erfahrungen als junger Mensch mit den britischen Besatzungsoffizieren in Hamburg und in Wilton Park war er Bewunderer der britischen *Upper Class* und hatte diese bereits 1965 in einem Radiovortrag als etablierte gesellschaftliche Elite und Verteidigerin der liberalen Freiheitsrechte zum Vorbild für die junge Bundesrepublik erklärt.[89] Mit seiner Ernennung zum Lord war er nun selbst endgültig in ihr angekommen. Natürlich war er schon mehrfach zu verschiedenen Anlässen im Oberhaus gewesen und auch der Lord Chancellor, der Kanzler des Oberhauses, war ihm kein Unbekannter, wie er im *Europäischen Tagebuch* schreibt:

> Ich kannte den gegenwärtigen Träger des Amtes, Lord Mackay of Clashfern, schon vorher, denn er ist Visitor, also symbolischer Präses, meines Colleges. Außerdem, wie das hierzulande zu gehen pflegt, treffen wir uns gelegentlich beim Friseur.[90]

Die Selbstverständlichkeit, mit der Dahrendorf die Vorteile durch sein elitäres Netzwerk nutzte, steht in auffälliger Diskrepanz zu seiner regelmäßig geübten Kritik an strukturellen Hemmnissen beim sozialen Aufstieg und beim Zugang zu «Lebenschancen». In seiner englischen Autobiographie schreibt er mit charakteristischem Understatement über die Nominierung: «I was also very pleased and not a little moved» und fügte dankbar, aber auch verklärend hinzu: «Britain has been good to me.»[91]

Als Bestandteil seines Adelstitels durfte sich Dahrendorf einen neuen Namen aussuchen und entschied sich für «Baron Dahrendorf, of Clare Market in the City of Westminister». Diese Bezeichnung, die auf die Gegend um die London School of Economics Bezug nimmt, hatte vor Dahrendorf bereits Lord (Lionel) Robbins, der ehemalige Vorsitzende des Gouverneursrats der LSE, geführt. Wie dieser brachte Dahrendorf so seine große Verbundenheit mit der London School of Economics zum Ausdruck, «der mein Herz immer noch gehört»[92], wie er 1995 notiert. Mit der Ernennung wurde aus «Prof. Dr. Ralf Dahrendorf» oder «Sir Ralf» nun «Lord Dahrendorf». Es belustigte ihn, dass viele Deutsche, die mit den Gepflogenheiten von britischen Adelstiteln nicht vertraut waren, nun nicht mehr wussten, wie sie ihn anzureden hatten und ihn bisweilen mit «Sir Professor Dr. Baron Dahrendorf»[93] titulierten.

Am 21. Juni 1993 wurde Dahrendorf von zwei «Sponsoren» offiziell als Lord im Oberhaus eingeführt; der erste war sein Freund Lord (Roy) Jenkins of Hillhead, der ehemalige Vorsitzende der SDP, der inzwischen die Liberal Democrats im Oberhaus führte, und der zweite sein früherer Mentor Lord (Noel) Annan, den Ralf Dahrendorf seit seiner Flucht von Berlin nach Hamburg 1946 kannte und der ihm seither bei seinem akademischen Werdegang in Großbritannien unterstützt hatte.[94] In seiner englischen Autobiographie und im *Europäischen Tagebuch* (1995) beschreibt Dahrendorf mit der für ihn typischen Ironie das Prozedere «von erheblicher und verwirrender Förmlichkeit»,[95] das seine offizielle Einführung als Lord im Oberhaus begleitete:

> Die Prozession: Black Rod [der Zeremonienmeister des Oberhauses, FM], sechs Schritte, Garter [der Vorsitzende der Sozietät für Adelswappen, FM], sechs Schritte, der Junior Sponsor (Lord Jenkins), sechs Schritte, ich, sechs Schritte, der Senior Sponsor (Lord Annan). Etwa hundert Lords sitzen auf den Bänken, der Lord Chancellor auf dem Wollsack. Verbeugung vor dem Haus, ein paar Schritte voran, Dreispitz ab vor der ersten Tischkante, wieder ein paar Schritte, Dreispitz ab vor der zweiten Tischkante, zum Lord Chancellor, auf dem rechten Knie zu Boden, ihm den *Writ of Summons* [die Vorladung der Königin, FM] geben. [...]
>
> Dann geschieht jener Teil, an dem die Ballettkundigen unter den Lords ihr neues Mitglied messen werden. Garter postiert sich vor uns. Wir stehen auf; er sagt «The Lord Chancellor»; wir nehmen gleichzeitig, mit mehr oder minder elegantem Schwung und einer tiefen, aber nicht zu tiefen Verbeugung den Dreispitz ab, setzen ihn wieder auf und sinken zurück in den Sitz. Gleich darauf dasselbe noch einmal. Dann das dritte Mal, aber dieses Mal behalten wir den Dreispitz in der linken Hand, halten ihn vors Herz, während die anwesenden Lords laut «Hear, hear!» rufen, was einer Art Aufnahme in den Club gleichkommt.[96]

In dem Augenzwinkern, mit dem diese Passage geschildert ist, wird deutlich, wie sehr Dahrendorf die Traditionen des Oberhauses gefielen und wie stolz er war, mit dem Eintritt in das House of Lords nun zum «besten Club in London»[97] zu gehören. Von Anfang an erschien Dahrendorf das Oberhaus wie eine «Insel der Seligen»[98]. Alle waren von ausgesuchter Höflichkeit gegenüber dem neuen Lord, und dieser fühlte sich dort sofort wohl: «‹Yes, M'lord› und ‹Can I help you M'lord›, sagen nun die befrackten Diener des Hauses, und sie meinen es.»[99]

Obwohl er kein Parteimitglied war, entschied sich Dahrendorf zunächst, auf den *Liberal Democrat Benches*, also auf den Bänken der Fraktion der Liberaldemokraten, Platz zu nehmen. Als Neuling im Oberhaus betrachtete er die Zughörigkeit zu einer Fraktion als wichtig, um gut vernetzt über Abläufe informiert zu sein. 2004 wechselte er jedoch zu den *Cross Benches*, die quer zu den Oppositions- und Regierungsbänken im Oberhaus stehen, da er nicht mehr den Vorgaben einer Partei folgen wollte, der er nicht angehörte; seine Unabhängigkeit war ihm wichtiger geworden als die fraktionelle Einbindung.[100]

Die Tätigkeit im Oberhaus hatte für Dahrendorf eine immense Bedeutung, die nach seiner Pensionierung als *Warden* von St. Antony's 1997 noch einmal zunahm. In diesem Jahr wurde er auch Vorsitzender des Select Committee on Delegated Powers and Deregulation (bis 2006). Dieser Ausschuss gehört zu den wichtigsten im Oberhaus, da dort die Gesetzgebung des Unterhauses geprüft und ergänzt wird. Als Vorsitzender des Ausschusses nahm Dahrendorf die Aufgabe sehr ernst, Versuche der Regierung zu verhindern, durch administrative Akte Gesetze zu umgehen.[101] Außerdem gehörte Dahrendorf zu Beginn seiner Tätigkeit im Oberhaus dem European Communities Committee an und war später Vorsitzender des Select Committee on Stem Cell Research. Eine wichtige Rolle spielte er darüber hinaus in der Royal Commission on Reform of the House of Lords unter dem Vorsitz von Lord (John) Wakeham. Die 1999 von Premierminister Tony Blair eingesetzte Kommission sollte einen Vorschlag zur Reformierung des Oberhauses erarbeiten. Denn die Tatsache, dass das Oberhaus sich aus Erblords, die nur aufgrund ihrer Herkunft im Parlament sitzen, und den ebenfalls nicht gewählten, sondern ernannten Peers zusammensetzt, sorgte immer wieder für Kritik. Zwar hat die Ernennung von verdienten Politikern und anderen Persönlichkeiten zu Lords und Ladys den Vorteil, dass das Oberhaus dadurch zum überwiegenden Teil von erfahrenen Politikern oder Personen aus der Wirtschaft oder der Wissenschaft, die ausgewiesene Spezialisten auf ihren Gebieten sind, bestimmt wird. Allerdings ist das Oberhaus dadurch weder demokratisch legitimiert, noch ist seine Zusammensetzung repräsentativ in Bezug auf Geschlecht, Herkunft und Interessen. So ist der überwiegende Teil der Mitglieder männlich, über 70 Jahre alt und stammt aus dem Großraum London.[102]

Als Mitglied des Ausschusses stand Dahrendorf der Reform des Oberhauses jedoch skeptisch gegenüber. Wie Timothy Garton Ash erklärte, hatte Dahrendorf eine «huge affection for the Lords, which not everyone shared.»[103]

Ein Grund für die Verteidigung der bestehenden Strukturen des Oberhauses war Dahrendorfs Neigung zu traditionellen Institutionen. Für ihn war es in späteren Jahren unerlässlich, sich einer Institution zugehörig zu fühlen. Im *Europäischen Tagebuch* bezeichnete er Institutionen als etwas, was er – in der Reaktion auf den neoliberalen Kurs Margaret Thatchers – selbst erst in der Mitte seines Lebens entdeckt habe.

> Sogar mein Weg nach England hat es mit Institutionen zu tun und zugleich mit ihrem Bröckeln, denn Margaret Thatcher hat nahezu alle traditionellen Institutionen des Landes in Frage gestellt. Dabei ist so manches in die Brüche gegangen, die Autonomie der Universitäten zum Beispiel, die tonangebende Qualität des BBC, die Kraft der Gemeindeautonomie, sogar ein Stück der Unabhängigkeit des Civil Services, also des Ministerial-Beamtentums.[104]

Der Liberale Ralf Dahrendorf wurde also seit Ende der siebziger Jahre immer konservativer – auch weil die Konservativen neoliberal geworden waren. Die einzige traditionelle Institution, die Thatchers Reformeifer überdauert habe, sei das House of Lords, schreibt Dahrendorf weiter.[105] Um diese geliebte Institution, auch in seinen Unzulänglichkeiten, nun vor dem Reformabsichten der Labour-Regierung unter Tony Blair zu schützen, wurde der zumeist als Reformer wahrgenommene Dahrendorf zum Ende der neunziger Jahre wieder einmal zum Bewahrer: Der Verfechter von Demokratisierung und Chancengleichheit sowie einer offenen Gesellschaft plädierte im Mai 1999 in einem Bericht an Lord Wakeham dafür, am Verfahren der Ernennung der Mitglieder des Oberhauses festzuhalten. Er betonte jedoch, dass dabei stärker auf Repräsentation und Heterogenität im Sinne von Geschlecht, Herkunft und Alter geachtet werden solle. Die Möglichkeit, die Mitglieder des Oberhauses durch Wahlen von den britischen Bürgern bestimmen zu lassen, lehnte er ab, da er dadurch die Unabhängigkeit der Lords und Ladys in Gefahr sah. Zudem bezweifelte er, dass Wahlen zu einer größeren Legitimation des Oberhauses führen würden:

> Da ist gewiss die leidige Frage der Legitimität. Für mich ist es ein Fehler zu glauben, Wahlen seien die einzige vorstellbare Quelle von Legitimität oder sie verliehen automatisch Legitimität. Gerichtshöfe sind legitim, ohne gewählt zu sein, im Falle mancher Gemeinderäte oder sogar des Europäischen Parlaments mag man sehr wohl deren Legitimität bezwei-

feln, obwohl sie gewählt worden sind (von einer Minderheit von Wählern). Man könnte sogar argumentieren, dass das gegenwärtige Oberhaus
erhebliche Legitimität genießt, insofern die meisten Menschen nicht daran zweifeln, dass es seine Sache gut macht.[106]

Im Jahr 1999 wurde mit dem House of Lords Reform Act zwar ein Gesetz verabschiedet, das die Zahl der erblichen Peers massiv einschränkte. Doch blieb
die angestrebte Reform des Oberhauses, die das Verfahren der Ernennung oder
der Wahl der Mitglieder grundsätzlich regeln und transparenter machen sollte,
aus, da sich die Mitglieder der Kammer nicht einigen konnten.

In seinen späten Jahren wurde Dahrendorf zum Verteidiger etablierter
Strukturen und exklusiver Institutionen. Dass ihm selbst der Widerspruch zu
anderen von ihm vertretenen Positionen bewusst war, zeigt seine Bemerkung
im *Europäischen Tagebuch*: «Meine Freunde bringen mich in mancherlei Ver-
legenheiten, wenn sie mich fragen, ob ich denn wirklich das House of Lords
und das ihm zugrundeliegende Patronagesystem verteidigen kann.» Doch
ihnen antworte er: «Wie könnte ich es nicht verteidigen, nun, da ich selbst
davon profitiere!», um dann selbstkritisch hinzuzufügen: «Manchmal, es sei
gestanden, frage ich mich, ob ich den bequemeren, ja den allzu bequemen
Weg gewählt habe.»[107]

Dahrendorfs Bestreben, das Oberhaus möglichst unverändert zu lassen,
mag auch dadurch begründet sein, dass er hier im Vergleich zu seiner politischen Karriere in den sechziger und siebziger Jahren den für seine Interessen
und Befähigungen idealen Ort gefunden hatte. Schon immer hatten ihn
grundsätzliche gesellschafts- und verfassungspolitische Fragen mehr als tagespolitische beschäftigt.[108] Als Mitglied des House of Lords konnte er nun Parlamentarier sein, ohne Politiker sein zu müssen, wie es Timothy Garton Ash
treffend beschreibt.[109] Vor allem aber stand die Tätigkeit im Oberhaus – anders
als die des aktiven Politikers in Bundestag und EG-Kommission – nicht im
Widerspruch zu Dahrendorfs «Paraderolle» als öffentlicher Intellektueller. Im
Gegenteil: Befreit von Tagespolitik, Parteibindung und der Notwendigkeit,
sich zur Wahl stellen zu müssen, konnte er sich in der Öffentlichkeit unbe-
schwert äußern. Außerdem traf er im Oberhaus mit interessanten Personen
zusammen und konnte sich bei ihnen über die verschiedensten Themen informieren und sich mit ihnen auszutauschen. Andere Mitglieder des House of
Lords, wie Paddy Ashdown, der von 2002 bis 2006 als Hoher Repräsentant für
Bosnien und Herzegowina der Vereinten Nationen am Balkan stationiert war,
oder der irische Politiker John Alderdice, der seit Ende der neunziger Jahre im

Nord-Irland-Konflikt vermittelt hatte, sowie Dahrendorfs Freundin und Kollegin auf den *Cross Benches*, Frances de Souza, die sich für den Aufbau von Schulen in Afghanistan engagierte, berichteten ihm von ihren Reisen und ihrer Arbeit. Immer wiederkehrende Themen waren das Nation Building und die Implementierung von Rechtsstaatlichkeit nach Kriegen und Konflikten sowie die politische Lage in Israel. Diese Gespräche mit Kollegen, die er meist seit vielen Jahren kannte und einschätzen konnte, habe Ralf Dahrendorf wegen der ungefilterten Informationen aus erster Hand besonders geschätzt, berichtete seine Witwe Christiane Dahrendorf.[110] Die Erkenntnisse, die Dahrendorf sich über diesen Austausch aneignen konnte, trugen zu dem weitreichenden, globalen Blick bei, der seine Wortmeldungen als Intellektueller kennzeichnete.

4. «Die Quadratur des Kreises»:
Die Sozialstaatsdebatte und die Kritik am «Dritten Weg»

Eine Frage, die Dahrendorf seit den frühen achtziger Jahren besonders umtrieb, war die nach der Vereinbarkeit von wirtschaftlichem Wachstum, sozialem Zusammenhalt und einer freiheitlichen Gesellschaftsordnung. Dieses Thema gewann Ende der neunziger Jahre mit dem Wahlsieg von Tony Blair in Großbritannien und mit dem Wiedererstarken der europäischen Sozialdemokratie eine neue Bedeutung und große öffentliche Aufmerksamkeit. Bereits seit Ende der siebziger Jahre hatte Dahrendorf sich mit der Arbeitsgesellschaft auseinandergesetzt und sich – unter Bezugnahme auf Hannah Arendts *Vita Activa* (1958) – mit der zu Beginn der achtziger Jahre hochaktuellen Frage, ob der Arbeitsgesellschaft in absehbarer Zeit die Arbeit ausgehen werde, befasst.[111] Seine Beschäftigung mit dem Thema intensivierte sich, als er von 1986 bis 1987 Vorsitzender der internationalen High Level Group der OECD, die sich mit Fragen der Arbeitsmarktflexibilität befasste, war. Er forderte, dass sich die Arbeitsgesellschaft zu einer Tätigkeitsgesellschaft entwickeln müsse, in der Arbeit als reiner Broterwerb durch sinnvolles Tun abgelöst werde. In seinem Buch *Fragmente eines neuen Liberalismus* (1987) schlug er ein garantiertes Mindesteinkommen vor, um Arbeit und Einkommen zu entkoppeln, und sprach sich für eine größere Zahl von befristeten Arbeitsverträgen sowie für eine liberalere Handhabung von Ladenöffnungszeiten aus. Nach dem Konjunktureinbruch von 1975 und den Jahren der Weltwirtschaftskrise von 1979 bis 1982 war die Zahl der Arbeitslosen in vielen Ländern Westeuropas immer weiter angewachsen. Hohe Inflationsraten,

Nullwachstum und steigende Staatsverschuldung ließen eine Krisenstimmung aufkommen. Strukturelle Veränderungen am Arbeitsmarkt führten
zwar einerseits zu größerer Flexibilität von Erwerbsmöglichkeiten und Er-
werbsbiographien, aber andererseits auch zum Verlust von Arbeitsplatz-
sicherheit. Angesichts der hohen Arbeitslosenquote von durchschnittlich
10,6 % in Westeuropa zu Beginn der achtziger Jahre[112] und der als zu hoch
empfundenen Sozialausgaben schien der Sozialstaat quasi permanent zur
Disposition zu stehen.[113] Insbesondere in Großbritannien wurde die Sozialstaatsdebatte in Reaktion auf die Politik Margaret Thatchers, die seit 1979 die
Rolle des Staates zugunsten der freien Entwicklung des Marktes und privat-
wirtschaftlicher Initiativen massiv zurückgedrängt hatte, besonders scharf
geführt. Innerhalb der Labour Party mündete sie in eine Diskussion darüber,
wie eine zeitgemäße Sozialdemokratie aussehen könne.

Aus dieser Programmdiskussion war 1981 die Neugründung der Social
Democrats (SDP) hervorgegangen. Angeführt von der «Viererbande» aus den
enttäuschten Labour-Politikern David Owen, Roy Jenkins, Shirley Williams
und Bill Rogers spalteten sie sich von der in ihren Augen zu weit nach links
gerückten Labour Party ab. Gemeinsam mit der Liberal Party unter Parteiführer David Steel formierten sie sich zum Wahlbündnis der «SDP-Liberal-
Alliance». Das Bündnis füllte die Lücke zwischen Thatchers rigidem neoliberalen Kurs und dem dogmatisch-sozialistischen Kurs der Labour Party, und
gewann in den achtziger Jahren eine große Bedeutung, die sich in vielverspre-
chenden Wahlprognosen niederschlug.

1988 vereinigten sich die Social Democrats und die Liberal Party zu einer
neuen Partei, die sich Liberal Democrats, kurz Lib Dems, nannte. Ihr Ziel
war es, das traditionelle britische Zweiparteiensystem aufzubrechen und sich
als Alternative zwischen den beiden polarisierenden Strömungen anzubieten.
Doch trotz der wohlwollenden Aufmerksamkeit, die ihnen von den Medien
entgegengebracht wurde, gelang es den Lib Dems nicht, die Stärke der Labour Party oder der Tories zu erreichen. Vielmehr rückte die Labour Party,
getrieben vom programmatischen Druck der Lib Dems, seit Beginn der
neunziger Jahre wieder weiter in die Mitte des politischen Spektrums.

Ralf Dahrendorf, der sowohl mit Roy Jenkins als auch mit David Steel gut
befreundet war, verfolgte die Entwicklungen sehr genau und hatte seit Beginn der achtziger Jahre David Steel bei der Neuformierung der Liberal Party
unterstützt.[114] Trotz Dahrendorfs Beratungstätigkeit für die Liberalen und
obwohl er viele Freunde im Lager der britischen Sozialdemokraten und der
Liberalen hatte, wollte er sich den Lib Dems nicht anschließen. Möglicher-

weise war es die Erfahrung mit dem missglückten Neustart in der deutschen FDP 1983, die ihn in den Folgejahren davon abhielt, noch einmal ein politisches Experiment zu wagen: «My British politics [...] remained tied to individuals. I never really warmed to any party. Having left the German Free Democrats for good when I came back to England, I decided not to join a British party.»[115]

Bemerkenswerterweise war Dahrendorf, der als Protagonist der sozialliberalen Ausrichtung der FDP in den sechziger Jahren gilt, die Ausrichtung der britischen Liberaldemokraten nach dem Zusammenschluss mit der SDP zu linksorientiert. In seiner englischen Autobiographie betont Dahrendorf, dass ihm in seiner politischen Grundhaltung die Freiheit über alles – und das hieß auch explizit über Gleichheit – ging.[116] Außerdem waren die Forderungen der Sozialdemokraten seiner Meinung nach längst erfüllt, wie er 1983 in *Die Chancen der Krise* dargelegt hatte.[117] Ähnlich wie er mit dem Diktum vom «Ende des sozialdemokratischen Jahrhunderts»[118] viele deutsche Sozialdemokraten vor den Kopf stieß, provozierte er in Großbritannien mit dem bissigen Ausspruch, die SDP sei für ein «better yesterday»[119] angetreten. Obwohl er durchaus mit den Forderungen der Partei sympathisierte, sah er in der programmatischen Ausrichtung der SDP wenig von einem Neuanfang, sondern vor allem Kontinuität zur Politik des ehemaligen Premierministers James Callaghan (1976–1979). Im Vergleich fand er sogar die Politik Thatchers zeitgemäßer als die Sozialdemokratie.[120]

Die Überzeugung, dass hohe Staatsausgaben moralisch gerechtfertigt seien, die Dahrendorfs Ansicht nach viele Sozialdemokraten vertraten, hielt er für fatal, wie er 1982 im *New Statesman* erläuterte: «This belief, characteristic of generations of socialist reformers all over Europe, determined their attitudes not only to those who were the sources of public income, but above all that to politics, to the state»[121]. Für Dahrendorf hatte die Entwicklung seit dem Ende des Zweiten Weltkrieges gezeigt, dass der Staatssozialismus nicht funktioniere. Der «wohlwollende Staat» («benevolent state») sei eine überkommene Vorstellung. Der Staat könne nicht alle Probleme lösen. Dahrendorf war gegen den Staat als «Kümmerer» und den Bürger als Leistungsbezieher. Statt vom Staat müsse die Gesellschaft von den Bürgern getragen werden. Wie die sonst von ihm so häufig kritisierte Margaret Thatcher befand er, die Menschen müssten auf eigenen Füßen stehen und ihr Schicksal selbst in die Hand nehmen. Die Aufgabe des Staates sah Dahrendorf vor allem darin, die Bürgerrechte zu garantieren. Zwar sei der Wohlfahrtsstaat eine notwendige Bedingung der Bürgerrechte, aber, so schrieb der Autor von *Bildung ist Bür-*

gerrecht und der Befürworter des garantierten Mindesteinkommens nun, es würde niemals genug Geld da sein, damit der Staat allen eine Ausbildung «geben» könne. In der modernen Demokratie sei vielmehr Eigenengagement gefragt, während öffentliche Ausgaben zurückgeschraubt werden müssten.[122]

Die schroffe Ablehnung sozialdemokratischer Positionen, die Dahrendorf 1982/83 äußerte, mag allerdings auch ein Abgrenzungsversuch gegenüber der deutschen SPD gewesen sein, da Dahrendorf zu dieser Zeit noch die Rückkehr in die bundesrepublikanische Politik mit der FDP plante.[123] Tatsächlich war seine Haltung gegenüber der Sozialdemokratie deutlich ambivalenter als seine harschen Formulierungen es nahelegen. Schon durch die Prägung des sozialdemokratischen Elternhauses blieb Dahrendorf zeitlebens von einem Liberalismus überzeugt, der soziale Aspekte stets mitdachte. Aufgrund seiner sozialliberalen Grundüberzeugung nahm er großen Anteil an der programmatischen Ausrichtung der neuen Partei der Liberaldemokraten und beeinflusste diese wesentlich. Der liberale Abgeordnete Paddy Ashdown, der 1989 den Vorsitz der vereinigten Lib Dems übernahm, suchte wie bereits David Steel Dahrendorfs Rat.[124] Von besonderer Bedeutung für die inhaltliche Aufstellung der neuen Partei war die von Ashdown Anfang 1994 für einen Zeitraum von anderthalb Jahren eingesetzte «Commission on Wealth Creation and Social Cohesion».[125] Neben Dahrendorf, der den Vorsitz führte, bestand die Kommission aus Mitgliedern, die aus unterschiedlichen politischen Denkrichtungen kamen: von Frank Field, dem bekannten Parlamentsabgeordneten und Vertreter von «New Labour», den Liberaldemokraten David Marquand und Ian Wrigglesworth über den *Guardian*-Journalist Will Huttonder bis hin zu den Wirtschaftsvertretern Carolyn Hayman und Ian Hutcheson sowie dem Wirtschaftswissenschaftler Andrew Sentance.

Die Kommission machte es sich zur Aufgabe, Lösungen für «die Quadratur des Kreises»[126] aus nachhaltigem Wirtschaftswachstum, gesellschaftlichem Zusammenhalt und bürgerlicher Freiheit zu finden. Neben den «Grenzen des Wachstums» und den Herausforderungen der Globalisierung wurde auch das Thema Umweltschutz angesprochen. Das Argument war, dass nach dem ungezügelten Individualismus der Thatcher-Jahre der soziale Preis für die wirtschaftliche Wettbewerbsfähigkeit zu hoch geworden sei. In einer Zeit, in der Festanstellungen zur Mangelware würden, die Kommunen ihre Bedeutung und ihre Identität verlören, schwinde der gesellschaftliche Zusammenhalt. Dabei sei Wohlstand mehr als ein hohes Bruttosozialprodukt, denn dieses allein helfe nicht, Arbeitsplätze zu schaffen. Die Ansatzpunkte des Report on Wealth Creation and Social Cohesion – «in a free society», wie es dem Liberalen Dahrendorf wichtig war, hinzuzufügen – sahen eine Rentenreform ebenso wie die Stimulation von wirtschaftlichen Investitionen vor. Wichtige Schlagwörter waren außerdem «lebenslanges Lernen» und eine verbesserte Ausbildung, also bekannte Forderungen Dahrendorfs. Besonders hervorgehoben wurde die Bedeutung von liberalen demokratischen Institutionen, die von staatlicher Seite gestärkt werden sollten. Dahrendorf sah die Bundesrepublik Deutschland und die deutsche Marktwirtschaft nach Ludwig Erhard und Karl Schiller für Großbritannien als Vorbild. Allerdings war man sich in der Kommission schnell einig, dass man die gewachsene Struktur des rheinischen Kapitalismus nicht einfach auf Großbritannien übertragen könne, zumal man im deutschen Modell die Bürokratie als Problem sah.[127]

Der Sozialbericht der Kommission war ein vielbeachteter Beitrag zu einer Debatte in Großbritannien über die hohen Sozialausgaben und die Zukunft des Wohlfahrtsstaates.[128] Aber auch über die britischen Grenzen hinaus wurde der Bericht rezipiert: Der Politikwissenschaftler Dietmar Herz lobte in der *Zeit*, Dahrendorf trete mit seinem Bericht in die Fußstapfen des Ökonomen William Beveridge, der in den vierziger Jahren für Großbritannien einen modernen Wohlfahrtsstaat entworfen hatte. Für Paddy Ashdown und die Liberaldemokraten hatte der «Dahrendorf Report» der Commission on Wealth Creation and Social Cohesion Programmfunktion.[129] Bewusst wurde der Bericht gemeinsam mit der Labour Party vorgestellt, denn er sollte den Lib Dems den Weg für zukünftige Koalitionen mit der Arbeiterpartei ebnen.[130] Der Labour-Führer Tony Blair bezeichnete die Argumente der Dahrendorf-Kommission anlässlich der Präsentation des Berichts als «powerful ammunition for the argument that social justice and economic efficiency go hand in hand».[131]

Tatsächlich wurden schon bald darauf viele Ideen aus dem Bericht von New Labour aufgegriffen, als Tony Blairs Wahlsieg 1997 den Wiederaufstieg einer reformierten Sozialdemokratie in Großbritannien einläutete. Ralf Dahrendorf nahm nicht nur über den «Dahrendorf Report» Einfluss auf die programmatische Ausrichtung der Labour Party, er beriet Tony Blair auch bereits im Januar 1997 anlässlich einer Rede zur Zukunft des Wohlfahrtsstaates und unterstützte ihn bei seiner Kandidatur als Premierminister.[132]

Allerdings fand die «Blair Revolution» nach dem überwältigenden Erdrutschsieg von 1997 ohne die Liberaldemokraten und ohne Ralf Dahrendorf statt. Im Mai 1997 gewann Tony Blair die absolute Mehrheit bei den Unterhauswahlen und war nicht mehr auf die Lib Dems angewiesen. Zum Chefideologen von «New Labour» wurde nun Dahrendorfs Nachfolger als Direktor der LSE, der Soziologe Anthony Giddens. Mit seinem Buch *The Third Way* (1998)[133] prägte er das Schlagwort für die Erneuerung der von Dahrendorf totgesagten Sozialdemokratie und lieferte die argumentative Unterfütterung für Blairs Politik, die einen entschiedenen Wirtschaftsliberalismus gepaart mit einem sozialen Konsens propagierte. Der «Dritte Weg» sollte zwischen dem überkommenen Sozialismus der alten Labour Party und dem rigiden Neoliberalismus der Thatcher-Jahre entlang führen und damit die Antwort auf die Sozialstaatsdebatte liefern, die in den achtziger und neunziger Jahren das gesamte westliche Europa umtrieb.[134] Giddens vertrat die Überzeugung, dass die Globalisierung der Wirtschafts- und Finanzmärkte eine neue Politik notwendig mache. Dabei stand er den wirtschaftlichen Chancen der Globalisierung grundsätzlich positiv gegenüber und sprach sich gegen einen ökonomischen und kulturellen Protektionismus aus. Die Rolle des Staates wollte er nach den Jahren der Tory-Regierung gestärkt sehen. Der Staat solle ein ausgebautes Sozialsystem garantieren, zugleich wurde vom Bürger Eigeninitiative erwartet: «Keine Rechte ohne Verpflichtungen»[135] war die zentrale Maxime.

Der Erfolg von Tony Blairs neuer sozialdemokratischer Politik schien Dahrendorfs These vom «Ende des sozialdemokratischen Jahrhunderts» zu widerlegen. Auch in den USA hatte Bill Clinton mit seinen «New Democrats» bereits 1992 die Wahlen für sich entschieden. In Deutschland löste Gerhard Schröders rot-grüne Regierung 1998 Helmut Kohl nach 16-jähriger Kanzlerschaft ab. Gemeinsam mit dem französischen Premierminister Lionel Jospin (1997–2002), dem italienischen Ministerpräsidenten Massimo D'Alema (1998–2000) und dem brasilianischen Präsidenten Fernando Cardoso (1995–2003) demonstrierten Clinton, Blair und Schröder bei Seminaren und Konferenzen eine internationale sozialdemokratische Allianz. Vertreten durch den jugendlichen Blair, den charismatischen Clinton und den «Medienkanzler» Schröder schüttelte die Sozialdemokratie ihr angestaubtes Image ab. Die neue Reform-Sozialdemokratie löste eine regelrechte «Mitte-links-Renaissance»[136] aus, die vor allem in Großbritannien durch Thinktanks und PR-Berater medial verstärkt wurde. Um den politischen Ansatz des «Dritten Weges» entwickelte sich rasch eine breite Debatte in der Politik, in den Medien und in den Sozialwissenschaften. Giddens und Blair wurde einerseits vorgeworfen, dass ihr Ansatz unkonkret sei und einen politischen Pragmatismus über die tatsächliche Entwicklung von neuen Wegen stelle. Andererseits wurde kritisiert, dass der «Dritte Weg» nur ein geschickter Wahlkampfslogan sei, der jedoch im Wesentlichen die neoliberale Politik Margaret Thatchers fortsetze.[137]

In Reaktion auf Anthony Giddens' Buch veröffentlichte Dahrendorf am 29. Mai 1998 im *New Statesman* einen offenen Brief an Tony Blair, in dem er die Programmatik von New Labour unter dem Begriff des «Dritten Weges» kritisierte und Blair aufforderte: «Ditch the third way, try the 101st».[138] Seine Überlegungen zum «Blair-Projekt» legte er ausführlicher in der von ihm gehaltenen Karl Schiller Gedächtnisvorlesung am Walter Eucken Institut in Freiburg am 28. September 1998 dar, die unter dem Titel «Ein neuer Dritter Weg? Reformpolitik am Ende des 20. Jahrhunderts» veröffentlicht wurde.[139] In diesem Vortrag begründete er seine Kritik in drei Punkten: Wie schon in dem offenen Brief an Tony Blair richtete sie sich zunächst vor allem gegen den Begriff des «Dritten Weges», der ihm zu ideologisch erschien: Es gebe nicht nur zwei Wege und einen Mittelweg, sondern unendlich viele Wege in einer offenen Gesellschaft, argumentierte Dahrendorf mit Karl Popper. Zudem war ihm der Ausdruck zu sehr von den alten Systemgegensätzen zwischen Kapitalismus und Sozialismus geprägt: «Der Begriff verkürzt die Vielfalt der offenen Gesellschaften auf eine hegelische Dreifalt. Er verengt die Perspektiven. Er verrät ein bißchen Angst vor der Freiheit, nämlich vor dem Verschwinden der Systeme.»[140] Zum zweiten bezeichnete Dahrendorf das Blair-Giddens-Programm als «Schönwetter-Weg». Während Tony Blair stets betone, dass er nicht vor «hard choices» zurückschrecke, vermutete Dahrendorf, dass der «Dritte Weg» in dem Moment, in dem die wirklichen harten Entscheidungen anstünden, zugunsten pragmatischer Pfade aufgegeben werde.[141] Schließlich kritisierte Dahrendorf an Giddens' Programm, dass es zu unkonkret und in einem «‹Sowohl-als-auch›-Stil» gehalten sei – eine ihm selbst durchaus vertraute Kritik.

In seinem Vortrag formulierte Dahrendorf dann eigene Vorschläge, die jedoch eher diffus blieben. So wollte er «Veränderungen des Arbeitsmarktes für menschliche Lebenschancen fruchtbar [...] machen»[142] und nach Alternativen der Betätigung, die ein Ende der Arbeitslosigkeit ermöglichten, suchen. Zur Reform des Wohlfahrtsstaates schlug er wie schon im «Dahrendorf Report» vor, eine Grundrente zu garantieren, dafür aber die Gesundheitsvorsorge stärker zu privatisieren. Er betonte darüber hinaus die Bedeutung des sogenannten dritten Sektors, der privaten Wohltätigkeitsorganisationen, der für ihn wichtiger Bestandteil der Bürgergesellschaft war. Für Dahrendorf gewann die Frage des bürgerschaftlichen Engagements, zu dem für ihn auch das Engagement von privaten Stiftungen zählte, seit den achtziger Jahren immer mehr an Bedeutung. Durch amerikanische Erfahrungen mit der Ford Foundation und der Russell Sage Foundation, aber auch durch seine Tätigkeit als Vorsitzender der FDP-nahen Friedrich-Naumann-Stiftung (1982–1987) und als Kuratoriumsvorsitzender der Stiftung Bundespräsident-Theodor-Heuss-Haus (1995–2006) war er selbst im Stiftungsbereich tätig.[143] Zu Beginn des neuen Jahrtausends setzte er sich auch für neue Privathochschulen in Deutschland wie die Hertie School of Governance und die Bucerius Law School ein. Der öffentliche Raum, etwa die öffentlichen Verkehrsmittel, so war Dahrendorf überzeugt, dürfe hingegen nicht privatisiert werden, sondern müsse im Einflussbereich des Staates bleiben. Er war mit Giddens und Blair der Meinung, dass die Globalisierung grundsätzlich mit Optimismus betrachtet werden müsse, aber dass Internationalisierung nicht Entdemokratisierung heißen dürfe, sondern die Demokratie im Nationalstaat erneuert und gestärkt werden müsse.[144]

Dahrendorfs Kritik an Giddens' «Drittem Weg» war also nicht grundsätzlicher Art. Im Gegenteil, Dahrendorf betonte seine «tiefere Zustimmung zum Clinton-Blair (-Giddens)-Projekt»[145], die seine Analyse durchweg geprägt habe:

> Mit den Reformpolitikern der neuen Mitte bin ich der Meinung, daß das Prinzip des Marktes durch die korrekturbedürftigen Nebenwirkungen seines Funktionierens nicht beeinträchtigt wird. Es geht also nicht darum, «den Kapitalismus» durch neue Formen des Wirtschaftens zu ersetzen, sondern seine unerwünschten Nebenwirkungen pragmatisch zu korrigieren. Das ist immer nötig in der wirtschaftlichen wie in der politischen Ordnung. Mit den Reformpolitikern teile ich auch die Haltung, daß die neuen Produktivkräfte der Globalisierung Chancen eröffnen.[146]

Trotz dieser grundsätzlichen Übereinstimmung mit der Reformpolitik der «neuen Sozialdemokraten» in Großbritannien und in den USA wurde Dahrendorfs Kritik am «Dritten Weg» – wie auch schon seine Attacken auf die Sozialdemokratie – als viel massiver wahrgenommen, als sie es tatsächlich war.[147] Das lag vermutlich vor allem an der harschen rhetorischen Abgrenzung gegen den als «illiberal» empfundenen Begriff des «Dritten Weges», wodurch die große inhaltliche Übereinstimmung fast überdeckt wurde. Diese rhetorische Abgrenzung mag aber eine – bewusste oder unbewusste – Strategie gewesen sein, mit der Dahrendorf seinen Thesen größeres Gehör zu verschaffen versuchte. Tatsächlich ähnelte das Programm von Anthony Giddens in erstaunlicher Weise – bis hin zu den Formulierungen – Dahrendorfs eigenen Vorschlägen, wie er sie etwa im Bericht der Commission on Wealth Creation and Social Cohesion gemacht hatte: Die Stärkung der Bürgerrechte und der «civil society», Inklusion statt Gleichheit und Bildung als Schlüssel für Teilhabe waren Vorschläge, die genauso auch von Dahrendorf kamen. Diese Beobachtung legt den Schluss nahe, dass seine Kritik auch deshalb so heftig war, weil er selbst gern der Vordenker des «Blair-Projekts» gewesen wäre. Auf eine entscheidende Differenz zwischen der Position Dahrendorfs und dem Blair-Giddens-Projekt hat freilich Thomas Hertfelder hingewiesen, nämlich den in Dahrendorfs Augen fehlenden Akzent auf der Freiheit – sowohl terminologisch als auch konkret in Bezug auf die Arbeitsideologie der Vertreter des «Dritten Weges». Anders als Blair und Giddens, die Arbeitslose notfalls durch den Entzug von Sozialleistungen zur Arbeit zwingen wollten, beharrte Dahrendorf auf dem Recht, nicht zu arbeiten.[148] Trotz dieser Differenzen blieb Dahrendorf jedoch weiterhin ein Anhänger der Blair-Regierung und versuchte durch seine Kontakte zu Sozialminister Frank Field und Wirtschaftsminister Lord (David) Simon of Highbury weiterhin Einfluss auf die Regierung zu nehmen.[149]

5. Bonndorf, London, Europa und der Westen

Als sich 1982 seine Rückkehr an die Universität Konstanz abzeichnete, suchte Dahrendorf ein Ferienhaus in Deutschland. Seine Wahl fiel auf ein Objekt in Holzschlag, einem Ortsteil von Bonndorf im Schwarzwälder Landkreis Waldshut. Ein ehemaliger Farrenstall[150], zu einem großzügigen Wohnhaus umgebaut, bot Dahrendorf Ruhe, um sich zu entspannen, aber auch, um ungestört an Büchern zu arbeiten. Trotz der ländlichen Abgeschiedenheit war Dahrendorf von Bonndorf aus schnell in der Schweiz, in Italien oder in Stuttgart, wohin er häufig zu Konferenzen oder für Beratertätigkeiten reiste.[151]

Schnell fand Dahrendorf in der Kleinstadt mit ihren etwa 6000 Einwohnern Anschluss. Insbesondere zum Bonndorfer Bürgermeister, Peter Folkerts (1946–1992), entwickelte sich eine «tiefe Männerfreundschaft»[152]. Der tatendurstige und zupackende junge Bürgermeister der kleinen Schwarzwaldgemeinde und der etablierte deutsch-britische Professor waren sich sofort sympathisch. Nächtelang, so erinnerte sich Folkerts' Witwe Regina, hätten die beiden am Esstisch ihres Reihenhauses gesessen und über Bonndorf und die Welt diskutiert.[153] Zwar mischte sich Dahrendorf nicht aktiv in die Stadtpolitik ein, war aber wichtiger «Rat- und Impulsgeber»[154] für den Bürgermeister.

Für den weltstädtischen Dahrendorf, der London über alles liebte, der sich sonst an der Universität Oxford und im Oberhaus bewegte und als Vortragsreisender international unterwegs war, war Bonndorf die Verbindung zur bodenständigen, kleinstädtischen Welt. Etwa vier bis sechs Mal im Jahr fuhr er dorthin, oft nur für ein, zwei Nächte, manchmal für mehrere Tage oder Wochen. Wenn er für einige Tage in Bonndorf war, gehörte zu seinen Gewohnheiten immer ein kleiner Stadtrundgang: Nach einem Besuch bei den Nachbarn, die sich in seiner Abwesenheit um das Haus kümmerten, ging Dahrendorf zur Bonndorfer Sparkasse, um sich mit dem Direktor über die wirtschaftliche Entwicklung zu unterhalten. Beim Friseur, einem in Bonndorf bekannten und gut vernetzten Mann, der engagiertes Mitglied im Fastnachts-, im Sport- und im Schwarzwaldverein war, erfuhr er anschließend Neuigkeiten über die sozialen Ereignisse der Stadt. Nach einem Besuch bei der lokalen Redaktion der *Badischen Zeitung* (*BZ*) traf er den Bürgermeister (zunächst Peter Folkerts, und nach dessen tragischem Tod durch einen Flugzeugabsturz 1992 den Nachfolger Michael Scharf),[155] um mit ihm beim Kaffee zu plaudern. Im örtlichen Gasthaus Kranz, wo er Ehrenmitglied des Stammtisches war, genoss er schließlich das bürgerliche Essen und die Unterhaltung mit der Wirtin.[156]

Mit diesen etablierten, ja ritualisierten Sozialkontakten war Bonndorf für Dahrendorf ein wichtiger Rückzugsort, wo er ein Stück Deutschland «auftanken»[157] konnte und in freundschaftlichen Kreisen eine zweite Heimat fand. Dass sein übriges persönliches Umfeld mit seiner Leidenschaft für die Schwarzwaldgemeinde wenig anfangen konnte, störte ihn nicht, wie er Ende der neunziger Jahre in seiner englischsprachigen Autobiographie bekannte: «when I think of Germany now I think of Bonndorf – much as my friends in Hamburg or London, to say nothing of my wife, mock my obsession»[158].

Bonndorf war für Dahrendorf jedoch nicht bloß Ferienort und Gegenpol zu London, sondern auch der Prototyp einer deutschen Kleinstadt, den Dahrendorf mit ethnologischem Forschergeist sezierte, um die aktuelle gesellschaftliche Verfasstheit der Bunderepublik zu ergründen. Dahrendorf informierte sich hier über die wirtschaftliche Entwicklung der Region und der ortsansässigen Firmen sowie über die Stimmung im Land. Der damalige Redaktionsleiter des Bonndorfer Büros der *Badischen Zeitung* Axel Kremp beschrieb, was bei Dahrendorfs Gesprächen mit den Bonndorfern auch geschah: «ohne dass sie es merkten, geschweige denn je einmal auch nur ansatzweise als unangenehm empfanden, zapfte er sie auch an und speicherte deren

Antworten in den eigens dafür vorbereiteten Kästchen im Gehirn ab.»[159] Wie er sich im Oberhaus bei den weltläufigen und politisch informierten Lords und Ladys über die verschiedensten (welt)politischen Themen informierte, so nutzte er den bundesrepublikanischen Mikrokosmos Bonndorf, um *bottom-up* von «der kleinen Einheit Bonndorf nach oben»[160] Impulse für seine Einlassungen als öffentlicher Intellektueller, seine Tätigkeit als Berater oder seine Arbeit im Oberhaus mitzunehmen. Wenn etwa Wahlen stattfanden, fuhr er von Wahllokal zu Wahllokal, um Stimmungen einzufangen, und in den ersten Tagen der Einführung des Euro Anfang 2002 bezog er einen Beobachtungsposten in der Bonndorfer Sparkasse, um zu sehen, wie die Einwohner auf die neue Währung reagierten.[161]

Die «heile Welt»[162] Bonndorfs mit ihrem aktiven Vereinswesen diente Dahrendorf auch als Beispiel für funktionierende soziale Bindungen beziehungsweise Ligaturen, die er in späteren Jahren als Voraussetzung für eine funktionierende Gesellschaft hochhielt.[163] Bei allem Lob auf die kleinstädtischen Gemeinschaftsrituale hatte das Thema für ihn jedoch einen «leicht peinlichen Unterton», denn für ihn selbst, der sich als «hemmungsloser Individualist» beschrieb,[164] waren diese Bindungen nicht nötig. Die Provinz war für Dahrendorf immer bloß Exkurs von seinem eigentlichen Leben,[165] und als Intellektueller blieb er bei Fastnachtbräuchen und anderen Veranstaltungen in Bonndorf ein Zaungast, wie er im Interview mit der *Zeit* 2005 zugab.[166]

Allein durch seine Anwesenheit habe Dahrendorf mehr als zwei Jahrzehnte lang «die Geisteshaltung, die Kultur und auch die Streitkultur in der Stadt»[167] geprägt, war Axel Kremp überzeugt. Der Saal des Schlosses in Bonndorf wurde zum Ort zahlreicher Auftritte Dahrendorfs, etwa für Ansprachen bei Neujahrsempfängen oder für Diskussionen mit Publizisten wie Hellmuth Karasek oder mit Politikern wie dem damaligen außenpolitischen Sprecher der SPD-Bundestagsfraktion Gernot Erler. Als Intellektueller mit Sendungsbewusstsein hatte Dahrendorf eine «Freude daran, den Menschen den Horizont zu erweitern, ohne auch nur ein einziges Mal oberlehrerhaft oder besserwisserisch zu wirken.»[168] Die Bonndorfer waren stolz, den prominenten Lord in ihren Reihen zu wissen und verliehen ihm 1990 die Ehrenplakette der Stadt.[169]

Eine besonders enge Verbindung hatte Dahrendorf zu der in Freiburg ansässigen *Badischen Zeitung*.[170] Zu deren Herausgeber Christian Hodeige, der zu Dahrendorfs Zeiten an der LSE studiert hatte, entstand eine «sehr persönliche […], Vater-Sohn-ähnliche […] Beziehung»[171]. Hodeige machte Dahrendorf 1998 zum offiziellen Berater der Herausgeber und der Redaktion der *Badischen Zeitung*. So wurde Dahrendorf zum «väterliche[n] Freund der Redaktion»[172], dessen Qualität darin lag, dass er «lieber lobte als zu kritisieren» und dass er der «Redaktion nicht die Welt erklären wollte, sondern mit präzisen Fragen half, die eigenen Gedanken zu entwickeln»[173], wie sich Chefredakteur Thomas Hauser erinnerte.

Zudem schrieb Dahrendorf häufig Leitartikel und gab regelmäßig Interviews. Thomas Hauser schilderte das «strenge Ritual», nach dem die Leitartikel entstanden:

> Dahrendorf drängte sich nie auf, sondern wartete stets auf den Anruf des Chefredakteurs. An der Begrüßung war meist schon zu erahnen, ob ihm selbst ein Thema auf den Nägeln brannte, oder ob er darauf gespannt war, was man von ihm erwartete. […] Dann entspann sich ein Gespräch über die wichtigsten aktuellen Themen, aus dem er meist plötzlich zu der Frage kam, was er denn schreiben solle. […] Ob er ein Thema mochte oder nicht, war im Gespräch rasch klar. Es zeigte sich dann auch im Tempo der Umsetzung und in der Brillanz des Artikels. Manchmal kam der Text schon wenige Stunden später aus dem Fax, getippt auf der manuellen Schreibmaschine, allfällige Korrekturen säuberlich zwischen die Zeilen getippt. Manchmal dauerte es aber auch Tage.[174]

Wie eh waren Dahrendorfs Themen stets breit gefächert. Ob er nun den Südbadenern die Eigenheiten seiner Wahlheimat Großbritannien erklärte, die Bürokratie der Europäischen Union geißelte, die deutsche Innenpolitik aus der britischen Warte kommentierte oder die außenpolitischen Beziehungen der Bundesrepublik zu den Nachbarländern oder den USA einordnete – Dahrendorfs Beiträge waren Ausdruck seiner Weltläufigkeit und brachten neue Perspektiven in den deutschen Südwesten. Auf der anderen Seite waren sie meist Kommentare und selten tiefgreifende Analysen.[175] Es gab aber auch Themen, über die Dahrendorf nur ungern schrieb: etwa das britische Königshaus oder die FDP, die für ihn ein abgeschlossenes Kapitel war.[176]

Aufgrund seiner Leidenschaft für den Journalismus trauerte Dahrendorf der verpassten Chance der Herausgeberschaft der *Zeit* von 1978 immer noch ein wenig nach.[177] Seit Helmut Schmidt 1983 in das Herausgebergremium berufen worden war, wurde Dahrendorfs Verhältnis zur Wochenzeitung distanzierter.[178] Er nahm seltener an Redaktionskonferenzen teil. Allerdings konnte die *Zeit*-Stiftung unter Leitung von Michael Göring ihn in den späten neunziger Jahren dafür gewinnen, die Biographie des 1995 verstorbenen Gründungsherausgebers Gerd Bucerius zu schreiben.[179]

Im Februar 1992 bot sich für Dahrendorf noch einmal die Gelegenheit, bei einer großen Zeitung einzusteigen: Der neugegründete sozialliberale *Independent* schickte sich an, die *Times* als Leitmedium in Großbritannien abzulösen und berief Dahrendorf zum Verwaltungsratsvorsitzenden. Ziel der Herausgeber des *Independent* war es, diesen in die liberale Familie des *Publico* in Lissabon, dem *Standard* aus Wien, der *Gazeta Wyborcza* aus Warschau und *La Repubblica* in Italien und *El Pais* in Spanien einzugliedern. Wie er im Manuskript seiner englischsprachigen Autobiographie schreibt, hoffte Dahrendorf, den *Independent* als institutionelles Vehikel zu nutzen, um seine liberalen Ideen und Überzeugungen zu verbreiten.[180] Allerdings gab er seine Position als Verwaltungsratsvorsitzender bereits nach nur einem guten Jahr wieder auf, da es zu einem Zerwürfnis mit dem Hauptgeschäftsführer und Chefredakteur Andreas Whittam Smith kam. Der Grund war, dass der *Independent* unter Whittam Smith zunehmend nach rechts gerückt war, es Unstimmigkeiten über die strategische Ausrichtung des Zeitungshauses gab und Dahrendorf mit den ihm zugedachten Aufgaben unzufrieden war.[181]

Trotz dieser unbefriedigenden Episode beim *Independent* blieb Dahrendorf ein «Zeitungsmensch»[182], der auf die tägliche Lektüre mehrerer Zeitungen nur schwer verzichten konnte und sich als Journalist im Nebenberuf verstand. Neben den großen Zeitungen wie *Die Zeit, Die Neue Zürcher Zeitung*, die *Times* und den *Guardian* schätzte er in späteren Jahren immer mehr die Bedeutung der deutschen Lokalzeitungen, wie er 2010 bemerkte:

> Die Regionalzeitung ist nach wie vor die prägende Kraft der Gesellschaft, die in bestimmter Weise dezentral strukturiert ist. […] Vergessen wir nie, dass in einer globalisierten Marktumwelt Differenzierung ein eher größerer Wert ist und dass daher das, was manchmal «Glokalisierung» genannt wird – also der gleichzeitige Prozess der Globalisierung bestimmter Entscheidungen und wirtschaftlicher Initiativen und der Lokalisierung anderer Tätigkeiten – ein Gewinn für alle ist.[183]

Dahrendorf war ein Intellektueller, der sowohl auf lokaler als auch auf globaler Ebene publizistisch aktiv war. Seine vielen Reisen zu politischen und wissenschaftlichen Konferenzen in aller Welt waren für ihn eine wichtige Inspirationsquelle, die ihm einen über das Nationale hinausgehenden, globaleren

Blick verschafften. Er profitierte dabei von den Gesprächen mit Menschen aus verschiedenen Ländern und Tätigkeitsbereichen. Von 1992 bis 1995 hielt er seine Eindrücke von diesen Begegnungen mit der politischen, wissenschaftlichen und wirtschaftlichen Elite in der Serie «Europäisches Tagebuch» im *Merkur* fest.[184] Außerdem blieb er neben seinen Kommentaren und Kolumnen für die *Badische Zeitung* oder die Schweizer Zeitung *Finanz und Wirtschaft* mit Beiträgen und Interviews in der *Zeit* präsent. Seit Mai 2002 schrieb er mit Leidenschaft eine monatliche Kolumne für das Project Syndicate mit Sitz in Prag, das die Übersetzung und Veröffentlichung von Artikeln ausgewählter Autoren in Zeitungen auf der ganzen Welt ermöglicht, um so zu einer unabhängigen globalen Presselandschaft beizutragen. Dahrendorf, der seine Distanz gegenüber Computern und dem Internet nicht aufgeben wollte und bis zuletzt auf einer mechanischen Schreibmaschine schrieb, versuchte gleichwohl, auf die sich verändernde Medienlandschaft zu reagieren. Mit dem Project Syndicate nutzte er globale Mittel und Wege, um seine Ideen zu verbreiten.[185]

Gegenüber dem Prozess der Globalisierung, den er Mitte der neunziger Jahre noch als Chance gesehen hatte, wurde er jedoch zunehmend skeptischer.[186] In seinen Augen war die Globalisierung seit der Jahrtausendwende «ausser Rand und Band» geraten und die Welt zu einer «Welt ohne Halt»[187] geworden. Angesichts der zunehmenden Globalisierung von Wirtschaftsprozessen warnte er vor dem Auseinanderdriften von Ökonomie und Politik. Diese führe zu einer Verstärkung der Kluft zwischen Arm und Reich und zum Zerfall von Regeln. In den Ende 2001 und Anfang 2002 gehaltenen Krupp-Vorlesungen am Kulturwissenschaftlichen Institut in Essen brachte Dahrendorf seine Enttäuschung zum Ausdruck, dass sich seine Hoffnungen angesichts der Revolution von 1989/90, «dass zivilisierte, demokratische Gemeinwesen es Menschen verschiedener Herkunft, Überzeugung und Orientierung erlauben, friedlich als Bürger zusammenzuleben» nicht erfüllt hätten und «eben diese Vielfalt der Gemeinsamkeit» nicht stattfinde.[188] Angesichts der Auslagerung von politischen und wirtschaftlichen Entscheidungskompetenzen von der nationalstaatlichen auf die europäische und die globale Ebene im Zuge der Globalisierung drohe nun die Propagierung einer Regionalisierung im negativen Sinne, die von populistischen Parteien in Europa bestärkt werde.[189] In der Sehnsucht nach kultureller und ethnischer Homogenität sah Dahrendorf die Gefahr des Ausschlusses gegenüber anderen. Er erinnerte an die sogenannten «ethnischen Säuberungen» im Jugoslawienkrieg und äußerte sich kritisch gegenüber den Abspaltungsbestrebungen von Schotten, Basken und Korsen, denn er war der Meinung, dass solche ethnisch «homogenen» Gemeinwesen nach innen zu Intoleranz und Unterdrückung anderer und nach außen zu Aggression neigten und daher Freiheit und Frieden gleichermaßen gefährdeten.[190] Diese skeptische Sicht auf die immer unübersichtlicher werdende Welt verstärkte sich noch einmal mit den islamistischen Terroranschlägen vom 11. September 2001 unter anderem auf das World Trade Center in New York. Wenngleich Dahrendorf weit davon entfernt war, in Hysterie zu verfallen, fühlte er sich «einer diffusen Bedrohung»[191] weiterer Terroranschläge ausgesetzt. Besonders stand für ihn aber nach den Anschlägen die Rolle der USA und des Westens im Vordergrund. Als Präsident George W. Bush in Reaktion auf die Anschläge sein schockiertes Land ohne UN-Mandat in einen Krieg gegen den Irak als angeblichen Besitzer von Massenvernichtungswaffen und Brutstätte des Terrorismus führte, löste dies einen Konflikt zwischen den USA und den europäischen Ländern aus, die sich nicht an dem Kriegseinsatz beteiligen wollten. Dieser Konflikt führte zu einer Krise des Westens, der sich in einen europäischen und einen amerikanischen Westen zu spalten drohte: Da Frankreich und Deutschland sich nicht an der «Koalition der Willigen» gegen den Irak beteiligen wollten, äußerte sich der amerikanische Verteidigungsminister Donald Rumsfeld abfällig über das ohnmächtige «alte Europa». Verstärkt wurde diese Position durch den intellektuellen Vordenker der Republikaner Robert Kagan, der die angebliche Friedenssehnsucht eines ohnmächtigen Europas der amerikanischen Auffassung von Realpolitik gegenüberstellte, die selbstverständlich auf militärische Mittel zurückgriff.[192] Den Europäern warf er Kantianisches Träumen von einem Arkadien des «Ewigen Friedens»[193] vor. Die Skepsis gegenüber dem Irakkrieg in weiten Teilen der europäischen Bevölkerung wurde offenbar, als Hunderttausende bei Großdemonstrationen gegen den Krieg in den Hauptstädten London, Rom, Paris, Madrid und Berlin am 15. Februar 2003 auf die Straße gingen.[194]

Der Krieg im Irak und der daraus resultierende Konflikt zwischen den westlichen Ländern führten auch zu einer Debatte unter europäischen Intellektuellen. Ausgelöst wurde diese durch den französischen Philosophen Jacques Derrida und seinen deutschen Kollegen Jürgen Habermas, die in Reaktion auf die Demonstrationen am 31. Mai 2003 in der *Frankfurter Allgemeinen Zeitung* ein Manifest veröffentlichten. Darin erklärten sie die «Kantische Tradition» der Aufklärung zur gemeinsamen Grundlage, die die Europäer verbinde. Die Proteste in den europäischen Hauptstädten gegen den Irakkrieg wollten sie als «Wiedergeburt Europas» aus dem Geist einer europäischen Öffentlichkeit wissen. Habermas und Derrida wurden unterstützt von einer europäisch-amerikanischen Allianz aus «linken» Intellektuellen um Umberto Eco und Gianni Vattimo, Adolf Muschg, Fernando Savater und Richard Rorty, die sich gegen George W. Busch und Robert Kagan wandten. Ihre Texte, die in verschiedenen europäischen Leitmedien erschienen, sahen sie als Gegengewicht zum «Brief der Acht» vom 30. Januar 2003, in dem die Regierungschefs von Großbritannien, Polen, Spanien, Portugal, Tschechien, Ungarn und Dänemark ihre Solidarität mit der Politik der amerikanischen Regierung erklärt hatten.[195]

Dahrendorf hingegen hatte den Kriegseinsatz im Irak und den Kurs Tony Blairs bei Oberhausdebatten verteidigt. In einer Rede vor dem House of Lords im Februar 2003 zog er den Vergleich zum «Dritten Reich»: Damals hätte der Tod von Millionen von Menschen verhindert werden können, wenn die westlichen Staaten Hitler bereits 1938 durch einen Militäreinsatz gestoppt hätten. Die Werte der Aufklärung mit militärischen Mitteln zu verteidigen, hielt er für gerechtfertigt:

> Die Werte der Freiheit und einer aufgeklärten Gesellschaft, an die ich glaube, müssen verteidigt werden, zur Not mit Gewalt, und manchmal ist die einzig wirkungsvolle Verteidigung ein Präventivschlag, bevor der Angriff erfolgt. Das macht Krieg nicht zu einer wünschenswerten Option. Nach meinem Verständnis ist Krieg niemals moralisch zu rechtfertigen. Allerdings gibt es Zeiten, zu denen es notwendig ist, etwas moralisch Fragwürdiges zu tun, um die Rahmenbedingungen zu erhalten, die uns erlauben, unserer Werte zu bewahren.[196]

Allerdings war es wohl weniger die Überzeugung, dass der Kriegseinsatz gegen den Irak richtig war, die Dahrendorf zu dieser Stellungnahme veranlasste, als seine Befürchtung, dass der Streit um die richtige Reaktion auf den islamistischen Terror zu einer Spaltung des Westens führen könne. Bestrebungen, Europa als Gegengewicht zu den USA im Sinne von «Vereinigten Staaten von Europa» definieren zu wollen, waren in seinen Augen ein fataler «Irrweg».[197] In einer Antwort auf Jürgen Habermas und Jacques Derrida sprach sich Ralf Dahrendorf gemeinsam mit Timothy Garton Ash in der *Süddeutschen Zeitung* vehement gegen den in Europa aufkommenden Antiamerikanismus aus und plädierte für die Aufklärung als gemeinsame Klammer des Westens, die Europa und die USA zusammenhalte:

> Wir sind Kantianer. Wie Kant wollen wir eine allgemein das Recht verwaltende bürgerliche – und am Ende weltbürgerliche – Gesellschaft, die

für immer unvollkommen und konfliktreich, aber vor allem offen ist. Zu ihr kann ein erneuertes Europa einen großen Beitrag leisten, wie ihn Amerika schon seit mehr als 200 Jahren immer wieder leistet.[198]

Neben der Abgrenzung zu Habermas und Derrida war es Dahrendorf und Garton Ash aber auch wichtig, Immanuel Kant gegen Robert Kagans Diskreditierung zu verteidigen: Kant sei nicht der realitätsferne Verfechter eines utopischen Arkadien, sondern ein Vertreter der Auffassung, dass nur durch Antagonismen Wandel entstehe. Dahrendorf verstand auch die eigene konflikttheoretische Position, in der Konflikt die Antriebskraft des Wandels ist, im Sinne einer kantischen Tradition.[199]

Mit ähnlicher Stoßrichtung beschwor Dahrendorf bei einem Vortrag am Deutschen Historischen Institut in London im Mai 2003 den «Westen» als Raum der «angewandten Aufklärung»[200]. Diesen könnten in seinen Augen die USA und Europa nur gemeinsam ausfüllen, da jede Spaltung des Westens die Werte der Aufklärung schwäche.[201] In seinem Vortrag machte Dahrendorf auch deutlich, dass er sich eher als Vertreter des Westens denn als Europäer sah.[202] Für Dahrendorf war der Begriff des «Westen» gleichzusetzen mit dem der «liberalen Ordnung».[203] Anders als für seinen Generationsgenossen Habermas war für Dahrendorf nicht Europa, sondern der Westen der kulturelle Bezugsrahmen seiner Interventionen als Intellektueller. Dahrendorf als «europäischen Intellektuellen» zu charakterisieren, würde also eine falsche Fährte legen.[204] Nicht Europa, sondern der Westen war Dahrendorfs Bezugsraum der Aufklärung, der Demokratie und des Liberalismus. Einmal mehr betonte er die Gemeinsamkeit, die zwischen den USA und Europa durch die westlichen Werte entstehe:

> Sie [die westlichen Werte] sind französisch und englisch und schottisch und auch deutsch in ihrem Ursprung und zugleich amerikanisch in ihren realen Ausprägungen. Sie sind, in Karl Poppers Worten, die Werte der offenen Gesellschaft. Sie sind die Institutionen der Demokratie und der Marktwirtschaft. Sie sind die selbstbewussten Assoziationen einer Bürgergesellschaft, die durch ihre innere Kraft die Macht des Staates begrenzt. Sie sind die Herrschaft des Rechts, das auf Zustimmung, nicht auf Offenbarung beruht.[205]

Die «liberale Ordnung» des «Westens» wollte Dahrendorf in Anlehnung an Immanuel Kant in einer Weltbürgergesellschaft verwirklicht sehen.[206] Zu-

gleich blieb er überzeugt, dass sich Freiheit, Selbstbestimmung und Volks-
souveränität vorerst nur im nationalen Rahmen umsetzen ließen. Daraus ergab sich ein unbefriedigendes Dilemma, wie er unter dem unmittelbaren
Eindruck der Anschläge des 11. September 2001 im Interview formuliert
hatte:

> Kant würde sagen: wir sollen so handeln, dass unser Handeln dem
> Wunsch nach einer Weltzivilisation nicht im Wege steht. Wir sollen also
> in unserem Handeln mitdenken, dass wir das eines Tages wollen. Aber
> wenn die Frage ist, ob wir unmittelbar an der Schwelle zu der [...] Welt-
> bürgergesellschaft oder Weltzivilisation stehen, ist die Antwort eindeutig:
> Nein, das tun wir nicht![207]

Zudem stand die EU für Dahrendorf für Demokratiedefizit, Intransparenz
und Bürokratie. Dies blieben wiederholte Kritikpunkte Dahrendorfs, und er
warnte immer wieder vor einer Überfrachtung der Europäischen Gemeinschaft mit zu hohen Erwartungen.[208]

6. Chairman – Boardman – Elder Statesman

Während Dahrendorf nicht müde wurde, die Europäische Union für ihren
Hang zur Bürokratie zu kritisieren, blieben Europa und der Austausch mit
europäischen Führungspersönlichkeiten ein wichtiger Bezugspunkt für ihn.
Im *Europäischen Tagebuch* (1995) wird deutlich, dass Dahrendorf sich als Teil
einer europäischen Elite verstand. Er zählte sich zu der Gruppe der Elder
Statesmen beziehungsweise der «has-beens» und er legte Wert darauf, als
solcher zu Konferenzen und Foren eingeladen und konsultiert zu werden.[209]
Wie im britischen Oberhaus fühlte er sich auch auf internationaler Ebene als
Teil der «oberen Zehntausend», und es war ihm wichtig darauf hinzuweisen,
dass er seit vielen Jahren regelmäßig mit bekannten Autoren und Akteuren
zusammenkam und befreundet war: «Das ist nicht mein ganzes Leben; aber
es ist doch ein beträchtlicher Teil.»[210]
Dahrendorf betonte die Notwendigkeit einer intellektuellen Elite und
warnte vor einem «verfehlten Gleichheitswahn»:

> Daß es Menschen gibt, die den Ton angeben, ist für mich unentbehr-
> licher Teil der Freiheit. Wenn alle sich hinter Mehrheiten verstecken,

schließt sich die Gesellschaft in einem Zirkel des Mittelmaßes. Niemandem darf gestattet werden, seinen Ton allen anderen auf Dauer aufzudrängen. Nicht nur eine Vielfalt von Tonlagen, sondern auch die Einführung neuer Kombinationen und die Abschaffung alter ist nötig, um ein lebendiges Gemeinwesen zu erhalten. Aber daß überhaupt Richtungen gewiesen, Stile geprägt, Ideen vorangetrieben werden, ist unentbehrlich – und daher ist es von Interesse, mit denen umzugehen, die derlei versuchen.[211]

Für Dahrendorf waren gleiche Bürgerrechte und -freiheiten essentielle Bedingungen der Bürgergesellschaft. Auf diesem Fundament müsse jedoch Ungleichheit bestehen, da sie durch ihre kreative Kraft den Wandel erst ermögliche. Diese Überzeugung hatte Dahrendorf bereits 1965 in *Gesellschaft und Demokratie in Deutschland* vertreten, als er die Elite als wichtigen Bestandteil der Liberalisierung der Gesellschaft ausgemacht und die Notwendigkeit der soziokulturellen Homogenität der Elite für die Stabilität der Demokratie akzentuiert hatte.[212] Dreißig Jahre später war er immer noch überzeugt davon, dass Ungleichheit erst dann zum Problem werde, wenn sie einige befähige, anderen ihre Bürgerrechte streitig zu machen.[213] Mit dieser Überzeugung fühlte sich Dahrendorf ab Ende der achtziger Jahre mehr und mehr in England zu Hause, denn: «Deutschland versteht sich gut auf das gediegene Mittelmaß, wo England […] versagt. England aber versteht sich auf das Exzentrische, Hervorragende, Erfinderische. […] Wenn ich die Wahl zu treffen habe […], dann gilt sie dem Exzentrischen und Innovativen, eben der Elite»[214].

Nachdem Dahrendorf 1987 enttäuscht von seinen Möglichkeiten in der Bundesrepublik nach England zurückgekehrt war, erlebte er mit dem Erreichen des Pensionsalters in Deutschland noch einmal eine Konjunktur als gefragter Gesprächspartner und Ratgeber. Als Elder Statesman[215] und Angehöriger einer «globalen Klasse»[216] mit internationalem Netzwerk und breitem Erfahrungsschatz wurde Dahrendorf seit Mitte der neunziger Jahre wieder häufig für Interviews, Vorträge und Gremien angefragt.[217]

Dahrendorf gehörte zahlreichen Institutionen, Komitees, Ausschüssen oder Kuratorien an, die er zum Teil auch leitete.[218] Der Historiker Arnulf Baring, damals Fellow am St. Antony's College, gratulierte 1994 Dahrendorf zum 65. Geburtstag und hob dabei dessen «einzigartige Fähigkeit» hervor, «als chairman jeder Versammlung, jeder Gruppe und Zusammenkunft eine Aufmerksamkeit, einen Glanz zu verleihen, die über die Gaben der Mitwirkenden häufig hinausgeht, sie jedenfalls auf das Schönste zur Wirkung bringt».[219] Aus Dahrendorfs Antwort auf die Gratulation geht hervor, dass er die ihm zugesprochenen Fähigkeiten als etwas verstand, das er sich im Laufe der Jahre durch wachsende Erfahrung angeeignet hatte, während er von der «Ehrgeiz-Krankheit»[220] der jungen Jahre inzwischen geheilt war: «Die Sache mit der chairmanship war mir eigentlich nicht ins Stammbuch geschrieben; früher war ich eher ein Unruhestifter bei solchen Anlässen. Tempora mutantur»[221], schrieb er an Baring. Während der junge Dahrendorf seine intellektuelle Überlegenheit andere manchmal hatte spüren lassen und seine sprunghaften Karrierewechsel manchen irritiert hatten, konnte er in späteren Jahren zu einem anerkannten Chairman und Ratgeber werden, weil er eine innere Ruhe gewonnen sowie Macht, Einfluss und Anerkennung erreicht hatte.[222]

Was genau machte Dahrendorfs Chairman-Qualitäten aus? Der Chefredakteur der *Badischen Zeitung*, Thomas Hauser, hob hervor: «Er stellte Fragen, bevor er sich befragen ließ.»[223] Zugleich sei er «scharfzüngig und direkt, grenzenlos neugierig und undogmatisch, aber strukturiert und präzise im Denken»[224] gewesen. Thomas Held, der Direktor des liberalen Thinktanks Avenir Suisse, dessen Programmkommission Dahrendorf ab 2004 angehörte, sprach von einer geradezu «magische[n] Wirkung» Dahrendorfs, die die Stiftung davor bewahrt habe, «Ressourcen auf interne ideologische Grabenkämpfe oder kollegiale Hahnenkämpfe zu verschwenden» und wie er «unproduktive Polemiken zwischen sozialwissenschaftlichen Fachrichtungen oder Schulen schon im Keime» verhindert habe.[225] Der Geschäftsführer der Stiftung Bundespräsident-Theodor-Heuss-Haus in Stuttgart, Thomas Hertfelder, schildert, wie Dahrendorf als Vorsitzender des Stiftungskuratoriums (1995–2006) die Sitzungen mit Geschick leitete: Dahrendorf habe großen Wert darauf gelegt, zu Beginn der Sitzungen stets alle Anwesenden persönlich zu begrüßen und ihre besondere Bedeutung für die anstehende Sitzung hervorzuheben. Durch die so zum Ausdruck gebrachte Wertschätzung habe er alle Teilnehmer ins Boot geholt. Mit einem Eingangsstatement habe er dann die Stoßrichtung der jeweiligen Sitzung vorgegeben. Gab es Unstimmigkeiten über Entscheidungen, so sei es Dahrendorfs Prinzip gewesen, niemals abstimmen zu lassen, damit niemand das Gesicht verlor. Stattdessen habe er – ganz im Sinne von Karl Poppers Prinzip des *trial and error* – vorgeschlagen, eine Sache zunächst einmal zu beschließen, um diese Entscheidung dann bei der nächsten Sitzung revidieren zu können, was sich aber in keinem Fall als erforderlich herausgestellt habe. Wenn es ihm darum ging, eine bestimmte Position durchzusetzen, habe Dahrendorf durch kleinere Zugeständnisse an die Gegenseite oft erreicht, was er wollte.[226] Seine Verbindlichkeit und Zuverlässigkeit, seine Arbeitsdisziplin und Effizienz sowie sein sehr gutes Zeitmanagement waren zudem Fähigkeiten, die Dahrendorf als *Chairman* ebenso wie als Dauerproduzent von Reden, Artikeln und Essays zugutekamen.

Dahrendorfs Rat und seine internationalen Kontakte waren jedoch nicht nur in der Sphäre der Wissenschaft und der Politik, sondern auch für Wirtschaftsunternehmen attraktiv. Seit den achtziger Jahren war er Mitglied in den Beiräten des schwedischen Autobauers Volvo, des britischen Pharmaunternehmens Glaxo, des amerikanischen Mischkonzerns Honeywell und der deutschen Niederlassung des französischen Industriekonzerns Compagnie de Saint-Gobain.[227] Zu dem britischen Pharmakonzern Glaxo, der in den achtziger Jahren neben British Telecom und Shell zum größten britischen Unternehmen aufstieg, kam der Kontakt über Sir Huw Whledon, dem Vorsitzenden des Gouverneursrats der LSE zustande. Dieser stellte Dahrendorf 1982 im Garrick Club bei einem Glas Champagner seinem Freund, dem Vorstandsvorsitzenden von Glaxo, Sir Austin Bide, vor. Dahrendorf selbst beschrieb die Art und Weise, wie er diesen Posten bekam, als «old-boy method of making business appointments»[228]. Auch in den Beirat von Honeywell kam Dahrendorf 1982 vermutlich ähnlich, denn er kannte den Generaldirektor (CEO) des Konzerns, Edson Spencer (1974–1987), bereits über die Ford Foundation, der er in den siebziger Jahren als Trustee angehört hatte.[229]

Die Beratertätigkeit war von beiderseitigem Vorteil: Für die Unternehmen war Dahrendorf, der seine Außenperspektive einbrachte und zugleich die Welt der Wissenschaft, Politik und Wirtschaft kannte, ein Gewinn. Darüber hinaus war sein internationales Netzwerk ein wichtiges Kapital, von dem die Unternehmen zu profitieren hofften. Für Dahrendorf hatte die Tätigkeit in den Beiräten von Wirtschaftsunternehmen mehrere Reize. Zunächst einmal lernte er aus der Binnenperspektive Konkretes über Wirtschaft – ein Thema, das ihn faszinierte, doch das ihm bis in die siebziger Jahre, als er der Leiter der London School of Economics wurde, eher fremd geblieben war.[230] Oftmals entwickelten sich darüber hinaus persönliche Beziehungen und Freundschaften wie beispielsweise zum Vorstandsvorsitzenden von Volvo, Pehr Gyllenhammar, der ihn 1981 in das Volvo International Advisory Board holte. Dem prominent besetzten Ratgebergremium für die Weltwirtschaft gehörte unter anderem auch Henry Kissinger an.[231] Hinzu kamen praktische Überlegungen: Beispielsweise war die Teilnahme an Beiratssitzungen von Glaxo für Dahrendorf in den Jahren 1984 bis 1986 vor allem deshalb attraktiv, weil sich ihm dadurch die Möglichkeit bot, einmal im Monat aus der Bodenseeprovinz nach London zu entfliehen.[232] Zu erwähnen ist auch der ökonomische Faktor von Dahrendorfs Beratertätigkeit für Wirtschaftsunternehmen: Als *Non-Executive Director* von Glaxo von Frühjahr 1984 bis Oktober 1992 erhielt Dahrendorf ab Januar 1985 Bezüge von 12 000 Pfund pro Jahr;[233] Honeywell zahlte Dahrendorf für die Teilnahme an zwei Meetings im Jahr 10 000 US-Dollar.[234] Für Dahrendorf stand das Finanzielle aber nicht im Vordergrund, und er übernahm auch ohne Bezahlung Mandate wie die Mitgliedschaft in der RWE Code of Conduct Kommission (2005). Er war ohnehin bereits durch seinen Status als Professor finanziell abgesichert und befand sich in der komfortablen Situation, dass ihm seine Konstanzer Professur 15 Jahre lang freigehalten wurde, als er zunächst als Politiker und dann als Direktor der LSE tätig war.[235] Akademische Ämter in Großbritannien werden traditionell geringer bezahlt als in der Bundesrepublik, und so war Dahrendorfs Beratertätigkeit für Wirtschaftsunternehmen ein guter Zuverdienst. Seine komfortable finanzielle Situation war also auch eine Facette seiner Unabhängigkeit als öffentlicher Intellektueller. Zugleich schränkte er diese Unabhängigkeit durch seine Tätigkeit wieder ein Stück weit ein, da er in der Öffentlichkeit als Vertreter der Unternehmen auftrat. Als der Honeywell-Konzern seit den achtziger Jahren wegen der Produktion von Streubomben und Landminen immer wieder in die Kritik geriet, wurde dies von Dahrendorf weder in der Öffentlichkeit kommentiert, noch hielt es ihn von seinem Engagement für das Unternehmen ab.

Dahrendorf begründete seine Beratertätigkeiten in erster Linie mit der Möglichkeit, inhaltlich Einfluss zu nehmen. In einem Interview 2001 sagte er:

> Macht ist die Umsetzung von Zielen. Nun gibt es eine ganze Menge Leute, die geraten in Führungspositionen, haben aber keine [inhaltlichen] Ziele. Die haben dann sozusagen «leere» Macht, womit man nicht so viel anfangen kann. Da kommen dann Leute, die Ideen haben, ganz gut zum Zuge. Wenn sich Leute in Führungspositionen diese Ideen zu eigen machen, dann bewegt sich eine ganze Menge.[236]

Dabei war ihm bewusst, dass seine Meinung auch deswegen Gehör bei den Mächtigen fand, weil er eine bestimmte gesellschaftliche Position innehatte: «Position gibt Vokabeln, Ideen und Zielsetzungen ein anderes Gewicht. Das spürt man, das spürt das Umfeld überall.»[237]

Ein weiteres Beispiel für dieses eher unbekannte Engagement Ralf Dahrendorfs auf dem Feld der Wirtschaftsberatung ist seine Tätigkeit ab 1997 als

Non-Executive Director der Londoner Sparte der Bank Gesellschaft Berlin, einer Holding für die Landesbank Berlin, die Berliner Hypotheken- und Pfandbriefbank sowie die Berliner Bank. Allerdings ging seine Bedeutung für die Bankgesellschaft Berlin kaum über den Namen «Lord Dahrendorf» als Aushängeschild auf dem Briefkopf, mit dem sich die neugegründete Bankgesellschaft am Finanzplatz London bekannt machen wollte, hinaus.[238] Im Gegenzug war es für Dahrendorf praktisch, nach seinem Ausscheiden als *Warden* von St. Antony's wieder ein Büro und ein Sekretariat und damit eine institutionelle Anbindung in London zu haben, die er als offizielle Adresse nutzen konnte.[239] Als die Bankgesellschaft Berlin 2001 mit dem «Berliner Bankenskandal» um Bilanzierungstricks, Scheingeschäfte und finanzielle Schwierigkeiten in die Schlagzeilen geriet, schied Dahrendorf aus der Berliner Bank aus.

Mit der Übernahme einer weiteren Chairmanship kehrte Dahrendorf zum Ende seines Lebens noch einmal in die Politik-Planung zurück, aus der inzwischen allerdings – anders als in den sechziger Jahren – eher eine Politik-Anregung geworden war. Von April 2008 bis April 2009 leitete er die von Ministerpräsident Jürgen Rüttgers (CDU) eingesetzte Zukunftskommission NRW, die als staatlicher Thinktank konzipiert war. Unter Dahrendorfs Vorsitz versammelte sich eine prominente Runde aus Politik, Wirtschaft, Wissenschaft und dem Stiftungssektor: Neben dem SPD-Politiker und Leiter der WAZ-Mediengruppe Bodo Hombach, der den stellvertretenden Vorsitz übernahm, gehörten der Kommission unter anderem die Frauenrechtlerin Alice Schwarzer, der CDU-Wirtschaftspolitiker Friedrich Merz, der Vorstandsvorsitzende des Energiekonzerns RWE Jürgen Großmann und der Telekom-Chef René Obermann an.[240] Die Kommission hatte die Aufgabe, ein Zukunftskonzept für Nordrhein-Westfalen zu entwickeln und Anregungen zu geben, die auch über die Länderebene hinausreichten. Auf deutscher Länderebene tat Dahrendorf nun das, was ihm in Großbritannien nicht gelungen war: Im Auftrag von Rüttgers übernahm er den Part des Vordenkers, den Anthony Giddens für Tony Blairs «Dritten Weg» gespielt hatte. Im von Dahrendorf verfassten Bericht der Zukunftskommission wurden durchaus kontroverse Themen angesprochen und keine fertigen Lösungen präsentiert. Die Vorschläge sprachen zum größten Teil typische Dahrendorf-Themen an: Ein bedingungsloses Grundeinkommen und beitragsfreie Kindertagesstätten wurden ebenso gefordert wie eine ausgeweitete Förderung mittelständischer Unternehmen. Auch innerhalb der Kommission umstrittene Anregungen wie die Befürwortung neuer Atomkraftwerke in Nordrhein-

Westfalen, ein soziales Pflichtjahr für alle oder das Verbot von Kopftüchern in Schulen waren Teil des Berichts.[241]

Dahrendorf war in dieser Zeit schon an Krebs erkrankt. 2006 war er bereits wegen schwerer gesundheitlicher Beeinträchtigungen infolge eines Sturzes gezwungen gewesen, seine Tätigkeit im Oberhaus auszusetzen. Davon hatte er sich jedoch wieder erholen können. Ab 2008 ging es ihm wegen einer Tumorerkrankung zunehmend schlechter, was ihn jedoch nicht von seinem vielfältigen Engagement abhielt. Als Vorsitzender der Zukunftskommission beendete er im Frühjahr 2009, von seiner Krankheit schon deutlich vereinnahmt, mit geradezu preußischem Pflichtbewusstsein den Bericht für den Ministerpräsidenten pünktlich.[242] Durch seine Erkrankung verlor Ralf Dahrendorf schließlich seine Stimme. Bei der feierlichen Übergabe konnte er schon nicht mehr laut sprechen, weshalb der stellvertretende Vorsitzende der Kommission, Bodo Hombach, die Vorstellung des Berichts übernahm. Die Presse lobte den Bericht als ein «Feuerwerk politischer Ideen»[243]. Welchen Einfluss die Arbeit der Kommission auf die nordrhein-westfälische Politik tatsächlich hatte, bleibt noch zu untersuchen, zumal die von Rüttgers geführte schwarz-gelbe Koalition bereits im Mai 2010 von der rot-grünen Regierung unter Hannelore Kraft (SPD) abgelöst wurde.

7. Intellektuelle Vor- und Selbstbilder

Im Jahr 2001 lernte Ralf Dahrendorf anlässlich der Krupp-Vorlesungen bei einem Abendessen die Ärztin und Kunsthistorikerin Christiane Klebs kennen. Mit 72 Jahren verliebte er sich noch einmal neu. Ralf und Ellen Dahrendorf trennten sich, und Ralf Dahrendorf und Christiane Klebs heirateten im April 2004 in London. Die neue Liebe war auch ein Grund für Dahrendorf, sich wieder mehr nach Deutschland zu orientieren. Er zog zu seiner Frau Christiane in deren große Wohnung in Köln. Sie mieteten zudem eine kleine Wohnung in London, die sich in fußläufiger Nähe zum House of Lords befand.[244] Dahrendorf, der seit Jahren in Deutschland und England lebte, fühlte sich in zuallererst in London zuhause.[245]

Auf der Suche nach einer institutionellen Anbindung in Deutschland kam Dahrendorf mit dem ihm gut bekannten Historiker Jürgen Kocka ins Gespräch, der seit 2001 das Wissenschaftszentrum Berlin für Sozialforschung leitete: «Wenn Sie einmal so etwas wie einen Hofnarren für Ihr Institut suchen, dann wäre ich vielleicht der Richtige.»[246] Kocka war begeistert von der

Idee und machte ihn zum Forschungsprofessor mit der Aufgabe, regelmäßig für Gespräche zur Verfügung stehen, an Veranstaltungen teilzunehmen und eigene Forschungen zu betreiben.[247] Am Wissenschaftszentrum fand Dahrendorf eine institutionelle Anbindung und Infrastruktur, die ihm bestens lag. Er beriet den Präsidenten Jürgen Kocka und seit 2007 dessen Nachfolgerin Jutta Allmendinger, kam wieder stärker mit Sozialwissenschaftlern ins Gespräch und konnte sich der Arbeit an einem Projekt widmen, dass ihn bereits seit Ende der neunziger Jahre umtrieb, eine Studie über liberale Intellektuelle des 20. Jahrhunderts.[248]

Für diese Studie dreht Dahrendorf die häufig gestellte Frage, warum sich so viele Intellektuelle im 20. Jahrhundert für die totalitären Ideologien des Faschismus und des Kommunismus begeistert hatten, um und fragt, was diejenigen Intellektuellen ausmache, die den «Versuchungen»[249] des Totalitarismus nicht erlegen seien. Anhand von Beispielen aus den Jahrgängen 1900 bis 1910, die als «Generation des Unbedingten» (Michael Wildt)[250] besonders empfänglich für die Ideologie des Nationalsozialismus gewesen sei, vertritt Dahrendorf die These, dass es gerade die liberalen Intellektuellen gewesen seien, die sich aufgrund ihres «inneren Kompasses» als «immun gegenüber den Anfechtungen der Zeit erwiesen»[251] hätten. In beispielhafter Weise hätten dies seine intellektuellen Vorbilder und «väterlichen Freunde»[252] getan: der Soziologe Raymond Aron, mit dem Dahrendorf 1960 die Zeitschrift *Europäisches Archiv für Soziologie* gründete,[253] der LSE-Philosoph Karl Popper, der Dahrendorfs vielzitierter Vordenker der «Offenen Gesellschaft» war, und Dahrendorfs Oxford-Kollege, der Historiker Isaiah Berlin. Anhand ihrer Biographien entwickelt Dahrendorf eine «Tugendlehre der Freiheit», um die Ursachen zu benennen, die die «Unversuchbarkeit des liberalen Geistes» auszeichneten. Dabei macht er vier «Kardinaltugenden» aus, die den liberalen Intellektuellen einerseits immanent seien, andererseits aber auch durch «individuelle Mühe»[254] erarbeitet werden müssten:

> die Fähigkeit, sich auch wenn man alleine bleibt nicht vom eigenen Kurs abbringen zu lassen; die Bereitschaft, mit den Widersprüchen und Konflikten der menschlichen Welt zu leben; die Disziplin des engagierten Beobachters, der sich nicht vereinnahmen lässt; die leidenschaftliche Hingabe an die Vernunft als Instrument der Erkenntnis und des Handelns.[255]

Als Prototypen des «unversuchbaren Intellektuellen» stellt Dahrendorf den spätmittelalterlichen Gelehrten Erasmus von Rotterdam vor, der für ihn der

«Vorbote der liberalen Tugenden»[256] ist. Es überrascht, dass Dahrendorf gerade Erasmus zum Vorbild nahm und nicht etwa den von ihm sehr verehrten Aufklärer Immanuel Kant. Entscheidend war für Dahrendorf wohl vor allem, dass Erasmus als distanzierter Zeuge der Reformation «in erregten Zeiten einen klaren Kopf behielt»[257], und so – mit einem Begriff von Raymond Aron – ein «engagierter Beobachter»[258] gewesen sei. Dahrendorf macht ihn zum Namensgeber einer fiktiven «societas erasmiana», einem Club von «Erasmus-Intellektuellen», in den Dahrendorf nach den Stammmitgliedern Raymond Aron, Karl Popper und Isaiah Berlin schließlich weitere Intellektuelle, wie Theodor W. Adorno, Hannah Arendt, Theodor Eschenburg als Mitglieder, Dolf Sternberger und Marion Gräfin Dönhoff als «Kandidaten», Jeanne Hersch und George Orwell als «auswärtige Mitglieder» und Jean-Paul Sartre als «abgewiesenes Mitglied» in einem Gedankenspiel einordnet. Seine Wahlheimat England erklärt Dahrendorf zum «Erasmus-Land», das als ganzes Land «immun bleibt gegen die Versuchungen der Unfreiheit».[259] Schließlich benennt er unter der Überschrift «Umbrüche und normale Zeiten» Zäsuren des 20. Jahrhunderts, die er als entscheidende Situationen empfindet, in denen Intellektuelle ihre liberale Tugenden unter Beweis stellen mussten – und die auch sein Leben geprägt hätten: das Ende des Zweiten Weltkriegs 1945, das Jahr des Höhepunktes der Studentenproteste 1968, die friedliche Revolution von 1989 und die islamistischen Terroranschläge von 2001, die für Dahrendorf Ausdruck einer Gefahr der «Gegenaufklärung»[260] waren.

Dahrendorfs Intellektuellenstudie erschien 2006 unter dem Titel *Versuchungen der Unfreiheit. Die Intellektuellen in Zeiten der Prüfung* im Verlag C. H. Beck. Seit der Veröffentlichung seiner Biographie des *Zeit*-Verlegers Gerd Bucerius im Jahr 2000 war C. H. Beck zu Dahrendorfs Stammverlag geworden, weil er mit der Betreuung durch den Verleger Wolfgang Beck und die Cheflektoren Ernst-Peter Wieckenberg und Detlef Felken sehr zufrieden war.[261] Die *Versuchungen der Unfreiheit* erhielten viel Aufmerksamkeit in den Medien und wurden von namhaften Autoren in allen großen Tages- und Wochenzeitungen, aber auch in vielen Regionalzeitungen, ausführlich vorgestellt und besprochen.

Doch fielen die Rezensionen gemischt aus. Das Buch wurde zwar als «anregend und von einer sprachlichen und darstellerischen Klarheit»[262] gelobt, allerdings waren viele Rezensenten der Meinung, dass die gute Lesbarkeit häufig auf Kosten der Differenziertheit gehe.[263] Die vorgestellten Intellektuellen schienen willkürlich ausgewählt, die Studie sei für einen Soziologen erstaunlich theoriefern und die Kriterien für die Aufnahme in den «Erasmier-Club» seien zu diffus.[264] Franziska Augstein befand in der *Süddeutschen Zeitung*: «Das Konzept der Erasmier überzeugt nicht.»[265] Es werde nicht klar, was so außergewöhnlich daran sei, dass etwa der jüdische Gelehrte Isaiah Berlin, dessen bürgerliche Familie nach der Revolution 1917 aus Russland floh, später weder für den Kommunismus noch für den Faschismus eintrat. Ähnliches gelte auch für Aron und Popper; beide seien ebenfalls Juden, weshalb der Faschismus für sie schwerlich eine Versuchung gewesen sein könne. Aron habe während des Krieges in Großbritannien gelebt, und Popper sei zunächst nach Neuseeland ausgewandert, bevor er sich seit 1945 als LSE-Dozent ebenfalls im «Erasmus-Land» England niedergelassen habe. Warum England in seiner Gesamtheit «immun» gegen totalitäre Versuchungen sein solle, wenn es dort doch auch rechtsradikale Strömungen gebe, wie Dahrendorf selbst erläutere,[266] wollte einigen Rezensenten ebenfalls nicht einleuchten.[267] Auch Dahrendorfs «moralpsychologische[r] Ansatz»[268], der die «Unversuchbarkeit» liberaler Intellektueller auf bestimmte Charaktereigenschaften zurückführte und nicht nach soziologischen Faktoren von kulturellen Traditionen, sozialer Umwelt und personellen Konfigurationen fragte, stieß auf Widerspruch.[269] Der Literaturkritiker Stephan Speicher bemängelte in der *Frankfurter Allgemeinen Sonntagszeitung*: «Tugendlehre, das muß doch etwas sein, was sich lernen läßt [...] Doch was von Popper, Berlin oder Aron hier erzählt wird, spricht für ein glückliches-kluges Temperament *von Natur wegen*: Sie waren einfach nicht empfänglich für die Verheißungen des Totalitarismus.»[270] Andere Rezensenten wiederum, wie der Leiter des Kulturressorts des *Focus* Stephan Sattler, lobten ausdrücklich, dass Dahrendorf nicht auf Begriffsbestimmungen und systematische Konstruktionen beharre, sondern «das Konkrete, Nuancenreiche wegen seiner Wechselhaftigkeit nie gänzlich Erfassbare» einfangen wolle und sich auch undogmatische und ironische Bemerkungen erlaube.[271]

Der Grund für diese gemischten Reaktionen auf die *Versuchungen der Unfreiheit* lag unter anderem darin, dass Dahrendorf mit seiner Fragestellung nach den Kriterien der «Unversuchbarkeit» und der Ankündigung einer «Tugendlehre der Freiheit» der Leserschaft etwas versprochen hatte, was er nicht einlöste. Statt einer fundierten Wirkungsanalyse der vorgestellten Intellektuellen hatte Dahrendorf eine Hommage an seine intellektuellen Vorbilder verfasst. Allerdings wies Dahrendorf selbst daraufhin, dass gerade die Mitgliedsliste seiner fiktiven «societas erasmiana», die er dem Buch anhängte, mit «gebotener Nachsicht und Ironie»[272] zu lesen sei. So verstand denn auch der Soziologe Wolf Lepenies das Buch vor allem als Anregung, mitzuspekulieren, wer noch alles in den «Erasmier-Club» gehören könne.[273]

Wenn Dahrendorfs Auffassung vom «liberalen Geist», beziehungsweise «liberal mind», diffus blieb, dann lag das auch daran, dass er bewusst nicht in «terminological quibbles» einsteigen wollte, wie er in einem unveröffentlichten Vorwort für die *Versuchungen der Unfreiheit* schreibt.[274] Er formulierte einen weiten Begriff von Freiheit und wies Isaiah Berlins berühmte Unterscheidung von «negativer Freiheit» (Freiheit von etwas) und «positiver Freiheit» (Freiheit etwas zu tun) mit den Worten zurück: «Es gibt nur eine unteilbare Freiheit, und diese braucht keine schmückenden oder abträglichen Beiwörter.»[275] Freiheit war für ihn Freiheit und eben nicht Gleichheit oder Gerechtigkeit, mit denen sie vielmehr in Konflikt gerate, der auszuhalten oder zu führen sei.[276] Dass Dahrendorf die Aspekte von Pflicht und Tugend im Unterschied zu Isaiah Berlin nicht unter dem Begriff der Freiheit verrechnet sehen wollte, sondern diese als deren Voraussetzungen und Bedingungen betrachtete, war für den Politikwissenschaftler Herfried Münkler Ausdruck des republikanischen Erbes in Dahrendorfs Liberalismusverständnis – freilich ohne dass Dahrendorf sich selbst je explizit dazu bekannt hätte.[277]

Dahrendorf genügte es, bei seinen Protagonisten ein «liberal mindset», ein «inner make-up», also eine innere liberale Einstellung, «eine gewisse Haltung [...], die zum Teil eine Sache des Geistes, zum Teil aber eine des Temperaments und Charakters ist»,[278] auszumachen. Intellektuelle waren für ihn also per se liberal. In diesem Sinne verstand Dahrendorf sie als «Reservearmee der Freiheit, das Immunsystem der liberalen Ordnung».[279] Wie aus dem Entwurf eines Vorworts im Nachlass hervorgeht, hatte Dahrendorf die *Versuchungen der Unfreiheit* als ein erstes «Faszikel» seines «liberalen Testaments»[280] geplant, zu dem er noch fünf weitere Traktate zu den Themen Recht und Ordnung, Demokratie, Bürgergesellschaft, Markt und Plan und Lebenschancen schreiben wollte, die jedoch nicht vollendet wurden.

Sein Freund Timothy Garton Ash, mit dem er im Entstehungsprozess häufig über die «Erasmier» diskutiert hatte, riet ihm dazu, in der Abhandlung mehr auf sich und die eigene Biographie einzugehen. Dahrendorf lehnte dies jedoch entschieden ab, wie er ihm schrieb:

> Der Verleger hat mich daran erinnert, dass ich ihm gesagt hatte, dies ist kein «Ich»-Buch. Zwar habe ich an einigen Stellen eigene Erfahrungen eingebracht, aber wenn ich darüber nachdenke, möchte ich nichts hinzufügen. (Tatsächlich habe ich den Absatz über mich gestrichen, in dem ich Bezug auf meinen Vater nehme.) Natürlich habe ich eine besondere Beziehung zu den Erasmiern, aber das versteht sich von selbst. Denke ich.[281]

Dennoch offenbart das Buch viel über Dahrendorfs Auffassung von der Funktion des Intellektuellen in der Gesellschaft – und damit auch über seine eigene Rolle. Denn Dahrendorf verstand sich selbst seit jeher als Intellektueller.[282] Bereits 1963 hatte er im Hessischen Rundfunk den Intellektuellen als «Hofnarren» charakterisiert, dessen Aufgabe es sei, etablierte Positionen in Frage zu stellen und die Herrschenden als «kritisches Gewissen» zu umkreisen.[283] Seither hatte er sich immer wieder mit der Rolle des Intellektuellen in der Gesellschaft auseinandergesetzt.[284] Aufgrund seines Engagements als Kommentator im Radio und im Fernsehen, seiner beständigen publizistischen Äußerungen in Zeitungen, Zeitschriften und Büchern und seinen Auftritten als öffentlicher Redner wurde ihm auch von anderer Seite seit Beginn der sechziger Jahre die Rolle des Intellektuellen zugeschrieben.[285]

Schaut man sich einmal genauer an, was er in *Versuchungen der Unfreiheit* über den Begriff des «öffentlichen Intellektuellen» schreibt, fällt auf, dass dieser ebenso wie Dahrendorfs Auffassung vom «liberalen Geist» im Vagen bleibt. Zwar betonte Dahrendorf, dass es ihm um den «öffentlichen Intellektuellen» gehe, denn:

> Privatintellektuelle sind genau genommen ein Widerspruch in sich. Wer schreibt, veröffentlicht in aller Regel, und wer veröffentlicht, lebt nicht mehr in einem eingegrenzten, geschützten, also privaten Raum. Doch hat hier der Begriff des öffentlichen Intellektuellen eine empathischere Bedeutung. Es handelt sich um Menschen, die ihren Beruf darin sehen, an den vorherrschenden Diskursen der Zeit teilzunehmen, ja deren Thematik zu bestimmen und deren Richtung zu prägen.[286]

Nach Dahrendorf waren Intellektuelle

> Menschen, die mit dem und durch das Wort wirken. Sie reden, sie diskutieren, sie debattieren, vor allem aber schreiben sie. Die Feder, die Schreibmaschine, der Computer ist ihre Waffe oder besser ihr Werkzeug und Instrument. Sie wollen, dass andere, möglichst viele andere, hören oder besser noch lesen, was sie zu sagen haben. Ihr Beruf ist die kritische Begleitung des Geschehens.[287]

Ähnlich wie M. Rainer Lepsius definierte Dahrendorf Intellektuelle also über das, was sie tun. Ihre Aufgabe sei es, die Verhältnisse kritisch unter die Lupe nehmen.[288] Dahrendorf ging jedoch nicht auf die Fragen nach dem Grad der

Öffentlichkeit des intellektuellen Wirkens ein. Denn dass jemand publiziert, heißt ja noch nicht, dass er auch gelesen und in der Öffentlichkeit wahrgenommen wird.[289] Vielmehr ging es Dahrendorf bei seiner Auffassung von Intellektuellen um deren innere (liberale) Einstellung und um ihren Wunsch, Einfluss auf die Gesellschaft zu nehmen.

Nach Dahrendorfs Auffassung war die «Hochzeit für Intellektuelle [...] die Zeit der großen Umbrüche»[290], während «normale Zeiten Zeiten einer gewissen Verlegenheit» seien: «In Zeiten des Umbruchs sind die Intellektuellen nötig, in normalen Zeiten sind sie allenfalls nützlich.»[291] So verstand Dahrendorf auch die eigene Rolle als Intellektueller. Ihn interessierten nicht tagespolitische Themen, sondern Situationen, in denen etwas Außergewöhnliches passierte und in denen er durch seine intellektuellen Einmischungen etwas bewegen konnte.[292] Während Dahrendorf in jungen Jahren noch Max Weber in seiner Trennung von Gesinnungsethik und Verantwortungsethik zugestimmt hatte, war er seit seinem Engagement in Wissenschaft, Politik und Öffentlichkeit in den sechziger Jahren davon überzeugt, dass es eine solche Trennung nicht geben dürfe. Die Trennung von Gesinnungsethik und Verantwortungsethik sah er nun als eine Theorie der doppelten Moral an, die den Politiker und die Politik von Vergehen gegen moralische Prinzipien freispreche. Gerade die Entwicklungen in Osteuropa um und nach 1989 hatten in seinen Augen gezeigt, dass Intellektuelle zu Politikern werden könnten und müssten und dass die Ideen der Intellektuellen essentiell für die Politik seien.[293]

In diesem Sinne hatte auch Dahrendorf zeitlebens immer wieder versucht, Einfluss auf mächtige Politiker oder Wirtschaftsführer zu nehmen.[294] Dabei ging es ihm darum, «in der Lage zu sein, Leute zu überzeugen von bestimmten Politiken im weitesten Sinn.»[295] In einem Interview im Jahr 2001 definierte er «Macht» als «das Umsetzen von Zielen»[296]: «Meine bildungspolitischen Ziele [in den sechziger und siebziger Jahren] habe ich im wesentlichen als Berater realisieren können, das heißt durch enge Beziehungen zu den Mächtigen, die das dann aufnehmen.»[297] In seinem Selbstverständnis als Intellektueller suchte Dahrendorf als Politik- und Wirtschaftsberater also die Nähe zur Macht und die Macht selbst, um bestimmte Ziele und Inhalte durchzusetzen, aber nicht um der Macht selbst willen.

Wie Dahrendorf seine intellektuellen Vorbilder Raymond Aron, Karl Popper und Isaiah Berlin beschreibt, so charakterisiert er auch sich selbst in seiner Rolle als Intellektueller als einen Individualisten, einen Einzelkämpfer. Aus der «großen Gewerkschaft der *scientific community*»[298] sei er schon lange ausgetreten, stellte er in den Krupp-Vorlesungen von 2001 und 2002 klar. Überhaupt seien ihm Stammesbindungen fremd. Er verstand sich als «Grenzgänger zwischen Sozialwissenschaften und Politik, zwischen Analyse und Aktion»[299]. Das Image des Grenzgängers – über Landes- und Disziplingrenzen hinweg – hatte Dahrendorf auch in seinen Lebenserinnerungen *Über Grenzen* zu seinem Selbstbild gemacht.[300] Wie bedeutsam diese Vorstellung vom eigenen Tun als Intellektueller in der Gesellschaft für ihn war, bekannte er in seiner Dankesrede für den Preis der Schader-Stiftung am 7. Mai 2009.[301] Es war sein letzter öffentlicher Auftritt nur wenige Wochen vor seinem Tod. Eine Woche zuvor hatte er – von seiner Krebserkrankung schon schwer gezeichnet – noch bei einem von Timothy Garton Ash organisierten Geburtstagssymposium in Oxford mit Freunden und Wegbegleitern wie Jürgen Habermas, Fritz Stern und Anthony Giddens über das Thema Freiheit diskutiert.[302] In seiner Rede zum Schader-Preis ging er noch einmal explizit auf die eigene Rolle als «öffentliche[r] Intellektueller»[303] ein. Er bezeichnete sich selbst als «straddler»[304], als jemanden, der «rittlings auf der Grenze zwischen Geist und Tat»[305] sitze. In dieser Rolle sehe er sich mit seinem «Mit- und Gegenstreiter» Jürgen Habermas vereint – beide seien sie «straddler» oder eben öffentliche Intellektuelle. Und er fuhr fort:

> Straddler geben keine Gebrauchsanweisungen. Sie geben allenfalls Landkarten, unfertige Landkarten mit vielen weißen Flecken, und Wegweiser, grobe Wegweiser mit unvollständigen Richtungs- und Entfernungsangaben. Sie schaffen Verständnis für den Kontext des Handelns und auch für die Folgen von Entscheidungen. [...] ich [bin] ein straddler, den die Überzeugung nicht verlassen hat, dass wir die menschlichen Dinge mit immer neuen Versuchen – und Irrtümern – voranbringen können. Opportunity und Diversity, Chancen für alle in der bunten Vielfalt des Daseins: So etwas schwebt mir vor.[306]

Fazit
«Rittlings auf dem Schlagbaum»:
Ein Intellektueller in vielen Rollen

Als Ralf Dahrendorf am 17. Juni 2009 in Köln starb, blieb keine große Zeitung ohne einen Nachruf auf den «unabhängige[n] Geist» und die «Epochengestalt des Liberalismus».[1] Theo Sommer charakterisierte Ralf Dahrendorf in der *Zeit* als «brillante[n] Soziologe[n], Liberale[n] und Wanderer zwischen Politik und Wissenschaft» und als einen «der einflussreichsten Intellektuellen» in Deutschland.[2] Dahrendorf sei «der erste intellektuelle Star der Bundesrepublik» gewesen, «der auch im Ausland Resonanz fand», hieß es in der *taz*.[3] Auch in der britischen und amerikanischen Presse wurde besonders hervorgehoben, dass es Dahrendorf gelang, gleich mehrere Karrieren in der Bundesrepublik und in Großbritannien in einem Leben zu vereinen.[4]

In der Rolle des öffentlichen Intellektuellen war Dahrendorf mehr als der von Raymond Aron beschriebene «engagierte Beobachter». Er übte nicht nur aus der beobachtenden Distanz Kritik, sondern wurde immer wieder zum Akteur und wechselte – auf der Suche nach den größtmöglichen Gestaltungs- und Einflussmöglichkeiten – nach dem Prinzip des *trial and error* zeitlebens zwischen verschiedenen analysierenden, handelnden, beobachtenden und beratenden Rollen. Es war gerade diese Vielzahl an unterschiedlichen Rollen und Betätigungsfeldern, die Ralf Dahrendorf als Intellektuellen ausmachte. Er selbst beschrieb sich als jemanden, der «rittlings auf dem Schlagbaum»[5], auf der Grenze zwischen Geist und Tat saß. Durch diese Position ergaben sich aber auch die Konflikte und Brüche in seiner Biographie.

Der Grund, warum Dahrendorf immer wieder bewusst die Rolle des öffentlichen Intellektuellen suchte, war seine Überzeugung, die liberale Demokratie stärken und verteidigen zu müssen. Mit dem Lebensthema «Demokratie und Freiheit» scheint Dahrendorf ein typischer Vertreter der sogenannten 45er-Generation zu sein und ist auch oft als solcher beschrieben worden.[6] Für die Charakterisierung Dahrendorfs als 45er spricht, dass er bereits in jungen

Jahren eine positive Westerfahrung machte, dass er schnell die Karriereleiter erklomm, früh in verantwortungsvolle Positionen aufstieg und die Bundesrepublik über einen langen Zeitraum mitprägte.

Wenn man aber fragt, ob Dahrendorf tatsächlich ein typischer 45er war, zeigt sich, dass sich bei ihm – im Unterschied zu anderen Generationsgenossen wie Hans-Ulrich Wehler, Jürgen Habermas oder Günter Grass – die Abkehr vom Nationalsozialismus schon deutlich vor 1945 vollzog. Dahrendorf war kein desillusionierter Flakhelfer, der durch den Zusammenbruch des Deutschen Reichs die Westalliierten im Frühjahr 1945 plötzlich als Befreier erlebte. Er war durch seine Familie, insbesondere durch seinen sozialdemokratischen Vater Gustav Dahrendorf, schon deutlich früher in die Opposition zum Nationalsozialismus gegangen. Während der Vater als Mitwisser des Hitler-Attentates vom 20. Juli 1944 zu einer Zuchthausstrafe verurteilt wurde, war Ralf Dahrendorf aufgrund seiner Mitgliedschaft in der oppositionellen Schülervereinigung «Freiheitsverband Höherer Schüler Deutschlands» im Winter 1944/45 für vier Wochen in einem Arbeitserziehungslager der Gestapo inhaftiert. Diesen Freiheitsentzug im Alter von 15 Jahren hat er rückblickend immer wieder als Initialzündung für seinen absoluten Drang nach Freiheit und seine «Immunisierung» gegen den Totalitarismus erklärt.[7] Auch wenn in dieser Schilderung ein wohl eher mehrjähriger Lern- und Bildungsprozess auf das Erlebnis der Gestapo-Haft verkürzt wurde, so ist festzustellen, dass die Inhaftierung und die im Arbeitserziehungslager erlebte Brutalität und die Angst um das eigene Leben den jungen Dahrendorf zutiefst prägten. Als die Familie Dahrendorf ein Jahr später, 1946, von Berlin in die britische Zone nach Hamburg fliehen musste, weil sie aufgrund von Gustav Dahrendorfs politischen Engagements für die SPD durch den sowjetischen Geheimdienst bedroht wurde, war dies eine Erfahrung, die Ralf Dahrendorf nicht nur den Faschismus, sondern auch den Kommunismus als totalitäre Ideologie ablehnen ließ.

Als weiteres Merkmal der 45er-Generation ist die begeisterte Hinwendung zum «Westen» beschrieben worden. Bei Ralf Dahrendorf erfolgte die positive Westerfahrung ungewöhnlich früh, denn er lernte – über die Kontakte seines Vaters – bereits mit 16, 17 Jahren prominente amerikanische und britische Besatzungsoffiziere wie den Gründer des NWDR Hugh Carleton Greene und den damaligen Nachrichtendienstoffizier und späteren Lord im Oberhaus Noel Annan kennen. Gerade die britischen Besatzungsoffiziere zeigten großes Interesse an dem jungen Dahrendorf und ermöglichten ihm die Teilnahme an Diskussionssendungen bei Peter von Zahn im NWDR und den Aufenthalt in einem Re-Education Camp in England 1948. Am Beispiel Dahrendorfs zeigt sich also, dass es nicht nur die amerikanischen Besatzer waren, die die Deutschen nach dem «Dritten Reich» mittels *Re-Education* und praktizierter Diskussionskultur zu demokratischen Staatsbürgern umerziehen wollten.[8] Auch die Briten hatten in ihrer Besatzungszone einen erheblichen Anteil an der Verbreitung von Praktiken des demokratischen Meinungsaustauschs sowie an der Förderung und Ausbildung der Jugend. Hinzu kam Dahrendorfs Ph.-D.-Studium von 1952 bis 1954 an der London School of Economics und sein Aufenthalt als Forschungs-Fellow in Stanford, Kalifornien. Dahrendorf erlebte also eine doppelte Westerfahrung, sowohl in Großbritannien als auch in den USA, die ihn – neben der Lektüre der Autoren der westlichen Ideengeschichte – zu einem überzeugten «Mensch des Westens»[9] werden ließ. Statt einer «Amerikanisierung» fand für ihn eine «Westernisierung» statt, wobei ihn insbesondere Großbritannien – und das hieß für Dahrendorf vor allem England – beeindruckte.

Neben der generationsspezifischen Prägung sollte die familiäre nicht unterschätzt werden. Sein politisch engagierter und prominenter Vater Gustav Dahrendorf war für ihn Vorbild und Mentor. Von ihm übernahm Ralf Dahrendorf die Überzeugung, sich in der Öffentlichkeit politisch engagieren zu müssen. Die bürgerlichen Umgangsformen im Hause Dahrendorf, die insbesondere seiner Mutter Lina wichtig waren, lagen Dahrendorfs rational-beherrschtem Auftreten ebenso zugrunde wie seiner Zuverlässigkeit und seinem «preußischen» Pflichtbewusstsein. Bildung hatte einen großen Stellenwert im Hause Dahrendorf, und die Eltern förderten Ralf Dahrendorfs Talente wie das Schreiben, das später sein Kapital als Intellektueller war. Dahrendorf fiel schon als Kind durch seine großen kognitiven Fähigkeiten auf, konnte eine Klasse überspringen und hielt 1945 als Schüler und «Opfer des Faschismus» eine Rede vor der ganzen Schule.

Das Beispiel Dahrendorfs zeigt, dass der Topos der 45er-Generation – so eingängig er zunächst erscheinen mag – mit Vorsicht zu behandeln ist. Das generationsspezifische Erklärungsmodell verführt zu unzulässigen Verallgemeinerungen. Tatsächlich treffen die Merkmale, die unter der Chiffre «45er-Generation» beschrieben werden, vorrangig auf eine kleine, überwiegend männliche intellektuelle Elite zu, die sich auf den Feldern der Wissenschaft, der Literatur und des Journalismus bewegte. Außerdem sollte bedacht werden, dass es auch die 45er selbst waren, die an dieser Erzählung mitwirkten und sich somit eine besondere Bedeutung zugeschrieben haben.

Gegenüber anderen Generationsgenossen stach Dahrendorf schon in jungen Jahren durch seine Intelligenz, sein Selbstbewusstsein und seinen großen Ehrgeiz hervor. Seine frühe Promotion mit 23 Jahren, sein englischer Doktortitel von der LSE sowie seine Kenntnisse der angloamerikanischen Soziologie verschafften ihm in den fünfziger Jahren einen Vorsprung gegenüber anderen jungen Fachkollegen. Dahrendorf galt als «Wunderkind der Soziologie» und hatte bereits mit 29 Jahren seinen ersten Lehrstuhl an der Akademie für Gemeinwirtschaft in Hamburg inne.

Ein wichtiger Faktor für Dahrendorfs erfolgreichen sozialen Aufstieg und für seine vielseitige Karriere ebenso wie für seine Rolle als öffentlicher Intellektueller war sein soziales Kapital in Form von Netzwerken in Wissenschaft, Politik, Wirtschaft und Presse. Der begabte junge Mann traf immer wieder auf Mentoren, die sein Talent erkannten und ihn förderten. So konnte er frühe journalistische Erfahrungen beim NWDR und bei der *Hamburger Akademischen Rundschau* sammeln und durch Empfehlung von Noel Annan an der LSE studieren. Zugleich schien Dahrendorf das richtige Gespür dafür zu haben, dorthin zu gehen, wo interessante Persönlichkeiten waren: an die LSE zu Karl Popper und T. H. Marshall oder nach Frankfurt am Main zu Max Horkheimer und Theodor W. Adorno an das renommierte Institut für Sozialforschung. Letztere Station blieb jedoch nur eine kurze und unbefriedigende Episode für den ehrgeizigen jungen Wissenschaftler, dessen Ziel es war, sich möglichst schnell mit eigenen Forschungsthemen zu habilitieren, statt den Frankfurter Professoren zuzuarbeiten. Ein nahtloser Wechsel auf eine Assistentenstelle an der Universität des Saarlandes wurde durch die Empfehlung seines Hamburger Lehrers, des Altphilologen Ernst Zinn, möglich. In Saarbrücken glückte die schnelle Habilitation mit 28 Jahren auch wegen des wohlwollenden Zweitgutachtens von Helmut Schelsky. Bei einem Forschungsaufenthalt in Stanford 1957/58 zählten unter anderem Talcott Parsons, Milton Friedman und Fritz Stern zu Dahrendorfs Kollegen.

Das Ph.-D.-Studium an der London School of Economics und der Forschungsaufenthalt in Stanford waren nicht nur Horizonterweiterung und Erfahrung der angloamerikanischen Kultur. Sie ermöglichten Dahrendorf auch, sich international in der Wissenschaft zu vernetzen. Seine Bekanntheit und seine Netzwerke halfen ihm dabei, bestimmte Positionen zu erlangen; beispielsweise führte Helmut Schelsky 1958 in Dahrendorfs Namen dessen Berufungsverhandlungen in Hamburg, und die Kontakte in der britischen *Academia* unterstützten Dahrendorfs Berufung auf den Direktorenposten der LSE. Neben seiner Begabung und seinem großen Ehrgeiz kam also auch eine «Kultur der Patronage» Dahrendorf insbesondere in der noch jungen Disziplin der Soziologie und den noch nicht gefestigten Aufstiegsstrukturen der jungen Bundesrepublik zugute. Seine Vernetzung war allerdings kein strategisch geplantes Projekt, sondern seine Netzwerke und Bekanntschaften ergaben sich auch als Nebenprodukt seiner großen Umtriebigkeit und unermüdlichen Teilnahme an Konferenzen sowie seiner pointierten wissenschaftlichen Veröffentlichungen. Zugleich zögerte Dahrendorf nicht, Verantwortung zu übernehmen, und gelangte früh in Positionen mit Gestaltungsspielraum, wenn er beispielsweise als 25-Jähriger in Saarbrücken als einziger Assistent für Soziologie sein erstes wissenschaftliches Institut aufbaute. Er verfügte über das nötige Selbstbewusstsein, um Führungspositionen auszufüllen, etwa als er mit 29 Jahren seine erste Professur in Hamburg antrat.

Wenn Dahrendorf von seinem Standpunkt überzeugt war, scheute er sich nicht, auch etablierte Wissenschaftler beziehungsweise deren Positionen anzugreifen. Damit wurde er schnell bekannt und machte schon in den fünfziger Jahren als junger Mann die Erfahrung, dass er durch das eigene Exponieren in kontroversen Diskursen Aufmerksamkeit und Wirkungsmacht erzielen konnte. Hinzu kamen seine Lust an der Diskussion und seine Überzeugung, dass die Wissenschaft durch fachliche Kontroverse vorangetrieben werde. Dahrendorfs kritische Artikel waren zugleich praktischer Ausdruck seiner positiven Auffassung von Konflikten denen er die Funktion zuschrieb, den gesellschaftlichen Wandel voranzutreiben. Angesichts Dahrendorfs geringer Skrupel, sich auch gegen etablierte Größen wie Talcott Parsons oder Helmut Schelsky zu positionieren, ist es fast erstaunlich, dass ihm dies so selten zum Nachteil gereichte.

Nicht nur in der wissenschaftlichen Sphäre, sondern auch in der Öffentlichkeit lebte Dahrendorf seine Forderung nach Diskussion und der Anerkennung von Konflikten, wenn er etwa auf dem Höhepunkt der 68er-Bewegung mit den protestierenden Studenten und ihren Anführern Rudi Dutschke und Hans-Jürgen Krahl diskutierte. Als die Forderung nach Diskussion omnipräsent wurde, konnte der eloquente Redner Dahrendorf den Studenten mit einem demokratischen Selbstbewusstsein gegenübertreten, das auch auf der Gewissheit beruhte, im Nationalsozialismus auf der richtigen Seite gestanden zu haben.

Den Widerspruch statt den Konsens zu suchen – um Debatten voranzutreiben, aber auch um Aufmerksamkeit zu bekommen – war auch eine Strategie, die Dahrendorf als öffentlicher Intellektueller anwandte. Er griff um der Diskussion willen auch solche Konzepte kritisch an, denen er im Grunde zustimmte, wenn er etwa in den achtziger Jahren das «Ende des Sozialdemokratischen Jahrhunderts» beschwor und damit die Ideen und Ziele der Sozialdemokratie als überholt darstellte oder als er in den späten neunziger Jahren das Konzept des «Dritten Weges» von Anthony Giddens kritisierte, an dem ihm vorrangig der Begriff missfiel, während er die neue Politikausrichtung des Blair-Giddens-Projekts grundsätzlich unterstützte.

Schon seit dem Ende der fünfziger Jahre äußerte Dahrendorf die Überzeugung, dass er als Soziologe eine besondere Verantwortung nicht nur für die Interpretation, sondern auch für die Ausgestaltung der Gesellschaft trage.[10] Konsequenterweise trat er seit den frühen sechziger Jahren in zunehmendem Maße aus der akademischen Sphäre heraus, um Wirkungsmöglichkeiten in der Öffentlichkeit zu suchen. Aufgrund seines sprachlichen Kapitals, seines elaborierten und zugleich verständlichen Ausdrucksvermögens und seiner großen Analysefähigkeit wurde Dahrendorf interessant für Zeitungs- und Zeitschriftenmacher, die ihn immer häufiger für Artikel anfragten. Das Gleiche galt für Diskussionssendungen und Kommentare im Rundfunk und im Fernsehen, in denen sich der Soziologieprofessor zu allgemeinen politischen Themen äußerte und damit über sein Fachgebiet hinausblickte.

Hatte Dahrendorf sich bis zur Habilitation noch vor allem mit der Theorie Karl Marx' und mit der Industriesoziologie beschäftigt, wichen diese Fragen seit Ende der fünfziger Jahre größeren Themen. Dahrendorf nahm nun die gesamte Gesellschaft in den Blick: Er entwarf im *Homo Sociologicus* (1958) eine einflussreiche Rollentheorie, erlangte mit seiner Konflikttheorie Bekanntheit und veröffentlichte 1965 mit *Gesellschaft und Demokratie in Deutschland* einen Bestseller, dessen Frage nach den «Hemmnissen der liberalen Demokratie in Deutschland» den Diskurs über die Liberalisierung und Demokratisierung der jungen Bundesrepublik anstieß und Dahrendorf weit über die soziologische Fachwissenschaft hinaus bekannt machte. Den in *Gesellschaft und Demokratie* geforderten Wandel der deutschen Gesellschaft wollte Dahrendorf durch die Bildungsreform verwirklicht sehen.

Die sechziger Jahre waren ein entscheidendes Jahrzehnt für Dahrendorf. Mit seinen Einlassungen als Intellektueller und der Forderung nach Demokratie, Anerkennung von Konflikten und Chancengleichheit, auch mit seinem Slogan «Bildung ist Bürgerrecht» traf er den Geist der Zeit und prägte ihn zugleich. Mit einer eskalatorischen Strategie der Einflussnahme versuchte Dahrendorf, eine möglichst große Wirkungsmacht zu erzielen: Nachdem er seine Forderungen und Thesen zur Liberalisierung und Demokratisierung der Gesellschaft und zur Bildungsreform als wissenschaftliche Studien publiziert hatte, suchte er über die Öffentlichkeit in Form von Vorträgen und Zeitungsartikeln einen Weg, seinen Thesen mehr Gehör zu verschaffen. Zudem trat er nun als Politikberater auf.

Für die Rolle des öffentlichen Intellektuellen, die Dahrendorf seit Anfang der sechziger Jahre ausfüllte, ist das Prestige, das ein Professorentitel mit sich brachte, kaum zu überschätzen. Hinzu kam, dass die Soziologie in dieser Dekade als Leitwissenschaft und ihre Vertreter als Experten für die Gesellschaft galten. Es ist nicht überraschend, dass Dahrendorf erst seit den frühen sechziger Jahren als Intellektueller in Erscheinung trat. Zuvor musste er sich «eine Existenz aufbauen»[11] und soziale und kulturelle Kapitalien in Form von akademischer Qualifizierung, Prestige und Netzwerken erwerben, um überhaupt in der öffentlichen Sphäre Gehör zu finden.

Zu diesen Kapitalien zählte auch sein Status als Bildungsexperte, den Dahrendorf über die Bildungsforschung, die er seit 1960 in Tübingen betrieb, erreichte. In dem Jahrzehnt der Planungseuphorie konnte er feststellen, dass er zunehmend Einfluss auf die Politik und den öffentlichen Diskurs gewann. Legitimiert durch seine Publikationen zur Bildungsforschung, wurde Dahrendorf zum Mitglied im Deutschen Bildungsrat und im Beirat für Bildungsplanung Baden-Württemberg, beriet Baden-Württembergs Ministerpräsidenten Kurt Georg Kiesinger, entwarf 1967 einen Hochschulgesamtplan für das Bundesland und war als stellvertretender Vorsitzender des Gründungsausschusses der Universität Konstanz an der Konzeption dieser Hochschule entscheidend beteiligt. Dabei war Dahrendorf selbst überzeugt von der Planbarkeit gesellschaftlicher Prozesse und damit ganz Kind seiner Zeit.

Durch die große Resonanz, auf die seine Vorschläge und Ideen in Wissenschaft, Öffentlichkeit und Politik stießen, konnte sich Dahrendorf in seinem Versuch der gesellschaftspolitischen Einflussnahme bestätigt fühlen. Da er aber immer noch größere Wirkungsmöglichkeiten suchte, ergriff er die sich ihm bietende Chance und ging 1967 selbst in die praktische Politik. Dass Dahrendorf sich gerade der FDP anschloss, um seine politischen Ambitionen zu verwirklichen, hing «ausschließlich mit dem Phänomen der Großen Koalition zusammen und mit der Tatsache, dass damals die FDP die einzige Oppositionspartei war»[12]. Dahrendorf war Pragmatiker, kein Ideologe und die FDP für ihn vor allem Mittel zum Zweck. In der kleinen

Partei hatte Dahrendorf die Chance, schnell in Führungspositionen aufzu-
steigen und Einfluss zu bekommen. Ihm ging es darum, einen Politikwechsel in der Bundesrepublik zu erreichen, die seit 1949 von Kanzlern der CDU
regiert wurde. Dahrendorf führte einen enthusiastischen und erfolgreichen
Wahlkampf, in dem er sich 1968 für ein Landtags- und dann 1969 für ein
Bundestagsmandat bewarb.

Der große Zuspruch, den der «politische Senkrechtstarter» und «liberale
Hoffnungsträger» der FDP erlebte, versetzte ihn in «fast permanente Hochstimmung»[13]. Es gefiel Dahrendorf, im Rampenlicht zu stehen, auf Parteitagen und Wahlkampfveranstaltungen bejubelt zu werden und seinen Namen
in der Zeitung gedruckt zu sehen. Seine große Bekanntheit verlieh ihm eine
gewichtige Stimme in der Öffentlichkeit, führte aber auch zu hohen und
übersteigerten Erwartungen. Nicht nur bei den akademischen Jungwählern,
auch bei den überwiegend linksliberal eingestellten Journalisten war die
Sehnsucht nach einem intellektuell überzeugenden Seiteneinsteiger in die
Politik groß. Auch Dahrendorf selbst überschätzte angesichts des großen
medialen Echos, das er als Bildungsexperte und als Kandidat der FDP hervorrief, seine Möglichkeiten in der Politik.

Zwar gelang es ihm, durch seine große mediale Präsenz als Wahlkampf-
zugpferd und durch seinen programmatischen Einfluss einen entscheidenden
Beitrag zur sozialliberalen Wende der FDP zu leisten, die schließlich 1969 zur
Bildung der SPD-FDP-Koalition unter Willy Brandt und damit zu einem
Machtwechsel in Bonn führte. Doch als Dahrendorf als Parlamentarischer
Staatssekretär unter Walter Scheel ins Auswärtige Amt ging und zum haupt-
beruflichen Politiker wurde, verlor er mit diesem Schritt seine gesellschaftspolitische Prägekraft. Als Wahlkämpfer ohne politische Verantwortung noch
überaus erfolgreich, war er über seine tatsächlichen Wirkungsmöglichkeiten
in der Politik schnell ernüchtert. Zudem fehlte ihm die innerparteiliche Vernetzung, und als Individualist fiel es ihm schwer, sich Parteilinien und Vorgesetzten unterzuordnen. Vor allem aber brachten ihn die unterschiedlichen
Funktionen als Politiker und als öffentlicher Intellektueller zunehmend in
einen Rollenkonflikt. In Alleingängen vor der Presse wich er des Öfteren von
der Partei- und Regierungsmeinung ab. Nach seinem Wechsel zur EG-Kommission 1970 trat dieser Konflikt durch die Publikation zweier unter dem
Pseudonym «Wieland Europa» geschriebener EG-kritischer Artikel dann
offen zu Tage: Dahrendorf griff in der Rolle des öffentlichen Intellektuellen
in scharfen Worten die EG-Kommission an, der er selbst angehörte, und
hätte daraufhin beinahe zurücktreten müssen.

Trotz des Skandals um die Wieland-Europa-Artikel waren Dahrendorfs Erfahrungen in der Politik weitere Kapitalien, die ihm wiederum Ämter wie die Leitung der LSE ermöglichten. Seine Leitungs- und Verwaltungserfahrung in der Politik, seine akademische Reputation als Soziologe und sein Europabezug durch seine Zeit bei der EG-Kommission waren entscheidende Kriterien für Dahrendorfs Berufung zum Direktor der LSE; seine Wahl fiel zudem mit dem EG-Beitritt Großbritanniens 1973 zusammen. In Großbritannien waren sein Widerstand im Nationalsozialismus und seine Inhaftierung in einem zumeist als «KZ» bezeichneten Arbeitserziehungslager Teil seiner Legitimation als Deutscher.

Die Position des Direktors der LSE war mit einer erheblichen öffentlichen Prominenz verbunden. Durch die renommierten Reith Lectures der BBC, die Dahrendorf im Herbst 1974 direkt nach seinem Amtsantritt hielt, wurde er mit einem Schlag auch in Großbritannien bekannt. Dahrendorf erhielt Zutritt zu politischen Zirkeln, etwa als Mitglied in einer Kommission zur Wahlrechtsreform der Hansard Society (1975–1976), der «Royal Commission on the Legal Services» (1976–1979) oder im «Committee to Review the Functioning of Financial Institutions» unter Premierminister Harold Wilson (1977–1980). Außerdem wurde er auch hier zum gefragten Redner und konnte sich in einer mehrteiligen Fernsehsendung «Dahrendorf On Britain» (1982/83) als Analytiker der britischen Gesellschaft präsentieren. Seine Bekanntheit legitimierte das Engagement in der Öffentlichkeit und verlieh seinen Wortmeldungen zusätzliches Gewicht. Dabei kam ihm sein perfektes und akzentfreies britisches Englisch zugute, das er früh durch sein Studium in England und das Zusammenleben mit seiner englischen Frau Vera erworben hatte.

In seinem «Doppelleben» zwischen der Bundesrepublik und Großbritannien fungierte Dahrendorf auch als *Cultural Broker*. Er war ein Vermittler von politischen Ideen und Konzepten, aber auch der britischen Kultur nach Deutschland, wenn er in Zeitungsartikeln die britische Lebensart (v)erklärte. In seiner Liebe zu England, das für ihn als «Erasmus-Land» «immun gegen die Versuchungen der Unfreiheit» war,[14] zeigte sich immer auch eine Romantisierung der englischen Lebensart, die aus seiner Sicht für gesellschaftliche Solidarität, das Prinzip der *Adversary Politics*, die Diskussionskultur und den Liberalismus stand. Ohne dieses ausgesprochene Bekenntnis zu England, das in der Fernsehserie «On Britain» zum Ausdruck kam, wäre er als Deutscher wahrscheinlich nicht so vorbehaltlos von den Briten akzeptiert worden. Dahrendorfs Position in Großbritannien war also durchaus ambivalent: Einerseits war er – vor allem innerhalb des britischen Establishments – absolut akzeptiert als Brite mit deutschen Wurzeln, andererseits spielte es gerade in der Presse immer noch eine Rolle, dass er Deutscher war. Vermutlich war es gerade seine Position als «friendly outsider»[15], die es ihm in Großbritannien ermöglichte, als Gesellschaftsanalytiker aus der Vogelperspektive eine hohe Aufmerksamkeit und Akzeptanz zu finden.

Der Schritt 1974 von der EG-Kommission in Brüssel an die Spitze der LSE war keine Rückkehr in die Wissenschaft, sondern ein Wechsel von der Politik ins Wissenschaftsmanagement. Als Direktor der LSE betrieb Dahrendorf keine eigene Forschung, sondern war vor allem für den reibungslosen Ablauf des Wissenschafts- und Lehrbetriebs und die Finanzierung der Hochschule zuständig. Er war als Direktor der LSE sehr erfolgreich, machte diese internationaler und stellte ihre Finanzierung in Zeiten der radikalen finanziellen Kürzung durch die Thatcher-Regierung erfolgreich von öffentlichen Geldern auf überwiegend private Mittel um. An der LSE machte Dahrendorf jedoch auch die Erfahrung, dass die von ihm im deutschen Kontext entwickelten Wirkungsstrategien in Großbritannien nicht eins zu eins umsetzbar waren. Mit seinem Vorschlag eines Thinktanks an der LSE, der politiknahe Forschung betreiben sollte, scheiterte er, weil er ihn im Glauben an die Produktivität einer breiten Diskussion allzu schnell öffentlich machte, statt sich zuvor intern abzustimmen. Es gelang Dahrendorf jedoch, sich in einem Lernprozess an die akademischen Konventionen und an die Rahmenbedingungen der Intellektuellenkultur in Großbritannien anzupassen.

Mit seiner zweiten Frau Ellen, die an der LSE lehrte, bezog Dahrendorf eine Dienstwohnung auf dem Campus. Damit drückte er das Selbstverständnis eines Direktors aus, der sich ganz mit dieser Institution identifizierte. Für ihn gehörten die zehn Jahre als Direktor der LSE zu den glücklichsten seines Lebens. Zum 100. Jubiläum 1995 setzte er der «School» mit der von ihm verfassten Geschichte der LSE ein Denkmal. Als ihr Direktor war das Netzwerken mit Personen aus den Sphären von Wissenschaft, Politik, Öffentlichkeit und Wirtschaft entscheidender Teil seiner Aufgaben und bereits vor seinem Amtsantritt sein erklärtes Ziel. Um inspirierende, interdisziplinäre Diskussionen anzuregen und Personen miteinander in Kontakt zu bringen, etablierte Dahrendorf die sogenannten Director's Dinners. Anlässe wie diese nutzte er stets, um mit interessanten Menschen ins Gespräch zu kommen und Einblicke zu erhalten, mit denen er seinen Horizont – auch als Intellektueller – erweiterte. Jede Bekanntschaft, jede Einladung zu einer Konferenz und jede Mitgliedschaft in einer Kommission führten wiederum zu neuen Kontakten und steigerten Dahrendorfs Bekanntheit. So potenzierten sich seine Netzwerke nach dem Prinzip der positiven Rückkopplung. Der Mensch Dahrendorf blieb dabei aber zumeist auf Distanz. Dahrendorf pflegte nur sehr wenige wirklich enge Freundschaften und beließ seine Beziehungen eher auf sachlicher als auf emotionaler Ebene.

Trotz der erfüllenden Zeit als Direktor der LSE versuchte Dahrendorf 1980 die Rückkehr in die akademische Sphäre, als er sich ein Freisemester ausbat, um noch einmal ein großes soziologisches Werk zu schreiben. Das geplante Buch mit dem Titel «Modernity in Eclipse» blieb jedoch unvollendet. Auch mit dem *Modernen sozialen Konflikt* (englisch 1988, deutsch 1992) konnte Dahrendorf die erhoffte Anerkennung der *Scientific Community* nicht mehr erzielen. Die Soziologie als Wissenschaft hatte sich seit Dahrendorfs Wechsel in die Politik 1968 stark verändert. Während auf dem Höhepunkt der Studentenbewegung vor allem die Kritische Theorie der Frankfurter Schule bei den politisierten Studenten en vogue war, gewannen in den Jahren nach 1968 Niklas Luhmann mit seiner Systemtheorie sowie die stärkere Spezialisierung in einzelne «Bindestrich-Soziologien» an Bedeutung – all dies waren Forschungsrichtungen, mit denen Dahrendorf, der als Soziologe in politisch-historischen Kategorien dachte, wenig anfangen konnte. Zudem hatte er sich zu weit von der Wissenschaft entfernt. Durch sein vielfältiges Engagement in verschiedenen Bereichen fehlte ihm die in der akademischen Welt nötige Kontinuität, um sich über einen längeren Zeitraum intensiv mit einem Forschungsthema auseinanderzusetzen. Nicht zufällig bildete Dahrendorf – der eigentlich seit 1968 nicht mehr als Soziologe wissenschaftlich arbeitete – keine eigene Schule aus.

Es schmerzte ihn, dass er sich in den achtziger Jahren, in denen ihm ein geplanter Neustart in der FDP missglückt war und sich die Rückkehr an die Universität Konstanz als Enttäuschung entpuppt hatte, in der Bundesrepublik nicht mehr anerkannt und gebraucht fühlte. Die Ernennung von Helmut Schmidt zum Herausgeber der *Zeit* 1983 – ein Posten, auf den Dahrendorf selbst fünf Jahre zuvor noch Hoffnungen gehegt hatte – trug zur Frustration über seine deutschen Möglichkeiten bei. Er hatte das Gefühl, in Deutschland nirgends mehr richtig dazuzugehören und anerkannt zu werden; weder in der Wissenschaft noch in der Politik, wo ihm die nötige Professionalisierung und Erfahrung fehlte, um erfolgreich zu sein. Auch deshalb ging er 1987 wieder zurück nach England, wo die Kultur des «in and out», des Wechsels zwischen Politik, Wissenschaft und Öffentlichkeit, sehr viel verbreiteter war als in Deutschland. 1988 nahm er zusätzlich zur deutschen die britische Staatsbürgerschaft an.

Als Berater der Liberal Party beziehungsweise der Liberal Democrats und als Leiter des St. Antony's College sowie als «engagierter Beobachter» und Unterstützer der Akteure der ostmitteleuropäischen Revolution von 1989 und den Folgejahren fand er neue Funktionen und Aufgaben, die ihn reizten. Dahrendorfs Standpunkt in der Debatte um die deutsche Wiedervereinigung machte deutlich, dass er – auch aufgrund seines räumlichen und perspektivischen Abstands zur Bundesrepublik – ein deutlich entspannteres Verhältnis zur deutschen Nation hatte als viele andere deutsche Intellektuelle wie Günter Grass oder Jürgen Habermas. Für ihn war die Bundesrepublik – samt parlamentarischer Demokratie, Liberalisierung und sozialer Marktwirtschaft – eine «Erfolgsstory». Mit dieser Auffassung gab er 1990 eine Interpretation vor, die inzwischen zum Konsens der deutschen Zeitgeschichtsforschung geworden ist. In seinem entschiedenen Plädoyer für den Nationalstaat anstelle eines «Europas der Regionen», wie es Peter Glotz vorgeschlagen hatte, machte er deutlich, dass für ihn die Umsetzung von Demokratie, Wirtschaftsordnung und Bürgerrechten einstweilen nur im nationalstaatlichen Rahmen möglich war. So war Dahrendorf ein wichtiger Kritiker von Bestrebungen, nationalstaatliche Aufgaben an die Europäische Union nach Brüssel abzugeben. Statt einer immer weitergehenden europäischen Einigung beharrte Dahrendorf auf der Notwendigkeit von territorialen Grenzen – wenngleich er betonte, dass diese offen zu sein hätten. In diesem Sinne war Dahrendorf auch kein europäischer, sondern ein transnationaler Intellektueller, der in verschiedenen Ländern auf jeweils unterschiedliche Art und Weise wirkte, schon aufgrund von völlig unterschiedlich gearteten nationalen Öffentlichkeiten.

Als Bezugspunkt war «der Westen» für Dahrendorf ohnehin wichtiger als Europa. Für den seit seiner Jugendzeit westlich sozialisierten Denker waren England und die USA die Länder der Demokratie und des Liberalismus. Zum Schlüsselbegriff wurde der Westen für Dahrendorf jedoch erst deutlich nach der Öffnung des Eisernen Vorhangs, nämlich im Zusammenhang mit dem islamistischen Terror vom 11. September 2001. Die Betonung der «Werte des Westens» erfolgte bei Dahrendorf also nicht in einer Abgrenzung von West gegen Ost im Rahmen des Kalten Krieges, sondern im Sinne der Verteidigung der Demokratie und der Aufklärung gegen Autoritarismus, Diktatur und religiösen Fundamentalismus. Als es 2003 zu einem Dissens zwischen den USA und einem Teil der europäischen Staaten über den Kriegseinsatz gegen den Irak kam, hob Dahrendorf gemeinsam mit seinem Freund Timothy Garton Ash die Gemeinschaft Europas mit den USA als Kulturraum der liberalen Ordnung hervor, um eine Spaltung des Westens zu verhindern. Dahrendorf warnte vor dem Versuch, die Europäische Gemeinschaft als Gegenpol zu den USA etablieren zu wollen. Für ihn waren die USA und Europa nur gemeinsam als Bezugsraum der Werte des Westens denkbar und wirkungsmächtig.

Dahrendorfs Verdienste in politischen Kommissionen, bei der Leitung der LSE und des St. Antony's College und seine Vernetzung im Establishment in Großbritannien führten 1993 zur Ernennung zum Lord auf Lebenszeit mit Sitz im Oberhaus. Dahrendorf nahm die Tätigkeit im House of Lords sehr ernst und war regelmäßig bei Sitzungen anwesend. Im Gegensatz zu seiner parlamentarischen Tätigkeit in der Bundesrepublik war er dort freier in Bezug auf Tagespolitik, Wahlen und Parteibindung. Letzeres wurde ihm zunehmend wichtiger, weshalb er 2004 von den Bänken der liberal-demokratischen Fraktion auf die *cross benches* der unabhängigen Oberhausmitglieder wechselte. Von besonderer Bedeutung war für Dahrendorf die Überwachung der Regierungsarbeit des Unterhauses als Vorsitzender des Select Committee on Delegated Powers and Deregulation (1997–2006). Als Angehöriger des Oberhauses war Dahrendorf nun endgültig in der von ihm bewunderten *upper class* angekommen, deren Habitus er sich schon bei frühen Begegnungen mit britischen Besatzungsoffizieren und LSE-Professoren abgeschaut und im Laufe seines Lebens inkorporiert hatte. Der Lord-Titel verlieh ihm wiederum in der Bundesrepublik die Aura der britischen *Upper-class*-Eleganz.

Seit den neunziger Jahren war Dahrendorf auch in Deutschland wieder stärker in der Rolle des öffentlichen Intellektuellen gefragt. Allerdings war er nicht mehr so präsent wie in den sechziger Jahren, als er mit Fernseh- und Radiokommentaren, Zeitungsartikeln und Vorträgen allgegenwärtig in der öffentlichen Debatte schien. Anders als 30 Jahre zuvor war es angesichts des sich immer stärker ausdifferenzierenden Medienspektrums nicht mehr möglich, mit einer einzelnen Radiosendung so viele Menschen zu erreichen. Die Entwicklung zu Computern und zum Internet machte Dahrendorf nicht mehr mit. Er schrieb weiter mit der mechanischen Schreibmaschine und schickte seine handschriftlich korrigierten Manuskripte per Fax an Zeitungen und Zeitschriften. Allerdings versuchte er als klassischer Intellektueller weiter über das Wort zu wirken und seine Ideen durch einen hohen Publikations-Output in verschiedenen Zeitungen und Zeitschriften zu verbreiten. Seit 2002 wurden seine Artikel über das Project Syndicate einer globalen Zeitungsöffentlichkeit zugänglich. Während Dahrendorf als Intellektueller globaler wurde, orientierte er sich seit den zweitausender Jahren im Privatleben wieder stärker nach Deutschland; hier hatte er auch seine dritte Frau Christiane gefunden.

Dahrendorf erhielt zahlreiche Preise und Ehrendoktorwürden, er war ein gefragter Vortragsredner, Autor und Konferenzteilnehmer. Sein Arbeitspensum blieb bis in seine letzten Lebensjahre konstant hoch und war nur deshalb zu bewältigen, weil er diszipliniert, zuverlässig und gut organisiert arbeitete. Zugleich war Dahrendorf niemand, der dem Prestige hinterhereilte, sondern er suchte seine Beschäftigungsfelder danach aus, ob sie seine Neugier weckten, ob er die darin aktiven Personen sympathisch und interessant fand und ob er dort etwas bewirken konnte. So übernahm er beispielsweise 1995 mit großem Engagement den Vorsitz des Kuratoriums der kleinen Stiftung Bundespräsident-Theodor-Heuss-Haus. Die Rolle des Chairman schien ihm förmlich auf den Leib geschneidert zu sein. Daneben erhielt er Angebote, große Wirtschaftsunternehmen zu beraten, was ihm Einblick in die konkrete Welt der Wirtschaft vermittelte und zu seinem ökonomischen Kapital beitrug. Durch seine hohen Positionen und gestreuten Einkommensquellen aus Beamtengehältern und -pensionen, Autorenhonoraren und Beiratsentschädigungen erreichte Dahrendorf darüber hinaus eine wirtschaftliche Unabhängigkeit, die ihm den Lebensstil der *upper class* ebenso wie sein Engagement als Intellektueller ermöglichte.

Als öffentlicher Intellektueller versuchte Dahrendorf Begriffe zu prägen, was ihm beispielsweise mit der nicht mehr wegzudenkenden Losung «Bildung ist Bürgerrecht» (1965) gelang. Auch den von Max Weber entlehnten Begriff der «Lebenschancen», mit dem Dahrendorf im gleichnamigen Buch 1979 seine Überzeugung auf den Punkt brachte, dass in einer liberalen Gesellschaft alle Menschen dieselben Chancen haben sollten, konnte er im öffentlichen Diskurs verankern. Andere Begriffe, wie der der «Ligatur», als zusammenhaltstiftende Bindung, setzten sich jedoch nicht durch. Hingegen wurde der Begriff der «Bürgergesellschaft», den Dahrendorf Anfang der neunziger Jahre im Zusammenhang mit der gesellschaftlichen Neugestaltung der Länder in Ost- und Ostmitteleuropa in die Debatte einbrachte, breit rezipiert.

Seit den siebziger Jahren, insbesondere seit den von ihm gehaltenen Reith Lectures zum Thema «Die neue Freiheit», besetzte Dahrendorf bewusst und strategisch die Position des liberalen Intellektuellen, wenn auch sein Liberalismusbegriff ein wenig diffus blieb. Dies lag auch daran, dass seine Texte eher Anregungen zum Selbstdenken als Vorgabe von Theorien oder politischen Problemlösungen waren. Dahrendorf war ein Schnell- und Vielschreiber, der für einen Artikel oder einen Vortrag oftmals nur zwei hochkonzentrierte Stunden benötigte. Durch diese Arbeitsweise fehlte es den stilistisch eleganten Texten zuweilen an inhaltlicher Substanz, was einer größeren Anerkennung Dahrendorfs in der akademischen Sphäre seit den achtziger Jahren entgegenstand. Sein situatives und praxisbezogenes Denken hatte aber auch den Vorteil, dass es ihn flexibel hielt, um ad hoc auf aktuelle Geschehnisse zu reagieren und diese in einen größeren analytischen Zusammenhang einordnen zu können. Als Soziologe entwickelte er keine eigene Großtheorie, sondern lehnte ein solches Ansinnen sogar explizit ab.

Allerdings gab es Fixsterne in Dahrendorfs Denken, in deren Licht er zeitlebens seine Überlegungen zu Gesellschaft, Demokratie und Freiheit entwickelte. Es war Dahrendorfs Grundüberzeugung, dass Gesellschaften so geregelt sein müssten, dass Machtwechsel ohne Blutvergießen möglich seien. Soziale Konflikte, ebenso wie Ungleichheit, waren für ihn unabdingbarer Bestandteil der menschlichen Gesellschaft. Die Vorstellung einer Welt ohne Konflikte war in seinen Augen utopisch; der Versuch, Konflikte abzuschaffen, führe geradewegs in autoritäre Gesellschaftsstrukturen. Seine Konflikttheorie besagte, dass Konflikte zugelassen und durch demokratische Institutionen, wie parlamentarische Demokratie und ein funktionierendes Rechtssystem, sowie durch eine aktive Bürgergesellschaft reguliert werden müssten. Wenn dies der Fall sei, könnten Konflikte die Antriebskraft des gewaltlosen Wandels und des Fortschritts sein und zur Vergrößerung der Lebenschancen für alle beitragen. In diesem Sinne war Dahrendorf immer ein Befürworter der Reform, nicht der Revolution. Gleiche Lebenschancen mussten nicht zu gleichen Ergebnissen führen; im Gegenteil, Dahrendorf sah soziale Ungleichheit als Teil der Freiheit an. Mit seinem liberalen Grundcredo, mit dem er sich in die Tradition von Immanuel Kant, Max Weber, Karl Popper und der Autoren der *Federalist Papers* stellte, versuchte er seine Vorstellung von der Liberalisierung der Gesellschaft durchzusetzen.

Dabei dachte Dahrendorf die Freiheit immer mit dem Sozialen zusammen. Er war kein «Marktliberaler» und schlug – eher untypisch für einen Liberalen – auch Programme wie ein soziales Pflichtjahr für alle vor. Zugleich war für ihn die soziale Marktwirtschaft wesentlicher Bestandteil der Erfolgsgeschichte der (west-)deutschen Demokratie seit 1945. Sein Liberalismusverständnis war eng mit der Vorstellung einer gelebten und starken Demokratie verknüpft. Es ging ihm um gesellschaftliche Teilhabe, um individuelle Möglichkeiten gepaart mit staatsbürgerlicher Verantwortung und um demokratische Artikulationsmöglichkeiten. Nicht umsonst war die Bildungspolitik eines von Dahrendorfs zentralen Themen, über die er seit den sechziger Jahren die Liberalisierung der Gesellschaft und die Vergrößerung der individuellen Lebenschancen verwirklicht sehen wollte.

Wegen seiner Betonung der sozialen Aspekte des Liberalismus gilt Dahrendorf bis heute vielen als «Linksliberaler» oder «Sozialliberaler». Allerdings hat es Dahrendorf selbst stets abgelehnt, sich auf eine bestimmte Spielart des Liberalismus festzulegen. Dahrendorf wollte in keine Schublade gesteckt werden und sah sich schlicht als Liberaler ohne weitere Attribute.[16] Seit seinem Austritt aus der FDP 1988 verstand er sich als «liberaler Vordenker», aber nicht (mehr) als Vordenker der FDP[17] – wohingegen sich der sozialliberale Flügel der Partei bis heute auf ihn beruft.[18] Interessant ist in diesem Zusammenhang auch Dahrendorfs Auseinandersetzung mit der Rolle der Intellektuellen in der Gesellschaft. Diese haben in seinen Augen die Aufgabe, öffentlich für Demokratie und Liberalismus einzutreten. Wie in Dahrendorfs Abhandlung *Versuchungen der Unfreiheit* (2006) deutlich wird, sind Intellektuelle für ihn als «Immunsystem der liberalen Ordnung»[19] per se liberal.

Im Widerspruch zu Dahrendorfs öffentlichem Bild in Deutschland als Sozialliberaler und Reformer steht sein seit den späten siebziger Jahren – auch als Reaktion auf den Neoliberalismus der konservativen Revolutionärin Margaret Thatchers – einsetzender *conservative turn*. Als Leiter der LSE und des St. Antony's College ebenso wie als Lord im Oberhaus wurde Dahrendorf zum Mitglied des britischen Establishments und war nicht mehr – wie noch in den sechziger Jahren in der Bundesrepublik – vor allem reformorientiert, sondern versuchte, diese von ihm geliebten traditionellen Institutionen zu bewahren. Dahrendorf wurde vom Reformer zum Bewahrer, zum Verteidiger von Strukturen, von denen er auch profitierte. Zugleich kam zu seiner Konzeption des Liberalismus auch die Bedeutung von Bindungen beziehungsweise Ligaturen hinzu, wie er in *Lebenschancen* ausführt: Lebenschancen seien Optionen und Ligaturen. Diese Bindungen, in Form von Familie, Vereinen oder der Kirche, erlebte Dahrendorf seit den achtziger Jahren in seiner Wahlheimat Bonndorf im Schwarzwald. Der Begriff der Ligatur blieb jedoch vage, vielleicht, weil sich Dahrendorf, der sich als «hemmungsloser Individualist»[20] verstand, selbst nicht damit identifizierte. Die von ihm beschriebenen Ligaturen schienen etwas zu sein, was andere brauchten, aber nicht er selbst. Gleichwohl war er insbesondere in London im Garrick Club und im Reform

Club sowie durch seine Mitgliedschaft im House of Lords in eine ganz andere Art elitärer Gemeinschaft eingebunden.

Das fortwährende Überschreiten von Grenzen und das Wirken auf verschiedenen Feldern von Wissenschaft, Politik, Wirtschaft und Öffentlichkeit war der Grundstein von Dahrendorfs langjähriger Position als öffentlicher Intellektueller. Durch die zeitgleiche Betätigung als Intellektueller in den Medien und als politischer Berater und Bildungsexperte in Kommissionen und anderen Kreisen agierte Dahrendorf in zwei Rollen, die sich einerseits gegenseitig befruchteten, andererseits aber auch in einem Spannungsverhältnis zueinander standen.

Dahrendorf erlangte Bekanntheit als öffentlicher Intellektueller in einer Zeit, in der er vor allem als Bildungsexperte auftrat und zugleich die Politik in diesen Fragen beriet. Seine Fachkompetenz gehörte dabei zum Fundament seiner Existenz als öffentlicher Intellektueller, die es ihm ermöglichte, mit seinen allgemeinpolitischen Äußerungen über sein Fachgebiet hinaus wahrgenommen und gehört zu werden. Als Politikberater und Hochschulreformer hatte er in den sechziger Jahren mit dem Hochschulgesamtplan für Baden-Württemberg und der Konzeption der Universität Konstanz seine Ideen zu Papier bringen können, sie aber nicht selbst umsetzen müssen. Im erfolgreichen Wahlkampf 1968/69 genügte es, Ideen und Konzepte zu «verkaufen», aber da er noch kein Mandat hatte, musste er sie noch nicht realisieren. Als Kommissionsmitglied und Berater von Politik und Wirtschaft konnte Dahrendorf auch in späteren Jahren wieder Impulsgeber sein, ohne selbst die Sacharbeit ausführen zu müssen. Die Rolle des Ideengebers war der Rolle des Intellektuellen ähnlich und funktionierte deshalb zumeist gut für ihn. Allerdings war die Rolle des Politikberaters grundsätzlich problematisch für die notwendige Unabhängigkeit des Intellektuellen. Dahrendorf fühlte sich immer wieder vom «Bannkreis der Macht»[21] angezogen, was zuweilen auf Kosten der kritischen Distanz ging.

Seine Rollenwechsel führten auch zu Konflikten und Brüchen in der jeweils von ihm ausgeübten Profession und damit letztlich in seiner Biographie. So wurden ihm die häufigen Stellenwechsel als Unstetigkeit und als mangelndes «Sitzfleisch»[22] ausgelegt. Dahrendorfs immerhin siebenjährige Karriere als Politiker der FDP, als Mitglied des Baden-Württembergischen Landtages und des Deutschen Bundestages sowie als Parlamentarischer Staatssekretär im Auswärtigen Amt und als EG-Kommissar wird in der Forschung als gescheiterter Seiteneinstieg bewertet.[23] Allerdings war Dahrendorfs Einstieg in die Politik mit derart hohen Erwartungen – von ihm selbst und seitens der Öffentlichkeit – behaftet, dass er sie eigentlich gar nicht erfüllen konnte. Vor allem aber wurde es für ihn zum Problem, dass er zeitgleich versuchte, die Rolle des Politikers und die des öffentlichen Intellektuellen auszufüllen, als er unter Pseudonym die EG-Kommission in Zeitungsartikeln angriff. Ähnlich erging es ihm auch mit der Anerkennung in der akademischen Sphäre: Als er sich zu weit und zu lange von dieser entfernt hatte, wurde es für ihn seit den achtziger Jahren schwierig, mit seinen soziologischen Publikationen von der *Scientific Community* noch akzeptiert zu werden.

Für die Tätigkeit als öffentlicher Intellektueller wirkten sich Dahrendorfs viele Grenzüberschreitungen, seine Wechsel in verschiedene Positionen und seine Kontakte in Wissenschaft, Politik, Wirtschaft und Öffentlichkeit jedoch auch positiv aus. Gerade wegen seiner Stellung zwischen diesen Feldern war er in vieler Hinsicht ein idealer öffentlicher Intellektueller. Seine vielfältigen Erfahrungen und Kontakte ermöglichten ihm Detailkenntnisse und Überblick zugleich. Sie erlaubten ihm, Analysen zu entwickeln und sich Urteile zu bilden, die anderen aufgrund mangelnden Einblicks nicht gelingen konnten. Dazu gehörte auch seine Mittlerposition zwischen Großbritannien und Deutschland, durch die er – sozusagen als doppelter «Exilintellektueller» – Unabhängigkeit und Weitblick gewann.

Dahrendorf wirkte als klassischer Intellektueller vor allem durch das Wort und nahm über seine Publikationen Einfluss. Dabei blieb er in seinen Äußerungen überwiegend Individualist, der selten im Kollektiv mit anderen agierte. Gleichwohl beruhte der Erfolg seiner Karriere wie auch seines Engagements als öffentlicher Intellektueller auch auf seinen Netzwerken. Immer wieder versuchte er, über Personen die gesellschaftliche Gestaltung zu prägen, beispielsweise als er Anfang der sechziger Jahre Kurt Georg Kiesinger beriet oder in den siebziger Jahren als Berater von Harold Wilson tätig war. In den achtziger und neunziger Jahren konnte er über die Beratung der Liberal Democrats unter Paddy Ashdown einen nicht unerheblichen Einfluss auf die britische Sozialstaatsdebatte ausüben. Seine Ideen und Überzeugungen versuchte er über Artikel und Interviews ebenso durchzusetzen wie durch persönliche Briefe oder direkte Gespräche mit Politikern und Regierungschefs wie Tony Blair und Gerhard Schröder.[24]

Sein Bild und seine Wirkung in der Öffentlichkeit waren Dahrendorf immens wichtig. Er sammelte seit früher Jugend Zeitungsausschnitte zu seiner Person und unternahm seit den siebziger Jahren mehrere autobiographische

Versuche. Mit seinen Lebenserinnerungen *Über Grenzen* (2002), aber auch mit autobiographischen Schriften wie *Reisen nach innen und außen* (1984) oder dem *Europäischen Tagebuch* (1995) sowie durch Selbstbezüge in Artikeln und Interviews wirkte er an seiner Selbststilisierung mit. Sein Selbstverständnis war das des Intellektuellen, der öffentliche Resonanz und Wirkung suchte, um die Gesellschaft zum Besseren zu verändern. Dieses Selbstverständnis vertrat er auch als Angehöriger einer privilegierten Elite, für die er den Anspruch erhob, in gesellschaftspolitischen Debatten «den Ton anzugeben»[25]. Gleichwohl verstand er die Verantwortung für die liberale Demokratie als eine staatsbürgerliche Aufgabe, die nicht nur der intellektuellen Elite zukam. Er sah es als «staatsbürgerliche Pflicht» an, «den Mund aufzumachen [...] im Bewusstsein des großen Privilegs, in einer liberalen Ordnung und Demokratie zu leben – wachsam gegenüber jeder, auch der geringsten Beeinträchtigung der Freiheit.»[26]

Nachwort zur Methode

Es ist ungewöhnlich, dass eine geschichtswissenschaftliche Dissertationsschrift in einem Publikumsverlag erscheint. Bei dieser Arbeit handelt es sich jedoch um die Biographie eines prominenten Soziologen, Politikers, Publizisten und Intellektuellen, dessen Leben eine über die Wissenschaft hinausreichende Leserschaft interessiert. Dennoch wird man dem Buch anmerken, dass es ursprünglich nicht für ein breites Publikum geschrieben wurde. Bei der Überarbeitung wurde die Einleitung von ihrem «wissenschaftlichen Ballast» befreit. Für interessierte Leserinnen und Leser seien deshalb an dieser Stelle noch einige Bemerkungen zu den theoretischen und methodischen Überlegungen, die diesem Buch zugrunde liegen, ergänzt.

1. Forschungsstand und Forschungspositionen

Als dieses Buch entstand, lagen zur Person und zum Wirken Ralf Dahrendorfs mit Ausnahme seiner Lebenserinnerungen *Über Grenzen* (2002) noch keine Buchpublikationen vor. Bei den wenigen kürzeren Abhandlungen handelt es sich um Geburtstagswürdigungen und Nachrufe als Hommagen an Dahrendorf, um Studien, die sich auf seine Zeit als FDP-Politiker von 1967 bis 1974 konzentrieren, oder um Betrachtungen, die Dahrendorf in eine Generation von Soziologen der frühen Bundesrepublik einordnen. Insgesamt geht der Forschungsstand zu Ralf Dahrendorf und zu den westdeutschen Intellektuellen über die sechziger Jahre kaum hinaus. Vor allem für die Jahrzehnte danach musste die Dissertation Grundlagenforschung betreiben.

Eine ausführliche Darstellung von Ralf Dahrendorfs beruflichen Werdegang stammt von seinem Schüler Hansgert Peisert und erschien 1994 in einer gemeinsam mit Wolfgang Zapf herausgegebenen Festschrift zu Dahrendorfs 65. Geburtstag.[1] Jens Alber resümierte Dahrendorfs Beiträge zur Soziologie in einem Nachruf und verglich Dahrendorfs «Spätwerk» mit dessen frühen Schriften.[2] Ebenfalls in Form des Nachrufs ordnete Jürgen Kocka Dahrendorfs Leben und Werk aus historischer Perspektive ein, während M. Rainer Lepsius aus der Perspektive des Generations- und Weggefährten die Beiträge

Dahrendorfs zur Soziologie zusammenfasste.[3] Der Politikwissenschaftler Herfried Münkler plädierte nach Dahrendorfs Tod dafür, ihn als republikanischen Liberalen beziehungsweise liberalen Republikaner zu betrachten, da er sich, vor allem in seinen späten Jahren, immer mehr den Vorstellungen des klassischen Republikanismus angenähert habe.[4] Dahrendorfs publizistisches Engagement für die *Badische Zeitung* und seine Verbindung zum Städtchen Bonndorf im Schwarzwald ist in einem von Thomas Hauser und Christian Hodeige herausgegebenen Sammelband mit Aufsätzen von Weggefährten aus Südbaden sowie ausgewählten Zeitungsartikeln von Ralf Dahrendorf gewürdigt worden.[5] Die erwähnten Nachrufe sowie die Würdigungen zu Dahrendorfs runden Geburtstagen in Zeitungen, Zeitschriften und im Internet bieten darüber hinaus journalistische Einschätzungen und geben Auskunft über die Rezeption der Person Dahrendorf in der Öffentlichkeit.

Die wenigen wissenschaftlichen Studien, die sich explizit mit Ralf Dahrendorf beschäftigen, konzentrieren sich vorrangig auf sein Engagement als Bildungsreformer in der ersten Hälfte der sechziger Jahre und als Politiker zwischen 1967 und 1974. So hat Moritz Mälzer Dahrendorfs Wirken als Bildungs- und Hochschulreformer im Gründungsausschuss der Universität Konstanz in einer 2016 veröffentlichten Vergleichsstudie zu den Universitätsneugründungen Konstanz und Bielefeld analysiert.[6] Bereits 1982 widmete Arnulf Baring in seinem Buch *Machtwechsel* Ralf Dahrendorfs kurzer Karriere als Parlamentarischer Staatssekretär im Auswärtigen Amt unter Walter Scheel (1969–1970) ein eigenes Unterkapitel, das bis heute eine vielzitierte Grundlage für weitere Untersuchungen bildet.[7] Zu diesen zählt die Dissertation von Klaus Weber *Der Linksliberalismus in der Bundesrepublik um 1969* (2012), die sich mit den FDP-Politikern Hildegard Hamm-Brücher, Karl-Hermann Flach, Werner Maihofer und Ralf Dahrendorf als Protagonisten des linksliberalen Flügels der FDP beschäftigt. Matthias Micus hat Dahrendorf in seiner Dissertation als ein Fallbeispiel für einen «Seiteneinsteiger» in die Politik untersucht und ihn als solchen für gescheitert erklärt.[8] Dieser Interpretation folgt auch Jens Hacke in einem Aufsatz von 2013. Hacke vertritt zudem die These, dass Dahrendorf durch seine Selbstpositionierung als «liberaler Intellektueller» eine Leerstelle in der Bundesrepublik besetzen und den Liberalismus begriffspolitisch für sich vereinnahmen konnte.[9] Eine ideengeschichtliche Rekonstruktion von Dahrendorfs Denken wurde zuletzt von Matthias Hansl anhand von Annotationen in Dahrendorfs Büchern skizziert.[10]

In einem Aufsatz von 2012 ordnet Gangolf Hübinger Dahrendorf vor allem als europäischen Intellektuellen ein.[11] Ob diese Einordnung tragfähig

ist, bleibt fraglich. Dahrendorf war zwar ein Kosmopolit, welcher der europäischen Idee stets in Denken und Handeln verbunden und in zwei europäischen Ländern, der Bundesrepublik und Großbritannien, gleichermaßen zu
Hause war; auch sein Interesse für Ostmitteleuropa im Zuge von 1989/90
sowie seine Rezeption in Italien, Spanien und den osteuropäischen Ländern
belegen seinen europäischen Wirkungsraum.[12] Doch schon aufgrund des
Fehlens einer europäischen Öffentlichkeit, die einen gemeinsamen Zeitungs-
und Zeitschriftenmarkt sowie gemeinsame Fernseh- und Radiosender zur
Voraussetzung hätte,[13] überzeugt die These von Dahrendorf als europäischem
Intellektuellen nicht. Vielmehr fand seine Rezeption in jedem einzelnen
Land auf unterschiedliche Weise statt. Obwohl Dahrendorf in der Rolle eines
Cultural Broker als Kulturvermittler zwischen Großbritannien und der Bun-
desrepublik auftrat, ergab sich doch keine gemeinsame, öffentlich geführte
Debatte zwischen den beiden Ländern unter der Teilnahme Dahrendorfs.

Seit den neunziger Jahren hat sich das Interesse an der Intellektuellengeschichte der Bundesrepublik verstärkt. Daniel Morat zufolge lässt sich keine
einheitliche Methode der *Intellectual History* als Intellektuellengeschichte
in Deutschland feststellen. Stattdessen gibt es verschiedene Ansätze der
Begriffs-, Personen-, Denk-, Gruppen- und Institutionengeschichte, wobei
Ideen- und Intellektuellengeschichte gleichermaßen nebeneinander stehen.[14]
Alexander Gallus konstatiert einen Trend zur entpersonalisierten Intellektuellengeschichte, also einer «‹intellectual history› ohne Intellektuelle»[15], gegen
den jedoch eine nicht geringe Anzahl von neuerdings veröffentlichten Wis-
senschaftler- oder Intellektuellenbiographien steht.[16]

Für die Intellektuellengeschichte der Bundesrepublik lassen sich vor allem
drei Forschungstrends ausmachen, die für die Untersuchung von Ralf Dahrendorf als Intellektuellem relevant sind: erstens der Topos der sogenannten
45er-Generation, der eine besondere Prägekraft für die intellektuellen Debatten der Bundesrepublik zugeschrieben wird, zweitens die Frage nach den Bedingungen der erfolgreichen Demokratisierung der bundesrepublikanischen
Gesellschaft und drittens, damit verbunden, eine Auseinandersetzung mit
der Deutungshoheit von linken oder liberalkonservativen Denkschulen in
den Diskursen vor allem der fünfziger bis siebziger Jahre.[17]

Nach dem Ende der NS-Diktatur scheint sich in der Bundesrepublik ein
spezifischer Typus des *public intellectual* herausgebildet zu haben. Dabei fällt
die Dominanz von Soziologen wie Ralf Dahrendorf, Jürgen Habermas oder
M. Rainer Lepsius auf, die seit den sechziger Jahren als Experten für die Ge-

sellschaft in der Rolle des Intellektuellen auftraten. Sie machten nicht nur die Gesellschaft zu ihrem Untersuchungsgegenstand, sondern erklärten die Soziologie auch zu einem normativen Instrument zur Veränderung der Gesellschaft.[18] Die vorliegende Studie zeigt, wie Dahrendorf selbst an der Entstehung eines Typus des kritischen Intellektuellen mitwirkte.[19] Die Untersuchung geht durch den biographischen Zugriff über die frühe Bundesrepublik hinaus, indem sie mit Dahrendorfs Lebenszeit bis 2009 einen weitaus größeren Zeitraum in den Blick nimmt und die Kontinuitäten und Diskontinuitäten von Dahrendorfs intellektuellem Engagement beleuchtet.

Ein wichtiger Aspekt dabei ist Dahrendorfs Generationszugehörigkeit. So waren es in den letzten Jahrzehnten häufig Angehörige der 45er- oder Flakhelfergeneration, die die Rolle des öffentlichen Intellektuellen in der Bundesrepublik ausgefüllt haben.[20] Das Postulat von der einflussreichen 45er-Generation, das zunächst von Joachim Kaiser und A. Dirk Moses vertreten wurde, ist in den letzten Jahren in der Zeitgeschichtsschreibung äußerst wirkungsmächtig geworden.[21] Dadurch, dass die Vorgängergeneration der 45er, die seit etwa 1900 Geborenen, durch den Zweiten Weltkrieg dezimiert und häufig durch den Nationalsozialismus diskreditiert war, konnten die in den Jahren 1927 bis 1932 geborenen 45er schnell in vakante Führungspositionen aufsteigen. Es ist argumentiert worden, dass sie die Bundesrepublik wie keine andere Generation prägten, da sie für eine ungewöhnlich lange Zeitspanne – von den sechzigern bis mindestens in die neunziger Jahre – einflussreiche Positionen innehatten.[22] Das Kriegsende war für diese Generation, die im «Dritten Reich» zu jung war, um politische Verantwortung zu tragen, eine prägende Erfahrung, oft die eines «heilsamen Schocks».[23] Darüber hinaus verband sie eine nach 1945 beginnende Aufbruchstimmung in Verbindung mit dem 1949 neugegründeten demokratischen (west-)deutschen Staat. Frühzeitig in Führungspositionen in der Wissenschaft, Politik und Publizistik etabliert, fanden sich die 45er Ende der sechziger Jahre bereits in einem Generationskonflikt mit den protestierenden Studenten der 68er-Generation wieder.[24]

Die affirmative Haltung zur Demokratie der jungen Bundesrepublik ebenso wie eine positive Westerfahrung durch Studienaufenthalte in den USA und England galten auch für Ralf Dahrendorf, der in vielerlei Hinsicht wie ein prototypischer Vertreter der 45er-Generation – oder jedenfalls von deren Wissenschaftler-Intellektuellen – wirkt. Generation dient hier jedoch nicht nur als Erklärungs*modell*, sondern wird im Sinne eines neueren Ansatzes in der Generationsforschung auch zum Erklärungs*fall* gemacht[25] – zumal die 45er, die so lange die intellektuelle Deutungshoheit in der Bundesrepublik innehatten, auch selbst an diesem erfolgreichen Narrativ mitgeschrieben haben.[26]

Neben dem Topos der demokratiebejahenden, intellektuellen 45er-Generation ist im Zuge der ideengeschichtlichen Auseinandersetzung mit der Bundesrepublik in den letzten Jahren auf den Einfluss von zwei weiteren Denkschulen hingewiesen worden. Auf der einen Seite haben die Arbeiten von Dirk van Laak, Jens Hacke und Daniel Morat die Bedeutung von älteren konservativen Intellektuellen wie Carl Schmitt, Martin Heidegger, Joachim Ritter und seinem Umkreis sowie den Brüdern Jünger besonders hervorgehoben.[27] Clemens Albrecht und Günter C. Behrmann (u. a.) haben auf der anderen Seite das «linke» Spektrum intellektuellen Denkens und Forschens in einer Studie zur Wirkungsgeschichte der Frankfurter Schule erfasst.[28] Im Kontext dieser Untersuchungen, die mittels eines ideengeschichtlichen und zum Teil auch biographischen Ansatzes eine linke «intellektuelle Gründung» oder eine «liberalkonservative Begründung» der Bundesrepublik beschreiben,[29] finden Forschungsfragen jenseits der Konstruktion einer politischen Links-Rechts-Polarität bisher noch weniger Berücksichtigung.[30] Zudem fokussieren die meisten Studien zu intellektuellen Deutungskämpfen vor allem auf die Diskurse und Debatten der fünfziger bis siebziger Jahre.[31] Heinrich August Winkler spricht dabei der Linken die «intellektuelle Hegemonie» seit dem Bonner Machtwechsel 1969 zu, während die «intellektuelle Rechte» vor allem durch Abwesenheit geglänzt habe.[32] Dagegen stehen Interpretationen, die die Jahre nach dem «Ölschock» ab 1973/74 als «schwarzes Jahrzehnt»[33] begreifen und die Bedeutung der «Tendenzwende» und, als Reaktion auf die Studentenproteste von 1968/69, der konservativen Gegenbewegung der Hochschulprofessoren des «Bundes Freiheit der Wissenschaft» um Hermann Lübbe, Wilhelm Hennis und Thomas Nipperdey betonen.[34]

Ralf Dahrendorf wird in vielen Darstellungen erwähnt, jedoch wird seine Bedeutung für den deutschen Diskurs oftmals aufgrund einer schematischen Links-Rechts-Einteilung vernachlässigt, zumal er sowohl als Bezugsfigur der Studentenbewegung als auch als kritischer Protagonist der konservativen «Tendenzwende» der siebziger Jahre fungierte. Zwar gibt es Studien zur Liberalisierung der Bundesrepublik,[35] jedoch ist die Bedeutung von liberalen intellektuellen Impulsen in der Geschichte der Bundesrepublik bisher nicht explizit zum Forschungsgegenstand gemacht worden. Eine Ausnahme bildet die bereits erwähnte Dissertation von Klaus Weber *Der Linksliberalismus in der Bundesrepublik um 1969*, die sich allerdings auf die FDP und die Zeit um

1969 konzentriert, so dass eine Auseinandersetzung mit dem «Linksliberalismus» in der Bundesrepublik im Längsschnitt noch immer aussteht.[36] Auch die vorliegende Biographie kann diese Leerstelle nicht ausfüllen, doch wird in diachroner Perspektive Dahrendorfs Image als «linksliberaler»[37] Intellektueller und seine Position im gesellschaftspolitischen Diskurs untersucht.

In diesem Zusammenhang ist Dahrendorfs Anteil an der Mentalitätsbildung der Bundesrepublik von entscheidender Bedeutung. Vor allem wegen seines 1965 erschienenen Buchs *Gesellschaft und Demokratie in Deutschland* ist Dahrendorf ein wichtiger Beitrag zur Demokratisierung und Liberalisierung der Bundesrepublik zugeschrieben worden, etwa von Jens Hacke, Moritz Scheibe und Michael Prinz.[38] Dahrendorfs «Freund und Kontrahent»[39] Jürgen Habermas bescheinigte ihm zum 80. Geburtstag:

> Der Linksliberale hat auch mit dem ambivalenten Erbe des deutschen Nationalliberalismus aufgeräumt. 1965 erscheint das Werk «Gesellschaft und Demokratie in Deutschland» – wahrscheinlich der wichtigste mentalitätsbildende Traktat auf dem langen Weg der Bundesrepublik zu sich selbst – zu einer Demokratie, die sich erst im Verlaufe von drei bis vier Jahrzehnten von den Schlacken autoritärer Mentalitäten gelöst hat.[40]

Dahrendorfs Anteil an der Entwicklung eines Liberalisierungsnarrativs ist in den letzten Jahrzehnten zum Forschungskonsens geworden.[41] Aber muss man dieses von den Zeitgenossen mitkonstruierte Narrativ deshalb für eine Beschreibung der Realität halten, im Sinne einer Interpretation der Geschichte der Bundesrepublik als Erfolgsgeschichte, die sich aus einer «verspäteten Nation» (Plessner) zur «geglückten Demokratie» (Wolfrum) entwickelt habe? Im Zuge einer Historisierung wird hier Dahrendorfs Mitwirken an der Entwicklung solcher Topoi und Narrative erforscht und geklärt, inwiefern Dahrendorf als Agent der Liberalisierungsthese gelten kann. Hierbei wird Dahrendorf als Vertreter seiner Generation, als Protagonist von kulturellen Wandlungsprozessen in den sechziger Jahren und als Teil einer bundesrepublikanischen Intellektuellenkultur betrachtet und analysiert.

Ein weiteres historiographisches Narrativ, die «Westernisierung» der Deutschen, die unter anderem von Anselm Doering-Manteuffel und Axel Schildt beschrieben wird,[42] scheint sich in der Biographie Dahrendorfs zu verdichten: Nicht nur der Lebensweg ins angelsächsische Ausland, sondern auch sein Freiheitsbegriff, seine Betonung des Klassenkonzepts und selbst sein Schreibstil lassen seine anglophile Haltung erkennen. Für ihn waren insbesondere die Erfahrungen in England prägend. Hier studierte er an der London School of Economics, erlangte den Ph. D. und traf seine englische Frau Vera, die er 1954 heiratete. Seine spätere Tätigkeit als Leiter der LSE und des St. Antony's College in Oxford ließen ihn zum Engländer werden – 1988 nahm er die britische Staatbürgerschaft an. Vollends im britischen Establishment angekommen war er nach seiner Ernennung zum Mitglied des Oberhauses 1993. Die britische Perspektive und die Identifizierung mit der englischen Kultur unterschieden Dahrendorf von seinen Generationsgenossen, deren Westsozialisation zumeist in den USA erfolgte.[43] Zugleich zeigt das Beispiel Dahrendorfs, dass der kulturelle Transfer keine Einbahnstraße war. Dahrendorf bewegte sich, vor allem seit er 1974 Direktor der LSE wurde, über Landesgrenzen hinweg, nahm die Rolle eines kulturellen und ideellen Vermittlers zwischen der Bundesrepublik und Großbritannien ein und hatte seit den späten achtziger Jahren zudem einen wesentlichen Einfluss auf intellektuelle Diskurse in Ostmitteleuropa.

Dahrendorf in diesem Sinne als transnationalen Intellektuellen zu beschreiben, für den das gleichzeitige öffentliche Engagement in verschiedenen nationalen Kontexten selbstverständlich war, bietet die Chance, die bislang vorrangig in nationalen Kontexten verhaftete und stark kulturell determinierte historiographische Auseinandersetzung mit Intellektuellen zu erweitern.[44]

2. Überlegungen zur biographischen Methode

«Um etwas über den Intellektuellen im zeithistorischen Wandel in Erfahrung zu bringen, bedarf es der hermeneutischen Konzentration auf den je einzelnen Fall»,[45] stellen die Soziologen Stefan Müller-Doohm und Thomas Jung im Vorwort ihrer *Soziologie des Intellektuellen in 20 Portraits* (2008) ernüchtert fest. Denn die Arbeitshypothese ihres Forschungsprojekts an der Universität Oldenburg, «dass die soziale Funktion der Intellektuellen durch die Art und Weise ihres Denkstils und ihrer öffentlichen Redepraxis» zu beschreiben ist, konnte nicht bestätigt werden. Im Gegenteil: «Die Beschreibbarkeit des intellektuellen Handelns, Sprechens und Denkens ist nur ad personam möglich, das heißt, dass ein Intellektueller nur als Singular zu kennzeichnen und in seiner Besonderheit zu konturieren ist.»[46] Während also Dahrendorf als Repräsentant eines Intellektuellentypus und einer spezifischen generationellen Kohorte analysiert wird, stehen seine individuell biographischen Erfahrungen dazu in einem Spannungsverhältnis. Dennoch kann der biographische Zugriff auf Dahrendorf als «Fallbeispiel» eines Intellektuellen in der Bundesrepublik und in Großbritannien zu einer historisch fundierten Soziologie des Intellektuellen sowie zur Erforschung der *Intellectual History* der Bundesrepublik beitragen.

Die Biographie als Genre und historiographische Methode wurde in der Mitte des 20. Jahrhunderts durch die Dominanz der Sozial- und Strukturgeschichte in eine Abseitsposition gedrängt, weil sie – teilweise zu Recht – als Ausdruck eines unreflektierten Historismus und einer «Geschichte großer Männer» galt. Seit den neunziger Jahren jedoch hat sich die Gattung zwischen Literatur- und Geschichtswissenschaft, die in den USA und Großbritannien seit jeher als «Königsdisziplin»[47] gilt, dank der inzwischen vorhandenen theoretischen Reflexion in der deutschen Geschichtswissenschaft rehabilitiert.[48] Die Dichotomie von Personen- und Strukturgeschichte ist damit überholt. Die Gründe, die für die biographische Methode sprechen, liegen auf der Hand, wie Christoph Cornelißen in seiner Biographie über Gerhard Ritter festgestellt hat: «Die Biographie bietet, wie in kaum einem anderen Ansatz denkbar, die Möglichkeit, historisches Denken und Handeln mit den Motiven eines Individuums und den bestimmenden Faktoren seiner Lebenswelt in Verbindung zu setzen.»[49] Die Biographie darf, wie Simone Lässig bemerkt, nicht Selbstzweck sein, sondern muss sich zum Ziel setzen, historische Entscheidungen und Prozesse besonders tiefgreifend zu analysieren und darzustellen:

> Am individuellen Beispiel lässt sich oft genauer nachvollziehen, wie sich soziale, ökonomische, kulturelle, politische oder ethnische Strukturen bilden, festigen, kreuzen oder auch auflösen, welchen Mehrwert die Zugehörigkeit zu welchen Netzwerken auf welchen Feldern abwirft, wo konkret, wie und mit wessen Hilfe Kapitaltransfer im bourdieuschen Sinne stattfindet, wie Milieugrenzen im Alltag aussehen oder überschritten werden, wer für welche Entscheidungen Verantwortung trug, wer seine Spielräume ausschritt oder Zivilcourage vermissen ließ.[50]

Durch kulturgeschichtliche Bezüge und die Einbettung in die Strukturgeschichte als Erkenntnishintergrund ergibt sich also die Chance, einerseits Ralf Dahrendorfs Biographie in den historischen Kontext einzuordnen und andererseits gesellschaftliche Strukturen und Bedingungen zu untersuchen und zu analysieren. Vielzitiert ist Pierre Bourdieus Diktum der «biographischen Illusion», das davor warnt, Biographien als logische, zielgerichtete Abfolge von Ereignissen zu verstehen und der Fiktion der Kohärenz zu erliegen.[51] Brüche, Widersprüche, gegenläufige Handlungsmotive und Erfahrungen gilt es zu berücksichtigen sowie Zufälligkeiten und willkürliche Entscheidungen oder Entwicklungen als solche zu erkennen und abzubilden. Episoden dürfen nicht nur aneinandergereiht werden, sondern entscheidende Prägungen und Determinanten des Handelns müssen herausgearbeitet werden.[52]

Für die Biographie Ralf Dahrendorfs bedeutet das, dass ein besonderes Augenmerk auf den Rollenkonflikten liegt, die sich aus Dahrendorfs teils konsekutiver, teils gleichzeitiger Betätigung als Professor, Experte, Politikberater, Politiker und eben als öffentlicher Intellektueller ergaben. Dabei wird auch seine Selbstdarstellung in Bezug auf seine Lebensentscheidungen, etwa den Wechsel von der EG-Kommission in Brüssel an die Spitze der LSE in London 1974 oder seine versuchte Rückkehr in die deutsche Politik in den frühen achtziger Jahren, analysiert.

Eng mit der Auseinandersetzung mit Dahrendorfs Selbstdarstellung verknüpft ist das Problem des Umgangs mit autobiographischen Zeugnissen. Diese stellen gerade für die prägenden Jugendjahre für nahezu alle Biographien die einzigen Quellen dar, erlauben jedoch oftmals keine zuverlässigen Erkenntnisse über die beschriebene Zeit. Simone Lässig betont: «‹Falsche› oder gar ‹geborgte Erinnerungen› oder Manipulation an Nachlässen sind eben nicht nur als Geschichtsklitterung, sondern auch als Spiegel der Sehnsüchte, Hoffnungen, Ziele und Traumata von Menschen zu begreifen.»[53] Der Umgang mit Selbstzeugnissen ist auch in der vorliegenden Studie über Ralf Dahrendorf ein Aspekt, der besondere Achtsamkeit erfordert. Dahrendorf hat persönliche Erlebnisse, wie etwa seine Gestapo-Haft als 15-jähriger Schüler, nicht nur in seinen Lebenserinnerungen *Über Grenzen* beschrieben, sondern auch in Reden, Interviews, Aufsätzen oder Vorworten zu Monographien immer wieder als Begründung und Legitimation für sein Handeln oder sein Interesse an einem bestimmten Thema angeführt. Kein Zweifel, Dahrendorf war durch die furchtbaren Erlebnisse, die er als 15-Jähriger im Lager erleiden musste, zutiefst geprägt. Zugleich war das Label des Regimegegners, der im «KZ» gesessen hatte, im öffentlichen Diskurs vor allem vor dem Hintergrund der Studentenbewegung der späten sechziger Jahre und für seine Position in Großbritannien mit einem moralischen Kapital verbunden, das ihm auch nutzte. Nicht immer können Dahrendorfs eigene Lebensschilderungen durch Sekundärquellen abgeglichen werden, und so muss sich die Studie gelegentlich, insbesondere für die frühen Lebensjahre, auf Selbstzeugnisse als vorrangigen Zugang zur Persönlichkeit Dahrendorfs und zu seinen Motiven stützen. Trotz berechtigter Einwände gegen den Konstruktcharakter der (Auto-) Biographie[54] wurde hier auch die Jugendzeit Dahrendorfs in den Blick genommen, denn um eine Person erklärbar zu machen, kann sie nicht herausgelöst aus ihrer Lebensgeschichte, die gerade auch frühe Prägungen beinhaltet, betrachtet werden.

3. Zum Konzept des Intellektuellen

Da das Konzept des «Intellektuellen» hier als zentrale Analysekategorie dient, soll erläutert werden, welche Begriffsdefinition des Intellektuellen dieser Arbeit zugrunde liegt.[55] Der Begriff des (öffentlichen) Intellektuellen ist schillernd. Er ist ein «sozialtypologisches Konstrukt»[56], für das es zahlreiche Fremd- und Selbstzuschreibungen, aber nach wie vor keine einheitliche Definition gibt.[57] Durch ihn wird immer auch ein Kampf um Deutungsmacht ausgetragen: Wer entscheidet, wer oder was ein Intellektueller ist? Häufig versuchen gerade diejenigen den Begriff zu bestimmen, die sich selbst als Intellektuelle verstehen. Der Diskurs um den Intellektuellen bleibt also zumeist sehr selbstbezogen und wird ansonsten von regelmäßig aufkommenden Grabgesängen auf den Intellektuellen ebenso wie von Kritik an ihm bestimmt.[58]

In der soziologischen und geschichtswissenschaftlichen Forschungsliteratur zu diesem Thema lassen sich drei teilweise konkurrierende Definitionsmodi erkennen: Erstens wird der Ausdruck «Intellektueller» als Schichtbegriff verstanden, der die Klasse der Gebildeten oder der «Intelligenz» bezeichnet. Für Pierre Bourdieu gehören Intellektuelle als kulturelle, wissenschaftliche und schriftstellerische Produzenten aufgrund ihres kulturellen Kapitals der obersten Schicht an, innerhalb derer sie wiederum eine niedrige Position einnehmen, weil sie von den Besitzern des dominanten ökonomischen Kapitals beherrscht werden. Bourdieu setzt sich damit von Karl Mannheim ab, der die Intellektuellen zwar ebenfalls im Sinne eines Schichtbegriffs definiert hat, aber zugleich betont, dass sie eine «klassenlose Schicht» und als solche «freischwebend» seien, da es ihr Merkmal sei, sich keiner Schicht zuordnen zu lassen und keine schichtspezifischen Interessen zu vertreten.[59] Doch dabei handelt es sich um einen utopischen Idealzustand, denn niemand ist frei von Eigeninteressen, auch die Intellektuellen nicht. Problematisch an der Definition des Intellektuellen als Schichtbegriff ist die Tatsache, dass intellektuelles Engagement eine Sache von Individuen ist, die nicht als Schicht, sondern als «gesellschaftliche

Funktionsträger»[60] zu bestimmen sind. In einer modernen (National-)Gesellschaft treten nur jeweils einige hundert Menschen als engagierte Intellektuelle auf und können damit kaum als «Klasse» oder Schicht gelten.

Zweitens wird der Intellektuelle als moralisch-normativer Begriff verwendet. Beispielhaft dafür ist Jean-Paul Sartres «universeller Intellektueller»,[61] an dem sich auch Bourdieu orientiert. Mit diesem Konzept ist der Anspruch verbunden, dass Intellektuelle Repräsentanten einer universellen Wahrheit sein sollten und ihre Aufgabe die Parteinahme für die unteren Schichten sei. Für Bourdieu ist der Intellektuelle als «Anwalt des Allgemeinen» jemand, der auf Kompetenz und Autonomie gestützt in das politische Feld eingreift und die Pflicht hat, «den Einsatz für das Universelle fortwährend mit einem Kampf für die Universalisierung der privilegierten Existenzbedingungen, die erst den Einsatz für das Universelle möglich machen, zu verbinden.»[62] Diesen Einsatz möchte Bourdieu im Kollektiv verwirklicht sehen, zu dem sich die Intellektuellen möglichst über nationale Grenzen hinweg verbünden. Die politisch-moralische Aufladung des Begriffs ist jedoch für eine wissenschaftliche Analysekategorie nicht sinnvoll. Abgesehen von der Kritik Markus Schwingels, dass die «Universalisierung privilegierter Existenzbedingungen» konsequent gedacht auf eine Aufhebung der Ungleichheitsstrukturen, also auf das Ende der Klassengesellschaft und auf eine Verwandlung sämtlicher Akteure einer Gesellschaft in Intellektuelle hinausliefe,[63] ist äußerst fraglich, wer die universal geltende Wahrheit und Vernunft definiert. Unbestreitbar ist hingegen, dass Intellektuelle sich dadurch auszeichnen, dass sie normative Fragen verhandeln und dass dies auch von ihnen erwartet wird.

Dieser Arbeit liegt vor allem der dritte Definitionsansatz, nämlich der praxisbezogene Begriff des Intellektuellen, zugrunde. In seinem Aufsatz «Kritik als Beruf», der 1964 noch unter dem Eindruck der *Spiegel*-Affäre erschien, nahm M. Rainer Lepsius eine sehr eingängige soziologische Typologisierung des «Intellektuellen» vor. Lepsius grenzte sich gegen Karl Mannheims Konzept des «freischwebenden Intellektuellen» ab. Unter Berufung auf Joseph A. Schumpeter waren für ihn Intellektuelle «nicht Leute mit irgendwelchen persönlichen Eigenschaften, sondern Leute, die etwas Bestimmtes tun. Was sie treiben, ist Kritik. Kritik ist der Beruf des Intellektuellen.»[64]

Damit betrifft diese Auffassung von Intellektuellen auch eine wesentlich kleinere Gruppe als alle Angehörigen der gebildeten Schichten. Denn es geht nur um diejenigen, die öffentlich als gesellschaftspolitische Analytiker und Kritiker auftreten. In anderen Worten: Intellektuelle sind gebildete Personen, die sich in der Öffentlichkeit, das heißt über Medien wie Zeitungen, Zeitschriften, populäre Bücher, Fernsehen, Rundfunk, Internetportale oder durch Vorträge und Teilnahme an Diskussionsveranstaltungen zu aktuellen gesellschaftspolitischen Themen äußern und dabei einen eigenen Standpunkt vertreten. Intellektuelle haben eine Art pädagogisches Selbstverständnis insofern, als sie gesellschaftsprägenden Einfluss ausüben wollen, weshalb sie öffentlichkeitswirksame Debatten in den Medien führen. Das heißt, sie mischen sich bewusst und wiederholt aktiv in die öffentliche Debatte ein, um ihre «Ideen als gesellschaftliche Gestaltungskraft»[65] einzubringen. Um mit Raymond Aron zu sprechen: Sie sind «engagierte Beobachter»,[66] aber sie sind auch aktive Gesellschaftskommentatoren. Als solche sind sie zwar nicht im Sinne einer Schichtzugehörigkeit, wohl aber in der Hinsicht «freischwebend», dass sie kein politisches oder administratives Amt oder eine anderweitig legitimierte Position innehaben, die sie zur Kritik verpflichtet oder berechtigt.[67] Vielmehr schöpfen sie aus dem Glauben, über ein besonderes soziales Erkenntnispotenzial zu verfügen, die Überzeugung, sich gesellschaftlich engagieren zu müssen. Hierin werden sie von ihrem Umfeld bestärkt, welches ihnen die Legitimität für dieses Engagement zuspricht. Zum Intellektuellen wird man also sowohl durch einen Akt der Selbstermächtigung als auch durch die Zuschreibung durch andere.

Es ist entscheidend, dass der Intellektuelle sich nicht nur im stillen Kämmerlein mit seinen Theorien und Ansichten zur Gesellschaft beschäftigt oder sich nur mit Fachkollegen oder in elitären Zirkeln austauscht. Stattdessen muss er eine größere Öffentlichkeit suchen, die er vor allem über die Medien erreicht.[68] Deshalb werden die Begriffe «Intellektueller» und «öffentlicher Intellektueller» in dieser Arbeit synonym verwendet. Für diese Auffassung spricht aus begriffsgeschichtlicher Sicht, dass der Begriff des Intellektuellen im öffentlichen Sprachgebrauch gleichzeitig mit dem Entstehen einer neuen Medienöffentlichkeit aufkam,[69] nämlich 1898 im Zusammenhang mit der Dreyfus-Affäre.[70] Der moderne öffentliche Intellektuelle ist zudem mit dem Konzept einer Demokratie, die prinzipiell allen Bürgern die Rezeption von pluralen meinungsbildenden Medien ermöglicht, eng verbunden. Durch die breite Öffentlichkeit, die der Intellektuelle über die modernen Massenmedien erreichen kann, erhält seine politische Intervention eine neue Qualität.[71]

Die ursprüngliche negative Konnotation des Begriffs Intellektueller hielt sich lange Zeit. Bis heute wird Intellektuellen eine gewisse Weltfremdheit vorgehalten und ihnen vorgeworfen, sich in Dinge einzumischen, die sie eigentlich nichts angehen.[72] Lange wurden sie als lästige Kritiker gesehen, etwa von Ludwig Erhard, der sie als «Pinscher» bezeichnete.[73] Dass diese

Äußerung immer wieder zitiert wird, ist jedoch auch ein Beleg für den Wandel des Bildes und der Rolle von Intellektuellen in der Bundesrepublik, der sich nicht zuletzt im Kontext der *Spiegel*-Affäre 1962 vollzog. Es ist wohl kein Zufall, dass die erwähnten definitorischen Merkmale des Intellektuellen bezüglich des Eintretens für eine demokratische Gesellschaftsordnung und des gesellschaftlichen Gestaltungswillens auf das Beispiel Dahrendorfs par excellence zutreffen. Denn durch seine Betätigung als öffentlicher Intellektueller in der Bundesrepublik prägte Dahrendorf zugleich das Bild des bundesrepublikanischen Intellektuellen als Typus mit.[74]

Um die Intellektuellen gegenüber anderen Gruppen mit ähnlichen Funktionen abzugrenzen, unterscheidet Lepsius zwischen «kompetenter Kritik», die zum Beispiel Abgeordnete, also Politiker, die Verantwortung in der Praxis tragen, üben, «quasi-kompetenter Kritik», die von Journalisten geübt wird und schließlich «inkompetenter Kritik», die den Intellektuellen auszeichnet. Der Intellektuelle nach Lepsius ist also ein «inkompetenter Kritiker» ohne Fachkenntnisse, vor allem aber ohne direkte Verantwortung, das heißt ohne Entscheidungskompetenz.[75] Michel Foucault, der im «spezifischen Intellektuellen» jemanden sieht, der sich auf der politischen Ebene ausschließlich zu den Themen äußern sollte, zu denen er zuvor eine inhaltliche Kompetenz erworben hat,[76] wäre also zu widersprechen. Im Gegenteil ist es ein entscheidendes Merkmal, wenn nicht gar notwendige Bedingung für Intellektuelle, dass sie sich nicht nur zu Thematiken ihres studierten Fachbereichs, sondern auch zu Dingen außerhalb ihrer Kernkompetenzen äußern und damit – nach Lepsius – «inkompetente Kritik» üben. Denn gerade ihre «Inkompetenz» in dem Feld, in dem sie sich äußern, führt dazu, dass sie den nötigen geistigen Abstand von einer Materie haben, um (im Idealfall) ungebunden von Interessen und ohne fachspezifische Scheuklappen ein Thema zu beurteilen. Im Übrigen äußern sich Intellektuelle nicht nur «inkompetent» im Sinne der inhaltlichen Grenzüberschreitung, sondern auch, wenn sie die rein sachliche Ebene verlassen und ihre Einmischungen einen appellativen, moralisierenden Modus annehmen. Aber ist die fehlende Verantwortung, im Sinne einer Max Weber folgenden dichotomischen Trennung zwischen Geist und Macht, notwendige Voraussetzung für die Tätigkeit des Intellektuellen? Ralf Dahrendorf jedenfalls war in durchaus unterschiedlichen Positionen, mit und ohne Entscheidungskompetenz, als Intellektueller tätig.

Ingrid Gilcher-Holtey hebt die Bedeutung des geschriebenen und gesprochenen Wortes für den Intellektuellen hervor: «Sein Medium ist die Sprache, die Macht der Worte.»[77] Diese ermögliche dem Intellektuellen über Macht zu verfügen, obwohl er keine politische Machtposition innehabe. Dabei beruhe seine Autorität auf Ansehen und Prestige, das er außerhalb der Sache, für die er sich einsetzt, gewonnen habe. Das heißt, Voraussetzung für die Akzeptanz des intellektuellen Engagements ist zunächst der Erwerb von kulturellem Kapital in Form von Bildung und Kompetenz. Nach Bourdieu ist der Intellektuelle in diesem Sinne ein «bi-dimensionales Wesen», das einerseits einem intellektuell autonomen Feld der künstlerischen, schriftstellerischen oder wissenschaftlichen Produktion angehört und andererseits in eine politische Aktion, die außerhalb des intellektuellen Feldes stattfindet, seine spezielle Kompetenz und Autorität einbringt, die er innerhalb des intellektuellen Feldes erworben hat.[78] Damit ein Wissenschaftler, Künstler oder Schriftsteller als Intellektueller gelten kann, ist also die Zugehörigkeit zu einem autonomen Feld bei gleichzeitiger politischer Aktion außerhalb dieses Feldes eine Voraussetzung.[79]

Bislang scheint der Fokus in der *Intellectual History* vor allem auf den institutionalisierten Kulturkapitalien zu liegen, während soziales Kapital zum Aufstieg und zur Etablierung eines Intellektuellen weniger erforscht ist. So wurden persönliche Netzwerke bisher selten in Bezug auf das (soziologische) Konzept des Intellektuellen untersucht, obwohl sie ein entscheidender Faktor für den Erfolg des Intellektuellen sind, so auch für Ralf Dahrendorf.[80] Das Beispiel Dahrendorf scheint darüber hinaus mit einer starren Kategorisierung des Konzepts des Intellektuellen zu brechen. Wie Gangolf Hübinger sehr plausibel gezeigt hat, können Intellektuelle durch politische Interventionsstrategien im politischen Kommunikationsfeld auf vier Ebenen tätig sein: als Organisatoren politischer Öffentlichkeit durch Kommunikationsnetze mit anderen Intellektuellen, als Politikberater in Expertengremien, als gewählte Volksvertreter und Mandatsträger sowie in politischen Ämtern, beispielsweise als Minister.[81] Dahrendorf hat alle vier dieser Ebenen – mit unterschiedlichem Erfolg – beschritten. Dabei ist er ein Beispiel für einen Intellektuellen, der nur selten im von Bourdieu gewünschten Kollektiv agierte, sondern vor allem als Solist, als Individualist auftrat.

Doch bleibt die Bestimmung von Präsenz und Prägekraft des Intellektuellen in öffentlichen Debatten ein methodisches Problem der *Intellectual History*. Auflagen von Büchern, die Zahl publizierter Artikel oder das «Gefragtsein» des Intellektuellen können, wie Dirk van Laak richtig betont hat, lediglich als Hilfskonstruktionen dienen. Solche Anhaltspunkte bleiben jedoch unzuverlässige Indikatoren, um Einflussstärken und -wege nachzuvollziehen.[82] Der Erfolg oder Misserfolg des Intellektuellen Dahrendorf lässt sich also nicht «messen», sondern nur beschreiben und in historischen Situationen plausibel machen.

4. Der Nachlass Ralf Dahrendorf im Bundesarchiv und weitere Quellen

Die Untersuchung beruht auf umfangreichem veröffentlichten und unveröffentlichten Material. Wichtigster Quellenbestand ist der Nachlass von Ralf Dahrendorf im Bundesarchiv Koblenz, der von der Verfasserin in den Jahren 2011 bis 2014 erschlossen, verzeichnet und ausgewertet wurde.[83] Mit über 1000 Archivalieneinheiten ist er einer der größten Nachlässe im Bundesarchiv. Er umfasst Ralf Dahrendorfs gesamtes Leben seit seiner Jugendzeit. Der Schwerpunkt der Überlieferung liegt auf seinen beruflichen Stationen in Wissenschaft, Politik und Publizistik. Besonders umfangreich sind die Unterlagen zu Dahrendorfs Tätigkeit an der Universität Konstanz (1966–1969 und 1984–1986) und an der London School of Economics and Political Science (1974–1984), zu seiner politischen Karriere in der FDP als Landtags- und Bundestagsabgeordneter und Parlamentarischer Staatssekretär (1969–1970) sowie als Kommissar bei den Europäischen Gemeinschaften (1970–1974). Dabei handelt es sich um Sachakten, Arbeitsmaterialien, Vorlesungsunterlagen und privatdienstliche Korrespondenz. Weniger umfassend ist die Überlieferung zu Dahrendorfs Tätigkeit als Leiter des St. Antony's College in Oxford und als Mitglied des britischen Oberhauses. Dahrendorfs ausgeprägte publizistische Tätigkeit schlägt sich in einer Vielzahl von Manuskripten zu Büchern, Reden und Vorträgen, Zeitungs- und Zeitschriftenartikeln sowie Interviews nieder. Sie behandeln vor allem die Themen Liberalismus und Demokratie in der Bundesrepublik und in Großbritannien, Europa, Arbeits- und Klassengesellschaft, deutsche Geschichte, Konflikttheorie und Bildungsdiskurs. Eine Besonderheit bildet die große Zahl von Presseausschnitten zu seiner Person, die Dahrendorf sammelte. Diese bieten nicht nur einen wichtigen Zugang zur öffentlichen Person Dahrendorf und zu seinen Publikationen, sondern sind auch Zeugnis seines Bewusstseins für seine öffentliche Rolle und deren Resonanz in den Medien.

Schließlich hat Dahrendorfs Tätigkeit für verschiedene nationale und internationale Gremien, Organisationen und Stiftungen sowie sein Engagement als Berater für Unternehmen Spuren in Form von Korrespondenz- und

Sachakten hinterlassen. Persönliche und private Unterlagen machen nur einen geringen Teil der Überlieferung aus. Unter anderem sind dies Unterlagen aus der Schul- und Studienzeit sowie Privatkorrespondenz und autobiographische Manuskripte; darunter auch die vollständig überlieferte, unveröffentlichte englischsprachige Autobiographie Dahrendorfs. Private Tagebücher fehlen, obwohl Dahrendorf zumindest zeitweise Tagebuch geschrieben hat.

Neben dem Nachlass Dahrendorf und anderen Beständen des Bundesarchivs wurden weitere Archive im In- und Ausland aufgesucht oder konsultiert: Die Universitätsarchive Saarbrücken, Tübingen und Konstanz, das Hauptstaatsarchiv Stuttgart, das Archiv des Liberalismus in Gummersbach und das Politische Archiv des Auswärtigen Amtes gaben Auskunft über Dahrendorfs wissenschaftliches, politisches und administratives Handeln. Wichtige Dokumente zu Dahrendorfs Tätigkeit als Direktor der London School of Economics konnten im Archiv der LSE in London eingesehen werden. Außerdem wurden Korrespondenzen aus den britischen National Archives in Kew, dem Universitätsarchiv Cambridge, dem Theodor W. Adorno Archiv im Walter Benjamin Archiv in Berlin, dem Archiv der ZEIT-Stiftung Ebelin und Gerd Bucerius sowie der Marion Dönhoff Stiftung in Hamburg berücksichtigt. Für Dahrendorfs Tätigkeit als Fellow der Ford Foundation wurde das Rockefeller Archive Center in Sleepy Hollow, NY, USA aufgesucht. Schließlich bot der Buchnachlass von Ralf Dahrendorf, den die Universitäts- und Landesbibliothek Bonn verwahrt, einen Einblick in Dahrendorfs ideengeschichtliche und wissenssoziologische Prägung. Eine Anfrage bei der Behörde des Bundesbeauftragten für die Unterlagen des Staatssicherheitsdienstes der ehemaligen DDR (BStU) in Berlin zur Person Ralf Dahrendorf blieb ohne nennenswertes Ergebnis.

Darüber hinaus dienten grundsätzlich Dahrendorfs sämtliche Schriften (dazu zählen Monographien und Aufsätze, Vorträge, Reden, Zeitungsartikel und Interviews) als Quellenmaterial; dabei waren jedoch diejenigen, die sich mit allgemeinen Fragen zur Gesellschaft beschäftigen und die eine breitere öffentliche Resonanz hervorriefen, für die Untersuchung bedeutsamer als solche, die explizit soziologische Fachfragen behandeln. Zeitzeugengespräche mit Personen aus dem engen privaten und beruflichen Umfeld Dahrendorfs, unter anderem mit Fritz Stern, Timothy Garton Ash, Christiane Dahrendorf, Ellen Dahrendorf, Paddy Ashdown und Carl Christian Freiherr von Weizsäcker waren ein besonderer Gewinn für diese Arbeit, denn sie erweitern das Bild und geben Aufschluss über die Persönlichkeit Dahrendorfs und die Einschätzung seiner Person durch Zeitgenossen.

Anmerkungen

Einleitung

1 Vgl. Helmut Rieber, «Nach einer Stunde mußte Dutschke nach Berlin. Beim Rededuell in Freiburg hatte Professor Dahrendorf die Lacher oft auf seiner Seite», in: *Frankfurter Rundschau*, 31. Januar 1968; Heinz Schweden, «Da zerstob der Nimbus des ‹roten Rudi› wie ein Spuk», in: *Rheinische Post*, 30. Januar 1968, S. 2; Rudolf Bauer, «FDP-Rebellen aus dem Saal gedrängt», in: *Rheinische Post*, 30. Januar 1968, S. 1. Aufnahmen dieser Begegnung werden als Sinnbild der bewegten Zeit der Studentenproteste von 1968 immer wieder abgedruckt; vgl. Udo Wengst (Hg.), *Reform und Revolte. Politischer und gesellschaftlicher Wandel in der Bundesrepublik vor und nach 1968*, München 2011 (Foto Fritz Reiss, dpa); Edgar Wolfrum, *Die 60er Jahre. Eine dynamische Gesellschaft*, Darmstadt 2006, S. 15 und 39. Auch Umschläge der Bücher von Dahrendorf zeigen Aufnahmen der Diskussion: *Reisen nach innen und außen. Aspekte der Zeit*, Stuttgart 1984; *Über Grenzen. Lebenserinnerungen*, München 2002.

2 Johan Schloemann, «‹Deutschland ist zuweilen unerträglich›. Zum Tod von Ralf Dahrendorf», in: *Süddeutsche Zeitung*, 18. Juni 2009.

3 Ralf Dahrendorf, *Gesellschaft und Demokratie in Deutschland*, München 1965, S. 39.

4 Vgl. Edgar Wolfrum, *Die geglückte Demokratie. Geschichte der Bundesrepublik Deutschland von ihren Anfängen bis zur Gegenwart*, Stuttgart 2006, S. 13.

5 Vgl. Ralf Dahrendorf, «Seit Jahrzehnten Freund und Kontrahent», in: Michael Funken (Hg.), *Über Habermas. Gespräche mit Zeitgenossen*, Darmstadt 2008, S. 119–129, hier S. 124.

6 Zum Intellektuellenbegriff, der dieser Studie zugrunde liegt, vgl. das Nachwort zur Methode.

7 Vgl. Ralf Dahrendorf, «Die Quadratur des Kreises. Ökonomie, sozialer Zusammenhalt und Demokratie im Zeitalter der Globalisierung. Ein Blätter-Gespräch mit Ralf Dahrendorf», in: *Blätter für deutsche und internationale Politik* 41, 9, 1996, S. 1060–1072.

8 Zu Dahrendorfs Zeit als FDP-Politiker in den späten sechziger und frühen siebziger Jahren vgl. Arnulf Baring, *Machtwechsel. Die Ära Brandt-Scheel*, Stuttgart 1982, v. a. S. 293–294; Klaus Weber, *Der Linksliberalismus in der Bundesrepublik um 1969. Konjunktur und Profile*, Frankfurt am Main 2012, Klaus Weber, «Die Konjunktur der Linksliberalen 1966–1970. Das Beispiel Ralf Dahrendorf», in: Friedrich-Naumann-Stiftung (Hg.), *Jahrbuch für Liberalismus-Forschung*, Baden-Baden 2008, S. 153–172; Matthias Micus, *Tribunen, Solisten, Visionäre. Politische Führung in der Bundesrepublik*, Göttingen 2010, vgl. auch den nahezu wortgleichen Vorabdruck des Kapitels zu Dahrendorf: Matthias Micus, «Ralf Dahrendorf. Scheitern eines Experiments», in: Robert Lorenz u. Matthias Micus (Hg.), *Seiteneinsteiger. Unkonventionelle Politiker-Karrieren in der Parteiendemo-*

kratie, Wiesbaden 2009, S. 31–60; Jens Hacke, «Das Scheitern eines liberalen Hoffnungsträgers. Ralf Dahrendorf und die FDP», in: Thomas Kroll u. Tilman Reitz (Hg.), *Intellektuelle in der Bundesrepublik Deutschland. Verschiebungen im politischen Feld der 1960er und 1970er Jahre*, Göttingen 2013, S. 123–137. Zu Dahrendorfs Engagement bei der Gründung der Universität Konstanz vgl. Moritz Mälzer, *Auf der Suche nach der neuen Universität. Die Entstehung der «Reformuniversitäten» Konstanz und Bielefeld in den 1960er Jahren*, Göttingen 2016. Für weitere Informationen zum Forschungsstand vgl. das Nachwort zur Methode.

9 Franziska Meifort, *Findbuch zum Nachlass Ralf Dahrendorf (1929–2009)*, Bestand N 1749, Bundesarchiv Koblenz 2014.

10 Micus, *Tribunen*; Hacke, «Das Scheitern».

11 Baring, *Machtwechsel*, S. 293.

12 Ebd., S. 294.

13 Lepsius bezeichnet die Kritik von Seiten des Intellektuellen als «inkompetente Kritik», weil sie sich zu Fragen, die die eigene Fachkompetenz überschreitet, äußert. M. Rainer Lepsius, «Kritik als Beruf. Zur Soziologie der Intellektuellen», in: *Interessen, Ideen und Institutionen*, Opladen 1990 [1964], S. 270–285; vgl. das Nachwort zur Methode.

I.
Ein «doppelt gebranntes Kind des Totalitarismus»: Herkunft und Prägungen (1929–1954)

1 *Der Spiegel*, 8. März 1976, S. 188; vgl. dazu den Brief von Hans Rößner, Lektor des Piper Verlags an Ralf Dahrendorf, 1. Dezember 1976, BArch N 1749/921.

2 BArch N 1749/785–793, 796–797, 807.

3 BArch N 1749/798–805. Im Folgenden wird überwiegend aus folgendem Manuskript zitiert, das aus archivtechnischen Gründen in zwei Archivalieneinheiten geteilt wurde: Ralf Dahrendorf, Manuskript der englischsprachigen Autobiographie, Kapitel 1–7, o. Dat, ca. 2000, BArch, N 1749/803, und Ralf Dahrendorf, Manuskript der englischsprachigen Autobiographie, Kapitel 8–13, o. Dat, ca. 2000, BArch, N 1749/804.

4 Ralf Dahrendorf, «Zwischenbericht aus einem öffentlichen Leben», Autobiographische Aufzeichnungen, o. Dat, ca. 1976, BArch, N 1749/794.

5 Ralf Dahrendorf, «Es ist Zeit, dass in Deutschland wieder Politik gemacht wird», Niederschrift von Erinnerungen aus den sechziger Jahren, o. Dat, BArch, N 1749/795.

6 Vgl. Claudia Ulbrich u. a. (Hg.), *Selbstzeugnis und Person. Transkulturelle Perspektiven*, Köln 2012. Für die Verwendung des Begriffs «Ego-Dokument» für autobiographische Texte plädiert Winfried Schulze (Hg.), *Ego-Dokumente. Annäherung an den Menschen in der Geschichte*, Berlin 1996.

7 Carsten Heinze, «Autobiographie und zeitgeschichtliche Erfahrung. Über autobiographisches Schreiben und Erinnern in sozialkommunikativen Kontexten», in: *Geschichte und Gesellschaft* 36, 2010, S. 93–128, hier S. 96; v. a. Dagmar Günther, «‹And now for something completely different›. Prolegomena zur Autobiographie als Quelle der Geschichtswissenschaft», in: *Historische Zeitschrift*, 272, 2001, S. 25–61.

8 Ebd., S. 59.

9 Pierre Bourdieu, «Die biographische Illusion», in: *Praktische Vernunft. Zur Theorie des Handelns*, Frankfurt am Main 1998.

10 Vgl. Heinze, «Autobiographie», S. 120.

11 Vgl. ebd., S. 125–126.

12 Vgl. Volker Depkat, «Zum Stand und zu den Perspektiven der Autobiographieforschung in der Geschichtswissenschaft», in: BIOS 23, 2, 2010, S. 170–187, Günther, «And now und als Praxisbeispiel Renate Liebold, Autobiographien der Wirtschaftselite. Selbstbild und Selbstinszenierungsformen», in: BIOS 23, 2, 2010, S. 280–297.

13 Dahrendorf, *Über Grenzen*, S. 7.

14 Vgl. Inhaltsverzeichnis ebd.

15 Ebd., S. 12.

16 Vgl. Ingeborg Bachmann, *Das dreißigste Jahr*, München 1961, S. 19–22.

17 Ebd., S. 11.

18 Ebd., S. 8.

19 Der Begriff der Entelechie bezeichnet eine sich im Stoff verwirklichende Form, eine im Organismus liegende Kraft, die seine Entwicklung und Vollendung bewirkt.

20 Jochen Hieber, «Sechs Schreibtische. Ralf Dahrendorfs Memoiren ‹Über Grenzen›», in: *Frankfurter Allgemeine Zeitung*, 5. November 2002, S. L17.

21 Dahrendorf, *Über Grenzen*, S. 107.

22 Im Vorwort zu *Class and Class Conflict* dankt Dahrendorf Vera für ihre Unterstützung insbesondere bei der Übersetzung: «having put many hours of work into correcting the language (her mother tongue being English), typing, offering suggestions, and listening, and in numerous less tangible yet even more important ways.» *Class and Class Conflict in Industrial Society*, London 1959, S. xiii.

23 Dahrendorf, *Über Grenzen*, S. 34.

24 Zu Gustav Dahrendorf (1901–1954) liegen trotz seiner historischen Bedeutung als Hamburger Bürgerschaftsabgeordneter (1927–1933 und 1946–1947), Reichstagsabgeordneter (1932–1933) der SPD, seiner Beteiligung an der Widerstandsbewegung des 20. Juli sowie seiner Rolle als Vizepräsident des Frankfurter Wirtschaftsrates der Bizone (1947–1949) und als Vorsitzender des Zentralverbandes deutscher Konsumgenossenschaften (ab 1948) bislang kaum Forschungsarbeiten vor. Zur Biographie Gustav Dahrendorfs vgl. Heinrich-Kaufmann-Stiftung (Hg.), *Gustav Dahrendorf. Hamburger Bürgermeister des 20. Juli 1944*, Norderstedt 2005; Holger Martens, «Dahrendorf, Gustav», in: Christel Oldenburg (Hg.), *Für Freiheit und Demokratie. Hamburger Sozialdemokratinnen und Sozialdemokraten in Verfolgung und Widerstand, 1933–1945*, Hamburg 2003, S. 42–43; Walther G. Oschilewski, *Gustav Dahrendorf. Ein Kämpferleben*, Berlin-Grunewald 1955.

25 Vgl. Dahrendorf, *Über Grenzen*, S. 36.

26 Vgl. ebd., S. 35.

27 Martens, «Dahrendorf, Gustav».

28 Vgl. Dahrendorf, *Über Grenzen*, S. 39.

29 Vgl. Dahrendorf, Manuskript der englischsprachigen Autobiographie, Kapitel 1–7, BArch, N 1749/803, S. 53.

30 Dahrendorf, *Über Grenzen*, S. 41.

31 Ebd., S. 28.

32 Ebd., S. 40.

33 Vgl. Martens, «Dahrendorf, Gustav», S. 42 und Dahrendorf, *Über Grenzen*, S. 40.

34 Dahrendorf, Manuskript der englischsprachigen Autobiographie, Kapitel 1–7, BArch, N 1749/803, S. 42 und Manuskriptfragment BArch N 1740/792.

35 Dahrendorf, *Über Grenzen*, S. 40.

36 «Ich komme aus einer Arbeiterfamilie», vgl. Irene Dänzer-Vanotti, «1929 – Geburtstag des Soziologen Ralf Dahrendorf», in: WDR 5, 1. Mai 2014, http://www.wdr5.de/sendungen/zeitzeichen/dahrendorf108.html, zuletzt geprüft am 28. Juli 2014. Ähnlich beschreibt Dahrendorf sich in: Dahrendorf, *Europäisches Tagebuch*, als «Enkel des Gelegenheitsarbeiters und, auf der anderen Seite der Familie, des Friedhofsgärtners», S. 35. Vgl. auch Reitmayer, der Dahrendorfs Herkunft «dem politisch-intellektuellen Establishment» zuordnet. Morten Reitmayer, *Elite. Sozialgeschichte einer politisch-gesellschaftlichen Idee in der frühen Bundesrepublik*, München 2009, S. 535.

37 Dahrendorfs Schulfreund Eduard Grosse beschreibt Dahrendorfs Herkunft als «gut bürgerlich», vgl. Eduard Grosse, *Vom Traum zur Wirklichkeit der Freiheit. Vorgeschichte und Geschichte der Zeitschrift ‹Horizont› 1943–1948*, Berlin 1996, S. 10.

38 Die Anschrift Mühlenbergerweg 12, Hamburg-Blankenese wurde von Dahrendorf bei Bewerbungen, etwa an der Universität Saarbrücken, verwendet; vgl. Universitätsarchiv Saarbrücken, Philosophische Fakultät, Personal-Nebenakte Ralf Dahrendorf.

39 Vgl. Dahrendorf, Manuskript der englischsprachigen Autobiographie, Kapitel 1–7, BArch, N 1749/803, S. 43–47; Franziska Meifort, Gespräch mit Ellen Dahrendorf über Ralf Dahrendorf, London, 21. Januar 2012.

40 Ralf Dahrendorf, Vorarbeiten und Fragmente zu *Über Grenzen*, Teil I, o. Dat.

41 Dahrendorf, «Zwischenbericht», BArch, N 1749/794, S. 9.

42 Vgl. Dahrendorf, *Über Grenzen*, S. 35–37; ders., Manuskript der englischsprachigen Autobiographie, Kapitel 1–7, BArch, N 1749/803, S. 37–38.

43 Dahrendorf, *Über Grenzen*, S. 31; ders., «Zwischenbericht», BArch, N 1749/794, S. 6, 12.

44 Ernst Emrich, «Prof. Dr. Lord Ralf Dahrendorf, Soziologe, im Gespräch mit Dr. Ernst Emrich», Alpha Forum, Bayrischer Rundfunk, Sendung vom 19. Februar 2003, 20.15 Uhr, Transkript, in: Bayrischer Rundfunk Online, http://www.br-online.de/alpha/forum/vor0302/20030219.shtml, zuletzt geprüft am 14. Februar 2010.

45 Dahrendorf, «Zwischenbericht», BArch, N 1749/794, Hervorhebung F. M.

46 Dahrendorf, Manuskript der englischsprachigen Autobiographie, Kapitel 1–7, BArch, N 1749/803, S. 50–51.

47 Dahrendorf, *Über Grenzen*, S. 46.

48 Ebd., S. 47.

49 Vgl. ebd., S. 47–51.

50 Zu Julius Leber vgl. Gustav Dahrendorf (Hg.), *Ein Mann geht seinen Weg. Schriften, Reden und Briefe von Julius Leber*, Berlin 1952; Dorothea Beck, *Julius Leber. Sozialdemokrat zwischen Reform und Widerstand*, Berlin 1994, zum Verhältnis der Familien Dahrendorf und Leber insbes. S. 162–164.

51 Vgl. Gustav Dahrendorf, «Der 20. Juli 1944. Ein Jahr danach. Die Lehren des 20. Juli 1944», in: Heinrich-Kaufmann-Stiftung, *Gustav Dahrendorf*, S. 6–25; Klaus Uwe Benneter, «Politik, seine Aufgabe und sein Schicksal», in: Heinrich-

Kaufmann-Stiftung, *Gustav Dahrendorf*, S. 28–33; Martens, «Dahrendorf, Gustav»; Dahrendorf, *Über Grenzen*, S. 40–43.

52 Vgl. Dahrendorf, «Zwischenbericht», BArch, N 1749/794, S. 12; ders., *Über Grenzen*, S. 55. Während der Besuch einer Nationalpolitischen Erziehungsanstalt (Napola) direkt nach dem Kriegsende häufig noch verschwiegen wurde, konnte er in der Bundesrepublik und in Österreich durchaus als Elitesiegel gelten, wie Christian Schneider gezeigt hat. Prominente Beispiele ehemaliger Napola-Schüler sind Theo Sommer oder Hellmuth Karasek. Vgl. Christian Schneider, «Karrierewege ehemaliger NS-Eliteschüler in der Bundesrepublik», in: Internationale Vogelsang-Tage (Hg.), *«Fackelträger der Nation». Elitebildung in den NS-Ordensburgen*, Köln 2010, S. 229–231, hier S. 229.

53 Vgl. Dahrendorf, *Über Grenzen*, S. 55.

54 Vgl. ebd., S. 53–57.

55 Vgl. Dahrendorf, Manuskript der englischsprachigen Autobiographie, Kapitel 1–7, BArch, N 1749/803, S. 56 und Dahrendorf, *Über Grenzen*, S. 52–54.

56 Grosse, *Vom Traum*, S. 9–10.

57 Vgl. Dahrendorf, *Über Grenzen*, S. 63–64.

58 Vgl. Grosse, *Vom Traum*, S. 10; Dahrendorf, «Zwischenbericht», BArch, N 1749/794, S. 23. In *Über Grenzen* erwähnt Dahrendorf Rossbacher und Thayssen nicht.

59 Um die in publizierter Form vorliegenden Erinnerungen von Ralf Dahrendorf und Eduard Grosse mit weiteren Quellen abzugleichen, wurde für die vorliegende Arbeit ein Interview mit Fritz Thayssen im Juni 2014 in Wedel bei Hamburg geführt. Außerdem konnten über das Institut für angewandte Geschichte e. V. in Frankfurt an der Oder beziehungsweise über das Privatarchiv von Matthias Diefenbach Unterlagen über das Gestapo-Arbeitslager «Oderblick» in Schwetig eingesehen werden, in dem die Mitglieder des «Freiheitsverbandes» im Dezember 1944 und Januar 1945 inhaftiert waren.

60 Grosse, *Vom Traum*, S. 10.

61 Dahrendorf, *Über Grenzen*, S. 64; ders. an Horst R. Sassin, 29. Juli 1982, BArch N 1749/79.

62 Franziska Meifort, Gespräch mit Fritz Thayssen über Ralf Dahrendorf, Wedel, 6. Juni 2014. Die Geschichte von dem Verteilen der Flugblätter hat sich jedoch inzwischen durch die große Verbreitung von Dahrendorfs Version in *Über Grenzen* und in Interviews verselbstständigt, vgl. Gerhard Schäfer, der die Schilderung unhinterfragt übernimmt: «Der Nationalsozialismus und die soziologischen Akteure der Nachkriegszeit. Am Beispiel Helmut Schelskys und Ralf Dahrendorfs», in: Michaela Christ u. Maja Suderland (Hg.), *Soziologie und Nationalsozialismus. Positionen, Debatten, Perspektiven*, Berlin 2014, S. 119–161, hier S. 122.

63 Dahrendorf, *Über Grenzen*, S. 64.

64 Meifort, Gespräch mit Fritz Thayssen, 6. Juni 2014.

65 Vgl. Dahrendorf, *Über Grenzen*, S. 65. Zu Gustav Dahrendorfs Widerstandstätigkeit vgl. Heinrich-Kaufmann-Stiftung, *Gustav Dahrendorf*; Martens, «Dahrendorf, Gustav».

66 Beide Zitate: Dahrendorf, *Über Grenzen*, S. 66.

67 Vgl. Martens, «Dahrendorf, Gustav».

68 Dahrendorf, *Über Grenzen*, S. 68.

69 Ebd., S. 64.

70 Vgl. ebd., S. 66.
71 Vgl. Grosse, *Vom Traum*, S. 10; Dahrendorf, *Über Grenzen*, S. 68.
72 Meifort, Gespräch mit Fritz Thayssen, 6. Juni 2014.
73 Vgl. Karlheinz Helmuth an Frank Dahrendorf, 23. Februar 1999, BArch, N 1749/864.
74 Dahrendorf, *Über Grenzen*, S. 69.
75 Vgl. ebd., S. 72–73. Eduard Grosse berichtet, für mündig erklärt und wegen Defäitismus und Wehrkraftzersetzung zum Tod verurteilt worden zu sein; vgl. Grosse, *Vom Traum*, S. 12. Daran kann sich Dahrendorf selbst nicht erinnern; Dahrendorf, *Über Grenzen*, S. 73.
76 Das berichten sowohl Grosse als auch Dahrendorf; Grosse, *Vom Traum*, S. 12; Dahrendorf, «Zwischenbericht», BArch, N 1749/794.
77 Ralf Dahrendorf, *Die neue Freiheit. Überleben und Gerechtigkeit in einer veränderten Welt*, München 1975, S. 15–16; vgl. ders., *Über Grenzen*, S. 71.
78 Ebd., S. 72.
79 Jürgen Kocka, «Ralf Dahrendorf in historischer Perspektive», in: *Geschichte und Gesellschaft* 35, 2, 2009, S. 346–352, hier S. 249–250.
80 Dahrendorf, *Über Grenzen*, S. 73. Dahrendorf machte an verschiedener Stelle unterschiedliche Angaben darüber, ob der Haftzeitraum in Frankfurt an der Oder sich auf den November oder auch den Dezember 1944 erstreckte. Aus einem bei Grosse abgedruckten Entlassungsschein geht hervor, dass der Haftzeitraum im Arbeitslager vom 12. Dezember 1944 bis 20. Januar 1945 reichte. Grosse, *Vom Traum*, S. 15. Die Geschichte des Arbeitslagers untersucht seit 2009 ein Forschungsprojekt des Instituts für angewandte Geschichte an der Europa-Universität Viadrina Frankfurt an der Oder; vgl. Matthias Diefenbach, «Autobahnplanungen und Zwangsarbeit in der Neumark 1937 bis 1942», in: Institut für angewandte Geschichte e. V. (Hg.), *Terra Transoderana. Zwischen Neumark und Ziemia Lubuska*, Berlin 2008, S. 69–78; Carola Kleinert u. Brigitte Fehlau, «Die Geschichte des ehemaligen Gestapo-Lagers ‹Oderblick› in Schwetig/Swiecko», 1. März 2000, https://www.wsws.org/de/articles/2000/03/swie-m01.html, zuletzt geprüft am 9. Juli 2014.
81 Zu den Arbeitserziehungslagern der Gestapo vgl. Gabriele Lotfi, *KZ der Gestapo. Arbeitserziehungslager im Dritten Reich*, Frankfurt am Main 2003. Nach Lotfi war es durchaus üblich, dass insbesondere ab 1944 Jugendliche, die sich den Regeln des Arbeitsdienstes oder der Hitlerjugend widersetzt hatten oder die sich politisch gegen das NS-Regime gestellt hatten, in den AEL inhaftiert wurden; vgl. ebd., S. 280–282. Die AEL unterstanden der Gestapo und nicht wie die KZs der SS. Dennoch waren SS-Angehörige als Wachleute in den AEL tätig; vgl. ebd., S. 169.
82 Meifort, Gespräch mit Fritz Thayssen, 6. Juni 2014.
83 Vgl. Dahrendorf, *Über Grenzen*, S. 75.
84 In den Schilderungen von Grosse heißt der SS-Hauptscharführer Kienast; vgl. Grosse, *Vom Traum*, S. 13. Diese «Lehrstunden» durch Kienert bestätigte auch Fritz Thayssen; vgl. Meifort, Gespräch mit Fritz Thayssen, 6. Juni 2014.
85 Vgl. Grosse, *Vom Traum*, S. 13.
86 Vgl. Dahrendorf, *Über Grenzen*, S. 74.
87 Vgl. ebd; ders., «Zwischenbericht», BArch, N 1749/794, S. 27.
88 Ein solches Verdrängen oder Verschweigen als Selbstschutz von ehemaligen Lagerinhaftierten, um das eigene Leid nicht noch einmal durchleben zu müssen

und um es überhaupt erzählbar zu machen, wird auch beschrieben in: Anke Stephan, *Von der Küche auf den Roten Platz. Lebenswege sowjetischer Dissidentinnen*, Zürich 2005, S. 378.

89 Dahrendorf, *Über Grenzen*, S. 75.

90 Alfred Donath, Bericht über das Konzentrationslager Schwetig, bei Frankfurt an der Oder, Cottbus, 31. Dezember 1958, in: Privatarchiv Matthias Diefenbach. Dahrendorf erwähnte Alfred Donath in einem Manuskript namentlich und korrespondierte noch 1945 mit ihm, vgl. Dahrendorf, «Zwischenbericht», BArch, N 1749/794, S. 29.

91 Bescheinigung abgedruckt in: Grosse, *Vom Traum*, S. 13.

92 Dahrendorf, *Über Grenzen*, S. 75.

93 Kurt Valenski habe sein Vater mit 8000 Reichsmark, einem Auto und einigen Ölgemälden, Kienert/Kienast mit 5000 Reichsmark bestochen; vgl. Grosse, *Vom Traum*, S. 13.

94 Vgl. Dahrendorf, *Über Grenzen*, S. 76–77 und Udo Rohr, Fast vergessen. Das Straflager von Schwetig. Ein Amateurforscher sammelte Erkenntnisse ueber die Opfer der SS/Gedenkstaette verwahrlost, in: *Der Tagesspiegel*, 13. April 1997, S. 16 und Donath, Bericht, in: Privatarchiv Matthias Diefenbach.

95 Grosse, *Vom Traum*, S. 14; Meifort, Gespräch mit Fritz Thayssen, 6. Juni 2014.

96 Ralf Dahrendorf an Karlheinz Helmuth, 23. März 1999, BArch N 1749/864.

97 Dahrendorf, *Über Grenzen*, S. 72–73.

98 Ebd., S. 50.

99 BArch N 1749/608. Übersetzung längerer Zitate aus dem Englischen F. M.

100 Vgl. Aleida Assmann u. Ute Frevert, *Geschichtsvergessenheit – Geschichtsvergessenheit. Vom Umgang mit deutschen Vergangenheiten nach 1945*, Stuttgart 1999.

101 Vg. u. a. Christina von Hodenberg, «Die Journalisten und der Aufbruch zur kritischen Öffentlichkeit», in: Ulrich Herbert (Hg.), *Wandlungsprozesse in Westdeutschland. Belastung, Integration, Liberalisierung 1945–1980*, Göttingen 2002, S. 300.

102 Dazu und zu Dahrendorfs Erinnerungen an das Kriegsende und die unmittelbare Nachkriegszeit vgl. Ralf Dahrendorf, «Die Stunde Null. Erinnerungen und Reflexionen», in: Bürgerschaft der Freien und Hansestadt Hamburg (Hg.), *Hamburg 1945. Zerstört. Befreit. Hoffnungsvoll? Dokumentation der Beiträge von Ralf Dahrendorf, Magarete Mitscherlich, Ralf Giordano*, Hamburg 1995, S. 11–24.

103 Vgl. BArch N 1749/318.

104 Ein Exemplar von 1943 ist im Nachlass Dahrendorf überliefert; vgl. BArch N 1749/866. Vgl. Franziska Meifort, «Der Nachlass Dahrendorf im Bundesarchiv. Vermächtnis eines öffentlichen Intellektuellen», in: Eckart Conze u. a. (Hg.), *Jahrbuch zur Liberalismus-Forschung*, 27. Jahrgang 2015, Baden-Baden 2015, S. 301–314.

105 Dahrendorf, *Über Grenzen*, S. 79.

106 Vgl. Dahrendorf, «Die Stunde Null», S. 14.

107 Der Begriff «Opfer des Faschismus» kam direkt nach Kriegsende als Selbstbezeichnung von ehemaligen politischen Häftlingen auf. Vor allem auf das Betreiben des Kommunisten Ottomar Geschke wurde im Mai 1945 der Hauptausschuss «Opfer des Faschismus» in der Berliner Magistratsdienstelle gegründet, dessen Vorstand im Übrigen auch Gustav Dahrendorf angehörte. Von Frühjahr 1945 bis Ende 1948 war der Hauptausschuss für die in Berlin ansässigen NS-Ver-

folgten zuständig. Anerkannte ehemalige politische Häftlinge erhielten eine einmalige Starthilfe von 450,00 RM und einen Ausweis, der ihren Status als «Opfer des Faschismus» bescheinigte. Der vom Hauptausschuss um Ottomar Geschke initiierte Gedenktag für die «Opfer des Faschismus» am 2. Sonntag im September wurde in der SBZ und später in der DDR beibehalten. Susanne zur Nieden hat auf die Problematik hingewiesen, dass es sich bei den ehemaligen politischen Häftlingen um eine Minderheit unter den NS-Verfolgten handelte, die gesellschaftliche Ansprüche auf ideelle und materielle Wiedergutmachung unter Ausschluss und in scharfer Abgrenzung von der Masse der übrigen Verfolgten durchzusetzen versuchte. Vgl. Susanne zur Nieden, «‹L. ist ein vollkommen asoziales Element …›. Säuberungen in den Reihen der ‹Opfer des Faschismus› in Berlin», in: Annette Leo u. Peter Reif-Spirek (Hg.), *Vielstimmiges Schweigen. Neue Studien zum DDR-Antifaschismus*, Berlin 2001, S. 85–108; Hauptausschuß Opfer des Faschismus, *Wir klagen an! Öffentliche Anklage des Hauptausschusses «Opfer des Faschismus» in der Staatsoper Berlin am 16. Dezember 1945*, Berlin ca. 1945.

108 Dahrendorf, «Zwischenbericht», BArch, N 1749/794, S. 41.

109 Vgl. Dahrendorf, «Die Stunde Null», S. 12; ders., *Über Grenzen*, S. 85–86.

110 Vgl. Martens, «Dahrendorf, Gustav».

111 Dahrendorf, *Über Grenzen*, S. 120. Die Lebers und Willy Brandt kannten sich aus der gemeinsamen Zeit im Lübeck.

112 Dahrendorf, «Zwischenbericht», BArch, N 1749/794, S. 56.

113 Dahrendorf, Manuskript der englischsprachigen Autobiographie, Kapitel 1–7, BArch, N 1749/803, S. 85–86.

114 Vgl. Korrespondenz mit der Gründerin und Vorsitzenden der Deutsch-Englischen Gesellschaft Lilo Milchsack BArch N 1749/87 und 353.

115 Vgl. Dahrendorf, «Zwischenbericht», BArch, N 1749/794, S. 41.

116 Ralf Dahrendorf, «Nachkriegszeit und Nährpapier», in: Angela Bottin (Hg.), *Hamburger Akademische Rundschau. Begleitband. Berichte, Dokumentation, Register*, Berlin u. a. 1991, S. 34–39, hier S. 35.

117 Dahrendorf, *Europäisches Tagebuch*, S. 108.

118 Vgl. Rede von Klaus Schütz vor den Bezirksverordneten Steglitz-Zehlendorf, 20. Oktober 2006, BArch N 1749/1021.

119 Dahrendorf, *Über Grenzen*, S. 99.

120 Noel Gilroy Annan, *Changing Enemies. The Defeat and Regeneration of Germany*, London 1995, S. 196.

121 Vgl. Dahrendorf, *Über Grenzen*, S. 94–95; ders., Manuskript der englischsprachigen Autobiographie, Kapitel 1–7, BArch, N 1749/803, S. 89–91.

122 Dahrendorf, «Zwischenbericht», BArch, N 1749/794, S. 63.

123 Vgl. ebd., S. 60.

124 Dahrendorf, *Über Grenzen*, S. 100–101.

125 Vgl. Abiturzeitung BArch N 1749/1034

126 Ralf Dahrendorf, «Junge Menschen in Berlin», in: NWDR, 7. Juli 1946; ders., «Sollen wir auswandern?», in: NWDR, 5. Dezember 1946; ders., «Ist die Dame ausgestorben?», in: NWDR, 15. Januar 1947. Dahrendorf erhielt für seine Teilnahme nach eigener Auskunft Rundfunkhonorare von 120.– RM, die einen Gegenwert von zehn bis zwanzig Zigaretten gehabt hätten. Dahrendorf, «Die Stunde Null», S. 19.

127 Hans-Ulrich Wagner, «Das Ringen um einen neuen Rundfunk. Der NWDR

unter der Kontrolle der britischen Besatzungsmacht», in: Peter von Rüden u. Hans-Ulrich Wagner (Hg.), *Die Geschichte des Nordwestdeutschen Rundfunks*, Hamburg 2005, S. 13–84, hier S. 41.

128 Emrich, Alpha Forum.

129 Joachim Kaiser, «Die Jungen und die Jüngsten [gesendet am 14. Oktober 1962]», in: Adolf Frisé (Hg.), *Vom Geist der Zeit*, Gütersloh 1966, S. 63–68; A. Dirk Moses, «Die 45er. Eine Generation zwischen Faschismus und Demokratie», in: *Neue Sammlung* 40, 2, 2000, S. 233–263; Hodenberg, «Journalisten».

130 Ohad Parnes u. a., *Das Konzept der Generation. Eine Wissenschafts- und Kulturgeschichte*, Frankfurt am Main 2008, S. 280 ff.

131 Zitiert nach Nicolas Berg, «Zeitgeschichte und generationelle Deutungsarbeit», in: Norbert Frei (Hg.), *Martin Broszat, der «Staat Hitlers» und die Historisierung des Nationalsozialismus*, Göttingen 2007, S. 161–180, hier S. 163.

132 Vgl. zur Kontinuität der Jugendbewegung im Nationalsozialismus und zur Ideologie von NS-Elite-Einrichtungen Hans-Ulrich Thamer, «Der ‹Neue Mensch› als nationalsozialistisches Erziehungsprojekt. Anspruch und Wirklichkeit in den Eliteeinrichtungen des NS-Bildungssystems», in: Internationale Vogelsang-Tage (Hg.), *«Fackelträger der Nation». Elitebildung in den NS-Ordensburgen*, Köln 2010, S. 81–94. Vgl. auch das Argument von Dahrendorfs Generationsgenossen Hans-Ulrich Wehler von der Übertragung des Leistungsgedankens aus der NS-Zeit auf die frühe Bundesrepublik; Hans-Ulrich Wehler u. a., *«Eine lebhafte Kampfsituation». Ein Gespräch mit Manfred Hettling und Cornelius Torp*, München 2006, S. 30–31.

133 Dahrendorf selbst vermutete, dass er die Einladung Robert Birley verdankte; vgl. Dahrendorf, Manuskript der englischsprachigen Autobiographie, Kapitel 1–7, BArch, N 1749/803, S. 97. Vgl. auch die Schilderung in: Dahrendorf, «Die Stunde Null»; ders., *Die neue Freiheit*, S. 16–17.

134 Dahrendorf, Manuskript der englischsprachigen Autobiographie, Kapitel 1–7, BArch, N 1749/803, S. 98.

135 Dahrendorf, *Über Grenzen*, S. 98.

136 Ralf Dahrendorf, «Aus der Bettperspektive», in: Fritz von Woedtke (Hg.), *Inselmenschen*, Hamburg 1948, S. 34–38, hier S. 38.

137 Vgl. Dahrendorf, «Zwischenbericht», BArch, N 1749/794, S. 70; ders., *Über Grenzen*, S. 115. Beispielsweise traf Ralf Dahrendorf bereits 1946 im elterlichen Haus in Hamburg Karl Schiller, den sein Vater gemeinsam mit anderen Parteigenossen zu einem Gespräch eingeladen hatte, um ihn zu überzeugen, in die SPD einzutreten; vgl. Ralf Dahrendorf, *Ein neuer Dritter Weg? Reformpolitik am Ende des 20. Jahrhunderts*, Tübingen 1999, S. 7.

138 Dahrendorf, «Zwischenbericht», BArch, N 1749/794, S. 69.

139 Dahrendorf, *Über Grenzen*, S. 116.

140 Ebd., S. 118.

141 So wandte Dahrendorf sich 1983 gegen Schmidts Aufnahme in das Herausgebergremium der *Zeit*. Ralf Dahrendorf an Marion Gräfin Dönhoff, 7. April 1983. Archiv der Marion Dönhoff Stiftung, Nachlass Marion Gräfin Dönhoff, F 0043 43/54: «Aber keiner kann mir die Erfahrung ausreden, dass Schmidt ein Fundamental-Illiberaler ist. Das vor allem beschäftigt mich, wenn ich seinen Namen mit meiner liberalen Freundin ‹Zeit› verbunden sehe.» Der Brief ist auch überliefert in BArch N 1749/922. Helmut Schmidt erwähnt in seinen Schriften Ralf Dahrendorf, wenn überhaupt, nur am Rande; vgl. Helmut Schmidt, *Außer*

Dienst. Eine Bilanz, München 2008; ders., *Weggefährten. Erinnerungen und Reflexionen*, Berlin 1996.

142 Helmut Schmidt u. Dorothea Hauser, *Jahrhundertwende. Gespräche mit Lee Kuan Yew, Jimmy Carter, Shimon Peres, Valéry Giscard d'Estaing, Ralf Dahrendorf, Michail Gorbatschow, Rainer Barzel, Henry Kissinger, Helmut Kohl und Henning Voscherau*, Berlin 1998.

143 Dahrendorf, Manuskript der englischsprachigen Autobiographie, Kapitel 1–7, BArch, N 1749/803, S. 97.

144 Angela Bottin, «‹KLS› oder Die Generation der Ankunft», in: *Deutsches Allgemeines Sonntagsblatt*, 8. Juni 1986, S. 22.

145 Walter Jens, «Leuchtende Perspektiven», in: *Deutsches Allgemeines Sonntagsblatt*, 8. Juni 1986, S. 22.

146 Dahrendorf, *Nachkriegszeit und Nährpapier*, S. 37–38; vgl. ders., *Über Grenzen*, S. 105–109.

147 Dahrendorf, «Zwischenbericht», BArch, N 1749/794, S. 72; vgl. ders., «Die Stunde Null», S. 17.

148 Dahrendorf, *Über Grenzen*, S. 139.

149 Ebd., S. 124.

150 Vgl. ebd., S. 125–141.

151 Im «Zwischenbericht», BArch, N 1749/794, S. 90–91, schreibt Dahrendorf: «wir kannten den Reeder und hatten manches Privileg». Davon ist in *Über Grenzen*, S. 133–134, nicht die Rede; vgl. auch Frank M. Fisser an Ralf Dahrendorf, 6. November 1972, BArch N 1749/61.

152 Dahrendorf, Manuskript der englischsprachigen Autobiographie, Kapitel 1–7, BArch, N 1749/803, S. 111.

153 Dahrendorf, *Über Grenzen*, S. 136.

154 Vgl. Dahrendorf, Manuskript der englischsprachigen Autobiographie, Kapitel 1–7, BArch, N 1749/803, S. 111; ders., *Über Grenzen*, S. 136–137.

155 Vgl. das Reisetagebuch «Dutch Diary» im Nachlass BArch N 1749/318.

156 Vgl. Dahrendorf, «Zwischenbericht», BArch, N 1749/794, S. 91–92 und S. 88–89. S. auch Dahrendorf, *Über Grenzen*, S. 147 ff.

157 Dahrendorf, Manuskript der englischsprachigen Autobiographie, Kapitel 1–7, BArch, N 1749/803, S. 112. Eine Seite bedeutete für Ralf Dahrendorf in der Regel eine getippte, anderthalbzeilige Schreibmaschinenseite.

158 Franziska Meifort, Gespräch mit Uta Gerhardt über Ralf Dahrendorf, Berlin, 10. November 2011.

159 Meifort, Gespräch mit Ellen Dahrendorf, 21. Januar 2012.

160 Dahrendorf, Manuskript der englischsprachigen Autobiographie, Kapitel 1–7, BArch, N 1749/803, S. 113.

161 Ebd., S. 114.

162 Dahrendorf, *Über Grenzen*, S. 144.

163 Ralf Dahrendorf, *Marx in Perspektive. Die Idee des Gerechten im Denken von Karl Marx*, Hannover 1952.

164 Hansgert Peisert, «Wanderungen zwischen Wissenschaft und Politik. Biographische Notizen über R. D», in: Hansgert Peisert u. Wolfgang Zapf (Hg.), *Gesellschaft, Demokratie und Lebenschancen. Festschrift für Ralf Dahrendorf*, Stuttgart 1994, S. 3–40, hier S. 4.

165 Die kritische Auseinandersetzung mit der Marx'schen Klassentheorie führte etwa zur Betonung der Bedeutung des Mittelstandes bei Helmut Schelsky und

René König; vgl. Volker Kruse, *Geschichte der Soziologie*, Konstanz ²2012, S. 72, 268 ff. Etwa zeitgleich mit Dahrendorfs *Marx in Perspektive* erschienen Leopold Schwarzschilds *Der Rote Preuße* (1954) und Auguste Cornus *Karl Marx und Friedrich Engels* (1954), die Jürgen Habermas in einer Sammelrezension besprach: Jürgen Habermas, «Marx in Perspektiven», in: *Merkur* 9, 94, 1955, S. 1180–1183.

166 Dahrendorf, *Über Grenzen*, S. 141.

167 Ebd., S. 156.

168 Korrespondenz zwischen Noel Annan und Ralf Dahrendorf, Archive Centre, King's College, Cambridge, NGA/5/1/212.

169 Vgl. ebd., S. 156–157.

170 Vgl. Dahrendorf, *Über Grenzen*, S. 161; zur Geschichte der LSE: ders., *LSE. A History of the London School of Economics and Political Science, 1895–1995*, Oxford 1995.

171 Vgl. Dahrendorf, Manuskript der englischsprachigen Autobiographie, Kapitel 1–7, BArch, N 1749/803, S. 120.

172 Vgl. Englischheft im Nachlass Dahrendorf, BArch N 1749/496; Dahrendorf, Manuskript der englischsprachigen Autobiographie, Kapitel 1–7, BArch, N 1749/803, S. 121.

173 Vgl. ebd., S. 120–121.

174 Vgl. Dahrendorf, *Über Grenzen*, S. 160.

175 Ebd., S. 157.

176 Ebd.

177 Ebd., S. 158.

178 Ebd., S. 163.

179 Ebd., S. 120.

180 Gutachten T. H. Marshall über RD, 19. Januar 1954 an Prof. Moreau, Dekan: «I have been deeply impressed by Mr. Dahrendorf's industry and enthusiasm and also by the rapidity with which he has come to understand the nature and methods of sociological analysis and interpretation.»; weiteres positives Gutachten von Morris Ginsberg, 2. Februar 1954 an Jean Moreau. Universitätsarchiv Saarbrücken, Philosophische Fakultät, Personal-Nebenakte Ralf Dahrendorf.

181 Briefwechsel Ralf Dahrendorf und Karl Popper, BArch N 1749/43 und 57. Daraufhin setzt sich Popper dafür ein, dass Dahrendorf an der LSE Gastvorträge halten durfte. Zur Tagung der DGS und dem «Positivismusstreit» vgl. Kapitel 4.

182 Dahrendorf, Manuskript der englischsprachigen Autobiographie, Kapitel 1–7, BArch, N 1749/803, S. 125–126.

183 Dahrendorf, *Über Grenzen*, S. 160.

184 Ebd., S. 165.

185 Vgl. ebd.

186 Dahrendorf, Manuskript der englischsprachigen Autobiographie, Kapitel 1–7, BArch, N 1749/803, S. 127.

187 A. H. Halsey, *No Discouragement. An Autobiography*, Basingstoke 1996, S. 57.

188 Ebd., S. 49.

189 Ebd., S. 57.

190 Vgl. David Lockwood, *The Blackcoated Worker. A Study in Class Consciousness*, London 1958; Jean E. Floud u. a. (Hg.), *Social Class and Educational Opportunity*, London 1956.

191 Dahrendorf, *Über Grenzen*, S. 158; vgl. ders., Manuskript der englischsprachigen Autobiographie, Kapitel 1–7, BArch, N 1749/803, S. 121–122. Wann genau er sein

Thema wechselte, verrät Dahrendorf nicht. Er reichte die Schrift 1955 bei Marshall ein, als er bereits Assistent in Saarbrücken war.

192 Vgl. Dahrendorf, *Über Grenzen*, S. 159.

193 Ralf Dahrendorf an Max Horkheimer, Briefentwurf vom 27. 1. 1954: Marshall will «meine hiesige Dissertation zur Annahme für den Grad des Ph. D.» empfehlen: «ich habe einen Augenblick gezögert, ob ich den Vorschlag, vom M. A. zum Ph. D. überzuwechseln, ablehnen sollte, mich aber schließlich, wie Sie gewiss verstehen werden, dafür entschieden, ihn anzunehmen.» BArch N 1749/511.

194 Das geht aus dem unveröffentlichten Manuskript der englischsprachigen Lebenserinnerungen Dahrendorfs hervor: Dahrendorf, Manuskript der englischsprachigen Autobiographie, Kapitel 1–7, BArch, N 1749/803, S. 122. Erst später entwickelte sich eine freundschaftliche Beziehung zwischen den beiden.

195 Ralf Dahrendorf, *Unskilled Labour in British Industry*, Hochschulschrift. Dissertation, London 1956; vgl. die Arbeitsnotizen und Manuskripte im Nachlass Dahrendorf: BArch N 1749/652, 651, 851.

196 Vgl. Dahrendorf, *Über Grenzen*, S. 159; ders., Manuskript der englischsprachigen Autobiographie, Kapitel 1–7, BArch, N 1749/803, S. 125.

197 Dahrendorf, *Über Grenzen*, S. 160; vgl. zu diesem Abschnitt das Manuskript der englischsprachigen Autobiographie, Kapitel 1–7, BArch, N 1749/ 803, S. 122–125.

198 Anthony Giddens u. Christopher Pierson, *Conversations with Anthony Giddens. Making Sense of Modernity*, Oxford 1998, S. 37.

199 Dahrendorf, *Über Grenzen*, S. 166.

200 Ebd., S. 153; Dahrendorf, Manuskript der englischsprachigen Autobiographie, Kapitel 1–7, BArch, N 1749/803, S. 142.

201 Meifort, Gespräch mit Ellen Dahrendorf, 21. Januar 2012; Dahrendorf, *Über Grenzen*, S. 153.

202 Dahrendorf, Manuskript der englischsprachigen Autobiographie, Kapitel 1–7, BArch, N 1749/803, S. 9.

203 Dahrendorf, *Über Grenzen*, S. 16; vgl. ders., Manuskript der englischsprachigen Autobiographie, Kapitel 1–7, BArch, N 1749/803, S. 8: «She was bright and beautiful but also disturbed and difficult.»

204 Franziska Meifort, Gespräch mit Fritz Stern über Ralf Dahrendorf, New York, 20. Februar 2014.

205 Dahrendorf, Manuskript der englischsprachigen Autobiographie, Kapitel 1–7, BArch, N 1749/803, S. 130.

206 Vgl. Dahrendorf, «Zwischenbericht», BArch, N 1749/794, S. 9.

207 Dahrendorf, *Über Grenzen*, S. 17; vgl. ders., Manuskript der englischsprachigen Autobiographie, Kapitel 1–7, BArch, N 1749/803, S. 9–10.

208 Vgl. Kocka, «Ralf Dahrendorf».

209 Dahrendorf, *Über Grenzen*, S. 167.

II.
Das «Wunderkind der deutschen Soziologie»:
Der Weg zur Professur (1954–1960)

1 Ebd., S. 169; vgl. Dahrendorf, «Zwischenbericht», BArch, N 1749/794, S. 105; ders., Manuskript der englischsprachigen Autobiographie, Kapitel 1–7, BArch, N 1749/803, S. 131–132.

2 Kruse, *Geschichte der Soziologie*, S. 209. Allerdings agierte Freyer noch bis 1938 als Präsident der DGS. Zu einer Neubewertung der DGS bis und nach 1945 vgl. Henning Borggräfe u. Sonja Schnitzler, «Die Deutsche Gesellschaft für Soziologie und der Nationalsozialismus. Verbandsinterne Transformationen nach 1933 und 1945», in: Michaela Christ u. Maja Suderland (Hg.), *Soziologie und Nationalsozialismus. Positionen, Debatten, Perspektiven*, Berlin 2014, S. 445–479.

3 Kruse, *Geschichte der Soziologie*, S. 209; vgl. v. a. M. Rainer Lepsius, «Die Entwicklung der Soziologie nach dem Zweiten Weltkrieg. 1945 bis 1967», in: Günther Lüschen (Hg.), *Deutsche Soziologie seit 1945. Entwicklungsrichtungen und Praxisbezug*, Köln 1979, S. 28.

4 Uta Gerhardt, Soziologie im zwanzigsten Jahrhundert. Studien zu ihrer Geschichte in Deutschland, Stuttgart 2009, S. 179–184.

5 Vgl. Kruse, *Geschichte der Soziologie*, S. 213–214.

6 In: *Kölner Zeitschrift für Soziologie* 1, 1948, S. 1, zitiert nach Kruse, *Geschichte der Soziologie*, S. 253.

7 Schäfer, «Der Nationalsozialismus», S. 119.

8 Vgl. Lepsius, «Entwicklung», S. 35–40; Kruse, *Geschichte der Soziologie*, S. 252 ff.

9 Horkheimer bot Dahrendorf auf die Frage nach seinem Gehalt 500 DM an. Max Horkheimer an Ralf Dahrendorf, 6. Januar 1954. Aus diesem Betrag wurde nach einem Gespräch in Hamburg mit Adorno 800 DM, Theodor W. Adorno an Ralf Dahrendorf 17. Mai 1954, beide Briefe N 1749/511.

10 Ralf Dahrendorf an Max Horkheimer, 28. Dezember 1953, BArch N 1749/511.

11 Max Horkheimer an Ralf Dahrendorf, 6. Januar 1954, BArch N 1749/511.

12 Alle Zitate: Dahrendorf, *Über Grenzen*, S. 170. Ähnlich schilderte Dahrendorf die Episode in: Wolf D. Gruner, Interview mit Lord Ralf Dahrendorf, London, 2. September 1998, BArch, N 1749/897; vgl. auch Ralf Dahrendorf, «Jürgen Habermas. Der Zeitgenosse», in: *Liberale und andere. Portraits*, Stuttgart 1994, S. 316–330.

13 Dahrendorf, *Über Grenzen*, S. 173.

14 Dahrendorf, «Zwischenbericht», BArch, N 1749/794, S. 108.

15 BArch N 1749/785. Auch in der englischen Fassung der Autobiographie taucht diese Formulierung in ähnlicher Form auf: «But I confess that to the present day, I cannot rid myself of the scent of evil when I think about the founders of the Frankfurt School.» Dahrendorf, Manuskript der englischsprachigen Autobiographie, Kapitel 1–7, BArch, N 1749/803, S. 134.

16 Theodor W. Adorno an Max Horkheimer, 17. August 1954, Theodor W. Adorno u. Max Horkheimer, *Briefe. 1950–1969*, in: *Briefe und Briefwechsel*, IV, Frankfurt am Main 2006, S. 277. Max Horkheimer sah Dahrendorfs Weggang recht unbekümmert: «Wir wollen Dahrendorf nicht nachtrauern. Wenn er wegen eines besseren Angebots davonläuft, so werden wir nicht viel verloren haben.» Max Horkheimer an Theodor W. Adorno, 24. August, 1954, ebd., S. 281.

17 Vgl. Dahrendorf, «Zwischenbericht», BArch, N 1749/794, S. 106: «Von mir, der ich die Studie nicht geplant und noch nie gesehen hatte, erwartete Adorno in drei Wochen den fertigen Zwischenbericht.»

18 Vgl. Ralf Dahrendorf an Karl Popper 3. Dezember 1973, BArch N 1749/64; vgl. auch Dahrendorf, *Über Grenzen*, S. 174.

19 Matthias Hansl, «Dahrendorfs Spuren. Annotationen eines liberalen Missionars», in: *Zeitschrift für Ideengeschichte* 9, 2, 2015, S. 105–116, hier S. 105.

20 Ebd., S. 106.

21 Dahrendorf, *Über Grenzen*, S. 21.

22 Ralf Dahrendorf, «Ketzereien über den Film. Horkheimer–Adorno: ‹Pornographisch und prüde›», in: *Hamburger Echo*, 14. September 1951.

23 Ralf Dahrendorf, Sammlung von publizierten Artikeln und Aufsätzen, BArch, N 1749/476.

24 Ralf Dahrendorf, «Soziale Klassen und Klassenkonflikt. Zur Entwicklung und Wirkung eines Theoriestücks», in: *Zeitschrift für Soziologie* 14, 3, 1985, S. 236–240, hier S. 238.

25 Dahrendorf, «Seit Jahrzehnten», S. 124.

26 Vgl. Dahrendorf, Manuskript der englischsprachigen Autobiographie, Kapitel 1–7, BArch, N 1749/803, S. 113: «verbiage of critical theory».

27 Zitiert nach Hansl, «Dahrendorfs Spuren», S. 106.

28 Vgl. BArch N 1749/37 und 46; Theodor W. Adorno Archiv im Walter Benjamin Archiv, Berlin, Br 284/1.

29 Dahrendorf, «Zwischenbericht», BArch, N 1749/794, S. 111.

30 Universitätsarchiv Saarbrücken, Philosophische Fakultät, Personalakte Ralf Dahrendorf. Im «Zwischenbericht» erwähnt Dahrendorf auch noch Verhandlungen mit Talcott Parsons in Salzburg über «amerikanische Möglichkeiten», BArch N 1749/794, S. 111.

31 Vgl. zur Geschichte der Universität des Saarlandes Wolfgang Müller, «‹Eine Pflegestätte des Geistes, der die Enge des Geistes zu überwinden sucht und nach europäischer Weite strebt›. Impressionen zur Geschichte der Universität des Saarlandes», in: Bärbel Kuhn u. a. (Hg.), *Grenzen ohne Fächergrenzen. Interdisziplinäre Annäherungen*, St. Ingbert 2007, S. 265–302.

32 Willi Eichler an Ralf Dahrendorf, 18. Dezember 1954, BArch N 1749/510.

33 «‹Saaruniversität Saarbrücken› – eine zeitgenössische Betrachtung aus dem Jahr 1953», in: *Champus*, Mai 2006, S. 24–29, hier S. 25.

34 Vgl. zur inneruniversitären Diskussion im Zuge der Übergangsphase vom Referendum im Oktober 1955 zum Universitätsgesetz 1957 Wolfgang Müller, «Die Universität des Saarlandes in der politischen Umbruchsituation 1955/56», in: Rainer Hudemann u. a. (Hg.), *Grenz-Fall. Das Saarland zwischen Frankreich und Deutschland 1945–1960*, St. Ingbert 1997, S. 413–425.

35 Gruner, Interview mit Ralf Dahrendorf, BArch, N 1749/897, S. 7.

36 Ebd.

37 Alle Zitate: ebd.; vgl. Dahrendorf, *Über Grenzen*, S. 14.

38 Vgl. Briefwechsel zwischen Werner Maihofer und Ralf Dahrendorf, in: Universität Saarbrücken, Korrespondenz, BArch N1749/267.

39 Vgl. Micus, *Tribunen*, S. 184.

40 Dahrendorf, *Über Grenzen*, S. 119.; Gruner, Interview mit Ralf Dahrendorf, BArch, N 1749/897, S. 5.

41 Während Dahrendorf in seinem Leben perfekt Englisch lernte, waren seine

Französischkenntnisse eher passiv. Er sprach recht gut Italienisch und beherrschte Latein und Griechisch.

42 Dahrendorf, «Zwischenbericht», BArch, N 1749/794, S. 116–117.

43 Dahrendorf, *Über Grenzen*, S. 12–13.

44 Dahrendorf, «Zwischenbericht», BArch, N 1749/794, S. 119.

45 Gruner, Interview mit Ralf Dahrendorf, BArch, N 1749/897, S. 5.

46 Dahrendorf, «Zwischenbericht», BArch, N 1749/794, S. 119.

47 Ralf Dahrendorf, «Klassenstruktur und Klassenkonflikt in der entwickelten Industriegesellschaft», in: *Die neue Gesellschaft. Frankfurter Hefte* 2, 4, 1955, S. 33–45.

48 Ralf Dahrendorf, «Industrielle Fertigkeiten und soziale Schichtung», in: *Kölner Zeitschrift für Soziologie und Sozialpsychologie* 8, 4, 1956, S. 540–568.

49 Vgl. die Rezension der erweiterten Neuauflage der Bandes (1962) von M. Rainer Lepsius: «Die zweite Auflage dieser knappen, systematischen Darstellung der Industrie- und Betriebssoziologie bedarf keiner erneuten Empfehlung: Schon die erste Auflage diente über fünf Jahre lang als Standardtext. Ohne Übertreibung läßt sich sagen, daß diese Einführung zur Klärung des Selbstverständnisses der Industriesoziologie in Deutschland Wesentliches beigetragen hat. Hierzu zählt besonders die Verbindung der in Amerika entwickelten innerbetrieblichen Organisations- und Verhaltensanalyse mit der traditionellen deutschen Reflexion der Ordnungsprinzipien industrieller Institutionen.» M. Rainer Lepsius, «Dahrendorf, Ralf: Industrie- und Betriebssoziologie», 2. umgearb. u. erw. Aufl, in: *Jahrbücher für Nationalökonomie und Statistik* 175, 1963, S. 159–160.

50 Vgl. u. a. Dahrendorf, «Soziale Klassen», S. 237; ders., *Über Grenzen*, S. 175.

51 Ralf Dahrendorf, «Motive, Erfahrungen, Einsichten. Persönliche Anmerkungen zur deutschen Soziologie der Nachkriegszeit», in: Karl Martin Bolte (Hg.), *Soziologie als Beruf. Erinnerungen westdeutscher Hochschulprofessoren der Nachkriegsgeneration*, Baden-Baden 1998, S. 295–301, hier S. 297.

52 Dahrendorf, «Zwischenbericht», BArch, N 1749/794, S. 102–103.

53 Antrag auf Reisekosten für eine Reise nach London, 30. Januar 1957, in: Universitätsarchiv Saarbrücken, Philosophische Fakultät, Personal-Nebenakte Ralf Dahrendorf.

54 Vgl. Kocka, «Ralf Dahrendorf».

55 Jürgen Habermas, «Jahrgang 1929», in: *Frankfurter Allgemeine Zeitung*, 2. Mai 2009. Dahrendorf war 1955 noch kein Privatdozent, sondern habilitierte sich erst 1957. Habermas' Bericht erschien in: Jürgen Habermas, «Der Soziologen-Nachwuchs stellt sich vor. Zu einem Treffen in Hamburg unter der Leitung von Professor Schelsky», in: *Frankfurter Allgemeine Zeitung*, 13. Juni 1955, S. 10; Dahrendorf wird hier jedoch nicht namentlich erwähnt.

56 Heinz Bude, «Die Soziologen der Bundesrepublik», in: *Merkur* 46, 520, 1992, S. 569–580; Paul Nolte, «Soziologie als kulturelle Selbstvergewisserung. Die Demokratisierung der deutschen Gesellschaft nach 1945», in: Steffen Sigmund u. a. (Hg.), *Soziale Konstellation und historische Perspektive. Festschrift für M. Rainer Lepsius*, Wiesbaden 2008, S. 18–40.

57 Ebd., S. 20; vgl. Bude, «Soziologen», S. 569: «Den generationsbildenden Zusammenhang dieser Jahrgangsgruppe stellt die Erfahrung von 1945 dar: der Zusammenfall von individueller Adoleszenzkrise und gesellschaftlichem Zusammenbruch».

58 Nolte, «Soziologie», S. 21–23.

59 Vgl. Lepsius, «Entwicklung», S. 25–31.

60 Nolte, «Soziologie», S. 19.

61 Vgl. Anselm Doering-Manteuffel u. Lutz Raphael, *Nach dem Boom. Perspektiven auf die Zeitgeschichte seit 1970*, Göttingen 2008.

62 Bude, «Soziologen», S. 572.

63 Vgl. Karl Martin Bolte (Hg.), *Soziologie als Beruf. Erinnerungen westdeutscher Hochschulprofessoren der Nachkriegsgeneration*, Baden-Baden 1998; Lepsius, «Entwicklung»; Dahrendorf, «Motive, Erfahrungen, Einsichten»; Christian Fleck (Hg.), *Wege zur Soziologie nach 1945. Autobiographische Notizen*, Opladen 1996.

64 Dahrendorf, *Über Grenzen*, S. 176.

65 Vgl. Bude, «Soziologen», S. 574.

66 Lepsius, «Entwicklung», S. 42–43.

67 Helmut Schelsky, *Die skeptische Generation. Eine Soziologie der deutschen Jugend*, Düsseldorf 1957.

68 Dahrendorf, *Über Grenzen*, S. 180. Vgl. zum Motiv der «Suche nach Wirklichkeit» Nolte, «Soziologie», S. 22.

69 Kruse, *Geschichte der Soziologie*, S. 264. Im Zuge der Abkehr vom Nationalsozialismus durch die Wahl der Forschungsthemen ging die deutsche Soziologie in den fünfziger Jahren dem Nachdenken über die Vergangenheit eher aus dem Weg. Auch bei den 45ern war der Blick nicht zurück, sondern nach vorn gerichtet. Zwar stellte man vor dem Hintergrund des Nationalsozialismus die Frage nach Aufbau und Festigung eines demokratischen Staates, aber die gesellschaftlichen Bedingungen des Nationalsozialismus wurde nicht analysiert. Eine Ausnahme bildet: Heinz Maus, Bericht über die Soziologie in Deutschland 1933 bis 1945, in: Kölner Zeitschrift für Soziologie und Sozialpsychologie, 1, 1959, S. 72–99. Erst in den achtziger Jahren begann u. a. durch Carsten Klingemann die Aufarbeitung der Geschichte der Soziologie im Nationalsozialismus. Vgl. Borggräfe u. Schnitzler, «Die Deutsche Gesellschaft».

70 René König (Hg.), *Soziologie*, Frankfurt am Main 1958, S. 7.

71 Vgl. Karl-Siegbert Rehberg, «Helmut Schelskys Position in der Nachkriegsgeschichte des Faches», in: Alexander Gallus (Hg.), *Helmut Schelsky – der politische Anti-Soziologe. Eine Neurezeption*, Göttingen 2013, S. 17–36, hier S. 21.

72 Dahrendorf, Sammlung, BArch, N 1749/476.

73 Morten Reitmayers Behauptung, Dahrendorf habe sich zu Beginn seiner Karriere mit allzu weitreichenden Thesen aus strategischen Gründen zurückgehalten und sich erst in die Öffentlichkeit gewagt, als er das intellektuelle und akademische Standing hatte, ist zu widersprechen; vgl. Reitmayer, *Elite*, S. 538. Im Gegenteil hatte Dahrendorf keine Hemmungen, sich früh mit kritischen Äußerungen zu exponieren. Dass er manche Positionen erst einmal entwickeln musste, um sie äußern zu können, steht auf einem anderen Blatt.

74 Vgl. Meifort, «Der Nachlass Dahrendorf».

75 Ralf Dahrendorf, «Soziologie ohne Soziologen», in: *Hamburger Echo*, 19. Oktober 1954; ähnlich in: ders., «Soziologie in Deutschland», in: *Annales Universitatis Saraviensis* 4, 1955, S. 98–106.

76 Dahrendorf, Sammlung, BArch, N 1749/476.

77 Dahrendorf in «Betrachtungen zu einigen Aspekten der gegenwärtigen deutschen Soziologie», in: *Kölner Zeitschrift für Soziologie und Sozialpsychologie* 11, 1, 1959, S. 132–153, zitiert nach Bude, «Soziologen», S. 573.

78 Vgl. Kruse, *Geschichte der Soziologie*, S. 261; Micus, «Ralf Dahrendorf», S. 41; Habermas, «Jahrgang 1929», beschreibt Dahrendorf in seinem Artikel zu dessen

80. Geburtstag in Bezug auf die fünfziger Jahre als Wunderkind, ohne das Wort zu benutzen. Ein zeitgenössischer Beleg für die Zuschreibung des «Wunderkind»-Status konnte nicht gefunden werden.

79 Heinrich Popitz an Ralf Dahrendorf, 2. April 1960, BArch N 1749/43.

80 Dahrendorf, «Zwischenbericht», BArch, N 1749/794, S. 124. In einem Aufsatz zur nachträglichen Betrachtung von *Soziale Klassen und Klassenkonflikt* von 1985 ist von «wenigen Wochen» die Rede; Dahrendorf, *Soziale Klassen*, S. 237.

81 Vgl. Kruse, *Geschichte der Soziologie*, S. 267 ff. Zur Diskussion um die Sozialstruktur der Bundesrepublik als «klassenlose Gesellschaft» in den fünfziger und sechziger Jahren vgl. Nolte, *Ordnung*, S. 318 ff.

82 Ralf Dahrendorf, *Soziale Klassen und Klassenkonflikt in der industriellen Gesellschaft*, Stuttgart 1957.

83 Dahrendorf, *Soziale Klassen*, S. 239. Hier erklärt Dahrendorf, dass für ihn der Begriff «Konflikt» allgemeiner mit «Kraft der Unruhe» gleichzusetzen ist. Vgl. auch Dahrendorfs Vorlesung an der Universität Essex «Conflict After Class» (1967).

84 Dahrendorf, *Soziale Klassen*, S. 237.

85 Vgl. Georges Goriely, «Rapport sur la dissertation ‹Soziale Klassen und Klassenkonflikt in der industriellen Gesellschaft› de Ralf Dahrendorf», o. Dat, Universität des Saarlandes, Registratur Dekanat Philosophische Fakultät I, Habilitationsakte Ralf Dahrendorf (Nr. 4), S. 1.

86 Ebd., S. 4. Übersetzung hier und im Folgenden aus dem Französischen FM.

87 Ebd., S. 3.

88 Vgl. ebd., S. 2.

89 Ebd., S. 3–4.

90 Ebd., S. 8.

91 Ebd., S. 5.

92 Ebd., S. 8.

93 Gruner, Interview mit Ralf Dahrendorf, BArch, N 1749/897, S. 5.

94 Dahrendorf, «Zwischenbericht», BArch, N 1749/794, S. 124.

95 Helmut Schelsky, Gutachten zur Habilitationsarbeit Dr. Ralf Dahrendorfs «Soziale Klassen und Klassenkonflikt in der industriellen Gesellschaft», 27. März 1957, Universität des Saarlandes, Registratur Dekanat Philosophische Fakultät I, Habilitationsakte Ralf Dahrendorf (Nr. 4), S. 4.

96 Ebd.

97 Ebd.

98 Ebd., S. 4–5.

99 Schelsky hatte bereits in den späten vierziger Jahren die amerikanische Soziologie rezipiert; Rehberg, «Helmut Schelskys Position», S. 18–19, 25.

100 Ralf Dahrendorf an Jean Moreau, 8. Januar 1957, Universität des Saarlandes, Registratur Dekanat Philosophische Fakultät I, Habilitationsakte Ralf Dahrendorf (Nr. 4).

101 Als Beleg für Schelskys nationalsozialistische Einstellung zu Beginn der dreißiger Jahre gilt neben seiner SA- und NSDAP-Mitgliedschaft (seit 1932 beziehungsweise 1933) seine Veröffentlichung *Sozialistische Lebenshaltung* (1934). Zu Schelsky sind zuletzt erschienen: Alexander Gallus (Hg.), *Helmut Schelsky – der politische Anti-Soziologe. Eine Neurezeption*, Göttingen 2013; Volker Kempf, *Wider die Wirklichkeitsverweigerung. Helmut Schelsky – Leben, Werk, Aktualität*, München 2012.

102 «Protokoll der Vorstandssitzung der DGS vom 4. Januar 1962 in Frankfurt», in:

René König, *Briefwechsel, Schriften*, Bd. 19, hg. v. Mario König u. Oliver König, Opladen 2000, S. 416–418.

103 Borggräfe u. Schnitzler, «Die Deutsche Gesellschaft», S. 476.

104 Ralf Dahrendorf an Wolfgang Mischnick, Durchschlag an Hans-Dietrich Genscher, 12. September 1974, Nr. 922/74, BArch N 1749/53; vgl. Gerhard Mauz, «Ach, ach, der Achenbach ...», in: *Der Spiegel*, 15. Juli 1974, S. 31–32.

105 Ralf Dahrendorf an den Landeshauptmann von Salzburg Wilfried Haslauer, 13. Mai 1986, BArch N 1749/151, in dem er seine Absage begründete; vgl. «Dahrendorf sagt ab – wg. Waldheim», in: *Die Zeit*, 13. Juni 1986.

106 Nolte, «Soziologie», S. 22.

107 Vgl. Hansl, «Dahrendorfs Spuren», S. 110–115.

108 Ralf Dahrendorf, «Suche nach Wirklichkeit. Nachruf auf einen bedeutenden Soziologen», in: *Die Zeit*, 2. März 1984.

109 Vgl. André Philip, Gutachten über die Habilitationsschrift «Soziale Klassen und Klassenkonflikt in der industriellen Gesellschaft» von Ralf Dahrendorf, 15. Mai 1957, S. 1, Universität des Saarlandes, Registratur Dekanat Philosophische Fakultät I, Habilitationsakte Ralf Dahrendorf (Nr. 4).

110 Bela von Brandenstein, Gutachten über die Habilitationsschrift «Soziale Klassen und Klassenkonflikt in der industriellen Gesellschaft» von Ralf Dahrendorf, 24. Februar 1957, S. 5, Universität des Saarlandes, Registratur Dekanat Philosophische Fakultät I, Habilitationsakte Ralf Dahrendorf (Nr. 4).

111 Dahrendorf, *Über Grenzen*, S. 14.

112 Dahrendorf, «Zwischenbericht», BArch, N 1749/794, S. 124.

113 Ebd.

114 So Dahrendorf in der Einleitung zu Class and Class Conflict, S. xii.

115 Vgl. Dahrendorf, *Soziale Klassen*, S. 238.

116 Ebd.

117 Ebd., S. 238.

118 Ebd.

119 Ebd., S. 239.

120 Vgl. Dahrendorf, *Über Grenzen*, S. 17; ausführlicher in ders., Manuskript der englischsprachigen Autobiographie, Kapitel 1–7, BArch, N 1749/803, S. 10–11.

121 Ebd., S. 20; vgl. Dahrendorf, *Über Grenzen*, S. 23.

122 Vgl. den Festvortrag Dahrendorfs anlässlich des 25-jährigen Universitätsjubiläums, in dem er kaum ein persönliches Wort verliert; «Von der Europäischen Gemeinschaft zur Europäischen Union», in: *Universität des Saarlandes 1948–1973. Reden anlässlich der 25-Jahrfeier*, Sonderdruck, Saarbrücken 1973, S. 25–41.

123 Ralf Dahrendorf, «Sozialwissenschaft und Werturteil», in: *Gesellschaft und Freiheit. Zur soziologischen Analyse der Gegenwart*, München 1961, S. 27–48, hier S. 47.

124 Dahrendorf, «Zwischenbericht», BArch, N 1749/794, S. 126–127.

125 Bericht Amerikareise 1957, BArch N 1749/860 und 318.

126 Ralf Dahrendorf an Heinz Hübner, 3. September 1957, BArch N 1849/267.

127 Vgl. Dahrendorf, *Über Grenzen*, S. 23; ders., Manuskript der englischsprachigen Autobiographie, Kapitel 1–7, BArch, N 1749/803, S. 11; Briefwechsel mit Louis Gottschalk 1957/58, BArch N 1749/40; Briefwechsel mit David Lockwood 1957, BArch N 1749/41.

128 Dahrendorf, *Über Grenzen*, S. 18.

129 Ralf Dahrendorf an Robert K. Merton, 7. Januar 1974, BArch N 1749/53.

130 Dahrendorf, «Zwischenbericht», BArch, N 1749/794, S. 128.

131 Dass er durch Friedman zum Liberalen geworden sei, bekundete Dahrendorf schon Mitte der sechziger Jahre gegenüber Carl Christian von Weizsäcker. Franziska Meifort, Gespräch mit Carl Christian Freiherr von Weizsäcker über Ralf Dahrendorf, Bonn, 14. November 2013.

132 So schilderte es auch Fritz Stern; Franziska Meifort, Gespräch mit Fritz Stern über Ralf Dahrendorf, New York, 21. Februar 2014.

133 Ralf Dahrendorf an Ingrid Wooten, Soziologiestudentin an der George Washington University, Washington, D. C., 29. Januar 1976, BArch N 1749/82.

134 Vgl. das Nachwort Dahrendorfs in der Reclam-Ausgabe von Max Weber, *Politik als Beruf*, Stuttgart 1992.

135 Beide Zitate: Ralf Dahrendorf an Ingrid Wooten, 29. Januar 1976, BArch N 1749/82.

136 Vgl. Dahrendorf, «Zwischenbericht», BArch, N 1749/794, S. 109, 129. Möglicherweise empfahl sogar Parsons ihn für den Stanfordaufenthalt, das vermutet jedenfalls Uta Gerhardt; Franziska Meifort, Gespräch mit Uta Gerhardt über Ralf Dahrendorf, Berlin, 18. März 2012.

137 Max Haller, *Soziologische Theorie im systematisch-kritischen Vergleich*, Wiesbaden ²2003, S. 173 ff.

138 Ralf Dahrendorf, «Struktur und Funktion. Talcott Parsons und die Entwicklung der soziologischen Theorie», in: *Gesellschaft und Freiheit. Zur soziologischen Analyse der Gegenwart*, München 1961, S. 49–84; zuerst erschienen in der *Kölner Zeitschrift für Soziologie und Sozialpsychologie* 7, 4, 1955.

139 Vgl. «Parsons hatte einen klassifikatorischen Kopf; wirkliche Ereignisse dienten ihm allenfalls zur Illustration von Begriffen, nicht zur Anregung oder Widerlegung von Theorien. Eben hier trennten sich unsere Wege.» Dahrendorf, *Über Grenzen*, S. 21.

140 Dahrendorf, «Zwischenbericht», BArch, N 1749/794, S. 129.

141 Ditmar Brock, «Konflikttheorie», in: Ditmar Brock u. a. (Hg.), *Soziologische Paradigmen nach Talcott Parsons. Eine Einführung*, Wiesbaden 2009, S. 215–238, hier S. 216.

142 Meifort, Gespräch mit Fritz Stern, 20. Februar 2014.

143 Ralf Dahrendorf, «Out of Utopia. Toward a Reorientation of Sociological Analysis», in: *The American Journal of Sociology* 64, 2, 1958, S. 115–127, hier S. 124.

144 Ebd., S. 121.

145 Dahrendorf, *Class and Class Conflict*, S. xii.

146 Vgl. Dahrendorf, «Sozialwissenschaft und Werturteil», S. 42–43.

147 Ralf Dahrendorf an Helmut Schelsky, 3. Dezember 1965, BArch N 1749/44.

148 Helmut Schelsky an Ralf Dahrendorf, 23. November 1965, BArch N 1749/44; vgl. den Briefwechsel zwischen Ralf Dahrendorf und Helmut Schelsky im Nachlass Dahrendorf, BArch N 1749/44.

149 Ralf Dahrendorf, «Out of Utopia. Toward a Reorientation of Sociological Analysis», in: *American Journal of Sociology*, LXIV/2 (1958); ders. «Pfade aus Utopia», in: *Gesellschaft und Freiheit. Zur soziologischen Analyse der Gegenwart*, München 1961, S. 85–113.

150 Ralf Dahrendorf, «Elemente einer Theorie des sozialen Konflikts», in: *Gesellschaft und Freiheit. Zur soziologischen Analyse der Gegenwart*, München 1961, S. 197–235, hier S. 197–198.

151 Vgl. Brock, «Konflikttheorie»; Ulrike Ackermann, «Ralf Dahrendorf: Gesell-

schaft und Freiheit. Zur soziologischen Analyse der Gegenwart», in: Samuel Salzborn (Hg.), *Klassiker der Sozialwissenschaften. 100 Schlüsselwerke im Portrait*, Wiesbaden 2014, S. 196–199. Die Konflikttheorie wurde in den sechziger und siebziger
Jahren sehr populär bis hin zur Aufnahme in die Hessischen Rahmenrichtlinien
für den Deutschunterricht 1972/73 unter Kultusminister Ludwig von Friedeburg.
Dahrendorf jedoch verwahrte sich gegen die von ihm empfundene Indienstnahme
seiner Konflikttheorie; vgl. BArch N 1749/61, Ralf Dahrendorf an Ludwig von
Friedeburg, 16. November 1973. Zur Debatte um die Hessischen Rahmenrichtlinien vgl. die massive Kritik des Historikers und Vorsitzenden des Bundes Freiheit der Wissenschaft Thomas Nipperdey, «Ist Konflikt die einzige Wahrheit in
der Gesellschaft? Mensch und Gesellschaft in den hessischen Rahmenrichtlinien»,
Teil 1 eines Vortrags in Königsstein im Taunus gehalten, in: *Frankfurter Allgemeine Zeitung*, 24. Oktober 1973, S. 11–12; Thomas Nipperdey, «Die formierte
Schule. Mensch und Gesellschaft in den Rahmenrichtlinien des hessischen Kultusministeriums für Gesellschaftslehre», Teil 2 eines Vortrags in Königsstein im
Taunus gehalten, in: *Frankfurter Allgemeine Zeitung*, 25. Oktober 1973, S. 12.

152 Dahrendorf, «Elemente einer Theorie», S. 235.

153 Fritz René Allemann, «Der schöpferische Konflikt. Ralf Dahrendorfs ‹engagierte Soziologie›», in: *Der Monat* 14, 164, 1962, S. 64–69, hier S. 69.

154 Ebd., S. 64.

155 Vgl. ebd., S. 66.

156 Ebd., S. 69.

157 Vgl. v. a. Ralf Dahrendorf, *Lebenschancen. Anläufe zur sozialen und politischen
Theorie*, Frankfurt am Main 1979.

158 Ralf Dahrendorf, *Homo Sociologicus. Ein Versuch zur Geschichte, Bedeutung und
Kritik der sozialen Rolle*, Köln, Opladen 1959.

159 Joachim Fischer, «Die Rollendebatte. Der Streit um den ‹Homo sociologicus›»,
in: Georg Kneer u. Stephan Moebius (Hg.), *Soziologische Kontroversen. Beiträge
zu einer anderen Geschichte der Wissenschaft vom Sozialen*, Berlin 2010, S. 79–101,
hier S. 79.

160 Dahrendorf, *Homo Sociologicus*, S. 23.

161 Ebd., S. 63.

162 Ebd., S. 27.

163 Vgl. Heinz Abels, *Einführung in die Soziologie*, Bd. 2: *Die Individuen in ihrer
Gesellschaft*, Wiesbaden 2009, S. 103–107.

164 Helmuth Plessner, *Diesseits der Utopie. Ausgewählte Beiträge zur Kultursoziologie*,
Düsseldorf 1966, S. 34.

165 Ralf Dahrendorf, *Homo Sociologicus. Ein Versuch zur Geschichte, Bedeutung und
Kritik der Kategorie der sozialen Rolle*, Wiesbaden [16]2006, S. 13.

166 Beide Zitate: Dahrendorf, «Motive, Erfahrungen, Einsichten», S. 299.

167 Ralf Dahrendorf, *Homo Sociologicus. Ein Versuch zur Geschichte, Bedeutung und
Kritik der Kategorie der sozialen Rolle*, Köln, Opladen [4]1964, S. 7–9.

168 Dahrendorf, *Homo Sociologicus*, [16]2016, S. 13.

169 Ebd.

170 Fritz Stern, *Fünf Deutschland und ein Leben. Erinnerungen*, München 2007,
S. 287; vgl. ders., Redebeitrag auf der Feier zu Ralf Dahrendorfs 80. Geburtstag, in: Timothy Garton Ash (Hg.), *On Liberty. The Dahrendorf Questions. Record of a colloquium held at St Antony's College, Oxford, to mark the 80th birthday
of Ralf Dahrendorf on 1 May 2009*, Oxford 2009, S. 14–19, hier S. 15: «This was

but 12 years after the end of National Socialism and I probably felt some awkwardness in the abstract about meeting a German. But that awkwardness ended instantly.»

171   Dahrendorf, *Über Grenzen*, S. 49.

172   Dahrendorf, «Zwischenbericht», BArch, N 1749/794, S. 150.

173   Stern, *Fünf Deutschland*, S. 288.

174   Stern, Redebeitrag auf der Feier zu Ralf Dahrendorfs 80. Geburtstag, S. 15.

175   Meifort, Gespräche mit Fritz Stern, New York, 20., 21., 23. Februar 2014.

176   Stern, *Fünf Deutschland*, S. 287.

177   Ebd.

178   Stern, Redebeitrag auf der Feier zu Ralf Dahrendorfs 80. Geburtstag, S. 16.

179   Beide Zitate: Meifort, Gespräch mit Fritz Stern, 20. Februar 2014.

180   Dahrendorf, *Über Grenzen*, S. 20.

181   Dahrendorf hatte 1960 eine Gastprofessur an der Columbia University, an der Stern lehrte; 1971 kam Stern für einige Monate an die von Dahrendorf mitgegründete Universität Konstanz; Stern war in den Niederlanden als Dahrendorf EG-Kommissar in Brüssel war und Dahrendorf Fellow der Russel Sage Foundation in New York 1986/87.

182   Vgl. den Briefwechsel zwischen Ralf Dahrendorf und Fritz Stern BArch N 1749/44. Zur *Spiegel*-Affäre Kapitel 4.

183   Meifort, Gespräch mit Fritz Stern, 20. Februar 2014.

184   Amerik. Ausgabe: Fritz Stern, *The Politics of Cultural Despair. A Study in the Rise of the Germanic Ideology*, Berkeley 1961.

185   Stefan Aust u. Frank Schirrmacher, «Interview mit Lord Ralf Dahrendorf. ‹Im Nationalsozialismus steckte ein pseudoreligiöses Element›», 27. März 2005, unter: http://www.spiegel.de/panorama/zeitgeschichte/interview-mit-lord-ralf-dahrendorf-im-nationalsozialismus-steckte-ein-pseudoreligioeses-element-a-347966.html, zuletzt geprüft am 23. Juni 2015.

186   Vgl. Dahrendorf, *Über Grenzen*, S. 20; Stern, *Fünf Deutschland*, S. 295, 514.

187   Dahrendorf, *Über Grenzen*, S. 24.

188   Theodor W. Adorno an Ralf Dahrendorf, 17. Mai 1954, BArch N 1749/511.

189   Dahrendorf, «Zwischenbericht», BArch, N 1749/794, S. 78. Der Betrag wurde von Dahrendorf in dem Manuskript handschriftlich (unleserlich) 1500 Mark auf 2000 Mark geändert.

190   Ralf Dahrendorf an Heinz Hübner, 3. September 1957, BArch N 1749/267.

191   Dahrendorf, «Zwischenbericht», BArch, N 1749/794, S. 137.

192   Briefwechsel zwischen Ralf Dahrendorf und René König Oktober/November 1957, BArch N 1749/41.

193   Vgl. Ronald G. Asch u. a, *Integration – Legitimation – Korruption. Politische Patronage in Früher Neuzeit und Moderne*, Frankfurt am Main 2011.

194   Dahrendorf, Manuskript der englischsprachigen Autobiographie, Kapitel 1–7, BArch, N 1749/803, S. 18.

195   Dahrendorf, *Über Grenzen*, S. 25.

196   Dahrendorf, Sammlung von publizierten Artikeln und Aufsätzen, BArch, N 1749/476.

197   Beide Zitate: Hans-Olaf Henkel, *Die Macht der Freiheit. Erinnerungen*, München 2002, S. 63. Ein anderer Student Dahrendorfs an der Akademie für Gemeinwirtschaft, der spätere Afrikaspezialist Theodor Michael betonte, dass Dahrendorf ihn wie kein anderer Lehrer geprägt habe. Insbesondere dessen Aus-

sage, «Jede Gesellschaft befindet sich zu jedem Zeitpunkt in jeder möglichen Wandlung», habe ihm – kurz nach dem Ende des «Dritten Reiches» – verdeutlicht, dass jede Ordnung, ob negativ oder positiv, und sei sie auch scheinbar so fest gefügt, sich ständig wandeln und verändern könne. Dahrendorf habe ihm das freie Denken in ganz neuen Dimensionen eröffnet. Vgl. Theodor Michael, *Deutsch sein und schwarz dazu. Erinnerungen eines Afro-Deutschen*, München [4]2014.

198 Dahrendorf, «Zwischenbericht», BArch, N 1749/794, S. 138.
199 Vgl. Peisert, «Wanderungen zwischen Wissenschaft», S. 8.
200 Dahrendorf, «Zwischenbericht», BArch, N 1749/794, S. 140.

III.
Der öffentliche Professor: Bildungsreformer, Hochschulgründer und engagierter Publizist (1960–1967)

1 Ulrich Herbert, «Liberalisierung als Lernprozeß. Die Bundesrepublik in der deutschen Geschichte – eine Skizze», in: ders. (Hg.), *Wandlungsprozesse in Westdeutschland. Belastung, Integration, Liberalisierung 1945–1980*, Göttingen 2002, S. 7–49, hier S. 7. Der Begriff «Fundamentalliberalisierung» stammt von Jürgen Habermas, «Der Marsch durch die Institutionen hat auch die CDU erreicht», in: *Frankfurter Rundschau*, 11. März 1988.

2 Zur zunehmenden Politisierung der Medienöffentlichkeit von den fünfziger zu den sechziger Jahren und dem Begriff «Konsensjournalismus» vgl. Christina von Hodenberg, *Konsens und Krise. Eine Geschichte der westdeutschen Medienöffentlichkeit. 1945–1973*, Göttingen 2006, S. 183–228.

3 Matthias Frese u. Julia Paulus, «Geschwindigkeiten und Faktoren des Wandels. Die 1960er Jahre in der Bundesrepublik», in: Matthias Frese u. a. (Hg.), *Demokratisierung und gesellschaftlicher Aufbruch. Die sechziger Jahre als Wendezeit der Bundesrepublik*, Paderborn [2]2005, S. 1–23, hier S. 3.

4 Nolte, *Ordnung*, S. 11.

5 Ralf Dahrendorf, *Die Soziologie und der Soziologe. Zur Frage von Theorie und Praxis*, Konstanz 1967, S. 28.

6 Ebd., S. 27.

7 Vgl. Robert K. Merton, «The Mathew Effect in Science», in: *Science* 1968, 159, 3810 S. 56–63.

8 Dahrendorf, «Zwischenbericht», BArch, N 1749/794, S. 139.

9 Ralf Dahrendorf an Hans Paul Bahrdt, 8. August 1960, BArch N 1749/37. Bahrdt hatte vor Dahrendorf an erster Stelle auf der Tübinger Berufungsliste gestanden, aber zugunsten der Universität Göttingen verzichtet.

10 Dahrendorf, «Zwischenbericht», BArch, N 1749/794. Hans Joachim Strüber war der Freund Hans, mit dem Dahrendorf 1951 nach Amerika gefahren war. Die beiden waren bis in die sechziger Jahre eng befreundet.

11 Ebd., S. 140.

12 Peisert, «Wanderungen zwischen Wissenschaft», S. 8.

13 Über Dahrendorfs Verhältnis zur Empirie äußert sich der Politikwissenschaftler Gerhard Lehmbruch in einem Interview über seine Assistentenzeit in Tübingen Anfang der sechziger Jahre kritisch: «ich habe in meinem Exemplar [meiner Dissertationsschrift] eine handschriftliche Anmerkung von Dahrendorf, wo er nach

der Signifikanz einer Korrelation fragt, aus der man entnehmen kann, dass er die ganze statistische Fragestellung nicht verstanden hatte. (Dahrendorf hatte im Grunde von quantitativ gestützter Empirie keine Ahnung; das ließ er von seinem Assistenten machen.)» Vgl. Clemens Jesenitschnig, Transkript des Interviews vom 26. Januar 2010 in Tübingen mit Prof. em. Dr. Gerhard Lehmbruch: clemens-jesenitschnig.info/docs/09-Interview-Gerhard_Lehmbruch.pdf, S. 13, zuletzt geprüft am 18. März 2016.

14 Vgl. Peisert, «Wanderungen zwischen Wissenschaft», S. 8–10; die Seminar- und Vorlesungsunterlagen im Nachlass Dahrendorf, BArch N 1749/625, 626, 627, 648, 764.

15 Urs Jaeggi, *Die gesellschaftliche Elite. Eine Studie zum Problem der sozialen Macht*, Bern 1960; Hans Peter Dreitzel, *Elitebegriff und Sozialstruktur. Eine soziologische Begriffsanalyse*, Stuttgart 1962.

16 Karl W. Deutsch u. Lewis J. Edinger, *Germany Rejoins the Powers. Mass Opinion, Interest Groups, and Elites in Contemporary German Foreign Policy*, New York 1973 [1959]; C. Wright Mills, *The Power Elite*, Oxford 1956.

17 Vgl. Ralf Dahrendorf, «Eine neue deutsche Oberschicht? Notizen über die Eliten der Bundesrepublik», in: *Die Neue Gesellschaft* 9, 1, 1962, S. 18–30.

18 Reitmayer, *Elite*, S. 546.

19 Dahrendorf, *Gesellschaft und Demokratie*, S. 105.

20 Vgl. Kapitel 3.

21 Seit 1959 war Ralf Dahrendorf im Vorstand der Deutschen Gesellschaft für Soziologie.

22 Theodor W. Adorno u. a. (Hg.), *Der Positivismusstreit in der deutschen Soziologie*, Neuwied 1969. Zu den Vorläufern des Positivismusstreits vgl. Hans-Joachim Dahms, *Positivismusstreit. Die Auseinandersetzungen der Frankfurter Schule mit dem logischen Positivismus, dem amerikanischen Pragmatismus und dem kritischen Rationalismus*, Frankfurt am Main 1994. Eine frühere Diskussion der unterschiedlichen erkenntnistheoretischen Herangehensweisen in der deutschen Soziologie der fünfziger und sechziger Jahre wurde kürzlich dokumentiert: Fabian Link, «Die multiple Epistemologie der Sozialwissenschaften. Anmerkungen zu einer Sitzung über das ‹Verhältnis von Soziologie und empirischer Sozialforschung› am 1. März 1957», in: Martin Endreß (Hg.), *Zyklos 1. Jahrbuch für Theorie und Geschichte der Soziologie*, Wiesbaden 2015, S. 101–129.

23 Vgl. Jürgen Ritsert, «Der Positivismusstreit», in: Georg Kneer u. Stephan Moebius (Hg.), *Soziologische Kontroversen. Beiträge zu einer anderen Geschichte der Wissenschaft vom Sozialen*, Berlin 2010, S. 102–132, hier S. 107.

24 Vgl. Dahrendorf, Manuskript der englischsprachigen Autobiographie, Kapitel 1–7, BArch, N 1749/803, S. 145–146; ders., *Über Grenzen*, S. 174.

25 Dahrendorf bemängelte die fehlende Intensität der Diskussion, die den tatsächlichen Auffassungsunterschieden angemessen gewesen wäre, vgl. Ralf Dahrendorf, «Anmerkungen zur Diskussion», in: Theodor W. Adorno u. a. (Hg.), *Der Positivismusstreit in der deutschen Soziologie*, Neuwied 1969; vgl. auch Ritsert, «Der Positivismusstreit»; Kruse, *Geschichte der Soziologie*, S. 289–290.

26 Adorno u. a, *Der Positivismusstreit*, S. 155 ff.

27 Hans Albert, «Kleines verwundertes Nachwort zu einer großen Einleitung», in: Theodor W. Adorno u. a. (Hg.), *Der Positivismusstreit in der deutschen Soziologie*, Neuwied 1969, S. 335–339.

28 Ralf Dahrendorf, «Per Bindestrich zur Soziologie», in: *Badische Zeitung*, 15. September 1998.

29 Dahrendorf, Manuskript der englischsprachigen Autobiographie, Kapitel 1–7, BArch, N 1749/803, S. 147–148.

30 Vgl. Dahrendorf, «Seit Jahrzehnten», S. 125.

31 Dahrendorf veröffentlichte in diesem Zeitraum 14 Monographien, drei Sammelbände als Herausgeber, sechs Rezensionen, 43 Aufsätze oder kleinere Schriften sowie zwei Lexikonartikel (ohne Zeitungsartikel). Dabei handelte es sich vor allem um deutsche und englischsprachige Publikationen sowie um die italienische Ausgabe von *Soziale Klassen und Klassenkonflikt* als *Classi e conflitto di classe nella società industriale* (1963). Vgl. Publikationslisten, BArch N 1749/915.

32 Hannelore Gerstein, *Studierende Mädchen. Zum Problem des vorzeitigen Abgangs von der Universität*, Studien zur Soziologie 4, München 1965. Vgl. Peisert, «Wanderungen zwischen Wissenschaft», S. 9–10.

33 Vgl. Edda Ziegler, *100 Jahre Piper. Die Geschichte eines Verlags*, München [u. a.] 2004, S. 292–298.

34 Vgl. die Korrespondenz im Nachlass, BArch N 1749/78 und 170. Zu *Gesellschaft und Demokratie in Deutschland*, BArch N 1749/656 und 657. Wie erst Ende der neunziger Jahre bekannt und durch Michael Wildt publik gemacht wurde, war Hans Rößner, der auch Hannah Arendt, Karl Jaspers und Ingeborg Bachmann betreute, im «Dritten Reich» nicht nur NSDAP-Mitglied, sondern auch in führender Position des Sicherheitsdienstes (SD) der SS tätig gewesen und hatte bei den Nürnberger Prozessen als Zeuge der Verteidigung ausgesagt; vgl. Michael Wildt, *Generation des Unbedingten. Das Führungskorps des Reichssicherheitshauptamtes*, Hamburg 2002; Ziegler, *100 Jahre Piper*, S. 163–168; Olaf Blaschke, *Verleger machen Geschichte. Buchhandel und Historiker seit 1945 im deutsch-britischen Vergleich*, Göttingen 2010, S. 404.

35 Zwar stellte Dahrendorf fest, dass Amerika alles andere als eine perfekte Demokratie sei und auch das «Negerproblem» ernstgenommen und gelöst werden müsse, doch es überrascht, dass Dahrendorf, sonst entschiedener Verteidiger der Bürgerrechte und der Freiheit, für die Bürgerrechtsbewegung der Schwarzen in den USA nur zögerlich Interesse aufbrachte. Ralf Dahrendorf, *Die angewandte Aufklärung. Gesellschaft und Soziologie in Amerika*, München 1963, S. 111; in der Neuauflage von 1967 ging er in einem Nachwort jedoch auf die sogenannten «Rassenunruhen» ein.

36 Hans Paeschke an Ralf Dahrendorf, 4. Juni 1962, BArch N 1749/137.

37 Vgl. für die sechziger Jahre die Briefwechsel, BArch N 1749/137; für die Jahre 1974 bis 1981 die Korrespondenz zwischen Dahrendorf und der Redaktion des *Merkur* beziehungsweise Paeschke, BArch N 1749/121. Paeschke bat Dahrendorf immer wieder um Artikel für seine Zeitschrift und sah sich offensichtlich in Konkurrenz mit der *Zeit* um diesen Autor. Die Artikel die Dahrendorf in den sechziger Jahren für den *Merkur* schrieb, waren: «Deutsche Oberschicht im Übergang», in: *Merkur* 18, 194, 1964, S. 323–333; «Angst vor Hofnarren?», in: *Merkur* 18, 197, 1964, S. 663–667; «Das Kartell der Angst», in: *Merkur* 19, 210, 1965, S. 803–815; «Aktive und passive Öffentlichkeit», in: *Merkur* 21, 237, 1967.

38 Vgl. Ralf Dahrendorf, «Die Ausbildung einer Elite. Die deutsche Oberschicht und die juristischen Fakultäten», in: *Der Monat* 14, 166, 1961/62, S. 15–26; Briefwechsel mit Fritz René Allemann 1961, BArch N 1749/137.

39 Vgl. Reitmayer, *Elite*, S. 97–98; zu einer Analyse des intellektuellen Feldes in den Kulturzeitschriften der frühen Bundesrepublik vgl. S. 47 ff.

40 Eduard Rosenbaum, «Ein Organon des Verstehens», in: *Merkur* 16, 169, 1962, S. 287–291, hier S. 287; vgl. die bereits in Kapitel 3 zitierte Rezension Allemann, «Der schöpferische Konflikt», die einen ähnlichen Tenor anschlägt.

41 Vgl. Adolf Frisé (Hg.), *Vom Geist der Zeit*, Gütersloh 1966; den Briefwechsel von Ralf Dahrendorf und Adolf Frisé, Juni 1962, BArch N 1749/185.

42 Ralf Dahrendorf, «Plädoyer für die Diskussion» [gesendet am 7. Oktober 1962], in: Adolf Frisé (Hg.), *Vom Geist der Zeit*, Gütersloh 1966, S. 11–14.

43 Vgl. Peisert, «Wanderungen zwischen Wissenschaft», S. 11; Dahrendorf, «Zwischenbericht», BArch, N 1749/794, S. 167.

44 Sendeanalysen ZDF-Kommentare 1964–65, BArch N 1749/185.

45 Vgl. Meldung in der *Frankfurter Allgemeinen Zeitung*, 20. Juli 1964, S. 16.

46 Vgl. Johannes Schlemmer (Hg.), *Die Hoffnungen unserer Zeit. Zehn Beiträge*, Eine Sendereihe des Süddeutschen Rundfunks, München 1963.

47 Bei einer Umfrage des Instituts Allensbach vom Juni 1968 nach dem Prestige von Berufen standen Hochschulprofessoren nach Ärzten und Atomphysikern auf dem dritten Platz, noch vor Diplomaten, Pfarrern, Lehrern; vgl. Elisabeth Noelle u. Erich Peter Neumann (Hg.), *Jahrbuch der öffentlichen Meinung. 1968–1973*, Allensbach, Bonn 1974, S. 370.

48 Zum Expertenbegriff vgl. Ariane Leendertz, «Experten. Dynamiken zwischen Wissenschaft und Politik», in: Christiane Reinecke u. Thomas Mergel (Hg.), *Das Soziale ordnen. Sozialwissenschaften und gesellschaftliche Ungleichheit im 20. Jahrhundert*, Frankfurt am Main 2012, S. 337–369, hier S. 345: «Experte ist, wer aufgrund seines zertifizierten Fachwissens sowie seiner beruflichen Position als Experte gilt und wer eine Organisation oder Institution eingebunden ist, die den Expertenstatus ihrer Mitglieder verbürgt.» Diese Aspekte treffen auf Dahrendorf zu.

49 Vgl. Monika Boll, *Nachtprogramm. Intellektuelle Gründungsdebatten in der frühen Bundesrepublik*, Münster 2004; Nina Verheyen, *Diskussionslust. Eine Kulturgeschichte des «besseren Arguments» in Westdeutschland*, Göttingen 2010; Axel Schildt, «Auf neuem und doch scheinbar vertrautem Feld. Intellektuelle Positionen am Ende der Weimarer und am Anfang der Bonner Republik», in: Alexander Gallus u. Axel Schildt (Hg.), *Rückblickend in die Zukunft. Politische Öffentlichkeit und intellektuelle Positionen in Deutschland um 1950 und um 1930*, Göttingen 2011, S. 13–32, hier S. 28–32; Nolte, «Soziologie», S. 28–29.

50 Karl Korn nennt Dahrendorf in einem Artikel als politischen Intellektuellen neben Eugen Kogon, Theodor Eschenburg, Helmut Schelsky und Carlo Schmid; «Spezialisten des Unbehagens? Zur Lage der Intellektuellen in Deutschland», in: *Frankfurter Allgemeine Zeitung*, 22. September 1962.

51 Dahrendorf, *Über Grenzen*, S. 104.

52 Ralf Dahrendorf, «Der Narr und die Gesellschaft» [gesendet am 24. Februar 1963], in: Adolf Frisé (Hg.), *Vom Geist der Zeit*, Gütersloh 1966, S. 174.

53 Ebd., S. 175–176.

54 Bereits im August und September 1962 brachte die *Frankfurter Allgemeine Zeitung* eine Artikelserie über Intellektuelle in verschiedenen Ländern (2. August: Italien; 8. und 14. August: England; 20. und 24. August: Frankreich; 4. September: Japan; 22. September: Deutschland). 1964 betonte Arnold Gehlen die fehlende praktische Verantwortung der Intellektuellen, aus der eine «sozialkritische

Aggressivität» entstehe; «Das Engagement der Intellektuellen gegenüber dem Staat», in: *Merkur* 18, 195, 1964, S. 401–413. Im Sinne einer Replik äußerte sich Rudolf Augstein, «Über die Chancen des Intellektuellen. Vortrag auf dem Symposium der Universität Wien ‹Gestaltung der Wirklichkeit›», in: *Der Spiegel*, 2. Juni 1965. Auch der Aufsatz von M. Rainer Lepsius «Kritik als Beruf» ist als Teil dieser Debatte zu sehen.

55 Telegramm Rudolf Walter Leonhardt an Ralf Dahrendorf, 19. März 1963, BArch N 1749/137. Der Radiokommentar wurde abgedruckt unter dem Titel «Der Intellektuelle und die Gesellschaft. Über die soziale Funktion des Narren im zwanzigsten Jahrhundert», in: *Die Zeit*, 29. März 1963; vgl. Meifort, «Der Nachlass Dahrendorf».

56 Als Zeichen seiner Identifikation mit dem Typus des Hofnarren kann die Tatsache gelten, dass Dahrendorf Joker aus Kartenspielen sammelte.

57 Vgl. erd, «Tübinger Professoren protestieren gegen Mißbrauch ihrer Namen durch SPD. Raiser und Dahrendorf von verkündeter Beraterrolle überrascht – ‹Niemand hat uns gefragt›», in: *Münchner Merkur*, 25. November 1964; vgl. auch Kapitel 5.

58 Dahrendorf, «Zwischenbericht», BArch, N 1749/794, S. 147.

59 sd, «Verlage lassen bitten. Zu Gast bei drei Empfängen», in: *Frankfurter Neue Presse*, 18. Oktober 1965.

60 Dahrendorf, «Zwischenbericht», BArch, N 1749/794, S. 151.

61 Ebd.; dort auch die drei folgenden Zitate.

62 Vgl. Ulrich Raulff, *Kreis ohne Meister. Stefan Georges Nachleben*, München 2009.

63 Auch in späteren Jahren verwendete Dahrendorf den Begriff; vgl. Wolfram Bickerich u. Gerhard Spörl, «Die wahre Revolution. Der Soziologe Lord Ralf Dahrendorf über Erfolge und Aufgaben der deutschen Politik», in: *Der Spiegel*, 15. Januar 1997. Der Begriff erhielt noch einmal größere Bekanntheit, als er in der Berichterstattung im Zusammenhang mit dem Missbrauchsskandal an der Odenwald-Schule bemüht wurde, um die Mitwisserschaft über die pädophilen Neigungen des Schulleiters Gerold Becker von prominenten Familien und Persönlichkeiten zu beschreiben. Vgl. Alexander Cammann, ‹Protestantische Mafia›. Im Missbrauchsskandal an der Odenwaldschule schauen das aufgeklärte, liberale Deutschland und seine Elite in den Abgrund», in: *Die Zeit*, 25. März 2010; Philipp Eppelsheim, «Die Wahrhaftigkeit und Hartmut von Hentig», in: *Frankfurter Allgemeine Zeitung*, 23. Oktober 2011.

64 Vgl. Dahrendorf, *Europäisches Tagebuch*, S. 165; vgl. dazu Kapitel VI.

65 Dahrendorf, «Zwischenbericht», BArch, N 1749/794, S. 151.

66 Ebd., S. 152.

67 Kurt H. Biedenkopf, *Fortschritt für Freiheit. Umrisse einer politischen Strategie*, München 1974.

68 Dahrendorf, «Zwischenbericht», BArch, N 1749/794, S. 152.

69 Ebd.; ort auch die vorherigen Zitate.

70 Vgl. Dahrendorfs Äußerungen über Helmut Schmidt, den er als «Fundamental-Illiberalen» bezeichnete; vgl. auch Kapitel 2.

71 Vgl. Pierre Bourdieu, «Das politische Feld», in: *Das politische Feld. Zur Kritik der politischen Vernunft*, Konstanz 2001, S. 41–66, hier S. 65; vgl. auch Ingrid Gilcher-Holtey, Prolog, in: dies. (Hg.), *Zwischen den Fronten. Positionskämpfe europäischer Intellektueller im 20. Jahrhundert*, Berlin 2006, S. 9–21, hier S. 14–15.

72 Dahrendorf, «Zwischenbericht», BArch, N 1749/794, S. 150. Auch in den
   Schriftwechseln in Dahrendorfs Nachlass finden sich Beispiele, in denen er sich
   gegen eine Beteiligung an Unterschriftenaktionen aussprach, etwa Ralf Dahrendorf an Freudenberg, 31. Oktober 1967; an Michael Naumann, 24. August 1967,
   BArch N 1749/48.

73 *Der Spiegel* mit dem Datum 10. August, einem Mittwoch, erschien bereits am
   Montag, den 8. August.

74 Zum Verlauf und zu den Hintergründen der *Spiegel*-Affäre vgl. Martin Doerry
   (Hg.), *Die* Spiegel-*Affäre. Ein Skandal und seine Folgen*, München 2013; Christian Søe, *Politische Kontrolle und Verantwortlichkeit in der Bundesrepublik
   Deutschland am Ende der Adenauer-Ära. Eine Verlaufsanalyse der Spiegel-Affäre*,
   Berlin 1976; Manfred Görtemaker, *Geschichte der Bundesrepublik Deutschland.
   Von der Gründung bis zur Gegenwart*, München 1999, S. 381 ff. Zur Bedeutung
   des Engagements von Intellektuellen vgl. v. a. Dorothee Liehr, *Von der «Aktion»
   gegen den «Spiegel» zur «Spiegel-Affäre». Zur gesellschaftspolitischen Rolle der Intellektuellen*, Frankfurt am Main 2002.

75 Vgl. u. a. Ulrich Herbert, *Geschichte Deutschlands im 20. Jahrhundert*, München
   2014, S. 578; Axel Schildt, «‹Augstein raus – Strauß rein›. Öffentliche Reaktionen
   auf die *Spiegel*-Affäre», in: Martin Doerry (Hg.), *Die* Spiegel-*Affäre. Ein Skandal
   und seine Folgen*, München 2013, S. 177–201. Christina von Hodenberg hingegen
   stellt die Singularität der Bedeutung der *Spiegel*-Affäre infrage und betont, dass
   ihr seit 1958 eine Reihe von heute nahezu vergessenen ähnlichen Vorgängen vor-
   ausgingen, die ebenso zu der Diskussion um das Recht der Medien auf Kritik
   und das Recht der Politik zum Eingriff in die journalistische Sphäre beitrugen,
   etwa die «Heye»-, die «Schnurre»-, die «Abhör»- und die «Panorama»-Affäre;
   vgl. *Konsens und Krise*, S. 323 ff.

76 Vgl. die Chronik in: Alfred Grosser u. Jürgen Seifert, *Die Staatsmacht und ihre
   Kontrolle*, Olten 1966, v. a. S. 235–274.

77 Frank Bösch, «Später Protest. Die Intellektuellen und die Pressefreiheit in der
   frühen Bundesrepublik», in: Dominik Geppert u. Jens Hacke (Hg.), *Streit um
   den Staat. Intellektuelle Debatten in der Bundesrepublik 1960–1980*, Göttingen
   2008, S. 91–112, hier S. 102–103.

78 Hodenberg, *Konsens und Krise*.

79 Hans-Ulrich Wehler, «Weckruf für die Demokratie – die *Spiegel*-Affäre. 50 Jahre
   danach», in: Martin Doerry (Hg.), *Die* Spiegel-*Affäre. Ein Skandal und seine
   Folgen*, München 2013, S. 24–33, hier S. 33.

80 Bösch, «Später Protest», S. 105. Im Übrigen zählt auch Karl Dietrich Bracher mit
   dem Geburtsjahr 1922 nicht zur 45er-Generation im engeren Sinne.

81 Wehler, «Weckruf», S. 30.

82 Vgl. Liehr, *Von der Aktion*, S. 102–117; Bösch, «Später Protest», S. 102–105.

83 Vgl. Manfred Liebel, «Die öffentlichen Reaktionen in der Bundesrepublik», in:
   Thomas Ellwein u. a. (Hg.), *Die Spiegel-Affäre. Die Reaktion der Öffentlichkeit*,
   Olten 1966, S. 39–240, hier S. 190; Liehr, *Von der Aktion*, S. 72.

84 Zitiert nach: Dahrendorf, «Zwischenbericht», BArch, N 1749/794, S. 166. Zu
   den Unterzeichnern gehörten außer den genannten der Theologe Hermann
   Diem, der Volkskundler Hermann Bausinger, der Politikwissenschaftler Iring
   Fetscher und der Völkerkundler Thomas S. Barthel; vgl. die Presseberichte,
   BArch N 1749/629.

85 Dahrendorf, «Zwischenbericht», BArch N 1749/794, S. 166.

86 Aus den Unterlagen im Nachlass Dahrendorf geht hervor, dass er maßgeblich an der Ausarbeitung und Vorbereitung der Erklärung beteiligt war. Neben Hermann Diem, Ludwig Raiser und Walter Schulz war er als eine der Kontaktadressen für die Unterzeichner genannt, BArch N 1749/629.

87 Vgl. Liebel, «Die öffentlichen Reaktionen», S. 195–196.

88 Vgl. die Erklärungen von 29 Professoren und Dozenten der Universität Köln vom 31. Oktober 1962, die Tübinger Erklärung von 54 Professoren vom 19. November 1962, die Petition von 63 Professoren der Universität Bonn vom 20. November 1962, den offenen Brief von 29 Professoren der politischen Wissenschaften und des Staatsrechts verschiedener Universitäten vom 22. November und weitere Erklärungen in Thomas Ellwein u. a. (Hg.), *Die Spiegel-Affäre. Die Reaktion der Öffentlichkeit*, Olten 1966, S. 392–401.

89 Zitiert nach dem Abdruck der Erklärung, ebd., S. 393.

90 Ebd., S. 393–394.

91 Überschriften in: *Abendpost*, Frankfurt am Main, 20. November 1962; *Hamburger Echo*, 20. November 1962; zitiert nach Liebel, «Die öffentlichen Reaktionen», S. 191. In den Pressemeldungen ist fälschlicherweise meist von 53 statt 54 Professoren die Rede.

92 Ellwein, *Die Spiegel-Affäre*, S. 195.

93 Schildt, «Augstein raus», S. 185.

94 Herbert, *Geschichte Deutschlands*, S. 759–761.

95 Wolfgang Weyrauch (Hg.), *Ich lebe in der Bundesrepublik. Fünfzehn Deutsche über Deutschland*, München 1960; Hans Werner Richter (Hg.), *Bestandsaufnahme. Eine deutsche Bilanz 1962. Sechsunddreissig Beiträge deutscher Wissenschaftler, Schriftsteller und Publizisten*, München 1962.

96 Ralf Dahrendorf, «Die neue Gesellschaft? Soziale Strukturwandlungen der Nachkriegszeit», in: Hans Werner Richter (Hg.), *Bestandsaufnahme. Eine deutsche Bilanz 1962. Sechsunddreissig Beiträge deutscher Wissenschaftler, Schriftsteller und Publizisten*, München 1962, S. 203–220.

97 Einige Teile des folgenden Abschnitts wurden in ähnlicher Form bereits veröffentlicht, vgl. Franziska Meifort, «Liberalisierung der Gesellschaft durch Bildungsreform. Ralf Dahrendorf zwischen Wissenschaft und Öffentlichkeit in den sechziger Jahren», in: Sebastian Brandt u. a. (Hg.), *Universität, Wissenschaft und Öffentlichkeit in Westdeutschland (1945 bis ca. 1970)*, Stuttgart 2014, S. 141–159.

98 Dahrendorfs Sekretärin in Tübingen teilte Prof. Dr. Hans Floretta am 24. Januar 1963 mit, «dass Herr Professor Dahrendorf nach einer verschleppten Grippe schwer erkrankt ist und für mehrere Wochen im Sanatorium verbleiben muss.» BArch N 1749/39.

99 In dieser Zeit übernahm sein Assistent Hansgert Peisert die Universitätsgeschäfte; vgl. Peisert an Wilhelm Bernsdorf, 13. Februar 1963; Waldemar Besson an Dahrendorf, 4. Februar 1963, BArch N 1749/37.

100 David Lockwood an Ralf Dahrendorf, 8. März 1963, BArch N 1749/41. Wie aus dem Brief hervorgeht, kursierte das Gerücht, Dahrendorf habe einen Herzinfarkt gehabt.

101 Dahrendorf, Manuskript der englischsprachigen Autobiographie, Kapitel 1–7, BArch, N 1749/803, S. 156.

102 Zitat: Herbert, «Liberalisierung als Lernprozeß», S. 30; vgl. Wolfrum, *Die geglückte Demokratie*, S. 13; Jens Hacke, «Pathologie der Gesellschaft und liberale

Vision. Ralf Dahrendorfs Erkundung der deutschen Demokratie», in: *Zeithistorische Forschungen/Studies in Contemporary History*, Online-Ausgabe, 2004, http://www.zeithistorische-forschungen.de/16126041-Hacke-2-2004, zuletzt geprüft am 22. November 2011; Moritz Scheibe, «Auf der Suche nach der demokratischen Gesellschaft», in: Ulrich Herbert (Hg.), *Wandlungsprozesse in Westdeutschland. Belastung, Integration, Liberalisierung 1945–1980*, Göttingen 2002, S. 245–277; Habermas, «Jahrgang 1929».

103 Zum Einfluss von *Gesellschaft und Demokratie* auf die Geschichtswissenschaft vgl. Michael Prinz, «Ralf Dahrendorfs ‹Gesellschaft und Demokratie› als epochenübergreifende Interpretation des Nationalsozialismus», in: Matthias Frese u. Michael Prinz (Hg.), *Politische Zäsuren und gesellschaftlicher Wandel im 20. Jahrhundert. Regionale und vergleichende Perspektiven*, Paderborn 1996, S. 755–777. Kritik an der Sonderwegsthese kam vor allem aus dem angloamerikanischen Raum, etwa von David Blackbourn u. Geoff Eley, *The Peculiarities of German History. Bourgeois Society and Politics in Nineteenth-Century*, Oxford 1984, S. 73; vgl. das unveröffentlichte Manuskript: Janine Murphy, «Special Paths and Special People. The German Sonderweg and the Disappointing Bourgeoisie», 2011.

104 Dahrendorf, *Gesellschaft und Demokratie*, S. 39.

105 Ebd.

106 Ebd., S. 55; Helmuth Plessner, *Die verspätete Nation. Über die politische Verführbarkeit bürgerlichen Geistes*, Stuttgart 1959. Zur Biographie Helmuth Plessners vgl. Carola Dietze, *Nachgeholtes Leben. Helmuth Plessner 1892–1985*, Göttingen 2006.

107 Fast zeitgleich erschien das Werk des amerikanischen Historikers David Schoenbaum, *Hitler's Social Revolution. Class and Status in Nazi Germany 1933–1939*, Garden City 1966, mit einer ähnlichen These.

108 Anders als von Gerhard Schäfer dargestellt, war die Frage nach Auschwitz für Dahrendorf zunächst kein zentrales Thema; vgl. Schäfer, «Der Nationalsozialismus», S. 148. Vielmehr blieb der Holocaust in Dahrendorfs Deutschlandbuch» nahezu unerwähnt. Erst in den siebziger Jahren begann Dahrendorf sich – unter anderem auf einer Polenreise, bei der er auch das ehemalige KZ Auschwitz besuchte, und durch seine zweite Frau Ellen angeregt, die aus einer jüdischen Familie stammte – mit dem Holocaust auseinanderzusetzen. Das war typisch für die damalige Zeit. Auch in der Geschichtswissenschaft herrschte in den sechziger Jahren noch die Meinung, die massenhafte Ermordung der europäischen Juden sei bereits hinlänglich erforscht. Erst Anfang der achtziger Jahre begann die Auseinandersetzung mit dem Holocaust, ausgelöst durch den Aufsatz von Martin Broszat «Hitler und die Genesis der ‹Endlösung›» in den *Vierteljahresheften für Zeitgeschichte* (1977); vgl. Sybille Steinbacher, «Martin Broszat und die Erforschung der nationalsozialistischen Judenpolitik», in: Norbert Frei (Hg.), *Martin Broszat, der «Staat Hitlers» und die Historisierung des Nationalsozialismus*, Göttingen 2007, S. 130–145; Nicolas Berg, *Der Holocaust und die westdeutschen Historiker. Erforschung und Erinnerung*, Göttingen 2003.

109 Vgl. Hacke, «Pathologie der Gesellschaft».

110 Eine Gleichschaltung der deutschen Gesellschaft hatte in den Jahren nach 1933 weder allumfassend stattgefunden, noch schloss sie verfolgte Bevölkerungsgruppen ein, die von den Nationalsozialisten nicht als Teil des «deutschen Volkskörpers» angesehen wurden. Der Dahrendorf-Schüler Jens Alber wies darauf hin,

dass für eine Beschleunigung des Modernisierungsprozesses im «Dritten Reich» keine empirischen Belege vorlägen; etwa habe es nur geringe Veränderungen in der Erwerbsstruktur gegeben, die Bildungschancen in der Weimarer Republik seien größer als im Nationalsozialismus gewesen und Frauen seien in auf Heim und Familie beschränkte Geschlechterrollen zurückgedrängt worden; vgl. Görtemaker, *Geschichte der Bundesrepublik*, S. 175. Deshalb kann von einer Modernisierung der deutschen Gesellschaft erst mit dem Aufbau der Bundesrepublik nach 1945 gesprochen werden. Allerdings ist es richtig, dass die sozialen Umwälzungen des Zweiten Weltkriegs mit Flucht, Vertreibung und Güterverlusten soziale Unterschiede teilweise nivellierten und sich für manchen die Möglichkeit eines Neuanfangs, gewissermaßen befreit von sozialen Bindungen, ergab. Zur Diskussion insbesondere der Frage nach der integrativen und nivellierenden Kraft der Idee der «Volksgemeinschaft» vgl. Nolte, *Ordnung*, S. 190 ff.

111 Dahrendorf, *Gesellschaft und Demokratie*, S. 444; vgl. Schäfer, «Der Nationalsozialismus», S. 150.

112 Dahrendorf, *Gesellschaft und Demokratie*, S. 40–42.

113 Vgl. Hodenberg, *Konsens und Krise*, S. 183–228.

114 Dahrendorf, *Gesellschaft und Demokratie*, S. 174–175.

115 Ebd., S. 171.

116 Ebd., S. 174.

117 Ebd., S. 173.

118 Ebd., S. 81.

119 Ebd., S. 79, Hervorhebung F. M.

120 Ebd., S. 80.

121 Ebd., S. 86.

122 Vgl. Piper Verlag an Ralf Dahrendorf, 25. März 1968, BArch N 1749/166. Im März 1977 verzeichnete die fünfte Taschenbuchauflage im Deutschen Taschenbuch Verlag 44 000 gedruckte Exemplare.

123 Dokumentiert in der Korrespondenz des Nachlasses Dahrendorf im Bundesarchiv Koblenz, BArch N 1749, Bde. 42, 43, 48.

124 Jens Hacke, «Politik muss nicht originell sein», in: *Süddeutsche Zeitung*, 30. April 2009.

125 Wilhelm Dröscher an Ralf Dahrendorf, 22. August 1966; BArch, N 1749/55.

126 Norbert Blüm an Ralf Dahrendorf, 3. Oktober 1967, BArch N 1749/137.

127 Arnulf Baring, «Über die Demokratie in Deutschland. Besprechung von: Ralf Dahrendorf, Gesellschaft und Demokratie in Deutschland», in: WDR, II. Programm, 1. Dezember 1965, 22.15–22.30 Uhr, BArch N 1749/191.

128 Jürgen Habermas, «Die verzögerte Moderne», in: *Der Spiegel*, 29. Dezember 1965, S. 87–88.

129 Dahrendorf, «Zwischenbericht», BArch, N 1749/794, S. 155.

130 Habermas, «Die verzögerte Moderne», S. 88.

131 Scheibe, «Auf der Suche», S. 252. Zur Kritik an Scheibe vgl. Kießling, *Die undeutschen Deutschen*, S. 293.

132 Dahrendorf, *Gesellschaft und Demokratie*, S. 90.

133 Der folgende Abschnitt wurde in Teilen in ähnlicher Form bereits veröffentlicht, vgl. Meifort, «Liberalisierung der Gesellschaft».

134 Ralf Dahrendorf, *Bildung ist Bürgerrecht. Plädoyer für eine aktive Bildungspolitik*, Hamburg 1965, S. 8.

135 Ralf Dahrendorf, «Aktive Bildungspolitik ist ein Gebot der Bürgerrechte. Mo-

tive des Wandels», in: *Die Zeit*, 12. November 1965, S. 24; ders., «Die Schulfeindlichkeit der Praktiker. Aktive Bildungspolitik bedeutet Expansion des Bildungswesens. Ziele des Wandels», in: *Die Zeit*, 19. November 1965, S. 17; ders.,
«Gewollte Unmündigkeit. Reform verlangt die Modernisierung der Gesellschaft. Der Übergang zu weiterführenden Schulen», in: *Die Zeit*, 26. November
1965, S. 24; ders., «Die sogenannten Versager in der Schule. Reform verlangt die
Ermutigung der Schule. Der vorzeitige Abgang von weiterführenden Schulen»,
in: *Die Zeit*, 3. Dezember 1965, S. 20; ders., «Schul- und Universitätsmüdigkeit.
Die Schwelle zur Reform ist niedrig. Erste Schritte», in: *Die Zeit*, 10. Dezember
1965, S. 18; ders., «Ist ein Bundes-Kultusminister nötig? Der Weg zur Reform ist
lang. Bildungsforschung, Bildungsplanung, Bildungspolitik», in: *Die Zeit*,
17. Dezember 1965, S. 18.

136 Georg Picht, *Die deutsche Bildungskatastrophe. Analyse und Dokumentation*, Olten
1964.

137 Vgl. Eckart Conze, *Die Suche nach Sicherheit. Eine Geschichte der Bundesrepublik
Deutschland von 1949 bis in die Gegenwart*, München 2009, S. 242–250.

138 Vgl. Sekretariat der Ständigen Konferenz der Kultusminister der Länder, Wirtschaftswachstum und Ausbau des Erziehungswesens, Bonn, 1962. v. a. ging es
um den deutlich kürzeren (Pflicht-) Schulbesuch, den niedrigeren Anteil der
Abiturienten und das durchschnittlich höhere Alter der Abiturienten in der
Bundesrepublik im Vergleich zu Großbritannien, Frankreich und den USA.

139 Picht, *Die deutsche Bildungskatastrophe*, S. 17.

140 Friedrich Edding, *Ökonomie des Bildungswesens. Lehren und Lernen als Haushalt
und als Investition*, Freiburg i. Br. 1963.

141 Dahrendorf, *Bildung ist Bürgerrecht*, S. 9–10.

142 Für Dahrendorf waren die Abiturientenzahlen wichtiger Indikator für den Erfolg eines Bildungssystems. Die Erhöhung der Abiturientenzahlen, die auch von
Picht gefordert worden war, sollte dazu führen, dass künftig 20 % eines Jahrgangs Abitur machten und 10 % einen Hochschulabschluss erlangten; ebd.,
S. 30 f., 136. Zur Orientierung: Noch 1970 kamen lediglich 6,8 % eines Jahrgangs
zur Hochschulreife; vgl. Conze, *Die Suche nach Sicherheit*, S. 243. 2012 meldete
das Statistische Bundesamt in Wiesbaden, dass 43 % der 20- bis 29-Jährigen die
(Fach-)Hochschulreife erreicht hätten; vgl. Statistisches Bundesamt Wiesbaden,
«Jeder Vierte in Deutschland hat Abitur», Pressemitteilung, 2012.

143 Dahrendorf, *Bildung ist Bürgerrecht*, S. 65.

144 Alle Zitate: Dahrendorf, «Die sogenannten Versager».

145 Die von Dahrendorf kritisierten «vorzeitigen Abgänge» vom Gymnasium waren
seit dem 19. Jahrhundert in Deutschland traditionell üblich, wie Hans-Ulrich
Wehler gezeigt hat. Die Gymnasien waren seit Ende des 19. Jahrhunderts so angelegt, dass der Zugang zunächst relativ offen war, dann aber die große Mehrheit
der Schüler nach Ableistung der Schulpflicht oder spätestens mit der Ober-
sekundareife die Schule verließ, während nur eine kleine Minderheit von fünf
bis acht Prozent das Abitur ablegte; vgl. Hans-Ulrich Wehler, *Deutsche Gesellschaftsgeschichte*, Bd. 3: *Von der «Deutschen Doppelrevolution» bis zum Beginn des
Ersten Weltkrieges, 1849–1914*, München 1995, S. 1203.

146 Vgl. Leserzuschriften zu bildungspolitischen Äußerungen Dahrendorfs, 1963–
1966, BArch N 1749/288.

147 Vgl. die Wortmeldung eines Gymnasialdirektors im Protokoll des Beirats für
Bildungsplanung vom 17. Februar 1966, BArch N 1749/743: «Die infamen Sätze

von Herrn Dahrendorf stimmen [...] ich trage mit Stolz den Judenstern des Lehrers.» Peisert, «Wanderungen zwischen Wissenschaft», S. 13, gab die Situation wie folgt wieder: «Die Diskussion wurde emotionsgeladen; sie gipfelte in dem geschmacklosen Ausruf: Wir lassen uns von den Soziologen nicht den Judenstern für das Versagen der Hinterbänkler am Gymnasium anheften!»

148 Dahrendorf, *Bildung ist Bürgerrecht*, S. 14.

149 Vgl. Conze, *Die Suche nach Sicherheit*, S. 248.

150 Dahrendorf, *Bildung ist Bürgerrecht*, S. 80–81 und S. 137.

151 Ebd., S. 80.

152 Ebd., S. 151.

153 Diese idealistische, liberale und eben nicht wirtschaftliche Argumentation wurde vom baden-württembergischen Kultusminister Wilhelm Hahn im Vorwort zum Hochschulgesamtplan übernommen, woran der Einfluss deutlich wird, den Dahrendorf auf die Politik ausüben konnte; vgl. Baden-Württemberg/Arbeitskreis Hochschulgesamtplan, *Hochschulgesamtplan für Baden-Württemberg, Empfehlungen zur Reform von Struktur und Organisation der Wissenschaftlichen Hochschulen, Pädagogischen Hochschulen, Studienseminare, Kunsthochschulen, Ingenieurschulen und Höheren Fachschulen*; Bericht des Arbeitskreises Hochschulgesamtplan beim Kultusministerium Baden-Württemberg, Juli 1967, S. 12.

154 Conze, *Die Suche nach Sicherheit*, S. 245–246.

155 Dahrendorf, *Bildung ist Bürgerrecht*, S. 8.

156 Eine erste Annäherung an das Thema bildet Dahrendorfs Einleitung im Tagungsband zur Feier des zehnjährigen Bestehens der Hamburger Akademie für Gemeinwirtschaft; Ralf Dahrendorf u. Heinz Dietrich Ortlieb, *Der zweite Bildungsweg im sozialen und kulturellen Leben der Gegenwart*, Heidelberg 1959. Bundespräsident Theodor Heuss sprach bei dieser Feier von der «großen Nicht-Abiturienten- und Nichtakademiker-Reserve», vgl. Peisert, «Wanderungen zwischen Wissenschaft», S. 8.

157 Vgl. ebd., S. 10.

158 Zusammen mit seinem Assistenten Hansgert Peisert gab Dahrendorf den Band heraus: *Der vorzeitige Abgang vom Gymnasium. Studien und Materialien zum Schulerfolg an den Gymnasien in Baden-Württemberg 1953–1963*. Auch andere forschten gleichzeitig zu diesem Thema, so z. B. Karl Erlinghagen, *Katholisches Bildungsdefizit in Deutschland*, Freiburg 1965.

159 Ralf Dahrendorf, «Die soziale Funktion der Erziehung in der industriellen Gesellschaft», in: Speculum 1, 7, 1956, S. 13–15, hier S. 14.

160 Goriely, Rapport, Universität des Saarlandes, Registratur Dekanat Philosophische Fakultät I, Habilitationsakte Ralf Dahrendorf (Nr. 4).

161 Vgl. v. a. Dahrendorf, *Lebenschancen*. Dazu mehr in Kapitel 6.

162 Vgl. BB, «‹Soll Deutschland wieder hinterherhinken?›. Professor Dahrendorf über die Bedeutung der Bildungsreform», in: *Frankfurter Allgemeine Zeitung*, 1. November 1961; Dahrendorf bei einer Podiumsdiskussion u. a. mit Hans-Joachim Lang und Waldemar Besson: ed, «Ein akademisches Gespräch. Sechs Professoren diskutierten im Auditorium maximum öffentlich eine Hochschulreform», in: *Schwäbisches Tagblatt*, 3. Juli 1961.

163 Vgl. Ralf Dahrendorf an das Akademisches Rektoramt der Universität Tübingen, 15. Mai 1961 BArch, N 1749/57.

164 Vgl. A. H. Halsey (Hg.), *Ability and Educational Opportunity. Report on the Conference organised by the Organization for European Economic Cooperation*, Paris,

Office for Scientific and Technical Personnel, in collaboration with the Swedish Ministry of Education, in Kungälv, Sweden, 11.-16. Juni 1961, Bonn 1961, S. 9.

165 Ralf Dahrendorf, «Starre und Offenheit der deutschen Universität. Die Chancen der Reform», *Archives Européennes de Sociologie* 3, 2, 1962, S. 263–293.

166 Ebd., S. 292.

167 Vgl. Mälzer, *Auf der Suche*, S. 183.

168 Ralf Dahrendorf, «Arbeiterkinder an unseren Universitäten», in: *Die Zeit*, 19. und 26. Juni 1964, S. 10–11; auch publiziert als: ders., Arbeiterkinder an deutschen Universitäten, Tübingen 1965.

169 Kurt Georg Kiesinger, Regierungserklärung, abgegeben vor dem Landtag von Baden-Württemberg, Stuttgart 1964; vgl. Ralf Dahrendorf, «Zur Entstehungsgeschichte des Hochschulgesamtplans für Baden-Württemberg 1966/67. Auch ein Beitrag zum Thema des Verhältnisses von Wissenschaft und Politik in Deutschland», in: Hans Filbinger (Hg.), *Bildungspolitik mit Ziel und Maß. Wilhelm Hahn zu seinem 10-jährigen Wirken gewidmet*, Stuttgart 1974, S. 138–163, hier S. 139–140. Vgl. auch Philipp Gassert, *Kurt Georg Kiesinger 1904–1988. Kanzler zwischen den Zeiten*, München 2006, S. 435.

170 Hansmartin Schwarzmaier u. Meinrad Schaab (Hg.), *Handbuch der baden-württembergischen Geschichte. Die Länder seit 1918*, Stuttgart 2003, S. 839.

171 Dahrendorf, «Zur Entstehungsgeschichte», S. 140.

172 Hansgert Peisert erstellte eine Karte der regionalen Bildungschancen und -differenzen in Baden-Württemberg, die Kiesinger und Hahn sehr beeindruckte; vgl. *Soziale Lage und Bildungschancen in Deutschland*, München 1967, S. 33.

173 Der Gründer der Initiative «Student aufs Land» Ignaz Bender verweist in einem Artikel für *Die Zeit* explizit auf die Bildungsdefizite «der Arbeiter und Bauern, aber auch [...] der Katholiken und der Mädchen», welche die Studenten durch ihre Bildungswerbung bei der Landbevölkerung verringern wollten. Auch ohne namentliche Erwähnung Dahrendorfs verrät die Formulierung den Urheber dieser Erkenntnis; vgl. Ignaz Bender, «Student aufs Land. Freiburger Studenten versuchen erfolgreich, dem Bildungsrückstand auf eigene Faust abzuhelfen», in: *Die Zeit*, 25. März 1966, S. 17. Die Initiative erhielt den Theodor-Heuss-Preis 1967; vgl. Hildegard Hamm-Brücher, «Zur Begründung der Theodor-Heuss-Preise 1967», in: Klaus von Bismarck u. Hildegard Hamm-Brücher (Hg.), *Verantwortung ist Bürgerpflicht. Reden zur Verleihung des Theodor-Heuss-Preises 1967*, Tübingen 1967, S. 9–24.

174 Zur politischen Beratung von Kurt Georg Kiesinger und Dahrendorfs parteipolitischer Ausrichtung in den sechziger Jahren vgl. Kapitel 5.

175 Weitere Mitglieder waren Karl Becker (Karlsruhe), Gottfried Bombach (Basel), Hermann Freudenberg (Weinheim), Felix Messerschmid (Tutzing), Georg Picht (Hinterzarten), Antoinette Becker (Berlin), Andreas Flitner (Tübingen).

176 Vgl. Reinhold Weber u. Hans-Georg Wehling, *Baden-Württemberg. Gesellschaft, Geschichte, Politik*, 2006, S. 241.

177 Peisert, «Wanderungen zwischen Wissenschaft», S. 12.

178 Klaus Hüfner u. Jens Naumann, *Konjunkturen der Bildungspolitik in der Bundesrepublik Deutschland*, Bd. I: *Der Aufschwung (1960–1967)*, Stuttgart 1977, S. 177, vgl. BArch B 251 (Deutscher Bildungsrat)/1366.

179 Zum Planungsjahrzehnt vgl. u. a. Michael Ruck, «Ein kurzer Sommer der Utopie. Zur westdeutschen Planungsgeschichte der langen 60er Jahre», in: Axel Schildt u. Detlef Siegfried (Hg.), *Dynamische Zeiten. Die 60er Jahre in den beiden*

deutschen Gesellschaften, Hamburg 2000, S. 362–401; Gabriele Metzler, *Konzeptionen politischen Handelns von Adenauer bis Brandt. Politische Planung in der pluralistischen Gesellschaft,* Paderborn 2005; Wilfried Rudloff, «Bildungsplanung in den Jahren des Bildungsbooms», in: Matthias Frese u. a. (Hg.), *Demokratisierung und gesellschaftlicher Aufbruch. Die sechziger Jahre als Wendezeit der Bundesrepublik,* Paderborn ²2005, S. 259–282; weitere Aufsätze unter «Sektion III. ‹Planung als Reformprinzip»», in: Matthias Frese u. a. (Hg.), *Demokratisierung und gesellschaftlicher Aufbruch.*

180 Herbert, *Geschichte Deutschlands,* S. 807.

181 Dahrendorf, *Über Grenzen,* S. 104.

182 Gerhart von Graevenitz, «Gründungsdatum und Gründungsdauer», in: *uni'kon* 23, 2006, S. 20–21.

183 Vgl. Universität Konstanz, *Die Universität Konstanz. Bericht des Gründungsausschusses. Vorgelegt im Juni 1965,* Konstanz 1965.

184 Vgl. Mälzer, *Auf der Suche,* S. 197.

185 Da Dahrendorf nach im Wissenschaftsrat üblicher Praxis als anonymer Gutachter tätig war, wies er in seinen Selbstzeugnissen nur sehr verhalten auf seine Mitarbeit hin: Ralf Dahrendorf, «Über die Gründung der Universität Konstanz», in: *Konstanzer Blätter für Hochschulfragen* 4, 1966, S. 5–14, hier S. 6; ders., Manuskript der englischsprachigen Autobiographie, Kapitel 8–13, BArch, N 1749/804, S. 158; ders., «Konstanz, ‹der süße Anachronismus›. Eine persönliche Notiz zum 10. Geburtstag der Universität Konstanz», in: *Konstanzer Blätter für Hochschulfragen* 14, 50/51, 1976, S. 14–35, hier S. 15. Raiser war bereits 1959 mit Forderungen nach einer «Modelluniversität» in Erscheinung getreten und war früh an den Planungen zur Universitätsgründung in Konstanz beteiligt. Den Vorsitz des Gründungsausschusses lehnte er jedoch mit Verweis auf seine Tätigkeit als Vorsitzender des Wissenschaftsrates ab und empfahl an seiner Statt Gerhard Hess; vgl. Mälzer, *Auf der Suche.*

186 Ebd., S. 179.

187 Raiser gehörte mit Hellmut Becker, Georg Picht und Carl Friedrich von Weizsäcker zu den Unterzeichnern des Tübinger Memorandums von 1962, das nicht nur atomare Abrüstung und Anerkennung der Oder-Neiße-Grenze, sondern auch eine Bildungsreform forderte. Zu Dahrendorfs Verbindung zu Hellmut Becker vgl. den Briefwechsel im Nachlass, BArch N 1749/37, 45 und 46; vgl. auch Jan-Martin Wiarda, «Der Strippenzieher. Er prägte das Bildungssystem einst wie kein Zweiter – diese Woche wäre Hellmut Becker 100 Jahre alt geworden», in: *Die Zeit,* 16. Mai 2013.

188 Universität Konstanz, *Die Universität Konstanz;* vgl. Herbert Nesselhauf, «Die Gründungsphase der Universität Konstanz», in: Hans Robert Jauß u. Herbert Nesselhauf (Hg.), *Gebremste Reform. Ein Kapitel deutscher Hochschulgeschichte, Universität Konstanz 1966–1976,* Konstanz 1977, S. 17–27.

189 Universität Konstanz, *Die Universität Konstanz,* S. 27.

190 Ebd., S. 30–31.

191 Zitiert nach Mälzer, *Auf der Suche,* S. 207.

192 Ebd., S. 208. Die unterschiedlichen Zielvorstellungen führten manchmal zu Spannungen im Gründungsausschuss. Außerdem zeigten sich Dahrendorf und Waldemar Besson über das von ihnen als eigenmächtig wahrgenommene Auftreten Hess' in der Öffentlichkeit verärgert; vgl. Briefwechsel Dahrendorf und Besson 8. März 1965 und 22. März 1965, BArch N 1749/269.

193   Vgl. Mälzer, *Auf der Suche*, S. 208–212.
194   Dahrendorf, «Über die Gründung», S. 7; vgl. Mälzer, *Auf der Suche*, S. 210.
195   BArch N 1749; vgl. die Bände unter dem Klassifikationspunkt «Gründungsaus-
       schuss und Gestaltung der Universität Konstanz».
196   Vgl. Dahrendorf, «Über die Gründung»; ders., «Konstanz, der ‹süße Anach-
       ronismus›; ders., *Gründungsideen und Entwicklungserfolge der Universität. Zum
       40. Jahrestag der Universität Konstanz*, Konstanz 2007. Zur heutigen Wahrneh-
       mung von Dahrendorfs Rolle bei der Gründung vgl. Frank van Bebber, «Elite
       Universität Konstanz. Mini-Harvard am Bodensee», in: *Uni-Spiegel*, Spiegel
       Online, 19. Oktober 2007, http://www.spiegel.de/unispiegel/studium/elite-uni-
       konstanz-mini-harvard-am-bodensee-a-512438.html, zuletzt geprüft am 15. Juli
       2012: «Das Ziel der Gründungsväter um Lord Ralf Dahrendorf war es, Formen
       zu finden, ‹in denen Wissenschaft als Forschung› wieder ins Zentrum rückt.»
197   Walter Hoffmann, Interview mit Ralf Dahrendorf zum Thema «Macht», Kleu-
       ten, 7. September 2001, BArch, N 1749/847.
198   Mit der Entscheidung, an der Universität Konstanz kein juristisches Vollstu-
       dium zu ermöglichen, sondern die Jurisprudenz nur in eingeschränkter Form,
       sozusagen als Hilfswissenschaft der Sozialwissenschaften anzubieten, löste der
       Gründungsauschuss unter Juristen Empörung aus. Der Konstanzer Oberbürger-
       meister und Jurist Bruno Helmle protestierte scharf gegen dieses Vorhaben,
       ebenso wie der damalige Bundestagspräsident Eugen Gerstenmeier; vgl. Mälzer,
       Auf der Suche, S. 212–213, 231–322; Friedrich Kübler, «Rechtswissenschaft in
       Konstanz. Der unerfüllte Auftrag», in: Hans Robert Jauß u. Herbert Nesselhauf
       (Hg.), *Gebremste Reform. Ein Kapitel deutscher Hochschulgeschichte, Universität
       Konstanz 1966–1976*, Konstanz 1977, S. 243–249. Zur Juristenfrage vgl. die Un-
       terlagen im Nachlass Dahrendorf: BArch N 1749/85.
199   Aufgrund des elitären Anspruchs wurde das Konstanzer Projekt bald als «Klein-
       Harvard am Bodensee» tituliert; vgl. van Bebber, «Elite Universität Konstanz».
200   Dieser zeitgeistbedingte Umschwung der Gründungskonzeption lässt sich auch
       bei der Universität Bielefeld beobachten; vgl. Paul Nolte, *Hans-Ulrich Wehler.
       Historiker und Zeitgenosse*, München 2015, S. 62–63.
201   Im Gründungsbericht wird die Rolle der Studenten nur am Rande erwähnt,
       während in den sechziger Jahren die Demokratisierung der Hochschulen zum
       bestimmenden Thema wurde. Doch hatten sich in einer Umfrage des Instituts
       Allensbach im Juli 1967 bereits 65 % für mehr Mitbestimmung der Studenten an
       der deutschen Universität und 57 % gegen «Allmacht der Ordinarien» ausgespro-
       chen. (Noelle u. Neumann, *Jahrbuch*, S. 457.) Im Gründungsausschuss war die
       studentische Beteiligung jedoch kein großes Thema gewesen. Hier war der sonst
       für gesellschaftliche Trends und Entwicklungen feinfühlige Dahrendorf einmal
       nicht am Puls der Zeit gewesen.
202   Dahrendorf, «Konstanz, der ‹süße Anachronismus›»; vgl. ders., Manuskript der
       englischsprachigen Autobiographie, Kapitel 8–13, BArch, N 1749/804, S. 168: «it
       [die Universität Konstanz] seemed about the past rather than about the future, a
       farewell to tradition rather than an invitation to new horizons».
203   Universität Konstanz, *Die Universität Konstanz*, S. 12.
204   Mälzer, *Auf der Suche*, S. 221.
205   Ralf Dahrendorf, «Frühe Bedenken gegen Konstanz», Notiz, BArch N 1749/752;
       vgl. ders., Manuskript der englischsprachigen Autobiographie, Kapitel 8–13,
       BArch, N 1749/804, S. 168.

206 Vgl. Briefwechsel mit Waldemar Besson, insbesondere Waldemar Besson an Ralf Dahrendorf, 3. Dezember 1965, BArch N 1749/277; Dahrendorf, Manuskript der englischsprachigen Autobiographie, Kapitel 8–13, BArch, N 1749/804, S. 168.

207 Dahrendorf, *Gründungsideen und Entwicklungserfolge*, S. 18.

208 Vgl. die Bände zur Sozialen Mobilität BArch N 1749/409 und 631.

209 Traute Sommer-Otte, «Alumna mit der Matrikel Nr. 81. ‹Dahrendorf-Schülerin› in einer Universität, die nicht mehr Studenten hatte, als eine Grundschule Schüler», in: *Universität Konstanz*, 24. August 2011, http://www.alumni.unikonstanz.de/rueckblick/so-haben-wir-die-universitaet-konstanz-erlebt/trautesommer-otte-alumna-mit-der-matrikel-nr-81-dahrendorf-schuelerin-in-eineruniversitaet-die-nicht-mehr-studenten-hatte-als-eine-grundschule-schueler/, zuletzt geprüft am 3. September 2015.

210 Beide Zitate: Peisert, «Wanderungen zwischen Wissenschaft», S. 9.

211 Franziska Meifort, Gespräch mit Uta Gerhardt über Ralf Dahrendorf, Berlin, 11. Dezember 2011.

212 Dahrendorf, Manuskript der englischsprachigen Autobiographie, Kapitel 1–7, BArch, N 1749/803, S. 138.

213 Meifort, Gespräch mit Uta Gerhardt, 10. November 2011.

214 Jens Alber, «Die Ligaturen der Gesellschaft. In memoriam Ralf Dahrendorf – ein persönlicher Rückblick», in: WZB-Mitteilungen, September, 2009, S. 46–49, hier S. 46.

215 Jens Alber, «In memoriam Ralf Dahrendorf (1. 5. 1929–17. 6. 2009). Ein persönlicher Rückblick», in: *Soziologie* 38, 4, 2009, S. 465–475; Alber, «Die Ligaturen», S. 472.

216 Meifort, Gespräch mit Uta Gerhardt, 10. November 2011. Zu ihnen gehören u. a. die bereits erwähnten späteren Soziologieprofessoren Hansgert Peisert, Karl Ulrich Mayer, Uta Gerhardt, Peter Flora, Jens Alber und Wolfgang Zapf; vgl. die Festschrift zu Dahrendorfs 65. Geburtstag Hansgert Peisert u. Wolfgang Zapf (Hg.), *Gesellschaft, Demokratie und Lebenschancen*, Stuttgart 1994.

217 Vgl. die Korrespondenz im Nachlass mit Thomas Brezinka, Ludwig Raiser und Jürgen Habermas 1965–1967, BArch N 1749/45; mit Werner Mangold, BArch N 1749/46. Vgl. auch Dahrendorf, Manuskript der englischsprachigen Autobiographie, Kapitel 8–13, BArch, N 1749/804, S. 169.

218 Meifort, Gespräch mit Carl Christian Freiherr von Weizsäcker, 14. November 2013.

219 Ralf Dahrendorf an Jürgen Habermas, 30. Oktober 1967, BArch N 1749/45. Dort auch das folgende Zitat.

220 Vgl. BArch 1749/317 sowie telefonische Auskunft der Konstanzer Universitätsarchivarin Juliane Kümmel-Hartfelder am 14. Juli 2011. Die Unterlagen waren zum Recherchezeitpunkt aufgrund von Asbestbelastung des Universitätsarchivs Konstanz nicht zugänglich. Dahrendorfs Abwesenheit wirkte sich auch auf die Berufungsverhandlungen aus; vgl. Ralf Dahrendorf an Werner Mangold, 20. Mai 1968, BArch N 1749/46: «Einmal war ich bei manchen entscheidenden Sitzungen nicht anwesend, weil diese während des Wahlkampfes stattfanden und wegen Ihrer schwebenden Berufungsverhandlungen leider nicht verschoben werden konnten.»

221 Mitteilung an die Hörer der Vorlesung von Professor Dahrendorf, 10. Juni 1968, BArch N 1749/273.

222 Peter Hemmerich an Waldemar Besson, 17. Februar 1969, BArch N 1749/277.

223 Dahrendorf, «Zur Entstehungsgeschichte», S. 142–143; vgl. das Manuskript im Nachlass: ders., «Geschichte eines Plans», Erinnerungen und Tagebuchaufzeichnungen zur Entstehungsgeschichte des Hochschulgesamtplans, 1966–1967, BArch, N 1749/749.

224 Vgl. Mälzer, *Auf der Suche*, S. 162–163. Hahn schrieb bereits 1961 ein Gutachten zur möglichen Gründung einer Universität in Konstanz.

225 Wilhelm Hahn, *Ich stehe dazu. Erinnerungen eines Kultusministers*, Stuttgart 1981, S. 179.

226 Baden-Württemberg/Arbeitskreis Hochschulgesamtplan, *Hochschulgesamtplan Baden-Württemberg. Empfehlungen zur Reform von Struktur und Organisation der Wissenschaftlichen Hochschulen, Pädagogischen Hochschulen, Studienseminare, Kunsthochschulen, Ingenieurschulen und Höheren Fachschulen; Bericht des Arbeitskreises Hochschulgesamtplan beim Kultusministerium Baden-Württemberg*, Villingen 1967.

227 Mälzer, *Auf der Suche*, S. 375 ff.

228 Dahrendorf, «Zur Entstehungsgeschichte», S. 147.

229 Meifort, Gespräch mit Carl Christian Freiherr von Weizsäcker, 14. November 2013.

230 Diese Frage stammt vom damaligen Gesundheits-, Bildungs- und Wohlfahrtsministers der Vereinigten Staaten John W. Gardner; vgl. John W. Gardner, *Excellence. How can we be equal and excellent, too?*, New York 1961.

231 Vgl. Mälzer, *Auf der Suche*, S. 388–389.

232 Vgl. Olaf Bartz, «Expansion und Umbau. Hochschulreformen in der Bundesrepublik Deutschland zwischen 1964 und 1977», in: *die hochschule. journal für wissenschaft und bildung* 2, 2007, S. 154–170, hier S. 163–164.

233 Vgl. Max Scholz, Vertreter des Allgemeinen Studentenausschusses der Universität Tübingen, an Ralf Dahrendorf, 11. Mai 1967; Student Peter Brockhaus an Ralf Dahrendorf, 20. Juni 1967; Dr. Schumann, Vorsitzender des Landeschulbeirates Baden-Württemberg, an Ralf Dahrendorf, 3. August 1967, BArch, N 1749/48.

234 Georg Seletzky an Ralf Dahrendorf, 8. August 1967, BArch, N 1749/48.

235 Baden-Württemberg/Arbeitskreis Hochschulgesamtplan, *Hochschulgesamtplan für Baden-Württemberg*; vgl. Mälzer, *Auf der Suche*, S. 385.

236 Diese Bezeichnung für den Hochschulgesamtplan Baden Württemberg hatte sich bald eingebürgert, vgl. u. a. «Leitplanken Richtung Zukunft», in: *Südkurier*, 2. August 1967.

237 Zitat: Brigitte Beer, «Reformieren ist billiger. Die Grundgedanken des Hochschulgesamtplanes für Baden-Württemberg», in: *Frankfurter Allgemeine Zeitung*, 8. August 1967; vgl. Hilke Schlaeger, «Warenhaus der Ausbildung. Der Plan einer differenzierten Gesamthochschule für Baden-Württemberg», in: *Die Zeit*, 4. August 1967, S. 28.

238 Zur Einordnung des von Dahrendorf entworfenen Hochschulgesamtplans in den Prozess der Bildungsplanung der Bundesrepublik vgl. Olaf Bartz, *Wissenschaftsrat und Hochschulplanung. Leitbildwandel und Planungsprozesse in der Bundesrepublik Deutschland zwischen 1957 und 1975*, Dissertation, Köln 2006. Vgl. auch Eckart Conze, der den «erstaunlichen Optimismus» des westdeutschen Bildungsdiskurses der sechziger Jahre hervorhebt; *Die Suche nach Sicherheit*, S. 249.

239 «Hochschulreform», in: *Esslinger Zeitung*, 2. August 1967. Bemerkenswerterweise

wurde Kritik an den vorgeschlagenen Maßnahmen des Hochschulgesamtplans in der Presse zwar prognostiziert, aber kaum geübt; so z. B. in «Reform-Pläne», in: *Neue Ruhrzeitung*, 2. August 1967.

240 «Kurzakademiker», in: *Handelsblatt*, 2. August 1967; vgl. «Baden-Württembergs gutes Beispiel», in: *Süddeutsche Zeitung*, 3. August 1967; «Dahrendorfs Plan», in: *Schwäbische Post*, 2. August 1967; «Drei-Stufen-Uni», in: *Nordwest-Zeitung*, 2. August 1967.

241 Vgl. Dahrendorf an von Beust, Pressebüro Argus, 1. August 1967, BArch N 1749/48; Baden-Württemberg/Arbeitskreis Hochschulgesamtplan, *Hochschulgesamtplan Baden-Württemberg*.

242 Vgl. Hauptstaatsarchiv Stuttgart, EA 1/107, Bü. 500, Hochschulgesamtplan 1968–70; vgl. auch Bartz, *Wissenschaftsrat und Hochschulplanung*, S. 137–138; Rudloff, «Bildungsplanung», S. 278–279. Zur zeitgenössischen Kritik am Scheitern der baden-württembergischen Hochschulplanung vgl. Klaus-Dieter Heymann (Hg.), *Das Scheitern der Hochschulreform. Fallstudie zur Gesamthochschulplanung in Baden-Württemberg 1968–1975*, Weinheim 1976.

243 Mälzer, *Auf der Suche*, S. 389. Zur Einführung von Gesamthochschulen in Hessen und Bayern vgl. Anne Rohstock, *Von der «Ordinarienuniversität» zur «Revolutionszentrale»? Hochschulreform und Hochschulrevolte in Bayern und Hessen 1957–1976*, München, Regensburg 2010, S. 352 ff.

IV.
«Es ist Zeit, daß in Deutschland wieder Politik gemacht wird»: Dahrendorf als Politiker der FDP (1967–1974)

1 Weber, *Der Linksliberalismus*; vgl. ders., «Die Konjunktur».

2 Micus, *Tribunen*, Zitate: S. 163. Auch der Politikwissenschaftler und Journalist Moritz Küpper hat in seiner Dissertation *Politik kann man lernen. Politische Seiteneinsteiger in Deutschland*, Halle (Saale) 2013, die Bedingungen politischer Seiteneinsteiger untersucht und Dahrendorf ebenfalls als gescheitert beschrieben. Der kurze Abschnitt über Ralf Dahrendorf ist jedoch nicht weiterführend; vgl. S. 178–191.

3 Baring, *Machtwechsel*, S. 294.

4 Hacke, «Das Scheitern», S. 124. Hacke rezipiert die einschlägigen Dissertationen von Micus und Weber nicht.

5 Vgl. Lepsius, «Kritik als Beruf»; zum Begriff des «inkompetenten Kritikers» vgl. das Nachwort zur Methode.

6 Etwa in: Dahrendorf, *Über Grenzen*; ders., «Es ist Zeit», BArch, N 1749/795; ders., «Zwischenbericht», BArch, N 1749/794.

7 Vgl. z. B. Dahrendorf, *Über Grenzen*, S. 120.

8 Vgl. Dahrendorf, «Zwischenbericht», BArch, N 1749/794, S. 145.

9 Dahrendorf, *Über Grenzen*, S. 119.

10 Vgl. Micus, *Tribunen*, S. 169.

11 Die Wahl fand am 4. November 1962 statt, nicht wie von Dahrendorf angegeben 1963; vgl. *Reisen*, S. 15. Wie einem Artikel des Studentenmagazins *CIVIS* zu entnehmen ist, überraschte seine Kandidatur auf einer FDP-Liste, da er eher der SPD zugerechnet wurde; vgl. «Einer kam durch», in: *CIVIS* 9, 95, 1962, S. 10, BArch N 1749/814.

12 Diesen Begriff von Max Weber hatte Habermas in seiner Rede anlässlich der Verleihung des Friedenspreises des deutschen Buchhandels 2001 reaktiviert. Auch Dahrendorf greift ihn zur Selbstbeschreibung auf; vgl. Alexander Cammann, «Wir brauchen selbstbewusste Bürger», Interview mit Lord Ralf Dahrendorf und Paul Nolte, in: *die tageszeitung*, http://www.taz.de/1/archiv/archiv/?dig=2005/12/31/a0226, zuletzt geprüft am 27. November 2013.

13 Dahrendorf, «Zwischenbericht», BArch, N 1749/794, S. 147–150.

14 Ebd., S. 150.

15 Willi Eichler an Ralf Dahrendorf, 10. Februar 1955, BArch N1749/510.

16 Dahrendorf, «Zwischenbericht», BArch, N 1749/794, S. 145. In der Berichterstattung der *Frankfurter Allgemeinen Zeitung* wird er allerdings als «Sozialdemokrat» genannt; vgl. g-n, «Mende hält sich alle Möglichkeiten offen. Der FDP-Vorsitzende in Frankfurt. Auch Bündnis mit Sozialdemokraten möglich, in: *Frankfurter Allgemeine Zeitung*, 10. Oktober 1960, S. 4.

17 Vgl. R, «Die SPD möchte die liberale Partei werden. Tagung ‹Junge Generation und Macht› in Bad Godesberg», in: *Frankfurter Allgemeine Zeitung*, 8. Oktober 1960, S. 1; g-n, «Mende hält sich»; Dahrendorf, *Über Grenzen*, S. 119.

18 Micus, *Tribunen*, S. 172.

19 Dahrendorf, *Über Grenzen*, S. 120. Dahrendorf hat sich stets positiv über Brandt geäußert. Am 15. Januar 1962 schrieb er jedoch nach dem Eindruck mehrerer Berlinbesuche an seinen Freund und Tübinger Professorenkollegen Hans-Joachim Lang: «Brandt ist der schlechteste Bürgermeister, den Berlin seit dem Krieg gehabt hat und wird auch von den Berlinern als solcher betrachtet. Ausserdem hat Berlin seine Liberalität verloren und gleicht jetzt der Bundesrepublik in der etwas bedrückenden Enge des geistigen Klimas.» BArch N 1749/57.

20 R, «Brandt: Wir wollen regieren. Absage an Strauß. Angriffe gegen die Union auf dem Parteitag in Karlsruhe», in: *Frankfurter Allgemeine Zeitung*, 25. November 1964, S. 3; vgl. Dahrendorfs eigene Schilderung in: «Zwischenbericht», BArch, N 1749/794; die Zeitungsmeldungen: erd, «Tübinger Professoren protestieren»; lo, «Ungefragte Professoren», in: *Stuttgarter Zeitung*, 26. November 1964; weitere Zeitungsmeldungen, Universitätsarchiv Tübingen, 319/57. Nach Metzler, *Konzeptionen politischen Handelns*, S. 193 f., hatte Dahrendorf, ebenso wie einige andere Wissenschaftler, seine Mitarbeit in einem «Gesprächskreis Wissenschaft und Politik» der SPD-nahen Friedrich-Ebert-Stiftung zugesagt, woraufhin die SPD in einer Presseerklärung zum Karlsruher Parteitag von 1964 ihn und eine Reihe weiterer prominenter Wissenschaftler namentlich nannte, die bereit seien, die SPD ebenso wie eine «sozialdemokratisch geführte Bundesregierung fachlich zu beraten». Die Dementis Dahrendorfs und anderer führten dann zu einer peinlichen Richtigstellung.

21 Dahrendorf, *Liberale und andere*, S. 277. Zu Kurt Georg Kiesinger vgl. die Biographie von Gassert, *Kurt Georg Kiesinger*.

22 Dahrendorf verglich das Verhältnis zu Kiesinger mit der «Beziehung des Souveräns zu ‹seinen› Philosophen» und sah sich selbst als Intellektueller, wie schon der Titel seines Aufsatzes offenbart:; vgl. Ralf Dahrendorf, «Der Politiker und die Intellektuellen. Eine Episode. Kurt Georg Kiesinger zum 80. Geburtstag», in: Dieter Oberndörfer (Hg.), *Begegnungen mit Kurt Georg Kiesinger. Festgabe zum 80. Geburtstag*, Stuttgart 1984, S. 270–277, hier S. 270.

23 Ebd.

24 Micus, *Tribunen*, S. 175. In Anlehnung an den Beraterkreis des amerikanischen

Präsidenten John F. Kennedy fand die Beratung Kiesingers als Kaminrunde mit Hellmut Bredereck, Gerhard Hess, Hermann Josef Abs, Hans Merkle, Waldemar Besson, Ralf Dahrendorf, Alfred Müller-Armarck, Ulrich Scheuner, Carl Friedrich v. Weizsäcker und Walter Hallstein statt; vgl. Gassert, *Kurt Georg Kiesinger*, S. 540.

25 Dahrendorf, «Der Politiker», S. 271.

26 So Dahrendorf 2007 in einem Gespräch mit Matthias Micus, zitiert nach: Micus, *Tribunen*, S. 176.

27 Dahrendorf, «Der Politiker», S. 272; das Manuskript findet sich im Nachlass Dahrendorf, BArch N 1749/745.

28 Dahrendorf, «Der Politiker», S. 274.

29 Presse- und Informationsamt der Bundesregierung (Hg.), *Das Kabinett Kiesinger. Die Regierungserklärung vom 13. Dezember 1966*, Bonn 1967.

30 Zitiert nach: Dahrendorf, «Der Politiker», S. 275–276.

31 Ebd., S. 276.

32 Alle Zitate: ebd., S. 275.

33 Ebd.

34 Volkmar Hoffmann, «Kiesinger beruft Planungsstab. Hase-Stellvertreter Krüger mit Aufbau und Leitung beauftragt», in: *Frankfurter Rundschau*, 7. Januar 1967, S. 1. Dass dieses Gespräch im Dezember 1966 tatsächlich stattfand, geht aus einem Brief von Waldemar Besson an Hans Rothfels hervor, 21. Dezember 1966, BArch N 1213 (Nachlass Hans Rothfels)/185.

35 Ulrike Meinhof, «Der Klärungsprozeß», in: *Konkret*, Januar 1967, S. 2–3.

36 Ebd.

37 Kiesingers Tätigkeit als stellvertretender Abteilungsleiter im NS-Außenministerium Ribbentrops war 1966 allgemein bekannt; vgl. Gassert, *Kurt Georg Kiesinger*, S. 480 ff. Günter Grass veröffentlichte bereits 1966 einen offenen Brief in der *Frankfurter Allgemeinen Zeitung* gegen die Kanzlerschaft Kiesingers, und Karl Jaspers sagte im Januar 1967 in der Fernsehsendung «Panorama» über die neue Bundesregierung: «An der Spitze steht ein alter Nationalsozialist.» Vgl. «Jaspers übt bittere Kritik an der Bundesregierung. Bonn schweigt zu den Angriffen des Philosophen», in: *Hamburger Abendblatt*, 3. Januar 1967. Die Ohrfeige Beate Klarsfelds 1968 an Kiesinger löste jedoch erst den öffentlichen Skandal aus.

38 Dahrendorf, «Der Politiker», S. 275.

39 Ebd., S. 276.

40 Ebd.

41 Werner Harenberg u. Alexander Veil, «Doktortitel nach 6 Semestern? Spiegel-Gespräch mit Professor Dr. Ralf Dahrendorf (Universität Konstanz) über die Hochschulreform», in: *Der Spiegel*, 9. Oktober 1967, S. 54–62, hier S. 54. An Fritz René Allemann, der ihn im Juli 1961 um einen Artikel für den *Monat* zum Thema «Warum ich trotzdem CDU/SPD/FDP wähle» bat, schrieb Dahrendorf, er wisse nicht, wen er wählen werde. Briefwechsel mit Fritz René Allemann, BArch N 1749/137.

42 So in einem Gespräch 2006 mit Klaus Weber; vgl. Weber, *Der Linksliberalismus*, S. 201. Ähnlich äußerte sich Dahrendorf auch im Interview: Emrich, Alpha Forum: «Dass es nun gerade die FDP war, hing ausschließlich mit dem Phänomen der Großen Koalition zusammen und mit der Tatsache, dass damals die FDP die einzige Oppositionspartei war».

43 Die Fraktion der Liberalen im baden-württembergischen Landtag führt bis

heute die Bezeichnung FDP/DVP, da die Partei 1952 aus einem Zusammenschluss der in Württemberg-Baden gegründeten Demokratischen Volkspartei (DVP) und dem FDP-Landesverband Baden entstanden ist.

44 Vgl. Dahrendorfs Schilderung in «Es ist Zeit», BArch, N 1749/795; ders., *Reisen*, S. 27.

45 Vgl. Dahrendorfs Schilderung in «Es ist Zeit», BArch, N 1749/795.

46 So hat es Dahrendorf notiert; ebd., S. 234–235.

47 Ralf Dahrendorf an Fritz Stern, 24. Oktober 1967, BArch N 1749/45.

48 Ralf Dahrendorf an Jürgen Habermas, 30. Oktober 1967, BArch N 1749/45, Hervorhebung F. M.

49 Weber, *Der Linksliberalismus*, S. 201.

50 Von Micus überzeugend dargelegt: *Tribunen*, S. 178–179.

51 «Vieles unheimlich», in: *Der Spiegel*, 15. Januar 1968, S. 25.

52 Dahrendorf, «Es ist Zeit», BArch, N 1749/795, S. 239.

53 Vgl. ebd., S. 238–239.

54 Ebd., S. 236. Wie ein Fernschreiben aus den Beständen des AdL zeigt, plante die Landes-FDP ohnehin, Dahrendorf ein Referat auf dem Landesparteitag halten zu lassen; Fernschreiben von Stoltz an Hummel, 7. November 1967, in: AdL, Bestand FDP Landesverbände, Baden-Württemberg, 26173: Stoltz schlug ein Referat zu den Themenbereichen politisches Engagement, Große Koalition und APO vor und ergänzte: «dieses referat sollte m.e. von prof. dahrendorf übernommen werden».

55 Es war auch Dahrendorfs eigene Interpretation, dass sein Aufstieg durch ein personelles Vakuum in der FDP begünstigt wurde; vgl. Dahrendorf, «Es ist Zeit», BArch, N 1749/795, S. 238–239.

56 Vgl. Heino Kaack, *Die* FDP. Grundriß und Materialien zu Geschichte, Struktur und Programmatik, Meisenheim am Glan ³1979, S. 34; Marco Michel, *Die Bundestagswahlkämpfe der* FDP 1949–2002, Wiesbaden 2005, S. 111.

57 Ebd., S. 115. Zu den Flügelkämpfen in der FDP vgl. Wolfgang Schollwer, *«Da gibt es in der* FDP *noch viel Überzeugungsarbeit zu leisten …».* Aufzeichnungen aus der FDP-Bundesgeschäftsstelle 1966–1970, hg. v. Jürgen Frölich, Bremen 2007.

58 Michel, *Die Bundestagswahlkämpfe*, S. 115.

59 Dies wird deutlich im Geschäftsbericht des FDP-Landesverbandes Nordrhein-Westfalen von 1965: «Jeder Versuch einer Verbesserung der Parteiarbeit habe zur Voraussetzung, daß sich aktive Persönlichkeiten mit Überzeugungskraft zur Verfügung stellten, die gleichzeitig ein gutes Ansehen in der Bevölkerung besitzen. Daran mangele es allenthalben.» Zitiert nach: Kurt J. Körper, FDP. Bilanz der Jahre 1960–1966. Braucht Deutschland eine liberale Partei?, Köln 1968, S. 92.

60 Dahrendorf, «Es ist Zeit», BArch, N 1749/795, S. 237.

61 Ein Abdruck des Artikels «Die Chancen der Wahl» im *Südkurier* findet sich in: Waldemar Besson, *Erlebte Zeitgeschichte. Kritisch beobachtet. 44 Stücke politischer Publizistik*, Konstanz 1970, S. 82–86, hier S. 83.

62 Dahrendorf, «Es ist Zeit», BArch, N 1749/795, S. 241.

63 «Vieles unheimlich».

64 Ein Abdruck der Rede findet sich in: Ralf Dahrendorf, *Für eine Erneuerung der Demokratie in der Bundesrepublik. Sieben Reden und andere Beiträge zur deutschen Politik 1967–1968*, München 1968, S. 130–146.

65 Ebd., S. 103 f. und 134.

66 Vgl. die Studie von Wolfgang Gödde, *Anpassung an Trends oder Einleitung des Wandels? Reformbegriff und Reformpolitik der Großen Koalition 1966–1969*, Münster 2010, S. 481–482 und 495–498. In der Bevölkerung wurde die Große Koalition jedoch nicht als Reformregierung wahrgenommen. Vgl. auch Görtemaker, *Geschichte der Bundesrepublik*, S. 447–474.

67 Dahrendorf, *Für eine Erneuerung*, S. 134; dort auch die folgenden Zitate.

68 Ebd., S. 135; dort auch das folgende Zitat.

69 Dahrendorf, «Es ist Zeit», BArch, N 1749/795, S. 245.

70 Dahrendorf, *Für eine Erneuerung*, S. 144.

71 Ebd., S. 146.

72 Vgl. «Vieles unheimlich»; Micus, *Tribunen*, S. 185.

73 Ein vollständiger Abdruck der Rede findet sich in: Dahrendorf, *Für eine Erneuerung*, S. 147–164.

74 AdL, FDP-Bundesparteitage, A1–363.

75 Wenn Baring schreibt, Dahrendorf sei nur «mit Ach und Krach, nämlich erst im zweiten Wahlgang» in den Bundesvorstand gewählt worden, so ist das nur bedingt richtig; vgl. Baring, *Machtwechsel*, S. 294. Tatsächlich war ein zweiter Wahlgang nötig, weil von allen vorgeschlagenen Kandidaten einzig Erich Mende im ersten Wahlgang die erforderte absolute Mehrheit der Stimmen erhielt. Im zweiten Wahlgang erhielt Dahrendorf nach Heinz Starke mit 131 von 263 Stimmen jedoch das zweitbeste Ergebnis, wie das Parteitagsprotokoll dokumentiert; vgl. Protokoll Nr. 15 1/1968, Wortprotokoll vom 31. Januar 1968, in: AdL, FDP-Bundesparteitage, A1–365.

76 Vgl. Protokoll Nr. 14 1/1968, Wortprotokoll vom 30. Januar 1968, in: AdL, FDP-Bundesparteitage, A1–363.

77 Als Beispiele für diese leeren Formeln nannte er «Mitbestimmung» und «Anerkennung».

78 Dahrendorf, *Für eine Erneuerung*, S. 157–159.

79 Ebd., S. 156.

80 Ebd., S. 164.

81 Vgl. Günther von Lojewski, «Die Stunde Dahrendorfs», in: *Frankfurter Allgemeine Zeitung*, 31. Januar 1968, S. 4; Bauer, «FDP-Rebellen»; vgl. auch: Micus, *Tribunen*, S. 185.

82 Vgl. Baring, *Machtwechsel*, S. 99; vgl. auch Schollwer: «Mende verabschiedete sich als Parteivorsitzender mit einer zwar gemäßigten, dafür aber recht mäßigen Rede. Auch der neue Vorsitzende Scheel riß mit seinem Vortrag die Delegierten nicht von den Stühlen. Ich fand die Rede sogar ziemlich schwach». Schollwer, *«Da gibt es»*, S. 106. Scheel wurde besonders zu Beginn seiner Amtszeit als Parteivorsitzender in der FDP unterschätzt, weil man ihn für oberflächlich hielt und angesichts seiner stets guten Laune, den nötigen Ernst sowie Standfestigkeit und Statur vermisste; vgl. Peter Lösche u. Franz Walter, *Die FDP. Richtungsstreit und Zukunftszweifel*, Darmstadt 1996, S. 70.

83 «Zum Schießen», in: *Der Spiegel*, 5. Februar 1968, S. 32–34, hier S. 32.

84 Micus, *Tribunen*, S. 185.

85 Herbert G. Haake, «Katapultstart in die Politik. Professor Dahrendorf der neue ‹Star› der Freien Demokraten», in: *Hamburger Abendblatt*, 3. Februar 1968.

86 «Komet Dahrendorf», in: *Die Welt*, 20. Februar 1968.

87 «Zum Schießen».

88 Weber, *Der Linksliberalismus*, S. 202.

89 Neben Walter Scheel wurden als Stellvertreter Hans-Dietrich Genscher, Wolf-
    gang Mischnick, der Landesvorsitzende von Baden-Württemberg Hermann
    Müller, Schatzmeister Hans Wolfgang Rubin, die Bundestagsmitglieder Lise-
    lotte Funcke und Karl Moersch, der Berliner Senator Hans-Günter Hoppe sowie
    der stellvertretende Fraktionsvorsitzende im Bundestag Knut Freiherr von Kühl-
    mann-Stumm in den Bundesvorstand gewählt; vgl. Heinz Schweden, «Reformer
    und Linke erobern FDP-Spitze», in: *Rheinische Post*, 31. Januar 1968, S. 1–2, hier
    S. 1.

90 Vgl. Ralf Dahrendorf, «Die Zukunft der Freien Demokraten. ‹Eine überzeu-
    gende Konzeption und glaubwürdige Führer›», in: *Christ und Welt*, 5. Juli 1968,
    S. 3: «Die FDP hat nach meiner Meinung eine reale Chance [...] in naher Zu-
    kunft zwanzig Prozent der Wähler zu gewinnen.»

91 Vgl. Weber, *Der Linksliberalismus*, S. 210; Baring, *Machtwechsel*, S. 98–99.

92 Dahrendorf, «Es ist Zeit», BArch, N 1749/795, S. 256.

93 «‹Wollen Sie Parteiführer werden?›. *Spiegel*-Interview mit dem FDP-Ideologen
    Ralf Dahrendorf», in: *Der Spiegel*, 5. Februar 1968, S. 32.

94 «Komet Dahrendorf»; vgl. «‹Natürlich will ich Bundeskanzler werden›. Portrait
    Ralf Dahrendorf», in: *Stern*, 25. Februar 1968, S. 72–76. Auch wenn Dahrendorf
    später immer wieder behauptet hat, seine Ironie sei missverstanden worden, so
    fühlte er sich damals tatsächlich zu Höherem berufen. In einem *Guardian*-Inter-
    view von 1978 erklärte er, er hätte Bundeskanzler werden können, wenn er in der
    richtigen Partei gewesen wäre. Terry Coleman, «The Wednesday Page. Interview
    with Ralf Dahrendorf», in: *The Guardian*, 12. Juli 1978, S. 14.

95 Karl H. Schwarz, «Dahrendorf – ein ‹Wunderdoktor›?», in: *Welt am Sonntag*,
    4. Februar 1968, zitiert nach Weber, *Der Linksliberalismus*, S. 204.

96 R, «Scheel zum Vorsitzenden der Freien Demokraten gewählt», in: *Frankfurter
    Allgemeine Zeitung*, 31. Januar 1968, S. 1.

97 Karl H. Schwarz, «Dahrendorf – Ein Wunderdoktor?», in: *Welt am Sonntag*,
    4. Februar 1968, zitiert nach Micus, *Tribunen*, S. 187.

98 Lösche u. Walter, *Die FDP*, S. 74.

99 Micus, *Tribunen*, S. 188.

100 Vgl. Conze, *Die Suche nach Sicherheit*, S. 332. Zur Problematik der Verengung
    des Phänomens «1968» auf das Jahr 1968 und die Studentenbewegung vgl. Chris-
    tina von Hodenberg u. Detlef Siegfried, *Wo «1968» liegt. Reform und Revolte in
    der Geschichte der Bundesrepublik*, Göttingen 2006. Zur Frage der Überbewer-
    tung von «1968» vgl. Axel Schildt, «Überbewertet? Zur Macht objektiver Ent-
    wicklungen und zur Wirkungslosigkeit der ‹68er›», in: Udo Wengst (Hg.), *Re-
    form und Revolte. Politischer und gesellschaftlicher Wandel in der Bundesrepublik
    vor und nach 1968*, München 2011, S. 89–102. Für transnationale Betrachtungen
    des Protests vgl. Philipp Gassert u. Martin Klimke (Hg.), *1968 – Memories and
    Legacies of a Global Revolt*, Washington, D. C., 2009; Norbert Frei, *1968. Jugend-
    revolte und globaler Protest*, München 2008. Zu 1968 als Chiffre vgl. Wolfgang
    Kraushaar, *1968 als Mythos, Chiffre und Zäsur*, Hamburg 2000.

101 Vgl. Conze, *Die Suche nach Sicherheit*, S. 333.

102 «Linker Lou», in: *Der Spiegel*, 22. Januar 1968, S. 25.

103 Dahrendorf, «Es ist Zeit», BArch, N 1749/795, S. 250.

104 Bauer, «FDP-Rebellen».

105 Ulrich Zawatka-Gerlach, «Der Mann am Mikrofon – als Oxfort auf Dutschke
    traf», in: *Der Tagesspiegel*, 11. August 2003, http://www.tagesspiegel.de/berlin/

der-mann-am-mikrofon-als-oxfort-auf-dutschke-traf/438444, zuletzt geprüft am 21. Mai 2013.

106 Zitiert nach: «Linker Lou».

107 So berichtete Dahrendorf 2006 in einem Gespräch mit Klaus Weber, vgl. Weber, *Der Linksliberalismus*, S. 166. Scheel bestritt auf der Pressekonferenz nach dem Parteitag allerdings, diese Drohung ausgesprochen zu haben; vgl. ebd. Auch die *Frankfurter Allgemeine Zeitung* berichtete über Scheels Drohung gegenüber Dahrendorf; vgl. Lojewski, «Die Stunde Dahrendorfs».

108 Ebd.

109 Vgl. Zawatka-Gerlach, «Der Mann»; Lojewski, «Die Stunde Dahrendorfs». Nach Gvl, «Die FDP bietet sich als Koalitionspartner an», in: *Frankfurter Allgemeine Zeitung*, 30. Januar 1968, S. 1, war ein weiteres Thema der Diskussion die Hochschulreform.

110 Zitiert nach: Rieber, «Nach einer Stunde».

111 Schweden, «Da zerstob».

112 Bauer, «FDP-Rebellen».

113 Schweden, «Da zerstob»; vgl. Rieber, «Nach einer Stunde».

114 Walter Scheel erinnert sich: «Parteifreunde sprachen später von einem ‹Punktsieg› für den Professor», Walter Scheel u. a, *Erinnerungen und Einsichten*, Stuttgart 2004, S. 154.

115 Dahrendorf, *Für eine Erneuerung*, S. 161.

116 Oskar Fehrenbach, «Die Freien Demokraten küren einen neuen Star. Professor Ralf Dahrendorf ist der ungekrönte König des FDP-Bundesparteitages», in: *Stuttgarter Zeitung*, 31. Januar 1968, S. 3.

117 Zawatka-Gerlach, «Der Mann».

118 Schollwer, «*Da gibt es*», S. 106.

119 Dahrendorf, *Für eine Erneuerung*, S. 153.

120 Gerd Langguth, *Die Protestbewegung in der Bundesrepublik Deutschland 1968 bis 1976*, Bonn 1976, S. 232–233, zitiert nach: Informationen zur politischen Bildung. Zeiten des Wandels, 258, 1998, S. 15.

121 Dahrendorf hatte sich bereits im Wintersemester 1963/64 an einer Ringvorlesung in Tübingen zum Thema «Deutsches Geistesleben und Nationalsozialismus» beteiligt, die Professoren der dortigen Universität um den Pädagogen Andreas Flitner als Reaktion auf Studentenproteste wegen «belasteter» Professoren initiierten; vgl. Ralf Dahrendorf, «Soziologie und Nationalsozialismus», in: Andreas Flitner (Hg.), *Deutsches Geistesleben und Nationalsozialismus. Eine Vortragsreihe der Universität Tübingen*, Tübingen 1965, S. 108–124; Schäfer, «Der Nationalsozialismus», S. 145–146. Unreflektiert entspricht Dahrendorf in seinem Vortrag der von den Nationalsozialisten vertretenen Auffassung von Juden als «Fremden», indem er sie aufgrund ihrer Außenseiterposition als besonders geeignet ansieht, die Rolle der Intellektuellen in der Gesellschaft zu übernehmen.

122 Dahrendorf, *Für eine Erneuerung*, S. 138.

123 Ebd., S. 132.

124 Ebd., S. 137.

125 Ebd., S. 144.

126 Ebd.

127 Vgl. Parteitagsdienst der Jungdemokraten vom Freiburger Parteitag 1968, Hauptstaatsarchiv Stuttgart, Bestand Q 1/22, Bü. 737; Persönliches Archiv Dr.

Wolfgang Haußmann; Bundesparteitag der FDP 29.-31. Januar 1968 in Freiburg.

128 Gisela Schell, «1968 und die Folgen», in: Hessischer Rundfunk, 14. Oktober 2010, http://www.hr-online.de/website/specials/wissen/index.jsp?rubrik= 68527&key=standard_document_39935657, zuletzt geprüft am 4. Oktober 2015.

129 Beide Zitate: «So finster», in: *Der Spiegel*, 22. April 1968, S. 84.

130 Ralf Dahrendorf, «Ansprache zur Eröffnung des 16. Deutschen Soziologentages», in: Theodor W. Adorno (Hg.), *Spätkapitalismus oder Industriegesellschaft? Verhandlungen des 16. Deutschen Soziologentages*, Stuttgart 1969, S. 3–8, hier S. 4.

131 Ebd., S. 7. Als neuer Vorsitzender der DGS kündigte er zudem die Strukturreformen an, die den Soziologenverband für Studenten öffnen sollte. Dazu kam es jedoch nicht, weil M. Rainer Lepsius und Erwin K. Scheuch gegen diese Pläne opponierten und Dahrendorf durch sein politisches Engagement keine Zeit mehr für die Ausübung des Amtes des Vorsitzenden fand und es 1970 an Scheuch abgab; vgl. Erwin K. Scheuch, «Drei Leben als Sozialwissenschaftler», in: Karl Martin Bolte (Hg.), *Soziologie als Beruf. Erinnerungen westdeutscher Hochschulprofessoren der Nachkriegsgeneration*, Baden-Baden 1998, S. 233–266, hier S. 253. Von 1971 bis 1974 führte Lepsius die DGS, doch wie er berichtet, blieben die bei Dahrendorf liegenden Akten der DGS verschwunden und tauchten erst 1974 wieder auf, als Dahrendorf sein Brüssler Büro als EG-Kommissar auflöste. M. Rainer Lepsius, «Vorstellungen von Soziologie», in: Karl Martin Bolte (Hg.), *Soziologie als Beruf. Erinnerungen westdeutscher Hochschulprofessoren der Nachkriegsgeneration*, Baden-Baden 1998, S. 209–231, hier S. 221. Ein letzter Band fand sich im Nachlass Dahrendorf im Bundesarchiv und wurde intern an den Bestand der DGS abgegeben, der ebenfalls im Bundesarchiv verwahrt wird, BArch B 320 (Deutsche Gesellschaft für Soziologie).

132 Vgl. den Tagungsband Theodor W. Adorno (Hg.), *Spätkapitalismus oder Industriegesellschaft? Verhandlungen des 16. Deutschen Soziologentages*, Stuttgart 1969. Zur soziologischen Debatte vgl. Stefan Müller-Doohm, «Spätkapitalismus oder Industriegesellschaft», in: Georg Kneer u. Stephan Moebius (Hg.), *Soziologische Kontroversen. Beiträge zu einer anderen Geschichte der Wissenschaft vom Sozialen*, Berlin 2010, S. 131–153.

133 Theodor W. Adorno, «Einleitungsreferat zum 16. Deutschen Soziologentag», in: Theodor W. Adorno (Hg.), *Spätkapitalismus oder Industriegesellschaft? Verhandlungen des 16. Deutschen Soziologentages*, Stuttgart 1969, S. 12–26, hier S. 14.

134 Ebd., S. 21.

135 Dahrendorf, «Zwischenbericht», BArch, N 1749/794, S. 263.

136 Ralf Dahrendorf, «Herrschaft, Klassenverhältnis und Schichtung», in: Theodor W. Adorno (Hg.), *Spätkapitalismus oder Industriegesellschaft? Verhandlungen des 16. Deutschen Soziologentages*, Stuttgart 1969, S. 88–99, hier S. 91–92; vgl. Müller-Doohm, «Spätkapitalismus», S. 131–138.

137 Protokoll Podiumsdiskussion zwischen Professoren und Studenten über «Herrschaftssysteme und studentische Aktionen» auf dem 16. Deutschen Soziologentag, BArch N 1749/621.

138 «So finster».

139 Ebd.

140 Br, «Nach Punkten unterlegen», in: *Frankfurter Allgemeine Zeitung*, 13. April 1968, S. 86.

141 Claus Offe, «Akademische Soziologie und politischer Protest. Der Frankfurter

Soziologentag 1968», in: Hans-Georg Soeffner (Hg.), *Transnationale Vergesell-schaftungen*, Wiesbaden 2012, S. 977–984, hier S. 979.

142 Die *Bild*-Zeitung hatte zu den Protesten der Studenten geschrieben: «[m]an darf auch nicht die ganze Dreckarbeit der Polizei und ihren Wasserwerfern überlassen» (7. Februar 1968), zitiert nach: «Eine ‹Bild›-Schlagzeile ist mehr Gewalt als ein Stein am Polizisten-Kopf. Eine Dokumentation über die Oster-Unruhen und ihre Ursachen. Die Rolle des Verlagshauses Axel Springer», in: *Der Spiegel*, 6. Mai 1968, S. 41.

143 Vgl. u. a. Conze, *Die Suche nach Sicherheit*, S. 352.

144 René König an Ralf Dahrendorf, 29. April 1968, BArch N1749/46.

145 Ralf Dahrendorf an René König, 3. Mai 1968, BArch N1749/46. Der Aufruhr beim Soziologentag hatte zur Folge, dass der Vorstand der DGS erst sechs Jahre später wieder eine Tagung ausrichtete.

146 Dahrendorf, «Zwischenbericht», BArch, N 1749/794, S. 267.

147 Die Rede wurde unter dem Titel «Politische Glaubwürdigkeit durch radikale Reform», vom Informationsdienst der FDP, Landesverband Baden-Württemberg, Nr. 35, veröffentlicht; vgl. AdL, Presseausschnittsammlung Dahrendorf, 1966–1981; ebenfalls abgedruckt in: *Konstanzer Extrablatt* 1, 18. April 1968, BArch N1749/720.

148 Dahrendorf, *Reisen*, S. 30; vgl. ders., «Umbrüche und normale Zeiten. Braucht Politik Intellektuelle?», in: *Der Wiederbeginn der Geschichte. Vom Fall der Mauer zum Krieg im Irak. Reden und Aufsätze*, München 2004, S. 205–219, hier S. 218.

149 «Politische Glaubwürdigkeit durch radikale Reform», in: *Konstanzer Extrablatt* 1, 18. April 1968, BArch N1749/720.

150 Schollwer, «*Da gibt es*», S. 120.

151 Klaus Croissant an Ralf Dahrendorf, 27. August 1968; Ralf Dahrendorf an Klaus Croissant, 4. Oktober 1968, BArch N1749/49. Croissant verteidigte Studenten, die in der Nacht nach dem Dutschke-Attentat die Auslieferung der *Bild*-Zeitung in Esslingen durch eine Fahrzeugblockade verhindern wollten und dafür von der Staatsanwaltschaft Stuttgart angeklagt werden sollen. Er schlug vor, dass Dahrendorf als Sachverständiger die moralische Mitverantwortung der *Bild*-Zeitung für den Mordanschlag auf Dutschke «durch die systematische Verteufelung einer studentischen Minderheit und das dadurch geschaffene hochgradige Reizklima» deutlich machen sollte, um zu beweisen, dass die Studenten zur Tatzeit der Meinung waren und sein konnten, dass die Springer-Presse Verantwortung für den Anschlag trug.

152 Vgl. Offe, «Akademische Soziologie», S. 983–984.

153 Dahrendorf, «Zwischenbericht», BArch, N 1749/794, S. 256.

154 Das dpa-Bild findet sich u. a. in: Christian Schütze, «Durch Hinterzimmer auf dem Weg nach oben. Der Konstanzer Soziologieprofessor wirbt in Baden-Württemberg für einen Platz im Landtag und für eine neue Politik», in: *Süddeutsche Zeitung*, 26. April 1968.

155 Beide Zitate: Dahrendorf, «Es ist Zeit», BArch, N 1749/795, S. 239.

156 Dahrendorf, *Reisen*, S. 25; vgl. Schütze, «Durch Hinterzimmer».

157 Dahrendorf, «Zwischenbericht», BArch, N 1749/794, S. 261.

158 Im Vergleich zu den anderen vier Wahlkreisen in Stuttgart entfielen im Wahlkreis Stuttgart III mit Abstand am meisten Stimmen auf die FDP. Insgesamt konnte die FDP in Baden-Württemberg, ebenso wie die NPD, Stimmen hinzugewinnen, während die SPD starke Verluste erlitt. Dieses Wahlergebnis wird

meist als Folge der «Osterunruhen» nach dem Dutschke-Attentat interpretiert. Wahlergebnis WK Stuttgart III: CDU 32,1 % (-2,4 % im Vergleich zur Wahl 1964), SPD 28,8 % (-12,6 %), FDP/DVP 26.0 % (+ 5,8 %), NPD 8,6 % (+ 8,6 %). Im Bundesland kam die CDU auf 44, 2 %, die SPD auf 29,0 %, die FDP/DVP auf 14,4 %, die NPD auf 9,8 % der Stimmen. Vgl. Statistisches Landesamt Baden-Württemberg (Hg.), *Die Wahl zum Landtag von Baden-Württemberg am 28. April 1968. Endgültiges Ergebnis der Wahl in den Wahlkreisen und Regierungsbezirken, in den Stadt- und Landkreisen sowie in den Gemeinden*, Stuttgart 1969.

159 Vgl, BArch N1749/857. Nach Rothmund/Wiehn ergab sich aus dem guten Abschneiden der FDP bei den Landtagswahlen (+ 1,3 %), insgesamt 14,4 %, ein großes Selbstbewusstsein der Partei, aus dem heraus sie Koalitionsverhandlungen mit der CDU ablehnte und es vorzog in der Opposition zu bleiben; vgl. Paul Rothmund u. a., *Die F.D.P./DVP in Baden-Württemberg und ihre Geschichte. Liberalismus als politische Gestaltungskraft im deutschen Südwesten*, Stuttgart 1979, S. 241.

160 Dahrendorf, *Reisen*, S. 32. Dahrendorfs Engagement bei der FDP und seine Kritik an Wilhelm Hahn führten zu einem zeitweiligen Zerwürfnis zwischen den beiden; vgl. den Politischen Wochenbericht aus Baden-Württemberg: SDR 1, «FDP stellt sich der politischen Diskussion mit Studenten. Konstanzer Soziologe Ralf Dahrendorf zum Phänomen der Studentenunruhen», in: SDR 1, 18. November 1967, Hauptstaatsarchiv Stuttgart, R 5/002 D671007/304.

161 Dahrendorf, «Es ist Zeit», BArch, N 1749/795, S. 281.

162 Vgl. u. a. «Wohin mit Dahrendorf? Schwierigkeiten ohne Ende», in: *Bayern Kurier*, 21. September 1968; Peter Brügge, «An die Frauen ist nicht ranzukommen. Peter Brügge mit Ralf Dahrendorf im Wahlkampf», in: *Der Spiegel*, 18. August 1969, S. 36–38.

163 Ralf Dahrendorf, Vorarbeiten und Fragmente zu *Über Grenzen*, Teil II, Autobiographische Aufzeichnungen, o. Dat, ca. neunziger Jahre, BArch, N 1749/797, S. 136–137; vgl. Übersichtspläne/Auflistungen der Wahlkampfveranstaltungen, BArch N1749/720.

164 Dahrendorf, «Es ist Zeit», BArch, N 1749/795, S. 236.

165 «Prof. Dr. Dahrendorf für die Glaubwürdigkeit der Politik. Tonhalle war voll besetzt. Rege Diskussion mit vorwiegend jungen Menschen», in: *Villinger Zeitung*, 30. März 1968.

166 Brügge, «An die Frauen».

167 Vgl. u. a. ws, «Laßt nur ausdiskutieren!». Das war Dahrendorf», in: *Pfälzische Volkszeitung*, 1. Mai 1969.

168 Vgl. Verheyen, *Diskussionslust*.

169 «Warum keine Minderheitsregierung? Für die FDP sprach Professor Dahrendorf zu aktuellen politischen Fragen», in: *Badisches Tagblatt*, 27. März 1968; vgl. K. F, «Ein Hauch von ‹Uni-Luft›», Presseausschnitt vom 12. Dezember 1968, BArch N1749/192.

170 Darunter auch sein Assistent, der spätere Professor Erhard Roy Wiehn und sein späterer Mitarbeiter Sepp Woelker.

171 Vgl. u. a. Hermann Eisenhardt, «Der liberale Lord will die politische Welt verändern. Ralf Dahrendorf hat sich für Wahlkreis Konstanz entschieden», in: *Schwarzwälder Bote*, 25. September 1969; Martin Bernstorf, «Höflicher Herr. Esslingen. Wenn Dahrendorf wirbt, gibt's keine Buhs und Pfiffe», in: *Christ und Welt*, 26. September 1969; «Plätze waren Mangelware. Professor Dahrendorf in

der Kurstadt. Höhepunkt des FDP-Wahlkampf – Grundtenor: Das Recht des einzelnen in allen Bereichen», in: *Badische Zeitung*, 26. September 1969.

172 «Senkrechtstarter› in der VHS. Zu dem Vortragsabend mit Prof. Dr. Dahrendorf am Freitag», in: *Rhein-Zeitung*, Ausgabe Bad Kreuznach, 12. Dezember 1968.

173 Brügge, «An die Frauen».

174 Siegmund Alf, «Wahlkampf 69: Dahrendorfs verbale Keuschheit. Erfolg mit olympischer Disziplin. Der Professor und Kabinettsanwärter will kein Minister unter einem Kanzler Kiesinger werden», in: *Süddeutsche Zeitung*, 25. September 1969.

175 Dahrendorf, *Über Grenzen*, S. 115.

176 Das Tagebuch, in dem Dahrendorfs Eindrücke von seinem Engagement in der Politik von 1967 bis 1969 festhielt, ist das einzige im Nachlass überlieferte Tagebuch. Er diktierte es, und die Aufnahmen wurden von seiner Sekretärin abgetippt. Ralf Dahrendorf, Tagebuch, 1968–1969, BArch, N 1749/857.

177 Brügge, «An die Frauen», S. 36.

178 Vgl. Weber, *Der Linksliberalismus*, S. 169, und die von ihm zitierte Ergebnisniederschrift über die Sitzung des FDP-Präsidiums vom 1. April 1968 in Bonn, in: AdL, Bestand FDP-Bundespartei, 178.

179 Weber, *Der Linksliberalismus*, S. 169.

180 Vgl. ebd., S. 206–207.

181 Brügge, «An die Frauen», S. 36.

182 Vgl. Ergebnisniederschrift der Präsidiumssitzung am 5. August 1968, in: AdL, FDP Präsidium Protokolle 1968, 179.

183 Micus spricht von einer regelrechten «Fronde» gegen Dahrendorf, die zum Ziel hatte, durch gezielte Attacken und Falschmeldungen Stimmung gegen ihn und den linksliberalen Parteikurs zu machen; *Tribunen*, S. 192. Unter anderem warfen sie Dahrendorf vor, er habe die Koalitionsgespräche mit der CDU in Baden-Württemberg durch überzogene Forderungen willentlich platzen lassen. Das war absurd, denn es waren Vorgaben von der Parteiführung, namentlich von Scheel und Genscher, gewesen, die die südwestdeutschen Liberalen dazu gebracht hatten, in der Opposition zu bleiben. Vgl. Weber, *Der Linksliberalismus*, S. 168.

184 Ergebnisniederschrift der Präsidiumssitzung am 5. August 1968, in: AdL, FDP Präsidium Protokolle 1968 179; vgl. Michel, *Die Bundestagswahlkämpfe*, S. 122.

185 «Spitze des Dreiecks», in: *Der Spiegel*, 14. April 1969, S. 30.

186 Vgl. Michel, *Die Bundestagswahlkämpfe*, S. 123.

187 «Besuch im Schloss», in: *Der Spiegel*, 28. April 1969, S. 99–100, hier S. 99.

188 Ebd.

189 Ebd., S. 100.

190 Vgl. Kaack, *Die FDP*, S. 39–40.

191 Abdruck der «Wahlplattform» unter dem Titel «Praktische Politik für Deutschland – Das Konzept der FDP», verabschiedet vom 20. Ordentlichen Bundesparteitag der Freien Demokratischen Partei am 25. Juni 1969 in Nürnberg, in: Peter Juling, *Programmatische Entwicklung der FDP 1946 bis 1969. Einführung und Dokumente*, Meisenheim am Glan 1977, S. 200–209.

192 Vgl. Weber, *Der Linksliberalismus*, S. 209.

193 Vgl. Kaack, *Die FDP*, S. 40.

194 Ebd., S. 34.

195 «Die Entscheidung in den Heimatwahlkreisen», in: *Südkurier*, 29. September

1969; «Aus den Wahlkreisen des Heimatgebiets», in: *Südkurier*, 29. September 1969; Walter Henkels, «Von Bonn nach Brüssel – ein Zugvogel? Bonner Köpfe: Ralf Dahrendorf», in: *Frankfurter Allgemeine Zeitung*, 26. Juni 1970, S. 2. Die Zahlen, die Micus, *Tribunen*, S. 196, nennt, sind nicht richtig.

196 Vgl. Wolfgang F. Dexheimer, *Koalitionsverhandlungen in Bonn 1961, 1965, 1969. Zur Willensbildung in Parteien und Fraktionen*, Bonn 1973, S. 125. Für eine ausführliche Schilderung der Umstände der Koalitionsentscheidung der FDP Wahl vgl. Klaus Bohnsack, «Bildung von Regierungskoalitionen, dargestellt am Beispiel der Koalitionsentscheidung der F.D.P. von 1969», in: *Zeitschrift für Parlamentsfragen* 7, 3, 1976, S. 400–425.

197 Notizen zur Regierungserklärung in: Koalitionsverhandlungen und Regierungserklärung, BArch N1749/721, o. Dat, ca. Anfang Oktober 1969.

198 Baring schreibt: «Zu spät war ihm [Dahrendorf] aufgegangen, daß Scheel mit seinem Angebot vom März 1969, nach der Bundestagwahl mit ihm ins Auswärtige Amt zu kommen, seinem Ehrgeiz und seiner Eitelkeit geschmeichelt, ihn aber gleichzeitig an die Leine genommen hatte.» Baring, *Machtwechsel*, S. 293; vgl. S. 182. Diese Interpretation ist, ohne belegt zu werden, immer wieder aufgegriffen worden; vgl. Micus, *Tribunen*, S. 198; Weber, *Der Linksliberalismus*, S. 208.

199 Dahrendorf, Tagebuch 1968–1969, BArch, N 1749/857, Eintrag vom 14. August 1969.

200 Tagebucheintrag vom 4. Oktober 1969 ebd., S. 232 und 236.

201 Dahrendorf, *Reisen*, S. 33.

202 Dahrendorf, Tagebuch 1968–1969, BArchN 1749/857, Eintrag vom 19. Oktober 1969.

203 Beide Zitate: Baring, *Machtwechsel*, S. 293.

204 Dahrendorf, Tagebuch 1968–1969, BArch, N 1749/857, Eintrag vom 14. Oktober 1969.

205 Ebd.

206 «In der Zucht», in: *Der Spiegel*, 3. November 1969.

207 Vgl. Briefwechsel mit Günther Schmid, Dahrendorf an Schmid, 10. Dezember 1975, BArch N1749/79; Baring, *Machtwechsel*, S. 269; Micus, *Tribunen*, S. 201.

208 Als weitere Aufgabe wurde Dahrendorf mit der von Bundespräsident Gustav Heinemann angeregten Friedensforschung beauftragt. Dieses Projekt wurde zwar von Willy Brandt sogar in seiner Regierungserklärung aufgegriffen, doch nach Kompetenzstreitigkeiten mit dem Wissenschaftsministerium verlief es im Auswärtigen Amt im Sande, wie Archivakten zeigen. Politisches Archiv des Auswärtigen Amts, B3/23, Schriftwechsel mit den Referaten; Friedensforschung, November 1969 bis Februar 1970.

209 Deutscher Bundestag Plenarprotokoll, 6. Wahlperiode, 15. Sitzung. Bonn, 28. November 1969, 540, C.

210 Ebd., 541, B.

211 Diese wurden dann am 18. Juni 1970 vom Bundesminister des Auswärtigen dem Bundeskabinett übergeben. Ein Abdruck findet sich in: Auswärtiges Amt (Hg.), *Die auswärtige Politik der Bundesrepublik Deutschland*, Köln 1972, S. 781–787; vgl. Peisert, «Wanderungen zwischen Wissenschaft», S. 18; Dahrendorfs Vorwort, in: Hansgert Peisert, *Die auswärtige Kulturpolitik der Bundesrepublik Deutschland. Sozialwissenschaftliche Analysen und Planungsmodelle*, Stuttgart 1978, v. a. S. 16–17.

212 Vgl. Vermerk vom 14. November 1969, in: Politisches Archiv des Auswärtigen Amtes B3/24, Auswärtige Kulturpolitik.

213 Vgl. Hansgert Peisert, «Sozialforschung an der Universität. Berufserfahrung am Rande der Profession», in: Karl Martin Bolte (Hg.), *Soziologie als Beruf. Erinnerungen westdeutscher Hochschulprofessoren der Nachkriegsgeneration*, Baden-Baden 1998, S. 193–208, hier S. 203–205.

214 Buchpublikation: Peisert, *Die auswärtige Kulturpolitik*.

215 Hansgert Peisert, «Das Bonner Aschenputtel. Überlegungen zu einem neuen Konzept der auswärtigen Kulturpolitik», in: *Die Zeit*, 9. Oktober 1970.

216 Dahrendorf, Vorwort, in: Peisert, *Die auswärtige Kulturpolitik*, S. 13.

217 Bollmann, Werner, «Kulturpolitik nach außen», in: *Stuttgarter Nachrichten*, 8. November 1969, zitiert nach Micus, *Tribunen*, S. 202; Weber, *Der Linksliberalismus*, S. 212; vgl. Henkels, «Von Bonn».

218 Baring, *Machtwechsel*, S. 293.

219 Weber, *Der Linksliberalismus*, S. 212, hat gezeigt, wie sehr sich Dahrendorf durch wiederholtes Vorpreschen in der Öffentlichkeit mit persönlichen Meinungsäußerungen innerparteilich isolierte, so dass heftige Kritik von Knut von Kühlmann-Stumm an ihm im Bundesvorstand unwidersprochen blieb. So äußerte von Kühlmann-Stumm in der FDP-Bundesvorstandsitzung am 24. Mai 1970 in Saarbrücken: «Er soll nach Konstanz zurückgehen!» und «Herr Dahrendorf gehört auf den Mond!», vgl. AdL, FDP-Bundesvorstand, 160; Protokolle, Sitzung vom 25. April 1970 in Saarbrücken.

220 Micus, *Tribunen*, S. 199–200. Micus verweist hier auf einen Artikel in der *Südwest-Presse* vom 7. Januar 1969, in dem Dahrendorf mit der Aussage zitiert wird, er strebe generell keine Stellvertreterämter an, sondern für ihn seien nur Vorsitzendenfunktionen attraktiv.

221 Günther Gillessen, «Skeptische britische Glückwünsche zur Bonner Ostpolitik. Beobachtungen und Eindrücke von der Königswinterer Konferenz», in: *Frankfurter Allgemeine Zeitung*, 14. April 1970, S. 2.

222 Vgl. DPA-Meldung, 24. April 1970, BArch N1749/60.

223 Sitzung vom 25. April 1970 in Saarbrücken, in: AdL, FDP-Bundesvorstand Protokolle, 160. Vgl. «Ärger über Dahrendorf», in: *Frankfurter Allgemeine Zeitung*, 22. April 1970, S. 3.

224 Theodor Eschenburg, «Das ‹ich› in Dahrendorf», in: *Die Zeit*, 13. März 1970, S. 11. Auch Peisert weist darauf hin, dass Dahrendorf die Annahme der Assistentenrolle unter Scheel schwer gefallen sei; vgl. Peisert, «Wanderungen zwischen Wissenschaft», S. 19.

225 Vgl. Fritz Goergen, *Skandal FDP. Selbstdarsteller und Geschäftemacher zerstören eine politische Idee*, Köln 2004, S. 118–119. Fritz Goergen berichtet aus der Zeit kurz vor der Bundestagswahl über ein Gespräch mit Ralf Dahrendorf: «Mit Achim Rohe und Hans-Roderich Schneider […] traf ich Dahrendorf im Restaurant Tulpenfeld. Er wollte unsere Meinung zu seiner Rolle in Bonn hören. Walter Scheel habe ihm angeboten, bei ihm Parlamentarischer Staatssekretär zu werden: So wie sein Professorenkollege Horst Ehmke mit dem gleichen Rang Chef des Kanzleramtes die Regierungspolitik der SPD koordinieren solle, würde Dahrendorf Chef des Vizekanzleramts im Auswärtigen Amt sein. Wir drei rieten ihm ab: Scheel wolle ihn nur unter Kontrolle bringen. Er solle die Finger von diesem Danaergeschenk lassen. Stattdessen müsse er als Starredner im Bundestag – Schneider sagte Reichsredner – und in der Öffentlichkeit sein Können ausspielen. Das werde ihm schnell so viel Einfluss einbringen, dass bald nichts mehr an ihm vorbei gehen könne.»

226 Vgl. Weber, *Der Linksliberalismus*, S. 212.
227 Scheel u. a, *Erinnerungen und Einsichten*, S. 155. Dahrendorf und Scheel blieben sich in den folgenden Jahren verbunden. Dahrendorf unterstützte Scheel 1974 bei seiner Rede zum Amtsantritt als Bundespräsident, vgl. Ralf Dahrendorf an Walter Scheel, 27. Juni 1974, BArch B 122 (Bundespräsidialamt)/156876.
228 Die Europäische Wirtschaftsgemeinschaft (EWG) wurde 1958 als Zollunion gegründet. Seit ihrer Fusion mit der Europäischen Atomgemeinschaft (EURA-TOM) und der Europäischen Gemeinschaft für Kohle und Stahl (EGKS) 1967 trug sie die Bezeichnung Europäische Gemeinschaft (EG). 1992 entstand mit dem Maastricht-Vertrag die Europäische Union (EU), die 1993 die EG ablöste. Im Folgenden wird die Europäische Gemeinschaft mit EG abgekürzt, auch wenn in den siebziger Jahren im allgemeinen Sprachgebrauch häufig noch die Abkürzung EWG üblich war.
229 Darüber, wie es dazu kam, dass Dahrendorf EG-Kommissar in Brüssel wurde, ist viel spekuliert worden. Die von Baring angestellte und von anderen übernommene Vermutung, Dahrendorf habe sich mit seinem Wechsel nach Brüssel angesichts schlechter Umfragewerte vor einem drohenden Debakel der FDP rechtzeitig in Sicherheit bringen wollen, ist angesichts der Tatsache, dass die Legislaturperiode ja gerade erst begonnen hatte, unplausibel und auch nicht belegt worden. Vgl. Baring, *Machtwechsel*, S. 295; Hacke, «Das Scheitern», S. 133; Weber, *Der Linksliberalismus*, S. 213.
230 Achenbach hatte auch eine Schlüsselrolle bei der «Naumann-Affäre» von 1953 gespielt, bei der die FDP durch ehemals hochrangige Nationalsozialisten unterwandert werden sollte. Vgl. Torben Fischer u. Matthias N. Lorenz, *Lexikon der «Vergangenheitsbewältigung» in Deutschland. Debatten- und Diskursgeschichte des Nationalsozialismus nach 1945*, Bielefeld 2007, S. 103 und 168.
231 Gruner, Interview mit Ralf Dahrendorf, BArch, N 1749/897, S. 10–11. Vgl. die Diskussion im FDP-Vorstand, Sitzung vom 25. April 1970 in Saarbrücken, in: AdL, FDP-Bundesvorstand Protokolle, 160.
232 Vgl. stellvertretend für die damalige Berichterstattung Henkels, «Von Bonn».
233 Dahrendorf, Manuskript der englischsprachigen Autobiographie, Kapitel 8–13, BArch, N 1749/804, S. 207.
234 Vgl. den Bericht des *Spiegels* vom FDP-Bundesparteitag im Sommer 1970, nach dem der Vorsitzende der Jungdemokraten Heiner Bremer Werner Maihofer zur Wahl in den Bundesvorstand mit den Worten gratulierte: «Enttäuschen Sie uns nicht so wie Herr Dahrendorf.» «Was ihr wollt», in: *Der Spiegel*, 29. Juni 1970, S. 24–25, hier S. 24. Vgl. auch Weber, *Der Linksliberalismus*, S. 212.
235 Vgl. Micus, *Tribunen*, S. 184.
236 Gz, «Brüssel überrascht», in: *Frankfurter Allgemeine Zeitung*, 30. Mai 1970, S. 1.
237 Gruner, Interview mit Ralf Dahrendorf, BArch, N 1749/897, S. 11.
238 Vgl. Micus, *Tribunen*, S. 210.
239 Vgl. Gz, «Umfangreiche Arbeitsgebiete für Haferkamp und Dahrendorf», in: *Frankfurter Allgemeine Zeitung*, 4. Juli 1970, S. 1.
240 Peisert, «Wanderungen zwischen Wissenschaft», S. 19.
241 Gruner, Interview mit Ralf Dahrendorf, BArch, N 1749/897, S. 12.
242 Micus, *Tribunen*, S. 210–211.
243 Ebd., S. 212.
244 Gruner, Interview mit Ralf Dahrendorf, BArch, N 1749/897, S. 14; vgl. Ralf

Dahrendorf an Karl Hermann Flach, 25. Januar 1972, in: AdL Flach, Karl-Hermann, N 47–52: Dahrendorf regte an, beim Bundesparteitag im Herbst das Thema Europa zu behandeln, und erklärte seine Bereitschaft, die Einleitung bei einer solchen Diskussion zu übernehmen. Außerdem erinnert er Flach daran, «daß Sie mir Bescheid sagen wollten, wenn im Präsidium Fragen zur Diskussion stehen, zu denen ich möglicherweise einen Beitrag leisten kann.» Es wird deutlich, dass Dahrendorf sich aus Brüssel in Erinnerung rufen musste, um informiert zu bleiben und wieder in der FDP-Diskussion zu Wort zu kommen.

245 Vgl. Gruner, Interview mit Ralf Dahrendorf, BArch, N 1749/897, S. 13.

246 Dahrendorf, Manuskript der englischsprachigen Autobiographie, Kapitel 8–13, BArch, N 1749/804, S. 213.

247 Gruner, Interview mit Ralf Dahrendorf, BArch, N 1749/897, S. 15.

248 Wieland Europa, «Über Brüssel hinaus. Unorthodoxes Plädoyer für ein Zweites Europa», in: *Die Zeit*, 9. Juli 1971, S. 3; dort alle folgenden Zitate.

249 Wieland Europa, «Ein neues Ziel für Europa», in: *Die Zeit*, 16. Juli 1971, S. 3; dort alle folgenden Zitate.

250 Katharina Focke, «Europa ohne Zauberformel. Die Gemeinschaft hat sich auf der ersten Stufe bewährt», in: *Die Zeit*, 23. Juli 1971, S. 5; dort auch die folgenden Zitate.

251 Zitiert nach: Wieland Weltall, «Wagemutige Männer», in: *Der Spiegel*, 2. August 1971, S. 111. Hinter dem Pseudonym «Felix Europa» wurde zunächst Walter Hallstein vermutet, es handelte sich jedoch um Karl-Heinz Narjes.

252 Ebd.

253 Das bemerkte auch der Redakteur des *Handelsblatt*, der an den Artikeln «wissenschaftliche Gründlichkeit» vermisste; vgl. Carl A. Ehrhardt, «Wieland bewegt Europa. Wird sich Prof. Dahrendorf der Kritik stellen?», in: *Handelsblatt*, 4. August 1971, S. 3.

254 Vgl. Deutscher Bundestag Plenarprotokoll, 6. Wahlperiode, 133. Sitzung. Bonn, 19. Juli 1971, S. 7766, A.

255 Gruner, Interview mit Ralf Dahrendorf, BArch, N 1749/897, S. 15.

256 «Schlapper Verein. Der Fall Dahrendorf scheint überstanden. Der Brüsseler Kommissar tritt nicht zurück», in: *Der Spiegel*, 9. August 1971, S. 64–65, hier S. 64.

257 Ehrhardt, «Wieland bewegt Europa».

258 Amtsblatt der Europäischen Gemeinschaften, Verhandlungen des Europäischen Parlaments. Sitzungsperiode 1971–1972, Ausführliche Sitzungsberichte vom 21. bis 23. September 1971, Luxemburg.

259 «Schlapper Verein».

260 «Europa muß seine Außenbeziehungen überdenken. ‹EWG-Außenminister› Dahrendorf macht Vorschläge», in: *Frankfurter Rundschau*, 19. November 1971, zitiert nach Weber, *Der Linksliberalismus*, S. 214.

261 Dahrendorf, Manuskript der englischsprachigen Autobiographie, Kapitel 8–13, BArch, N 1749/804, S. 220–221.

262 Ralf Dahrendorf, «Affäre Wieland Europa. Reaktionen», BArch, N 1749/696.

263 Gruner, Interview mit Ralf Dahrendorf, BArch, N 1749/897, S. 16.

264 Vgl. Dahrendorf, Manuskript der englischsprachigen Autobiographie, Kapitel 8–13, BArch, N 1749/804, S. 221 und Kapitel 7.

265 Gruner, Interview mit Ralf Dahrendorf, BArch, N 1749/897, S. 17.

266 Hermann Schreiber, «... dann landet man in Brüssel», in: *Der Spiegel*, 8. Juni
     1970, S. 29. Dort heißt es: «Walter Scheel, der erste Mann im Bonner AA, hat
     denn auch keinen Zweifel, daß die Bezeichnung ‹Außenminister der EWG›, die
     einige Zeitungen auf Dahrendorfs Brüsseler Job angewandt haben, von dem
     Professor selber ausgestreut worden ist.»
267 Vgl. Micus, *Tribunen*, S. 216; vgl. auch Lorelies Oslager, «Prof. Ralf Dahrendorf.
     A disappointed pragmatist», in: *The Financial Times*, 20. September 1973.
268 Weber, *Der Linksliberalismus*, S. 221.
269 Dahrendorf, *Über Grenzen*, S. 118 und 121.
270 Dieter Rulff, «Ralf Dahrendorf und das sozialliberale Intermezzo. Parteiintel-
     lektuelle in Deutschland», in: Deutschlandradio, 12. Juni 2011, http://www.
     deutschlandfunk.de/dahrendorf-und-das-sozialliberale-intermezzo.1184.de.
     html?dram:article_id=185450, zuletzt geprüft am 1. März 2016.
271 Vgl. Weber, *Der Linksliberalismus*, S. 221–224.
272 Hacke, «Das Scheitern», S. 137.

V.
«I shall forever love LSE»:
Die Jahre als Direktor der London School of Economics
and Political Science (1974–1984 bzw. 1987)

 1 Vgl. Dahrendorfs Terminkalender von 1973, BArch N 1749/3.
 2 Dahrendorf, *Reisen*, S. 264.
 3 Vgl. Dahrendorf, *LSE*, S. 486; Susan Howson, *Lionel Robbins*, Cambridge, New
    York 2011, S. 1028–1029.
 4 Eric de Dampierre, Brief an Ralf Dahrendorf, 18. März 1973, BArch, N 1749/
    60.
 5 Meifort, Gespräch mit Fritz Stern, 21. Februar 2014.
 6 Fritz Stern, *Gold und Eisen. Bismarck und sein Bankier Bleichröder*, Frankfurt am
    Main 1978.
 7 Vgl. Dahrendorf, *Reisen*, S. 264. Fritz Stern bestätigte diesen Satz im Gespräch:
    Meifort, Gespräch mit Fritz Stern, 21. Februar 2014.
 8 Ebd.
 9 Vgl. Gruner, Interview mit Ralf Dahrendorf, BArch, N 1749/897.
10 Ralf Dahrendorf, Notizen anlässlich des Wechsels an die LSE, o. Dat, BArch
    N 1749/601; dort auch die folgenden Zitate.
11 Henkels, «Von Bonn»; vgl. Baring, *Machtwechsel*, S. 294.
12 Ralf Dahrendorf, Notizen, BArch N 1749/601; dort auch die folgenden Zitate.
13 Dahrendorf, *LSE*, S. 486; vgl. ders., Manuskript der englischsprachigen Auto-
    biographie, Kapitel 8–13, BArch, N 1749/804, S. 227.
14 Karl Popper, Brief an Ralf Dahrendorf, 3. Dezember 1973, BArch, N 1749/64;
    vgl. Dps, «Dahrendorf nach London. Ehrenvoller akademischer Ruf», in: *Frank-
    furter Allgemeine Zeitung*, 19. September 1973, S. 1. Dort heißt es, die Ernennung
    des deutschen EG-Kommissars Dahrendorfs bedeute eine Orientierung der tra-
    ditionell nach den USA ausgerichteten LSE nach Europa und wäre wenige Jahre
    zuvor noch unvorstellbar gewesen.
15 Brian MacArthur, «Dahrendorf ‹the supreme prize for LSE›», in: *The Times
    Higher Education Supplement*, 21. September 1973.

16 Vgl. Dahrendorf, *Reisen*, S. 262.

17 Ebd.

18 Vgl. u. a. Peter Wilby, «Joy at LSE for a man who thrives on conflict», in: *The Observer*, 23. September 1973; Ian Mather, «The man who gives rebels no cause», in: *Daily Mail*, 20. September 1973.

19 Vgl. «An original and welcome appointment», in: *The Times*, 20. September 1973: «Choice of him [Dahrendorf] [...] must have been made easier by Britain's new European dimension.» Dass diese Interpretation möglicherweise von Dahrendorf selbst ausgegeben wurde, zeigt der Artikel von Hella Pick im *Guardian*, in welchem sie Dahrendorf mit der Aussage zitiert, seine Ernennung sei Ausdruck der «determination by the governors to orient the school more towards Europe and European studies»; «EEC Commissioner to be new Director of LSE», 19. September 1973.

20 Mather, «The man who».

21 John A. Hall, *Ernest Gellner. An Intellectual Biography*, London 2010, S. 176.

22 Howson, *Lionel Robbins*, S. 1028. Nach Dahrendorfs Terminkalender fand dieser Vortrag am Nachmittag des 16. Mai 1973 statt; BArch N 1749/3.

23 Ernest Gellner, Draft obituary on Dahrendorf, London, Mai 1980, LSE Archives, Box 60, Green Folder.

24 Howson, *Lionel Robbins*, S. 1027–1028; MacArthur, «Dahrendorf the supreme prize».

25 Harry Johnson, Mitglied der Auswahlkommission an Lionel Robbins, 11. März 1972, zitiert nach Howson, *Lionel Robbins*, S. 1027.

26 Vgl. die Presseausschnittsammlung Prof. Ralf Dahrendorf, major articles, interviews, books, letters etc, 1973–1974, LSE Archives, LSE, Central Filing Registry, A/32/12/4/A.

27 In dem Artikel heißt es: «On almost any score, Professor Dahrendorf is an excellent and imaginative choice; as an administrator, as a man of ideas, as an academic of proven reputation.» Vgl. auch Pick, «EEC Commissioner»; Peter Hennessy u. Joanna Holland, «Surprise and pleasure greet appointment», in: *The Times Higher Education Supplement*, 21. September 1973; David Shears, «Match for the student rebels», in: *Sunday Telegraph*, 23. September 1973; «A Star from abroad», in: *The Observer*, 23. September 1973.

28 »An original».

29 Vgl. Peter Wilby, «The Lords of Learning», in: *The Times Magazine*, 15. August 1976, S. 10–11.

30 Vgl. die Presseausschnittsammlung, LSE Archives, LSE, Central Filing Registry, A, 32/12/4/A; hier mehrere Seiten mit unzähligen kurzen Berichten in verschiedenen deutschen Regionalzeitungen zu Dahrendorfs Wechsel von der EG Kommission zur LSE, vor allem der Bericht des dpa-Korrespondenten Henry Schavoir findet sich in mehreren Zeitungen.

31 Vgl. u. a. ess, «‹Superkraut› ist in London willkommen. Dahrendorf wird Leiter einer Mini-Universität», in: *Handelsblatt-Industriekurier*, 26. September 1973.

32 Z. B. Hermann Bohle, «Nicht aus Verdruß ...», in: *Die Glocke*, 26. September 1973.

33 Hermann Bohle, «Europa braucht parlamentarischen Rückhalt. Mit einem Verfassungsrat auf neue Wege. Der scheidende EWG-Kommissar macht Vorschläge für die Zukunft der Gemeinschaft», Interview mit Ralf Dahrendorf, in: *Stuttgarter Rundschau*, 25. September 1973.

34 Dahrendorf, Manuskript der englischsprachigen Autobiographie, Kapitel 8–13, BArch, N 1749/804, S. 229.

35 Vgl. Meifort, Gespräch mit Fritz Stern, 20. Februar 2014.

36 Dahrendorf, Manuskript der englischsprachigen Autobiographie, Kapitel 8–13, BArch, N 1749/804, S. 227.

37 Ebd., S. 242.

38 Einige Teile des folgenden Abschnitts wurden bereits veröffentlicht: Franziska Meifort, «Der Wunsch nach Wirkung. Ralf Dahrendorf als intellektueller Grenzgänger zwischen Bundesrepublik und Großbritannien 1964–1984», in: *Geschichte in Wissenschaft und Unterricht* 65, 3/4, 2014, S. 196–216.

39 Manuskript BArch N 1749/53; abgedruckt in: Ralf Dahrendorf, «Why I am coming to LSE», in: *The Magazine of the London School of Economics and Political Science* 47, Juni, 1974, S. 0–1.

40 Ralf Dahrendorf an R. J. Hacon, 5. Juni 1974, BArch N1749/53. Die Londoner City steht für die Wirtschaft und die Banken, «Whitehall» ist der Regierungsbezirk und an der Fleet Street sind traditionell die großen Pressehäuser angesiedelt.

41 Vgl. Ralf Dahrendorf an Morris Finer, 26. August 1974, BArch N 1749/53.

42 Meifort, Gespräch mit Ellen Dahrendorf, 21. Januar 2012; vgl. Peter Hennessy, «Ford refuse to fund British study centre. Dr Dahrendorf's Brookings», in: *The Times*, 4. Mai 1977. Wie wichtig Dahrendorf die Vertraulichkeit dieser Treffen war, zeigt ein Briefwechsel von 1976 im Nachlass Dahrendorf. Ralf Dahrendorf ging den Redakteur des *Observer* Donald Treford darin scharf an, weil dieser in einem Artikel über eine Auseinandersetzung zwischen den Politikern Jeremy Thorbe und John Pardoe bei einem Director's Dinner der LSE berichtet hatte, obwohl die Gespräche der Vertraulichkeit unterlagen. Dahrendorf äußerte in diesem Zusammenhang, dass er den vorsichtigen Umgang der Briten mit der Presse bisher für übertrieben hielt, nun aber verstehe, dass diese Angst nicht ungerechtfertigt sei; BArch N 1749/100.

43 Dahrendorf, *Reisen*, S. 173.

44 Wilby, «Joy at LSE».

45 Vgl. Kapitel I.

46 Nach Pierre Bourdieu ist das Handeln von Akteuren von ihrer jeweiligen Position im sozialen Raum bestimmt. Diese wiederum ist vom ökonomischen, sozialen und kulturellen «Kapitalvolumen» abhängig, das ein Handelnder einbringen kann. Dahrendorfs persönliche Netzwerke und Kontakte sowie seine Position als Direktor der LSE bilden sein soziales Kapital. Sein Titel und sein Renommee als Soziologieprofessor und seine Berufserfahrung als Europapolitiker sind zusammen mit seiner Bildung sein kulturelles Kapital. Über ökonomisches Kapital, das an dieser Stelle nicht so entscheidend ist, verfügte Dahrendorf selbstverständlich auch; zwar verdiente er als LSE-Direktor mit 12 000 Pfund pro Jahr weit weniger als zuvor als EG-Kommissar (26 000 Pfund pro Jahr), aber er konnte sich zur oberen Mittelschicht zählen. Diese Kapitalien zusammengenommen sind die Basis für das symbolische Kapital, sprich das Prestige oder Renommee, das es Dahrendorf ermöglichte, sich in Großbritannien als Intellektueller in der Öffentlichkeit zu positionieren und als solcher akzeptiert zu werden. In einem anderen Land, etwa in Frankreich, hätte sich Dahrendorf nicht so leicht als Intellektueller durchsetzen können, schon weil er die Sprache nicht so gut beherrschte wie Englisch, aber vor allem, weil es ihm an Kontakten und Prestige gefehlt hätte. In England hingegen wusste man, dass Dahrendorf «je-

mand war», er war populär und anerkannt. Zudem verfügte er über den notwendigen elitären Habitus, um in höheren Kreisen anzukommen. Vgl. Pierre Bourdieu, «Ökonomisches, kulturelles und soziales Kapital», in: ders., *Die verborgenen Mechanismen der Macht,* Hamburg 1992, S. 49–75; vgl. auch «Ein Sprecher des liberalen Geistes. Ralf Dahrendorf, die ‹London School of Economics› und die ‹Reith Lectures›», in: *Die Zeit,* 27. Dezember 1974, S. 2. Zum Wechselkurs 1974: 12 000 britische Pfund entsprachen 72 000 DM, 26 000 britische Pfund 156 000 DM.

47 Bernard Donoughue an Ralf Dahrendorf, 27. März 1974, BArch, N 1749/60.

48 Vgl. zur Royal Commission on the Legal Services die Unterlagen in den National Archives, Kew, PREM 16/1357; LCO 19/1515; LCO 25/14; HO 342/297.

49 Coleman, «The Wednesday Page».

50 Ralf Dahrendorf, «Gesucht: ein Labor für Reformen. Zur aktuellen Debatte über ein europäisches ‹Brookings› Institut», in: *Die Zeit,* 16. Dezember 1977, S. 7.

51 Im Papier hieß es wörtlich: «the need and shape of a Centre which helps decision-makers and scholars to come to grips with the economic, social and political predicament of the world in the 1970s and 1980s, and of Britain in it.» Ralf Dahrendorf, «A Centre for Economic and Political Studies in London», Januar 1976, LSE Archives, Abel-Smith, 1/15. Vgl. zu Dahrendorfs eigener rückblickender Beurteilung der Diskussion um ein «British Brookings» *LSE,* S. 490 ff.

52 Ebd., S. 490.

53 Dahrendorf, «A Centre», LSE Archives, Abel-Smith, 1/15.

54 Ebd.

55 Vgl. Francis X. Sutton, «Brookings, British», RAC, Ford Foundation, Office of the President McGeorge Bundy, Series II, Box 10, Folder 32.

56 Ralf Dahrendorf, Policy Studies. Summary and Proposals, London, April 1976, LSE Archives, LSE, Small LSE Deposits/72.

57 Vor allem die International Socialists und die Broad Left kritisierten Dahrendorfs Entwurf; vgl. «The Noblest Director of them all», London, LSE Archives, LSE, Small LSE Deposits/72.

58 Vgl. den Briefwechsel zwischen Brian Abel-Smith und Ralf Dahrendorf vom 28. und 30. Januar 1976, LSE Archives, Abel-Smith/1/15; Dahrendorf, LSE, S. 491.

59 Vgl. ebd., S. 492–494.

60 Dahrendorf, *Reisen,* S. 258–259.

61 Dahrendorf, «A Centre», LSE Archives, Abel-Smith, 1/15, S. 1.

62 Dahrendorf, «Gesucht: ein Labor».

63 Vgl. Hennessy, «Ford refuse»; David Walker, «£ 5 m scheme for policy studies institute in London proposed», in: *The Times,* 21. Juli 1977, S. 4. Zur Ford Foundation und Shepard Stone vgl. Volker R. Berghahn, *Transatlantische Kulturkriege. Shepard Stone, die Ford-Stiftung und der europäische Antiamerikanismus,* Stuttgart 2004. Zu Dahrendorfs Tätigkeit für die Ford Foundation vgl. Frank X. Sutton u. Will Hertz, «Remembering Three Ford Foundation Trustee Giants», in: *The LAFF Society,* November, 2009, S. 3–4.

64 Hennessy, «Ford refuse».

65 Vgl. Rockefeller Archive Center (RAC) Ford Foundation, Office of the President McGeorge Bundy, Series II. Subject Files, Box 10, Folder 126 und Series IV. Trustee Files, Letters to Trustees, Box 26, Folder 307; Hennessy, «Ford refuse».

66 Ralf Dahrendorf, Report by the Director of the School during the Session 1976–77, London, BArch, N 17497332, S. xi–xii.

67   Das geht aus den Unterlagen der Ford Foundation hervor: Francis X. Sutton, Inter Office Memorandum to McGeorge Bundy and Peter Ruof, Conversation with Derek Robinson, 25. April 1978, in: RAC, Ford Foundation, Office of the President McGeorge Bundy, Series II, Box 10, Folder 32.

68   Dahrendorf, *LSE*, S. 488.

69   Ralf Dahrendorf, «Should there be subsidies for foreign students?», in: *Daily Telegraph*, 20. Januar 1976.

70   Vgl. «How to lose friends and influence», in: *The Times*, 16. Februar 1977.

71   Dahrendorf, *LSE*, S. 489; vgl. die Berichterstattung in der Presse in der Zeitungsausschnittsammlung zur LSE, BArch N 1749/332.

72   Vgl. zur Entwicklung der *LSE* in dieser Zeit Marie Scot, *La London School of Economics and Political Science, 1895–2010*. *Internationalisation universitaire et circulation des savoirs*, Paris 2011, S. 256–305.

73   »Lord Dahrendorf. Obituary», in: *The Telegraph*, 18. Juni 2009, http://www.telegraph.co.uk/news/obituaries/politics-obituaries/5571140/Lord-Dahrendorf.html, zuletzt geprüft am 28. Oktober 2015.

74   Dahrendorf, *Reisen*, S. 265.

75   Ebd.; vgl. «LSE ‹is fighting for survival›», in: *Financial Times*, 27. Dezember 1979.

76   Hoffmann, Interview mit Ralf Dahrendorf, BArch, N 1749/847, S. 10.

77   Dahrendorf, *LSE*, S. 501.

78   Gellner, Draft obituary, *LSE* Archives, Box 60, Green Folder, S. 6; vgl. Hall, *Ernest Gellner*, S. 176: «The Times kept obituaries in reserve, so to speak, and asked Gellner to prepare Dahrendorf's. To that end he interviewed Dahrendorf in 1977, and wrote an elegant obituary in 1980.» Die Kritik an Dahrendorfs Berufungspolitik mag bei Gellner allerdings auch durch eigene negative Erfahrungen, als er bei der Besetzung des Martin White Chair of Sociology an der LSE gegenüber Donald MacRae den kürzeren zog, begründet sein; vgl. ebd., S. 177.

79   Dahrendorf, Report by the Director, BArch, N 17497332, S. ix.

80   Vgl. ««He was very good with the students,› says one academic who was lecturer at LSE in those heady years. ‹He would meet them face to face and listen to them, but he wasn't afraid of being firm either.›» Caroline St John-Brooks, «A gambler for high intellectual stakes», in: *New Society*, 10. März 1983, S. 370–372.

81   Dahrendorf, *Reisen*, S. 264.

82   Zu einer Bewertung von Thatchers Regierungszeit vgl. Dominik Geppert, «Der Thatcher-Konsens. Der Einsturz der britischen Nachkriegsordnung in den 1970er und 1980er Jahren», in: *Journal of Modern European History* 9, 2011, S. 170–194.

83   Christian Hodeige, «Mein Freund Ralf Dahrendorf», in: Thomas Hauser u. Christian Hodeige (Hg.), *Der Zeitungsmensch. Auf den Spuren von Ralf Dahrendorf in Südbaden*, Freiburg i. Br. 2010, S. 45–48, hier S. 45–46.

84   Mandrake, «Wanted. Man of the world and the cloister», in: *The Sunday Telegraph*, 16. Januar 1983. Den Spitznamen «Superkraut» erhielt Dahrendorf mehreren Presseartikeln zufolge von seinen Studenten. Er ist eine Anspielung auf Henry Kissinger, über den 1972 eine Biographie von Charles Ashman mit dem Untertitel «The Adventures of Superkraut» erschienen war; vgl. das Zitat aus dem *Daily Express* anlässlich Dahrendorfs Wahl zum Direktor der LSE: «Within hours of Ralf Gustav Dahrendorf being named as the new director to take over next autumn he was christened Superkraut. Certainly he comes to the LSE, the

turbulent world famous workshop of revolutionary ideas, as a kind of mini-Kissinger.» James Murray, «Herr Ralf – happy to take his stride», in: *Daily Express*, 20. September 1973. Vgl. auch: Fred Hauptfuhrer, «‹Super-Kraut› Ralf Dahrendorf takes over the L. S.E», in: *People weekly* 3, 9, 1974, S. 42–44.

85 Der folgende Abschnitt wurde in Teilen bereits veröffentlicht; Meifort, «Der Wunsch».

86 Vgl. BBC, «The Reith Lectures. About Reith», 2013, http://www.bbc.co.uk/radio4/features/the-reith-lectures/about/; zuletzt geprüft am 26. Juni 2013.

87 Beide Zitate: Ein Sprecher.

88 Engl. Ausgabe: Ralf Dahrendorf, *The New Liberty. Survival and Justice in a Changing World. The Reith Lectures*, London 1975. Im Folgenden aus Gründen der besseren Lesbarkeit überwiegend aus der deutschen Ausgabe zitiert: Dahrendorf, *Die neue Freiheit*.

89 Ebd., S. 83.

90 Ebd., S. 20.

91 Dahrendorf, *The New Liberty*, S. 28.

92 Ders., *Die neue Freiheit*, S. 72–73.

93 Ders., *Lebenschancen*.

94 Ders., *The New Liberty*, S. 88.

95 Vgl. ders., *Die neue Freiheit*, S. 142.

96 Vgl. Ruck, «Ein kurzer Sommer», der das Ende der Planungseuphorie auf die Jahre 1973/74 datiert.

97 Diese Zahl nennt Dahrendorf im Vorwort der deutschen Ausgabe; vgl. Dahrendorf, *Die neue Freiheit*.

98 Das Zitat stammt vom Buchumschlag der englischen Ausgabe, Dahrendorf, *The New Liberty*.

99 BArch N1749/714 und 715.

100 Vgl. Alex Inkeles, «The New Liberty. Survival and Justice in a Changing World. By Ralf Dahrendorf», in: *American Journal of Sociology* 85, 2, 1979, S. 439–441; C. M. Campbell, «The New Liberty. By Ralf Dahrendorf», in: *British Journal of Criminology* 16, 1, 1976, S. 85–87; Hugo Young von der *Times* an Ralf Dahrendorf, 28. Januar 1975, BArch N 1749/210.

101 Vgl. Inkeles, «The New Liberty»; Florian Bail, «Review: Ralf Dahrendorf, The New Liberty. Survival and Justice in a Changing World», in: *Canadian Journal of Political Science* 9, 3, 1976, S. 507–508.

102 Dahrendorf hatte sehr gute Kontakte zur *Times*, schrieb Zeitungsartikel und nahm hin und wieder an Redaktionssitzungen teil; vgl. die umfangreiche Korrespondenz mit der Redaktion der *Times* im Nachlass Dahrendorf, BArch N 1719/103.

103 Vgl. die Auflistung von Dahrendorfs Interviews, BArch N 1749/214. Dahrendorf gab in den Jahren 1974–1984 im Durchschnitt etwa zwei bis drei Interviews pro Monat; hauptsächlich in deutschen und britischen Medien, aber auch in amerikanischen oder europäischen Zeitungen, Zeitschriften oder Fernsehsendern.

104 Dahrendorfs Leserbrief vom 3. Juni 1983 in der *Times* zum Thema Gewalt im Fußball, BArch N 1749/190.

105 Vgl. Fb, «Weshalb Großbritannien wirtschaftlich zurückblieb. Ein Erklärungsversuch von Professor Ralf Dahrendorf», in: *Neue Zürcher Zeitung*, 28. April 1981.

106 Ralf Dahrendorf, «Not by bread alone. Why I like it here», in: *Financial Times*, 30. Dezember 1976.

107 Vgl. John Heffernan, «Solidarity – what Britain excels at», in: *Morning Telegraph*, 3. Januar 1977; die Berichterstattung in: *North Western Evening Mail*, 20. Dezember 1976; sowie in: *Daily Mail*, 31. Dezember 1976.

108 Sendungen am 4., 5., 6., 7. und 9. Januar 1983; Buchpublikation: Ralf Dahrendorf, *On Britain*, London 1982.

109 Vgl. Thomas Mergel, *Großbritannien seit 1945*, Göttingen 2005, S. 9–11.

110 Coleman, «The Wednesday Page».

111 Vgl. die Korrespondenz mit der BBC im Nachlass Dahrendorf, BArch N 1749/564; Dahrendorf, Manuskript der englischsprachigen Autobiographie, Kapitel 8–13, BArch, N 1749/804, S. 261–262.

112 Ebd., S. 263.

113 Vgl. Dennis Hacket, «Friendly Outsider», in: *The Times*, 5. Januar 1983; Chris Dunkley, «Stronger than fiction», in: *Financial Times*, 12. Januar 1983. Im Artikel «Decision Day for Dahrendorf», in: *The Standard*, 11. Januar 1983, wird *Dahrendorf On Britain* als «brilliant» bezeichnet.

114 Neil Lyndon, «Dearth on Earth», in: *Sunday Times Magazine*, 4. Januar 1983.

115 Sylvia Clayton, «Dr Dahrendorf's tonic», in: *Daily Telegraph*, 5. Januar 1983.

116 Hacket, «Friendly Outsider».

117 Jenny Rees, «On Britain», in: *Daily Express*, 5. Januar 1983.

118 Dan van der Vat, «The missionary over the Water», in: *The Guardian*, 28. Januar 1983.

119 Ralf Dahrendorf, «Im Land der sanften Bürokraten. Wo die Vorschriften starr sind und die Beamten kichern», in: *Die Zeit*, 14. Dezember 1984.

120 Anne Caborn, «Professor in the pin-stripe suit», in: *West Lancashire Evening Gazette*, 19. April 1983.

121 Vgl. Hans Willauer, «'Bindung an den Westen mit eigenen Interessen verbinden'. Professor Dahrendorf. Neben der Sicherheitspartnerschaft mit den USA besondere Beziehungen zur DDR», in: *Südkurier*, 14. April 1984: «Es kommt in London öfters vor, daß englische Gesprächspartner erstaunt fragen: ‹Er ist Deutscher? Das habe ich gar nicht gewußt›, wenn von Dahrendorf die Rede ist.» Von denjenigen, die wussten, dass Dahrendorf Deutscher war, wurde er jedoch bereits nach kurzer Zeit uneingeschränkt als einer der ihren akzeptiert. Vgl. Meifort, Gespräch mit Carl Christian Freiherr von Weizsäcker, 14. November 2013.

122 Vgl. Henkels, «Von Bonn», der 1970 über den Politiker Dahrendorf schreibt, er ähnele «einem, dem der Lordtitel nur versehentlich noch nicht verliehen sei.»

123 Dahrendorf, *Reisen*, S. 172–173.

124 Ebd., S. 173.

125 Ralf Dahrendorf an Noel Annan, 31. Juli 1977, BArch N 1749/569.

126 Peter Hennessy, «Wunderkind with an Asquithian vision of Europe», in: *The Times*, 4. Februar 1974.

127 John Vaizy an Ralf Dahrendorf, 15. November 1976, BArch N 1749/81.

128 Noel Annan an Ralf Dahrendorf, 21. Juli 1977, BArch N 1749/569.

129 Brian Flowers an Ralf Dahrendorf, 12. Januar 1983, BArch N 1749/572.

130 Ralf Dahrendorf, «'Ich' – das sind auch die anderen. Einige Bemerkungen zum Problem der Autobiografie», in: *Neue Züricher Zeitung*, 24. September 2003, S. 43; ders., *Über Grenzen*, S. 168.

131 Dahrendorf, *LSE*, S. 486.

132 London School of Econmics and Political Science, Hausmitteilung an alle Mitglieder der *LSE*, London, 12. Januar 1983, LSE Archives, LSE, Central Filing Registry/A/35/12/4/B.

133 Für andere deutsche Zeitungen durfte Dahrendorf ab 1974 nur noch nach Absprache schreiben; in der Öffentlichkeit sollte er als Mitarbeiter der *Zeit* wahrgenommen werden; vgl. Ralf Dahrendorf, Brief an Theo Sommer, Schriftwechsel mit Verlagen/Vertragsangelegenheiten, 6. November 1974, BArch, N 1749/310; hier auch der Vertrag zwischen Dahrendorf und der *Zeit* vom 3. Dezember 1974.

134 Vgl. Abbildung 17, Redaktionskonferenz der *Zeit* im Februar 1979, in: Christian Haase u. Axel Schildt (Hg.), «DIE ZEIT» und die Bonner Republik. Eine meinungsbildende Wochenzeitung zwischen Wiederbewaffnung und Wiedervereinigung, Göttingen 2008, S. 217; vgl. auch Bildteil.

135 Ralf Dahrendorf, «Eine Million für acht Studenten. Wo Zeit viel Geld ist. Der deutsche Steuerzahler leistet sich ein sündhaft teures Hochschulsystem», in: *Rheinischer Merkur/Christ und Welt*, 28. Mai 1982.

136 Zur Debatte um die Hessischen Rahmenrichtlinien vgl. Bernhard Sutor, «Politische Bildung im Streit um die ‹intellektuelle Gründung› der Bundesrepublik Deutschland. Die Kontroversen der siebziger und achtziger Jahre», in: *Aus Politik und Zeitgeschichte*, B45, 2002, S. 17–27; vgl. auch Ralf Dahrendorf an Ludwig von Friedeburg, 16. November 1973, BArch N 1749/61.

137 Vgl. z. B. Anfrage für einen Kommentar zur Wiederwahl Thatchers 1983 des WDR, BArch N 1749/74.

138 Ralf Dahrendorf, «Abwarten und Teetrinken», in: Henri Nannen (Hg.), *Großbritannien. Ein Sonderteil zum Stern*, Nr. 8, 15. Februar 1979, S. 30–35; Ralf Dahrendorf, «Englands Anarchie und Solidarität», in: *Der Spiegel*, 14. Mai 1979, S. 174–175.

139 Dahrendorf, «Abwarten und Teetrinken», S. 32.

140 Ebd.

141 Ebd., S. 35.

142 Ebd., S. 32. Hier tritt für Dahrendorf der Gruppenbegriff an die Stelle des Klassenbegriffs, den er in früheren Jahren benutzt hatte. Er sprach sich gegen die Verwendung des Begriffs des «Klassenkampf» für die britische Gesellschaft aus, und bevorzugte stattdessen die Formulierung der Zugehörigkeit zu fest voneinander abgegrenzten «Gruppen». Eine Erklärung dafür blieb er allerdings schuldig.

143 Ebd., S. 33.

144 Ebd.

145 Der Begriff des *Cultural Brokers* wird seit Mitte des 20. Jahrhunderts in der amerikanischen Anthropologie und der *Ethnohistory* verwendet, um Personen mit Mittlerfunktionen zwischen zwei Kulturen zu beschreiben. Mary Ann Jezewski und Paula Sotnik definieren *Cultural Brokering* als Akt der Überbrückung, Verknüpfen oder Vermittlung zwischen Gruppen oder Personen mit unterschiedlichen kulturellen Hintergründen zum Zweck der Reduzierung oder Vermeidung von interkulturellen Konflikten oder der Herbeiführung von Wandel. Beispielhaft sind etwa Vermittler zwischen amerikanischen Ureinwohnern und weißen Siedlern, die beide Sprachen beherrschen und/oder Elternteile in beiden Kulturen hatten. Vgl. dazu die Einleitung in Margaret Connell Szasz, *Between Indian and White Worlds. The Cultural Broker*, Norman 2001; Mary Ann Jezewski u. Paula Sotnik, *Culture Brokering. Providing Culturally Competent Rehabilitation Services to Foreign-Born Persons*, Buffalo, New York 2001.

146 Dahrendorf, «Abwarten und Teetrinken», S. 35.

147 Gangolf Hübinger, «Ralf Dahrendorf. Europas engagierter Beobachter», in: Richard Faber (Hg.), *Was ist ein Intellektueller? Rückblicke und Vorblicke*, Würzburg 2012, S. 193–208, hier S. 193.

148 Alle Zitate: Dahrendorf, «Englands Anarchie».

149 Dahrendorf, Manuskript der englischsprachigen Autobiographie, Kapitel 8–13, BArch, N 1749/804, S. 264.

150 Ralf Dahrendorf, «Zehn Jahre und kein bißchen leiser», in: *Die Zeit*, 5. Mai 1989.

151 Dahrendorf, Manuskript der englischsprachigen Autobiographie, Kapitel 8–13, BArch, N 1749/804, S. 257.

152 Axel Schildt, «Immer mit der Zeit. Der Weg der Wochenzeitung *Die Zeit* durch die Bonner Republik – eine Skizze», in: Christian Haase u. Axel Schildt (Hg.), *«Die Zeit und die Bonner Republik. Eine meinungsbildende Wochenzeitung zwischen Wiederbewaffnung und Wiedervereinigung*, Göttingen 2008, S. 9–27, hier S. 25–26; vgl. Theo Sommer, «Streitbar und lebensfroh. Zum Tod von Diether Stolze», in: *Die Zeit*, 2. November 1990, S. 9.

153 Karl-Heinz Janßen u. a., *Die Zeit. Geschichte einer Wochenzeitung. 1946 bis heute*, München 2006, S. 268–269.

154 Vgl. Marion Gräfin Dönhoff an Gerd Bucerius, 28. Juni 1978; Gerd Bucerius an Marion Gräfin Dönhoff, 6. Juli 1978; Diether Stolze an Gerd Bucerius, 25. Juli 1978, ZEIT-Stiftung Ebelin und Gerd Bucerius, Nachlass Gerd Bucerius, 531c.

155 Dahrendorf, Manuskript der englischsprachigen Autobiographie, Kapitel 8–13, BArch, N 1749/804, S. 258.

156 Janßen u. a., *Die Zeit*, S. 270.

157 Schildt, «Immer mit der Zeit», S. 26.

158 Zu den Hintergründen vgl. Ariane Leendertz, *Die pragmatische Wende. Die Max-Planck-Gesellschaft und die Sozialwissenschaften 1975–1985*, Göttingen 2010, S. 29–40.

159 Dahrendorf, Manuskript der englischsprachigen Autobiographie, Kapitel 1–7, BArch, N 1749/803, S. 257.

160 Leendertz, *Die pragmatische Wende*, S. 31–35.

161 «Berufliches. Ralf Dahrendorf», in: *Der Spiegel*, 26. Juni 1978.

162 Vgl. Korrespondenz im Nachlass Dahrendorf u. a. mit Wolfgang Zapf und Hans Rößner, BArch N 1749/82, 356 und 637.

163 Vgl. Leendertz, *Die pragmatische Wende*, S. 32–33.

164 Vgl. auch Hans Rößner an Ralf Dahrendorf, 12. Juni 1979, BArch N1749/78, aus dem hervorgeht, dass Carl Friedrich von Weizsäcker es sehr begrüßt hätte, wenn Dahrendorf seine Nachfolge angetreten hätte. Das bestätigte auch sein Sohn Carl Christian von Weizsäcker, vgl. Meifort, Gespräch mit Carl Christian Freiherr von Weizsäcker, 14. November 2013. Dahrendorf war sich bewusst, dass er Habermas mit seiner kurzfristigen, eigentlich zu späten Absage verletzt hatte; vgl. Dahrendorf, «Seit Jahrzehnten», S. 119–120.

165 Zum Bund Freiheit der Wissenschaft vgl. die Dissertation von Wehrs, *Protest der Professoren. Der ‹Bund Freiheit der Wissenschaft› in den 1970er Jahren*, Göttingen 2014; Wehrs, «Protest der Professoren. Der Bund Freiheit der Wissenschaft und die Tendenzwende der 1970er Jahre», in: Massimiliano Livi u. a. (Hg.), *Die 1970er Jahre als schwarzes Jahrzehnt. Politisierung und Mobilisierung zwischen christlicher Demokratie und extremer Rechter*, Frankfurt am Main 2010, S. 91–112.

166 Erwin K. Scheuch, «Ist Dahrendorf der geeignete Mann für ‹Starnberg›, in: Hochschulpolitische Informationen, 11, 1979, S. 7.

167 Ralf Dahrendorf an Marion Gräfin Dönhoff, 6. Juni 1979, in: Marion Dönhoff Stiftung, Nachlass Marion Gräfin Dönhoff, F 0043/62.

168 Vgl. Dahrendorfs Interviews im Jahr 1968, als er zwar für die FDP antrat, der Begriff «Liberaler» aber kaum auftaucht, z. B. «Wollen Sie Parteiführer».

169 Dahrendorf, «Die soziale Funktion» (1959), S. 15, aber auch als FDP-Politiker brachte er diesen Begriff in die «Wahlplattform», das Parteiprogramm 1969 ein. Abdruck in: Juling, Programmatische Entwicklung, S. 200–209.

170 Vgl. Hacke, «Das Scheitern», S. 128.

171 Ralf Dahrendorf, Die Chancen der Krise. Über die Zukunft des Liberalismus, Stuttgart 1983, S. 37.

172 Dahrendorf, Lebenschancen, S. 50.

173 Ebd., S. 55.

174 Ebd., S. 51.

175 Karl Heinz Bohrer, «Der Liberale und die Solidaritäts-Gesellschaft. Ein Gespräch mit Ralf Dahrendorf über England und die Bundesrepublik», in: Frankfurter Allgemeine Zeitung, 25. August 1979.

176 Ebd.

177 Nach der Schilderung des Initiators Wilhelm Hahn, hatte Dahrendorf selbst den Begriff «Tendenzwende» vorgeschlagen. Vgl. Hahn, Ich stehe dazu, S. 148. Hahn und Dahrendorf trafen sich zur Vorbereitung des Kongresses im Hotel Zeppelin in Stuttgart, vgl. Briefwechsel zwischen Ralf Dahrendorf und Wilhelm Hahn Juni – September 1974, BArch N 1749/53. Zur begrifflichen Verwendung von «Tendenzwende» in den frühen siebziger Jahren vgl. Peter Hoeres, «Von der ‹Tendenzwende› zur ‹geistig-moralischen Wende›», in: Vierteljahreshefte für Zeitgeschichte, 1, 2013, S. 93–119, hier S. 95–96.

178 Vgl. den Tagungsbericht des Tendenzwende-Kongresses in der Frankfurter Allgemeinen Zeitung: Hermann Rudolph, «Themenwechsel oder Tendenzwende? Symposion in der Bayerischen Akademie der schönen Künste», 30. November 1974, S. 21. Zum Tendenzwende-Kongress vgl. den Tagungsband: Clemens von Podewils, Tendenzwende? Zur geistigen Situation der Bundesrepublik, Stuttgart 1975; die Aufsätze von Wehrs, «Protest der Professoren» (2010), und Hoeres, «Von der ‹Tendenzwende›».

179 Jürgen Habermas (Hg.), Stichworte zur «Geistigen Situation der Zeit», Frankfurt am Main 1979; vgl. Hacke, «Das Scheitern», S. 136.

180 Ralf Dahrendorf, «Schelsky und die Neue Rechte», in: Iring Fetscher u. Horst E. Richter (Hg.), Worte machen keine Politik. Beiträge zu einem Kampf um politische Begriffe, Reinbek bei Hamburg 1976, S. 98–104, hier S. 102.

181 Hacke, «Das Scheitern», S. 130.

182 Vgl. Hans Vorländer, «What's liberal? Der Liberalismus zwischen Triumph und Erschöpfung», in: Aus Politik und Zeitgeschichte, B10, 1995, S. 29–38.

183 Dahrendorf bezeichnet Beveridge und Keynes als «Musterbeispiele für strategische Veränderungen», weil sie Pläne entwickelten, «deren Realisierung die Lebenschancen vieler erhöhen sollten», vgl. Ralf Dahrendorf, Der moderne soziale Konflikt. Essay zur Politik der Freiheit, überarbeitete und erweiterte Fassung, Stuttgart 1992, S. 84. Vgl. auch Vorländer, «What's liberal».

184 Ralf Dahrendorf, Konflikt und Freiheit. Auf dem Weg zur Dienstklassengesellschaft, München 1972, S. 222.

185 Ebd., S. 223.

186 Ebd., S. 222.

187 Ders., «Liberal sein heißt nicht lauwarm sein. Notwendig ist die Verteidigung einer Gesellschaft, die offen für den Wandel bleibt», in: *Die Zeit*, 1. Mai 1981.

188 Vgl. u. a. das Interview mit *Christ und Welt* vom 10. November 1967, abgedruckt in: Dahrendorf, *Für eine Erneuerung*, S. 94–99, hier S. 94; Gerhard Spörl u. Dieter Wild, «Nach Osten hin ist alles offen. Der Soziologe Ralf Dahrendorf über Deutschlands Rolle in der Welt», in: *Der Spiegel*, 18. Januar 1993, S. 21–23, hier S. 23.

189 Vgl. Andreas Wirsching, *Abschied vom Provisorium. 1982–1990*, München 2006, S. 17–18; Jürgen Dittberner, *Die FDP. Geschichte, Personen, Organisation, Perspektiven. Eine Einführung*, Wiesbaden ²2005, S. 48–50. In einem Rundschreiben vom 20. August 1981, später als «Wendebrief» bekannt, hatte Hans-Dietrich Genscher eine «Wende» der Partei gefordert, die von vielen als Aufforderung zum Koalitionsbruch verstanden wurde.

190 Wirsching, *Abschied vom Provisorium*, S. 21.

191 Ebd., S. 20; vgl. Dittberner, *Die FDP*, S. 53.

192 Hans Apel, *Der Abstieg. Politisches Tagebuch 1978–1988*, Stuttgart ⁵1990, S. 217; zitiert nach Wirsching, *Abschied vom Provisorium*, S. 20.

193 Zu einer ausführlichen Darstellung des Koalitionswechsels von 1982 aus Sicht der FDP vgl. Dittberner, *Die FDP*.

194 Vgl. Wirsching, *Abschied vom Provisorium*, S. 156.

195 Dittberner, *Die FDP*, S. 58.

196 Vgl. Wirsching, *Abschied vom Provisorium*, S. 23.

197 Goergen, *Skandal FDP*, S. 208.

198 Meifort, Gespräch mit Ellen Dahrendorf, 21. Januar 2012.

199 Thomas Kröter, «Grün – ein Ausdruck des Zweifels, kein neuer Weg. NP-Interview mit Ralf Dahrendorf», in: *Neue Presse*, 22. Juni 1982.

200 Armin Mahler u. Friedrich Thelen, «Gedränge in der Mitte», in: *Wirtschaftswoche*, 16. Juli 1982, S. 36–37.

201 Dahrendorf, *Über Grenzen*, S. 121.

202 Vgl. u. a. Mahler u. Thelen, «Gedränge»; Kröter, «Grün – ein Ausdruck»; Hans-Ludwig Laucht, «Ralf Dahrendorf: Wir Liberalen wollen vor allem weniger Staat», in: *Hessische Allgemeine*, 5. Februar 1983.

203 «Liberale sind kein Wackelpudding». Wie Prof. Dr. Ralf Dahrendorf über die FDP, den Partnerwechsel zur CDU, das Parlament und die Bonner Grünen denkt», in: *Bunte*, 5. Mai 1983.

204 Peter Hartmeier, «Sozialdemokratie am Ende». Professor Dahrendorf sieht sich als Retter der Liberalen», in: *Weltwoche*, 23. Februar 1983.

205 Fritz Wirth, «Dahrendorf strebt nach der Rolle des Vordenkers der Liberalen», in: *Die Welt*, 15. Dezember 1982.

206 Vgl. Wirsching, *Abschied vom Provisorium*, S. 159–160. Zur programmatischen Neuaufstellung der Liberalen und der Sozialdemokraten in Großbritannien vgl. Kapitel VI.

207 Dahrendorf, *Die Chancen*, S. 130.

208 Hans Vorländer (Hg.), *Verfall oder Renaissance des Liberalismus? Beiträge zum deutschen und internationalen Liberalismus*, München 1987.

209 Das Programm wurde auf dem Saarbrücker Parteitag vom 23. und 24. Februar 1983 verabschiedet.

210 Wirsching, *Abschied vom Provisorium*, S. 160–161.
211 «Jetzt schon an die übernächste Wahl denken», Interview, in: *Wirtschaftswoche*, 17. Dezember 1982, S. 27.
212 Ekkehard Kohrs, «Zweifler und Pessimisten hatten in Stuttgart nichts zu melden. Beim Dreikönigstreffen der FDP wurde Kampfesstimmung und Optimismus ausgegeben», in: *General Anzeiger*, 7. Januar 1983.
213 Herbert Kremp, «Der Überflieger und das sorgende Bodenpersonal. Ralf Dahrendorfs Rezept der reinigenden Niederlage», in: *Die Welt*, 7. Januar 1983.
214 Ebd.
215 Kohrs, «Zweifler und Pessimisten».
216 Vgl. Kremp, «Der Überflieger».
217 «Dahrendorf: Kein FDP-Vorsitz», in: *Hamburger Abendblatt*, 15. Januar 1983.
218 Wirth, «Dahrendorf strebt».
219 fr, «Senkrechtstart II», in: *Frankfurter Allgemeine Zeitung*, 6. Januar 1983, S. 8.
220 Bert Hauser, «Ist Dahrendorf der Stern der FDP über den Dreikönigstag hinaus? Gedanken und Gespräche an einem Bunten Abend für die Zeit nach dem 6. März», in: *Frankfurter Allgemeine Zeitung*, 7. Januar 1983.
221 Ebd.
222 Vgl. Pressemittelung, o. Dat, BArch N 1749/817.
223 Goergen, *Skandal* FDP, S. 210.
224 Heinz L. Steuber, «Dahrendorfs Brief schockte die Liberalen. Wegen einer Erkrankung muß sich der Professor voraussichtlich eineinhalb Jahre zurückziehen», in: *Stuttgarter Nachrichten*, 31. August 1983.
225 Dahrendorf, Manuskript der englischsprachigen Autobiographie, Kapitel 8–13, BArch, N 1749/804.
226 Die Tätigkeit erforderte seine Anwesenheit nur für ein bis zwei Tage im Monat; vgl. Interview; Reiner Beeg, ««Ein Kämpfer gegen die Wagenburg-Mentalität des Kollektivs». Ralf Dahrendorfs Verabschiedung», in: *Die neue Bonner Depesche*, 31. Dezember 1987, Zitat Dahrendorf: «In meinen fünf Jahren als Vorstandsvorsitzender habe ich nur das Nötigste getan, und im letzten Jahr nicht einmal das.»
227 «Wollen Sie Parteiführer».
228 Hans-Dietrich Genscher, *Erinnerungen*, Berlin 1995.
229 Dahrendorf, *Die Chancen*, S. 44.
230 Ebd., S. 45.
231 Ralf Dahrendorf, «Eine Partei mit kranker Seele. Warum die FDP zu einer Partei ohne Richtungssinn und Resonanz mißraten ist», in: *Die Zeit*, 31. August 1984, S. 3; ders., «Die Freiheit braucht eine politische Heimat. Die FDP im Dilemma. Um sich selber zu finden, müßte sie heraus aus der Regierung – aber damit verlöre sie ihre Glaubwürdigkeit», in: *Die Zeit*, 7. September 1984, S. 4. Diese Kritik blieb freilich von der FDP-Führung nicht unwidersprochen: Martin Bangemann, ««Wir sind keine Kaderpartei›. Nur gemeinsam mit der Union ist die Republik zu sichern», in: *Die Zeit*, 21. September 1984, S. 7.
232 Dahrendorf, Manuskript der englischsprachigen Autobiographie, Kapitel 8–13, BArch, N 1749/804.
233 Vgl. «Dahrendorfs Rückzug», in: *Der Spiegel*, 18. April 1988, S. 16.
234 Meifort, Gespräch mit Ellen Dahrendorf, 21. Januar 2012: «Ralf believed in safety nets.»
235 Vgl. Dahrendorf, Manuskript der englischsprachigen Autobiographie, Kapi-

tel 8–13, BArch, N 1749/804, S. 268: «Going back to Germany in 1984 was a mistake.»

236 Vgl. ebd.

237 Jörg Bischoff, «‹Ich spreche von der FDP und nicht von mir›. Professor Dahrendorf über seinen Wiedereinzug in die baden-württembergische Landespolitik», in: *Stuttgarter Zeitung*, 4. Juni 1983.

238 Vgl. Meifort, Gespräch mit Ellen Dahrendorf, 21. Januar 2012.

239 Vgl. Dahrendorf, Manuskript der englischsprachigen Autobiographie, Kapitel 8–13, BArch, N 1749/804, S. 272–274; Meifort, Gespräch mit Ellen Dahrendorf, 21. Januar 2012. In der *Zeit* mokierte Dahrendorf sich über die Bürokratie in Deutschland, der er seit seiner Rückkehr ausgesetzt war; vgl. «Im Land».

240 Dahrendorf, Manuskript der englischsprachigen Autobiographie Kapitel 8–13, BArch, N 1749/804, S. 274. Vgl. das Korrekturmanuskript von *The Modern Social Conflict* mit Anmerkungen von Robert K. Merton im Nachlass Dahrendorf, BArch N 1749/492. Fritz Stern bezeichnete Robert K. Merton als Förderer Dahrendorfs in Amerika; vgl. Meifort, Gespräch mit Fritz Stern, 23. Februar 2014.

241 Dahrendorf, *Der moderne soziale Konflikt*, S. 9. Für eine Einführung in das Buch vgl. Thomas Brüsemeister, «Der moderne soziale Konflikt zwischen Unterklassen und Mehrheitsklasse. Ralf Dahrendorfs Diagnose der Bürgergesellschaft», in: Uwe Schimank u. Ute Volkmann (Hg.), *Soziologische Gegenwartsdiagnosen I. Eine Bestandsaufnahme*, Wiesbaden ²2007.

242 Dahrendorf, *Der moderne soziale Konflikt*, S. 8.

243 Dahrendorf, *Die Chancen*, S. 16.

244 Ebd.

245 Vgl. Brüsemeister, «Der moderne», S. 231.

246 Dahrendorf, Manuskript der englischsprachigen Autobiographie, Kapitel 8–13, BArch, N 1749/804, S. 275–276. *Die Chancen der Krise* war in der *Frankfurter Allgemeinen Zeitung* von Jürgen Busche verrissen worden, was Dahrendorf hart traf; «Stets das rechte Adjektiv zur Hand. Ralf Dahrendorfs Einsichten über die Krisen der Welt», in: *Frankfurter Allgemeine Zeitung*, 25. April 1983; Ralf Dahrendorf an die *Frankfurter Allgemeine Zeitung*, 4. Mai 1983, BArch N 1749/922.

247 Vgl. die Manuskriptfragmente zu «Modernity in Eclipse», BArch N 1749/676. Sie bedürfen noch einer genaueren wissenschaftlichen Auswertung.

248 Dahrendorf, *Soziale Klassen*, S. 240: «Wenn sich ‹soziale Kräfte› und ‹soziale Strukturen› in einer Weise identifizieren ließen, die einen Bezug auf Konflikte hat, dann besäße man vielleicht ein analytisches Instrumentarium, für das Verständnis sozialen Wandels, das noch ergiebiger ist, als die Theorie des Konflikts.»

249 Dahrendorf, Manuskript der englischsprachigen Autobiographie, Kapitel 8–13, BArch, N 1749/804, S. 261.

250 Dahrendorf, *Über Grenzen*.

251 Hennessy, «Wunderkind».

252 Vgl. Dahrendorfs Äußerungen in: Bischoff, «Ich spreche»; Wirth, «Dahrendorf strebt»: «Nun, ich spreche nicht für die FDP.»

253 Stefan Collini, *Absent Minds. Intellectuals in Britain*, Oxford 2006, S. 126.

254 Vgl. Peter Burschel u. a, «Intellektuelle im Exil. Zur Einführung», in: Peter Burschel u. a. (Hg.), *Intellektuelle im Exil*, Göttingen 2011, S. 7–8.

255 Ebd., S. 7.

256 Ebd.

VI.
«Lord Dahrendorf»: Rückkehr nach England und Leben im Establishment (1987–2009)

1 Dahrendorf, *Europäisches Tagebuch*, S. 60, vgl. die Schilderung in Dahrendorf, Manuskript der englischsprachigen Autobiographie, Kapitel 8–13, BArch, N 1749/804, S. 277–278.

2 Vgl. Meifort, Gespräch mit Ellen Dahrendorf, 21. Januar 2012.

3 Beide Zitate: Dahrendorf, Manuskript der englischsprachigen Autobiographie, Kapitel 8–13, BArch, N 1749/804, S. 278.

4 Ralf Dahrendorf an Marion Gräfin Dönhoff, 12. Februar 1987, Nachlass Marion Gräfin Dönhoff, F 0043/45.

5 Paul Lersch u. Gerhard Spörl, «Versuchung der Freiheit. Lord Dahrendorf über die FDP und die Gefahren für die liberale Gesellschaft», in: *Der Spiegel*, 13. März 1995, S. 44–48, hier S. 44.

6 Dahrendorf, *Europäisches Tagebuch*, S. 100.

7 Dahrendorf, Manuskript der englischsprachigen Autobiographie, Kapitel 8–13, BArch, N 1749/804, S. 279. Der Ausdruck «Little Englander» geht auf das 19. Jahrhundert zurück; er bezeichnete die Gegner der imperialen Ausdehnung des britischen Empires in der Liberalen Partei. Inzwischen steht der Begriff abwertend für ein nationalistisches bis fremdenfeindliches Kleinbürgertum, das ausländischen Einflüssen auf Großbritannien prinzipiell ablehnend gegenübersteht. Der hier von Dahrendorf verwendete Ausspruch ist als Spitze gegen Margaret Thatcher zu lesen, die aufgrund ihrer unsentimentalen Einstellung gegenüber dem Verlust der britischen Kolonien als «Kleinengländerin» bezeichnet wurde. Vgl. Hans-Peter Schwarz, *Das Gesicht des Jahrhunderts. Monster, Retter und Mediokritäten*, Berlin 1998, S. 721.

8 Dahrendorf, Manuskript der englischsprachigen Autobiographie, Kapitel 8–13, BArch, N 1749/804, S. 290; vgl. Kapitel 6.

9 Dahrendorf, Manuskript der englischsprachigen Autobiographie, Kapitel 8–13, BArch, N 1749/804, S. 289.

10 Ebd., S. 300.

11 Vgl. Christina Hardyment, «On Dahrendorf», in: *Oxford Today* 1, 2, 1998, S. 38–40, hier S. 40.

12 Vgl. Dahrendorf, Manuskript der englischsprachigen Autobiographie, Kapitel 8–13, BArch, N 1749/804, S. 287.

13 Dahrendorf, *Europäisches Tagebuch*, S. 37; vgl. die ähnliche Schilderung in: ders., Manuskript der englischsprachigen Autobiographie, Kapitel 8–13, BArch, N 1749/804, S. 288.

14 Dahrendorf, *Europäisches Tagebuch*, S. 37–38. Als *Warden* wurde Dahrendorf vom College außerdem ein Wohnhaus sowie freies Essen morgens, mittags und abends gestellt; ebd., S. 61.

15 Vgl. die Beschreibung einer *Guest Night* bei Hardyment, «On Dahrendorf».

16 Dahrendorf, *Europäisches Tagebuch*, S. 39–40.

17 Dahrendorf, Manuskript der englischsprachigen Autobiographie, Kapitel 8–13, BArch, N 1749/804, S. 289.

18 Vgl. Franziska Meifort, Gespräch mit Timothy Garton Ash, Oxford, 7. Februar 2012.

19 Dahrendorf, Manuskript der englischsprachigen Autobiographie, Kapitel 8–13, BArch, N 1749/804, S. 289–290.
20 Dahrendorf, *Europäisches Tagebuch*, S. 59.
21 Dahrendorf, Manuskript der englischsprachigen Autobiographie, Kapitel 8–13, BArch, N 1749/804, S. 287.
22 Ralf Dahrendorf, Manuskript «Harvest ›95», Oktober 1995, BArch, N 1749/859.
23 »Ralf Dahrendorf. Obituary».
24 «Ich habe selber immer gesagt, 10 Jahre sind genug. Wenn man anfängt sich zu wiederholen, wenn in ähnlichen Situationen, die ähnlich scheinen, man dasselbe tut, wie das letzte Mal und garnicht mehr gross darüber nachdenkt, dann ist man schon dabei, die Art von Fehlern zu machen, die eines schönen Tages dann dazu führt, dass es vorbei ist. Das ist die Gefahr der Erfahrung.» Hoffmann, Interview mit Ralf Dahrendorf, BArch, N 1749/847, S. 6; vgl. Dahrendorf, Manuskript «Harvest ›95», BArch, N 1749/859: «I have developed an almost obsessive sense that ten years in a position of responsibility is enough.» Ders., *Über Grenzen*, S. 28.
25 Dahrendorf, Manuskript «Harvest ›95», BArch, N 1749/859.
26 Meifort, Gespräch mit Timothy Garton Ash, Oxford, 7. Februar 2012.
27 Zu den Geldgebern gehörten darüber hinaus u. a. der Rockefeller Brothers Fund, die Rockefeller Foundation, der Open Society Fund von George Soros und die MacArthur Foundation.
28 Neben Ralf Dahrendorf und Timothy Garton Ash gehörten dem Kuratorium des CEEPP der schwedische Schriftsteller und damalige Präsident des internationalen PEN-Clubs Per Wästberg, der französische Historiker François Furet, die amerikanische Journalistin Jane Kramer, der dänische Verleger Laurels von Krevelen und der Belgier Raymond Georis von der European Cultural Foundation an. In Oxford wurde das Projekt hauptsächlich von Elizabeth Winter betreut. Nach dem Fall der Mauer kamen die tschechische Schriftstellerin und Mitarbeiterin von Václav Havel, Eda Kriseova, der polnische Historiker Jerzy Jedlicki und der ungarische Philosoph Gyorgy Bence hinzu. Vgl. Timothy Garton Ash (Hg.), *Freedom for Publishing Publishing for Freedom. The Central and Eastern European Publishing Project*, Budapest, London, New York 1995; Central and East European Publishing Project (CEEPP), BArch N 1749/890.
29 Meifort, Gespräch mit Timothy Garton Ash, Oxford, 7. Februar 2012.
30 Garton Ash, *Freedom for Publishing*, S. 10; Dahrendorf, *Europäisches Tagebuch*, S. 18: «ein gemeinsamer Markt des Geistes».
31 Timothy Garton Ash, «The History of CEEPP», in: Timothy Garton Ash (Hg.), *Freedom for Publishing Publishing for Freedom. The Central and Eastern European Publishing Project*, Budapest, London, New York 1995, S. 17–47, hier S. 19.
32 Ebd., S. 45.
33 Vgl. die Schilderung in: Ralf Dahrendorf, ««Mehrerer Vergangenheiten Gegenwart», Schilderung einer Polen-Reise 1973», o. Dat, ca. 1977, BArch, N 1749/797; ders., *Reisen*, S. 192–202.
34 Dahrendorf gehörte zum intimen Kreis der von Kurt A. Körber organisierten Bergedorfer Gesprächskreise und war sowohl in Planung als auch in Durchführung dieser Gesprächskreise involviert; vgl. BArch N 1749/385; Ralf Dahrendorf, «Kurt A. Körber. Erfinder und Anstifter», in: *Liberale und andere. Portraits*, Stuttgart 1994, S. 228–236. Eine umfassende Studie zu den Bedingungen und zur Wirkung der Bergedorfer Gesprächskreise und der damit verbundenen Netzwerke steht bislang noch aus.

35 Vgl. Hardyment, «On Dahrendorf», S. 39–40.

36 Dahrendorf, Manuskript der englischsprachigen Autobiographie, Kapitel 8–13, BArch, N 1749/804, S. 283. In ders., «Müssen Revolutionen scheitern?», in: *Der Wiederbeginn der Geschichte. Vom Fall der Mauer zum Krieg im Irak. Reden und Aufsätze*, München 2004, S. 15–29, hier S. 15, spricht Dahrendorf vom «lebensverändernden Austausch von Ideen» zwischen den Reformern im Osten und ihren Förderern im Westen.

37 St Antony's College, «Russian and East European Centre. Fifty Years On», o. Dat., www.old.sant.ox.ac.uk/russian/booklet.pdf, zuletzt überprüft am 22. Dezember 2015.

38 Vgl. Dahrendorf, Manuskript der englischsprachigen Autobiographie, Kapitel 8–13, BArch, N 1749/804, S. 283–284. An dem Gespräch nahm außer Dahrendorf auch noch der amerikanische Politikwissenschaftler Samuel Huntington teil. Dahrendorf berichtet aber nicht über dessen Rolle bei dem Gespräch.

39 Ebd., Übersetzung FM.

40 Englische Ausgabe: *Reflections on the Revolution in Europe. A letter intended to have been sent to a gentleman in Warsaw*, London 1990; Deutsche Ausgabe: *Betrachtungen über die Revolution in Europa. In einem Brief, der an einen Herrn in Warschau gerichtet ist*, München 1990.

41 Vgl. Garton Ash, «The History», S. 29–30.

42 Ralf Dahrendorf, «Die Sache mit der Nation», in: *Merkur* 44, 500, 1990, S. 823–834, hier S. 825.

43 Vgl. Ilko-Sascha Kowalczuk, «1989 in Perspektive. Ralf Dahrendorfs Antiutopismus», in: *Merkur* 59, 669, 2005, S. 65–69.

44 Ralf Dahrendorf, «Die Zukunft der Bürgergesellschaft», in: Bernd Guggenberger (Hg.), *Die Mitte. Vermessungen in Politik und Kultur*, Opladen 1993, S. 74–83; vgl. Herbert, «Liberalisierung als Lernprozeß», S. 12; Hanne Weisensee, *Demokratie, Staat und Gesellschaft in der Globalisierung*, Baden-Baden 2005, S. 267; die Beiträge in: Krzysztof Michalski (Hg.), *Europa und die Civil Society*, Stuttgart 1991, und in: John Horacio Keane (Hg.), *Civil Society. Berlin Perspectives*, New York 2006.

45 Ralf Dahrendorf, «Politik. Eine Kolumne. ‹Eine deutsche Identität›», in: *Merkur* 44, 493, 1990, S. 231–235, hier S. 233.

46 Vgl. Ralf Dahrendorf, «Die Bürgergesellschaft. ‹Der verlässlichste Anker der Freiheit›», in: Armin Pongs (Hg.), *In welcher Gesellschaft leben wir eigentlich? Gesellschaftskonzepte im Vergleich*, München 1999, S. 87–104, hier S. 97; Cammann, «Wir brauchen selbstbewusste Bürger».

47 Vgl. Dahrendorf, *Lebenschancen*.

48 Timothy Garton Ash, Redebeitrag über Lord Ralf Dahrendorf während des Symposiums «Freiheit und Konflikt. Das Werk und die Wirkung von Lord Ralf Dahrendorf» an der Bucerius Law School in Hamburg am 13. November 2009, Videomitschnitt, http://www.zeit-stiftung.de/home/index.php?id=615&play=17&PHPSESSID=efbbc3adodd266do243739fa320309bo, zuletzt geprüft am 11. Juli 2011.

49 «Dahrendorf über eine offene Gesellschaft in Europa», in: *Basler Zeitung*, 1. März 1990, vgl. Ralf Dahrendorf, «Über Deutschland. Eine persönliche Perspektive», in: *Der Wiederbeginn der Geschichte. Vom Fall der Mauer zum Krieg im Irak. Reden und Aufsätze*, München 2004, S. 132–145, hier S. 132.

50 Zur Debatte vgl. vor allem Jan-Werner Müller, *Another Country. German Intellectuals, Unification and National Identity*, New Haven 2000, der Positionen zur Wiedervereinigung ausgewählter westdeutscher Intellektueller vor dem Hintergrund ihrer ideengeschichtlichen Entwicklung kontextualisiert; Michael Schäfer, *Die Vereinigungsdebatte. Deutsche Intellektuelle und deutsches Selbstverständnis 1989–1996*, Baden-Baden 2002, der einen Überblick über die unterschiedlichen Positionen von deutschen Intellektuellen in der Debatte um die deutsche Einheit bietet.

51 Vgl. Winkler, *Der lange Weg nach Westen*, Bd. 2, S. 553–554.

52 Schäfer, *Die Vereinigungsdebatte*, S. 19–22.

53 Bernhard Kühnl u. Willi Winkler, «Viel Gefühl, wenig Bewußtsein. Der Schriftsteller Günter Graß über eine mögliche Wiedervereinigung Deutschlands», in: *Der Spiegel*, 20. November 1989, S. 75–80.

54 Günter Grass, «Kurze Rede eines vaterlandslosen Gesellen», in: *Die Zeit*, 9. Februar 1990.

55 Vgl. Müller, *Another Country*, S. 16.

56 Peter Schneider, «Wie haben wir geirrt! Intellektuelle und der Mauerfall», in: *Cicero*, 8. November 2014, http://www.cicero.de/berliner-republik/wie-haben-wir-geirrt/40347, zuletzt geprüft am 15. Oktober 2015.

57 Vgl. Herbert, *Geschichte Deutschlands*, S. 1118–1119; Conze, *Die Suche nach Sicherheit*, S. 721.

58 Jürgen Habermas, «Der DM-Nationalismus. Weshalb es richtig ist, die deutsche Einheit nach Artikel 146 zu vollziehen, also einen Volksentscheid über eine neue Verfassung anzustreben», in: *Die Zeit*, 30. März 1990.

59 Ebd.; vgl. Stefan Müller-Doohm, *Jürgen Habermas. Eine Biographie*, Berlin 2014, S. 361–368.

60 In bisherigen Untersuchungen, etwa Müller, *Another Country*, oder Konrad H. Jarausch, «The Double Disappointment. Revolution, Unification, and German Intellectuals», in: Michael Geyer (Hg.), *The Power of Intellectuals in Contemporary Germany*, Chicago 2001, S. 276–294, ist ein Vergleich der west- mit der ostdeutschen Debatte bislang ausgeblieben.

61 Peter Glotz, *Der Irrweg des Nationalstaats. Europäische Reden an ein deutsches Publikum*, Stuttgart 1990.

62 Peter Glotz, «Warum wir eine Nation sind. Warum wir uns jedoch nicht abermals vom ‹deutschen Hund› beißen lassen sollten: Eine Antwort auf Karl Heinz Bohrer», in: *Frankfurter Allgemeine Zeitung*, 9. Februar 1990, S. 35; vgl. Schäfer, *Die Vereinigungsdebatte*, S. 27–28.

63 «Dahrendorf über eine offene Gesellschaft».

64 Insbesondere seit den Reith Lectures Dahrendorf, *The New Liberty*; vgl. Kapitel V. 3.

65 Ralf Dahrendorf, «Politik. Eine Kolumne. Eine Mark für Deutschland», in: *Merkur* 44, 497, 1990, S. 579–582, hier S. 590. Für einen Vergleich der Habermasschen und der Dahrendorfschen Position vgl. Gangolf Hübinger, «Ralf Dahrendorf und Jürgen Habermas. Zwei Varianten der euruopäischen Aufklärung», in: ders., *Engagierte Beobachter der Moderne. Von Max Weber bis Ralf Dahrendorf*, Göttingen 2016, S. 215–323.

66 Ebd., S. 580–581.

67 «‹Die deutsche Nation ist eine Aufgabe für stolze Bürger›. Dahrendorf bei den ‹Berliner Lektionen›. Gegen Angst und Kleinmütigkeit», in: *Der Tagesspiegel*,

12. Juni 1990. Mit dieser Argumentation gab Dahrendorf auch ein historiographisches Interpretationsmuster der Bundesrepublik als «Erfolgsgeschichte» vor, das seit Ende der neunziger Jahre Konjunktur hat; vgl. Axel Schildt, *Ankunft im Westen. Ein Essay zur Erfolgsgeschichte der Bundesrepublik*, Frankfurt am Main 1999; Wolfrum, *Die geglückte Demokratie*; Herbert, *Geschichte Deutschlands*.

68 Dahrendorf, «Die Sache mit der Nation», S. 826.

69 Ähnlich argumentierte auch Jürgen Kocka, «Nur keinen neuen Sonderweg. Jedes Stück Entwestlichung wäre als Preis für die deutsche Einheit zu hoch», in: *Die Zeit*, 19. Oktober 1990.

70 Dahrendorf, «Die Sache mit der Nation», S. 827.

71 Ebd.

72 Vgl. Müller, *Another Country*, S. 140.

73 Vgl. zu einer ideengeschichtlichen Betrachtung des Konzepts eines «Europa der Regionen» die Dissertation von Undine Ruge, *Die Erfindung des «Europa der Regionen». Kritische Ideengeschichte eines konservativen Konzepts*, Frankfurt am Main 2003.

74 Dahrendorf, «Die Sache mit der Nation», S. 828–829; vgl. ders., «Politik. Eine Kolumne»; Peter Glotz, «Über große und kleine Vaterländer. Ein offener Brief an Ralf Dahrendorf», in: *Neue Gesellschaft/Frankfurter Hefte*, 10, 1990, S. 886–890; Ralf Dahrendorf an Peter Glotz, 17. Oktober 1991, BArch N 1749/925.

75 Dahrendorf, «Die Sache mit der Nation», S. 829.

76 Ähnlich wie Dahrendorf äußerte sich auch der ehemalige Habermas-Assistent Oevermann, der sich in deutlichen Worten für die nationalstaatliche Einheit aussprach und den Intellektuellen in Ost und West Praxisferne vorwarf. Der von ihnen befürwortete «dritte Weg» einer demokratischen und sozialistischen DDR sei eine utopische Illusion linker Intellektueller, die keinen Bezug zu den Menschen in der DDR hätten. Vgl. Ulrich Oevermann, «Zwei Staaten oder Einheit?», in: *Merkur* 44, 492, 1990, S. 91–106.

77 Thomas Nipperdey, «Die Deutschen dürfen und wollen eine Nation sein», in: *Frankfurter Allgemeine Zeitung*, 13. Juli 1990; vgl. auch Schäfer, *Die Vereinigungsdebatte*, S. 36–38.

78 Beispielsweise in: *Betrachtungen*; *Europäisches Tagebuch*; «Blind to the greater liberty», in: *The Times*, 9. November 1990; George-Orwell-Vorlesung am Londoner Birkbeck College im November 1990, abgedruckt als: «Müssen Revolutionen scheitern?»; *After 1989. Morals, revolution, and civil society*, New York 1997.

79 Vgl. Ralf Dahrendorf an Hans-Dietrich Genscher, 4. März 1990; Hans-Dietrich Genscher an Ralf Dahrendorf 21. Mai 1990. Dahrendorf gab in seinem Brief die Sorge von Polens Präsident Jaruzelski weiter, die deutsche Wiedervereinigung könne zu einer Revision der polnischen Westgrenze genutzt werden. In seiner Antwort versuchte Genscher diese Sorgen zu entkräften.

80 Kowalczuk, «1989 in Perspektive».

81 Francis Fukuyama, «The End of History», in: *National Interest*, Sommer 1989, S. 3–18.

82 Ralf Dahrendorf, *Der Wiederbeginn der Geschichte. Vom Fall der Mauer zum Krieg im Irak. Reden und Aufsätze*, München 2004.

83 Vgl. *House of Lords Briefing*, London 2009.

84 Dahrendorf, Manuskript der englischsprachigen Autobiographie, Kapitel 8–13, BArch, N 1749/804, S. 294.

85 Vgl. Kapitel V.

86 Franziska Meifort, Gespräch mit Paddy Ashdown, London, 23. Januar 2012.
87 »Herr raising plan«, in: *Today*, 5. Januar 1990. Die Überschrift ist ein Wortspiel, das sich aus dem im Englischen homophonen deutschen Wort «Herr» und dem englischen «hair raising» für «haarsträubend» ergibt.
88 Vgl. Dahrendorf, Manuskript der englischsprachigen Autobiographie, Kapitel 8–13, BArch, N 1749/804, S. 294: «One day at about that time [1991] I was driving to a country party with one of the great and the good who suddenly said to me: ‹I wonder when your peerage will come out of the fruit machine.›»
89 Reitmayer, *Elite*, S. 548–549, nennt dazu Dahrendorfs Beitrag in der Sendereihe des Bayrischen Rundfunks, der in dem Band Kurt Hoffmann (Hg.), *Die Macht-Eliten der Welt*, München 1965, erschien.
90 Dahrendorf, *Europäisches Tagebuch*, S. 89.
91 Beide Zitate: Dahrendorf, Manuskript der englischsprachigen Autobiographie, Kapitel 8–13, BArch, N 1749/804, S. 294.
92 Dahrendorf, *Europäisches Tagebuch*, S. 83.
93 Ebd., S. 84.
94 Vgl. Kapitel I.
95 Dahrendorf, *Europäisches Tagebuch*, S. 90.
96 Ebd., S. 90–91; vgl. die ähnliche Schilderung in: Dahrendorf, Manuskript der englischsprachigen Autobiographie, Kapitel 8–13, BArch, N 1749/804, S. 295.
97 Dahrendorf, *Europäisches Tagebuch*, S. 86.
98 Ebd., S. 84.
99 Ebd., S. 87.
100 Vgl. Michael Meadowcroft, «Ralf Dahrendorf. An appreciation», http://www.bramley.demon.co.uk/obits/dahrendorf.html, zuletzt geprüft am 21. Januar 2016.
101 Franziska Meifort, Gespräch mit Christiane Dahrendorf, Bremen, 7. März 2016.
102 Zur Reform des Oberhauses vgl. Peter Raina, *House of Lords Reform. A History*, Bd. 4: *1971–2014. The Exclusion of Hereditary Peers*, Oxford 2015; Meg Russell, *Reforming the House of Lords. Lessons from overseas*, Oxford 2000.
103 Meifort, Gespräch mit Timothy Garton Ash, Oxford, 7. Februar 2012.
104 Dahrendorf, *Europäisches Tagebuch*, S. 81.
105 Ebd.
106 Ralf Dahrendorf an John Wakeham, 21. Mai 1999, Royal Commission on the Reform of the House of Lords, Written evidence, National Archives, London CAB 201–202. Vgl. Ralf Dahrendorf, Notes on the House of Lords Reform, BArch N 1749/456.
107 Dahrendorf, *Europäisches Tagebuch*, S. 78–79.
108 Vgl. Lersch u. Spörl, «Versuchung der Freiheit».
109 Garton Ash, Timothy Garton Ash über Lord Ralf Dahrendorf während des Symposiums «Freiheit und Konflikt».
110 Franziska Meifort, Gespräche mit Christiane Dahrendorf über Ralf Dahrendorf, 3. März 2011 und 7. März 2016.
111 Vgl. u. a. Ralf Dahrendorf, «Wenn uns die Arbeit ausgeht. Die Zukunft verlangt neue Gestaltung des sozialen Lebens», in: *Die Zeit*, 22. September 1978; ders., «Die Arbeitsgesellschaft ist am Ende. Wer immer verspricht, ein Rezept gegen die Arbeitslosigkeit zu haben, sagt die Unwahrheit», in: *Die Zeit*, 26. November 1982; ders., «Wenn der Arbeitsgesellschaft die Arbeit ausgeht», in: Burkhardt Lutz u. Deutsche Gesellschaft für Soziologie (Hg.), *Krise der Arbeitsgesellschaft?*

Verhandlungen des 21. Deutschen Soziologentages in Bamberg 1982, Frankfurt am Main 1983. Dahrendorf nahm dabei explizit Bezug auf Hannah Arendts *Vita Activa*, Originalausgabe: *The Human Condition*, Chicago 1958. Wie aktuell das Thema in den achtziger Jahren angesichts der veränderten Arbeitsbedingungen war, zeigt sich auch am Thema des deutschen Soziologentag 1982: «Krise der Arbeitsgesellschaft?»; vgl. Dieter Sauer, «Die Zukunft der Arbeitsgesellschaft. Soziologische Deutungen in zeithistorischer Perspektive», in: *Vierteljahreshefte für Zeitgeschichte* 55, 2, 2007, S. 309–328.

112 Die Zahl bezieht sich auf das Jahr 1983; vgl. Andreas Wirsching, *Demokratie und Globalisierung. Europa seit 1989*, München 2015, S. 15; vgl. auch Görtemaker, *Geschichte der Bundesrepublik*, S. 607–611.

113 Vgl. Wirsching, *Abschied vom Provisorium*, S. 15–19.

114 »The LSE's Knight Errant», in: *The Observer*, 16. Januar 1983.

115 Dahrendorf, Manuskript der englischsprachigen Autobiographie, Kapitel 8–13, BArch, N 1749/804, S. 292.

116 Ebd., S. 291.

117 Vgl. Kapitel V.

118 Dahrendorf, *Die Chancen*, S. 16.

119 Vgl. Brian Howard Harrison, *Finding a Role? The United Kingdom, 1970–1990*, Oxford 2010, S. 498.

120 Vgl. Dahrendorf, Manuskript der englischsprachigen Autobiographie, Kapitel 8–13, BArch, N 1749/804, S. 290; «All Their Tomorrows», in: *The Times*, 8. Juni 1983.

121 Ralf Dahrendorf, «The past of socialism», in: *New Statesman*, 4. Juni 1982, S. 18–19, hier S. 18.

122 Ebd.

123 Vgl. Kapitel V.

124 Meifort, Gespräch mit Paddy Ashdown, 23. Januar 2012.

125 Ralf Dahrendorf u. a., *Report on Wealth Creation and Social Cohesion in a free society*, London 1995.

126 So der von Dahrendorf geprägte Begriff, vgl. Dahrendorf, «Die Quadratur des Kreises. Ökonomie»; ders., «Die Quadratur des Kreises. Freiheit, Solidarität und Wohlstand», in: *Transit. Europäische Revue*, 12, 1996, S. 5–28. Die Arbeit der Kommission stand auch vor dem Hintergrund des im März 1995 in Kopenhagen stattfindenden UN-Weltgipfels zur sozialen Entwicklung, der sich vorrangig mit der Armutsbekämpfung befasste.

127 Vgl. Dahrendorf, *Ein neuer Dritter Weg*; ders., *Europäisches Tagebuch*, S. 121–123.

128 Zur Berichterstattung vgl. Nicholas Timmins, «Birth of a new welfare consensus», in: *The Independent*, 26. Juli 1995, S. 13; Larry Elliot u. Michael White, «Lib Dem's Vision for a new tomorrow. Labour and TUC welcome Dahrendorf commission's proposals to boost wealth creation and strengthen social cohesion», in: *The Guardian*, 26. Juli 1995, S. 6; «Double Whammy. Today's workers are being asked to pay pensions twice over», in: *The Times*, 26. Juli 1995; «Wealth, well-being and liberty», in: *New Statesman*, 28. Juli 1995, S. 5.

129 Vgl. Meifort, Gespräch mit Paddy Ashdown, 23. Januar 2012.

130 Vgl. Frank Field an Ralf Dahrendorf, 26. Juli 1995, BArch N 1749/638.

131 Zitiert nach: Elliot u. White, «Lib Dem's Vision for a new tomorrow».

132 Vgl. den Briefwechsel im Nachlass Dahrendorf: David Milliband an Ralf Dah-

rendorf, 13. Dezember 1996; Ralf Dahrendorf an Tony Blair, 3. Januar 1997; Tony Blair an Ralf Dahrendorf, 20. Januar 1997, BArch N 1749/456.

133 Anthony Giddens, *The Third Way. The Renewal of Social Democracy*, Cambridge 1998, dt.: Anthony Giddens, *Der dritte Weg. Die Erneuerung der sozialen Demokratie*, Frankfurt am Main 1999.

134 Für eine Auseinandersetzung mit dem Konzept des «Dritten Weges» vgl. die Beiträge von Alexander Gallus u. Eckhard Jesse, «Was sind Dritte Wege? Eine vergleichende Bestandsaufnahme», in: *Aus Politik und Zeitgeschichte*, 16–17, 2001, S. 6–15; Hans Vorländer, «Dritter Weg und Kommunitarismus», in: *Aus Politik und Zeitgeschichte*, B 16–17, 2001, S. 16–23; Lothar Funk, «New Economy und die Politik des Modernen Dritten Weges», in: *Aus Politik und Zeitgeschichte*, B 16–17, 2001, S. 24–31.

135 Giddens, *Der dritte Weg*, S. 81.

136 Werner A. Perger, «Was tun? Europas Sozialdemokratie in der Krise», in: Deutschlandfunk, 20. November 2015.

137 Etwa die Kritik von Tony Judt, «The ‹Third Way› Is No Route to Paradise», in: *New York Times*, 27. September 1998; vgl. Gallus u. Jesse, «Was sind Dritte Wege», S. 8. Für eine zeitgenössische Einordnung vgl. Thomas Meyer, «The Third Way at the Crossroads», in: *Internationale Politik und Gesellschaft*, 3, 1999, S. 294–304.

138 Ralf Dahrendorf, «Ditch the third way, try the 101st», in: *New Statesman*, 29. Mai 1998, S. 20–21..

139 Dahrendorf, *Ein neuer Dritter Weg*. Ähnlich äußerte er sich auch in «The Third Way and Liberty. An Authoritarian Streak in Europe's New Center», in: *Foreign Affairs* 78, 5, 1999, S. 13–17.

140 Dahrendorf, *Ein neuer Dritter Weg*, S. 20.

141 Ebd., S. 24; dort auch die Zitate.

142 Ebd., S. 27.

143 Zu Dahrendorfs Engagement bei verschiedenen Stiftungen vgl. die Bände im Nachlass Dahrendorf BArch N 1749, Klassifikationspunkt: 6.2 Stiftungen.

144 Vgl. Dahrendorf, *Ein neuer Dritter Weg*, S. 27–29.

145 Ebd., S. 29.

146 Ebd. Vgl. auch einen Brief Ralf Dahrendorfs an Anthony Giddens vom 9. Oktober 1998, in dem er *The Third Way* als «very good little book, eminently readable, full of ideas and the basis of what is likely to be the only debate in town» bezeichnet; BArch N 17949/454.

147 Vgl. Manuel Fröhlich, der «grundsätzliche Einwände» von Dahrendorf gegen die von Giddens konzipierte Vorstellung des «Dritten Weges» hervorhebt, aber nicht auf die in der Summe überwiegenden gemeinsamen Ansatzpunkte eingeht. Manuel Fröhlich, Rezension zu: Ralf Dahrendorf, *Ein neuer Dritter Weg?*, Tübingen 1999, in: *Portal für Politikwissenschaft*, 1. Januar 2006, http://pw-portal.de/rezension/10775-ein-neuer-dritter-weg_12742, zuletzt geprüft am 30. Dezember 2015.

148 Thomas Hertfelder, «Neoliberalismus oder neuer Liberalismus? Ralf Dahrendorfs soziologische Zeitdiagnostik im späten 20. Jahrhundert», in: Heuss-Forum, Theodor-Heuss-Kolloquium 2016, www.stiftung-heuss-haus.de/heuss-forum_thk2016_hertfelder, zuletzt geprüft am 15. März 2017.

149 Vgl. Briefwechsel mit Frank Field 22. Dezember 1997, 2. Januar, 1. und 20. April 1998; mit Lord Simon of Highbury 28. und 29. Oktober 1997, BArch N 1749/995;

vgl. auch Ralf Dahrendorf, «New Labour und Old Liberty – Kommentare zum Dritten Weg. Der Freiheitsbegriff fehlt in der Diskussion um eine neue Mitte», in: *Neue Zürcher Zeitung*, 14. Juli 1999, S. 5–6.

150 Der Ausdruck «Farrenstall» bezeichnet in Baden-Württemberg ein Gebäude zur Vatertierhaltung für Zuchtzwecke.

151 In der zweiten Hälfte der neunziger Jahre beriet er die damalige baden-württembergische Kultusministerin Annette Schavan, und in Zürich war er seit 2004 als Mitglied der Programmkommission am liberalen Thinktank Avenir Suisse beteiligt; vgl. Axel Kremp, «Ein Professor in der Provinz. Wie Ralf Dahrendorf das Leben in Bonndorf beeinflusste und von ihm beeinflusst wurde», in: Thomas Hauser u. Christian Hodeige (Hg.), *Der Zeitungsmensch. Auf den Spuren von Ralf Dahrendorf in Südbaden*, Freiburg i. Br. 2010, S. 25–39, hier S. 25–27; Thomas Held, «Magische Wirkung. Persönliche Bescheidenheit und messerscharfer Intellekt. Wie Ralf Dahrendorf die Denkfabrik ‹Avenir Suisse› beriet», in: Thomas Hauser u. Christian Hodeige (Hg.), *Der Zeitungsmensch. Auf den Spuren von Ralf Dahrendorf in Südbaden*, Freiburg i. Br. 2010, S. 41–44; Dahrendorfs eigene Schilderung in: Manuskript der englischsprachigen Autobiographie, Kapitel 8–13, BArch, N 1749/804, S. 208 ff.; *Europäisches Tagebuch*, S. 68.

152 Kremp, «Ein Professor in der Provinz», S. 25.

153 Ebd., S. 26.

154 Ebd., S. 27.

155 Dahrendorf, Manuskript der englischsprachigen Autobiographie, Kapitel 8–13, BArch, N 1749/804, S. 308–309; Kremp, «Ein Professor in der Provinz», S. 25.

156 Vgl. ebd., S. 28–29; Dahrendorf, Manuskript der englischsprachigen Autobiographie, Kapitel 8–13, BArch, N 1749/804, S. 311.

157 Meifort, Gespräch mit Christiane Dahrendorf, 7. März 2016.

158 Dahrendorf, Manuskript der englischsprachigen Autobiographie, Kapitel 8–13, BArch, N 1749/804, S. 311.

159 Kremp, «Der Überflieger», S. 28.

160 Regina Folkerts zitiert nach Kremp, «Ein Professor in der Provinz», S. 37.

161 Vgl. Thomas Hauser, «Ein Mann des Wortes. Als Autor in vielen Zeitungen gefragt, besonders verbunden mit der Badischen Zeitung», in: ders. u. Christian Hodeige (Hg.), *Der Zeitungsmensch. Auf den Spuren von Ralf Dahrendorf in Südbaden*, Freiburg i. Br. 2010, S. 15–19, hier S. 18; Kremp, «Ein Professor in der Provinz», S. 38.

162 Dahrendorf, *Europäisches Tagebuch*, S. 68.

163 Zum Beispiel ebd., S. 68–69; *Auf der Suche nach einer neuen Ordnung. Vorlesungen zur Politik der Freiheit im 21. Jahrhundert*, München 2003, S. 116–117.

164 Gunter Hofmann u. Jan Ross, «Deutsche Illusionen. Die Macht des Nationalstaates und die Grenze der europäischen Idee. Ein Gespräch mit Lord Ralf Dahrendorf, der zu seinen intellektuellen Anfängen zurückkehrt und eine Forschungsprofessur am Wissenschaftszentrum Berlin übernimmt», in: *Die Zeit*, 27. Januar 2005.

165 Dahrendorf, *Europäisches Tagebuch*, S. 70.

166 Hofmann u. Ross, «Deutsche Illusionen».

167 Kremp, «Ein Professor in der Provinz», S. 38–39.

168 Ebd., S. 32.

169 Vgl. ebd., S. 26 und 33.

170 Vgl. Hauser u. Hodeige, *Der Zeitungsmensch*.

171 Hodeige, «Mein Freund Ralf Dahrendorf», S. 45.

172 Thomas Hauser, «Global Denker. Von einem der auszog, alles Mögliche zu werden», in: ders. u. Christian Hodeige (Hg.), *Der Zeitungsmensch. Auf den Spuren von Ralf Dahrendorf in Südbaden*, Freiburg i. Br. 2010, S. 9–13, hier S. 11.

173 Ebd.

174 Hauser, «Ein Mann des Wortes», S. 17–18.

175 Vgl. die abgedruckten Artikel Dahrendorfs für die *Badische Zeitung* in den Jahren 1989 bis 2009 in: Thomas Hauser u. Christian Hodeige (Hg.), *Der Zeitungsmensch. Auf den Spuren von Ralf Dahrendorf in Südbaden*, Freiburg i. Br. 2010.

176 Vgl. Hauser, «Ein Mann des Wortes», S. 17–18.

177 Vgl. Kapitel V.

178 Dahrendorf war gegen die Berufung Helmut Schmidts als Herausgeber, vgl. Marion Gräfin Dönhoff an Ralf Dahrendorf, 28. März 1983; Ralf Dahrendorf an Marion Gräfin Dönhoff, 7. April 1983, BArch N 1749/922; letzterer Brief auch im Archiv der Marion Dönhoff Stiftung überliefert, Nachlass Marion Gräfin Dönhoff, F 0043/54.

179 Ralf Dahrendorf, *Liberal und unabhängig Gerd Bucerius und seine Zeit*, München 2000.

180 Dahrendorf, Manuskript der englischsprachigen Autobiographie, Kapitel 8–13, BArch, N 1749/804, S. 291.

181 Vgl. Raymond Snoddy, Dahrendorf quits as Independent Chairman, 8. Mai 1993; Ralf Dahrendorf an Andreas Whittam Smith, 3. Mai 1993; Briefentwurf Dahrendorf an Andreas Whittam Smith, o. Dat., BArch N 1749/503; vgl. auch Dahrendorfs Schilderung in:, Manuskript der englischsprachigen Autobiographie, Kapitel 8–13, BArch, N 1749/804, S. 292.

182 Thomas Hauser u. Christian Hodeige (Hg.), *Der Zeitungsmensch. Auf den Spuren von Ralf Dahrendorf in Südbaden*, Freiburg i. Br. 2010.

183 Ralf Dahrendorf, «Regionalzeitungen, die prägende Kraft. Sie stiften Identität und sind ein Spiegel der Gesellschaft. Lobrede auf ein tägliches Brot» (22. Januar 2003), in: Thomas Hauser u. Christian Hodeige (Hg.), *Der Zeitungsmensch. Auf den Spuren von Ralf Dahrendorf in Südbaden*, Freiburg i. Br. 2010, S. 51–57, hier S. 56.

184 In Buchform publiziert: Dahrendorf, *Europäisches Tagebuch*.

185 Vgl. die Briefwechsel mit Andrzej Rapaczynski und Kenneth Murphy Februar bis August 2002, BArch N 1749/993. Der Kontakt zum Project Syndicate kam über Krysztof Michalski vom Institut für die Wissenschaft vom Menschen mit Sitz in Wien, bei dem Dahrendorf engagiert war, zustande.

186 Dahrendorfs zunehmend skeptische Weltsicht zur Jahrtausendwende kommt auch in dem Interviewband Ralf Dahrendorf u. Antonio Polito, *Die Krisen der Demokratie. Ein Gespräch mit Antonio Polito*, München [2]2002 zum Ausdruck.

187 Dahrendorf, *Auf der Suche*, S. 30 ff.

188 Ebd., S. 41.

189 Vgl. Weisensee, *Demokratie, Staat und Gesellschaft*, S. 268–269.

190 Dahrendorf, *Auf der Suche*, S. 41–43. Zur Analyse von Dahrendorfs Globalisierungsbegriff vgl. Weisensee, *Demokratie, Staat und Gesellschaft*, S. 268–272.

191 Jürgen Krönig u. Annette Riedel, «Tacheles. Das Streitgespräch. Lord Ralf Dahrendorf. Soziologe und Mitglied des britischen Oberhauses», in: Deutschlandradio Kultur, 28. Dezember 2001, http://www.deutschlandradio.de/archiv/dlr/sendungen/tacheles/167461/index.html, zuletzt geprüft am 3. Dezember 2015.

192 Robert Kagan, *Of Paradise and Power. America and Europe in the New World Order*, New York 2003.

193 Zitiert nach Manfred Geier, *Aufklärung. Das europäische Projekt*, Reinbek b. Hamburg ²2012, S. 236.

194 Vgl. ebd., S. 238–239.

195 Vgl. Jürgen Habermas u. Jacques Derrida, «Unsere Erneuerung. Nach dem Krieg. Die Wiedergeburt Europas», in: *Frankfurter Allgemeine Zeitung*, 31. Mai 2003, S. 33–34.

196 House of Lords Debate, Thema «Iraq», 26. Februar 2003, Hansard, Bd. 645, Spalte 296–297.

197 Ralf Dahrendorf, «Ein europäischer Irrweg», in: *Finanz und Wirtschaft*, 2. Juli 2013.

198 Ralf Dahrendorf u. Timothy Garton Ash, «Die Erneuerung Europas», in: *Süddeutsche Zeitung*, 5. Juli 2003, S. 13; vgl. den Entwurf zu dem Artikel unter dem Titel «Ja wir sind Kantianer! Die Erneuerung Europas in weltbürgerlicher Absicht. Eine Antwort auf Jürgen Habermas (und Robert Kagan)», BArch N 1749/513.

199 Vgl. Geier, *Aufklärung*, S. 240–241.

200 So lautete bereits 1963 der Titel eines Buches, mit dem Dahrendorf die USA charakterisierte hatte, «Die angewandte Aufklärung».

201 Ralf Dahrendorf, «Europa und der Westen. Alte und neue Identitäten», in: *Der Wiederbeginn der Geschichte. Vom Fall der Mauer zum Krieg im Irak. Reden und Aufsätze*, München 2004, S. 321–336, hier S. 323.

202 Ebd., S. 325: «Ich jedenfalls bleibe ein Mensch des Westens, bevor ich Europäer bin».

203 Vgl. ebd., S. 336.

204 Vgl. etwa Hübinger, «Ralf Dahrendorf».

205 Dahrendorf, «Europa und der Westen», S. 329.

206 Vgl. Ralf Dahrendorf, «Wege in die Irrelevanz. Schwierigkeiten mit der Bürgergesellschaft?», in: *Frankfurter Allgemeine Zeitung*, 28. Oktober 1992.

207 Krönig u. Riedel, «Tacheles. Das Streitgespräch».

208 Zum Beispiel in: Dahrendorf u. Polito, *Die Krisen*, S. 34; Dahrendorf, «Die Bürgergesellschaft», S. 100–101.

209 Dahrendorf, *Europäisches Tagebuch*, S. 21 ff.

210 Ebd., S. 165; dort auch das vorherige Zitat.

211 Ebd.

212 Vgl. Reitmayer, *Elite*, S. 555–556.

213 Vgl. Dahrendorf, *Europäisches Tagebuch*, S. 165–166.

214 Ebd., S. 166; vgl. Hofmann u. Ross, «Deutsche Illusionen».

215 Dahrendorf, *Europäisches Tagebuch*, S. 21. So bezeichnete ihn auch der Vorsitzende von Avenir Suisse; vgl. Held, «Magische Wirkung», S. 41.

216 Dahrendorfs Haltung zu der von ihm beschriebenen «globalen Klasse» war durchaus ambivalent. Einerseits warnte er vor der Entstehung einer «globalen Klasse» für die keine nationalen Regeln und Gesetze mehr gelten, andererseits zählte er sich selbst zu dieser Klasse und fand sie als tonangebende Elite wichtig. Vgl. Dahrendorf, «Die Bürgergesellschaft», S. 95.

217 Vgl. dazu die umfangreiche Korrespondenz im Nachlass Dahrendorf.

218 Seit den achtziger Jahren beispielsweise als Vorsitzender der FDP-nahen Friedrich-Naumann-Stiftung, als Kuratoriumsvorsitzender der Bundespräsident-Theodor-Heuss-Haus Stiftung, der «High Level Group of Experts» der OECD

zur Erarbeitung eines «Report on Labour Market Flexibility» (1986–1987), der Commission on Wealth Creation and Social Cohesion (1993–1995), der Zukunftskommission NRW (2008–2009) und des Council for Charitable Support (1997–2001), als Mitglied des Leitungsauschusses der Avenir Suisse (2007–2009), als Berater bei der Gründung der Privathochschulen Bucerius Law School und Hertie School of Government.

219 Arnulf Baring an Ralf Dahrendorf, 28. April 1994, BArch N 1749/773.

220 Dahrendorf, *Über Grenzen*, S. 153; ders., Manuskript der englischsprachigen Autobiographie, Kapitel 1–7, BArch, N 1749/803, S. 142. Vgl. auch Kapitel I.

221 Ralf Dahrendorf an Arnulf Baring, 3. Mai 1994, BArch N 1749/773.

222 Vgl. die Einschätzung von Dieter Seewald, «Ralf Dahrendorf – oder die Unruhe des Suchenden. Gedanken zum 65. Geburtstag des Wissenschaftlers und politisch engagierten Menschen», in: *Südkurier*, 30. April 1994: «Die Metamorphose des Ralf Dahrendorf: Der Machtwille, der *eine* Triebfeder des jungen Gelehrten und seiner originellen Ideen war, klärte sich zur inneren Ruhe ab.»

223 Hauser, «Ein Mann des Wortes», S. 17.

224 Hauser, «Global Denker», S. 12.

225 Beide Zitate: Held, «Magische Wirkung», S. 42; vgl. die Schilderung von Jutta Allmendinger, der Präsidentin des Wissenschaftszentrum Berlin, «Der Brückenbauer. Laudatio auf Lord Ralf Dahrendorf, Träger des Schader-Preises 2009», in: WZB-Mitteilungen, 124, 2009, S. 48–49, hier S. 48.

226 Franziska Meifort, Telefoninterview mit Thomas Hertfelder, 20. Juli 2015.

227 Vgl. die Bände im Nachlass Dahrendorf, BArch N 1749/375, 376, 908, 909 zu Volvo, BArch N 1749/401 zu Honeywell, BArch N 1749/400 zu Glaxo, BArch N 1749/373 und 374 zur Compagnie de Saint-Gobain. Zudem war er 1985 für einige Monate für das amerikanische IT-Unternehmen IBM tätig, bis er feststellen musste, dass er sich zeitlich übernommen hatte und um seine Entlassung aus dem Beirat bat; vgl. BArch N 1749/402.

228 Dahrendorf, Manuskript der englischsprachigen Autobiographie, Kapitel 8–13, BArch, N 1749/804, S. 266.

229 Vgl. Kapitel V.

230 Vgl. Dahrendorf, Manuskript der englischsprachigen Autobiographie, Kapitel 8–13, BArch, N 1749/804, S. 250–251.

231 Rainer Wirtz, «Von London nach Konstanz. Von außen nach innen?», in: *Via Volvo*, 3, 1985, S. 10–13.

232 Vgl. Dahrendorf, Manuskript der englischsprachigen Autobiographie, Kapitel 8–13, BArch, N 1749/804, S. 266.

233 M. D. Allan, Glaxo, an RD, 25. Januar 1985, BArch N 1729/922. 12 000 Pfund entsprach zu dieser Zeit mehr als 45 000 DM.

234 Vgl. die Unterlagen im Nachlass Dahrendorf zu Honeywell, BArch N 1749/401.

235 Vgl. Kapitel V.

236 Hoffmann, Interview mit Ralf Dahrendorf, BArch, N 1749/847, S. 2.

237 Ebd., S. 6.

238 Vgl. David Fairlamb, «Can BGB make it into Germany's big leagues?», in: *International Investor*, 6, 1996, S. 55–60.

239 Vgl. Die Unterlagen zur Bankgesellschaft Berlin im Nachlass Dahrendorf, BArch N 1749/438, 453 und 1022.

240 Die weiteren Mitglieder waren der Vorstandsvorsitzender des Forschungszentrums Jülich Achim Bachem, der Leiter der Salzburger Festspiele Jürgen Flimm,

die OECD-Bildungsdirektorin Barbara Ischinger, der Politikwissenschaftler und Grünen-Politiker Hubert Kleinert, Jürgen Kluge von McKinsey, Bundestagspräsident Norbert Lammert, die Psychologin Annette Lepenies, die Generalsekretärin der Kulturstiftung der Länder Isabel Pfeiffer-Poensgen, die Vorsitzende des Stiftungsvorstandes des Museums für Industrie-, Wirtschafts- und Sozialgeschichte Andrea Prym-Bruck, die Staatssekretärin im Bundesministerium für Bildung und Forschung Cornelia Quennet-Thielen und Marita Reuter von der KPMG.

241 Ralf Dahrendorf, «Innovation und Solidarität, Nordrhein-Westfalen 2025», Düsseldorf, April 2009.

242 Vgl. Franziska Meifort, Gespräch mit Christiane Dahrendorf, Köln, 23. November 2013. Auch Thomas Held von Avenir Suisse hob hervor, wie aktiv Dahrendorf sich bis zuletzt an den Sitzungen beteiligt habe, auch als er schon schwer von seinem Krebsleiden gezeichnet war. Er nahm immer wieder die beschwerliche Reise nach Zürich auf sich. Vgl. Held, «Magische Wirkung»; Meifort, Telefoninterview mit Thomas Hertfelder, 20. Juli 2015. Hertfelder betonte Dahrendorfs preußischen Arbeitsethos. Dahrendorf habe sich sehr für die Stiftung eingesetzt und sei immer regelmäßig und verlässlich und zu den Kuratoriumssitzungen nach Stuttgart gekommen und habe diese immer ernst genommen, obwohl die Arbeit für diese kleine Stiftung für ihn nicht mit großem Prestige oder besonderen Vorzügen verbunden gewesen sei.

243 Wilfried Goebels, «Bericht der NRW-Zukunftskommission. Ein Feuerwerk politischer Ideen», in: *Westfälische Nachrichten*, 20. April 2009.

244 Meifort, Gespräch mit Christiane Dahrendorf, 23. November 2013.

245 Vgl. das letzte Kapitel von: Dahrendorf, Manuskript der englischsprachigen Autobiographie, Kapitel 8–13, BArch, N 1749/804, in dem Dahrendorf unter der Überschrift «Because I am a Londoner» seine Identität als Londoner erklärt.

246 Franziska Meifort, Gespräch mit Jürgen Kocka, Berlin, 18. Januar 2016.

247 Burckhard Wiebe, «Lord Dahrendorf wird Permanent Fellow am WZB», Pressemitteilung, Wissenschaftszentrum Berlin, 4. Juni 2004, https://idw-online.de/de/news81145, zuletzt geprüft am 16. Februar 2016.

248 Vgl. die Bände im Nachlass Dahrendorf, BArch N 1749/1006–1012; weitere Veröffentlichungen zum Thema: Ralf Dahrendorf, «Erasmus-Menschen», in: *Merkur* 53, 607, 1999, S. 1062–1071; ders., *Engagierte Beobachter. Die Intellektuellen und die Versuchungen der Zeit*, Wien 2005.

249 Der Begriff «Versuchung» geht auf Überlegungen von Fritz Stern zurück, die Dahrendorf beeinflussten; vgl. Fritz Stern, «Der Nationalsozialismus als Versuchung», in: *Der Traum vom Frieden und die Versuchung der Macht. Deutsche Geschichte im 20. Jahrhundert*, Berlin 1988, S. 164–214.

250 Wildt, *Generation des Unbedingten*.

251 Dahrendorf, *Versuchungen der Unfreiheit*, S. 20.

252 Ebd., S. 40.

253 Vgl. Kapitel III.

254 Dahrendorf, *Versuchungen der Unfreiheit*, S. 57.

255 Ebd., S. 79.

256 Ebd., S. 86.

257 Ebd.

258 Raymond Aron, *Erkenntnis und Verantwortung. Lebenserinnerungen*, München 1985, S. 55.

259 Dahrendorf, *Versuchungen der Unfreiheit*, S. 165.

260 Ebd., S. 210.

261 Vgl. die Danksagung in ebd., S. 11. Nach einem kurzen Intermezzo bei Suhrkamp 1979/80 hatte Dahrendorf u. a. bei der Deutschen Verlags-Anstalt publiziert.

262 Eva Oberloskamp, Rezension zu: Ralf Dahrendorf: *Versuchungen der Unfreiheit. Die Intellektuellen in Zeiten der Prüfung*, in: *sehepunkte*, 15. November 2006, http://www.sehepunkte.de/2006/11/10830.html, zuletzt geprüft am 5. Februar 2016.

263 Vgl. u. a. Rudolf Walther, «Der letzte freie Denker. Ralf Dahrendorf feiert die Intellektuellen, die sich nicht verführen ließen – und im Grunde sich selbst», in: *Frankfurter Rundschau*, 6. Dezember 2006; Daniel Morat, Rezension zu: Ralf Dahrendorf, *Versuchungen der Unfreiheit. Die Intellektuellen in Zeiten der Prüfung*, in: *H-Soz-u-Kult*, 21. Juli 2006, http://www.hsozkult.de/publicationreview/id/rezbuecher-7622, zuletzt geprüft am 5. Februar 2016; Oberloskamp, Rezension zu: Ralf Dahrendorf, *Versuchungen der Unfreiheit*.

264 Vgl. u. a. Jürgen Kaube, «Club der Unversuchbaren. Ralf Dahrendorfs vorsoziologisches Plädoyer für die Freiheit», in: *Frankfurter Allgemeine Zeitung*, 6. März 2006; Manfred Papst, «Im Klub der liberalen Helden», in: NZZ am Sonntag, 19. März 2006.

265 Franziska Augstein, «Auch eine Versuchung. Ralf Dahrendorf hat einen liberalen Club gegründet, er heißt ‹Societas Erasmiana›», und nicht jeder darf Mitglied werden», in: *Süddeutsche Zeitung*, 14. März 2006.

266 Dahrendorf, *Versuchungen der Unfreiheit*, S. 165.

267 Walther, «Der letzte freie Denker».

268 Oberloskamp, Rezension zu: Ralf Dahrendorf, *Versuchungen der Unfreiheit*.

269 Warnfried Dettling, «Ein liberaler Heiligenkalender. Ralf Dahrendorfs neues Buch über «Intellektuelle in Zeiten der Prüfung» durchzieht eine feierliche, religiöse Grundmelodie, wie man sie sonst nur von Freimaurerlogen kennt», in: *taz*, 3. April 2006; vgl. Kaube, «Club der Unversuchbaren».

270 Stephan Speicher, «Ein Volk listenreicher Klugscheißer. Die Deutschen haben der alten Schwarmgeisterei entsagt und sind stolz auf ihre solide Skepsis. Doch die hat auch ziemlich häßliche Seiten», in: *Frankfurter Allgemeine Sonntagszeitung*, 26. Februar 2006; vgl. Dettling, «Ein liberaler Heiligenkalender».

271 Stephan Sattler, «Die guten Intellektuellen. Lord Dahrendorf erzählt von Helden des liberalen Geistes, die den Versuchungen der totalitären Bewegung widerstanden», in: *Focus*, 29. April 2006, S. 80–82, dort auch das Zitat; vgl. Jens Hacke, «Wer frei bleibt. Ralf Dahrendorf ermahnt die Intellektuellen», in: *Der Tagesspiegel*, 19. März 2006; Paul Nolte, «Der Unfreiheit die Stirn bieten», in: *KulturAustausch. Zeitschrift für internationale Perspektive* 56, 11, 2006, S. 91–92; Wolf Lepenies, «Anstand im 20. Jahrhundert. Von den Vorzügen der Unversuchbaren. Ralf Dahrendorf gründet die Societas Erasmiana», in: *Die Welt*, 25. Februar 2006; Hermann Glaser, «‹Wer bleibt stark, wenn die meisten schwach werden?›. Ralf Dahrendorf hat in der jüngsten Geschichte zahlreiche nicht korrumpierbare Intellektuelle, die ‹Erasmier›, ausgemacht», in: *Das Parlament*, 13. März 2006.

272 Dahrendorf, *Versuchungen der Unfreiheit*, S. 220.

273 Lepenies, «Anstand im 20. Jahrhundert».

274 Ralf Dahrendorf, «Instead of a Preface/Statt eines Vorworts», London, Juli 1999, BArch, N 1749/1012; dort die Zitate.

275 Dahrendorf, *Versuchungen der Unfreiheit*, S. 53.
276 Vgl. Nolte, «Der Unfreiheit die Stirn bieten». Zur Kritik an diesem eindimensionalen Freiheitsbegriff vgl. Walther, «Der letzte freie Denker».
277 Herfried Münkler, «Sozio-moralische Grundlagen liberaler Gemeinwesen. Überlegungen zum späten Dahrendorf», in: *Mittelweg 36* 19, 2, 2010, S. 22–37, hier S. 24–25.
278 Dahrendorf, «Instead of a Preface», BArch, N 1749/1012.
279 Dahrendorf, «Umbrüche und normale Zeiten», S. 206.
280 Dahrendorf, «Instead of a Preface», BArch, N 1749/1012, dort beide Zitate.
281 Ralf Dahrendorf an Timothy Garton Ash, 18. November 2005, BArch N 1749/1006.
282 Vgl. Dahrendorf, «Die Bürgergesellschaft», S. 95, wo er sich als «klassischer Intellektueller» bezeichnet; oder in: Cammann, «Wir brauchen selbstbewusste Bürger»: «ich sehe mich als ‹public intellectual›».
283 Dahrendorf, «Der Narr»; vgl. Kapitel III.
284 Etwa in: Dahrendorf, «Zwischenbericht», BArch, N 1749/794, S. 147–148; ders., «Der Politiker»; ders., «Umbrüche und normale Zeiten. Braucht Politik Intellektuelle?», in: Gangolf Hübinger u. Thomas Hertfelder (Hg.), *Kritik und Mandat. Intellektuelle in der deutschen Politik*, Stuttgart 2000, S. 269–282.
285 Korn, «Spezialisten des Unbehagens». Vgl. Kapitel III.
286 Dahrendorf, *Versuchungen der Unfreiheit*, S. 22.
287 Ebd., S. 21.
288 Ebd.
289 Überraschenderweise fällt für Dahrendorf auch Isaiah Berlin in die Kategorie des öffentlichen Intellektuellen, obwohl sich dessen öffentliche Resonanz in Grenzen hielt. Dahrendorf begründet dies damit, dass Berlins Vorlesungen sehr gut besucht waren und er politische Führer beriet. Daran wird deutlich, wie sehr die *Versuchungen der Unfreiheit* von Dahrendorfs persönlichen Vorlieben geprägt waren und nicht auf einer belastbaren soziologischen Theorie beruhten. Im Falle Berlins war Dahrendorfs Verständnis des öffentlichen Intellektuellen nicht über das, was er tut, sondern vor allem über die (vermutete) innere Einstellung definiert, nämlich seine «Unversuchbarkeit». Vgl. auch Kaube, «Club der Unversuchbaren».
290 Dahrendorf, *Versuchungen der Unfreiheit*, S. 23.
291 Beide Zitate: ebd., S. 24.
292 Vgl. Garton Ash, Timothy Garton Ash über Lord Ralf Dahrendorf während des Symposiums «Freiheit und Konflikt».
293 Dahrendorf, «Umbrüche und normale Zeiten» (2010), S. 210. (zuerst in: Gangolf Hübinger u. Thomas Hertfelder (Hg.), *Kritik und Mandat. Intellektuelle in der deutschen Politik*, Stuttgart 2000, S. 269–282); Dahrendorf, *Europäisches Tagebuch*, S. 113.
294 Vgl. u. a. den bereits erwähnten Briefwechsel Dahrendorfs mit Bundesaußenminister Hans-Dietrich Genscher zur Berücksichtigung der polnischen Interessen bei der deutschen Wiedervereinigung, 4. und 21. Mai 1990, BArch N 1749/925; den Briefwechsel mit Bundeskanzler Gerhard Schröder zu dessen politischem Programm 21. Oktober und 6. Dezember 1999, BArch N 1749/927.
295 Hoffmann, Interview mit Ralf Dahrendorf, BArch, N 1749/847, S. 1.
296 Ebd., S. 2.
297 Ebd., S. 1.

298 Dahrendorf, *Auf der Suche*, S. 9.
299 Ebd.
300 Vgl. Kapitel I.
301 Der Schaderpreis wird an Gesellschaftswissenschaftler verliehen, die aufgrund wegweisender wissenschaftlicher Arbeit und durch vorbildliches Engagement im Dialog mit der Praxis einen Beitrag zur Lösung von gesellschaftlichen Problemen geleistet haben.
302 Timothy Garton Ash (Hg.), *On Liberty. The Dahrendorf Questions. Record of a colloquium held at St Antony's College, Oxford, to mark the 80th birthday of Ralf Dahrendorf on 1 May 2009*, Oxford 2009.
303 Ralf Dahrendorf, «Die menschlichen Dinge voranbringen. Dankesrede zur Verleihung des Schader-Preises 2009 in Darmstadt», in: Thomas Hauser u. Christian Hodeige (Hg.), *Der Zeitungsmensch. Auf den Spuren von Ralf Dahrendorf in Südbaden*, Freiburg i. Br. 2010, S. 283–285, hier S. 284.
304 Ebd.; dort auch die folgenden Zitate. Der englische Ausdruck «to straddle» bedeutet «in der Grätsche» stehen.
305 Ebd.
306 Ebd., S. 285.

Fazit. «Rittlings auf dem Schlagbaum»:
Ein Intellektueller in vielen Rollen

1 Beide Zitate: *Frankfurter Allgemeine Zeitung* online; «Eine Epochengestalt des Liberalismus ist tot.» (Text: dpa), http://www.faz.net/-00p0mc, zuletzt geprüft am 6. Juni 2011.
2 Theo Sommer, «Der ewige Grenzgänger», in: *Die Zeit*, 19. Juni 2009, http://www.zeit.de/online/2009/26/dahrendorf-nachruf, zuletzt geprüft am 26. März 2016.
3 Jan Feddersen, «Die liberale Autorität», in: *taz*, 18. Juni 2009, http://www.taz.de/!5161227/, zuletzt geprüft am 21. März 2016.
4 Vgl. William Grimes, «Ralf Dahrendorf, Sociologist, Dies at 80», in: *The New York Times*, 22. Juni 2009, http://www.nytimes.com/2009/06/22/world/europe/22dahrendorf.html, zuletzt geprüft am 21. Mai 2011; «Ralf Dahrendorf. Obituary»; Hella Pick, «Lord Dahrendorf. German sociologist and politician who became director of the LSE and a life peer», in: *The Guardian*, 19. Juni 2009, http://www.theguardian.com/politics/2009/jun/19/ralf-dahrendorf-obituary-lords-lse, zuletzt geprüft am 21. Mai 2011.
5 Dahrendorf, *Über Grenzen*, S. 187.
6 Vgl. u. a. Bude, «Soziologen»; Nolte, «Soziologie».
7 Vgl. u. a. Dahrendorf, *Über Grenzen*, S. 72; auch Kapitel 2.
8 Vgl. beispielsweise Verheyen, *Diskussionslust*, die diesen Prozess mit Schwerpunkt auf den Einfluss der Amerikaner überzeugend nachgezeichnet hat.
9 Dahrendorf, «Europa und der Westen», S. 325.
10 Vgl. u. a. Dahrendorf, *Homo Sociologicus*, S. 63; ders., *Die Soziologie*, S. 27.
11 Dahrendorf, «Zwischenbericht», BArch, N 1749/794, S. 153.
12 Emrich, Alpha Forum.
13 Dahrendorf, Vorarbeiten und Fragmente zu *Über Grenzen*, Teil II, BArch, N 1749/797, S. 136–137.
14 Dahrendorf, *Versuchungen der Unfreiheit*, S. 165.

15 Hacket, «Friendly Outsider».

16 In einem Entwurfmanuskript zur englischen Autobiographie bezeichnete Dahrendorf sich als jemand, «who never allowed himself to be put in a box». Vgl. BArch N 1749/608.

17 Emrich, Alpha Forum.

18 Im Jahr nach Dahrendorfs Tod, im Dezember 2010, gründete eine Gruppe um die damaligen FDP-Europaabgeordneten Jorgo Chatzimarkakis und Nadja Hirsch den «Dahrendorf-Kreis», um sich in seine Denktradition zu stellen und um den sozialliberalen Flügel der Partei zu stärken. Allerdings besteht die Tendenz, Dahrendorfs Position auf einen sozialen, einen «mitfühlenden» Liberalismus zu verkürzen. Der damalige Generalsekretär und heutige FDP-Vorsitzende Christian Lindner hängte im Jahr 2010 in seinem Düsseldorfer Büro das Portrait Ralf Dahrendorfs neben das von August von Hayek, um deutlich zu machen: «Der politische Liberalismus in Deutschland muss konsequent wie Hayek und mitfühlend wie Dahrendorf sein. Er muss also einerseits das Wettbewerbsspiel in Wirtschaft und Gesellschaft akzeptieren und andererseits erkennen, dass es auch Menschen gibt, die im Wettbewerb zu Bedürftigen werden und Solidarität brauchen.» Markus Fels u. Robin Mishra, «Lindner-Interview für den ‹Rheinischen Merkur›», in: *portal liberal*, 14. Januar 2010, https://www.liberale.de/content/lindner-interview-fuer-den-rheinischen-merkur, zuletzt geprüft am 22. März 2016.

19 Dahrendorf, «Umbrüche und normale Zeiten», S. 206.

20 Hofmann u. Ross, «Deutsche Illusionen».

21 Dahrendorf, «Der Politiker», S. 275.

22 Vgl. Henkels, «Von Bonn».

23 Vgl. Hacke, «Das Scheitern»; Micus, *Tribunen*.

24 Welche Bedeutung dabei Zirkel wie die Königswinter Gespräche der Deutsch-Britischen Gesellschaft, der Bergedorfer Gesprächskreis der Körber-Stiftung oder die Bilderberg Meetings hatten, wäre noch zu erforschen.

25 Dahrendorf, *Europäisches Tagebuch*, S. 165.

26 Dahrendorf u. Polito, *Die Krisen*, S. 92.

Nachwort zur Methode

1 Peisert, «Wanderungen zwischen Wissenschaft».

2 Jens Alber, «Der Soziologe als Hofnarr. Zur politischen und soziologischen Aktualität des Denkens von Ralf Dahrendorf», in: *Leviathan* 38, 2010, S. 23–29; vgl. ders., «In memoriam» und «Die Ligaturen».

3 Kocka, «Ralf Dahrendorf»; M. Rainer Lepsius, «In Remembrance of the Sociologist Ralf Dahrendorf», in: *Max Weber Studies* 10, Januar, 2010, S. 23–27; ders., «Nachruf auf Ralf Dahrendorf (1929–2009)», in: *Berliner Journal für Soziologie* 19, 4, 2009, S. 655–658.

4 Münkler, «Sozio-moralische Grundlagen».

5 Hauser u. Hodeige, *Der Zeitungsmensch*.

6 Mälzer, *Auf der Suche*.

7 Baring, *Machtwechsel*, S. 205–211.

8 Weber, *Der Linksliberalismus*; vgl. ders., «Die Konjunktur»; Micus, *Tribunen*.

9 Hacke, «Das Scheitern».

10 Hansl, «Dahrendorfs Spuren».
11 Hübinger, «Ralf Dahrendorf».
12 Die hierzulande kaum bekannte breite Rezeption Dahrendorfs in Italien und – vor allem nach 1989/90 – in Osteuropa konnte hier nicht behandelt werden und bleibt ein Forschungsdesiderat; vgl. jüngst die soziologische Einführung zu Ralf Dahrendorf von Laura Leonardi mit aktueller Forschungsbibliographie: *Introduzione a Dahrendorf*, Rom 2014; vgl. auch Laura Leonardi, *La minorità incolpevole. Libertà e ugualianza nella sociologia di Ralf Dahrendorf*, Mailand 1995.
13 Mit dem oft beklagten «europäischen Öffentlichkeitsdefizit» beschäftigt sich der Band Wolfgang R. Langenbucher u. Michael Latzer (Hg.), *Europäische Öffentlichkeit und medialer Wandel. Eine transdisziplinäre Perspektive*, Wiesbaden 2006, insbesondere der Beitrag von Friedhelm Neidhardt, der die methodischen Schwierigkeiten der Forschung bei der Untersuchung der europäischen Öffentlichkeit aufzeigt und die Bedeutung der analytischen Unterscheidung von «europäischer Öffentlichkeit» und «europäisierter nationaler Öffentlichkeit» (nach Jürgen Gerhards) und von Eliten- und Massenöffentlichkeit betont; vgl. «Europäische Öffentlichkeit als Prozess. Anmerkungen zum Forschungsstand», in: ebd., S. 46–61, hier S. 54.
14 Daniel Morat, «Intellektuelle in Deutschland. Neue Literatur zur intellectual history des 20. Jahrhunderts», in: *Archiv für Sozialgeschichte* 41, 2001, S. 593–607, hier S. 607. Für eine Zusammenfassung des Forschungsstandes zum Thema Intellektuelle und Intellektuellengeschichte vgl. v. a. ders., «Intellektuelle und Intellektuellengeschichte. Version 1.0», in: Clio-online e.V, 12. Dezember 2011, http://docupedia.de/zg/Intellektuelle_und_Intellektuellengeschichte, zuletzt geprüft am 18. Februar 2012.
15 Alexander Gallus, «‹Intellectual History› mit Intellektuellen und ohne sie. Facetten neuerer geistesgeschichtlicher Forschung», in: *Historische Zeitschrift* 288, 1, 2009, S. 139–150, hier S. 146.
16 U. a. Jan Eckel, *Hans Rothfels. Eine intellektuelle Biographie im 20. Jahrhundert*, Göttingen 2005; Dietze, *Nachgeholtes Leben*; Tobias Freimüller, *Alexander Mitscherlich. Gesellschaftsdiagnosen und Psychoanalyse nach Hitler*, Göttingen 2007; Stephan Schlak, *Wilhelm Hennis. Szenen einer Ideengeschichte der Bundesrepublik*, München 2008; Christoph Cornelißen (Hg.), *Geschichtswissenschaft im Geist der Demokratie. Wolfgang J. Mommsen und seine Generation*, Berlin 2010; Jürgen Peter Schmied, *Sebastian Haffner. Eine Biographie*, München 2010; Müller-Doohm, *Jürgen Habermas*; Sammelbände mit Einzelporträts: Claudia Fröhlich (Hg.), *Engagierte Demokraten. Vergangenheitspolitik in kritischer Absicht*, Münster 1999; Thomas Jung u. Stefan Müller-Doohm (Hg.), *Fliegende Fische. Eine Soziologie des Intellektuellen in 20 Porträts*, Frankfurt am Main 2009; Richard Faber (Hg.), *Was ist ein Intellektueller? Rückblicke und Vorblicke*, Würzburg 2012; ders. u. Uwe Puschner (Hg.), *Intellektuelle und Antiintellektuelle im 20. Jahrhundert*, Frankfurt am Main 2013.
17 Weitere Themen sind die Auseinandersetzung mit der nationalsozialistischen Vergangenheit, vgl. A. Dirk Moses, *German Intellectuals and the Nazi Past*, Cambridge 2007; die Exilintellektuellen und ihre Rückkehr nach Deutschland vgl. Peter Burschel u. a. (Hg.), *Intellektuelle im Exil*, Göttingen 2011, sowie das von der Gesellschaft für Exilforschung herausgegebene Jahrbuch *Exilforschung. Ein internationales Jahrbuch*; Forschung zu DDR-Intellektuellen und die Debatte um die Wiedervereinigung vgl. Michael Geyer (Hg.), *The Power of Intellec-*

tuals in Contemporary Germany, Chicago 2001; Müller, *Another Country*; Wolfgang Bialas, *Vom unfreien Schweben zum freien Fall. Ostdeutsche Intellektuelle im gesellschaftlichen Umbruch*, Frankfurt am Main 1996.

18 Vgl. Jan-Werner Müller, *German Ideologies since 1945. Studies in the political thought and culture of the Bonn Republic*, New York [u. a.] 2003, S. 7; Paul Nolte, *Die Ordnung der deutschen Gesellschaft. Selbstentwurf und Selbstbeschreibung im 20. Jahrhundert*, München 2000; ders., «Soziologie»; Bude, «Soziologen». Vgl. Auch M. Rainer Lepsius, «Die Entwicklung der Soziologie nach dem Zweiten Weltkrieg. 1945 bis 1967», in: Günther Lüschen (Hg.), *Deutsche Soziologie seit 1945. Entwicklungsrichtungen und Praxisbezug*, Köln 1979, S. 25–70.

19 Vgl.: «Es scheint so, dass in Deutschland der Typus eines derartigen kritischen Intellektuellen [nach Schumpeter] erst in den 1960er Jahren zum verbreiteten Rollenmodell wurde. Jedenfalls legen das die zeitgenössischen Intellektuellensoziologien von M. Rainer Lepsius und Ralf Dahrendorf nahe, die bezeichnenderweise beide dafür warben, ‹inkompetente Kritik› in ihr Recht zu setzen.» Dominik Geppert u. Jens Hacke, «Einleitung», in: dies. (Hg.), *Streit um den Staat. Intellektuelle Debatten in der Bundesrepublik 1960–1980*, Göttingen 2008, S. 9–22, hier S. 10–11.

20 Dazu zählen neben Ralf Dahrendorf z. B. Günter Grass, Hans-Ulrich Wehler, Jürgen Habermas, M. Rainer Lepsius oder Hans Magnus Enzensberger, um kursorisch einige Namen zu nennen. Vgl. Hans-Ulrich Wehler, *Deutsche Gesellschaftsgeschichte* Bd. 5: *Bundesrepublik und DDR. 1949–1990*, München 2008, S. 188–189; Florian Illies, «Jahrgang 1929», in: *Die Zeit*, 12. März 2009, S. 45.

21 Der Begriff «Fünfundvierziger» wurde wohl erstmals 1962 von Joachim Kaiser verwendet: Kaiser, «Die Jungen», S. 66 und 67.

22 Schon früh hat Paul Nolte deshalb von einer «langen Generation» gesprochen: «Die Historiker der Bundesrepublik. Rückblick auf eine ‹lange Generation›», in: *Merkur*, 1999, 53, 601, S. 413–432. Zur Beschreibung der 45er Generation vgl. Moses, «Die 45er»; ders., «The Forty-Fivers. A Generation Between Facism and Democracy», in: *German Politics and Society* 17, 1, 1999, S. 94–126; Christina von Hodenberg, «Die Journalisten und der Aufbruch zur kritischen Öffentlichkeit», in: Ulrich Herbert (Hg.), *Wandlungsprozesse in Westdeutschland. Belastung, Integration, Liberalisierung 1945–1980*, Göttingen 2002, S. 278–311; Ulrich Herbert, «Drei politische Generationen im 20. Jahrhundert», in: Jürgen Reulecke (Hg.), *Generationalität und Lebensgeschichte im 20. Jahrhundert*, München 2003, S. 95–114; Jens Hacke, *Die Bundesrepublik als Idee. Zur Legitimationsbedürftigkeit politischer Ordnung*, Hamburg 2009; jüngst Nolte, *Wehler*, der das 45er-Narrativ ebenfalls stark macht. Für ein Gegenargument vgl. Sean A. Forner, *German Intellectuals and the Challenge of Democratic Renewal. Culture and Politics after 1945*, Cambridge 2014, der die Vorgängergeneration der 45er als treibende Kraft der Demokratisierung der Bundesrepublik beschreibt.

23 Hodenberg, «Journalisten», S. 300.

24 Vgl. die Aufsätze von Riccardo Bavaj, «‹68er› versus ‹45er›. Anmerkungen zu einer «Generationenrevolte», in: Heike Hartung (Hg.), *Graue Theorie. Die Kategorien des Alters und des Geschlechts im kulturellen Diskurs*, Köln 2007, S. 53–67; Riccardo Bavaj, «Young, old, and in-between. Liberal scholars and ‹generationbuilding› at the time of West Germany's student revolt», in: Anna von der Goltz (Hg.), *«Talkin' 'bout my generation». Conflicts of generation building and Europe's «1968»*, Göttingen 2011, S. 175–192; Dominik Geppert, «Gruppe 47 and ‹1968›»,

in: ebd., S. 163–174; Riccardo Bavaj, «Turning ‹liberal Critics› into ‹Liberal-Conservatives›: Kurt Sontheimer and the Re-coding of the Political Culture in the
Wake of the Student Revolt of ‹1968›», in: *German Politics and Society* 27, 1, 2009,
S. 39–59.
25 Vgl. Bernd Weisbrod, «Generation und Generationalität in der Neueren Geschichte», in: *Aus Politik und Zeitgeschichte*, 8, 2005, S. 3–9.
26 Vgl. Benjamin Möckel, *Erfahrungsbruch und Generationsbehauptung. Die «Kriegsjugendgeneration» in den beiden deutschen Nachkriegsgesellschaften*, Göttingen
2014, der gezeigt hat, wie das Narrativ der 45er-Generation in der Nachkriegszeit
gebildet und von den Protagonisten dieser Generation aufgegriffen wurde und
wie unterschiedlich die Erfahrungen dieser Generation im Nationalsozialismus
waren.
27 Daniel Morat, *Von der Tat zur Gelassenheit. Konservatives Denken bei Martin
Heidegger, Ernst Jünger und Friedrich Georg Jünger 1920–1960*, Göttingen 2007;
Jens Hacke, *Philosophie der Bürgerlichkeit. Die liberalkonservative Begründung
der Bundesrepublik*, Göttingen 2006; Dirk van Laak, *Gespräche in der Sicherheit
des Schweigens. Carl Schmitt in der politischen Geistesgeschichte der frühen Bundesrepublik*, Berlin 1993; vgl. Peter Uwe Hohendahl u. Erhard Schütz (Hg.), *Solitäre
und Netzwerker. Akteure des kulturpolitischen Konservatismus nach 1945 in den
Westzonen Deutschlands*, Essen 2009.
28 Clemens Albrecht u. a., *Die intellektuelle Gründung der Bundesrepublik. Eine
Wirkungsgeschichte der Frankfurter Schule*, Frankfurt am Main, New York 1999.
29 So die Titel der Publikationen von ebd.; Hacke, *Philosophie.*
30 Eine Ausnahme bildet der kürzlich erschiene Aufsatz von Jens Hacke, «Die
Gründung der Bundesrepublik aus dem Geist des Liberalismus? Überlegungen
zum Erbe Weimars und zu liberalen Legitimitätsressourcen», in: Anselm Doering-Manteuffel u. Jörn Leonhard (Hg.), *Liberalismus im 20. Jahrhundert*, Stuttgart 2015, S. 219–238, der liberale Kontinuitäten von der Weimarer Republik
zum Gründungsgeist der frühen Bundesrepublik nachweist.
31 Vgl. Geppert u. Hacke, *Streit um den Staat*; Thomas Kroll u. Tilman Reitz
(Hg.), *Intellektuelle in der Bundesrepublik Deutschland. Verschiebungen im politischen Feld der 1960er und 1970er Jahre*, Göttingen 2013. Die Zeit ab 1945 nehmen
in den Blick: Friedrich Kießling, *Die undeutschen Deutschen. Eine ideengeschichtliche Archäologie der alten Bundesrepublik 1945–1972*, Paderborn 2012; Forner,
German Intellectuals; mit transatlantischen Bezügen die Beiträge in Arnd
Bauerkämper u. a. (Hg.), *Demokratiewunder. Transatlantische Mittler und die
kulturelle Öffnung Westdeutschlands 1945–1970*, Göttingen 2005.
32 Heinrich August Winkler, *Der lange Weg nach Westen*, Bd. 2., S. IX.
33 Massimiliano Livi u. a. (Hg.), *Die 1970er Jahre als schwarzes Jahrzehnt. Politisierung und Mobilisierung zwischen christlicher Demokratie und extremer Rechter*,
Frankfurt am Main 2010.
34 Vgl. Nikolai Wehrs, «Protest der Professoren» (2010), weiter ausgeführt in der
Dissertation ders., *Protest der Professoren* (2014); vgl. auch Riccardo Bavaj, «Verunsicherte Demokratisierer. ‹Liberal-kritische› Hochschullehrer und die Studentenrevolte von 1967/68», in: Dominik Geppert u. Jens Hacke (Hg.), *Streit um
den Staat. Intellektuelle Debatten in der Bundesrepublik 1960–1980*, Göttingen
2008, S. 151–168.
35 Insbesondere Ulrich Herbert (Hg.), *Wandlungsprozesse in Westdeutschland. Belastung, Integration, Liberalisierung 1945–1980*, Göttingen 2002.

36 Gangolf Hübinger hat jedoch dafür plädiert, statt einer «liberal-konservativen» oder eine «linken» Gründung der Bundesrepublik stärker Bezug auf die «liberale ‹Generation Stern›», die Fritz Stern und Ralf Dahrendorf einbezieht, in den Blick zu nehmen; vgl. «Fritz Stern zwischen Europa und Amerika. Eine Fallstudie zum Geschichts-Intellektuellen», in: Peter Burschel u. a. (Hg.), *Intellektuelle im Exil*, Göttingen 2011.

37 Dieser Begriff wird hier nur unter Vorbehalt verwendet, da Dahrendorf zwar oft als linksliberal oder sozialliberal bezeichnet wurde, sich selbst aber nie als Linksliberaler, sondern wenn überhaupt als «Radikalliberaler» sah.

38 Hacke, «Pathologie der Gesellschaft»; Moritz Scheibe, «Auf der Suche nach der demokratischen Gesellschaft», in: Ulrich Herbert (Hg.), *Wandlungsprozesse in Westdeutschland. Belastung, Integration, Liberalisierung 1945–1980*, Göttingen 2002, S. 245–277; Prinz, «Ralf Dahrendorfs ‹Gesellschaft und Demokratie›».

39 Dahrendorf, «Seit Jahrzehnten».

40 Habermas, «Jahrgang 1929». Zur Bedeutung von *Gesellschaft und Demokratie in Deutschland* im heutigen zeithistorischen Urteil vgl. Wehler, *Deutsche Gesellschaftsgeschichte*, Bd. 5, S. 277; Herbert, «Liberalisierung als Lernprozeß», S. 29–30.

41 Vgl. u. a. Wolfrum, *Die geglückte Demokratie*; ders., Deutsche Gesellschaftsgeschichte, Bd. 5; Heinrich August Winkler, *Der lange Weg nach Westen*, Bd. 2: *Deutsche Geschichte vom «Dritten Reich» bis zur Wiedervereinigung*, München 2000; Herbert, *Wandlungsprozesse in Westdeutschland*; ders., *Geschichte Deutschlands*.

42 Anselm Doering-Manteuffel, *Wie westlich sind die Deutschen? Amerikanisierung und Westernisierung im 20. Jahrhundert*, Göttingen 1999; Axel Schildt, «Zur so genannten Amerikanisierung in der Bundesrepublik», in: Lars Koch u. Petra Tallafuss (Hg.), *Modernisierung als Amerikanisierung? Entwicklungslinien der westdeutschen Kultur 1945–1960*, Bielefeld 2007, S. 23–44.

43 Doering-Manteuffel betonte bereits 1999 die Unzulänglichkeit des noch immer häufig verwendeten Begriffs der «Amerikanisierung», der die gegenseitige Beeinflussung der westeuropäischen Staaten und USA zu einseitig schildert und schlug stattdessen den Begriff «Westernisierung» vor; vgl. Doering-Manteuffel, *Wie westlich*, S. 12–13.

44 Zur britischen Intellektuellenkultur vgl. Collini, *Absent Minds*; für einen internationalen Überblick aus britischer Perspektive Jeremy Jennings u. Anthony Kemp-Welch, *Intellectuals in Politics. From the Dreyfus Affair to the Rushdie Affair*, London 1997. Im Gegensatz zu Studien zur deutsch-französischen Intellektuellenkultur bspw. Jonas Grutzpalk, *Erkenntnis und Engagement. Wissenssoziologie als Methode eines Kulturvergleichs deutscher und französischer Intellektueller*, Opladen 2003, ist ein deutsch-britischer Vergleich bisher ausgeblieben. Zu transnationalen Ansätzen in der Zeitgeschichte vgl. Alexander Gallus u. a. (Hg.), *Deutsche Zeitgeschichte transnational*, Göttingen 2015; für ein Plädoyer für das Zusammenbringen von komparativen und transnationalen Ansätzen vgl. Heinz-Gerhard Haupt u. Jürgen Kocka (Hg.), *Comparative and Transnational History. Central European Approaches and New Perspectives*, New York, Oxford 2009; insbesondere Heinz-Gerhard Haupt u. Jürgen Kocka, «Comparison and Beyond. Traditions, Scope, and Perspectives of Comparative History», in: ebd., S. 1–30. Vgl. auch Gunilla Budde u. a. (Hg.), *Transnationale Geschichte. Themen, Tendenzen, Theorien*, Göttingen ²2010.

45 Stefan Müller-Doohm u. Thomas Jung, «Fliegende Fische. Zeitgenössische Intellektuelle zwischen Distanz und Engagement», Vorwort, in: Thomas Jung u.
Stefan Müller-Doohm (Hg.), *Fliegende Fische. Eine Soziologie des Intellektuellen
in 20 Porträts*, Frankfurt am Main 2009, S. 12.

46 Ebd.; vgl. die Internetpräsenz des inzwischen ausgelaufenen Forschungsprojekts
Stefan Müller-Doohm, Forschungsstelle Intellektuellensoziologie, 4. April 2011,
http://www.forschungsstelle-intellektuellensoziologie.uni-oldenburg.de/, zuletzt
geprüft am 25. Februar 2016.

47 Volker Ullrich, «Die schwierige Königsdisziplin», in: *Die Zeit*, 4. April 2007.

48 Vgl. u. a. die methodischen Überlegungen in: Simone Lässig, «Die historische
Biographie auf neuen Wegen?», in: *Geschichte in Wissenschaft und Unterricht 60*,
10, 2009, S. 540–553; Christian Klein (Hg.), *Handbuch Biographie. Methoden,
Traditionen, Theorien*, Stuttgart 2009; Thomas Etzemüller, *Biographien. Lesen –
erforschen – erzählen*, Frankfurt am Main 2012. Wegweisende zeitgeschichtliche
Studien der letzten Jahre waren u. a: van Laak, *Gespräche in der Sicherheit*; Ul-
rich Herbert, *Best. Biographische Studien über Radikalismus, Weltanschauung und
Vernunft, 1903–1989*, Bonn 1996; Dietze, *Nachgeholtes Leben*.

49 Christoph Cornelißen, *Gerhard Ritter. Geschichtswissenschaft und Politik im
20. Jahrhundert*, Düsseldorf 2001, S. 11.

50 Lässig, «Die historische Biographie», S. 553.

51 Bourdieu, «Die biographische Illusion», S. 75–83.

52 Ullrich, «Königsdisziplin».

53 Lässig, «Die historische Biographie», S. 547.

54 Martina Wagner-Egelhaaf, *Autobiographie*, Stuttgart 2000, S. 61.

55 Die hier verwendete männliche Form des Begriffs schließt selbstverständlich
auch weibliche Intellektuelle ein. Allerdings ist der Begriff nach wie vor männlich konnotiert und im allgemeinen Sprachgebrauch sind die überwiegende
Mehrheit derjenigen, die als Intellektuelle gelten, Männer. Vgl. jedoch die biographischen Studien in: Ingrid Gilcher-Holtey (Hg.), *Eingreifende Denkerinnen.
Weibliche Intellektuelle im 20. und 21. Jahrhundert*, Tübingen 2015, die explizit
weibliche Intellektuelle zum Forschungsgegenstand machen.

56 Müller-Doohm u. Jung, Vorwort, S. 11.

57 Vgl. ebd.; Ingrid Gilcher-Holtey, *Eingreifendes Denken. Die Wirkungschancen
von Intellektuellen*, Weilerswist 2007, S. 8.

58 Vgl. Müller-Doohm u. Jung, Vorwort, S. 9–10; Dietz Bering, *Die Epoche der
Intellektuellen 1898–2001. Geburt, Begriff, Grabmal*, Darmstadt 2010.

59 Karl Mannheim, *Ideologie und Utopie*, Frankfurt am Main ⁵1969 [1929, 1952],
S. 135–138.

60 Morat, «Intellektuelle in Deutschland», S. 597.

61 Jean-Paul Sartre, «Plädoyer für die Intellektuellen», in: *Gesammelte Werke*, Bd. 6,
Reinbek bei Hamburg 1995, S. 90–148.

62 Pierre Bourdieu u. Irene Dölling, *Die Intellektuellen und die Macht*, Hamburg
1991, S. 65; vgl. Markus Schwingel, *Bourdieu zur Einführung*, Hamburg 1995,
S. 135–145.

63 Vgl. ebd., S. 144.

64 Lepsius, «Kritik als Beruf», S. 277.

65 Lutz Raphael u. Heinz E. Tenorth (Hg.), *Ideen als gesellschaftliche Gestaltungskraft im Europa der Neuzeit. Beiträge für eine erneuerte Geistesgeschichte*, München 2006.

66 Aron, *Erkenntnis und Verantwortung*, S. 55.

67 Vgl. Grutzpalk, *Erkenntnis*, S. 32.

68 Als «Öffentlichkeit» wird hier der Kommunikationsraum verstanden, in dem sich das Zusammenspiel von Bürgern, Politik und Medien vollzieht; vgl. Michael Latzer u. Florian Saurwein, «Europäisierung durch Medien. Ansätze und Erkenntnisse der Öffentlichkeitsforschung», in: Wolfgang R. Langenbucher u. Michael Latzer (Hg.), *Europäische Öffentlichkeit und medialer Wandel. Eine transdisziplinäre Perspektive*, Wiesbaden 2006, S. 10–44, hier S. 10; Hartmut Kaelble u. a., «Zur Entwicklung transnationaler Öffentlichkeiten und Identitäten im 20. Jahrhundert. Eine Einleitung», in: ders. u. a. (Hg.), *Transnationale Öffentlichkeiten und Identitäten im 20. Jahrhundert*, Frankfurt am Main 2002, S. 7–33, hier S. 21 ff.

69 Nach Jürgen Habermas gewinnt der Intellektuelle seine spezifische Rolle erst mit der Entstehung der Öffentlichkeit, vgl. Jürgen Habermas, «Heinrich Heine und die Rolle des Intellektuellen in Deutschland», in: *Eine Art Schadensabwicklung*, Frankfurt am Main 1987, S. 25–53, hier S. 28.

70 Claude-Henri Saint Simon verwendet bereits 1821 als Erster den Begriff «Intellektueller» als Substantiv, im öffentlichen Sprachgebrauch taucht er aber erst mit der Dreyfus-Affäre auf; vgl. Grutzpalk, *Erkenntnis*, S. 27. Zur Dreyfus-Affäre vgl. die ausführliche Schilderung bei Anne Kwaschik, «Die Geburt des Intellektuellen in der Dreyfus-Affäre. Zur Historisierung eines Modells», in: Richard Faber u. Uwe Puschner (Hg.), *Intellektuelle und Antiintellektuelle im 20. Jahrhundert*, Frankfurt am Main 2013, S. 13–28.

71 Zwar gab es bereits vor 1898 Menschen, die sich als «Intellektuelle avant la lettre» im Sinne von intellektuellem Engagement betätigten, wie es etwa von den Beiträgern des Sammelbandes von Faber (Hg.), *Was ist ein Intellektueller* vertreten wird. Doch sind diese in einer anderen Funktion zu sehen, da sie sich nicht über eine moderne Medienöffentlichkeit an die Allgemeinheit wenden konnten.

72 Grutzpalk, *Erkenntnis*, S. 28.

73 Zitiert nach Hodenberg, *Konsens und Krise*, S. 371; Dietz Bering, «‹Intellektueller›. Schimpfwort – Diskursbegriff – Grabmal?», in: *Aus Politik und Zeitgeschichte*, 40, 2010, S. 5–12, hier S. 9.

74 Vgl. Müller, *German Ideologies*, S. 7: «in Germany, unlike in Britain and the United States, it is almost self-evidently legitimate that men and women who have distinguished themselves in cultural and academic matters, should comment on affairs of state.»

75 Vgl. Lepsius, «Kritik als Beruf». Lepsius orientiert sich an Schumpeter; vgl. Joseph Alois Schumpeter, *Kapitalismus, Sozialismus und Demokratie*, mit einer Einführung von Eberhard K. Seifert, Tübingen ⁸2005 [1947], S. 237.

76 Michel Foucault, «Die politische Funktion des Intellektuellen» [1976], in: Johanna-Charlotte Horst u. a. (Hg.), *Was ist Universität. Texte und Positionen zu einer Idee*, Zürich 2010, S. 273–279; vgl. Gilcher-Holtey, *Eingreifendes Denken*, S. 12.

77 Ingrid Gilcher-Holtey, Prolog, S. 9.

78 Bourdieu u. Dölling, *Die Intellektuellen*, S. 42.

79 Vgl. Schwingel, *Bourdieu zur Einführung*, S. 133.

80 In neuerer geschichtswissenschaftlicher Forschung spielen Netzwerke eine zunehmend wichtige Rolle; vgl. Marten Düring. Ulrich Eumann, «Historische Netzwerkforschung. Ein neuer Ansatz in den Geschichtswissenschaften», in:

Geschichte und Gesellschaft 39, 3, 2013, S. 369–390; Marten Düring u. a. (Hg.), *Handbuch Historische Netzwerkforschung. Grundlagen und Anwendungen*, Berlin 2016.

81 Gangolf Hübinger, «Die politischen Rollen europäischer Intellektueller im 20. Jahrhundert», in: ders. u. Thomas Hertfelder (Hg.), *Kritik und Mandat. Intellektuelle in der deutschen Politik*, Stuttgart 2000, S. 30–44, hier S. 39–40.

82 Dirk van Laak, «Zur Soziologie der geistigen Umorientierung. Neuere Literatur zur intellektuellen Verarbeitung zeitgeschichtlicher Zäsuren», in: *Neue politische Literatur: Berichte über das internationale Schrifttum* 47, 3, 2002, S. 422–440. So ist es nicht möglich, den «Output» intellektueller Tätigkeit zu messen oder zu beweisen, wie Jonas Grutzpalk festgestellt hat: «Solange sich aber keine Aussagen über die intellektuelle Beeinflussbarkeit großer sozialer und kultureller Einheiten machen lassen, ist auch der Einfluss der Meinungsführer nicht messbar.» *Erkenntnis*, S. 25.

83 Vgl. Meifort, *Findbuch zum Nachlass Ralf Dahrendorf.*

Quellen- und Literaturverzeichnis

1. Ungedruckte Quellen und Archivbestände

Bundesarchiv Koblenz (BArch)
BArch N 1749 (Nachlass Ralf Dahrendorf)
Verwendete Manuskripte (Auswahl):
Ralf Dahrendorf, «Es ist Zeit, dass in Deutschland wieder Politik gemacht wird», Niederschrift von Erinnerungen aus den sechziger Jahren, o. Dat., BArch N 1749/795.
Ralf Dahrendorf, «Geschichte eines Plans», Erinnerungen und Tagebuchaufzeichnungen zur Entstehungsgeschichte des Hochschulgesamtplans, 1966–1967, BArch N 1749/749.
Ralf Dahrendorf, Tagebuch 1968–1969, BArch, N 1749/857.
Ralf Dahrendorf, «Zwischenbericht aus einem öffentlichen Leben», Autobiographische Aufzeichnungen, o. Dat., ca. 1976, BArch N 1749/794.
Ralf Dahrendorf, «Mehrerer Vergangenheiten Gegenwart», Schilderung einer Polen-Reise 1973, o. Dat., ca. 1977, BArch N 1749/797.
Ralf Dahrendorf, Manuskript der englischsprachigen Autobiographie, Kapitel 1–7, o. Dat., ca. 2000, BArch N 1749/803.
Ralf Dahrendorf, Manuskript der englischsprachigen Autobiographie, Kapitel 8–13, o. Dat., ca. 2000, BArch N 1749/804.
BArch B 122/156876 (Bundespräsidialamt)
BArch B 251/1366 (Deutscher Bildungsrat)
BArch B 320 (Deutsche Gesellschaft für Soziologie)
BArch N 1213/185 (Nachlass Hans Rothfels)

Archiv der Marion Dönhoff Stiftung, Hamburg
Nachlass Marion Gräfin Dönhoff, F 0043

Archiv der ZEIT-Stiftung Ebelin und Gerd Bucerius, Hamburg
Nachlass Gerd Bucerius, 531c

Archiv des Liberalismus (AdL) der Friedrich-Naumann-Stiftung, Gummersbach
FDP Landesverbände, Baden-Württemberg, 26173
FDP-Bundesparteitage, A1–363
FDP-Bundespartei, 178
FDP Präsidium Protokolle, 179
FDP-Bundesvorstand, 160
Flach, Karl-Hermann, N 47–52
Presseausschnittsammlung Dahrendorf, 1966–1981

Archive Centre, King's College, Cambridge
NGA/5/1/212 (Nachlass Noel Annan)

British Film Institute National Archive
TV-Serie «Dahrendorf: On Britain», BBC 1983

Dahrendorf-Bibliothek der Universitäts- und Landesbibliothek Bonn

Landesarchiv Baden-Württemberg, Hauptstaatsarchiv Stuttgart
EA 1/107 (Hochschulgesamtplan 1968–1970)
Q 1/22 (Persönliches Archiv Dr. Wolfgang Haußmann)
R 5/002 D671007/304 (Politischer Wochenbericht aus Baden-Württemberg des SDR
    1958–1970)

LSE Archives, London
Central Filing Registry
Collection Abel-Smith
Collection Ernest Gellner
Small LSE Deposits/72

Politisches Archiv des Auswärtigen Amtes
B 3 (B StM) (Staatsminister im Auswärtigen Amt)

Privatarchiv Matthias Diefenbach, Frankfurt an der Oder
Unterlagen zum Arbeitserziehungslager Schwetig an der Oder

Rockefeller Archive Center, Sleepy Hollow, NY, USA
Ford Foundation/Office of the President McGeorge Bundy

The National Archives in Kew, Großbritannien
CAB 201–2 (Royal Commission on the Reform of the House of Lords)
HO 342/297 (Royal Commission on the Legal Services)
LCO 19/1515 (Royal Commission on the Legal Services)
LCO 25/14 (Royal Commission on the Legal Services)
PREM 16/1357 (Prime Minister's Office: Correspondence and Papers, 1974–1979)

Universitätsarchiv Saarbrücken
Registratur Dekanat Philosophische Fakultät I (Habilitationsakte Ralf Dahrendorf,
    Personalakte Ralf Dahrendorf und Personal-Nebenakte Ralf Dahrendorf)

Universitätsarchiv Tübingen
Presseausschnittsammlung des Presseamtes

Walter Benjamin Archiv, Berlin
Nachlass Theodor W. Adorno

2. Zeitzeugengespräche

Paddy Ashdown, 23. Januar 2012 in London.
Christiane Dahrendorf, 3. März 2011, 23. November 2013 und 7. März 2016 in Köln
    und Bremen.

Ellen Dahrendorf, 21. Januar 2012 in London.
Timothy Garton Ash, 7. Februar 2012 in Oxford.
Uta Gerhardt, 10. November 2011, 11. Dezember 2011 und 18. März 2012 in Berlin.
Thomas Hertfelder, 20. Juli 2015 (Telefoninterview).
Jürgen Kocka, 18. Januar 2016 in Berlin.
Fritz Stern, 20., 21. und 23. Februar 2014 in New York.
Fritz Thayssen, 6. Juni 2014 in Wedel.
Carl Christian Freiherr von Weizsäcker, 14. November 2013 in Bonn.

3. Veröffentlichte Schriften von Ralf Dahrendorf

«Junge Menschen in Berlin», in: NWDR, 7. Juli 1946.
«Sollen wir auswandern?», in: NWDR, 5. Dezember 1946.
«Ist die Dame ausgestorben?», in: NWDR, 15. Januar 1947.
«Aus der Bettperspektive», in: Fritz von Woedtke (Hg.), *Inselmenschen*, Hamburg 1948, S. 34–38.
«Ketzereien über den Film. Horkheimer-Adorno: ‹Pornographisch und prüde›», in: *Hamburger Echo*, 14. September 1951.
«Marx in Perspektive. Die Idee des Gerechten im Denken von Karl Marx, Hannover 1952.
Soziologie ohne Soziologen», in: *Hamburger Echo*, 19. Oktober 1954.
«Klassenstruktur und Klassenkonflikt in der entwickelten Industriegesellschaft», in: *Die neue Gesellschaft Frankfurter Hefte* 2, 4, 1955, S. 33–45.
«Soziologie in Deutschland», in: *Annales Universitatis Saraviensis* 4, 1955, S. 98–106.
«Industrielle Fertigkeiten und soziale Schichtung», in: *Kölner Zeitschrift für Soziologie und Sozialpsychologie* 8, 4, 1956, S. 540–568.
Unskilled Labour in British Industry, Dissertation, London 1956.
«Die soziale Funktion der Erziehung in der industriellen Gesellschaft», in: *Speculum* 1, 7, 1956, S. 13–15.
Soziale Klassen und Klassenkonflikt in der industriellen Gesellschaft, Stuttgart 1957.
«Out of Utopia. Toward a Reorientation of Sociological Analysis», in: *The American Journal of Sociology* 64, 2, 1958, S. 115–127.
«Betrachtungen zu einigen Aspekten der gegenwärtigen deutschen Soziologie», in: *Kölner Zeitschrift für Soziologie und Sozialpsychologie* 11, 1, 1959, S. 132–153.
Class and Class Conflict in Industrial Society, London 1959.
Homo Sociologicus. Ein Versuch zur Geschichte, Bedeutung und Kritik der sozialen Rolle, Köln, Opladen 1959.
mit Heinz Dietrich Ortlieb, *Der zweite Bildungsweg im sozialen und kulturellen Leben der Gegenwart*, Heidelberg 1959.
«Die Ausbildung einer Elite. Die deutsche Oberschicht und die juristischen Fakultäten», in: *Der Monat* 14, 166, 1961/62, S. 15–26.
«Elemente einer Theorie des sozialen Konflikts», in: *Gesellschaft und Freiheit. Zur soziologischen Analyse der Gegenwart*, München 1961, S. 197–235.
«Pfade aus Utopia», in: *Gesellschaft und Freiheit. Zur soziologischen Analyse der Gegenwart*, München 1961, S. 85–113.
«Sozialwissenschaft und Werturteil», in: *Gesellschaft und Freiheit. Zur soziologischen Analyse der Gegenwart*, München 1961, S. 27–48.
«Struktur und Funktion. Talcott Parsons und die Entwicklung der soziologischen

Theorie», in: *Gesellschaft und Freiheit. Zur soziologischen Analyse der Gegenwart*, München 1961, S. 49–84.

«Die neue Gesellschaft? Soziale Strukturwandlungen der Nachkriegszeit», in: Hans Werner Richter (Hg.), *Bestandsaufnahme. Eine deutsche Bilanz 1962. Sechsunddreissig Beiträge deutscher Wissenschaftler, Schriftsteller und Publizisten*, München 1962, S. 203–220.

«Eine neue deutsche Oberschicht? Notizen über die Eliten der Bundesrepublik», in: *Die Neue Gesellschaft* 9, 1, 1962, S. 18–30.

«Starre und Offenheit der deutschen Universität. Die Chancen der Reform», in: *Archives Européennes de Sociologie* 3, 2, 1962, S. 263–293.

Die angewandte Aufklärung. Gesellschaft und Soziologie in Amerika, München 1963.

«Der Intellektuelle und die Gesellschaft. Über die soziale Funktion des Narren im zwanzigsten Jahrhundert», in: *Die Zeit*, 29. März 1963.

«Angst vor Hofnarren?», in: *Merkur* 18, 197, 1964, S. 663–667.

«Deutsche Oberschicht im Übergang», in: *Merkur* 18, 194, 1964, S. 323–333.

Homo Sociologicus. Ein Versuch zur Geschichte, Bedeutung und Kritik der Kategorie der sozialen Rolle, Köln, Opladen [4]1964.

«Arbeiterkinder an unseren Universitäten», in: *Die Zeit*, 19. Juni 1964, S. 10.

«Arbeiterkinder an unseren Universitäten», in: *Die Zeit*, 26. Juni 1964, S. 10–11.

Arbeiterkinder an deutschen Universitäten, Tübingen 1965.

Bildung ist Bürgerrecht. Plädoyer für eine aktive Bildungspolitik, Hamburg 1965.

«Das Kartell der Angst», in: *Merkur* 19, 210, 1965, S. 803–815.

Gesellschaft und Demokratie in Deutschland, München 1965.

«Soziologie und Nationalsozialismus», in: Andreas Flitner (Hg.), *Deutsches Geistesleben und Nationalsozialismus. Eine Vortragsreihe der Universität Tübingen*, Tübingen 1965, S. 108–124.

«Aktive Bildungspolitik ist ein Gebot der Bürgerrechte. Motive des Wandels», in: *Die Zeit*, 12. November 1965, S. 24.

«Die Schulfeindlichkeit der Praktiker. Aktive Bildungspolitik bedeutet Expansion des Bildungswesens. Ziele des Wandels», in: *Die Zeit*, 19. November 1965, S. 17.

«Gewollte Unmündigkeit. Reform verlangt die Modernisierung der Gesellschaft. Der Übergang zu weiterführenden Schulen», in: *Die Zeit*, 26. November 1965, S. 24.

«Die sogenannten Versager in der Schule. Reform verlangt die Ermutigung der Schule. Der vorzeitige Abgang von weiterführenden Schulen», in: *Die Zeit*, 3. Dezember 1965, S. 20.

«Schul- und Universitätsmüdigkeit. Die Schwelle zur Reform ist niedrig. Erste Schritte», in: *Die Zeit*, 10. Dezember 1965, S. 18.

«Ist ein Bundes-Kultusminister nötig? Der Weg zur Reform ist lang. Bildungsforschung, Bildungsplanung, Bildungspolitik», in: *Die Zeit*, 17. Dezember 1965, S. 18.

«Der Narr und die Gesellschaft» [gesendet am 24. Februar 1963], in: Adolf Frisé (Hg.), *Vom Geist der Zeit*, Gütersloh 1966, S. 173–177.

«Plädoyer für die Diskussion» [gesendet am 07. Oktober 1962], in: Adolf Frisé (Hg.), *Vom Geist der Zeit*, Gütersloh 1966, S. 11–14.

«Über die Gründung der Universität Konstanz», in: *Konstanzer Blätter für Hochschulfragen* 4, 1966, S. 5–14.

«Aktive und passive Öffentlichkeit», in: *Merkur* 21, 237, 1967.

Die Soziologie und der Soziologe. Zur Frage von Theorie und Praxis, Konstanz 1967.

Für eine Erneuerung der Demokratie in der Bundesrepublik. Sieben Reden und andere Beiträge zur deutschen Politik 1967–1968, München 1968.

«Die Zukunft der Freien Demokraten. ‹Eine überzeugende Konzeption und glaubwürdige Führer›», in: *Christ und Welt*, 5. Juli 1968, S. 3.

«Anmerkungen zur Diskussion», in: Theodor W. Adorno u. a. (Hg.), *Der Positivismusstreit in der deutschen Soziologie*, Neuwied 1969.

«Ansprache zur Eröffnung des 16. Deutschen Soziologentages», in: Theodor W. Adorno (Hg.), *Spätkapitalismus oder Industriegesellschaft? Verhandlungen des 16. Deutschen Soziologentages*, Stuttgart 1969, S. 3–8.

«Herrschaft, Klassenverhältnis und Schichtung», in: Theodor W. Adorno (Hg.), *Spätkapitalismus oder Industriegesellschaft? Verhandlungen des 16. Deutschen Soziologentages*, Stuttgart 1969, S. 88–99.

[Unter dem Pseudonym Wieland Europa], «Über Brüssel hinaus. Unorthodoxes Plädoyer für ein Zweites Europa», in: *Die Zeit*, 9. Juli 1971, S. 3.

[Unter dem Pseudonym Wieland Europa], «Ein neues Ziel für Europa», in: *Die Zeit*, 16. Juli 1971, S. 3.

Konflikt und Freiheit. Auf dem Weg zur Dienstklassengesellschaft, München 1972.

«Von der Europäischen Gemeinschaft zur Europäischen Union», Sonderdruck, in: *Universität des Saarlandes 1948–1973. Reden anlässlich der 25-Jahrfeier*, Saarbrücken 1973, S. 25–41.

«Why I am coming to LSE», in: *The Magazine of the London School of Economics and Political Science* 47, Juni 1974, S. 0–1.

«Zur Entstehungsgeschichte des Hochschulgesamtplans für Baden-Württemberg 1966/67. Auch ein Beitrag zum Thema des Verhältnisses von Wissenschaft und Politik in Deutschland», in: Hans Filbinger (Hg.), *Bildungspolitik mit Ziel und Maß. Wilhelm Hahn zu seinem 10-jährigen Wirken gewidmet*, Stuttgart 1974, S. 138–163.

Die neue Freiheit. Überleben und Gerechtigkeit in einer veränderten Welt, München 1975.

The New Liberty. Survival and Justice in a Changing World. The Reith Lectures, London 1975.

«Konstanz, ‹der süße Anachronismus›. Eine persönliche Notiz zum 10. Geburtstag der Universität Konstanz», in: *Konstanzer Blätter für Hochschulfragen* 14, 50/51, 1976, S. 14–35.

«Schelsky und die Neue Rechte», in: Iring Fetscher u. Horst E. Richter (Hg.), *Worte machen keine Politik. Beiträge zu einem Kampf um politische Begriffe*, Reinbek bei Hamburg 1976, S. 98–104.

«Should there be subsidies for foreign students?», in: *Daily Telegraph*, 20. Januar 1976.

«Not by bread alone. Why I like it here», in: *Financial Times*, 30. Dezember 1976.

«Gesucht: ein Labor für Reformen. Zur aktuellen Debatte über ein europäisches ‹Brookings› Institut», in: *Die Zeit*, 16. Dezember 1977, S. 7.

«Wenn uns die Arbeit ausgeht. Die Zukunft verlangt neue Gestaltung des sozialen Lebens», in: *Die Zeit*, 22. September 1978.

«Abwarten und Teetrinken», in: Henri Nannen (Hg.), *Großbritannien*, Sonderteil zum *Stern*, 8, 15. Februar 1979, S. 30–35.

Lebenschancen. Anläufe zur sozialen und politischen Theorie, Frankfurt am Main 1979.

«Englands Anarchie und Solidarität», in: *Der Spiegel*, 14. Mai 1979, S. 174–175.

«Liberal sein heißt nicht lauwarm sein. Notwendig ist die Verteidigung einer Gesellschaft, die offen für den Wandel bleibt», in: *Die Zeit*, 1. Mai 1981.

On Britain, London 1982.

«Eine Million für acht Studenten. Wo Zeit viel Geld ist. Der deutsche Steuerzahler leistet sich ein sündhaft teures Hochschulsystem», in: *Rheinischer Merkur/Christ und Welt*, 28. Mai 1982.

«The past of socialism», in: *New Statesman*, 4. Juni 1982, S. 18–19.

«Die Arbeitsgesellschaft ist am Ende. Wer immer verspricht, ein Rezept gegen die Arbeitslosigkeit zu haben, sagt die Unwahrheit», in: *Die Zeit*, 26. November 1982.

Die Chancen der Krise. Über die Zukunft des Liberalismus, Stuttgart 1983.

«Wenn der Arbeitsgesellschaft die Arbeit ausgeht», in: Burkhardt Lutz u. Deutsche Gesellschaft für Soziologie (Hg.), *Krise der Arbeitsgesellschaft? Verhandlungen des 21. Deutschen Soziologentages in Bamberg 1982*, Frankfurt am Main 1983.

«Der Politiker und die Intellektuellen. Eine Episode. Kurt Georg Kiesinger zum 80. Geburtstag», in: Dieter Oberndörfer (Hg.), *Begegnungen mit Kurt Georg Kiesinger. Festgabe zum 80. Geburtstag*, Stuttgart 1984, S. 270–277.

Reisen nach innen und außen. Aspekte der Zeit, Stuttgart 1984.

«Suche nach Wirklichkeit. Nachruf auf einen bedeutenden Soziologen», in: *Die Zeit*, 2. März 1984.

«Eine Partei mit kranker Seele. Warum die FDP zu einer Partei ohne Richtungssinn und Resonanz mißraten ist», in: *Die Zeit*, 31. August 1984, S. 3.

«Die Freiheit braucht eine politische Heimat. Die FDP im Dilemma. Um sich selber zu finden, müßte sie heraus aus der Regierung – aber damit verlöre sie ihre Glaubwürdigkeit», in: *Die Zeit*, 7. September 1984, S. 4.

«Im Land der sanften Bürokraten. Wo die Vorschriften starr sind und die Beamten kichern», in: *Die Zeit*, 14. Dezember 1984.

«Soziale Klassen und Klassenkonflikt. Zur Entwicklung und Wirkung eines Theoriestücks», in: *Zeitschrift für Soziologie* 14, 3, 1985, S. 236–240.

Fragmente eines neuen Liberalismus, Stuttgart 1987.

The Modern Social Conflict. An Essay on the Politics of Liberty, London 1988.

«Zehn Jahre und kein bißchen leiser», in: *Die Zeit*, 5. Mai 1989.

Betrachtungen über die Revolution in Europa. In einem Brief, der an einen Herrn in Warschau gerichtet ist, München 1990.

«Politik. Eine Kolumne. ‹Eine deutsche Identität›», in: *Merkur* 44, 493, 1990, S. 231–235.

«Politik. Eine Kolumne. Eine Mark für Deutschland», in: *Merkur* 44, 497, 1990, S. 579–582.

«Die Sache mit der Nation», in: *Merkur* 44, 500, 1990, S. 823–834.

Reflections on the Revolution in Europe. A letter intended to have been sent to a gentleman in Warsaw, London 1990.

«Blind to the greater liberty», in: *The Times*, 9. November 1990.

«Nachkriegszeit und Nährpapier», in: Angela Bottin (Hg.), *Hamburger Akademische Rundschau. Begleitband. Berichte, Dokumentation, Register*, Berlin u. a. 1991, S. 34–39.

Der moderne soziale Konflikt. Essay zur Politik der Freiheit, überarbeitete und erweiterte Fassung, Stuttgart 1992.

«Wege in die Irrelevanz. Schwierigkeiten mit der Bürgergesellschaft?», in: *Frankfurter Allgemeine Zeitung*, 28. Oktober 1992.

«Die Zukunft der Bürgergesellschaft», in: Bernd Guggenberger (Hg.), *Die Mitte. Vermessungen in Politik und Kultur*, Opladen 1993, S. 74–83.

«Jürgen Habermas. Der Zeitgenosse», in: *Liberale und andere. Portraits*, Stuttgart 1994, S. 316–330.

«Kurt A. Körber. Erfinder und Anstifter», in: *Liberale und andere. Portraits*, Stuttgart 1994, S. 228–236.

Liberale und andere. Portraits, Stuttgart 1994.

«Die Stunde Null. Erinnerungen und Reflexionen», in: Bürgerschaft der Freien und Hansestadt Hamburg (Hg.), *Hamburg 1945. Zerstört. Befreit. Hoffnungsvoll? Dokumentation der Beiträge von Ralf Dahrendorf, Magarete Mitscherlich, Ralf Giordano*, Hamburg 1995, S. 11–24.

Europäisches Tagebuch, hg. v. Kurt Scheel, Göttingen 1995.

LSE. A History of the London School of Economics and Political Science, 1895–1995, Oxford 1995.

(u. a.) *Report on Wealth Creation and Social Cohesion in a free society*, London, 1995.

«Die Quadratur des Kreises. Freiheit, Solidarität und Wohlstand», in: *Transit. Europäische Revue*, 12, 1996, S. 5–28.

«Die Quadratur des Kreises. Ökonomie, sozialer Zusammenhalt und Demokratie im Zeitalter der Globalisierung. Ein Blätter-Gespräch mit Ralf Dahrendorf», in: *Blätter für deutsche und internationale Politik* 41, 9, 1996, S. 1060–1072.

After 1989. Morals, revolution, and civil society, New York 1997.

«Motive, Erfahrungen, Einsichten. Persönliche Anmerkungen zur deutschen Soziologie der Nachkriegszeit», in: Karl Martin Bolte (Hg.), *Soziologie als Beruf. Erinnerungen westdeutscher Hochschulprofessoren der Nachkriegsgeneration*, Baden-Baden 1998, S. 295–301.

«Ditch the third way, try the 101st», in: *New Statesman*, 29. Mai 1998, S. 20–21.

«Per Bindestrich zur Soziologie», in: *Badische Zeitung*, 15. September 1998.

«Die Bürgergesellschaft. ‹Der verlässlichste Anker der Freiheit›», in: Armin Pongs (Hg.), *In welcher Gesellschaft leben wir eigentlich? Gesellschaftskonzepte im Vergleich*, München 1999, S. 87–104.

Ein neuer Dritter Weg? Reformpolitik am Ende des 20. Jahrhunderts, Tübingen 1999.

«Erasmus-Menschen», in: *Merkur* 53, 607, 1999, S. 1062–1071.

«The Third Way and Liberty. An Authoritarian Streak in Europe's New Center», in: *Foreign Affairs* 78, 5, 1999, S. 13–17.

«New Labour und Old Liberty – Kommentare zum Dritten Weg. Der Freiheitsbegriff fehlt in der Diskussion um eine neue Mitte», in: *Neue Zürcher Zeitung*, 14. Juli 1999, S. 5–6.

Liberal und unabhängig Gerd Bucerius und seine Zeit, München 2000.

«Umbrüche und normale Zeiten. Braucht Politik Intellektuelle?», in: Gangolf Hübinger u. Thomas Hertfelder (Hg.), *Kritik und Mandat. Intellektuelle in der deutschen Politik*, Stuttgart 2000, S. 269–282.

Über Grenzen. Lebenserinnerungen, München 2002.

mit Antonio Polito, *Die Krisen der Demokratie. Ein Gespräch mit Antonio Polito*, München ²2002.

Auf der Suche nach einer neuen Ordnung. Vorlesungen zur Politik der Freiheit im 21. Jahrhundert, München 2003.

mit Timothy Garton Ash, «Die Erneuerung Europas», in: *Süddeutsche Zeitung*, 5. Juli 2003, S. 13.

Der Wiederbeginn der Geschichte vom Fall der Mauer zum Krieg im Irak. Reden und Aufsätze, München 2004.

«Europa und der Westen. Alte und neue Identitäten», in: *Der Wiederbeginn der Geschichte vom Fall der Mauer zum Krieg im Irak. Reden und Aufsätze*, München 2004, S. 321–336.

«Müssen Revolutionen scheitern?», in: *Der Wiederbeginn der Geschichte. Vom Fall der Mauer zum Krieg im Irak. Reden und Aufsätze*, München 2004, S. 15–29.

«Über Deutschland. Eine persönliche Perspektive», in: *Der Wiederbeginn der Geschichte. Vom Fall der Mauer zum Krieg im Irak. Reden und Aufsätze*, München 2004, S. 132–145.

«Umbrüche und normale Zeiten. Braucht Politik Intellektuelle?», in: *Der Wiederbeginn der Geschichte. Vom Fall der Mauer zum Krieg im Irak. Reden und Aufsätze*, München 2004, S. 205–219.

Engagierte Beobachter. Die Intellektuellen und die Versuchungen der Zeit, Wien 2005.

Homo Sociologicus. Ein Versuch zur Geschichte, Bedeutung und Kritik der Kategorie der sozialen Rolle, Wiesbaden [16]2006.

Versuchungen der Unfreiheit. Die Intellektuellen in Zeiten der Prüfung, München 2006.

Gründungsideen und Entwicklungserfolge der Universität. Zum 40. Jahrestag der Universität Konstanz, Konstanz 2007.

«Seit Jahrzehnten Freund und Kontrahent», in: Michael Funken (Hg.), *Über Habermas. Gespräche mit Zeitgenossen*, Darmstadt 2008, S. 119–129.

«Innovation und Solidarität, Nordrhein-Westfalen 2025», Düsseldorf, April 2009.

«Die menschlichen Dinge voranbringen. Dankesrede zur Verleihung des Schader-Preises 2009 in Darmstadt», in: Thomas Hauser u. Christian Hodeige (Hg.), *Der Zeitungsmensch. Auf den Spuren von Ralf Dahrendorf in Südbaden*, Freiburg i. Br. 2010, S. 283–285.

«Regionalzeitungen, die prägende Kraft. Sie stiften Identität und sind ein Spiegel der Gesellschaft. Lobrede auf ein tägliches Brot» (22. Januar 2003), in: Thomas Hauser u. Christian Hodeige (Hg.), *Der Zeitungsmensch. Auf den Spuren von Ralf Dahrendorf in Südbaden*, Freiburg i. Br. 2010, S. 51–57.

«Ein europäischer Irrweg», in: *Finanz und Wirtschaft*, 2. Juli 2013.

4. Veröffentlichte Interviews mit Ralf Dahrendorf

Stefan Aust u. Frank Schirrmacher, «Interview mit Lord Ralf Dahrendorf. Im Nationalsozialismus steckte ein pseudoreligiöses Element», 27. März 2005, http://www.spiegel.de/panorama/zeitgeschichte/interview-mit-lord-ralf-dahrendorf-im-nationalsozialism us-steckte-ein-pseudoreligioeses-element-a-347966.html, zuletzt geprüft am 23. Juni 2015.

Hermann Bohle, «Interview mit Ralf Dahrendorf. Europa braucht parlamentarischen Rückhalt. Mit einem Verfassungsrat auf neue Wege. Der scheidende EWG-Kommissar macht Vorschläge für die Zukunft der Gemeinschaft», in: *Stuttgarter Rundschau*, 25. September 1973.

Karl Heinz Bohrer, «Der Liberale und die Solidaritäts-Gesellschaft. Ein Gespräch mit Ralf Dahrendorf über England und die Bundesrepublik», in: *Frankfurter Allgemeine Zeitung*, 25. August 1979.

Terry Coleman, «The Wednesday Page. Interview with Ralf Dahrendorf», in: *The Guardian*, 12. Juli 1978, S. 14.

Alexander Cammann, «‹Wir brauchen selbstbewusste Bürger›. Interview mit Lord Ralf Dahrendorf und Paul Nolte», in: *die tageszeitung*, http://www.taz.de/1/archiv/archiv/?dig=2005/12/31/a0226, zuletzt geprüft am 27. November 2013.

Ernst Emrich, «Prof. Dr. Lord Ralf Dahrendorf, Soziologe, im Gespräch mit Dr. Ernst Emrich», Alpha Forum, Bayerischer Rundfunk, in: Bayrischer Rundfunk Online, Sendung, 19. Februar 2003, 20.15 Uhr, Transkript, http://www.br-online.de/alpha/forum/vor0302/20030219.shtml, zuletzt geprüft am 14. Februar 2010.

Werner Harenberg u. Alexander Veil, «Doktortitel nach 6 Semestern? Spiegel-Gespräch mit Professor Dr. Ralf Dahrendorf (Universität Konstanz) über die Hochschulreform», in: *Der Spiegel*, 9. Oktober 1967, S. 54–62.

Gunter Hofmann u. Jan Ross, «Deutsche Illusionen. Die Macht des Nationalstaates und die Grenze der europäischen Idee. Ein Gespräch mit Lord Ralf Dahrendorf, der zu seinen intellektuellen Anfängen zurückkehrt und eine Forschungsprofessur am Wissenschaftszentrum Berlin übernimmt», in: *Die Zeit*, 27. Januar 2005.

Thomas Kröter, «Grün – ein Ausdruck des Zweifels, kein neuer Weg. Interview mit Ralf Dahrendorf», in: *Neue Presse*, 22. Juni 1982.

Paul Lersch u. Gerhard Spörl, «Versuchung der Freiheit. Lord Dahrendorf über die FDP und die Gefahren für die liberale Gesellschaft», in: *Der Spiegel*, 13. März 1995, S. 44–48.

««Wollen Sie Parteiführer werden?». Spiegel-Interview mit dem FDP-Ideologen Ralf Dahrendorf», in: *Der Spiegel*, 5. Februar 1968, S. 32.

«Interview. Jetzt schon an die übernächste Wahl denken», in: *Wirtschaftswoche*, 17. Dezember 1982, S. 27.

5. Gedruckte Quellen und Sekundärliteratur

Heinz Abels, *Einführung in die Soziologie*, Bd 2: *Die Individuen in ihrer Gesellschaft*, Wiesbaden 2009.

Ulrike Ackermann, «Ralf Dahrendorf: Gesellschaft und Freiheit. Zur soziologischen Analyse der Gegenwart», in: Samuel Salzborn (Hg.), *Klassiker der Sozialwissenschaften. 100 Schlüsselwerke im Portrait*, Wiesbaden 2014, S. 196–199.

Theodor W. Adorno u. a. (Hg.), *Der Positivismusstreit in der deutschen Soziologie*, Neuwied 1969.

–, «Einleitungsreferat zum 16. Deutschen Soziologentag», in: Theodor W. Adorno (Hg.), *Spätkapitalismus oder Industriegesellschaft? Verhandlungen des 16. Deutschen Soziologentages*, Stuttgart 1969, S. 12–26.

– (Hg.), *Spätkapitalismus oder Industriegesellschaft? Verhandlungen des 16. Deutschen Soziologentages*, Stuttgart 1969.

– u. Max Horkheimer, *Briefe. 1950–1969*, in: *Briefe und Briefwechsel*, Bd. 4, Frankfurt am Main 2006.

Conrad Ahlers, «Bedingt abwehrbereit», in: *Der Spiegel*, 10. Oktober 1962, S. 32–51.

Jens Alber, «Die Ligaturen der Gesellschaft. In memoriam Ralf Dahrendorf – ein persönlicher Rückblick», in: *WZB-Mitteilungen*, September 2009, S. 46–49.

–, «In memoriam Ralf Dahrendorf (1. 5. 1929–17. 6. 2009). Ein persönlicher Rückblick», in: *Soziologie* 38, 4, 2009, S. 465–475.

–, «Der Soziologe als Hofnarr. Zur politischen und soziologischen Aktualität des Denkens von Ralf Dahrendorf», in: *Leviathan* 38, 2010, S. 23–29.

Hans Albert, «Kleines verwundertes Nachwort zu einer großen Einleitung», in: Theodor W. Adorno u. a. (Hg.), *Der Positivismusstreit in der deutschen Soziologie*, Neuwied 1969, S. 335–339.

Clemens Albrecht u. a., *Die intellektuelle Gründung der Bundesrepublik. Eine Wirkungsgeschichte der Frankfurter Schule*, Frankfurt am Main, New York 1999.

Siegmund Alf, «Wahlkampf 69. Dahrendorfs verbale Keuschheit. Erfolg mit olympischer Disziplin. Der Professor und Kabinettsanwärter will kein Minister unter einem Kanzler Kiesinger werden», in: *Süddeutsche Zeitung*, 25. September 1969.

Fritz René Allemann, «Der schöpferische Konflikt. Ralf Dahrendorfs ‹engagierte Soziologie›», in: *Der Monat* 14, 164, 1962, S. 64–69.

Jutta Allmendinger, «Der Brückenbauer. Laudatio auf Lord Ralf Dahrendorf, Träger des Schader-Preises 2009», in: WZB-Mitteilungen, 2009, S. 48–49.

Amtsblatt der Europäischen Gemeinschaften, Verhandlungen des Europäischen Parlaments. Sitzungsperiode 1971–1972, Ausführliche Sitzungsberichte vom 21. bis 23. September 1971, Luxemburg.

Noel Gilroy Annan, *Changing Enemies. The Defeat and Regeneration of Germany*, London 1995.

Hans Apel, *Der Abstieg. Politisches Tagebuch 1978–1988*, Stuttgart ⁵1990.

Hannah Arendt, *The Human Condition*, Chicago 1958.

Raymond Aron, *Erkenntnis und Verantwortung. Lebenserinnerungen*, München 1985.

Ronald G. Asch u. a., *Integration – Legitimation – Korruption. Politische Patronage in Früher Neuzeit und Moderne*, Frankfurt am Main 2011.

Aleida Assmann u. Ute Frevert, *Geschichtsvergessenheit – Geschichtsvergessenheit. Vom Umgang mit deutschen Vergangenheiten nach 1945*, Stuttgart 1999.

Franziska Augstein, «Auch eine Versuchung. Ralf Dahrendorf hat einen liberalen Club gegründet, er heißt ‹Societas Erasmiana›, und nicht jeder darf Mitglied werden», in: *Süddeutsche Zeitung*, 14. März 2006.

Rudolf Augstein, «Über die Chancen des Intellektuellen. Vortrag auf dem Symposium der Universität Wien ‹Gestaltung der Wirklichkeit›», in: *Der Spiegel*, 2. Juni 1965.

Auswärtiges Amt (Hg.), *Die auswärtige Politik der Bundesrepublik Deutschland*, Köln 1972.

Ingeborg Bachmann, *Das dreißigste Jahr*, München 1961.

Baden-Württemberg/Arbeitskreis Hochschulgesamtplan, *Hochschulgesamtplan Baden-Württemberg. Empfehlungen zur Reform von Struktur und Organisation der Wissenschaftlichen Hochschulen, Pädagogischen Hochschulen, Studienseminare, Kunsthochschulen, Ingenieurschulen und Höheren Fachschulen, Bericht des Arbeitskreises Hochschulgesamtplan beim Kultusministerium Baden-Württemberg*, Villingen 1967.

Florian Bail, «Review. Ralf Dahrendorf, *The New Liberty: Survival and Justice in a Changing World*», in: *Canadian Journal of Political Science* 9, 3, 1976, S. 507–508.

Martin Bangemann, «‹Wir sind keine Kaderpartei›. Nur gemeinsam mit der Union ist die Republik zu sichern», in: *Die Zeit*, 21. September 1984, S. 7.

Arnulf Baring, «Über die Demokratie in Deutschland. Besprechung von: Ralf Dahrendorf, *Gesellschaft und Demokratie in Deutschland*», in: WDR, II. Programm, 1. Dezember 1965.

–, *Machtwechsel. Die Ära Brandt-Scheel*, Stuttgart 1982.

Olaf Bartz, *Wissenschaftsrat und Hochschulplanung. Leitbildwandel und Planungsprozesse in der Bundesrepublik Deutschland zwischen 1957 und 1975*, Dissertation, Köln 2006.

–, «Expansion und Umbau. Hochschulreformen in der Bundesrepublik Deutschland zwischen 1964 und 1977», in: *die hochschule. journal für wissenschaft und bildung* 2, 2007, S. 154–170.

Rudolf Bauer, «FDP-Rebellen aus dem Saal gedrängt», in: *Rheinische Post*, 30. Januar 1968, S. 1.

Arnd Bauerkämper u. a. (Hg.), *Demokratiewunder. Transatlantische Mittler und die kulturelle Öffnung Westdeutschlands 1945–1970*, Göttingen 2005.

Riccardo Bavaj, «‹68er› versus ‹45er›. Anmerkungen zu einer «Generationenrevolte», in: Heike Hartung (Hg.), *Graue Theorie. Die Kategorien des Alters und des Geschlechts im kulturellen Diskurs*, Köln 2007, S. 53–67.

–, «Verunsicherte Demokratisierer. ‹Liberal-kritische› Hochschullehrer und die Studentenrevolte von 1967/68», in: Dominik Geppert u. Jens Hacke (Hg.), *Streit um den Staat. Intellektuelle Debatten in der Bundesrepublik 1960–1980*, Göttingen 2008, S. 151–168.

–, «Turning ‹liberal Critics› into ‹Liberal-Conservatives›. Kurt Sontheimer and the Re-coding of the Political Culture in the Wake of the Student Revolt of ‹1968›», in: *German Politics and Society* 27, 1, 2009, S. 39–59.

–, «Young, old, and in-between. Liberal scholars and ‹generation-building› at the time of West Germany's student revolt», in: Anna von der Goltz (Hg.), *«Talkin' 'bout my generation». Conflicts of generation building and Europe's «1968»*, Göttingen 2011, S. 175–192.

BB., «‹Soll Deutschland wieder hinterherhinken?›. Professor Dahrendorf über die Bedeutung der Bildungsreform», in: *Frankfurter Allgemeine Zeitung*, 1. November 1961.

BBC, The Reith Lectures, About Reith, 2013, http://www.bbc.co.uk/radio4/features/the-reith-lectures/about/, zuletzt geprüft am 26. Juni 2013.

Frank van Bebber, «Elite Universität Konstanz. Mini-Harvard am Bodensee», in: *Uni-Spiegel*, Spiegel Online, 19. Oktober 2007, http://www.spiegel.de/unispiegel/studium/elite-uni-konstanz-mini-harvard-am-bodensee-a-512438.html, zuletzt geprüft am 15. Juli 2012.

Dorothea Beck, *Julius Leber. Sozialdemokrat zwischen Reform und Widerstand*, Berlin 1994.

Reiner Beeg, «‹Ein Kämpfer gegen die Wagenburg-Mentalität des Kollektivs›. Ralf Dahrendorfs Verabschiedung», in: *Die neue Bonner Depesche*, 31. Dezember 1987.

Brigitte Beer, «Reformieren ist billiger. Die Grundgedanken des Hochschulgesamtplanes für Baden-Württemberg», in: *Frankfurter Allgemeine Zeitung*, 8. August 1967.

Ignaz Bender, «Student aufs Land. Freiburger Studenten versuchen erfolgreich, dem Bildungsrückstand auf eigene Faust abzuhelfen», in: *Die Zeit*, 25. März 1966, S. 17.

Klaus Uwe Benneter, «Politik, seine Aufgabe und sein Schicksal», in: Heinrich-Kaufmann-Stiftung (Hg.), *Gustav Dahrendorf. Hamburger Bürgermeister des 20. Juli 1944*, Norderstedt 2005, S. 28–33.

Nicolas Berg, *Der Holocaust und die westdeutschen Historiker. Erforschung und Erinnerung*, Göttingen 2003.

–, «Zeitgeschichte und generationelle Deutungsarbeit», in: Norbert Frei (Hg.), *Martin Broszat, der «Staat Hitlers» und die Historisierung des Nationalsozialismus*, Göttingen 2007, S. 161–180.

Volker R. Berghahn, *Transatlantische Kulturkriege. Shepard Stone, die Ford-Stiftung und der europäische Antiamerikanismus*, Stuttgart 2004.

Dietz Bering, *Die Epoche der Intellektuellen 1898–2001. Geburt, Begriff, Grabmal*, Darmstadt 2010.

–, «‹Intellektueller›. Schimpfwort – Diskursbegriff – Grabmal?», in: *Aus Politik und Zeitgeschichte* 40, 2010, S. 5–12.

Martin Bernstorf, «Höflicher Herr. Esslingen. Wenn Dahrendorf wirbt, gibt's keine Buhs und Pfiffe», in: *Christ und Welt*, 26. September 1969.

Waldemar Besson, *Erlebte Zeitgeschichte. Kritisch beobachtet. 44 Stücke politischer Publizistik*, Konstanz 1970.

Wolfgang Bialas, *Vom unfreien Schweben zum freien Fall. Ostdeutsche Intellektuelle im gesellschaftlichen Umbruch*, Frankfurt am Main 1996.

Wolfram Bickerich u. Gerhard Spörl, «Die wahre Revolution. Der Soziologe Lord Ralf Dahrendorf über Erfolge und Aufgaben der deutschen Politik», in: *Der Spiegel*, 15. Januar 1997.

Kurt H. Biedenkopf, *Fortschritt für Freiheit. Umrisse einer politischen Strategie*, München 1974.

Jörg Bischoff, «‹Ich spreche von der FDP und nicht von mir›. Professor Dahrendorf über seinen Wiedereinzug in die baden-württembergische Landespolitik», in: *Stuttgarter Zeitung*, 4. Juni 1983.

David Blackbourn u. Geoff Eley, *The Peculiarities of German History. Bourgeois Society and Politics in Nineteenth-Century*, Oxford 1984.

Olaf Blaschke, *Verleger machen Geschichte. Buchhandel und Historiker seit 1945 im deutsch-britischen Vergleich*, Göttingen 2010.

Hermann Bohle, «Nicht aus Verdruß ...», in: *Die Glocke*, 26. September 1973.

Klaus Bohnsack, «Bildung von Regierungskoalitionen, dargestellt am Beispiel der Koalitionsentscheidung der F.D.P. von 1969», in: *Zeitschrift für Parlamentsfragen* 7, 3, 1976, S. 400–425.

Monika Boll, *Nachtprogramm. Intellektuelle Gründungsdebatten in der frühen Bundesrepublik*, Münster 2004.

Karl Martin Bolte (Hg.), *Soziologie als Beruf. Erinnerungen westdeutscher Hochschulprofessoren der Nachkriegsgeneration*, Baden-Baden 1998.

Henning Borggräfe u. Sonja Schnitzler, «Die Deutsche Gesellschaft für Soziologie und der Nationalsozialismus. Verbandsinterne Transformationen nach 1933 und 1945», in: Michaela Christ u. Maja Suderland (Hg.), *Soziologie und Nationalsozialismus. Positionen, Debatten, Perspektiven*, Berlin 2014, S. 445–479.

Frank Bösch, «Später Protest. Die Intellektuellen und die Pressefreiheit in der frühen Bundesrepublik», in: Dominik Geppert u. Jens Hacke (Hg.), *Streit um den Staat. Intellektuelle Debatten in der Bundesrepublik 1960–1980*, Göttingen 2008, S. 91–112.

Angela Bottin, «‹KLS› oder Die Generation der Ankunft», in: *Deutsches Allgemeines Sonntagsblatt*, 8. Juni 1986, S. 22.

Pierre Bourdieu, «Ökonomisches, kulturelles und soziales Kapital», in: *Die verborgenen Mechanismen der Macht*, Hamburg 1992, S. 49–75.

–, «Die biographische Illusion», in: *Praktische Vernunft. Zur Theorie des Handelns*, Frankfurt am Main 1998, S. 75–83.

–, «Das politische Feld», in: *Das politische Feld. Zur Kritik der politischen Vernunft*, Konstanz 2001, S. 41–66.

– u. Irene Dölling, *Die Intellektuellen und die Macht*, Hamburg 1991.

Br., «Nach Punkten unterlegen», in: *Frankfurter Allgemeine Zeitung*, 13. April 1968, S. 86.

Ditmar Brock, «Konflikttheorie», in: Ditmar Brock u. a. (Hg.), *Soziologische Paradigmen nach Talcott Parsons. Eine Einführung*, Wiesbaden 2009, S. 215–238.

Peter Brügge, «An die Frauen ist nicht ranzukommen. Peter Brügge mit Ralf Dahrendorf im Wahlkampf», in: *Der Spiegel*, 18. August 1969, S. 36–38.

Thomas Brüsemeister, «Der moderne soziale Konflikt zwischen Unterklassen und Mehrheitsklasse. Ralf Dahrendorfs Diagnose der Bürgergesellschaft», in: Uwe

Schimank u. Ute Volkmann (Hg.), *Soziologische Gegenwartsdiagnosen I. Eine Be-standsaufnahme*, Wiesbaden ²2007.

Gunilla Budde u. a. (Hg.), *Transnationale Geschichte. Themen, Tendenzen, Theorien*, Göttingen ²2010.

Heinz Bude, «Die Soziologen der Bundesrepublik», in: *Merkur* 46, 520, 1992, S. 569–580.

Peter Burschel u. a. (Hg.), *Intellektuelle im Exil*, Göttingen 2011.

– u. a., «Intellektuelle im Exil. Zur Einführung», in: Peter Burschel u. a. (Hg.), *Intellektuelle im Exil*, Göttingen 2011, S. 7–8.

Jürgen Busche, «Stets das rechte Adjektiv zur Hand. Ralf Dahrendorfs Einsichten über die Krisen der Welt», in: *Frankfurter Allgemeine Zeitung*, 25. April 1983.

Anne Caborn, «Professor in the pin-stripe suit», in: *West Lancashire Evening Gazette*, 19. April 1983.

Alexander Cammann, «‹Protestantische Mafia›. Im Missbrauchsskandal an der Odenwaldschule schauen das aufgeklärte, liberale Deutschland und seine Elite in den Abgrund», in: *Die Zeit*, 25. März 2010.

C. M. Campbell, «The New Liberty. By Ralf Dahrendorf», in: *British Journal of Criminology* 16, 1, 1976, S. 85–87.

Sylvia Clayton, «Dr Dahrendorf's tonic», in: *Daily Telegraph*, 5. Januar 1983.

Stefan Collini, *Absent Minds. Intellectuals in Britain*, Oxford 2006.

Eckart Conze, *Die Suche nach Sicherheit. Eine Geschichte der Bundesrepublik Deutsch-land von 1949 bis in die Gegenwart*, München 2009.

Christoph Cornelißen, *Gerhard Ritter. Geschichtswissenschaft und Politik im 20. Jahr-hundert*, Düsseldorf 2001.

– (Hg.), *Geschichtswissenschaft im Geist der Demokratie. Wolfgang J. Mommsen und seine Generation*, Berlin 2010.

Hans-Joachim Dahms, *Positivismusstreit. Die Auseinandersetzungen der Frankfurter Schule mit dem logischen Positivismus, dem amerikanischen Pragmatismus und dem kritischen Rationalismus*, Frankfurt am Main 1994.

Gustav Dahrendorf (Hg.), *Ein Mann geht seinen Weg. Schriften, Reden und Briefe von Julius Leber*, Berlin-Schöneberg 1952.

–, «Der 20. Juli 1944. Ein Jahr danach. Die Lehren des 20. Juli 1944», in: Heinrich-Kaufmann-Stiftung (Hg.), *Gustav Dahrendorf. Hamburger Bürgermeister des 20. Juli 1944*, Norderstedt 2005, S. 6–25.

Irene Dänzer-Vanotti, «1929 – Geburtstag des Soziologen Ralf Dahrendorf», in: WDR 5, 1. Mai 2014, http://www.wdr5.de/sendungen/zeitzeichen/dahrendorf108.html, zuletzt geprüft am 28. Juli 2014.

Volker Depkat, «Zum Stand und zu den Perspektiven der Autobiographieforschung in der Geschichtswissenschaft», in: BIOS 23, 2, 2010, S. 170–187.

Warnfried Dettling, «Ein liberaler Heiligenkalender. Ralf Dahrendorfs neues Buch über ‹Intellektuelle in Zeiten der Prüfung› durchzieht eine feierliche, religiöse Grundmelodie, wie man sie sonst nur von Freimaurerlogen kennt», in: *taz*, 3. April 2006.

Karl W. Deutsch u. Lewis J. Edinger, *Germany Rejoins the Powers. Mass Opinion, Inte-rest Groups, and Elites in Contemporary German Foreign Policy*, New York 1973 [1959].

Deutscher Bundestag, Plenarprotokoll, 6. Wahlperiode, 15. Sitzung. Bonn, 1969.

Deutscher Bundestag, Plenarprotokoll, 6. Wahlperiode, 133. Sitzung. Bonn, 19. Juli 1971.

Wolfgang F. Dexheimer, *Koalitionsverhandlungen in Bonn 1961, 1965, 1969. Zur Willensbildung in Parteien und Fraktionen*, Bonn 1973.

Matthias Diefenbach, «Autobahnplanungen und Zwangsarbeit in der Neumark 1937 bis 1942», in: Institut für angewandte Geschichte e.V. (Hg.), *Terra Transoderana. Zwischen Neumark und Ziemia Lubuska*, Berlin 2008, S. 69–78.

Carola Dietze, *Nachgeholtes Leben. Helmuth Plessner 1892–1985*, Göttingen 2006.

Jürgen Dittberner, *Die FDP. Geschichte, Personen, Organisation, Perspektiven. Eine Einführung*, Wiesbaden ²2005.

Anselm Doering-Manteuffel, *Wie westlich sind die Deutschen? Amerikanisierung und Westernisierung im 20. Jahrhundert*, Göttingen 1999.

– u. Lutz Raphael, *Nach dem Boom. Perspektiven auf die Zeitgeschichte seit 1970*, Göttingen 2008.

Martin Doerry (Hg.), *Die Spiegel-Affäre. Ein Skandal und seine Folgen*, München 2013.

Dps., «Dahrendorf nach London. Ehrenvoller akademischer Ruf», in: *Frankfurter Allgemeine Zeitung*, 19. September 1973, S. 1.

Hans Peter Dreitzel, *Elitebegriff und Sozialstruktur. Eine soziologische Begriffsanalyse*, Stuttgart 1962.

Chris Dunkley, «Stronger than fiction», in: *Financial Times*, 12. Januar 1983.

Marten Düring u. a. (Hg.), *Handbuch Historische Netzwerkforschung. Grundlagen und Anwendungen*, Berlin 2016.

– u. Ulrich Eumann, «Historische Netzwerkforschung. Ein neuer Ansatz in den Geschichtswissenschaften», in: *Geschichte und Gesellschaft* 39, 3, 2013, S. 369–390.

Jan Eckel, Hans Rothfels. *Eine intellektuelle Biographie im 20. Jahrhundert*, Göttingen 2005.

ed., «Ein akademisches Gespräch. Sechs Professoren diskutierten im Auditorium maximum öffentlich eine Hochschulreform», in: *Schwäbisches Tagblatt*, 3. Juli 1961.

Friedrich Edding, *Ökonomie des Bildungswesens. Lehren und Lernen als Haushalt und als Investition*, Freiburg i. Br 1963.

Carl A. Ehrhardt, «Wieland bewegt Europa. Wird sich Prof. Dahrendorf der Kritik stellen?», in: *Handelsblatt*, 4. August 1971, S. 3.

Hermann Eisenhardt, «Der liberale Lord will die politische Welt verändern. Ralf Dahrendorf hat sich für Wahlkreis Konstanz entschieden», in: *Schwarzwälder Bote*, 25. September 1969.

Larry Elliot u. Michael White, «Lib Dem's Vision for a new tomorrow. Labour and TUC welcome Dahrendorf commission's proposals to boost wealth creation and strengthen social cohesion», in: *The Guardian*, 26. Juli 1995, S. 6.

Thomas Ellwein u. a. (Hg.), *Die Spiegel-Affäre. Die Reaktion der Öffentlichkeit*, Olten 1966.

Philipp Eppelsheim, «Die Wahrhaftigkeit und Hartmut von Hentig», in: *Frankfurter Allgemeine Zeitung*, 23. Oktober 2011.

erd., «Tübinger Professoren protestieren gegen Mißbrauch ihrer Namen durch SPD. Raiser und Dahrendorf von verkündeter Beraterrolle überrascht – ‹Niemand hat uns gefragt›», in: *Münchner Merkur*, 25. November 1964.

Karl Erlinghagen, *Katholisches Bildungsdefizit in Deutschland*, Freiburg 1965.

Theodor Eschenburg, «Das ‹ich› in Dahrendorf», in: *Die Zeit*, 13. März 1970, S. 11.

ess., ««Superkraut› ist in London willkommen. Dahrendorf wird Leiter einer Mini-Universität», in: *Handelsblatt-Industriekurier*, 26. September 1973.

Thomas Etzemüller, *Biographien. Lesen – erforschen – erzählen*, Frankfurt am Main 2012.

Richard Faber (Hg.), *Was ist ein Intellektueller? Rückblicke und Vorblicke*, Würzburg 2012.

– u. Uwe Puschner (Hg.), *Intellektuelle und Antiintellektuelle im 20. Jahrhundert*, Frankfurt am Main 2013.

David Fairlamb, «Can BGB make it into Germany's big leagues?», in: *International Investor*, 6, 1996, S. 55–60.

Fb., «Weshalb Großbritannien wirtschaftlich zurückblieb. Ein Erklärungsversuch von Professor Ralf Dahrendorf», in: *Neue Zürcher Zeitung*, 28. April 1981.

Jan Feddersen, «Die liberale Autorität», in: *taz*, 18. Juni 2009, http://www.taz.de/!5161227/, zuletzt geprüft am 21. März 2016.

Oskar Fehrenbach, «Die Freien Demokraten küren einen neuen Star. Professor Ralf Dahrendorf ist der ungekrönte König des FDP-Bundesparteitages», in: *Stuttgarter Zeitung*, 31. Januar 1968, S. 3.

Markus Fels u. Robin Mishra, «Lindner-Interview für den ‹Rheinischen Merkur›», in: *portal liberal*, 14. Januar 2010, https://www.liberale.de/content/lindner-interview-fuer-den-rheinischen-merkur, zuletzt geprüft am 22. März 2016.

Joachim Fischer, «Die Rollendebatte. Der Streit um den ‹Homo sociologicus›», in: Georg Kneer u. Stephan Moebius (Hg.), *Soziologische Kontroversen. Beiträge zu einer anderen Geschichte der Wissenschaft vom Sozialen*, Berlin 2010, S. 79–101.

Torben Fischer u. Matthias N. Lorenz, *Lexikon der «Vergangenheitsbewältigung» in Deutschland. Debatten- und Diskursgeschichte des Nationalsozialismus nach 1945*, Bielefeld 2007.

Christian Fleck (Hg.), *Wege zur Soziologie nach 1945. Autobiographische Notizen*, Opladen 1996.

Jean E. Floud u. a. (Hg.), *Social Class and Educational Opportunity*, London 1956.

Katharina Focke, «Europa ohne Zauberformel. Die Gemeinschaft hat sich auf der ersten Stufe bewährt», in: *Die Zeit*, 23. Juli 1971, S. 5.

Sean A. Forner, *German Intellectuals and the Challenge of Democratic Renewal. Culture and Politics after 1945*, Cambridge 2014.

Michel Foucault, «Die politische Funktion des Intellektuellen» [1976], in: Johanna-Charlotte Horst u. a. (Hg.), *Was ist Universität. Texte und Positionen zu einer Idee*, Zürich 2010, S. 273–279.

fr., «Senkrechtstart II», in: *Frankfurter Allgemeine Zeitung*, 6. Januar 1983, S. 8.

Frankfurter Allgemeine Zeitung online, «Eine Epochengestalt des Liberalismus ist tot», http://www.faz.net/-oopomc, zuletzt geprüft am 6. Juni 2011.

Norbert Frei, *1968. Jugendrevolte und globaler Protest*, München 2008.

Tobias Freimüller, *Alexander Mitscherlich. Gesellschaftsdiagnosen und Psychoanalyse nach Hitler*, Göttingen 2007.

Matthias Frese u. a. (Hg.), *Demokratisierung und gesellschaftlicher Aufbruch. Die sechziger Jahre als Wendezeit der Bundesrepublik*, Paderborn [2]2005.

– u. Julia Paulus, «Geschwindigkeiten und Faktoren des Wandels. Die 1960er Jahre in der Bundesrepublik», in: Matthias Frese u. a. (Hg.), *Demokratisierung und gesellschaftlicher Aufbruch. Die sechziger Jahre als Wendezeit der Bundesrepublik*, Paderborn [2]2005, S. 1–23.

Adolf Frisé (Hg.), *Vom Geist der Zeit*, Gütersloh 1966.

Claudia Fröhlich (Hg.), *Engagierte Demokraten. Vergangenheitspolitik in kritischer Absicht*, Münster 1999.

Manuel Fröhlich, «Rezension zu: Ralf Dahrendorf, *Ein neuer Dritter Weg?*», in: *Portal für Politikwissenschaft*, 1. Januar 2006, http://pw-portal.de/rezension/10775-ein-neuer-dritter-weg_12742, zuletzt geprüft am 30. Dezember 2015.

Francis Fukuyama, «The End of History», in: *National Interest*, Sommer 1989, S. 3–18.

Lothar Funk, «New Economy und die Politik des Modernen Dritten Weges», in: *Aus Politik und Zeitgeschichte*, B 16–17, 2001, S. 24–31.

Alexander Gallus, «‹Intellectual History› mit Intellektuellen und ohne sie. Facetten neuerer geistesgeschichtlicher Forschung», in: *Historische Zeitschrift* 288, 1, 2009, S. 139–150.

– (Hg.), *Helmut Schelsky – der politische Anti-Soziologe. Eine Neurezeption*, Göttingen 2013.

– u. a. (Hg.), *Deutsche Zeitgeschichte transnational*, Göttingen 2015.

– u. Eckhard Jesse, «Was sind Dritte Wege? Eine vergleichende Bestandsaufnahme», in: *Aus Politik und Zeitgeschichte*, 17–18, 2001,S. 6–15.

John W. Gardner, *Excellence. How can we be equal and excellent, too?*, New York 1961.

Timothy Garton Ash (Hg.), *Freedom for Publishing Publishing for Freedom. The Central and Eastern European Publishing Project*, Budapest, London, New York 1995.

–, «The History of CEEPP», in: ders. (Hg.), *Freedom for Publishing Publishing for Freedom. The Central and Eastern European Publishing Project*, Budapest, London, New York 1995, S. 17–47.

– (Hg.), *On Liberty. The Dahrendorf Questions. Record of a colloquium held at St Antony's College, Oxford, to mark the 80th birthday of Ralf Dahrendorf on 1 May 2009*, Oxford 2009.

–, Redebeitrag über Lord Ralf Dahrendorf während des Symposiums «Freiheit und Konflikt. Das Werk und die Wirkung von Lord Ralf Dahrendorf» an der Bucerius Law School in Hamburg am 13. November 2009. Videomittschnitt, http://www.zeit-stiftung.de/home/index.php?id=615&play=17&PHPSESSID=efbbc3ad0dd26 6d0243739fa320309b 0, zuletzt geprüft am 11. Juli 2011.

Philipp Gassert, *Kurt Georg Kiesinger 1904–1988. Kanzler zwischen den Zeiten*, München 2006.

– u. Martin Klimke (Hg.), *1968 – Memories and Legacies of a Global Revolt*, Washington, D. C. 2009.

Arnold Gehlen, «Das Engagement der Intellektuellen gegenüber dem Staat», in: *Merkur* 18, 195, 1964, S. 401–413.

Manfred Geier, *Aufklärung. Das europäische Projekt*, Reinbek b. Hamburg ²2012.

Hans-Dietrich Genscher, *Erinnerungen*, Berlin 1995.

Dominik Geppert, «Der Thatcher-Konsens. Der Einsturz der britischen Nachkriegsordnung in den 1970er und 1980er Jahren», in: *Journal of Modern European History* 9, 2011, S. 170–194.

–, «Gruppe 47 and ‹1968›», in: Anna von der Goltz (Hg.), *«Talkin' 'bout my generation». Conflicts of generation building and Europe's «1968»*, Göttingen 2011, S. 163–174.

Dominik Geppert u. Jens Hacke, *Einleitung*, in: Dominik Geppert u. Jens Hacke (Hg.), *Streit um den Staat. Intellektuelle Debatten in der Bundesrepublik 1960–1980*, Göttingen 2008, S. 9–22.

– u. Jens Hacke (Hg.), *Streit um den Staat. Intellektuelle Debatten in der Bundesrepublik 1960–1980*, Göttingen 2008.

Uta Gerhardt, *Soziologie im zwanzigsten Jahrhundert. Studien zu ihrer Geschichte in Deutschland*, Stuttgart 2009.

Hannelore Gerstein, *Studierende Mädchen. Zum Problem des vorzeitigen Abgangs von der Universität, Studien zur Soziologie 4*, München 1965.

Michael Geyer (Hg.), *The Power of Intellectuals in Contemporary Germany*, Chicago 2001.

Anthony Giddens u. Christopher Pierson, *Conversations with Anthony Giddens. Making Sense of Modernity*, Oxford 1998.

–, *The Third Way. The Renewal of Social Democracy*, Cambridge 1998.

–, *Der dritte Weg. Die Erneuerung der sozialen Demokratie*, Frankfurt am Main 1999.

Ingrid Gilcher-Holtey, *Prolog*, in: dies. (Hg.), *Zwischen den Fronten. Positionskämpfe europäischer Intellektueller im 20. Jahrhundert*, Berlin 2006, S. 9–21.

–, *Eingreifendes Denken. Die Wirkungschancen von Intellektuellen*, Weilerswist 2007.

– (Hg.), *Eingreifende Denkerinnen. Weibliche Intellektuelle im 20. und 21. Jahrhundert*, Tübingen 2015.

Günther Gillessen, «Skeptische britische Glückwünsche zur Bonner Ostpolitik. Beobachtungen und Eindrücke von der Königswinterer Konferenz», in: *Frankfurter Allgemeine Zeitung*, 14. April 1970, S. 2.

Hermann Glaser, «‹Wer bleibt stark, wenn die meisten schwach werden?›. Ralf Dahrendorf hat in der jüngsten Geschichte zahlreiche nicht korrumpierbare Intellektuelle, die ‹Erasmier›, ausgemacht», in: *Das Parlament*, 13. März 2006.

Peter Glotz, «Über große und kleine Vaterländer. Ein offener Brief an Ralf Dahrendorf», in: *Neue Gesellschaft/Frankfurter Hefte* 10, 1990, S. 886–890.

–, *Der Irrweg des Nationalstaats. Europäische Reden an ein deutsches Publikum*, Stuttgart 1990.

–, «Warum wir eine Nation sind. Warum wir uns jedoch nicht abermals vom ‹deutschen Hunde› beißen lassen sollten. Eine Antwort auf Karl Heinz Bohrer», in: *Frankfurter Allgemeine Zeitung*, 9. Februar 1990, S. 35.

g-n., «Mende hält sich alle Möglichkeiten offen. Der FDP-Vorsitzende in Frankfurt. Auch Bündnis mit Sozialdemokraten möglich», in: *Frankfurter Allgemeine Zeitung*, 10. Oktober 1960, S. 4.

Wolfgang Gödde, *Anpassung an Trends oder Einleitung des Wandels? Reformbegriff und Reformpolitik der Großen Koalition 1966–1969*, Münster 2010.

Wilfried Goebels, «Bericht der NRW-Zukunftskommission. Ein Feuerwerk politischer Ideen», in: *Westfälische Nachrichten*, 20. April 2009.

Fritz Goergen, *Skandal FDP. Selbstdarsteller und Geschäftemacher zerstören eine politische Idee*, Köln 2004.

Manfred Görtemaker, *Geschichte der Bundesrepublik Deutschland. Von der Gründung bis zur Gegenwart*, München 1999.

Gerhart von Graevenitz, «Gründungsdatum und Gründungsdauer», in: *uni'kon 23*, 2006, S. 20–21.

Günter Grass, «Kurze Rede eines vaterlandslosen Gesellen», in: *Die Zeit*, 9. Februar 1990.

William Grimes, «Ralf Dahrendorf, Sociologist, Dies at 80», in: *The New York Times*, 22. Juni 2009, http://www.nytimes.com/2009/06/22/world/europe/22dahrendorf.html, zuletzt geprüft am 21. Mai 2011.

Eduard Grosse, *Vom Traum zur Wirklichkeit der Freiheit. Vorgeschichte und Geschichte der Zeitschrift «Horizont» 1943–1948*, Berlin 1996.

Alfred Grosser u. Jürgen Seifert, *Die Staatsmacht und ihre Kontrolle*, Olten 1966.

Jonas Grutzpalk, *Erkenntnis und Engagement. Wissenssoziologie als Methode eines Kulturvergleichs deutscher und französischer Intellektueller*, Opladen 2003.

Dagmar Günther, «‹And now for something completely different›. Prolegomena zur Autobiographie als Quelle der Geschichtswissenschaft», in: *Historische Zeitschrift*, 272, 2001, S. 25–61.

Gvl, «Die FDP bietet sich als Koalitionspartner an», in: *Frankfurter Allgemeine Zeitung*, 30. Januar 1968, S. 1.

Gz., «Brüssel überrascht», in: *Frankfurter Allgemeine Zeitung*, 30. Mai 1970, S. 1.

–, «Umfangreiche Arbeitsgebiete für Haferkamp und Dahrendorf», in: *Frankfurter Allgemeine Zeitung*, 4. Juli 1970, S. 1.

Herbert G. Haake, «Katapultstart in die Politik. Professor Dahrendorf der neue ‹Star› der Freien Demokraten», in: *Hamburger Abendblatt*, 3. Februar 1968.

Christian Haase u. Axel Schildt (Hg.), *Die Zeit und die Bonner Republik. Eine meinungsbildende Wochenzeitung zwischen Wiederbewaffnung und Wiedervereinigung*, Göttingen 2008.

Jürgen Habermas, «Marx in Perspektiven», in: *Merkur* 9, 94, 1955, S. 1180–1183.

–, «Der Soziologen-Nachwuchs stellt sich vor. Zu einem Treffen in Hamburg unter der Leitung von Professor Schelsky», in: *Frankfurter Allgemeine Zeitung*, 13. Juni 1955, S. 10.

–, «Die verzögerte Moderne», in: *Der Spiegel*, 29. Dezember 1965, S. 87–88.

– (Hg.), *Stichworte zur «Geistigen Situation der Zeit»*, Frankfurt am Main 1979.

–, «Heinrich Heine und die Rolle des Intellektuellen in Deutschland», in: *Eine Art Schadensabwicklung*, Frankfurt am Main 1987, S. 25–53.

–, «Der Marsch durch die Institutionen hat auch die CDU erreicht», in: *Frankfurter Rundschau*, 11. März 1988.

–, «Der DM-Nationalismus. Weshalb es richtig ist, die deutsche Einheit nach Artikel 146 zu vollziehen, also einen Volksentscheid über eine neue Verfassung anzustreben», in: *Die Zeit*, 30. März 1990.

–, «Jahrgang 1929», in: *Frankfurter Allgemeine Zeitung*, 2. Mai 2009.

– u. Jacques Derrida, «Unsere Erneuerung. Nach dem Krieg. Die Wiedergeburt Europas», in: *Frankfurter Allgemeine Zeitung*, 31. Mai 2003, S. 33–34.

Jens Hacke, «Pathologie der Gesellschaft und liberale Vision. Ralf Dahrendorfs Erkundung der deutschen Demokratie», in: *Zeithistorische Forschungen/Studies in Contemporary History*, Online-Ausgabe, 2004, http://www.zeithistorische-forschungen.de/16126041-Hacke-2–2004, zuletzt geprüft am 22. November 2011.

–, *Philosophie der Bürgerlichkeit. Die liberalkonservative Begründung der Bundesrepublik*, Göttingen 2006.

–, «Wer frei bleibt. Ralf Dahrendorf ermahnt die Intellektuellen», in: *Der Tagesspiegel*, 19. März 2006.

–, *Die Bundesrepublik als Idee. Zur Legitimationsbedürftigkeit politischer Ordnung*, Hamburg 2009.

–, «Politik muss nicht originell sein», in: *Süddeutsche Zeitung*, 30. April 2009.

–, «Das Scheitern eines liberalen Hoffnungsträgers. Ralf Dahrendorf und die FDP», in: Thomas Kroll u. Tilman Reitz (Hg.), *Intellektuelle in der Bundesrepublik*

Deutschland. Verschiebungen im politischen Feld der 1960er und 1970er Jahre, Göttingen 2013, S. 123–137.

–, «Die Gründung der Bundesrepublik aus dem Geist des Liberalismus? Überlegungen zum Erbe Weimars und zu liberalen Legitimitätsressourcen», in: Anselm Doering-Manteuffel u. Jörn Leonhard (Hg.), *Liberalismus im 20. Jahrhundert*, Stuttgart 2015, S. 219–238.

Dennis Hacket, «Friendly Outsider», in: *The Times*, 5. Januar 1983.

Wilhelm Hahn, *Ich stehe dazu. Erinnerungen eines Kultusministers*, Stuttgart 1981.

John A. Hall, *Ernest Gellner. An Intellectual Biography*, London 2010.

Max Haller, *Soziologische Theorie im systematisch-kritischen Vergleich*, Wiesbaden ²2003.

A. H. Halsey, *No Discouragement. An Autobiography*, Basingstoke 1996.

– (Hg.), *Ability and Educational Opportunity. Report on the Conference organised by the Organization for European Economic Cooperation*, Paris, Office for Scientific and Technical Personnel, in collaboration with the Swedish Ministry of Education, in Kungälv, Sweden, 11.-16. Juni 1961, Bonn 1961.

Hildegard Hamm-Brücher, «Zur Begründung der Theodor-Heuss-Preise 1967», in: Klaus von Bismarck u. Hildegard Hamm-Brücher (Hg.), *Verantwortung ist Bürgerpflicht. Reden zur Verleihung des Theodor-Heuss-Preises 1967*, Tübingen 1967, S. 9–24.

Matthias Hansl, «Dahrendorfs Spuren. Annotationen eines liberalen Missionars», in: *Zeitschrift für Ideengeschichte* 9, 2, 2015, S. 105–116.

Christina Hardyment, «On Dahrendorf», in: *Oxford Today* 1, 2, 1998, S. 38–40.

House of Lords Debate, 26. Februar 2003, Hansard, Bd. 645.

Brian Howard Harrison, *Finding a Role? The United Kingdom, 1970–1990*, Oxford 2010.

Peter Hartmeier, «‹Sozialdemokratie am Ende›. Professor Dahrendorf sieht sich als Retter der Liberalen», in: *Weltwoche*, 23. Februar 1983.

Heinz-Gerhard Haupt u. Jürgen Kocka (Hg.), *Comparative and Transnational History. Central European Approaches and New Perspectives*, New York, Oxford 2009.

– u. Jürgen Kocka, «Comparison and Beyond. Traditions, Scope, and Perspectives of Comparative History», in: Heinz-Gerhard Haupt u. Jürgen Kocka (Hg.), *Comparative and Transnational History. Central European Approaches and New Perspectives*, New York, Oxford 2009, S. 1–30.

Hauptausschuß Opfer des Faschismus, Wir klagen an! Öffentliche Anklage des Hauptausschusses «Opfer des Faschismus» in der Staatsoper Berlin, 16. Dezember 1945, Berlin ca. 1945.

Fred Hauptfuhrer, «‹Super-Kraut› Ralf Dahrendorf takes over the L. S. E.», in: *People weekly* 3, 9, 1974, S. 42–44.

Bert Hauser, «Ist Dahrendorf der Stern der FDP über den Dreikönigstag hinaus? Gedanken und Gespräche an einem Bunten Abend für die Zeit nach dem 6. März», in: *Frankfurter Allgemeine Zeitung*, 7. Januar 1983.

Thomas Hauser, «Ein Mann des Wortes. Als Autor in vielen Zeitungen gefragt, besonders verbunden mit der Badischen Zeitung», in: ders. u. Christian Hodeige (Hg.), *Der Zeitungsmensch. Auf den Spuren von Ralf Dahrendorf in Südbaden*, Freiburg i. Br. 2010, S. 15–19.

–, «Global Denker. Von einem der auszog, alles Mögliche zu werden», in: ders. u. Christian Hodeige (Hg.), *Der Zeitungsmensch. Auf den Spuren von Ralf Dahrendorf in Südbaden*, Freiburg i. Br. 2010, S. 9–13.

– u. Christian Hodeige (Hg.), *Der Zeitungsmensch. Auf den Spuren von Ralf Dahrendorf in Südbaden*, Freiburg i. Br. 2010.

John Heffernan, «Solidarity – what Britain excels at», in: *Morning Telegraph*, 3. Januar 1977.

Heinrich-Kaufmann-Stiftung (Hg.), *Gustav Dahrendorf. Hamburger Bürgermeister des 20. Juli 1944*, Norderstedt 2005.

Carsten Heinze, «Autobiographie und zeitgeschichtliche Erfahrung. Über autobiographisches Schreiben und Erinnern in sozialkommunikativen Kontexten», in: *Geschichte und Gesellschaft* 36, 2010, S. 93–128.

Thomas Held, «Magische Wirkung. Persönliche Bescheidenheit und messerscharfer Intellekt. Wie Ralf Dahrendorf die Denkfabrik ‹Avenir Suisse› beriet», in: Thomas Hauser u. Christian Hodeige (Hg.), *Der Zeitungsmensch. Auf den Spuren von Ralf Dahrendorf in Südbaden*, Freiburg i. Br. 2010, S. 41–44.

Hans-Olaf Henkel, *Die Macht der Freiheit. Erinnerungen*, München 2002.

Walter Henkels, «Von Bonn nach Brüssel – ein Zugvogel? Bonner Köpfe: Ralf Dahrendorf», in: *Frankfurter Allgemeine Zeitung*, 26. Juni 1970, S. 2.

Peter Hennessy u. Joanna Holland, «Surprise and pleasure greet appointment», in: *The Times Higher Education Supplement*, 21. September 1973.

–, «Wunderkind with an Asquithian vision of Europe», in: *The Times*, 4. Februar 1974.

–, «Ford refuse to fund British study centre. Dr Dahrendorf's Brookings», in: *The Times*, 4. Mai 1977.

Ulrich Herbert, *Best. Biographische Studien über Radikalismus, Weltanschauung und Vernunft, 1903–1989*, Bonn 1996.

–, «Liberalisierung als Lernprozeß. Die Bundesrepublik in der deutschen Geschichte – eine Skizze», in: Ulrich Herbert (Hg.), *Wandlungsprozesse in Westdeutschland. Belastung, Integration, Liberalisierung 1945–1980*, Göttingen 2002, S. 7–49.

– (Hg.), *Wandlungsprozesse in Westdeutschland. Belastung, Integration, Liberalisierung 1945–1980*, Göttingen 2002.

–, «Drei politische Generationen im 20. Jahrhundert», in: Jürgen Reulecke (Hg.), *Generationalität und Lebensgeschichte im 20. Jahrhundert*, München 2003, S. 95–114.

–, *Geschichte Deutschlands im 20. Jahrhundert*, München 2014.

Thomas Hertfelder, «Neoliberalismus oder neuer Liberalismus? Ralf Dahrendorfs soziologische Zeitdiagnostik im späten 20. Jahrhundert», in: Heuss-Forum, Theodor-Heuss-Kolloquium 2016, www.stiftung-heuss-haus.de/heuss-forum_thk2016_hertfelder, zuletzt geprüft am 15. März 2017.

Klaus-Dieter Heymann (Hg.), *Das Scheitern der Hochschulreform. Fallstudie zur Gesamthochschulplanung in Baden-Württemberg 1968–1975*, Weinheim 1976.

Jochen Hieber, «Sechs Schreibtische. Ralf Dahrendorfs Memoiren ‹Über Grenzen›», in: *Frankfurter Allgemeine Zeitung*, 5. November 2002, S. L17.

Christian Hodeige, «Mein Freund Ralf Dahrendorf», in: Thomas Hauser u. Christian Hodeige (Hg.), *Der Zeitungsmensch. Auf den Spuren von Ralf Dahrendorf in Südbaden*, Freiburg i. Br. 2010, S. 45–48.

Christina von Hodenberg, «Die Journalisten und der Aufbruch zur kritischen Öffentlichkeit», in: Ulrich Herbert (Hg.), *Wandlungsprozesse in Westdeutschland. Belastung, Integration, Liberalisierung 1945–1980*, Göttingen 2002, S. 278–311.

–, *Konsens und Krise. Eine Geschichte der westdeutschen Medienöffentlichkeit. 1945–1973*, Göttingen 2006.

– u. Detlef Siegfried, *Wo «1968» liegt. Reform und Revolte in der Geschichte der Bundesrepublik*, Göttingen 2006.

Peter Hoeres, «Von der ‹Tendenzwende› zur ‹geistig-moralischen Wende»», in: *Vierteljahreshefte für Zeitgeschichte*, 1, 2013, S. 93–119.

Kurt Hoffmann (Hg.), *Die Macht-Eliten der Welt*, München 1965.

Volkmar Hoffmann, «Kiesinger beruft Planungsstab. Hase-Stellvertreter Krüger mit Aufbau und Leitung beauftragt», in: *Frankfurter Rundschau*, 7. Januar 1967, S. 1.

Peter Uwe Hohendahl u. Erhard Schütz, *Solitäre und Netzwerker. Akteure des kulturpolitischen Konservatismus nach 1945 in den Westzonen Deutschlands*, Essen 2009.

House of Lords Briefing, London 2009.

Susan Howson, *Lionel Robbins*, Cambridge, New York 2011.

Gangolf Hübinger, «Ralf Dahrendorf und Jürgen Habermas. Zwei Varianten der euruopäischen Aufklärung», in: ders., *Engagierte Beobachter der Moderne. Von Max Weber bis Ralf Dahrendorf*, Göttingen 2016, S. 215–323.

–, «Die politischen Rollen europäischer Intellektueller im 20. Jahrhundert», in: ders. u. Thomas Hertfelder (Hg.), *Kritik und Mandat. Intellektuelle in der deutschen Politik*, Stuttgart 2000, S. 30–44.

–, «Fritz Stern zwischen Europa und Amerika. Eine Fallstudie zum Geschichts-Intellektuellen», in: Peter Burschel u. a. (Hg.), *Intellektuelle im Exil*, Göttingen 2011.

–, «Ralf Dahrendorf. Europas engagierter Beobachter», in: Richard Faber (Hg.), *Was ist ein Intellektueller? Rückblicke und Vorblicke*, Würzburg 2012, S. 193–208.

– u. Thomas Hertfelder (Hg.), *Kritik und Mandat. Intellektuelle in der deutschen Politik*, Stuttgart 2000.

Klaus Hüfner u. Jens Naumann, *Konjunkturen der Bildungspolitik in der Bundesrepublik Deutschland*, Bd 1: *Der Aufschwung (1960–1967)*, Stuttgart 1977.

Florian Illies, «Jahrgang 1929», in: *Die Zeit*, 12. März 2009, S. 45.

Alex Inkeles, «The New Liberty. Survival and Justice in a Changing World. By Ralf Dahrendorf», in: *American Journal of Sociology* 85, 2, 1979, S. 439–441.

Urs Jaeggi, *Die gesellschaftliche Elite. Eine Studie zum Problem der sozialen Macht*, Bern 1960.

Karl-Heinz Janßen u. a., *Die Zeit. Geschichte einer Wochenzeitung. 1946 bis heute*, München 2006.

Konrad H. Jarausch, «The Double Disappointment. Revolution, Unification, and German Intellectuals», in: Michael Geyer (Hg.), *The Power of Intellectuals in Contemporary Germany*, Chicago 2001, S. 276–294.

Jeremy Jennings u. Anthony Kemp-Welch, *Intellectuals in Politics. From the Dreyfus Affair to the Rushdie Affair*, London 1997.

Walter Jens, «Leuchtende Perspektiven», in: *Deutsches Allgemeines Sonntagsblatt*, 8. Juni 1986, S. 22.

Clemens Jesenitschnig, Transkript des Interviews vom 26. Januar 2010 in Tübingen mit Prof. em. Dr. Gerhard Lehmbruch, clemens-jesenitschnig.info/docs/09-Interview-Gerhard_Lehmbruch.pdf, zuletzt geprüft am 18. März 2016.

Mary Ann Jezewski u. Paula Sotnik, *Culture Brokering. Providing Culturally Competent Rehabilitation Services to Foreign-Born Persons*, Buffalo, New York 2001.

Tony Judt, «The ‹Third Way› Is No Route to Paradise», in: *New York Times*, 27. September 1998.

Peter Juling, *Programmatische Entwicklung der FDP 1946 bis 1969. Einführung und Dokumente*, Meisenheim am Glan 1977.

Thomas Jung u. Stefan Müller-Doohm (Hg.), *Fliegende Fische. Eine Soziologie des Intellektuellen in 20 Porträts*, Frankfurt am Main 2009.

Heino Kaack, *Die FDP. Grundriß und Materialien zu Geschichte, Struktur und Programmatik*, Meisenheim am Glan ³1979.

Hartmut Kaelble u. a., «Zur Entwicklung transnationaler Öffentlichkeiten und Identitäten im 20. Jahrhundert. Eine Einleitung», in: Hartmut Kaelble u. a. (Hg.), *Transnationale Öffentlichkeiten und Identitäten im 20. Jahrhundert*, Frankfurt am Main 2002, S. 7–33.

Robert Kagan, *Of Paradise and Power. America and Europe in the New World Order*, New York 2003.

Joachim Kaiser, «Die Jungen und die Jüngsten» [gesendet am 14. Oktober 1962], in: Adolf Frisé (Hg.), *Vom Geist der Zeit*, Gütersloh 1966, S. 63–68.

Jürgen Kaube, «Club der Unversuchbaren. Ralf Dahrendorfs vorsoziologisches Plädoyer für die Freiheit», in: *Frankfurter Allgemeine Zeitung*, 6. März 2006.

John Horacio Keane (Hg.), *Civil Society. Berlin Perspectives*, New York 2006.

Volker Kempf, *Wider die Wirklichkeitsverweigerung. Helmut Schelsky – Leben, Werk, Aktualität*, München 2012.

Kurt Georg Kiesinger, *Regierungserklärung abgegeben vor dem Landtag von Baden-Württemberg*, Stuttgart 1964.

Friedrich Kießling, *Die undeutschen Deutschen. Eine ideengeschichtliche Archäologie der alten Bundesrepublik 1945–1972*, Paderborn 2012.

Christian Klein (Hg.), *Handbuch Biographie. Methoden, Traditionen, Theorien*, Stuttgart 2009.

Carola Kleinert u. Brigitte Fehlau, «Die Geschichte des ehemaligen Gestapo-Lagers «Oderblick» in Schwetig/Swiecko», 1. März 2000, https://www.wsws. org/de/articles/2000/03/swie-m01.html, zuletzt geprüft am 9. Juli 2014.

Jürgen Kocka, «Nur keinen neuen Sonderweg. Jedes Stück Entwestlichung wäre als Preis für die deutsche Einheit zu hoch», in: *Die Zeit*, 19. Oktober 1990.

–, «Ralf Dahrendorf in historischer Perspektive», in: *Geschichte und Gesellschaft* 35, 2, 2009, S. 346–352.

Ekkehard Kohrs, «Zweifler und Pessimisten hatten in Stuttgart nichts zu melden. Beim Dreikönigstreffen der FDP wurde Kampfesstimmung und Optimismus ausgegeben», in: *General Anzeiger*, 7. Januar 1983.

René König (Hg.), *Soziologie*, Frankfurt am Main 1958.

–, *Briefwechsel*, hg. v. Mario König u. Oliver König, Opladen 2000.

Karl Korn, «Spezialisten des Unbehagens? Zur Lage der Intellektuellen in Deutschland», in: *Frankfurter Allgemeine Zeitung*, 22. September 1962.

Kurt J. Körper, FDP. *Bilanz der Jahre 1960–1966. Braucht Deutschland eine liberale Partei?*, Köln 1968.

Ilko-Sascha Kowalczuk, «1989 in Perspektive. Ralf Dahrendorfs Antiutopismus», in: *Merkur* 59, 669, 2005, S. 65–69.

Wolfgang Kraushaar, *1968 als Mythos, Chiffre und Zäsur*, Hamburg 2000.

Axel Kremp, «Ein Professor in der Provinz. Wie Ralf Dahrendorf das Leben in Bonndorf beeinflusste und von ihm beeinflusst wurde», in: Thomas Hauser u. Christian Hodeige (Hg.), *Der Zeitungsmensch. Auf den Spuren von Ralf Dahrendorf in Südbaden*, Freiburg i. Br. 2010, S. 25–39.

Herbert Kremp, «Der Überflieger und das sorgende Bodenpersonal. Ralf Dahrendorfs Rezept der reinigenden Niederlage», in: *Die Welt*, 7. Januar 1983.

Thomas Kroll u. Tilman Reitz (Hg.), *Intellektuelle in der Bundesrepublik Deutschland. Verschiebungen im politischen Feld der 1960er und 1970er Jahre*, Göttingen 2013.

Jürgen Krönig u. Annette Riedel, «Tacheles. Das Streitgespräch. Lord Ralf Dahrendorf», in: Deutschlandradio Kultur. Soziologe und Mitglied des britischen Oberhauses, 28. Dezember 2001, http://www.deutschlandradio.de/archiv/dlr/sendungen/tacheles/ 167461/index.html, zuletzt geprüft am 3. Dezember 2015.

Volker Kruse, *Geschichte der Soziologie*, Konstanz ²2012.

Friedrich Kübler, «Rechtswissenschaft in Konstanz. Der unerfüllte Auftrag», in: Hans Robert Jauß u. Herbert Nesselhauf (Hg.), *Gebremste Reform. Ein Kapitel deutscher Hochschulgeschichte, Universität Konstanz 1966–1976*, Konstanz 1977, S. 243–249.

Bernhard Kühnl u. Willi Winkler, «Viel Gefühl, wenig Bewußtsein. Der Schriftsteller Günter Graß über eine mögliche Wiedervereinigung Deutschlands», in: *Der Spiegel*, 20. November 1989, S. 75–80.

Moritz Küpper, *Politik kann man lernen. Politische Seiteneinsteiger in Deutschland*, Halle (Saale) 2013.

Anne Kwaschik, «Die Geburt des Intellektuellen in der Dreyfus-Affäre. Zur Historisierung eines Modells», in: Richard Faber u. Uwe Puschner (Hg.), *Intellektuelle und Antiintellektuelle im 20. Jahrhundert*, Frankfurt am Main 2013, S. 13–28.

Dirk van Laak, *Gespräche in der Sicherheit des Schweigens. Carl Schmitt in der politischen Geistesgeschichte der frühen Bundesrepublik*, Berlin 1993.

–, «Zur Soziologie der geistigen Umorientierung. Neuere Literatur zur intellektuellen Verarbeitung zeitgeschichtlicher Zäsuren», in: *Neue politische Literatur: Berichte über das internationale Schrifttum* 47, 3, 2002, S. 422–440.

Wolfgang R. Langenbucher u. Michael Latzer (Hg.), *Europäische Öffentlichkeit und medialer Wandel. Eine transdisziplinäre Perspektive*, Wiesbaden 2006.

Gerd Langguth, *Die Protestbewegung in der Bundesrepublik Deutschland 1968 bis 1976*, Bonn 1976.

Simone Lässig, «Die historische Biographie auf neuen Wegen?», in: *Geschichte in Wissenschaft und Unterricht* 60, 10, 2009, S. 540–553.

Michael Latzer u. Florian Saurwein, «Europäisierung durch Medien. Ansätze und Erkenntnisse der Öffentlichkeitsforschung», in: Wolfgang R. Langenbucher u. Michael Latzer (Hg.), *Europäische Öffentlichkeit und medialer Wandel. Eine transdisziplinäre Perspektive*, Wiesbaden 2006, S. 10–44.

Hans-Ludwig Laucht, «Ralf Dahrendorf. Wir Liberalen wollen vor allem weniger Staat», in: *Hessische Allgemeine*, 5. Februar 1983.

Ariane Leendertz, *Die pragmatische Wende. Die Max-Planck-Gesellschaft und die Sozialwissenschaften 1975–1985*, Göttingen 2010.

–, «Experten. Dynamiken zwischen Wissenschaft und Politik», in: Christiane Reinecke u. Thomas Mergel (Hg.), *Das Soziale ordnen. Sozialwissenschaften und gesellschaftliche Ungleichheit im 20. Jahrhundert*, Frankfurt am Main 2012, S. 337–369.

Laura Leonardi, *Introduzione a Dahrendorf*, Rom 2014.

–, *La minorità incolpevole. Libertà e ugualianza nella sociologia di Ralf Dahrendorf*, Mailand 1995.

Wolf Lepenies, «Anstand im 20. Jahrhundert. Von den Vorzügen der Unversuchbaren. Ralf Dahrendorf gründet die Societas Erasmiana», in: *Die Welt*, 25. Februar 2006.

M. Rainer Lepsius, «Dahrendorf, Ralf. Industrie- und Betriebssoziologie. 2. umgearb. u. erw. Aufl.», in: *Jahrbücher für Nationalökonomie und Statistik* 175, 1963, S. 159–160.

–, «Die Entwicklung der Soziologie nach dem Zweiten Weltkrieg. 1945 bis 1967», in: Günther Lüschen (Hg.), *Deutsche Soziologie seit 1945. Entwicklungsrichtungen und Praxisbezug*, Köln 1979, S. 25–70.

–, «Kritik als Beruf. Zur Soziologie der Intellektuellen», in: *Interessen, Ideen und Institutionen*, Opladen 1990 [1964], S. 270–285.

–, «Vorstellungen von Soziologie», in: Karl Martin Bolte (Hg.), *Soziologie als Beruf. Erinnerungen westdeutscher Hochschulprofessoren der Nachkriegsgeneration*, Baden-Baden 1998, S. 209–231.

–, «Nachruf auf Ralf Dahrendorf (1929–2009)», in: *Berliner Journal für Soziologie* 19, 4, 2009, S. 655–658.

–, «In Remembrance of the Sociologist Ralf Dahrendorf», in: *Max Weber Studies* 10, Januar, 2010, S. 23–27.

Manfred Liebel, «Die öffentlichen Reaktionen in der Bundesrepublik», in: Thomas Ellwein u. a. (Hg.), *Die* Spiegel-*Affäre. Die Reaktion der Öffentlichkeit*, Olten 1966, S. 39–240.

Renate Liebold, «Autobiographien der Wirtschaftselite. Selbstbild und Selbstinszenierungsformen», in: BIOS 23, 2, 2010, S. 280–297.

Dorothee Liehr, *Von der «Aktion» gegen den «Spiegel» zur «Spiegel-Affäre». Zur gesellschaftspolitischen Rolle der Intellektuellen*, Frankfurt am Main 2002.

Fabian Link, «Die multiple Epistemologie der Sozialwissenschaften. Anmerkungen zu einer Sitzung über das ‹Verhältnis von Soziologie und empirischer Sozialforschung› am 1. März 1957», in: Martin Endreß (Hg.), *Zyklos 1. Jahrbuch für Theorie und Geschichte der Soziologie*, Wiesbaden 2015, S. 101–129.

Massimiliano Livi u. a. (Hg.), *Die 1970er Jahre als schwarzes Jahrzehnt. Politisierung und Mobilisierung zwischen christlicher Demokratie und extremer Rechter*, Frankfurt am Main 2010.

lo., «Ungefragte Professoren», in: *Stuttgarter Zeitung*, 26. November 1964.

David Lockwood, *The Blackcoated Worker. A Study in Class Consciousness*, London 1958.

Günther von Lojewski, «Die Stunde Dahrendorfs», in: *Frankfurter Allgemeine Zeitung*, 31. Januar 1968, S. 4.

Peter Lösche u. Franz Walter, *Die FDP. Richtungsstreit und Zukunftszweifel*, Darmstadt 1996.

Gabriele Lotfi, *KZ der Gestapo. Arbeitserziehungslager im Dritten Reich*, Frankfurt am Main 2003.

Neil Lyndon, «Dearth on Earth», in: *Sunday Times Magazine*, 4. Januar 1983.

Brian MacArthur, «Dahrendorf ‹the supreme prize for LSE›», in: *The Times Higher Education Supplement*, 21. September 1973.

Armin Mahler u. Friedrich Thelen, «Gedränge in der Mitte», in: *Wirtschaftswoche*, 16. Juli 1982, S. 36–37.

Moritz Mälzer, *Auf der Suche nach der neuen Universität. Die Entstehung der «Reformuniversitäten» Konstanz und Bielefeld in den 1960er Jahren*, Dissertationsschrift, Freie Universität Berlin, Berlin 2014.

Mandrake, «Wanted. Man of the world and the cloister», in: *The Sunday Telegraph*, 16. Januar 1983.

Karl Mannheim, *Ideologie und Utopie*, Frankfurt am Main ⁵1969[1929, 1952].

Holger Martens, «Dahrendorf, Gustav», in: Christel Oldenburg (Hg.), *Für Freiheit und Demokratie. Hamburger Sozialdemokratinnen und Sozialdemokraten in Verfolgung und Widerstand; 1933–1945*, Hamburg 2003, S. 42–43.

Ian Mather, «The man who gives rebels no cause», in: *Daily Mail*, 20. September 1973.

Heinz Maus, «Bericht über die Soziologie in Deutschland 1933 bis 1945», in: *Kölner Zeitschrift für Soziologie und Sozialpsychologie*, 1, 1959, S. 72–99.

Gerhard Mauz, «Ach, ach, der Achenbach …», in: *Der Spiegel*, 15. Juli 1974, S. 31–32.

Michael Meadowcroft, «Ralf Dahrendorf. An appreciation», http://www.bramley. demon.co.uk/obits/dahrendorf.html, zuletzt geprüft am 21. Januar 2016.

Gert Meier, Leserbrief, in: *Die Welt*, 10. Oktober 1973.

Franziska Meifort, «Der Wunsch nach Wirkung. Ralf Dahrendorf als intellektueller Grenzgänger zwischen Bundesrepublik und Großbritannien 1964–1984», in: *Geschichte in Wissenschaft und Unterricht* 65, 3/4, 2014, S. 196–216.

–, «Liberalisierung der Gesellschaft durch Bildungsreform. Ralf Dahrendorf zwischen Wissenschaft und Öffentlichkeit in den 1960er Jahren», in: Sebastian Brandt u. a. (Hg.), *Universität, Wissenschaft und Öffentlichkeit in Westdeutschland (1945 bis ca. 1970)*, Stuttgart 2014, S. 141–159.

–, *Findbuch zum Nachlass Ralf Dahrendorf (1929–2009)*, Bestand N 1749, Bundesarchiv Koblenz 2014.

–, «Der Nachlass Dahrendorf im Bundesarchiv. Vermächtnis eines öffentlichen Intellektuellen», in: Eckart Conze u. a. (Hg.), *Jahrbuch zur Liberalismus-Forschung*, 27. Jahrgang 2015, Baden-Baden 2015, S. 301–314.

Ulrike Meinhof, «Der Klärungsprozeß», in: *Konkret*, Januar 1967, S. 2–3.

Thomas Mergel, *Großbritannien seit 1945*, Göttingen 2005.

Robert K. Merton, «The Mathew Effect in Science», in: *Science* 1968, 159, 3810 S. 56–63.

Gabriele Metzler, *Konzeptionen politischen Handelns von Adenauer bis Brandt. Politische Planung in der pluralistischen Gesellschaft*, Paderborn 2005.

Thomas Meyer, «The Third Way at the Crossroads», in: *Internationale Politik und Gesellschaft* 3, 1999, S. 294–304.

Theodor Michael, *Deutsch sein und schwarz dazu. Erinnerungen eines Afro-Deutschen*, München ⁴2014.

Krzysztof Michalski (Hg.), *Europa und die Civil Society*, Stuttgart 1991.

Marco Michel, *Die Bundestagswahlkämpfe der FDP 1949–2002*, Wiesbaden 2005.

Matthias Micus, «Ralf Dahrendorf. Scheitern eines Experiments», in: Robert Lorenz u. Matthias Micus (Hg.), *Seiteneinsteiger. Unkonventionelle Politiker-Karrieren in der Parteiendemokratie*, Wiesbaden 2009, S. 31–60.

–, *Tribunen, Solisten, Visionäre. Politische Führung in der Bundesrepublik*, Göttingen 2010.

C. Wright Mills, *The Power Elite*, Oxford 1956.

Benjamin Möckel, *Erfahrungsbruch und Generationsbehauptung. Die «Kriegsjugendgeneration» in den beiden deutschen Nachkriegsgesellschaften*, Göttingen 2014.

Daniel Morat, «Intellektuelle in Deutschland. Neue Literatur zur intellectual history des 20. Jahrhunderts», in: *Archiv für Sozialgeschichte* 41, 2001, S. 593–607.

–, Rezension von: Ralf Dahrendorf, *Versuchungen der Unfreiheit. Die Intellektuellen in Zeiten der Prüfung*, in: *H-Soz-u-Kult*, 21. Juli 2006, http://www.hsozkult. de/publicationreview/id/rezbuecher-7622, zuletzt geprüft am 5. Februar 2016.

–, *Von der Tat zur Gelassenheit. Konservatives Denken bei Martin Heidegger, Ernst Jünger und Friedrich Georg Jünger 1920–1960*, Göttingen 2007.

–, «Intellektuelle und Intellektuellengeschichte. Version 1.0», in: Clio-online e. V., 12. Dezember 2011, http://docupedia.de/zg/Intellektuelle_und_Intellektuellengeschichte, zuletzt geprüft am 18. Februar 2012.

A. Dirk Moses, «The Forty-Fivers. A Generation Between Facism and Democracy», in: *German Politics and Society* 17, 1, 1999, S. 94–126.

–, «Die 45er. Eine Generation zwischen Faschismus und Demokratie», in: *Neue Sammlung* 40, 2, 2000, S. 233–263.

–, *German Intellectuals and the Nazi Past*, Cambridge 2007.

Jan-Werner Müller, *Another Country. German Intellectuals, Unification and National Identity*, New Haven 2000.

–, *German Ideologies since 1945. Studies in the Political Thought and Culture of the Bonn Republic*, New York [u. a.] 2003.

Wolfgang Müller, «Die Universität des Saarlandes in der politischen Umbruchsituation 1955/56», in: Rainer Hudemann u. a. (Hg.), *Grenz-Fall. Das Saarland zwischen Frankreich und Deutschland 1945–1960*, St. Ingbert 1997, S. 413–425.

–, «Eine Pflegestätte des Geistes, der die Enge des Geistes zu überwinden sucht und nach europäischer Weite strebt». Impressionen zur Geschichte der Universität des Saarlandes», in: Bärbel Kuhn u. a. (Hg.), *Grenzen ohne Fächergrenzen. Interdisziplinäre Annäherungen*, St. Ingbert 2007, S. 265–302.

Stefan Müller-Doohm, «Spätkapitalismus oder Industriegesellschaft», in: Georg Kneer u. Stephan Moebius (Hg.), *Soziologische Kontroversen. Beiträge zu einer anderen Geschichte der Wissenschaft vom Sozialen*, Berlin 2010, S. 131–153.

–, Forschungsstelle Intellektuellensoziologie, 4. April 2011, http://www.forschungsstelle-intellektuellensoziologie.uni-oldenburg.de/, zuletzt geprüft am 25. Februar 2016.

–, *Jürgen Habermas. Eine Biographie*, Berlin 2014.

– u. Thomas Jung, «Fliegende Fische. Zeitgenössische Intellektuelle zwischen Distanz und Engagement», Vorwort, in: Thomas Jung u. Stefan Müller-Doohm (Hg.), *Fliegende Fische. Eine Soziologie des Intellektuellen in 20 Porträts*, Frankfurt am Main 2009.

Herfried Münkler, «Sozio-moralische Grundlagen liberaler Gemeinwesen. Überlegungen zum späten Dahrendorf», in: *Mittelweg 36* 19, 2, 2010, S. 22–37.

Janine Murphy, «Special Paths and Special People. The German Sonderweg and the Disappointing Bourgeoisie», unveröff. Manuskript 2011.

James Murray, «Herr Ralf – happy to take his stride», in: *Daily Express*, 20. September 1973.

Friedhelm Neidhardt, «Europäische Öffentlichkeit als Prozess. Anmerkungen zum Forschungsstand», in: Wolfgang R. Langenbucher u. Michael Latzer (Hg.), *Europäische Öffentlichkeit und medialer Wandel. Eine transdisziplinäre Perspektive*, Wiesbaden 2006, S. 46–61.

Herbert Nesselhauf, «Die Gründungsphase der Universität Konstanz», in: Hans Robert Jauß u. Herbert Nesselhauf (Hg.), *Gebremste Reform. Ein Kapitel deutscher Hochschulgeschichte, Universität Konstanz 1966–1976*, Konstanz 1977, S. 17–27.

Susanne zur Nieden, «‹L. ist ein vollkommen asoziales Element …›. Säuberungen in den Reihen der ‹Opfer des Faschismus› in Berlin», in: Annette Leo u. Peter Reif-

Spirek (Hg.), *Vielstimmiges Schweigen. Neue Studien zum* DDR-Antifaschismus, Berlin 2001, S. 85–108.

Thomas Nipperdey, «Ist Konflikt die einzige Wahrheit in der Gesellschaft? Mensch und Gesellschaft in den hessischen Rahmenrichtlinien», Teil 1 eines Vortrags, in Königsstein im Taunus gehalten, in: *Frankfurter Allgemeine Zeitung*, 24. Oktober 1973, S. 11–12.

–, «Die formierte Schule. Mensch und Gesellschaft in den Rahmenrichtlinien des hessischen Kultusministeriums für Gesellschaftslehre», Teil 2 eines Vortrags, in Königsstein im Taunus gehalten, in: *Frankfurter Allgemeine Zeitung*, 25. Oktober 1973, S. 12.

–, «Die Deutschen dürfen und wollen eine Nation sein», in: *Frankfurter Allgemeine Zeitung*, 13. Juli 1990.

Elisabeth Noelle u. Erich Peter Neumann (Hg.), *Jahrbuch der öffentlichen Meinung. 1968–1973*, Allensbach, Bonn 1974.

Paul Nolte, «Die Historiker der Bundesrepublik. Rückblick auf eine ‹lange Generation›», in: *Merkur*, 1999, 53, 601, S. 413–432.

–, *Die Ordnung der deutschen Gesellschaft. Selbstentwurf und Selbstbeschreibung im 20. Jahrhundert*, München 2000.

–, «Der Unfreiheit die Stirn bieten», in: *KulturAustausch. Zeitschrift für internationale Perspektive* 56, 11, 2006, S. 91–92.

–, «Soziologie als kulturelle Selbstvergewisserung. Die Demokratisierung der deutschen Gesellschaft nach 1945», in: Steffen Sigmund u. a. (Hg.), *Soziale Konstellation und historische Perspektive. Festschrift für M. Rainer Lepsius*, Wiesbaden 2008, S. 18–40.

–, *Hans-Ulrich Wehler. Historiker und Zeitgenosse*, München 2015.

Eva Oberloskamp, Rezension von: Ralf Dahrendorf, *Versuchungen der Unfreiheit. Die Intellektuellen in Zeiten der Prüfung*, in: *sehepunkte*, 15. November 2006, http://www.sehepunkte.de/2006/11/10830.html, zuletzt geprüft am 5. Februar 2016.

Ulrich Oevermann, «Zwei Staaten oder Einheit?», in: *Merkur* 44, 492, 1990, S. 91–106.

Claus Offe, «Akademische Soziologie und politischer Protest. Der Frankfurter Soziologentag 1968», in: Hans-Georg Soeffner (Hg.), *Transnationale Vergesellschaftungen*, Wiesbaden 2012, S. 977–984.

Walther G. Oschilewski, *Gustav Dahrendorf. Ein Kämpferleben*, Berlin-Grunewald 1955.

Lorelies Oslager, «Prof. Ralf Dahrendorf. A disappointed pragmatist», in: *The Financial Times*, 20. September 1973.

Manfred Papst, «Im Klub der liberalen Helden», in: *NZZ am Sonntag*, 19. März 2006.

Ohad Parnes u. a., *Das Konzept der Generation. Eine Wissenschafts- und Kulturgeschichte*, Frankfurt am Main 2008.

Hansgert Peisert, *Soziale Lage und Bildungschancen in Deutschland*, München 1967.

–, «Das Bonner Aschenputtel. Überlegungen zu einem neuen Konzept der auswärtigen Kulturpolitik», in: *Die Zeit*, 9. Oktober 1970.

–, *Die auswärtige Kulturpolitik der Bundesrepublik Deutschland. Sozialwissenschaftliche Analysen und Planungsmodelle*, mit einem Vorwort von Ralf Dahrendorf, Stuttgart 1978.

–, «Wanderungen zwischen Wissenschaft und Politik. Biographische Notizen über R. D.», in: Hansgert Peisert u. Wolfgang Zapf (Hg.), *Gesellschaft, Demokratie und Lebenschancen. Festschrift für Ralf Dahrendorf*, Stuttgart 1994, S. 3–40.

–, «Sozialforschung an der Universität. Berufserfahrung am Rande der Profession», in: Karl Martin Bolte (Hg.), *Soziologie als Beruf. Erinnerungen westdeutscher Hochschulprofessoren der Nachkriegsgeneration*, Baden-Baden 1998, S. 193–208.

– u. Ralf Dahrendorf (Hg.), *Der vorzeitige Abgang vom Gymnasium. Studien und Materialien zum Schulerfolg an den Gymnasien in Baden-Württemberg 1953–1963*.

– u. Wolfgang Zapf (Hg.), *Gesellschaft, Demokratie und Lebenschancen. Festschrift für Ralf Dahrendorf*, Stuttgart 1994.

Werner A. Perger, «Was tun? Europas Sozialdemokratie in der Krise», in: Deutschlandfunk, 20. November 2015.

Georg Picht, *Die deutsche Bildungskatastrophe. Analyse und Dokumentation*, Olten 1964.

Hella Pick, «EEC Commissioner to be new Director of LSE», in: *The Guardian*, 19. September 1973.

–, «Lord Dahrendorf. German sociologist and politician who became director of the LSE and a life peer», in: *The Guardian*, 19. Juni 2009, http://www.theguardian.com/politics /2009/jun/19/ralf-dahrendorf-obituary-lords-lse, zuletzt geprüft am 21. Mai 2011.

Helmuth Plessner, *Die verspätete Nation. Über die politische Verführbarkeit bürgerlichen Geistes*, Stuttgart 1959.

Helmuth Plessner, *Diesseits der Utopie. Ausgewählte Beiträge zur Kultursoziologie*, Düsseldorf 1966.

Clemens von Podewils, *Tendenzwende? Zur geistigen Situation der Bundesrepublik*, Stuttgart 1975.

Presse- und Informationsamt der Bundesregierung (Hg.), *Das Kabinett Kiesinger. Die Regierungserklärung vom 13. Dezember 1966*, Bonn 1967.

Michael Prinz, «Ralf Dahrendorfs ‹Gesellschaft und Demokratie› als epochenübergreifende Interpretation des Nationalsozialismus», in: Matthias Frese u. Michael Prinz (Hg.), *Politische Zäsuren und gesellschaftlicher Wandel im 20. Jahrhundert. Regionale und vergleichende Perspektiven*, Paderborn 1996, S. 755–777.

R., «Die SPD möchte die liberale Partei werden. Tagung ‹Junge Generation und Macht› in Bad Godesberg», in: *Frankfurter Allgemeine Zeitung*, 8. Oktober 1960, S. 1.

–, «Brandt: Wir wollen regieren. Absage an Strauß. Angriffe gegen die Union auf dem Parteitag in Karlsruhe», in: *Frankfurter Allgemeine Zeitung*, 25. November 1964, S. 3.

Peter Raina, *House of Lords Reform. A History*, Bd. 4: *1971–2014. The Exclusion of Hereditary Peers*, Oxford 2015.

Lutz Raphael u. Heinz E. Tenorth (Hg.), *Ideen als gesellschaftliche Gestaltungskraft im Europa der Neuzeit. Beiträge für eine erneuerte Geistesgeschichte*, München 2006.

Ulrich Raulff, *Kreis ohne Meister. Stefan Georges Nachleben*, München 2009.

Jenny Rees, On Britain, in: Daily Express, 5. Januar 1983.

Karl-Siegbert Rehberg, «Helmut Schelskys Position in der Nachkriegsgeschichte des Faches», in: Alexander Gallus (Hg.), *Helmut Schelsky – der politische Anti-Soziologe. Eine Neurezeption*, Göttingen 2013, S. 17–36.

Morten Reitmayer, *Elite. Sozialgeschichte einer politisch-gesellschaftlichen Idee in der frühen Bundesrepublik*, München 2009.

Hans Werner Richter (Hg.), *Bestandsaufnahme. Eine deutsche Bilanz 1962. Sechsunddreissig Beiträge deutscher Wissenschaftler, Schriftsteller und Publizisten*, München 1962.

Helmut Rieber, «Nach einer Stunde mußte Dutschke nach Berlin. Beim Rededuell in Freiburg hatte Professor Dahrendorf die Lacher oft auf seiner Seite», in: *Frankfurter Rundschau*, 31. Januar 1968.

Jürgen Ritsert, «Der Positivismusstreit», in: Georg Kneer u. Stephan Moebius (Hg.), *Soziologische Kontroversen. Beiträge zu einer anderen Geschichte der Wissenschaft vom Sozialen*, Berlin 2010, S. 102–132.

Udo Rohr, «Fast vergessen. Das Straflager von Schwetig. Ein Amateurforscher sammelte Erkenntnisse ueber die Opfer der SS/Gedenkstaette verwahrlost», in: *Der Tagesspiegel*, 13. April 1997, S. 16.

Anne Rohstock, *Von der «Ordinarienuniversität» zur «Revolutionszentrale»? Hochschulreform und Hochschulrevolte in Bayern und Hessen 1957–1976*, München u. Regensburg 2010.

Eduard Rosenbaum, «Ein Organon des Verstehens», in: *Merkur* 16, 169, 1962, S. 287–291.

Paul Rothmund u. a., *Die F.D.P./DVP in Baden-Württemberg und ihre Geschichte. Liberalismus als politische Gestaltungskraft im deutschen Südwesten*, Stuttgart 1979.

Michael Ruck, «Ein kurzer Sommer der Utopie. Zur westdeutschen Planungsgeschichte der langen 60er Jahre», in: Axel Schildt u. Detlef Siegfried (Hg.), *Dynamische Zeiten. Die 60er Jahre in den beiden deutschen Gesellschaften*, Hamburg 2000, S. 362–401.

Wilfried Rudloff, «Bildungsplanung in den Jahren des Bildungsbooms», in: Matthias Frese u. a. (Hg.), *Demokratisierung und gesellschaftlicher Aufbruch. Die sechziger Jahre als Wendezeit der Bundesrepublik*, Paderborn ²2005, S. 259–282.

Hermann Rudolph, «Themenwechsel oder Tendenzwende? Symposion in der Bayerischen Akademie der schönen Künste», in: *Frankfurter Allgemeine Zeitung*, 30. November 1974, S. 21.

Undine Ruge, *Die Erfindung des «Europa der Regionen». Kritische Ideengeschichte eines konservativen Konzepts*, Frankfurt am Main 2003.

Dieter Rulff, «Ralf Dahrendorf und das sozialliberale Intermezzo. Parteiintellektuelle in Deutschland», in: Deutschlandradio, 12. Juni 2011, http://www.deutschlandfunk.de/dahrendorf-und-das-sozialliberale-intermezzo.1184.de.html?dram:article_id=185450, zuletzt geprüft am 1. März 2016.

Meg Russell, *Reforming the House of Lords. Lessons from overseas*, Oxford 2000.

Jean-Paul Sartre, «Plädoyer für die Intellektuellen», in: *Gesammelte Werke*, Bd. 6, Reinbek bei Hamburg 1995, S. 90–148.

Stephan Sattler, «Die guten Intellektuellen. Lord Dahrendorf erzählt von Helden des liberalen Geistes, die den Versuchungen der totalitären Bewegung widerstanden», in: *Focus*, 29. April 2006, S. 80–82.

Dieter Sauer, «Die Zukunft der Arbeitsgesellschaft. Soziologische Deutungen in zeithistorischer Perspektive», in: *Vierteljahrshefte für Zeitgeschichte* 55, 2, 2007, S. 309–328.

Gerhard Schäfer, «Der Nationalsozialismus und die soziologischen Akteure der Nachkriegszeit. Am Beispiel Helmut Schelskys und Ralf Dahrendorfs», in:

Michaela Christ u. Maja Suderland (Hg.), *Soziologie und Nationalsozialismus. Positionen, Debatten, Perspektiven*, Berlin 2014, S. 119–161.

Michael Schäfer, *Die Vereinigungsdebatte. Deutsche Intellektuelle und deutsches Selbstverständnis 1989–1996*, Baden-Baden 2002.

Walter Scheel u. a., *Erinnerungen und Einsichten*, Stuttgart 2004.

Moritz Scheibe, «Auf der Suche nach der demokratischen Gesellschaft», in: Ulrich Herbert (Hg.), *Wandlungsprozesse in Westdeutschland. Belastung, Integration, Liberalisierung 1945–1980*, Göttingen 2002, S. 245–277.

Gisela Schell, «1968 und die Folgen», in: Hessischer Rundfunk, 14. Oktober 2010, http://www.hr-online.de/website/specials/wissen/index.jsp?rubrik=68527&key=standard_document_39 935657, zuletzt geprüft am 4. Oktober 2015.

Helmut Schelsky, *Die skeptische Generation. Eine Soziologie der deutschen Jugend*, Düsseldorf, Köln 1957.

–, *Auf der Suche nach Wirklichkeit*, Düsseldorf, Köln 1965.

Erwin K. Scheuch, «Ist Dahrendorf der geeignete Mann für ‹Starnberg›», in: *Hochschulpolitische Informationen*, 11, 1979, S. 7.

–, «Drei Leben als Sozialwissenschaftler», in: Karl Martin Bolte (Hg.), *Soziologie als Beruf. Erinnerungen westdeutscher Hochschulprofessoren der Nachkriegsgeneration*, Baden-Baden 1998, S. 233–266.

Jürgen Schiewe, *Öffentlichkeit. Entstehung und Wandel in Deutschland*, Paderborn 2004.

Axel Schildt, *Ankunft im Westen. Ein Essay zur Erfolgsgeschichte der Bundesrepublik*, Frankfurt am Main 1999.

–, «Zur so genannten Amerikanisierung in der Bundesrepublik», in: Lars Koch u. Petra Tallafuss (Hg.), *Modernisierung als Amerikanisierung? Entwicklungslinien der westdeutschen Kultur 1945–1960*, Bielefeld 2007, S. 23–44.

–, «Immer mit der Zeit. Der Weg der Wochenzeitung *Die Zeit* durch die Bonner Republik – eine Skizze», in: Christian Haase u. Axel Schildt (Hg.), *Die Zeit und die Bonner Republik. Eine meinungsbildende Wochenzeitung zwischen Wiederbewaffnung und Wiedervereinigung*, Göttingen 2008, S. 9–27.

–, «Auf neuem und doch scheinbar vertrautem Feld. Intellektuelle Positionen am Ende der Weimarer und am Anfang der Bonner Republik», in: Alexander Gallus u. Axel Schildt (Hg.), *Rückblickend in die Zukunft. Politische Öffentlichkeit und intellektuelle Positionen in Deutschland um 1950 und um 1930*, Göttingen 2011, S. 13–32.

–, «Überbewertet? Zur Macht objektiver Entwicklungen und zur Wirkungslosigkeit der ‹68er›», in: Udo Wengst (Hg.), *Reform und Revolte. Politischer und gesellschaftlicher Wandel in der Bundesrepublik vor und nach 1968*, München 2011, S. 89–102.

–, «‹Augstein raus – Strauß rein›. Öffentliche Reaktionen auf die *Spiegel*-Affäre», in: Martin Doerry (Hg.), *Die Spiegel-Affäre. Ein Skandal und seine Folgen*, München 2013, S. 177–201.

Hilke Schlaeger, «Warenhaus der Ausbildung. Der Plan einer differenzierten Gesamthochschule für Baden-Württemberg», in: *Die Zeit*, 4. August 1967, S. 28.

Stephan Schlak, *Wilhelm Hennis. Szenen einer Ideengeschichte der Bundesrepublik*, München 2008.

Johannes Schlemmer (Hg.), *Die Hoffnungen unserer Zeit. Zehn Beiträge. Eine Sendereihe des Süddeutschen Rundfunks*, München 1963.

Johan Schloemann, «‹Deutschland ist zuweilen unerträglich›. Zum Tod von Ralf Dahrendorf», in: *Süddeutsche Zeitung*, 18. Juni 2009.

Helmut Schmidt, *Weggefährten. Erinnerungen und Reflexionen*, Berlin 1996.
–, *Außer Dienst. Eine Bilanz*, München 2008.
– u. Dorothea Hauser, *Jahrhundertwende. Gespräche mit Lee Kuan Yew, Jimmy Carter, Shimon Peres, Valéry Giscard d'Estaing, Ralf Dahrendorf, Michail Gorbatschow, Rainer Barzel, Henry Kissinger, Helmut Kohl und Henning Voscherau*, Berlin 1998.
Jürgen Peter Schmied, *Sebastian Haffner. Eine Biographie*, München 2010.
Christian Schneider, «Karrierewege ehemaliger NS-Eliteschüler in der Bundesrepublik», in: Internationale Vogelsang-Tage (Hg.), *«Fackelträger der Nation». Elitebildung in den NS-Ordensburgen*, Köln 2010, S. 229–231.
Peter Schneider, «Wie haben wir geirrt! Intellektuelle und der Mauerfall», in: *Cicero*, 8. November 2014, http://www.cicero.de/berliner-republik/wie-haben-wir-geirrt/40347, zuletzt geprüft am 15. Oktober 2015.
David Schoenbaum, *Hitler's Social Revolution. Class and Status in Nazi Germany 1933–1939*, Garden City 1966.
Wolfgang Schollwer, *«Da gibt es in der* FDP *noch viel Überzeugungsarbeit zu leisten ...».* Aufzeichnungen aus der FDP-Bundesgeschäftsstelle 1966–1970, hg. v. Jürgen Frölich, Bremen 2007.
Hermann Schreiber, «... dann landet man in Brüssel», in: *Der Spiegel*, 8. Juni 1970, S. 29.
Winfried Schulze (Hg.), *Ego-Dokumente. Annäherung an den Menschen in der Geschichte*, Berlin 1996.
Joseph Alois Schumpeter, *Kapitalismus, Sozialismus und Demokratie*, mit einer Einführung von Eberhard K. Seifert [1947], Tübingen [8]2005.
Christian Schütze, «Durch Hinterzimmer auf dem Weg nach oben. Der Konstanzer Soziologieprofessor wirbt in Baden-Württemberg für einen Platz im Landtag und für eine neue Politik», in: *Süddeutsche Zeitung*, 26. April 1968.
Hans-Peter Schwarz, *Das Gesicht des Jahrhunderts. Monster, Retter und Mediokritäten*, Berlin 1998.
Karl H. Schwarz, «Dahrendorf – Ein Wunderdoktor?», in: *Welt am Sonntag*, 4. Februar 1968.
Hansmartin Schwarzmaier u. Meinrad Schaab (Hg.), *Handbuch der baden-württembergischen Geschichte. Die Länder seit 1918*, Stuttgart 2003.
Heinz Schweden, «Da zerstob der Nimbus des ‹roten Rudi› wie ein Spuk», in: *Rheinische Post*, 30. Januar 1968, S. 2.
–, «Reformer und Linke erobern FDP-Spitze», in: *Rheinische Post*, 31. Januar 1968, S. 1–2.
Markus Schwingel, *Bourdieu zur Einführung*, Hamburg 1995.
Marie Scot, *La London School of Economics and Political Science, 1895–2010. Internationalisation universitaire et circulation des savoirs*, Paris 2011.
sd., «Verlage lassen bitten. Zu Gast bei drei Empfängen», in: *Frankfurter Neue Presse*, 18. Oktober 1965.
Dieter Seewald, «Ralf Dahrendorf – oder die Unruhe des Suchenden. Gedanken zum 65. Geburtstag des Wissenschaftlers und politisch engagierten Menschen», in: *Südkurier*, 30. April 1994.
Sekretariat der Ständigen Konferenz der Kultusminister der Länder, *Wirtschaftswachstum und Ausbau des Erziehungswesens*, Bonn 1962.
David Shears, «Match for the student rebels», in: *Sunday Telegraph*, 23. September 1973.

Raymond Snoddy, «Dahrendorf quits as Independent Chairman», 8. Mai 1993.

Christian Søe, *Politische Kontrolle und Verantwortlichkeit in der Bundesrepublik Deutschland am Ende der Adenauer-Ära. Eine Verlaufsanalyse der Spiegel-Affäre.* Berlin 1976.

Theo Sommer, «Streitbar und lebensfroh. Zum Tod von Diether Stolze», in: *Die Zeit,* 2. November 1990, S. 9.

–, «Der ewige Grenzgänger», in: *Die Zeit,* 19. Juni 2009, http://www.zeit.de/online/2009/26/dahrendorf-nachruf, zuletzt geprüft am 26. März 2016.

Traute Sommer-Otte, «Alumna mit der Matrikel Nr. 81. ‹Dahrendorf-Schülerin› in einer Universität, die nicht mehr Studenten hatte, als eine Grundschule Schüler», in: *Universität Konstanz,* 24. August 2011, http://www.alumni.uni-konstanz. de/rueckblick/so-haben-wir-die-universitaet-konstanz-erlebt/traute-sommer-otte-alumna-mit-der-matrikel-nr-81-dahrendorf-schuelerin-in-einer-universitaet-die-nicht-mehr-studente n-hatte-als-eine-grundschule-schueler/, zuletzt geprüft am 3. September 2015.

Stephan Speicher, «Ein Volk listenreicher Klugscheißer. Die Deutschen haben der alten Schwarmgeisterei entsagt und sind stolz auf ihre solide Skepsis. Doch die hat auch ziemlich häßliche Seiten», in: *Frankfurter Allgemeine Sonntagszeitung,* 26. Februar 2006.

Gerhard Spörl u. Dieter Wild, «Nach Osten hin ist alles offen. Der Soziologe Ralf Dahrendorf über Deutschlands Rolle in der Welt», in: *Der Spiegel,* 18. Januar 1993, S. 21–23.

St Antony's College, Russian and East European Centre. Fifty Years On, o. Dat., www-old.sant.ox.ac.uk/russian/booklet.pdf, zuletzt geprüft am 14. Oktober 2015.

Caroline St John-Brooks, «A gambler for high intellectual stakes», in: *New Society,* 10. März 1983, S. 370–372.

Statistisches Bundesamt Wiesbaden, «Jeder Vierte in Deutschland hat Abitur», Pressemitteilung 2012.

Statistisches Landesamt Baden-Württemberg (Hg.), *Die Wahl zum Landtag von Baden-Württemberg am 28. April 1968. Endgültiges Ergebnis der Wahl in den Wahlkreisen und Regierungsbezirken, in den Stadt- und Landkreisen sowie in den Gemeinden,* Stuttgart 1969.

Sybille Steinbacher, «Martin Broszat und die Erforschung der nationalsozialistischen Judenpolitik», in: Norbert Frei (Hg.), *Martin Broszat, der «Staat Hitlers» und die Historisierung des Nationalsozialismus,* Göttingen 2007, S. 130–145.

Anke Stephan, *Von der Küche auf den Roten Platz. Lebenswege sowjetischer Dissidentinnen,* Zürich 2005.

Fritz Stern, *The Politics of Cultural Despair. A Study in the Rise of the Germanic Ideology,* Berkeley 1961.

–, *Gold und Eisen. Bismarck und sein Bankier Bleichröder,* Frankfurt am Main 1978.

–, «Der Nationalsozialismus als Versuchung», in: *Der Traum vom Frieden und die Versuchung der Macht. Deutsche Geschichte im 20. Jahrhundert,* Berlin 1988, S. 164–214.

–, *Fünf Deutschland und ein Leben. Erinnerungen,* München 2007.

–, Redebeitrag auf der Feier zu Ralf Dahrendorfs 80. Geburtstag, in: Timothy Garton Ash (Hg.), *On Liberty. The Dahrendorf Questions. Record of a colloquium held at St Antony's College, Oxford, to mark the 80th birthday of Ralf Dahrendorf on 1 May 2009,* Oxford 2009, S. 14–19.

Heinz L. Steuber, «Dahrendorfs Brief schockte die Liberalen. Wegen einer Erkrankung muß sich der Professor voraussichtlich eineinhalb Jahre zurückziehen», in: *Stuttgarter Nachrichten*, 31. August 1983.

Bernhard Sutor, «Politische Bildung im Streit um die ‹intellektuelle Gründung› der Bundesrepublik Deutschland. Die Kontroversen der siebziger und achtziger Jahre», in: *Aus Politik und Zeitgeschichte*, B45, 2002, S. 17–27.

Frank X. Sutton u. Will Hertz, «Remembering Three Ford Foundation Trustee Giants», in: *The LAFF Society*, November, 2009, S. 3–4.

Margaret Connell Szasz, *Between Indian and White Worlds. The Cultural Broker*, Norman 2001.

Hans-Ulrich Thamer, Der «Neue Mensch» als nationalsozialistisches Erziehungsprojekt. Anspruch und Wirklichkeit in den Eliteeinrichtungen des NS-Bildungssystems, in: Internationale Vogelsang-Tage (Hg.), «Fackelträger der Nation». Elitebildung in den NS-Ordensburgen, Köln 2010, S. 81–94.

Nicholas Timmins, Birth of a new welfare consensus, in: The Independent, 26. Juli 1995, S. 13.

Claudia Ulbrich u. a. (Hg.), *Selbstzeugnis und Person. Transkulturelle Perspektiven*, Köln 2012.

Volker Ullrich, «Die schwierige Königsdisziplin», in: *Die Zeit*, 4. April 2007.

Universität Konstanz, *Die Universität Konstanz. Bericht des Gründungsausschusses*, vorgelegt im Juni 1965, Konstanz 1965.

Dan van der Vat, «The missionary over the Water», in: *The Guardian*, 28. Januar 1983.

Nina Verheyen, *Diskussionslust. Eine Kulturgeschichte des «besseren Arguments» in Westdeutschland*, Göttingen 2010.

Hans Vorländer (Hg.), *Verfall oder Renaissance des Liberalismus? Beiträge zum deutschen und internationalen Liberalismus*, München 1987.

–, «What's liberal? Der Liberalismus zwischen Triumph und Erschöpfung», in: *Aus Politik und Zeitgeschichte*, B10, 1995, S. 29–38.

–, «Dritter Weg und Kommunitarismus», in: *Aus Politik und Zeitgeschichte*, 2001, S. 16–23.

Hans-Ulrich Wagner, «Das Ringen um einen neuen Rundfunk. Der NWDR unter der Kontrolle der britischen Besatzungsmacht», in: Peter von Rüden u. Hans-Ulrich Wagner (Hg.), *Die Geschichte des Nordwestdeutschen Rundfunks*, Hamburg 2005, S. 13–84.

Martina Wagner-Egelhaaf, *Autobiographie*, Stuttgart 2000.

David Walker, «£5 m scheme for policy studies institute in London proposed», in: *The Times*, 21. Juli 1977, S. 4.

Rudolf Walther, «Der letzte freie Denker. Ralf Dahrendorf feiert die Intellektuellen, die sich nicht verführen ließen – und im Grunde sich selbst», in: *Frankfurter Rundschau*, 6. Dezember 2006.

Klaus Weber, «Die Konjunktur der Linksliberalen 1966–1970. Das Beispiel Ralf Dahrendorf», in: Friedrich-Naumann-Stiftung (Hg.), *Jahrbuch für Liberalismus-Forschung*, Baden-Baden 2008, S. 153–172.

–, *Der Linksliberalismus in der Bundesrepublik um 1969. Konjunktur und Profile*, Frankfurt am Main 2012.

Max Weber, *Politik als Beruf*, Stuttgart 1992.

Reinhold Weber u. Hans-Georg Wehling, *Baden-Württemberg. Gesellschaft, Geschichte, Politik*, 2006.

Hans-Ulrich Wehler, *Deutsche Gesellschaftsgeschichte*, Bd. 3: *Von der «Deutschen Doppelrevolution» bis zum Beginn des Ersten Weltkrieges, 1949–1914*, München 1995.

–, u. a., *«Eine lebhafte Kampfsituation»*. Ein Gespräch mit Manfred Hettling und Cornelius Torp, München 2006.

–, *Deutsche Gesellschaftsgeschichte*, Bd. 5: *Bundesrepublik und DDR*. 1949–1990, München 2008.

–, «Weckruf für die Demokratie – die *Spiegel*-Affäre. 50 Jahre danach», in: Martin Doerry (Hg.), *Die* Spiegel-*Affäre. Ein Skandal und seine Folgen*, München 2013, S. 24–33.

Nikolai Wehrs, «Protest der Professoren. Der Bund Freiheit der Wissenschaft und die Tendenzwende der 1970er Jahre», in: Massimiliano Livi u. a. (Hg.), *Die 1970er Jahre als schwarzes Jahrzehnt. Politisierung und Mobilisierung zwischen christlicher Demokratie und extremer Rechter*, Frankfurt am Main 2010, S. 91–112.

–, *Protest der Professoren. Der «Bund Freiheit der Wissenschaft» in den 1970er Jahren*, Göttingen 2014.

Bernd Weisbrod, «Generation und Generationalität in der Neueren Geschichte», in: *Aus Politik und Zeitgeschichte*, 8, 2005, S. 3–9.

Hanne Weisensee, *Demokratie, Staat und Gesellschaft in der Globalisierung*, Baden-Baden 2005.

Wieland Weltall, «Wagemutige Männer», in: *Der Spiegel*, 2. August 1971, S. 111.

Udo Wengst (Hg.), *Reform und Revolte. Politischer und gesellschaftlicher Wandel in der Bundesrepublik vor und nach 1968*, München 2011.

Wolfgang Weyrauch (Hg.), *Ich lebe in der Bundesrepublik. Fünfzehn Deutsche über Deutschland*, München 1960.

Jan-Martin Wiarda, «Der Strippenzieher. Er prägte das Bildungssystem einst wie kein Zweiter – diese Woche wäre Hellmut Becker 100 Jahre alt geworden», in: *Die Zeit*, 16. Mai 2013.

Burckhard Wiebe, «Lord Dahrendorf wird Permanent Fellow am WZB», Pressemitteilung, in: Wissenschaftszentrum Berlin, 4. Juni 2004, https://idw-online.de/de/news81145, zuletzt geprüft am 16. Februar 2016.

Peter Wilby, «Joy at LSE for a man who thrives on conflict», in: *The Observer*, 23. September 1973.

–, «The Lords of Learning», in: *The Times Magazine*, 15. August 1976, S. 10–11.

Michael Wildt, *Generation des Unbedingten. Das Führungskorps des Reichssicherheitshauptamtes*, Hamburg 2002.

Hans Willauer, «‹Bindung an den Westen mit eigenen Interessen verbinden›. Professor Dahrendorf: Neben der Sicherheitspartnerschaft mit den USA besondere Beziehungen zur DDR», in: *Südkurier*, 14. April 1984.

Heinrich August Winkler, *Der lange Weg nach Westen*, Bd. 2: *Deutsche Geschichte vom «Dritten Reich» bis zur Wiedervereinigung*, München 2000.

Andreas Wirsching, *Abschied vom Provisorium. 1982–1990*, München 2006.

–, *Demokratie und Globalisierung. Europa seit 1989*, München 2015.

Fritz Wirth, «Dahrendorf strebt nach der Rolle des Vordenkers der Liberalen», in: *Die Welt*, 15. Dezember 1982.

Rainer Wirtz, «Von London nach Konstanz. Von außen nach innen?», in: *Via Volvo*, 3, 1985, S. 10–13.

Edgar Wolfrum, *Die 60er Jahre. Eine dynamische Gesellschaft*, Darmstadt 2006.

–, *Die geglückte Demokratie. Geschichte der Bundesrepublik Deutschland von ihren An-fängen bis zur Gegenwart*, Stuttgart 2006.

ws, «‹Laßt nur ausdiskutieren!›. Das war Dahrendorf», in: *Pfälzische Volkszeitung*, 1. Mai 1969.

Wolfgang Zapf, *Wandlungen der deutschen Elite. Ein Zirkulationsmodell deutscher Führungsgruppen 1919–1961*, München 1966.

Ulrich Zawatka-Gerlach, «Der Mann am Mikrofon – als Oxfort auf Dutschke traf», in: *Der Tagesspiegel*, 11. August 2003, http://www.tagesspiegel.de/berlin/der-mann-am-mikrofon-als-oxfort-auf-dutschke-traf/438444, zuletzt geprüft am 21. Mai 2013.

Edda Ziegler, *100 Jahre Piper. Die Geschichte eines Verlags*, München [u. a.] 2004.

o. Verf., «A Star from abroad», in: *The Observer*, 23. September 1973.

o. Verf., «All Their Tomorrows», in: *The Times*, 8. Juni 1983.

o. Verf., «An original and welcome appointment», in: *The Times*, 20. September 1973.

o. Verf., «‹Die deutsche Nation ist eine Aufgabe für stolze Bürger›. Dahrendorf bei den ‹Berliner Lektionen›. Gegen Angst und Kleinmütigkeit», in: *Der Tagesspiegel*, 12. Juni 1990.

o. Verf., «‹Liberale sind kein Wackelpudding›. Wie Prof. Dr. Ralf Dahrendorf über die FDP, den Partnerwechsel zur CDU, das Parlament und die Bonner Grünen denkt», in: *Bunte*, 5. Mai 1983.

o. Verf., «‹Natürlich will ich Bundeskanzler werden›. Portrait Ralf Dahrendorf», in: *stern*, 25. Februar 1968, S. 72–76.

o. Verf., «‹Saaruniversität Saarbrücken› – eine zeitgenössische Betrachtung aus dem Jahr 1953», in: *Champus*, Mai 2006, S. 24–29.

o. Verf., «‹Senkrechtstarter› in der VHS. Zu dem Vortragsabend mit Prof. Dr. Dahrendorf am Freitag», in: *Rhein-Zeitung*, Ausgabe Bad Kreuznach, 12. Dezember 1968.

o. Verf., «Ärger über Dahrendorf», in: *Frankfurter Allgemeine Zeitung*, 22. April 1970, S. 3.

o. Verf., «Aus den Wahlkreisen des Heimatgebiets», in: *Südkurier*, 29. September 1969.

o. Verf., «Baden-Württembergs gutes Beispiel», in: *Süddeutsche Zeitung*, 3. August 1967.

o. Verf., «Berufliches. Ralf Dahrendorf», in: *Der Spiegel*, 26. Juni 1978.

o. Verf., «Besuch im Schloss», in: *Der Spiegel*, 28. April 1969, S. 99–100.

o. Verf., «Dahrendorf sagt ab – wg. Waldheim», in: *Die Zeit*, 13. Juni 1986.

o. Verf., «Dahrendorf über eine offene Gesellschaft in Europa», in: *Basler Zeitung*, 1. März 1990.

o. Verf., «Dahrendorf: Kein FDP-Vorsitz», in: *Hamburger Abendblatt*, 15. Januar 1983.

o. Verf., «Dahrendorfs Plan», in: *Schwäbische Post*, 2. August 1967.

o. Verf., «Dahrendorfs Rückzug», in: *Der Spiegel*, 18. April 1988, S. 16.

o. Verf., «Decision Day for Dahrendorf», in: *The Standard*, 11. Januar 1983.

o. Verf., «Die Entscheidung in den Heimatwahlkreisen», in: *Südkurier*, 29. September 1969.

o. Verf., «Double Whammy. Today's workers are being asked to pay for pensions twice over», in: *The Times*, 26. Juli 1995.

o. Verf., «Drei-Stufen-Uni», in: *Nordwest-Zeitung*, 2. August 1967.

o. Verf., «Ein Sprecher des liberalen Geistes. Ralf Dahrendorf, die ‹London School of Economics› und die ‹Reith Lectures›», in: *Die Zeit*, 27. Dezember 1974, S. 2.

o. Verf., «Eine *Bild*-Schlagzeile ist mehr Gewalt als ein Stein am Polizisten-Kopf. Eine Dokumentation über die Oster-Unruhen und ihre Ursachen: Die Rolle des Verlagshauses Axel Springer», in: *Der Spiegel*, 6. Mai 1968, S. 41.

o. Verf., «Einer kam durch», in: CIVIS 9, 95, 1962, S. 10.

o. Verf., «Europa muß seine Außenbeziehungen überdenken. ‹EWG-Außenminister› Dahrendorf macht Vorschläge», in: *Frankfurter Rundschau*, 19. November 1971.

o. Verf., «Herr raising plan», in: *Today*, 5. Januar 1990.

o. Verf., «Hochschulreform», in: *Esslinger Zeitung*, 2. August 1967.

o. Verf., «How to lose friends and influence», in: *The Times*, 16. Februar 1977.

o. Verf., «In der Zucht», in: *Der Spiegel*, 3. November 1969.

o. Verf., «Jaspers übt bittere Kritik an der Bundesregierung. Bonn schweigt zu den Angriffen des Philosophen», in: *Hamburger Abendblatt*, 3. Januar 1967.

o. Verf., «Komet Dahrendorf», in: *Die Welt*, 20. Februar 1968.

o. Verf., «Kurzakademiker», in: *Handelsblatt*, 2. August 1967.

o. Verf., «Leitplanken Richtung Zukunft», in: *Südkurier*, 2. August 1967.

o. Verf., «Linker Lou», in: *Der Spiegel*, 22. Januar 1968, S. 25.

o. Verf., «Lord Dahrendorf. Obituary», in: *The Telegraph*, 18. Juni 2009, http://www.telegraph.co.uk/news/obituaries/politics-obituaries/5571140/Lord-Dahrendorf.html, zuletzt geprüft am 28. Oktober 2015.

o. Verf., «LSE ‹is fighting for surviva›», in: *Financial Times*, 27. Dezember 1979.

o. Verf., «Plätze waren Mangelware. Professor Dahrendorf in der Kurstadt. Höhepunkt des FDP-Wahlkampf – Grundtenor: Das Recht des einzelnen in allen Bereichen», in: *Badische Zeitung*, 26. September 1969.

o. Verf., «Prof. Dr. Dahrendorf für die Glaubwürdigkeit der Politik. Tonhalle war voll besetzt/Rege Diskussion mit vorwiegend jungen Menschen», in: *Villinger Zeitung*, 30. März 1968.

o. Verf., «Reform-Pläne», in: *Neue Ruhrzeitung*, 2. August 1967.

o. Verf., «Schlapper Verein. Der Fall Dahrendorf scheint überstanden. Der Brüsseler Kommissar tritt nicht zurück», in: *Der Spiegel*, 9. August 1971, S. 64–65.

o. Verf., «So finster», in: *Der Spiegel*, 22. April 1968, S. 84.

o. Verf., «Spitze des Dreiecks», in: *Der Spiegel*, 14. April 1969, S. 30.

o. Verf., «The LSE's Knight Errant», in: *The Observer*, 16. Januar 1983.

o. Verf., «Vieles unheimlich», in: *Der Spiegel*, 15. Januar 1968, S. 25.

o. Verf., «Warum keine Minderheitsregierung? Für die FDP sprach Professor Dahrendorf zu aktuellen politischen Fragen», in: *Badisches Tagblatt*, 27. März 1968.

o. Verf., «Was ihr wollt», in: *Der Spiegel*, 29. Juni 1970, S. 24–25.

o. Verf., «Wealth, well-being and liberty», in: *New Statesman*, 28. Juli 1995, S. 5.

o. Verf., «Wohin mit Dahrendorf? Schwierigkeiten ohne Ende», in: *Bayern Kurier*, 21. September 1968.

o. Verf., «Zum Schießen», in: *Der Spiegel*, 5. Februar 1968, S. 32–34.

Lebenslauf Ralf Dahrendorf[1]

1. Mai 1929	Geburt in Hamburg (Eltern: Gustav und Lina Dahrendorf, Bruder: Frank Dahrendorf)
1935–1946	Schulbesuch in Berlin und Waldsieversdorf
1944/45	Vier Wochen Haft in einem Arbeitserziehungslager der Gestapo in Schwetig an der Oder wegen Mitgliedschaft in einer illegalen freiheitlichen Schülervereinigung
1947	Abitur in Hamburg
1947–1952	Studium der Philosophie und der klassischen Philologie an der Universität Hamburg, v. a. bei Prof. Dr. Josef König und Dr. Ernst Zinn
1947–1950	Mitarbeit bei der *Hamburger Akademischen Rundschau*
1947–1952	Mitglied der SPD und des Sozialistischen Deutschen Studentenbundes (SDS)
1948	Teilnahme an einem «Reeducation Camp» in Wilton Park, England
1951	Amerika-Reise
1952	Promotion zum Dr. phil. bei Prof. Dr. Josef König mit der Dissertation «Der Begriff des Gerechten im Denken von Karl Marx»
1952–1954	Postgraduierten-Studium der Soziologie an der London School of Economics and Political Science (LSE)
1954	Heirat mit Vera Dahrendorf, geb. Banister
1954	Wissenschaftlicher Assistent am Institut für Sozialforschung in Frankfurt am Main bei den Professoren Max Horkheimer und Theodor W. Adorno
1954–1957	Wissenschaftlicher Assistent am Soziologischen Institut der Universität Saarbrücken
1956	Promotion zum Ph. D., an der LSE bei Prof. T. H. Marshall mit der Dissertation «Unskilled Labour in British Industry»

---

1 Vgl. den Lebenslauf im *Findbuch zum Nachlass Dahrendorf*, erstellt von Franziska Meifort; Lebensläufe, BArch N 1749/914; Helmut Marcon, *200 Jahre Wirtschafts- und Staatswissenschaften an der Eberhard-Karls-Universität Tübingen. Leben und Werk der Professoren. Die Wirtschaftswissenschaftliche Fakultät der Universität Tübingen und ihre Vorgänger (1817–2002) in zwei Bänden*, Stuttgart 2004. Zu Ehrungen und Würdigungen Dahrendorfs vgl. die Bände im BArch N 1749 unter Klassifikationspunkt 1.3.

1957	Habilitation an der Universität Saarbrücken mit der Habilitationsschrift «Soziale Klassen und Klassenkonflikt» (Erstgutachter: Prof. Dr. Georges Goriely, Zweitgutachter: Prof. Dr. Helmut Schelsky)
1957–1958	Fellow am Center for Advanced Study in the Behavioral Sciences, Palo Alto, Kalifornien
1958–1960	Professor für Soziologie an der Akademie für Gemeinwirtschaft (spätere Hochschule für Wirtschaft und Politik), Hamburg
1959	Geburt der Tochter Nicola Beatrice
1960	Gastprofessor an der Columbia University, New York
ab 1960	Direktor des von ihm, Thomas Bottomore und Raymond Aron gegründeten Centre Européen de Sociologie, Herausgabe der Zeitschrift *Europäisches Archiv für Soziologie*
1960–1966	Professor für Soziologie und Direktor des Soziologischen Seminars an der Universität Tübingen
1961–1966	Monatliche Kolumnen in der Basler *National-Zeitung*
1964	Dahrendorf beginnt regelmäßig für die Wochenzeitung *Die Zeit,* Hamburg, zu schreiben
1964	Geburt der Tochter Alexandra Maria
1964–1966	Stellvertretender Vorsitzender des Gründungsausschusses der Universität Konstanz unter Prof. Dr. Gerhard Hess
1964–1968	Vorsitzender des Beirats für Bildungsplanung beim Kultusministerium Baden-Württemberg, Erarbeitung eines Hochschulgesamtplans für Baden-Württemberg, «Dahrendorf-Plan» (Juli 1967)
1966–1968	Mitglied des Deutschen Bildungsrates
1966–1991	Professor für Soziologie an der Universität Konstanz (beurlaubt von 1969–1984 u. 1986–1991)
1967–1969	Vorsitzender der deutschen Gesellschaft für Soziologie (DGS)
1967–1988	Mitglied der FDP
1968	Rede auf dem Freiburger Bundesparteitag der FDP und Diskussion mit dem Studentenführer Rudi Dutschke
1968–1974	Mitglied des Bundesvorstandes der FDP
1968	Gastprofessor an der Harvard University, Massachusetts
1968–1969	Mitglied des Landtages Baden-Württemberg, stellvertretender Fraktionsvorsitzender und kulturpolitischer Sprecher der FDP-Fraktion
1969–1970	Mitglied des Deutschen Bundestages und Parlamentarischer Staatssekretär im Auswärtigen Amt, Bonn, unter Walter Scheel (FDP); Entwicklung eines Gesamtplanes für die Auswärtige Kulturpolitik
1970	Geburt der Tochter Daphne Julia
1970–1974	Mitglied der Kommission der Europäischen Gemeinschaften (EG), zunächst als Kommissar für Außenhandel und äußere Beziehungen der EG, ab 1973 als Kommissar für Bildung, Forschung und Wissenschaft

1971	Unter dem Pseudonym «Wieland Europa» äußert Dahrendorf in der *Zeit* Kritik an den europäischen Institutionen
seit 1971	Mitgliedschaft im Deutschen P. E. N.-Zentrum
1974–1984	Direktor der London School of Economics and Political Science (LSE)
1974	Reith Lectures zum Thema «The New Liberty», BBC, London
1975–1976	Mitglied der Hansard Society Commission on Electoral Reform, London
1976–1979	Mitglied der Royal Comission on Legal Services, London
1976–1984	Trustee der Ford Foundation, New York
1977	Ernennung zum Fellow der Royal Society of Arts, London und der British Academy
1977–1990	Mitglied des Committee to Review the Functioning of Financial Institutions
1980	Scheidung von Vera Dahrendorf
1980	Heirat mit Ellen Joan Dahrendorf, geb. Krug, gesch. de Kadt
ab 1981	Mitglied des Volvo International Advisory Board
1982/83	BBC-Fernsehserie «Dahrendorf on Britain»
1982	Verleihung des Titels «Honorary Knight Commander of the Order of the British Empire» (KBE)
1982–1987	Vorsitzender der Friedrich-Naumann-Stiftung
1984–1992	Non-Executive Director bei Glaxo plc.
1984–1986	Professor für Soziologie an der Universität Konstanz
1985–1986	Vorsitzender der High Level Group of Experts der OECD zur Erarbeitung eines «Report on Labour Market Flexibility»
1986	Visiting Scholar der Russell Sage Foundation in New York
1986	Gastprofessor an der Universität Basel
1987–1997	Warden (Vorsteher) des St. Antony's College in Oxford
1988	Erwerb der englischen Staatsbürgerschaft unter Beibehaltung der deutschen Staatsbürgerschaft
1989	Verleihung der «Honour of Knighthood» durch die Britische Königin Elisabeth II., Führung des Titels «Sir»
1992–1993	Vorsitzender des Verwaltungsrats der Newspaper Publishing Plc., Herausgeber der englischen Tageszeitung *The Independent*, London
1993	Ernennung zum Lord und Mitgliedschaft im «House of Lords» des britischen Parlaments, London, auf Lebenszeit (Life Peerage), Führung des Titels «Baron of Clare Market in the City of Westminster» (The Lord Dahrendorf)
1993–1995	Vorsitz der von Paddy Ashdown, dem Führer der britischen Liberaldemokraten, eingesetzten Commission on Wealth Creation and Social Cohesion

ab 1997	Director (Repräsentant) der Londoner Dependance der Bankgesellschaft Berlin
2003	Scheidung von Ellen Dahrendorf
2004	Heirat mit Christiane Dahrendorf, geb. Zoeller, gesch. Klebs
2005–2009	Forschungsprofessur am Wissenschaftszentrum Berlin (WZB)
2008–2009	Vorsitzender der «Zukunftskommission NRW» (einberufen von Ministerpräsident Jürgen Rüttgers)
17. Juni 2009	Ralf Dahrendorf stirbt in Köln

Danksagung

Die vorliegende Biographie ist die leicht überarbeitete Fassung meiner Dissertation, die ich unter dem Titel «Ralf Dahrendorf. Ein deutsch-britischer Intellektueller zwischen Wissenschaft, Politik und Öffentlichkeit» im Sommer 2016 an der Freien Universität Berlin verteidigt habe. Dieses Buch wäre nicht zustande gekommen ohne die Unterstützung vieler Personen und Institutionen, denen ich an dieser Stelle danken möchte.

Prof. Dr. Paul Nolte sei hier an erster Stelle genannt. Ein Gespräch mit ihm kurz nach Abschluss meines Studiums brachte mich überhaupt erst auf die Auseinandersetzung mit Ralf Dahrendorf als öffentlichem Intellektuellen – ein Thema, das mich über einen langen Zeitraum immer wieder begeistert und niemals gelangweilt hat. Darüber hinaus hat er mir einerseits den nötigen Freiraum gegeben, um das Thema wirklich zu «meinem» zu machen, und war andererseits immer zur Stelle, wenn ich Beratung brauchte. Seine intellektuellen Anregungen haben die Arbeit ebenso bereichert wie die Auseinandersetzung mit seinen unnachgiebigen Fragen. Schließlich war seine Unterstützung, gerade als es um die Veröffentlichung des Buches ging, unerlässlich.

Das Zweitgutachten hat mit großem Engagement Prof. Dr. Jürgen Kocka übernommen, dem ich an dieser Stelle ebenso danken möchte wie den übrigen Mitgliedern der Promotionskommission, Prof. Dr. Uwe Puschner, Prof. Dr. Oliver Janz und Dr. Lasse Heerten, die die Disputation zu einem spannenden Gedankenaustausch gemacht haben.

Ein Promotionsstipendium der Studienstiftung des deutschen Volkes verschaffte mir finanzielle und örtliche Unabhängigkeit und hat mich durch die ideelle Förderung um wichtige Erfahrungen und besondere Freundschaften reicher gemacht. Ein Forschungsaufenthalt in London wurde durch ein Stipendium des dortigen Deutschen Historischen Instituts ermöglicht.

Dass diese Biographie im Verlag C. H. Beck erscheint, in dem Lord Dahrendorf sich selbst als Autor so gut betreut fühlte, freut mich sehr. Die Drucklegung des Buches wurde durch die großzügigen Druckkostenzuschüsse der ZEIT-Stiftung Ebelin und Gerd Bucerius und der Gerda Henkel Stiftung finanziert. Für die Unterstützung und Beratung im Publikationsprozess danke ich Dr. Detlef Felken sehr; für das umsichtige Lektorat gilt mein Dank Christiane Schmidt.

Lady Christiane Dahrendorf hat mir den Zugang zum Nachlass ihres verstorbenen Mannes im Bundesarchiv Koblenz gewährt, der als wichtigster Quellenbestand essentiell für das Entstehen dieser Arbeit war. Dafür und für die vielen intensiven Gespräche und die große Unterstützung meiner Arbeit bin ich ihr in großer Dankbarkeit verbunden.

Für die kollegiale Zusammenarbeit im Bundesarchiv Koblenz bei der Nachlasserschließung danke ich insbesondere Dr. Achim R. Baumgarten und Beate Schleicher. Gedankt sei auch den weiteren Bibliotheken und Archiven, die mich bei der Quellenrecherche unterstützt haben: Dr. Alice Rabeler von der Dahrendorf-Bibliothek an der Universitäts- und Landesbibliothek Bonn, Prof. Dr. Ewald Grothe vom Archiv des Liberalismus in Gummersbach, Axel Schuster vom Archiv der ZEIT-Stiftung Ebelin und Gerd Bucerius, Dr. Wolfgang Müller vom Universitätsarchiv Saarbrücken, dem Archiv der London School of Economics and Political Science, dem Universitätsarchiv Cambridge, den National Archives in Kew, dem Rockefeller Archive Center in Sleepy Hollow, New York sowie vielen weiteren Mitarbeiterinnen und Mitarbeitern der im Anhang genannten Institutionen. Matthias Diefenbach hat hilfsbereit und unkompliziert Unterlagen aus seinem Privatarchiv über das Arbeitserziehungslager Schwetig an der Oder zusammengestellt und mir damit sehr geholfen.

Wichtig waren auch die Gespräche mit den Zeitzeugen, die die Persönlichkeit Dahrendorfs für mich mit Leben füllten und besondere Perspektiven boten: Lady Christiane Dahrendorf und Lady Ellen Dahrendorf gebührt ein besonderer Dank. In Gesprächen mit Prof. Dr. Fritz Stern (†) in New York konnte ich von seiner klugen Doppelperspektive als Historiker und als Freund von Ralf Dahrendorf profitieren. Prof. Dr. Timothy Garton Ash, Lord Paddy Ashdown, Prof. Dr. Uta Gerhardt, Dr. Thomas Hertfelder, Fritz Thayssen und Prof. Dr. Carl Christian Freiherr von Weizsäcker sei besonders gedankt, ebenso wie Nicola Dahrendorf und Dr. Gunter Hofmann.

Wichtige intellektuelle Anregung und fachliche Hinweise erhielt ich außerdem von Dr. Daniel Morat, Dr. Karsten Jedlitschka, Dr. Moritz Mälzer, Dr. Bodo Mrozek, Prof. Dr. Laura Leonardi, Dr. Riccardo Bavaj, Prof. Dr. Dominik Geppert, Prof. Dr. Dieter Gosewinkel, Prof. Dr. Malte Thiessen und Dr. Klaus Weber.

An der Freien Universität Berlin haben mir die Teilnehmer des Colloquium zur Zeitgeschichte von Prof. Dr. Paul Nolte wichtige Rückmeldungen gegeben. An der Universität Bremen konnte ich sehr vom dortigen geschichtswissenschaftlichen Doktorandennetzwerk profitieren. Aus diesem Kreis sei ganz besonders Dr. Ulrike Huhn gedankt, die auf der einsamen Insel das ganze Manuskript vor der Abgabe gelesen und kommentiert hat. Außerdem bin ich Sarah Lentz für manche gedankliche Anregung dankbar, ebenso wie Dr. Teresa Huhle, Mareike Witkowski und Marcus Schönewald. Die Koblenzer Zeit wurde durch meine Archivgefährtin Susanne Poppe in vielfacher Hinsicht bereichert. Sora Meyberg und Chiara Ahrens waren gerade zu Beginn des Projekts wichtige Unterstützerinnen.

Schließlich ist meiner Familie zu danken: meinen Eltern Annemarie und Wolfgang Reinfeldt für ihre grenzenlose Unterstützung in allen Bereichen, meiner Mutter insbesondere auch für das Korrekturlesen. Mein Mann Johannes Meifort hat die Entstehung dieser Arbeit von Beginn an als kluger Gesprächspartner und immer wieder als Mutmacher begleitet. Dafür und für vieles andere ist ihm dieses Buch gewidmet.

Oldenburg, im Mai 2017

Bildnachweis

Der Tafelteil mit den Abbildungen befindet sich zwischen den Seiten 199 und 200.

Tafel 1 oben, 1 unten, 2 oben, 2 unten (© Thomas Höpker), *8 oben, 11 oben*: privat, aus: Ralf Dahrendorf: Über Grenzen. Lebenserinnerungen, München ³2003, Abb. 3, 7, 11, 23, 24, 20
Tafel 3 oben (Akz. 522_121bN1), *4 oben* (Akz. 522_142N2 (4)): © Universitätsarchiv Konstanz
Tafel 3 unten (© picture-alliance/dpa-Bildarchiv), *7 unten* (Volkmar Hoffmann), *8 unten* (picture-alliance/Photoshot): dpa Picture-Alliance, Frankfurt/Main
Tafel 4 unten, 5 oben: «*Stern*», Heft Nr. 8, 25. Februar 1968
Tafel 5 unten: Sven Simon/ullstein bild, Berlin
Tafel 6 oben: (picture-alliance/dpa), *6 unten* (picture-alliance/dpa), *7 oben* (picture-alliance/dpa): akg-images, Berlin
Tafel 9 oben: Felicitas Timpe/bpk-Bildagentur, Berlin
Tafel 9 unten: Klaus Kallabis/© Die *Zeit*
Tafel 10 oben: © The London School of Economics and Political Science (LSE), London
Tafel 10 unten: BArch N 1749/509 – Bundesarchiv, Koblenz
Tafel 11 unten: Ref. Nr. U6265/A-25 – Universal Pictorial Press & Agency, London
Tafel 12 oben: © Martin Joppen, Frankfurt/Main; aus: Fritz Stern: Fünf Deutschland und ein Leben. Erinnerungen, München ⁹2009
Tafel 12 unten: privat

Personenregister

Aus dem Verlagsprogramm

Ralf Dahrendorf bei C.H.Beck

Ralf Dahrendorf
Versuchungen der Unfreiheit
Die Intellektuellen in Zeiten der Prüfung
2008. 240 Seiten mit 15 Abbildungen. Paperback
Beck'sche Reihe Band 1875

Ralf Dahrendorf
Krupp-Vorlesungen zu Politik und Geschichte am Kulturwissenschaftlichen
Institut im Wissenschaftszentrum Nordrhein-Westfalen
Auf der Suche nach einer neuen Ordnung
Vorlesungen zur Politik der Freiheit im 21. Jahrhundert
4. Auflage. 2007. 157 Seiten. Gebunden

Ralf Dahrendorf
Der Wiederbeginn der Geschichte
Vom Fall der Mauer zum Krieg im Irak
Reden und Aufsätze
2004. 350 Seiten. Leinen

Ralf Dahrendorf
Die Krisen der Demokratie
Ein Gespräch mit Antonio Polito
Aus dem Italienischen von Rita Seuß
2003. 116 Seiten. Paperback
Beck'sche Reihe Band 1531

Ralf Dahrendorf
Über Grenzen
Lebenserinnerungen
4. Auflage. 2002. 200 Seiten mit 25 Abb. auf Tafeln. Leinen

Verlag C.H.Beck München